JN436986

玄武眞解

현무진해

발행일 2026년 03월 03일 초판1쇄

지은이 斗山
발행인 서정환
펴낸곳 신아출판사
주 소 전주시 완산구 공북1길 16
전 화 (063) 275-4000·0484
팩 스 (063) 274 - 3131
이메일 sina321@hanmail.net
출판등록 제465-1984-000004호
인쇄·제본 신아출판사

ISBN 979-11-24068-54-0 (03150)

값 50,000원

Printed in Korea

서(序)

1. 벼랑 끝에 선 인류와 우주적 순환의 이정표

오늘날 세계는 "**선천은 상극의 운이라. 천하의 사사물물이 모두 상극하니 웅패의 세상이니라.**" 하신 말씀 그대로, 상극相克의 운명적 소용돌이 속에 직면해 있습니다.

인간과 환경, 그리고 인간과 인간 사이의 끊임없는 상쟁相爭에 기인한 모순은 현대문명을 총체적 난국으로 몰아넣었으며, 인류는 이제 미래로 나아갈 길조차 끊어진 벼랑 끝 운명의 기로에 서 있습니다.

이 거대한 위기, 즉 인류에게 닥친 대비겁大悲劫을 극복하고 상생의 새 세상을 맞이할 수 있는 길은 과연 무엇일까요? 이 해답을 찾기 위해 우리는 시간의 거대한 수레바퀴를 돌려 우주의 질서를 들여다보아야 합니다.

조선 선조실록의 기록을 보면, 주강晝講 때 선조가 "**이 인간 세상도 다할 때가 있는가?**"라고 묻자 이에 집현전 부제학 유희춘은 소강절邵康節의 '원회운세(元會運世)' 설을 빌려 답합니다.

> "하늘은 자회(子會)에 열리고 땅은 축회(丑會)에서 열리고 사람은 인회(寅會)에서 태어나는데 술회(戌會)와 해회(亥會)에 이르면 사람과 만물이 소멸되었다가 또 다시 5~6만 년 동안 명행(溟涬) 해진 뒤에야 다시 개벽한다고 하였습니다."

이처럼 유희춘은 세상의 주기를 설명하였고, 상제님 당대의 종도 또한 "선천지인(先天之人)이 당우지세(唐虞之世)를 오회지중야(午會之中也)라 하니 연호(然乎)잇가."라 여쭈자 상제님께서는 "**요지구년홍수(堯之九年洪水)와 탕지칠년대한(湯之七年大旱)은 금화지교역야(金火之交易也)니, 시고(是故)로 금지세(今之世)난 추운지시야(秋運之始也)**"라고 명확히 답해 주셨습니다.

소강절 선생의 역작인 『황극경세(皇極經世)』는 역易의 범주를 인간사를 넘어 광대무변한 우주적 시간으로 확대시킨 비서秘書이며, 그가 창안한 '元會運世'는 수리철학의 백미白眉로 꼽힙니다.

소강절 선생이 밝힌 1원(元), 즉 12만 9,600년은 우주가 인간을 낳고 길러 거두는 '인간 농사'의 한 주기입니다. 인류 문명은 이 거대한 시간의 수레바퀴 속에서 번영을 구가하다가도, 1회(會)인 1만 800년의 마디를 채우고 나면 마치 썰물이 빠져나가듯 형체도 없이 사라지고, 그 폐허 위에서 다시 새로운 문명의 싹을 틔우곤 했습니다.

이러한 우주적 변혁의 주기는 동서양을 막론하고 공통된 경고로 전해져 왔습니다. 플라톤의 제자 헤라클레이데스는 아틀란티스 침몰 이후 1만 년이 지나면 또다시 파멸의 주기가 찾아올 것임을 계산해냈으며, 실제 인류사는 약 13만 년을 주기로 골격과 체격, 도구와 언어가 비약적으로 진화한 새로운 인류가 등장했음을 보여주고 있습니다.

약 5만년 전, 현생 인류인 '호모 사피엔스 사피엔스'가 지상에 처음 모습을 드러낸 이래, 인류는 인·묘·진·사(寅卯辰巳)라는 네 마디의 변화를 거쳐 이제 선천의 마지막 달인 오午의 시간대에 도달했습니다.

오랜 전승을 간직한 북미 인디언 호피족(Hopi)의 예언은 이 과정을 생생하게 증언합니다. 그들에 따르면 첫 번째 세계는 불과 지진으로, 두 번째 세계는 빙하기로, 세 번째 세계는 대홍수로 멸망했다고 전해집니다.

지나간 세 시대가 인류에게 교훈을 주는 일종의 시험대였다면, 네 번째 문명인 지금의 인류는 또다시 그 시대의 끝자락을 향해 광속으로 질주하고 있습니다.

호피족은 어느 시대든 초기에는 신과 자연, 인간이 완벽한 균형을 이루지만, 끝에 다다르면 영적 원칙을 상실하고 도덕적 타락에 빠져 멸망에 이른다고 경고합니다. 그러나 그 절멸의 끝에서 씨종자만이 추려져 '다섯 번째 문명'의 재건으로 들어선다는 희망의 전승 또한 남겼습니다.

> 물질 세계의 문제는 전 세계를 하나로 묶는 절대자의 권능을 지닌 영적 존재에 의해 해결될 것이다. 다섯 번째 새 세상을 향한 여정은 이미 시작되었다. 새 세상은 눈에 띄지 않는 작은 나라, 소수 인종 중에서도 겸손한 민족에 의해 건설될 것이다.
> (『Book of The Hopi』 334쪽)

여기서 우리가 직시해야 할 핵심은, 인류가 마주한 이번 변화가 단순히 새로운 한 달로 넘어가는 차원이 아니라는 점입니다. 지금 우리는 우주의 봄여름인 선천 5만 년의 상극 시간대를 완전히 매듭짓고, 만물이 결실하는 가을의 문턱으로 들어서는 '후천개벽'의 목전에 있다는 사실입니다.

일찍이 상제님께서는 이 절박한 위기를 진단하시며 "**그런고로 악으로 살아가게 되어 천하를 원한으로 가득 채우므로, 그 운이 끝날 때에는 큰 재앙이 한꺼번에 일어나서 인간세상이 장차 멸망당하게 되었느니라. 그리하여 천지만신이 이를 근심하고 불쌍히 여겨 구원해 주고자 하였으되 아무 방책이 없으므로 구천에 호소하니 내가 차마 물리치지 못하고 이 세상에 내려왔노라.**"고 밝히셨습니다.

2. 우주의 운영체제(OS) 역(易)과 강세하신 천주님

문명의 진보는 이제 SF적 상상을 일상의 풍경으로 바꾸어 놓으며 우리 삶의 문법과 사회 구조를 근본적으로 재편하고 있습니다. 인공지능(AI)과 초연결성이 지배하는 현대 사회는 유례없는 기술적 풍요를 누리고 있지만, 정작 인간 내면은 자아 상실과 사회적 단절이라는 역설적 위기에 직면해 있습니다.

결국 현대인은 기술적 포만감 속에서 정서적 기근을 겪으며 공동체로부터 격리된 채 각자의 '디지털 감옥' 속에 갇혀 있는 형국입니다. 물질적 번영의 정점에서 마주한 이 고립과 영적 기근의 현주소는, 역설적이게도 AI 시대의 도래가 인류 내면에 잠자고 있던 영적 갈망을 깨우는 강력한 촉매제가 되게 합니다.

물질적 풍요가 극에 달할수록 그 이면에 도사린 공허와 고립을 마주한 현대인들이, 기계가 결코 흉내 낼 수 없는 인간 본연의 영성과 생명력을 향해 필연적으로 시선을 돌리게 된 것입니다. 문제는 이제부터입니다. 범용 인공지능(AGI)과 로봇이 인간의 노동 80%를 대체하게 될 불과 수년 내의 미래는 인류에게 거대한 시련의 장이 될 것입니다.

이 과도기적 혼란은 **"운수는 좋건만 목 넘기기가 어려우리라"** 하신 상제님의 말씀과 소름 끼칠 정도로 일치하며, 새벽이 밝기 전에 가장 어두운 것처럼 새로운 세상이 도래하기 직전의 진통은 이토록 혼란스럽고 처절합니다.

이 우주의 근본 이법, 우주의 운영체제(OS)를 동양에서는 고래로부터 **'역(易)'**이라 했습니다. 상제님께서도 원방각이라는 천지삼신의 이치를 바탕으로 **'주역(周易)'**이라는 우주적 대본 위에 천지공사의 기틀을 잡으셨습니다. 공사의 모든 시나리오가 역易의 이치에 뿌리를 두고 있기에, **"주역(周易)은 개벽할 때 쓸 글이니 주역을 보면 내 일을 알리라"**고 말씀하셨습니다.

"공부하는 자들이 '방위가 바뀐다'고 이르나니 내가 천지를 돌려놓았음을 세상이 어찌 알리오." 하신 말씀처럼 우선右旋하며 상극의 불협화음을 냈던 선천 도수를 좌선左旋으로 새로 깔으셨습니다. 이는 장차 인류가 걸어갈 이정표가 이미 천지 도수라는 정교한 설계도 안에 신도의 움직임 하나까지 모두 질정質定되어 있음을 의미합니다.

마치 무대 위 배우들이 미리 쓰인 대본에 따라 한 치의 오차 없이 연기하듯, 거대한 역사의 운로 또한 상제님께서 짜 놓으신 기틀을 결코 벗어나지 않습니다. 따라서 역의 이치를 탐구하는 것은 단순히 고전의 지혜를 빌리는 것이 아니라 상제님께서 직접 설계하신 **'개벽의 타임라인'**을 읽고 신천지의 문을 여는 암호(Code)를 해독하는 일입니다.

성서 요한복음에는 **"내 아버지의 이름으로 왔으매 너희가 영접하지 아니하나 만일 다른 사람이 자기 이름으로 오면 영접하리라"**는 기록이 있습니다. 상제님께서도 이에 응하듯 **"예수교도는 예수의 재강림을, 불교도는 미륵의 출세를, 동학신도는 최수운의**

갱생을 기다리나니 누구든지 한 사람만 오면 각기 저의 스승이라 하여 따르리라" 하셨습니다.

결국 『주역』과 『정역』이 가리키는 결론은 우주의 통치자가 직접 간도수艮度數의 땅 한반도에 강림하신다는 엄연한 약속입니다. 본서는 그 분의 강세와 그분이 집행하신 천지공사의 도수를 역易의 이치로 풀어서, 혼돈의 시대를 건너갈 생명의 길을 제시하고자 합니다.

3. 성어녀(成於女)와 지천태(地天泰) 곤도의 주재자

원효대사의 아들로서 이두吏讀를 만든 설총薛聰은 일찍이 『설총비결(薛聰秘訣)』을 통해 '한양지운과거제(漢陽之運過去除)에 용화세존말대래(龍華世尊末代來)라 근어여성성어녀(根於女姓成於女)하니 천도고연만고심(天道固然萬古心)이라' 예고하였습니다.

여기서 '**根於女姓**근어여성'의 비밀은 상제님의 강세 행로에 고스란히 담겨 있습니다. '**百年後事百年前**백년후사백년전'에서 보듯 수운水雲에게 천명天命과 신교神敎를 내려 대도를 세우게 하셨으나, 수운이 유교의 틀을 벗어나 대도의 참빛을 열지 못하자 백년 전 한양의 운수가 다할 무렵 스스로 여자(女) 성(姓)에 뿌리(根)를 둔 강(姜)씨 성으로 오셨습니다.

낡고 병든 천지를 갈아엎고 음양동덕陰陽同德과 지천운도地天運度의 새 천지를 여는 복음을 이 땅에 선포하신 당신님이 화천化天하신지도 이제 116년이 지났습니다. 지난 100여 년은 천지간에 꽉 들어찬 원한의 불덩어리를 천지 도수로 해소하며, 맺힌 고를 단계적으로 풀어내어 상생으로 나아가기 위한 '난법해원(亂法解冤)'의 인고의 시간이었습니다.

인류의 기존 문화와는 근본부터 궤를 달리하는 후천 5만 년 곤도坤道의 청사진을 열어주신 당신의 법을 일러 '전무지후무지법(前無知後無知法)'이라 하셨습니다. 또한 "**내가 출세할 때에는 대두목이라도 다섯 사람 데리고 따르기가 어려우리니, 희귀하다는 희(稀) 자가 '드물 희' 자라**"고 경계하시며, "**판 안 공부로는 알 수 없을 것이요, 판밖 공부라야 알게 된다**"는 말씀을 남기셨으니 이는 천지 음도수에 대한 의식의 지평이 크게 열릴 때 비로소 이해되는 말씀입니다.

이치가 곧 하늘이요 하늘이 곧 이치이니, 천지문 열고 닫는 개벽의 운수도 음양이 사시四時로 순환하는 순리를 따라 번갈아 갈마들듯 상제님께서는 하도낙서의 이치로 "**先天**선천**은 陽爲體而陰爲用**양위체이음위용**하고, 后天**후천**은 陰爲體而陽爲用**음위체이양위용" 이라고 명시하셨습니다.

일찍이 상제님께서는 "**선천에는 하늘만 높이고 땅은 높이지 아니하였으니 이는 지덕(地德)이 큰 것을 모름이라. 이 뒤에는 하늘과 땅을 일체(一體)로 받듦이 옳으니라**"

고 하셨습니다.

이 말씀처럼 다가올 세상에서 전 세계 인류는, 그간 아버지 하느님께만 편중되었던 믿음의 지평을 너머 천지부모天地父母님을 일체로 함께 받들어 모시는 효덕천하孝德天下를 열어나가게 될 것입니다.

오죽하면 본주님께서도 소나기와 함께 천둥번개가 치자 몸을 웅크리는 종도들을 향해 **"하늘만 무서운 줄 아느냐? 앞으로는 땅하늘이 더 무섭다"**고 일갈하셨겠습니까?

이처럼 가을철 곤도운을 주관하시는 바탕(體) 자리에 천지어머니(坤)께서 자리하심을 모르고서 어찌 살고 잘되기를 바랄 수 있을까요? 이러한 천리天理를 내포하고 있는 동양의 천지문서가 바로 역도의 이치입니다.

일례로 『역경(易經)』의 곤괘坤卦에 '**牝馬**빈마**는 地類**지류', 이괘離卦에서는 '**畜牝牛吉也**휵빈우길야'라 하여 '牝馬'와 '牝牛'가 나오는데 이는 서로 체용體用 관계로 하나의 곤坤을 형성합니다.

지난 난법 교운의 역사를 되짚어 보면, 천지음양과 건곤의 문제를 바라봄에 있어 선천 건도乾道 중심의 작위적 해석에 매몰되어 진리를 속단해버리는 경향이 짙었습니다.

초판 『도전』에 수록된 '**암계룡에 난 세 꼬리**'라는 비유처럼, 천지 음자리(무극신)와 그 대리대행 사이에 신경다발처럼 얽힌 역도의 관점을 배제한 채, '一乾一坤'이라는 피상적 맥락만으로는 복합적인 곤坤의 위상을 온전히 이해하기란 매우 어려운 일입니다.

그러나 설총은 지천태地天泰 곤도의 청사진을 현실에서 구현하는 핵심 위격을 '**根於女姓成於女**근어여성성어녀'라 통찰하였습니다. 간도수의 논리 위에 천지삼신의 이치까지 비장된 이 일곱 글자는, 거대한 선후천 변화의 역사적 맥락을 단박에 꿰뚫는 가히 일품인 어휘 선택이라 할 것입니다.

선천태극인 용화세존의 뒤를 잇는 '**成於女**'의 주인공은, 결국 상제님께서 그토록 간곡히 당부하셨던 의통醫統의 대권을 쥐신 분이자 후천의 신농씨神農氏이십니다. 『주역』「지천태괘」의 단전彖傳에서는 '**是天地交而萬物通也**시천지교이만물통야'라 하였습니다.

이는 먼저 믿는 자들이 소 울음소리를 듣고도 도를 통하지 못했던 '**先聞牛聲道不通**선문우성도불통'의 천지비天地否 시대를 끝내고, 지천태 곤도의 주재자이신 천주님(牝牛)을 모실 때 비로소 막혔던 선천의 장벽을 여는 천지교태(通)의 새로운 문운이 열린다는 뜻을 담고 있습니다. 상제님께서 이 지천태의 천주님을 가리켜 '**태을천상원군**'이라 칭하시고 '암소'에 비유하신 까닭이 바로 여기에 있습니다.

나아가 '**無極而太極**'하는 태극도설의 이치에 따라, 지구촌 인종씨를 추리는 가을철 추수사업을 매듭짓는 분을 '**成於女**'라 한 것은 비결 그대로 만고(萬古)로부터 이미 굳건히(固) 예정된 천도(天道)의 필연적인 섭리(然)이기 때문입니다.

현실적인 교운사教運史의 전개 과정을 보더라도, **"인륜을 밝혀야만 천륜을 밝히게 되느니라"** 하신 고수부님의 말씀은 시사하는 바가 매우 큽니다. 상제님과 부부의 인륜을 맺으신 대모님의 존체를 온전히 밝힐 때 비로소 **"천륜으로써 우주일가(宇宙一家) 하리라"** 하신 상제님의 도수 정신이 이 땅에 온전히 실현될 수 있습니다.

이는 도의 법맥(宗統)을 잇기 위해(繼之) 문왕(文王·善)의 도수를 맡아 처절한 고행의 길을 마다치 않으셨던 천륜을 바로 세우는 일과 궤를 같이합니다.

상제님께서는 **"이 뒤에 병겁이 온 세상을 엄습하여 인류를 전멸케 하되 살아날 방법을 얻지 못하리니, 모든 기사묘법을 다 버리고 비열(卑劣)한 듯한 의통을 알아두라"** 고 경계하셨습니다.

이제 우리는 스스로 하염없이 마음을 낮추어, 어둡고 궁벽한 곳에 자리한 근원을 살필 수 있는 마음의 눈을 떠 의통의 본원 자리에 계시는 대모님을 새 천지의 **'어머니 하느님'**이자 **'새 부처님'**으로 영접하는 일, 그것이 바로 인류를 향한 상제님의 마지막 유언이자 구원의 유일한 열쇠입니다.

4. 미륵불의 탄생과 교운의 성장

『유서(遺書)』에 이르기를 **'古四月八日釋迦佛誕生**고사월팔일석가불탄생 **今四月八日彌勒佛誕生**금사월팔일미륵불탄생'이라 하셨습니다.

고수부님께서도 미륵불 봉영 공사를 집행하시며 **"이 공사는 선천의 주불인 석가모니의 운수가 다하였으므로, 후천 용화세계의 주세불이신 미륵불을 봉영하는 법을 베푸는 것이라"** 하시고, **"천갱생 지갱생 인갱생 미륵갱생"**이라 삼창하게 하셨습니다.

또한 『화은당실기』에는 **"사월 초파일에는 성전에 영상을 모시고 식을 거행토록 하라 만일 그렇지 못하면 너희들은 죽으리라."**는 말씀이 전하니 이로부터 매년 4월 8일, 미륵불 탄생의 기념치성을 올리며 오늘에 이르게 되었습니다.

특히 기축년(2019) 겨울부터 몰아친 코로나19의 여파로, 경자년(2020) 부처님 오신 날 봉축 법요식이 윤달 4월 8일로 한 달이나 연기된 사건은 한국 불교사상 초유의 일이었습니다. 이는 '今四月八日', 즉 새 부처님을 모시는 원년元年의 도수를 천지가 상象으로써 드러낸 실로 경이로운 사건이라 하지 않을 수 없습니다.

그리하여 하도우선河圖右旋의 운수 속에 대원대한大冤大恨으로 점철되었던 선천 상극의 시간이 다하고, 좌선左旋하는 신천지 대자대비大慈大悲의 후천 운도가 무왕불복無往不復의 이치로 회복되었습니다.

이처럼 무기戊己 번신翻身의 해를 지나 지천태운地天泰運이 열린 경자년에 이르러, 세운의 시류 속에 잠시 열린 틈을 타 **'今四月八日彌勒佛誕生'**의 제祭를 올리고, 동년 추석에는 천지 어머니이신 대모님의 제향祭享을 무사히 봉행하기에 이르렀습니다.

이로서 하늘이 선仙의 씨앗만을 남기려는 추성기秋成期를 맞아, 새 천지의 주인께서 날카로운 이利한 낫을 드시고 대수확과 심판의 백보좌에 건중건극建中建極 하사 마침내 '**坤元 元年**'으로 치역명시治歷明時하게 되었으니 이 모두는 오직 하늘의 지극한 뜻이 아닐 수 없습니다.

이제 난법해원의 어둠을 밀어내고 새로운 태양이 밝아오는 개명장의 시운을 맞아 겨우내 꽁꽁 얼었던 얼음이 깨지는 파열음과 함께, 그동안 집안 구석구석 쌓인 묵은 먼지를 털어내는 봄맞이 준비로 무엇보다 우리 스스로를 돌아보아야 할 때입니다.

지난 교운의 역사를 되짚어보면, 낙종落種으로 씨 뿌려져 역도수逆度數로 성장해온 '**27년 난법 헛도수**'의 노정 속에서 생겨난 수많은 교단들은 천지도수에 있어 가을에 열릴 탐스런 천지열매들을 주렁주렁 매달기 위한 버팀목이자 가지의 역할을 충실히 수행해왔습니다.

한여름 땡볕의 수고를 마다치 않는 농부의 정성 없이 가을의 풍요를 기약할 수 없듯, 제각각 성장해온 교단들의 역사 속에는 그 나름의 역할을 맡기기 위해 준비시킨 농부의 수고로운 땀과 공력이 배어있습니다. 그러므로 각 교단의 가치는 결코 어느 한 사람이나 특정 집단의 잣대로 폄훼되어서는 안 될 것입니다.

물론 그 과정에서 작물의 생장을 방해하는 잡초처럼 돋아난 곳도 있었습니다. 상제님 말씀처럼 저도 모르는 놈이 남을 모아 수하手下 중에 넣는 도깨비 놀음의 사역자가 되어 신앙인들을 그릇된 길로 인도해온 가슴 아픈 현실 또한 분명히 존재합니다.

하지만 토양의 유실을 막고 지력을 증진시키는 잡초의 순기능이 있듯, 세상에 도의 씨앗을 전파하고 외형적 성장을 통해 판을 키운 이종移種 사명의 역할 또한 천지공사의 큰 틀 안에 안배되어 있었음을 알아야 합니다. 따라서 그 일면의 부정성만을 꼬집어 전체를 난법난도로 매도하기보다는, 모두를 포용하는 마음으로 다시 만날 시간을 준비해야 합니다. 이제는 도사道史의 원뿌리를 밝혀 본래 하나에서 나온 형제 교단 전체를 가슴에 품고, 천지부모님 앞에 순종하는 한 식구로 거듭나야 할 때이기 때문입니다.

이를 예견하듯 "**지금 아버님을 믿기 위하여 벌려놓은 각파의 일은 모두 부분적인 책임을 맡아서 하는 것인데.....미구에 판밖에서 일이 터져 나올 것이니 그 동안 도체와 공사가 어긋나지 않도록 하소서.**"라는 화은당 선사님의 말씀은 작금의 교단들이 맡은 바 소임이 '부분적 책임'을 수행하는 판 안의 일임을 일깨우며, 장차 '**판 밖의 일**'이 터져 나올 때까지 심법을 닦으며 은인자중할 것을 당부하신 것입니다.

이러한 시점에서 본서에 수록된 「원방각」을 비롯한 수 편의 글은 그동안의 자의적 교리 해석과 특정 교주에게 진리를 꿰맞추던 협소한 틀에서 벗어나고자 하는 고뇌의 산물입니다. 상제님 진리를 도사道史 전체의 맥락에서 거시적이고도 객관적인 이치의 바탕에서 편견없이 진리의 실체를 바라볼 수 있는 보편적 틀을 제시하는 것, 그것이 본서가 짊어진 소중한 소임이라 믿습니다.

5. 원시반본(原始返本)과 국가적 보본(報本)의식

상제님께서는 "이 때는 원시반본(原始返本)하는 시대라. 혈통줄이 바로잡히는 때니 환부역조(換父易祖)하는 자와 환골(換骨)하는 자는 다 죽으리라" 하셨습니다. 이는 가을 개벽기를 맞아 자기 생명의 뿌리인 선령신을 부정하는 자는 결코 살아남을 수 없음을 경고하신 엄중한 말씀입니다.

가을에 만물이 생명의 근본으로 돌아가듯, 인류 또한 자기 뿌리로 돌아가야 합니다. 부모와 조상은 내 생명의 근원인 뿌리요, 자손은 그 결실인 열매입니다. 오늘날 내가 존재할 수 있는 바탕을 마련해준 뿌리에 대해 보본報本의 의식이 없다면, 그것은 천지의 이치인 원시반본에 정면으로 어긋날 것입니다.

이 원시반본의 도道를 사회적 외연으로 확장해 본다면, 우리 삶의 터전인 이 나라를 세우고 지켜온 선열들의 숭고한 희생에 감사하는 '국가적 보본의식'과 직결됩니다. 내가 누리는 자유와 번영의 혜택 뒤에는 누군가의 눈물과 헌신이 있었습니다. 이를 외면한 채 국가의 존립 기반을 무너뜨리는 행위는 결국 부메랑이 되어 자신에게 돌아올 뿐입니다. 나라의 과실을 숙주 삼아 기생하면서 정작 그 뿌리를 부정하는 배은망덕한 세력에게 과연 가을철의 길한 열매가 맺힐 수 있겠습니까?

작금의 대한민국은 해방 이후의 이념 대립과 급격한 산업화·민주화의 소용돌이를 거치며 첨예한 갈등의 정점에 서 있습니다. 급기야 대한민국은 부정선거 카르텔에 의한 헌정질서 파괴와 국회의 내란범죄 행위로까지 치달으며 국가의 명운이 걸린 총체적 위기 국면을 맞이하게 되었습니다.

구한말과 같이 내부 분열로 국력을 탕진하고 외세의 압력에 휘둘리는 형국은, 자멸의 길을 걸었던 아픈 역사를 되풀이하는 듯하여 실로 우려스럽습니다. 더욱 심각한 것은 진실을 비추어야 할 언론 환경의 왜곡입니다. 경도된 이념 노조와 거대 자본의 영향 아래 언론의 독립성은 약화되었고, 불편한 진실은 의도적으로 은폐되거나 차단되고 있습니다.

북한조차 '천년 숙적'이라 부르며 경계하는 중공은, 현재 수단과 방법을 가리지 않는 '초한전(超限戰)'을 통해 대한민국을 소리 없이 잠식하는 중임에도, 정작 국가의 방어 기제인 간첩법 개정조차 가로막혀 안보 해체 현상이 가속화되고 있습니다.

설상가상으로 국가보안법 폐지 논란은 법적 공백을 틈탄 이적행위에 면죄부를 주는 결과를 초래하고 있으며, 온라인상에서는 외세의 여론 조작이 민주주의의 근간을 뒤흔들고 있습니다. 특히 포털 내 댓글 국적 표기와 같은 최소한의 방어 기제조차 마련되지 않아, 정체 모를 세력에 의한 여론 선동과 국론 분열이 사실상 방치되고 있는 실정입니다.

이러한 위기 속에서 인류의 영적 각성을 이끌어야 할 종교계는 어떠합니까?

세상의 빛과 소금이 되어야 할 종교는 자본주의와 배금주의에 물들어 세속화된

지 오래입니다. 대형 교회의 세습, 승려들의 일탈, 돈 선거 논란 등은 종교 본연의 청정성을 잃게 했으며, 신자들조차 신神 대신 돈을 섬기는 지경에 이르렀습니다. 성직자들 또한 종교적 양심을 저버리고 정치 선동과 사회 분열의 앞잡이가 되어 자정 능력을 완전히 상실한 치부를 드러내고 있습니다.

이처럼 21세기 인류는 거대한 탈종교화의 파도 위에 서 있으나, 기성 종교가 퇴조한다고 해서 인간 본연의 영적 갈망까지 사라진 것은 아닙니다.

오히려 불과 수년 내로 마주하게 될 AGI(범용 인공지능) 시대의 도래는 단순한 기술적 진보를 넘어 인류 문명의 근간을 뒤흔드는 '시스템 재편'을 예고하고 있습니다. 역설적이게도 인공지능이 고도로 발달할수록, 인류는 기계와 구별되는 가장 근원적인 '인간다움'에 더욱 목마르게 될 것입니다.

하이테크 첨단 문명을 누린다는 것은 그에 걸맞은 윤리적 성숙과 영성 문화가 뒷받침되어야 함을 의미합니다. 만약 영적 균형이 무너진다면, 공공선을 지탱해야 할 문명 자체의 폭주를 제어하기란 불가능에 가까울 것입니다.

이러한 임계점에서 동서고금의 성찰들을 되짚어보면, 거대한 대변혁은 이미 시작되었습니다. 이 위대한 정화의 시간과 혼돈이 지나고 나면, 마침내 영성이 재정립된 '새로운 인간'이 출현하여 황금시대로 진입할 것이라고 예언자들은 입을 모읍니다.

상제님께서는 이 총체적 난국을 헤쳐 나가는 남조선 배질을 두고 "**일심(一心)을 가진 자가 아니면 이 배를 타지 못하리라**"고 엄중히 경고하셨습니다. 이 말씀을 각자가 당면한 생사판단의 절박한 문제로 인식하지 못한다면, 그것은 이미 정신줄 놓은 채 거센 흙탕물에 휩쓸려 내려가고 있다는 방증일 뿐입니다.

노스트라다무스는 『아들에게 보내는 편지』에서 '**위대하고 영원하신 하느님은 변혁(revolution)을 완수하기 위하여 오실 것이라.**(Le grand Dieu eternel viendra parachever la revolution)' 하였고, 남사고 선생 역시 '**천강재인차시대(天降在人此時代)**'라 하여 하늘이 사람의 몸으로 내려오는 때임을 천명하며 "**미륵이 출세한들 어떤 인간이 깨닫겠는가**"라고 탄식하였습니다.

6. 판 밖의 도(道)

『대학(大學)』 경문 1장에 '**物有本末**물유본말 **事有終始**사유종시 **知所先後**지소선후 **則近道矣**즉근도의'라 하였습니다. 이는 '사물에는 근본과 말단이 있고, 모든 일에는 시작과 끝이 있으니, 선후를 알면 도에 가깝다'는 뜻입니다.

이처럼 만물의 근본이 어지럽고서 그 끝이 다스려질 수 없듯, 본말本末과 시종始終은 수미首尾가 일관一貫되게 하나로 이어져 있어야 합니다.

그러나 오늘날 마음의 근본을 세우고 자성自性을 찾는다는 구도자들조차 공사公私의 구별은커녕 본말이 전도된 채 일의 선후를 그르치고 있습니다. 가까이는 진법眞法

을 닦아 수신修身하는 일부터, 크게는 나랏일을 바라보는 관점에 이르기까지 통찰력의 부재로 인해 사리분별이 안 되는 위태로운 지경에 이른 것입니다. 이 모든 문제의 핵심은 결국 '**의식의 수준**'에 있습니다.

상제님께서는 일찍이 "**동양이 서양에 둥둥 떠밀려 간다**" 하시며, 두 손으로 땅을 움켜잡은 채 고통스럽게 몸부림치시는 공사를 보셨습니다. 이 절박한 성구의 내용처럼, 오늘날 우리가 마주한 세계는 다층적이고 복합적인 위기가 얽혀 한 치 앞을 내다볼 수 없는 풍전등화의 상황에 직면해 있습니다.

그럼에도 불구하고 대다수 신앙인은 시대의 엄중함을 깊이 성찰하기는커녕, 도리어 안일한 자족의 늪에 빠져 있습니다. 철 지난 묵은 이념에 한 발을 담근 채, "**자신이 맹신하는 교리만 붙잡고 있으면 어떻게든 살겠지**" 하는 막연한 기대 속에 머물러 있는 것입니다. 이는 대변혁의 파고가 몰아치는 바다 위에서 구멍 난 뗏목 하나에 의지한 채 태평성대를 노래하는 것과 다를 바 없는 위험천만한 태도입니다.

우리가 역사를 배우는 이유는 동서고금의 흥망사를 거울삼아 오늘을 경계하기 위함입니다. 역사 속 국가나 조직의 멸망사를 살펴보면 한결같은 공통점이 발견됩니다. 국가의 몰락은 외부의 침략 이전에 항상 내부의 부정과 부패, 모순으로 인해 스스로 자멸의 길을 걷는다는 사실입니다.

더욱이 지금은 단순한 흥망사의 한 주기가 아니라 우주의 한 사이클이 이제 완성되어 천지도 성공하려는 때이기에 우주적 차원에서 사람을 추려 골라내는 시기를 당하였기에 더욱더 사안이 복합적이고 절박합니다.

이제 필자는 동서양의 모든 예언이 구원의 방소로 지목한 한반도, 그 땅에서 피어난 새로운 진리이자 "**나의 가르침이 참동학이라**" 하셨던 '**판밖의 도**'에 대해 그 전모를 드러낼 시기가 되었다고 판단하였습니다.

본서는 지난 2017년부터 준비하여 약 2년 만에 탈고하였으나, 당시 진리를 꿰뚫어 보는 안목이 여전히 미흡했음을 고백합니다. 그렇게 다시 6년의 세월이 흐른 을사년(2025) 11월 중순, 비로소 미완의 글들을 다시 다듬어 세상에 내어놓게 되었습니다.

曰, 理卽天리즉천이오 天卽理천즉리니, 是故시고로 我아난 無私무사하노라.
이치가 곧 하늘이요 하늘이 곧 이치이니, 나는 사사로움이 없느니라.
『대개벽경(大開闢經) 6편 병오년 공사기 10장』

天者천자는 理也리야 昭昭之天소소지천이 合人心之天합인심지천하나니
理原於天이원어천하여 具於人心구어인심이라.
若逆理則약역리즉 自欺此心之天자기차심지천이니 此欺在天之天차기재천지천일새라.
하늘은 이치라 저 밝게 비추는 하늘이 사람 마음속 하늘에 부합하니,

> 이치는 하늘에 근원하여 사람 마음에 갖춰져 있느니라
> 이치를 거스름은 곧 스스로 마음속 하늘을 속이는 것이니
> 이는 하늘에 있는 하늘을 속이는 것이니라.
> 『중화경(中和經) 47장』

상제님께서는 이처럼 **"하늘(天)이 곧 이치(理)니라"** 하셨습니다.

뿌리와 줄기, 그리고 본말本末은 언제나 음양의 이치로 맞물려 돌아갑니다. 마음(心)이 곧(卽) 이치(理)인 즉, 이치 밖에 따로 마음이 존재하지 않기에 자신의 본성(性)을 깨닫는 과정은 곧(卽) 천지의 이치(理)를 깨쳐가는 과정과 다르지 않습니다.

상극의 틀 안에 닫힌 마음을 열기 위해서는 자기 마음의 미로에 갇혀 오도송悟道頌이나 읊조리는 선천 교학의 문턱을 넘어서야 합니다. 이제는 새 천주님께서 주재하시는 곤도坤道 우주의 바탕자리인 '**천지이치**'에 눈을 떠야 할 때입니다. **"너희들이 천지이치를 아느냐?", "나는 천지이치를 배운다네"** 하신 말씀은, 천지이치(理)가 곧 지천태 새 하늘의 법도이며 새 천지의 마음(天心)임을 일깨워 주시는 것입니다.

이치를 단순히 이론적 범주로 치부하며 선천 불교식의 서투른 심법 타령에만 머물러 있다면, 판 안의 울타리를 벗어나 '내 세상'이라 하신 조화 경계의 실체를 깨닫는 데 분명한 한계가 있음을 절감하게 될 것입니다.

따라서 본서는 성인의 말씀 그 기저에 흐르는 천지이치의 바탕을 낱낱이 파헤쳐, 천지공사의 시종始終을 관통하는 진의眞意를 밝히고자 했습니다. 이를 통해 독자들이 지공무사至公無私한 천지대도의 진리에 머물러 지혜의 눈을 뜨게 하는 것, 그것이 바로 본서가 지향하는 궁극의 목적입니다.

필자는 판 안에서 밀려 나와 동일한 고뇌를 먼저 겪어온 선험자로서, 판 밖의 거친 풍상 속에서 체득한 이치의 정수를 여러분과 공유하고자 합니다. 그 이유는 자명합니다. 서로 갈래갈래 찢겨 배타적인 길을 걷고 있는 종교와 신앙인들이, 사실은 천지부모님 앞에 '**원래 한 가족의 핏줄**'이었음을 증명하기 위함입니다.

본서가 통일된 이치의 틀을 밝혀 상생대도의 진법을 여는 소중한 시금석이 되기를 간절히 소망하며, 지극한 마음으로 붓을 들었습니다. 마지막으로, 무엇보다 고된 산고의 시간을 함께 견뎌준 아내 승아에게 깊은 감사를 전합니다. 물심양면 힘이 되어준 덕분에 온전히 글에 집중할 수 있었습니다.

곤원 육년 을사(坤元 六年, 乙巳, 2025)년
衆陰之中에 一陽이 始生하는
음력 12월 26일 再生身
斗山

목 차

1부 원방각(○□△)

1장 우주1년과 하도낙서

2장 복희여와도와 태극

3장 원방각과 삼원

4장 지천태와 천지비

2부 도맥의 개괄

1장 법통맥(法統脈)

2장 종통맥(宗統脈)

3장 태통맥(泰統脈)

4장 도통맥(道統脈)

3부 도맥의 주관

1장 화은당 선사님(水宮)

2장 고수부님(火宮)

3장 인정상관님(木宮)

4장 김수부님(金宮)

5장 정씨 대모님

4부 단주수명

1장 금산사

2장 삼원 이십팔수와 칠정

3장 약장과 선기옥형

4 장 주역의 결론

1부 원방각(○□△)

1장 우주1년과 하도낙서

1. 불교적 관점의 도솔천

도솔천에 대한 글을 풀어내기에 앞서 불교에서 바라보는 도솔천에 대한 관점을 먼저 살펴보겠습니다.

도솔천(兜率天, Tusita-deva)은 불교에서 욕계 6천六天 중의 제 4천四天으로 '**만족시킨다**'는 의미로 해석하여 지족知足、묘족妙足、희족喜足、희락喜樂이라 번역합니다. 이러한 우주관은 고대 인도의 우주관에서 비롯되었는데 이에 따르면 세계의 중심은 수미산須彌山이며, 그 꼭대기에서 12만 유순[1]由旬 위에 도솔천이 있다고 합니다.

불교의 세계관은 다소 복잡한 체계로 되어 있는데 우측 그림에서와 같은 구조로 이해할 수 있습니다. 세계의 중심인 수미산을 떠받치고 있는 것이 지륜地輪인데 지륜 밑에 금륜金輪이있고, 이 금륜을 떠받치고 있는 것이 수륜水輪이며, 수륜 아래에는 풍륜風輪이 있다고 하여 이 네 가지가 세계를 떠받치고 있는 사륜四輪이 됩니다.

또한 수미산은 8개의 산으로 둘러싸여 있으며, 이들 산과 산 사이에는 큰 바다가 하나씩 있어서, 수미산을 포함해 산이 9개, 바다는 8개가 됩니다. 이를 구산팔해九山八海라 부르는데 이들 산과 바다의 맨 바깥쪽, 즉 아홉 번째 산이 철위산鐵圍山이며 이 산 바깥에는 동서남북 각 방향으로 4개의 대륙이 존재합니다. 이 4개의 대륙을 동승신주(東勝神洲) • 서우하주(西牛賀洲) • 남섬부주(南贍部洲) • 북구로주(北俱盧洲)라 하며 이 중에서 우리가 살고 있는 곳을 남섬부주라고 합니다.

이 수미산의 하계下界에는 지옥이 있고, 수미산의 가장 낮은 곳에는 인간계가 있습니다. 또 수미산 중턱의 사방으로 동방에는 지국천持國天, 남쪽에는 증장천增長天, 서쪽에는 광목천廣目天, 북쪽에는 다문천多聞天의 사왕천四王天이 있으며 정상에는 선견성善見城이라는 궁전이 있으며 선견성 안에는 제석천帝釋天이 머무르면서 사방 32성의 신神들을 지배하고 있다 합니다.

또한 해와 달은 수미산의 허리를 돌고 있고 이 수미산 위의 공중에는 욕계欲界 육천 가운데 네 개의 하늘과 색계천色界天·무색계천無色界天들이 차례대로 있다고 하는

---

1) 고대 인도의 거리 단위로 소달구지가 하루에 갈 수 있는 거리. 11~15㎞라는 설이 있음

附表二

小世界諸天圖解

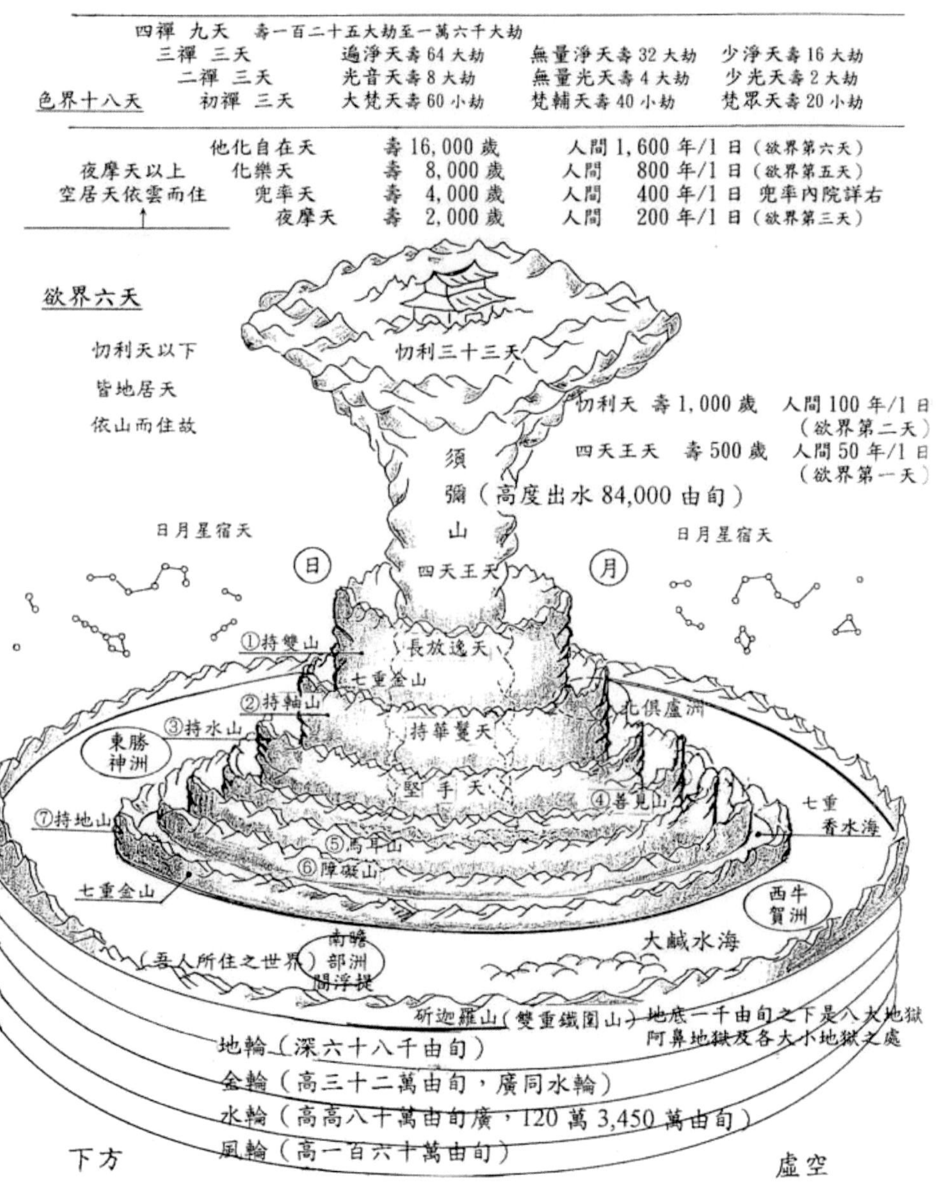

以須彌山為中心是為一小世界，此為佛智親見所說，非今人測量而知。

隨緣 繪製

데 아무튼 33천이라는 뜻은 욕계의 천상세계 중에서 도리천에 동서남북으로 8개의 성이 있고 가운데 도리천을 다스리는 왕인 제석천이 살고 있어서 모두 33천이 된다고 하며 여기서 33천을 도리천이라고 하는 까닭은 33의 인도말에 대한 음사音寫가 '忉利'가 되기 때문입니다.

제석천은 본래 인도 성전《리그베다》에 등장하는 천신 중 벼락을 신격화한 가장 강력한 힘을 지닌 신(Indra)이었으나 불교에 수용되어서는 범천梵天과 함께 호법선신護法善神의 역할을 맡게 되었고, 세계의 중심에 있는 수미산 정상의 도리천의 주인으로 수미산 위의 선견성善見城에 살면서 도리천에 속한 삼십삼천三十三天과 그 하위의 사천왕천四天王天 및 우리 인간계까지 빠짐없이 선악과 길흉을 살피며, 상벌을 주는 역할을 담당합니다.

《법화경》 서품 1장에 보면 '욕계慾界 도리천忉利天의 왕王인 제석천帝釋天이라고 불리우는 석제환인釋提桓因이 많은 권속眷屬 이만천자二萬天子들을 거느리고 함께 왔다.' 고 씌어있는데 한국에서는 단군임금의 할아버지를 '釋提桓因'이라고 하여 하늘의 주인인 도리천주忉利天主와 동일시하여 숭배하였으며 무가에서는 옥황상제玉皇上帝로까지 받들게 되었습니다.

또한 도솔천은 도리천 위의 염마천閻魔天(夜摩天) 그 위에 있는 천상세계를 가리키는데 이곳은 내원內院과 외원外院으로 구별되어 있으며 내원은 미륵보살이 살며 석가모니불의 교화를 받지 못한 중생을 위해 설법하고, 외원은 천중天衆의 환락 장소라고 하며 석가모니불도 인도에 태어나기 전에 이곳에서 머물며 수행하였다고 합니다.

이상의 설명처럼 불교에서는 수미산을 중심으로 구산팔해九山八海를 교호交互로 번갈아 두르고 철위산을 가장 밖에 있는 외곽으로 한 세계와 같이 하나의 태양을 중심으로 한 하나의 세계를 일소세계一小世界라 하는데 이러한 일소세계를 천개 합한 것을 소천세계小千世界요, 이 소천세계를 다시 천개 합해서 중천세계中千世界가 되고, 이 중천세계가 다시 천개 합해져서 대천세계大千世界가 된다 합니다.

그래서 대천세계는 수치로 보면 십억소세계十億小世界인데 소천小千, 중천中千, 대천大千으로 합해서 천이 세 번 있으므로 삼천대천세계라 부릅니다.

이와같은 불교 우주관에서 33천 도리천忉利天과 도솔천兜率天은 욕계육천欲界六天 중 제2천과 제4천으로 각각 별개의 하늘로 불리기도 하지만 때로는 비슷한 의미로 혼용해서 쓰이기도 합니다.

특히 광복 이후 연말을 기해 울리는 제야의 종 행사는 한국전쟁으로 소실된 보신각을 중건한 1953년 연말부터 시작되었는데 많은 사람들이 종로의 보신각 주변에 모여서 한 해가 가고 새해가 시작됨을 기념하여 제야의 타종행사를 경축하고, 같이 새해의 소원을 비는 행사를 하게 되었습니다.

이는 조선시대 보신각이 오경 새벽 4시에 사대문이 열리는 것을 알릴 때 33번 타

종한 것에서 유래되었는데 오경에 종을 치는 것을 파루罷漏라고 하며, 성문을 닫을 때에는 인경人定이라 하여 28번의 종을 쳤다고 전해지는데 인경에 28번을 친 것은 우주의 일월성신 이십팔수 28별자리에게 밤의 안녕을 기원한 것이고 파루에 33번을 친 것은 불교의 33천인 제석천이 이끄는 하늘의 삼십삼천을 향하여 나라의 태평과 국민의 무병장수, 평안을 기원한다는 뜻이 담겨 있다고 합니다.

도교의 36천

도교의 3대 경전집이라 불리는 무상비요無上秘要와 운급칠첨雲笈七籤, 정통도장正統道藏 중《운급칠첨(雲笈七籤)》권3에 의거한 도교 교리에 따르면, 도교의 신계神界는 4개의 계층으로 모두 36천으로 구성되어 있다고 합니다.

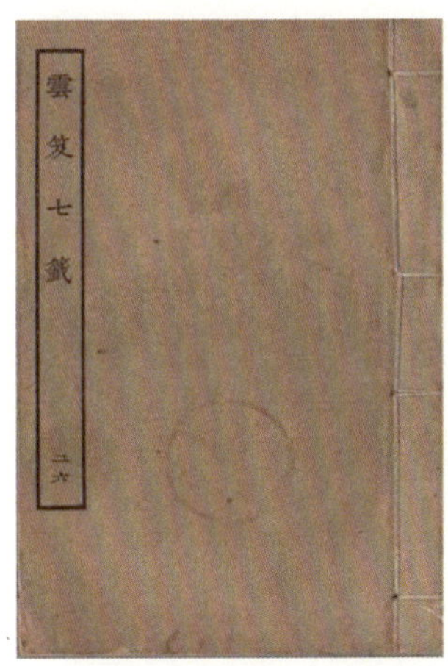

첫째 - 가장 아래인 삼계로 불교의 그것과 같은데, 욕계(欲界) 6천, 색계(色界) 18천, 무색계(無色界) 4천의 28천으로 선행의 내용에 따라 전생(轉生)한다.

둘째 - 삼계 위에 수행공덕에 의해 태어나는 사종민천(四種民天), 곧 태허무상상융천(太虛無上常融天)、태석옥륭등승천(太釋玉隆騰勝天)、용변범도천(龍變梵度天)、태극평육가연천(太極平育賈戀天)이 있고,

셋째 - 그 위에 삼청경(三淸境),

넷째 - 제일 위에 도교의 최고신인 원시천존(元始天尊)이 사는 대라천(大羅天)이 위치한다.

삼청의 옥청경은 청미천(淸微天)으로 성인들이 살며 천보군(天寶君)이 다스리고, 상청경은 우여천(禹餘天)으로 진인(眞人)들이 살며 영보군(靈寶君)이 다스리고, 태청경은 신선들이 살며 신보군(神寶君)이 다스린다.

삼청을 《도장(道藏)》의 삼동(三洞)에 배대하여 동진부는 옥청군, 동현부는 상청군, 동신부는 태청군이 각각 설했다고 하는데, 혁신교단인 전진교(全眞教)에서는 삼청을 원시천존、태상도군(太上道君: 영보천존)、태상노군(太上老君: 도덕천존)으로 받들고 있다. 도교의 36천은 이들 4천을 합한 수이다.

- 출처 : 원불교대사전 삼청 [三淸] -

이와같이 불교와 도교의 우주관이 상이한 가운데 당나라 때 8대 신선 가운데 한 분인 여동빈呂洞賓을 모시는 중국 민간도교 교단에서 함풍원년咸豊元年 1851년에 출판한 『여조휘집(呂祖彙集)』의 《팔품경(八品經)》에 보면 '玉皇至尊옥황지존 在兜率凌霄天宮同재도솔능소천궁동'이라는 내용이 '太極化育品第一'에 나옵니다.

여기서 33천 도솔천궁에 계신다는 불교의 미래불인 미륵부처님과 유교나 도교에서 말하는 우주의 통치자 곧 옥황상제님이 여동빈의 의식속에서는 동일한 분으로 인식되었음을 볼 수 있는데 다만 이 기록이 인정되기 위해서는 『여조휘집(呂祖彙集)』 자체가 여동빈 본인이 직접 기록한 책이라는 전제가 붙어야 할 것입니다.

그러나 아쉽게도 『여조휘집(呂祖彙集)』은 여동빈이 직접 기술한 책이 아니라 여동빈 사후 1000년 뒤인 1851년 여동빈을 가탁하여 '부란[2]扶鸞'을 통한 신내림(降神) 글을 기록한 '난서鸞書'의 일종이라 할 수 있으니 이 기록만으로 그 실체가 상호 동일한 분임을 문헌적으로 정의하기에는 무리가 따른다고 볼 수 있습니

2) 강필법(降筆法)은 민간 도교에서 행해진 신앙 방법으로 난새의 깃털을 쥐고 강필하는 부란으로 글을 받아 적는 것이다.

다. 그럼에도 불구하고 우주의 주재신을 종교 문화권 마다 각기 달리 부르는 호칭에 지나지 않음을 이해한다면, 문헌적 고증을 넘어 이치와 합리적 사고의 전제하에 강신降神과 같은 신도神道 문제를 긍정적으로 수용할 수 있는 열린 마음도 필요할 것입니다.

이와 비슷한 사례로 증산법종교의 주문집 **『법경(法經)』**에 수록된 삼천주三天呪에 보면, 삼십삼천三十三天 도솔천兜率天에 대한 내용이 나옵니다.

> 삼십삼천 도솔천 옥황상제 성령지하 봉명신 옥동성자 (금도령)
> 三十三天 兜率天 玉皇上帝 聖靈之下 奉命身 玉童聖子 (今道令)

흥미로운 부분은 옥황상제玉皇上帝에 대한 내용인데 이는 『여조휘집(呂祖彙集)』의 '**玉皇至尊**옥황지존 **在兜率凌霄天宮同**재도솔능소천궁동'과 비슷한 의미로 도솔천궁에 계신 미륵부처님과 유교와 도교에서 절대자로 얘기해온 옥황상제님이 결국 한 분의 맥락임을 시사하고 있습니다.

이상 도솔천과 관련된 내용들을 살펴보았는데 문제는 앞으로 얘기해나갈 이 도솔천에 대한 개념이 기존에 알려진 내용과 약간의 차이가 있습니다.

2. 양음강유

지금까지 살펴본 불교의 도솔천이 수미산을 중심으로 한 공간空間적 관점의 서술이었다면, 이제는 이를 시간時間적 견지에서 투영해 볼 필요가 있습니다. 즉, 33천에는 역도易道의 수리數理인 33번째 천산둔괘天山遯卦의 하늘이라는 구조적 의미가 내포되어 있습니다.

천산둔괘의 괘사卦辭는 '遯 亨 小利貞'인데 공자님은 『잡괘전(雜卦傳)』에서 '遯則退也'라 하여 괘사의 핵심을 단 한 글자로 '退'(물러날 퇴)라고 하였습니다.

이것은 무얼 의미하는 것일까요?

'退'는 진퇴進退 할 때의 '退'이며 『계사전(繫辭傳)』 2장에 보면 '**剛柔相推而生變化**강유상추이생변화, **變化者**변화자**는 進退之象也**진퇴지상야'라는 문장이 나오는데 진퇴進退의 상象이 곧 변화變化이며 이는 강유剛柔가 서로(相) 밀어서(推) 생겨남(生)으로 말하고 있습니다. 결국 33천 도솔천의 의미는 진퇴進退의 실체實體인 강유剛柔의 문제를 알아야 풀 수 있습니다. 그러면 '剛柔'는 무엇을 의미하는 것일까요?

이는 『경세연역도(經世衍易圖)』와 그 내용을 그대로 풀어서 정리한 『복희팔괘차서도(伏羲八卦次序圖)』에 대한 이해가 선행되어야 하니 이를 먼저 소개하겠습니다.

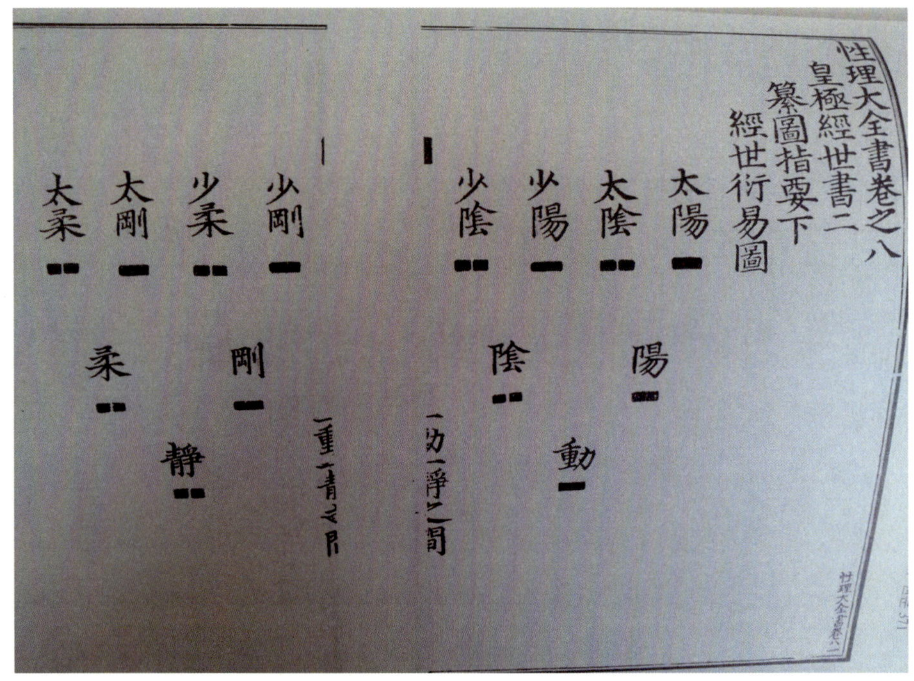

<황극경세서(皇極經世書) 경세연역도(經世衍易圖)>

팔괘의 근원은 양효(—)와 음효(--)인데 양효(—)는 양의 성질이 전일해서 끊임없이 동動하는 뜻이 있고 음효(--)에는 정靜해서 유순柔順하고 단정端整하다는 뜻이 들어 있습니다.

이것은 음양의 원리를 부호화 한 것으로 계사전 11장에 '易有太極역유태극하니 是生兩儀시생양의하고 兩儀生四象양의생사상하고 四象生八卦사상생팔괘' 즉 역에 태극이 있으니 태극에서 음양이 생겨나고 음양에서 사상이 나오고 사상에서 팔괘가 생겨난다고 했습니다.

이걸 분파법으로 만들어 놓은 것을 『복희팔괘차서도(伏羲八卦次序圖)』라고 말하는데 먼저 태극太極이 1변 1차분화하여 동정動靜으로 나뉘고 동정動靜이 2변 2차분화하여 사상四象으로 나뉘며 사상四象이 3변 3차분화하여 팔괘八卦가 생성되어집니다. 이렇게 3차분화를 하게 되면 세 개의 효로 구성이 되며 부모가 결혼을 해서 자식이 생하는 원리처럼 이 세 효는 천지인 삼재三才로 구성되고 이 팔괘를 두개씩 겹쳐 모아서 만든 육십사괘를 대성괘大成卦라고 합니다.

> 한번 동動하고 한번 정靜하는 사이를 역易에서 이른바 태극太極이라고 한다. 동정動靜은 양의兩儀이고 음양강유陰陽剛柔는 역易에서 말하는 사상四象이다. 태양太陽, 태음太陰, 소양少陽, 소음少陰, 소강少剛, 소유少柔, 태강太剛, 태유太柔는 역易에서 말하는 팔괘八卦이다.- 채원정蔡元定

그런데 특이한 것은 황극경세서의 『경세연역도(經世衍易圖)』를 보면 사상四象이라고 할 때 흔히 쓰는 '태양太陽·소음少陰·소양少陽·태음太陰'이라 하지 않고 '양陽·음陰·강剛·유柔'로써 사상四象의 명칭을 대신하고 있다는 것입니다.

사실 동무東武 이제마李濟馬(1837~1899)선생이 사람의 체질을 네 가지로 나누어 설명하는 사상의학의 이름에 묻혀 본래의 '陽·陰·剛·柔'의 사상은 아주 생소한 개념이 되고 말았습니다.

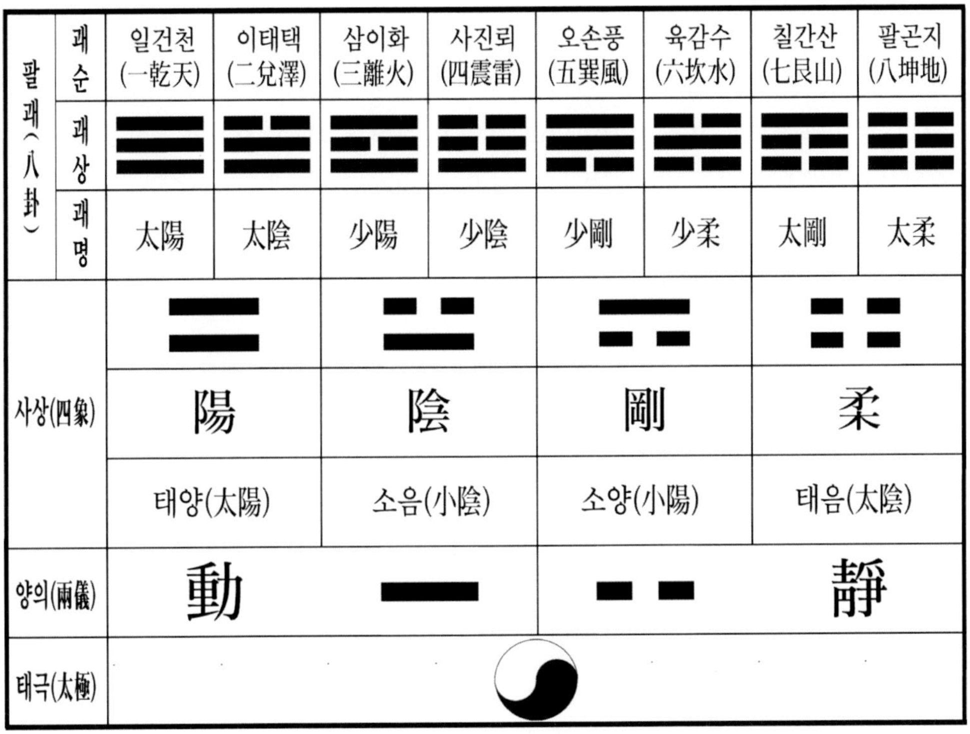

<table>
<tr><td rowspan="3">팔괘(八卦)</td><td>괘순</td><td>일건천(一乾天)</td><td>이태택(二兌澤)</td><td>삼이화(三離火)</td><td>사진뢰(四震雷)</td><td>오손풍(五巽風)</td><td>육감수(六坎水)</td><td>칠간산(七艮山)</td><td>팔곤지(八坤地)</td></tr>
<tr><td>괘상</td><td>☰</td><td>☱</td><td>☲</td><td>☳</td><td>☴</td><td>☵</td><td>☶</td><td>☷</td></tr>
<tr><td>괘명</td><td>太陽</td><td>太陰</td><td>少陽</td><td>少陰</td><td>少剛</td><td>少柔</td><td>太剛</td><td>太柔</td></tr>
<tr><td colspan="2" rowspan="3">사상(四象)</td><td colspan="2"></td><td colspan="2"></td><td colspan="2"></td><td colspan="2"></td></tr>
<tr><td colspan="2">陽</td><td colspan="2">陰</td><td colspan="2">剛</td><td colspan="2">柔</td></tr>
<tr><td colspan="2">태양(太陽)</td><td colspan="2">소음(小陰)</td><td colspan="2">소양(小陽)</td><td colspan="2">태음(太陰)</td></tr>
<tr><td colspan="2">양의(兩儀)</td><td colspan="4">動</td><td colspan="4">靜</td></tr>
<tr><td colspan="2">태극(太極)</td><td colspan="8"></td></tr>
</table>

<복희팔괘차서도伏羲八卦次序圖>

청대清代에 나온 이광지의 『주역절중(周易折中)』에는 "**사상은 무엇이냐 사상은 음양과 강유를 말하는 것이다**"라고 했지만 『주자어록(朱子語錄)』에는 "**사상은 노양·소양·노음·소음이다.(四象是老陽少陽老陰少陰)**"라고 상반된 견해 차이를 보이고 있습니다.

문제는 주자시대 이후로의 사상 개념을 가지고는 주역의 괘사卦辭와 단전彖傳에 담긴 깊은 뜻을 온전히 이해하기 어렵다는 점입니다. 일례로 우리가 흔히 알고 있는 사상 중 태양太陽과 태음太陰은 『경세연역도(經世衍易圖)』의 관점에서 보면 각각 양陽과 유柔를 의미하며 그와 같은 이름으로 『경세연역도(經世衍易圖)』에 나오는 태양, 태음은 사실 일건천一乾天과 이태택二兌澤을 가리키고 있습니다.

본래 주역과 정역은 이치理致와 신도神道를 일대일로 대응시켜 압축파일처럼 묶어서 결속해 놓은 암호문으로 볼 수 있는데 용어의 정확한 개념을 정립하고 그 함축된 의미를 해제하지 않은 채, 단순히 평면적인 한자 풀이 수준에 머문다면 성인이 전하고자 했던 본연의 진의眞意에 얼마나 다가설 수 있을지 우려하지 않을 수 없습니다.

훼손되지 않은 본래의 사상으로 원시반본 하는 일이야말로 경전 해독의 진정한 첫걸음일 것입니다. 원래의 사상 체계 속에 깃든 '陽·陰·剛·柔'의 이치를 온전히 깨닫고 나면, 비로소 33천 도솔천을 출입하는 비밀의 문이 그 신비로운 모습을 드러낼 것입니다.

다만, '양·음·강·유'를 깊이 있게 이해하기 위해서는 하도河圖, 낙서洛書에 대한 기본적인 개념 정리가 선행되어야 합니다. 따라서 가장 기초적인 우주 변화의 근본 틀인 생장염장生長斂藏과 우주 1년의 원리를 먼저 짚어본 뒤, 본격적인 논의를 이어가도록 하겠습니다.

3. 우주1년

이 우주에는 본질적이면서도 보편적인 법칙이 있습니다.

그것은 '변화(Change)'입니다. 우주는 고정돼 있지 않고 끊임없이 순환하며 흘러가는데 이를 동양에서는 예로부터 역易이라 불러 왔습니다.

서양에서도 역경易經의 이름을 『the Book of Change』라 하고 있음에서 보듯 만물은 끊임없이 순환하여 흘러가지만 그 무상한 변화의 바탕에는 불변不變의 법칙이 존재하고 있습니다.

그 핵심을 상제님께서는 다음과 같은 명쾌한 말씀으로 일러 주고 계십니다.

> 나는 생장염장(生長斂藏) 사의(四義)를 쓰노니 곧 무위이화(無爲以化)니라
> 『대순전경(大巡典經) 6장 67절』

이 말씀은 우주가 만물을 낳고(生), 기르고(長), 거두고(斂), 폐장(藏)하여 완전한 결실을 맺고 휴식에 들어가는 4계절의 변화가 '무위이화'로 이루어진다고 하셨습니다. 다시 말하면 우주는 우주에 내재한 이법에 의해 저절로 변화하는 것이지, 창조주가 작위적作爲的으로 고안해 낸 게 아니라는 말씀입니다.

만물자생(萬物資生)
수치방탕신도통(羞恥 放 蕩 神 道 統)
춘지기방야(春之氣放也)
하지기탕야(夏之氣蕩也)
추지기신야(秋之氣神也)
동지기도야(冬之氣道也)
통 이기지주장자야(統 以氣主張者也)
지심대도술(知心大道術)
무신십이월이십사일(戊申 十二月 二十四日)
『대순전경(大巡典經) 3장 134절』

우주의 춘하추동 각 계절에서 변화하는 천지기운(에너지)의 성격을 '방放·탕蕩·신神·도道'로 규정을 하시고 이를 생장염장生長斂藏의 정신과 묶어서 우주의 순환주기로 말씀하셨습니다.

천지의 이법理法이 곧 천지의 본성本性이요, 천지본성의 요체要諦가 곧 '生長斂藏'이니 인간은 이에 순응하면서 살아가야만 합니다.

봄에는 초목이 생겨나 여름내내 뙤약볕 아래에서 성장하다가 가을이 오면 지나온 성장과정의 진액을 전부 거둬 모아 모든 변화가 낙엽이 귀근하듯 통일로 돌아가서 결실을 맺은 후 겨울에는 다시 다음해의 봄을 위해 깊은 휴식으로 들어가게 됩니다.

이와같이 이 우주에도 지구의 사계절과 같이 생장염장하는 거대한 순환의 주기가 있습니다. 이를 상제님께서는 **"알음은 강절康節[3]의 지식이 있나니 다 내 비결이니라."** 하시며 '원元·회會·운運·세世'의 이치를 밝혀 일원一元인 129,600년이라는 시간대를 통해 인류의 문명역시 흥망성쇠를 반복하는 순환의 주기가 있음을 인정해 주셨던 것입니다.

이 129,600년이라는 일원一元의 주기 마다 천지가 경신更新한다고 하여 이를 우주의 순환주기로 생각하였는데 현대과학의 발달로 그 진실이 밝혀지고 있으니 북송때의 학자로서 무려 1,000년 전의 인물임을 감안한다면 천지의 큰 틀에 대해 한 소식을 들은 현인賢人이라 하지 않을 수 없습니다.

3) 소강절 (邵康節 1011~1077) 선생은 북송(宋) 때의 명현(名賢)으로서 주렴계, 장횡거, 정명도, 정이천과 함께 송(宋)의 5현(賢)으로 일컬어지고 있는데 정명도, 정이천 형제만 빼고 나머지 세 사람은 친구지간이었다. 소강절의 본 이름은 소옹(邵雍), 강절(康節)은 시호이며, 자는 요부(堯夫)이다. 역(易)의 상수(象數) 원리를 밝혀 역학의 새로운 장(章)을 연 학자이다. 북송 때에 인물이 한꺼번에 나왔고, 남송 때는 주자(朱子)가 나와 유학을 총정리하고 신유학(성리학)을 열게 되었다.

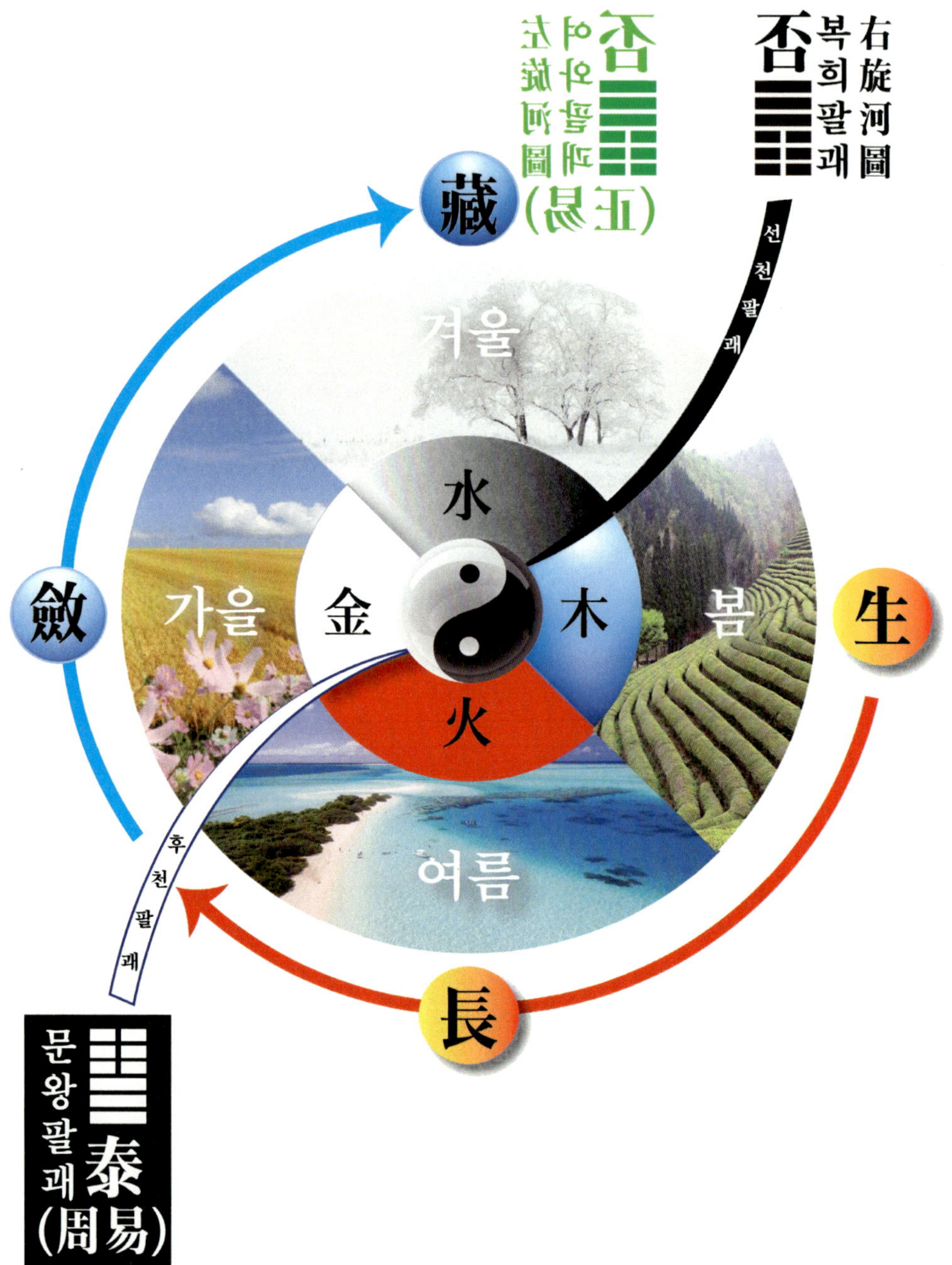
右旋河圖
복희팔괘
否
선천팔괘
左旋河圖
일부팔괘
否
(正易)
藏
斂
生
長
겨울
봄
여름
가을
水
木
火
金
후천팔괘
문왕팔괘
泰
(周易)

지구1년에 농부가 초목농사를 짓듯 같은 원리로 **우주1년**[4](宇宙年, Cosmic Year)[5] 동안에는 대자연이 인간농사를 짓습니다. 다시 말해 우주의 봄, 여름, 가을, 겨울은 천지정신의 원뿌리와 하나되어 모든 인간들이 자신의 본신을 찾아 영원불멸의 자리로 완성되기 위한 지난한 과정입니다.

천지에서 인간농사 짓는 봄,여름,가을,겨울이라는 4계절의 시간중 봄·여름을 선천 64,800년, 가을·겨울을 후천 64,800년이라고 하는데 이중 인간과 만물은 각각 5만년씩 도합 10만년을 성장하면서 전반기 5만년 동안은 인간과 만물이 지상에 화생되어 분열 성장하는 시간이며, 후반기 5만년은 극도로 분열 대립하던 여러 정치, 종교와 이념, 사상들이 이제 모두 한 갈래로 통합되어 종교적 이상이 구현되고 생명의 신성이 발현되어 그야말로 지상천국과 같은 통합문명이 열리게 됩니다.

그런 연후 맞이하게 되는 약 3만년의 빙하기는 우주가 휴식하는 폐장기로 이로써 우주1년의 순환주기는 매듭을 짓게 됩니다. 그런데 지금은 여름철 말에서 가을로 막 들어서고 있는 시간입니다. 선후천이 교대하는 이 시기를 우주적 환절기에도 비유를 하고 하추교역기, 후천개벽의 시기라고도 하지만 막연히 개벽만 부르짖고 있을 뿐 어떠한 선후천 변국에 관한 얘기를 다 들어봐도 구체적으로 상제님 공사를 풀어나갈 수 있을만큼 섬세한 이치에까지는 접근하지 못하고 있습니다.

이는 선후천에 대한 고정적인 큰 틀의 개념만 있을 뿐 좀 더 섬세하고 디테일하게 상제님 진리를 풀어나갈 수 있는 철학적 기반이 없기 때문입니다. 여기까지가 강증산 상제님의 법을 좇아 신앙하는 분들이 기본적으로 알고 있는 선후천관의 기본틀이라 할 수 있으며 여기서 한 걸음 더 나아가 한동석 선생이 집대성한 『우주변화의 원리』를 활용하여 종통宗統 문제를 음양오행의 변화논리로 설명하는 시도를 하는 등 많은 노력을 기울였지만 기존의 우주1년과 선후천관의 평면적인 도식의 틀에 갇혀 **판안공부의 한계**를 넘지는 못했습니다.

역易의 원리에 대한 깊은 통찰이 부족한 이유로 세상사 근원에 자리한 신도神道의 뜻을 헤아릴 수 있는 판밖의 천지이치에는 접근할 수 없었던 것인데 지금부터 풀어나가는 내용들은 **'구슬이 서말이라도 꿰어야 보배'**라고 조각 조각난 상제님 진리를 하나로 꿰어서 유기적으로 연결할 수 있는 천지이치의 바탕에 흐르는 역도易道의 원리에 대해 소개를 하고자 합니다.

먼저 하도와 낙서에 대한 기본적인 설명을 한 후 논의를 이어가겠습니다.

---

4) 소강절 선생의 역작 중 《황극경세서(皇極經世書)》의 관물내편(觀物內篇) 10에 밝혀 놓은 원회운세(元會運世,129,600)의 시간법칙을 선·후천의 시간주기와 접목하여 부르는 명칭임

5) 삽입한 도표는 증산계열의 신앙인들이 보편적으로 이해하고 있는 선후천에 대한 관점을 사계절에 접목한 그림으로 기존의 「우주1년」 관련 도식을 일부 참고는 하였으나 易의 관점이 필자의 견해와 상이한 바가 있어 새로 작도하여 본연의 이치에 부합하는 우주1년의 모형을 소개해 보았다.

4. 하도와 낙서

하도河圖와 낙서洛書는 역도易道의 근본이자 모든 동서고금의 문명을 낳은 만유의 진리적 원형原形을 도식화한 그림으로 천지음양天地陰陽에서 파생된 이치의 모든 변화가 갈무리된 신물神物입니다.

하도는 복희씨伏羲氏가 천하天河에서 나온 용마龍馬에서 얻은 그림으로 이를 바탕으로 팔괘八卦가 그려졌고, 후대에 팔괘에서 주역의 64괘가 만들어졌습니다.

낙서는 하夏 나라의 우禹 임금이 9년 홍수를 다스리던 치수사업을 하던 중 낙수洛水에서 나온 신귀神龜의 등에 새겨진 점을 보고 그렸는데 하도와 달리 낙서에 글 서書자를 쓴 것은 그림과 함께 『홍범구주洪範九疇』를 설명하는 65자의 글자가 함께 전해져 왔기 때문입니다.

하도와 낙서를 잘 보시면 동서남북의 방향과 숫자가 있습니다. 저 그림을 이용해서 역학에서는 팔괘八卦와 음양陰陽 오행五行의 생극生克이 나오는데 그림에서 숫자만 따로 표시하면 아래와 같습니다.

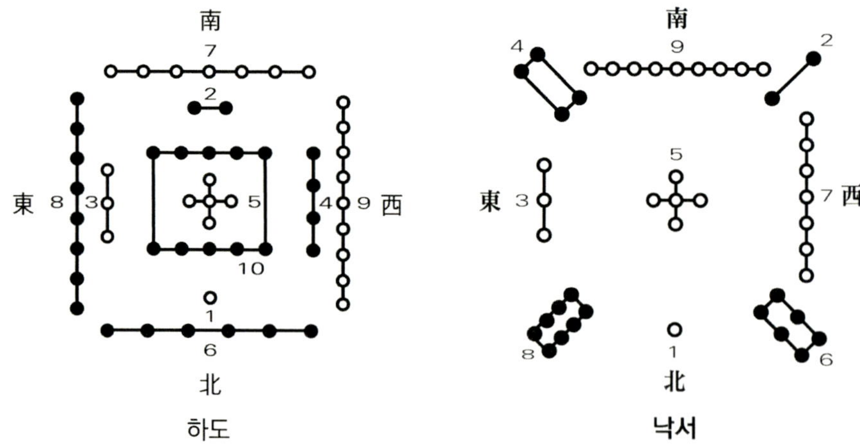

하도와 낙서를 보면 1,3,5,7,9 양수陽數는 하얀 동그라미(白圈)로 2,4,6,8,10 음수陰數는 검은 동그라미(黑圈)로 되어 있습니다. 1,3,5,7,9 양수는 천수天數라 하고 2,4,6,8,10 음수는 지수地數라 합니다. 하늘은 양陽으로서 광명하기에 백색으로 나타내며, 땅은 음陰으로서 어둠을 뜻하므로 검은 색으로 표현하였습니다.

1은 **水**라고 하며 동양에서는 만물이 태어나는 근원으로서 일태극一太極을 양수陽數의 대표인 하늘(天,○)로 상징하며 전체로서의 하나,씨앗,본질 등의 의미를 가집니다.

서양의 탈레스는 '**우주의 본체(아르케)는 물**'이라고 했으며 고대 서양 학자들은 1을 모든 수의 부모로 간주했습니다. 원은 1이라는 수를 상징했으며 모든 기하학적 패턴이 발달해 나오는 자궁이라고 믿었으니 원으로 표현되는 원리를 그리스어로 '**모나드(Monad)**'라 하였습니다. 고대의 철학자들은 모나드가 진공속에서 숨을 쉬면서 그 다음에 이어지는 모든 수들을 만들어낸다고 생각했습니다.(111111111×111111111=12345678987654321)[6]

낙서의「홍범구주」'**初一**초일 **日**왈 **五行**오행 **一日水**일왈수'에서 '**水日潤下**수왈윤하' 즉 물은 아래로 흘러가는 성질이 있으니 동서남북 중앙중에서도 북방에 자리를 잡으며 계절로는 겨울입니다.

2는 **火**라고 하며 1의 태극이 구체화된 음양의 원리를 의미하며 음수陰數의 대표인 땅(地,□)으로 상징합니다. 태극의 동정動靜운동의 변화로 생기는 음양의 두 조화 기운으로 인간과 만물은 살아 움직이며 끊임없이 생명활동을 지속하고 있으며 이 양극 사이의 분리로 인한 긴장은 조화와 통일성의 기초가 됩니다.

그리스 철학자들은 이를 '**디아드(Dyad)**'라 불렀고 디아드가 원래의 전체성으로부터 대담하게 분리해 나와서 다시 원래의 통일성으로 되돌아가고자 하는 갈망의 속성을 가진 양극성(Polarity)을 가지고 있음을 말하였습니다.

「홍범구주」에서 '**二日火**이왈화 **火日炎上**화왈염상' 즉 불꽃은 위로 타오르면서 퍼져 올라가는 성질이 있으니 남방에 위치하며 여름을 뜻합니다. 나온 순서대로 1水, 2火라 하였는데 상하의 수화水火는 태극의 동정인 음양을 대표하며 우주변화의 경經이 되니 수화운동에서 그 다음으로 생겨나는 것이 목과 금입니다.

3은 **木**이라 하며 모든 수의 부모인 1과 2라는 수화水火의 양극성을 뚫고 처음으로 태어난 3은 천지부모를 제외한 최초의 수이자 가장 오래된 수이며 서로 반대되는 것들의 결합을 통한 초월을 의미하므로 음양의 조화를 뜻하는 사람(人,△)을

6) 출처: 자연,예술,과학의 수학적 원형/경문사, 마이클 슈나이더 지음,이충호 옮김_
(이어지는 2, 3, 4, 5의 내용 일부도 모두 동일한 책에서 발췌함)

상징합니다. 우주의 시간과 공간은 하늘(天), 땅(地), 인간(人)의 삼계三界와 과거, 현재, 미래 삼세三世로 벌어져 있고, 물질의 기본 단위인 원자는 양자, 전자, 중성자라는 세 입자로 이루어집니다.

모든 힘은 대립적인 작용(正), 반작용(反)의 양자와 새로운 전체를 가져오는 합(合)으로 모나드의 통일성을 기억하며 그로 돌아가고자 하는 갈망을 표현합니다.

이를 '**모나드의 잠재성이 최초로 현실화된 트리아드(Triad)**'라 하며 우리 민족 고유의 사유구조인 삼진귀일三眞歸一의 삼일철학三一哲學과 그 맥락을 같이 하고 있습니다. 트리아드의 원리는 천칭에 잘 나타나 있는데 부모의 결합은 자식을 통해 더 결속력을 가지듯 서로 대립되는 둘은 그 둘의 중앙에 존재하는 제3의 측면에 의해 조정됩니다. 저울이 재판을 통한 정의의 상징으로 쓰이는 이유도 이 때문입니다.

「홍범구주」에서 '**三日木**삼왈목 **木日曲直**목왈곡직' 즉 새싹이 용틀임을 하듯 몸을 뒤틀며(曲) 꽁꽁 얼었다가 풀린 대지를 뚫고 위로 치솟아 올라오는(直) 왕성한 봄의 생기生氣를 표현한 것으로 동방에 위치하고 있습니다.

4는 **金**이라 하며 모나드의 점에서 디아드의 선과 트리아드의 면을 지나 이제 '**테트라드(Tetrad)**'라는 3차원 공간인 부피에까지 이르게 되었습니다. 이는 기하학적 식물에서 최초의 열매에 해당하는 부분으로 생명 에너지가 더 이상 발산되지 않게 외부의 껍질로 생명을 감싸고 있는 금金의 속성인 4는 정사각형(square)으로 표현되고 있습니다.

문화권에 상관없이 정사각형은 고대에 대지의 여신을 나타내는 가장 중요한 상징으로 사용되었으며 이는 역易에서 지천태地天泰 곤도坤道의 자리를 의미합니다. 비근한 예로서 비로자나불을 모신 금산사 대적광전은 정사각형의 현판 안에 '**大寂光殿**'의 글씨가 씌어져 있는 형태를 취하였습니다.

또한 동양에서는 하늘을 떠받치는 네 개의 기둥으로 밤하늘의 동서남북 4칠성의 방위를 말하는데 별자리관측을 위해 만든 경주 첨성대 위의 한 일一 자 돌 네 개를 우물 정井자 모양으로 놓은 최상단부 정자석井字石은 이를 상징하는 좋은 예라 할 것입니다.

「홍범구주」에서 '**四日金**사왈금 **金日從革**금왈종혁' 즉 생겨난 것은 반드시 죽게 마련이듯 쇠(金)는 화로의 도가니에 넣어져 불의 조화로 녹아(死) 새로운 쓰임새로 부활하는 속성(從革)을 가졌으니 가을의 결실結實로서 서방에 위치합니다. 그러므로 3木, 4金은 좌우에 위치하여 생성生成의 위緯가 됩니다.

5는 **土**라 하며 자연의 네 기본수에서 양수와 음수의 합에 의해 저절로 태어난 수로서 음양 기운을 다 지니고 있어 중수中數라 합니다.

그리스 철학자들은 모나드의 점에서 디아드의 선, 트리아드의 면, 테트라드의 3차원 입체 너머에 물, 불, 바람, 흙을 상징하는 '4대 원소'를 모두 포함하면서 생명을 불어 넣어주는 자연의 '**제5 원소**'라 할 수 있는 속성을 '**펜타드(Pentad)**'라 하였습니다.

펜타그램별은 자기 중앙의 정오각형 안에서 자신을 복제하면서 거꾸로 뒤집히는데, 그 중앙에도 정오각형이 있어서 그 속에 뒤집힌 별들이 계속 끝없이 나타나게 되니 기하학적 펜타드의 표현인 정오각형의 대칭성은 생명(再生)을 나타내는 최상의 상징이 됩니다. 이를 낙서 「홍범구주」에서는 '**次五**차오 **日**왈 **建用皇極**건용황극'이라 하여 '**五皇極**오황극'이라 불렀으니 예로부터 이 중앙 5토의 황극은 동양에서 임금(천자,왕)을 의미하였습니다.

펜타드의 기하학적 아이콘인 별(star)은 등급을 매기는 상징(오성급 호텔등)으로 사용되며 배우나 연기자, 운동선수 중에서도 최고의 인기를 누리는 사람을 '슈퍼스타'라 부르는 것이나 미 국방성 '펜타곤(Pentagon)'에 근무하는 사람들 사이에서 군의 계급제도로 계속 사용되는 오각형 별은 우월성과 권위를 상징하고 있습니다.

즉 끊임없는 재생을 상징하는 정오각형의 대칭성은 곧 13자로 오시는 남방삼이화(日)를 상징함과 동시에 동서남북(4대 원소) 4칠성의 28수를 순회하며 하늘의 기강을 잡는 북두칠성(月)으로 일월日月을 겸한 오황극의 위位를 의미합니다.

「홍범구주」에서 '**五日土**오왈토 **土爰稼穡**토원가색'은 씨를 뿌려 심고(심을 가稼) 익은 곡식을 거두어(거둘 색穡) 들이는 농사農事일로서 곧 1水, 2火, 3木, 4金의 순환지리를 가운데서 주재하는 토土의 덕성을 상징하고 있습니다. 그래서 5土는 조화를 이루는 주체가 되며 지금까지 설명해온 1,2,3,4,5를 생수生數라고 합니다.

그런데 土라는 것이 이 생수에 중매를 하여 홀몸인 생수의 짝을 만들어 줍니다. 그러면 1에다 중수인 5를 더해 6水가 나와서 북방에 자리잡고 다시 남방에 자리한 2에다 중수 5를 더하면 7火가 되어 남방의 2火와 더불어 짝이 됩니다.

이렇게 8木은 동방에 9金은 서방에 자리잡고 나면 5土는 스스로를 자화시켜 중앙에 10土를 만들게 되니 이렇게 만들어진 6,7,8,9,10을 1,2,3,4,5의 생수生數에 비해 성수成數라고 표현합니다. 이로서 1·6水, 2·7火, 3·8木, 4·9金, 5·10土가 각 방위로 자리를 잡아 하도라는 것이 만들어지게 됩니다.

그러면 하도와 낙서는 어떤 차이가 있을까요?

낙서는 1,3,5,7,9 양수가 모두 정위正位에 있고 2,4,6,8 음수가 X자와 같이 유위維位에 있으니 양이 주도적이고 음이 보조적인 역할을 하고 있는 반면 하도는 음이 바깥에 있고 양은 안에 있는 모습입니다.

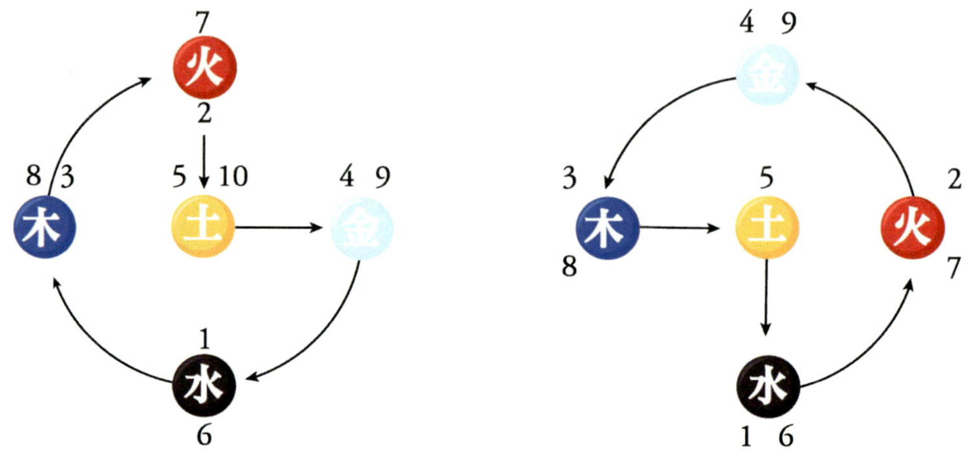

하도에서는 중앙 토土를 기준으로 토생금土生金, 금생수金生水, 수생목水生木, 목생화木生火, 화생토火生土의 상생相生의 순환으로 돌아가며,

낙서에서는 중앙 토土를 기준으로 흙으로 제방을 쌓아 물의 흐름을 막는 토극수土克水, 물로 불을 끄는 수극화水克火, 불로 쇠를 녹이는 화극금火克金, 쇠로 나무를 자르는 금극목金克木, 나무 뿌리가 땅을 뚫는 목극토木克土의 상극相克 순환의 구조입니다. 이러한 하도와 낙서를 괘도卦圖로 표현하면 아래 그림과 같습니다.

하도의 그림을 보고 복희씨가 팔괘를 그린 것을 선천팔괘先天八卦 또는 복희팔괘伏羲八卦라고 하며, 낙서의 그림을 보고 문왕文王이 팔괘를 그린 것을 후천팔괘後天八卦 또는 문왕팔괘文王八卦라고 합니다. 복희 팔괘도는 현실화되기 이전의 이상세계를 그린 것이라 하여 선천도先天圖라 하고 문왕 팔괘도는 현실세계를 그린 것이라는 의미에서 후천도後天圖라 하는데 이렇게 선후천을 구분한 분은 북송北宋의 소강절邵康節 선생입니다.

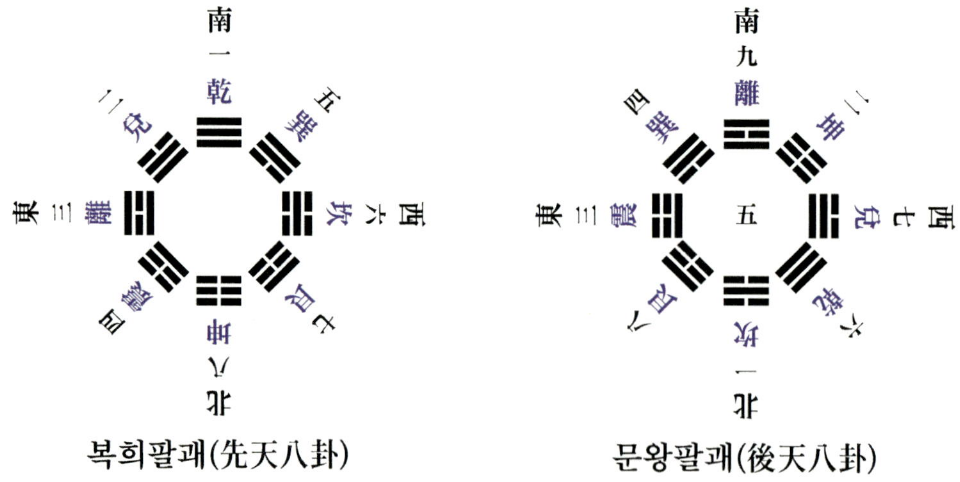

복희팔괘(先天八卦) 문왕팔괘(後天八卦)

선천팔괘는 만물이 생겨난 순서로 돼있기 때문에 생성 순서가

일건천一乾天, 이태택二兌澤, 삼리화三離火, 사진뢰四震雷, 오손풍五巽風, 육감수六坎水, 칠간산七艮山, 팔곤지八坤地 이렇게 숫자가 붙어있습니다.

후천팔괘는 낙서의 상象이므로

일감一坎, 이곤二坤, 삼진三震, 사손四巽, 오중五中, 육건六乾, 칠태七兌, 팔간八艮, 구리九離 이렇게 부릅니다.

통상적으로 복희팔괘도는 주역이 지향하는 이상적인 자연계의 투영이자, 정태적靜態的인 공간 구조를 상징합니다. 이는 우리가 마주한 현실과는 괴리가 있는 원형적 모습이라 할 수 있습니다. 반면 문왕팔괘도는 자연계의 동태적動態的인 시간 변화 과정을 설명하며 우리가 발 딛고 선 현실 세계를 온전히 나타냅니다. 따라서 태극太極의 이치로 본다면, 선천팔괘인 복희역은 체體가 되고, 후천팔괘인 문왕역은 용用이 됩니다.

실제로 '역전(易傳)'이라 불리는 공자의 십익十翼에서도 대부분 후천팔괘를 위주로 해설하고 있으며, 명리학이나 한의학 등 실천 학문에서도 이 후천팔괘를 근간으로 삼고 있습니다. 즉, 여기서 말하는 후천역이란 우주가 무한히 생멸을 순환하며 단계적 변화를 이루는 상常의 이치이며, 찰나에서 영원까지 시공간이 변전하고 만물이 생멸하는 태극의 자기현현인 셈입니다. 역학의 일반적인 흐름은 이처럼 체용의 논리로 정립되어 왔으나, 김일부 선생에 의해 정역팔괘正易八卦가 세상에 드러나면서 기존의 논리 체계에는 거대한 변혁이 일어나게 되었습니다.

여기서 잠시 선·후천팔괘의 체용에 대해 짚고 넘어갈 성구가 있습니다. 고수부님께서는 "**우리 공부는 용(用)공부니 제 몸 하나 단속할 줄 알아야 하느니라.**"고 경계하셨습니다. 여기서 등장하는 '**용(用)공부**'란 바로 문왕팔괘가 지배하는 낙서의 세상 속에서 비로소 진리의 열매를 맺는 공부를 의미합니다. 독자 여러분께서는 아직 이 대목이 선뜻 이해되지 않을 수도 있겠으나, 본서를 정독해 나가다 보면 그 필연적인 결론에 자연히 도달하게 될 것입니다.

하도와 낙서가 인류문명에 출현한 이래, 동양의 정신사에서 역학은 문왕, 주공, 공자를 거치며 음양 팔괘를 구성 원리로 한 주역周易으로 집대성되었습니다. 그러나 19세기 말, 간방艮方인 조선 땅에서 정역이 출현하며 역사의 물줄기는 바뀌었습니다. 주역이 제시한 복희역과 문왕역이라는 이분법적 구도를 넘어, 일부역一夫易이라는 독자적이고도 완성된 제3의 논리 체계가 세워지게 된 것입니다.

『정역(正易)』이 나오기 전까지 역학의 세계는 복희역을 선천역先天易으로, 문왕역을 후천역後天易이라 하였지만 김일부 선생이 금화정역金火正易의 이치로 역의 전모를 드러내면서 일대 변혁이 일어났습니다. 정역이 진정한 후천역의 지위를 점하게 되자, 문왕팔괘에 기반한 주역은 졸지에 선천역의 범주로 밀려나는 인식의 대전환이 발생한 것입니다.

문제는 여기서부터 시작되었습니다. 하도와 낙서라는 근본 도상은 두 개뿐인데, 팔괘도는 세 개가 되어버린 것입니다. 기존 주역 학계는 문왕역을 후천역이라는 부동의 자리에 놓고 보았지만, 정역의 개벽 사상을 신봉하는 이들에게 주역은 그저 청산해야 할 '선천역'에 불과했습니다. 이 두 입장 사이의 거대한 간극은 상제님 진리를 해석하는 시야를 가로막는 결정적인 한계로 작용했습니다.

그렇다면 상제님께서는 이 혼란스러운 지점에서 어떤 이정표를 제시하셨을까요?

놀랍게도 상제님께서는 **"주역(周易)은 개벽할 때 쓸 글이니 주역을 보면 내 일을 알리라"**고 선포하셨습니다. 새 천지를 여는 개벽의 시운을 맞아 조만간 폐기될 것처럼 보였던 주역이, 오히려 개벽의 주인공으로 화려하게 재등장한 이유는 도대체 무엇일까요?

바로 이 화두와 같은 상제님 말씀에 대한 의문과 더불어 지인을 통해 가끔씩 신도神道에서 주시는 메시지와 상象을 깊이 고뇌하며 상제님 천지공사와 하나로 이어진 실낱같은 흐름들을 깊이 파내려간 결과 천지공사의 기저에는 역도의 이치가 깊이 내재되어 거미줄 같은 천지이치의 신경망이 연결되어 있음을 깨닫게 되었습니다.

물론 이러한 통찰은 기존의 고착된 상식과는 사유 방식 자체가 다르기에, 여전히 이질감으로 느껴질 수 있습니다. 정역과 개벽 사상이 아직 세상의 주무대에서 인정받지 못하듯, 비주류 내부에서조차 필자의 주장은 받아들이기 쉽지 않은 내용일 것입니다.

마치 코페르니쿠스의 발상 전환으로 태동한 지동설이 당대의 종교적 맹신에 갇힌 천동설에 의해 부정당했듯, 치명적인 진리적 오류를 발견하고도 자신이 몸담은 조직을 유지하기 위해 교리적 틀 속에 안주한다면 그것은 진리를 추구하는 구도자의 자세가 아닐 것입니다.

그렇기에 필자는 교단이라는 종교적 조직의 구속에서 벗어나, 판밖으로 밀려 나와서야 비로소 이 진실을 드러낼 수 있었습니다. 이후 서술될 내용들은 어떠한 교리적 해석에도 얽매이지 않고, 역도라는 천지이치의 바탕 위에서 자유롭게 풀어낸 기록이 될 것입니다. 독자 여러분께서도 부디 그간의 편견과 상식이라는 이름의 고정관념에서 탈피하여, 열린 마음으로 이 지혜의 여정에 동참해 주시길 간절히 소망합니다.

2장 복희여와도와 태극

1. 하도낙서의 선후천

여기서 한 가지 흥미로운 불일치가 발견됩니다. 『하도』와 『낙서』는 두 개의 도상인 반면, 우리가 다루는 팔괘도는 세 개에 이릅니다. 사실 기존 주역 학계의 대다수는 『정역(正易)』 자체를 인정하지 않았기에, 이러한 불균형을 굳이 고민할 필요조차 없었습니다. 그러나 김일부金一夫 선생의 『정역』을 바탕으로 '**후천 5만년 개벽사상**'을 주창하는 이들에게는 이 세 가지 괘도의 위계를 어떻게든 논리적으로 정리해야 할 숙명적 과제가 있었습니다. 그렇다면 이 난제를 기존에는 어떤 방식으로 이해하고 풀이했을까요?

이해를 돕기 위해 부득이하게 공식 출판된 기록을 인용해 보겠습니다. 지난 2007년, <STB 상생방송>에서는 '우주 변화의 원리'를 체계적으로 정리한 강좌 프로그램을 방영한 바 있습니다. 그중 '**우주변화원리 13강: 하도낙서의 선천과 후천**'이라는 제목의 강연 내용은 2010년 발간된 『하도낙서와 삼역괘도』(상생출판, 82~84쪽)에도 동일하게 수록되어 있습니다.

두 매체에서 공통적으로 주장하는 '선후천의 두 가지 개념'을 핵심만 추려 아래와 같이 정리해 보겠습니다.

(1) 공간적(창조적)인 선·후천

생겨나기 전인 미생지전未生之前을 선천先天이라고 하는 경우와 이생지후已生之後 즉 이미 생겨난 뒤를 후천後天이라고 하는 경우가 있는데 이때는 **하도가 선천이 되고 낙서는 후천이 되는데 이는 일반적으로 주역을 연구하는 사람들의 주장**이다.

(2) 시간적인 선·후천(낙서는 선천, 하도는 후천)

일반적인 선후천의 의미는 시간적인 선후천을 두고 하는 말로서 순환하는 시간 속에서 먼저 열린 하늘을 선천이라 부르고, 두 번째 열리는 하늘을 후천이라고 하니 이때는 **낙**

> **서가 선천이 되고 하도는 후천이 된다.**
> 상제님께서 '선천은 상극相克의 운이고 나의 도道는 상생의 대도'라 했을 때, 이렇게 주어진 시간의 전·후반을 나누어서 선·후천을 따질 때는 낙서가 선천이고 하도가 후천이니 **후천 오만 년은 하도의 세계이며 선천 오만 년은 낙서의 세계이다.**
>
> **(3) 하도와 낙서의 가장 큰 차이점은 10土의 존재 유무**
>
> 고달픈 5만년의 행군을 대변하는 선천상先天象이 낙서이고, 후천 오만 년 평화로운 낙원시대의 상징이 후천상後天象인 하도이다. **낙서는 5土에 의해 만물이 분열하고 있음을 상징하며, 하도는 10土에 의해 만물이 통일되는 원리를 상징하고 있다.** 곧 선천의 역사는 5土가 중심이 되어 잡아 돌리고 있다.

이상의 내용은 『하도』와 『낙서』에 관한 보편적인 학술적 견해는 물론, 증산도적 관점에서 바라본 연구 성과에 이르기까지 학계에서 충분히 인정받을 수 있는 이론적 토대라 할 수 있습니다.

그러나 허공의 폭을 자로 잴 수 없듯, 현재 통용되는 이론적 관점만으로 상제님 도道의 전모를 밝히기에는 태생적 한계가 있음을 지적하지 않을 수 없습니다. 천지공사의 바탕에 흐르는 역의 이치를 이해함에 있어, 그 뒷면에 가려진 신의 얼굴을 동시에 깨닫지 못한다면 실체적 진실에 접근하기란 대단히 어려운 일이기 때문입니다.

사실 『주역』에 등장하는 글자 하나하나를 깊이 들여다보면, 그것은 어쩌면 신의 얼굴을 가리고 있는 가면에 지나지 않을지도 모릅니다. 글자 너머에 숨겨진 신의 맨얼굴을 직접 확인하지 못한 채, 한자의 뜻풀이 수준에 머문다면 사물의 이면을 꿰뚫는 격물格物은 요원한 일이 될 것입니다. 그런 의미에서 『주역』은 단순한 점서나 철학서를 넘어, 본질적으로는 신학神學이라 할 수 있습니다.

이제부터 필자는 재야학인의 입장에서, 기존의 틀을 깨는 새로운 진리적 관점들을 수십 페이지에 걸쳐 상세히 소개하고자 합니다. 그리고 결과적으로 앞서 언급된 (1), (2), (3)번 항의 내용들이 왜 상제님의 말씀과 부합하지 않는지를 엄밀히 논증할 것입니다.

혹여 본서의 내용이 독자 여러분의 기존 생각과 상이할지라도, 인내심을 갖고 찬찬히 글을 따라와 주시길 바랍니다. 그리하면 필자가 전하고자 하는 진의를 충분히 이해하시게 될 것이라 확신합니다.

우선, 우리가 흔히 사용하는 **'선천(先天)'**과 **'후천(後天)'**이라는 용어의 연원부터 짚어보겠습니다. 이 표현은 본래 『주역』「건괘(乾卦)」의 「문언전(文言傳)」에서 처음으로 등장하는 개념입니다.

夫大人者부대인자는 與天地合其德여천지합기덕하여 與日月合其明여일월합기명하며
무릇 대인은 천지와 더불어 그 덕을 합하며, 일월과 더불어 그 밝음을 합하며,

與四時合其序여사시합기서하며 與鬼神合其吉凶여귀신합기길흉하여
사시와 더불어 그 순서(차례)를 합하며, 귀신과 더불어 그 길흉을 합해서,

先天而天弗違선천이천불위하며 後天而奉天時후천이봉천시하나니
선천엔 하늘을 어길 수 없었고 후천에는 천시를 받드니,

天且弗違而況於人乎천차불위이황어인호며 況於鬼神乎황어귀신호여.
하늘이 또한 어기지 아니할진대 하물며 사람이며 귀신이랴!

여기서 이상적 인물로 '대인(大人)'을 든 뒤, 즉 대인은 천지天地, 일월日月, 사시四時, 귀신鬼神과 합일하는 경지에 이르렀기 때문에, '선천에는 대인이 선천의 이법을 어길 수 없어서 나설 수 없었지만, 후천이 되면 반대로 천시를 받들게 된다.'고 하였습니다.

이후 중국 송대에 와서 유학자였던 소강절은 '선천(先天)'의 이치는 복희 성인이 그린『易』에 있고, '후천(後天)'의 이치는 문왕이 연역한『易』에 있다 하여 복희씨가 그린 복희팔괘伏羲八卦를 선천팔괘先天八卦라 이름하였고 문왕이 그린 문왕팔괘文王八卦를 일러 후천팔괘後天八卦라 하여 공자가 언급한 선·후천의 이치를 팔괘에다 배속하여 명명하였습니다.

즉 공자(孔子: BC 551년 ~ BC 479년) 이후 약 2,500년 동안 확고 부동하게 정해져 있던 선·후천의 개념은 세상에 나타난지 이제 140여년이 채 되지 않은 정역正易을 앞세운 5만년 **'다시 개벽'**의 주창자들에 의해 도전을 받게 된 셈입니다.

그런 반면 일부선생이나 증산상제님을 받아들이지 못하는 기존 역학의 틀을 신봉하는 대부분의 주류 학자들 입장에서 **'선,후천에 대한 새로운 인식의 전환'**은 전통적인 개념에 반하는 내용이었기에 그나마 열린 생각으로 일부 긍정하는 사람이 있다 하여도 좋게 봐서 비주류의 사상 정도로 평가절하할 뿐입니다.

그러므로 세상에서 복희팔괘도를 선천이라고 하고, 문왕팔괘도를 후천이라고 하는 것은 (1)에서도 언급되었듯, 현상계가 창조되기 이전 근원자리는 선천, 창조된 뒷자리는 후천이라는 개념에 의해서 선·후천을 나눈 것인데 이러한 입장을 잘 대변하는 분들의 관점이 아래에 소개되어 있습니다.

하도의 극수는 10으로 선천(체)의 이치가 있고, 낙서의 극수는 9로서 후천(용)으로서의 이치가 나타나니, 마치 뱃속에 있을 때는 열개의 구멍이 있으나, 태어나서

> **는 배꼽이 막혀 아홉개의 구멍으로 살아가는 이치와 같다.** 하도와 낙서의 중앙을 관찰하여도 하도는 10(모)의 품속에 5(자)가 들어있어 태중에 아기가 있는 상이라면, 낙서는 모체인 10으로부터 벗어나 자인 5가 스스로 독립된 주체로써 활동하는 상이다.
> 출처 : 『대산 주역강해』「상경」 2. 낙서 2) 낙서의 수리 (1) 낙서의 수배열
>
> 복희씨가 시획한 선천괘를 체로하여 문왕이 계작한 것이 후천팔괘이다. 하늘에 앞서서 복희씨가 그린 선천팔괘가 자연의 이법에 조금도 어긋나지 않고(선천이천불위), 뒤를 이어 문왕이 베풀은 후천팔괘 역시 천명에 따르고 천시에 순응하여 나온것이니(후천이봉천시), 두 팔괘가 모두 천리에 합하고 상호 체용의 조화를 이룬다. **선천팔괘가** 음양이 소장변화하는 기본원리로서 **천도의 운행을 나타낸다면(선천적인 자연의 도), 후천팔괘는** 음양이 사귀어 화성하고 오행이 생극조화하는 작용 이치라 할 수 있다**(후천적인 인사의 리).**
> 출처: 『대산 주역강해』 오. 선천팔괘와 후천팔괘 2. 문왕후천팔괘 1) 음양의 화성
>
> 이상에서 본 바와 같이 후천팔괘는 모든 이치가 합하여 음양의 교합, 오행상극의 조화, 오황극의 성도(대연)를 이루니 후천의 지극한 묘용이 있다 하겠다. **세간에는 낙서를 혼란한 상으로 보아 낙서가 후천을 의미하는 것이 아니고 오히려 선천이 되고, 문왕의 후천팔괘 또한 후천으로 보지 않고 후천을 상징하는 또 다른 제 3의 8괘가 있어야 한다는 설도 있으나, 이는 역도 본래의 이치와 선성의 뜻에 크게 어긋나는 것이다.**
> 출처: 『대산 주역강해』 2. 문왕후천팔괘 3) 하도 낙서와 선후천 팔괘의 비교

이상의 흐름을 살펴보면, 세상에서 역易을 공부하는 이들의 시야에는 시간(역사)의 전후를 기준으로 선·후천을 나누는 관점이 부재함을 알 수 있습니다. 이는 "**역도 본래의 이치와 선성의 뜻에 크게 어긋나는 것**"이라는 표현 그대로, 역의 껍질만을 부여잡은 채 그 오묘한 변화의 알맹이는 놓치고 마는 격입니다. 이러한 학풍 속에서는 공자 이후 끊겼던 역의 도통맥이 김일부 선생에 이르러 비로소 완성되었다는 사실을 인정하기란 그리 쉽지 않아 보입니다.

한편 상제님 도道를 하는 분들 입장에서는 일부선생의 정역팔괘正易八卦가 세상에 나온 후, 장차 이 지상에 펼쳐질 용화낙원 세상에 대한 '**5만년 다시 개벽**'의 이치를 해명하기 위해 시간적 관점의 선·후천 잣대를 들이대기 시작합니다.

그 결과 정역팔괘를 후천역으로 상정하면서, 복희팔괘도는 물론 3,000년도 더 지난 문왕팔괘도까지 선천역의 범주로 밀어내게 되었습니다. 정역팔괘도가 새로운 후천역으로서 독보적인 지위를 차지하게 된 것입니다.

심지어 『현무경』을 공부하는 이들 중에는 정역조차 부정하며, "**소리개 까치집 하**

도 낙서는 선천용이요 자하도는 후천용이라" (『선도신정경』 5장 7절) 하신 고수부님의 말씀을 근거로, 저마다의 방식으로 '자하도'를 그려 '용담도'나 '황극역'이라 주장하기도 합니다.

결국 기존의 시각은 복희, 문왕, 정역팔괘도를 각각 우주 1년의 봄, 여름, 가을에 접목하기에 이릅니다. **"천존과 지존보다 인존이 크니 이때는 인존시대니라"** 하신 상제님의 말씀에 의거하여, 이를 각각 천존天尊, 지존地尊, 인존人尊 팔괘도라 명명하고 '생·장·성(生長成)'의 삼역三易 체계로 시원스럽게(?) 정리한 것입니다.

언뜻 보기에는 「우주 1년」이라는 거대한 순환 속에 세 개의 괘도를 배치하여 인류 문명사의 큰 틀을 역학적으로 깔끔하게 정리한 듯 보입니다. 하지만 냉정하게 짚어보건대, 이는 진리적 오류에 지나지 않습니다. 사실 이러한 도식적 이해는 그리 새로운 것도 아니며, 비결서에서도 일부 언급되어 온 내용일 뿐입니다.

乾南坤北天八卦건남곤북천팔괘로 天地否卦春生之氣천지비괘춘생지기.....
先天河圖已去선천하도이거하고 後天洛書到來후천낙서도래하니.....
離南坎北地八卦이남감북지팔괘로 火水未濟夏長之氣화수미제하장지기.....
後天洛書又已去후천낙서우이거로 中天仁符更來중천인부갱래하니.....
天正易理氣造化法천정역이기조화법이
坤南乾北人之八卦곤남건북인지팔괘 地天泰卦人秋期지천태괘인추기로.....
『격암유록(格庵遺錄)』「송가전(松家田)」

문제의 핵심은 주역의 토대가 되는 낙서를 단지 상극의 선천상先天象으로만 해석하는 편협한 시각에 있습니다. 이러한 관점이 고착화되면서, **"주역은 개벽할 때 쓸 글이니 주역을 보면 내 일을 알리라"** 하신 상제님 말씀의 참된 뜻은 그만 어둠 속에 묻힌 채 미궁의 영역이 되고 말았습니다.

하도에 근거한 정역을 상생의 후천역后天易으로 추존하는 열의만큼이나, 낙서의 바탕 위에서 탄생한 주역은 당연히 '상극의 선천역(先天易)'일 것이라는 거대한 선입견에 매몰되어 있었던 것입니다.

상황이 이렇다 보니, 송대宋代의 소옹邵雍 이후 1,000여 년의 세월 동안 어찌하여 문왕팔괘를 후천팔괘後天八卦라 명명하며 전해 내려왔는지, 그 이면에 비장된 진리의 핵심을 통찰할 안목마저 상실하고 말았습니다.

이러한 오판에서부터 종통宗統 문제를 포함한 상제님 말씀의 모든 진의를 해석하는 이치의 틀이 정도를 벗어나 어긋나기 시작했습니다. 이는 결국 난법亂法의 이론적 기반으로 전락하는 결과를 초래했고, 진리의 전모를 조망할 수 있는 시야는 굳게 닫히고 말았습니다.

그렇다면 선후先後의 본래 의미는 무엇일까요?

2. 수지자웅

선후先後라는 것은 '먼저와 나중을 아울러 이르는 말'로 음양陰陽 곧 태극太極의 개념입니다.

고수부님의 어록 중에 **"수지자웅이라 누가 알 것이며 오지자웅이라 이를 누가 알리요 희고 검은 것을 그 누가 알 것인가 지지자는 지지하고 부지자는 부지로다"(仙道神政經 3장 82절)**라는 말씀이 있습니다.

여기서 '**수지자웅**'은 《시경》에 실린 〈정월正月〉이라는 시에서 유래되었다 하는데 '誰知烏之雌雄수지오지자웅'이라 하여 '누가 까마귀의 암수를 구별하겠는가'라는 뜻인데, 까마귀의 암수를 구별하기 어려운 것처럼 시비나 선악 등을 분명하게 가리기 어려움을 비유하는 말입니다.

소인배들에 의한 혼란한 정치 상황과 그로 인해 정직한 사람들이 겪어야 하는 고통을 탄식한 내용으로 지금 고수부님께서는 뜬금없이 까마귀 타령을 하는게 아니라 대단히 중요한 화두를 하나 던져주셨습니다.

선천태극에 내재한 자웅雌雄의 원리는 복희팔괘(先天八卦)의 '**선천**'과 문왕팔괘(後天八卦)의 '**후천**'을 동시에 아우르는 표현입니다. 이것이 곧 우리가 말하는 **「우주 1년」 선·후천 도식의 모체이자 원도(原圖)**라 할 수 있습니다.

여기서 우리가 주목해야 할 점은 정역팔괘의 위상입니다. 정역은 생生·장長·성成으로 이어지는 현상 세계를 넘어, 그 너머에 자리한 본원本原의 경계입니다. 이를 굳이 현상계의 계절에 비유하자면, 우주가 활동을 멈추고 인간 문명이 존속할 수 없는

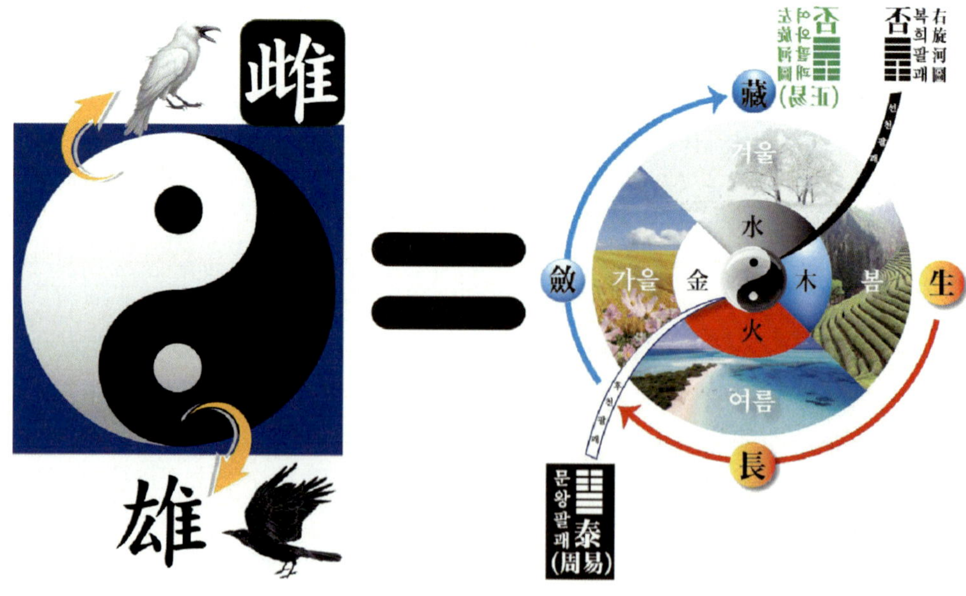

'동지기도야(冬之氣道也)'의 겨울철에 가깝습니다.

우주 1년의 전반기 5만 년과 후반기 5만 년은 각각 선천의 건도乾道와 후천의 곤도坤道로 나뉘어 전개되는 거대한 태극의 음양 운동입니다.

따라서 무극无極의 본원 자리를 상징하는 정역을, 후천 선경의 도술 문명이 꽃피는 현상 세계인 '가을 우주'와 동일시하는 것은 명백한 진리적 오류입니다. 이는 비유하자면, 생명이 결실을 맺는 가을을 건너뛰고 곧바로 겨울의 정적靜寂이 온다고 주장하는 것과 다를 바 없습니다.

"태을천상원군(太乙天上元君)은 하늘 으뜸가는 임금이니 오만년 동안 동리동리 각 학교에서 외우리라" 하신 말씀처럼, 과실이 완전히 익기까지는 나무에 매달려 끊임없이 영양분을 공급받는 시간이 필요합니다. 인류 역시 앞으로 다가올 후천 5만 년을 닦고 숙성시켜야만 비로소 천지와 동행하는 불멸의 생명 반열에 오를 수 있는 것입니다.

과실이 완연히 익은 뒤에야 나무라는 생장 시스템을 떠나 저장 창고로 옮겨지듯, 가을 천지의 기운 속에서 '우주 열매'로 성숙해진 뒤에야 비로소 우주 1년이라는 음양의 순환 고리를 벗어나 대우주 근원의 자리로 수렴됩니다.

복희팔괘(先天八卦)는 하도를 기반으로 한 봄·여름의 상극상相克象입니다. 문명의 씨를 뿌리고 가지마다 생명력을 뻗치듯, 인간의 발자취를 온 누리에 남기며 무한히 분열·성장해온 선천 5만 년의 역사를 대변합니다.

반면, 문왕팔괘(後天八卦)는 낙서를 기반으로 한 가을의 결실 자리입니다. 외적 성장이 한계에 다다르면 꽃이 피고 수분을 통해 열매를 맺듯, 지난 성장의 모든 진액을 거두어들여 새 역사를 여는 참종자를 길러내는 시기입니다. 간도수艮度數의 기운을 가장 먼저 받는 복된 땅에서 새로운 법이 태동하는 때이기도 합니다.

전 세계가 선천의 묵은 기운을 씻어내는 '3년 병목'을 통과하고 나면, 비로소 구악舊惡이 일소된 채 생명이 영그는 우주 후반기 가을 세상이 열리니, 이곳이 바로 낙서 문왕팔괘의 자리입니다.

그렇다면 정역팔괘는 과연 어떤 세상을 그린 것일까요?

이를 온전히 이해하기 위해, 먼저 인류의 시조이자 역의 근원적 상징을 담고 있는 복희여와도(伏羲女媧圖)[1]에 대해 간략히 설명해 드리겠습니다.

---

1) 복희여와도는 투르판 아스타나(마본채색, 79.0 x 189.0cm) 그림으로 오른쪽이 창조의 신 복희이며 왼쪽이 여신인 여와이다.(사진출처 : 국립중앙박물관)

3. 복희여와도

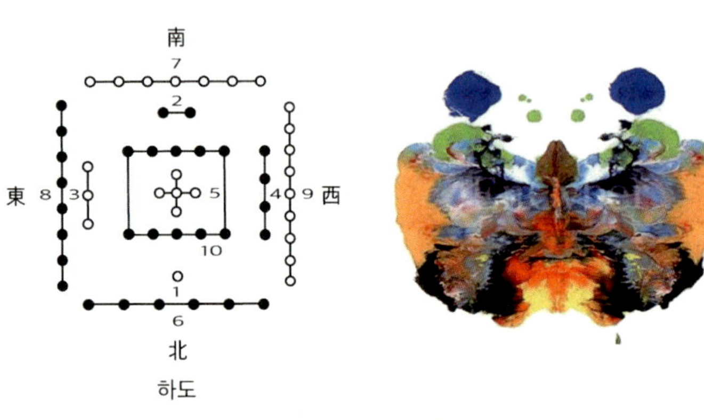

하도

복희여와도伏羲女媧圖나 데칼코마니(decalcomanie) 기법으로 그린 듯한 그림들에는 하도河圖의 근본적인 특징이 투영되어 있습니다. 도화지 절반에 물감을 뿌린 뒤 종이를 접었다 펴면 반대편에 똑같은 형상이 맺히는 데칼코마니 기법처럼, 복희여와도는 영혼의 대칭성이 내포된 천지음양을 상징합니다. 여기에는 복희팔괘伏羲八卦와 정역팔괘正易八卦의 이치가 공존하고 있으니, 그런 의미에서 정역팔괘를 달리 **'여와팔괘(女媧八卦)'**라 칭할 수 있습니다.

고대 전승에 따르면, 태호 복희씨와 여와는 인두사신(人頭蛇身, 사람의 머리에 뱀의 몸)의 형상을 하고 있습니다. 하반신은 뱀처럼 서로의 몸을 꼬아 생명력의 순환을 나타내고, 상반신은 어깨를 맞댄 채 손에는 각각 측량 도구를 들고 있습니다. 남신인 복희는 'ㄱ'자 모양의 직각을 그리는 자인 구矩를 들고 있으며, 여신인 여와는 원을 그리는 컴퍼스인 규規를 들고 있습니다.

이는 동양의 고대 우주관인 천원지방설天圓地方說을 형상화한 것입니다. 흥미로운 점은 통상적인 고정관념이라면 하늘을 상징하는 남신 복희가 컴퍼스(規)를, 땅을 상징하는 여신 여와가 자(矩)를 들어야 할 것 같지만, 실제 도상에서는 그 역할이 서로 바뀌어 있다는 사실입니다. 복희의 손에 곡척이, 여와의 손에 컴퍼스가 쥐어진 이 역설적인 상징은 역학적으로 대단히 심오하고 난해한 화두를 던집니다.

이를 보다 쉽게 이해하기 위해 우리 조상들이 사용했던 엽전葉錢을 떠올려 보십시오. 엽전은 겉은 둥글고 납작하며 가운데에는 네모진 구멍이 뚫려 있습니다. 여기서 둥근(圓) 외형은 하늘(天)을 뜻하여 숫자 1로 나타내고, 가운데 네모진(方) 구멍은 땅(地)을 의미하여 숫자 2로 나타냅니다.

"돈 전(錢) 자에는 쇠끝 창이 두 개니라" 하신 말씀처럼, 엽전은 상극의 기운이 흐르는 선천의 상징물입니다. 엽전의 둥근 외형(圓)은 선천태극先天太極이신 상제님(一水, 水以象天)으로서 하늘(天圓)을 의미하며, 가운데 뚫린 네모난 구멍(方)은 후천무극后天无極이신 상제님(二火, 火以象地)으로서 땅(地方)을 의미합니다. 즉, 엽전이라는 하나의 형상 안에 상제님께서 수水와 화火를 동시에 주재하고 계심을 상징적으로 보여주고 있는 것입니다.

이는 하도의 이치를 도상으로 구현한 것이기도 합니다. 복희여와도에서 복희는 선천태극이신 상제님을, 여와는 황극이신 대모님을 상징합니다. 앞서 언급했듯 복희가 직각을 그리는 곡척曲尺을 든 것은 땅(地方)이자 십무극十无極이신 상제님의 후천적 위상을 나타내며, 여와가 원을 그리는 컴퍼스를 든 것은 정역팔괘의 하늘(天圓)이신 대모님을 상징한다 할 것입니다.

김낙원 선생의『용화전경』에 기록된 대모님(정씨성모님)의 행적을 보면 이러한 이치가 더욱 선명해집니다. 대모님께서는 평소 공부하실 때 바가지만 한 불덩이를 두 손으로 공 놀리듯 다루시며 **"이 불이 부딪히게 되면 천지가 박산 부서지듯 하리라. 네 애비는 수화를 겸용하나 나는 화력만 쓰노라."** 하신 구절이 나오는데, 이는 상제님께서 선천태극과 후천무극의 수화를 겸용하신 반면, '**合하면 土라 居中이 五**'(正易)에서 보듯 대모님께서는 화력만 쓰시는 황극皇極자리라는 말씀입니다.

고수부님께서 선천의 곤坤으로서 땅(地)의 역할을 맡으셨다면, 대모님께서는 정역의 곤坤으로서 천위天位가 되십니다. 정역팔괘에서는 곤坤이 남방에 위치하여 하늘(天)이 되고, 건乾은 북방에 자리하여 땅(地)의 역할을 수행하기 때문입니다.(정역팔괘 도상의 남방에 七地와 북방에 二天은 본 내용과 별건)

결론적으로 복희여와도는 복희팔괘 세상의 천주이신 상제님을 상징하는 선천하도先天河圖와, 여와팔괘 즉 정역 세상의 천주이신 대모님을 상징하는 후천하도后天河圖가 지닌 양면성과 대칭성을 완벽하게 보여주는 거울과 같은 그림이라 할 것입니다.

말씀하시기를, 나는 천지일월(天地日月)이니라.
『대개벽경(大開闢經) 1편 신축년 공사기 3장』

日(왈), **我(아)난 天地(천지)로 爲體(위체)하고 日月(일월)로 爲眼(위안)하노라.**
日(왈), 日月(일월)이 來照(내조)어든 我觀(아관)이 在玆(재자)하노라.
말씀하시기를, 나는 천지를 몸으로 삼고 해와 달로 눈을 삼노라. 해와 달이 비치면 내가 보고 있음이니라. 『대개벽경(大開闢經) 4편 갑진년 공사기 6장』

弟子이 問曰(문왈), 日月盈虛(일월영허)이 莫非自然之理乎(막비자연지리호)잇가.
曰, 理卽天(이즉천)이오 天卽理(천즉리)니, 是故(시고)로 我(아)난 無私(무사)하노라.
제자가 여쭈기를, 해와 달이 차고 비는 것이 자연의 이치가 아니옵니까?
이치가 곧 하늘이요 하늘이 곧 이치이니, 그러므로 나는 사사로움이 없느니라.
『대개벽경(大開闢經) 6편 병오년 공사기 10장』

『선도신정경(仙道神政經)』을 보면 "**나의 근본이 일월수부니라. 천지음양 있었으니 건곤일월 없을소냐. 일월 일월 만사지**"라는 구절이 나옵니다. 여기서 언급된 천지음양天地陰陽은 곧 후천무극(十)이신 상제님(하도-方, 낙서-天陽)과 황극(五)이신 대모님(하도-圓, 낙서-地陰)을 지칭하는 함축적인 표현입니다. "**나는 천지를 몸으로 삼고**"라는 말씀 속에는, 현상계에서 천지음양으로 분화되기 이전의 본원적 바탕인 무극无極의 자리가 존재함을 알 수 있습니다.

이를 상제님과 대모님께서 한 덩어리가 되어 분리될 수 없는 복희여와도의 형상, 즉 원신元神의 상태로 이해해 보겠습니다. 건도乾道와 곤도坤道를 대표하는 천지는 곧 이 무극의 원신을 싣고 있는 태극太極의 몸(陰陽)이 됩니다. 따라서 '**日月로 爲眼**'이라 하신 상제님 말씀은, 삼극三極의 심오한 논리를 인체의 비유를 통해 감성적으로 풀어주신 것입니다.

'천지'라는 언어 자체는 이미 음양이라는 태극체의 모습을 띠고 있습니다. 그러므로 "**천지를 몸으로 삼는다**"는 말씀은 각별한 주의가 필요합니다. 본래 '몸(身)'이란 '마음(心)'의 움직임을 전제로 하는 개념입니다. 즉, 여기서 말씀하시는 '나'라는 주체는 상제님이시면서 동시에 대모님이기도 한 무극의 동체同體를 의미합니다. 복희여와도의 그림처럼 구분할 수 없이 얽혀 있는 일체一體의 모습, 그것이 바로 원신元神의 실체입니다.

이러한 영적 일체성은 역사적 사건을 통해 실증됩니다. 기축년(1949년) 2월 15일, 성부님께서 하강하시어 명령하시되 "**오는 3월 15일에 장례식을 거행하도록 하라. 오리알터는 나와 너의 어머니의 영원한 안장지니라. 이날에는 장례(葬禮)라고 하지 말고 장사(葬事)라 하여라. 이날 장사는 천하장사(天下葬事), 지하장사(地下葬事), 인간장사(人間葬事), 천지대장사(天地大葬事)니라.**"

여기서 "**오리알터는 나와 너의 어머니의 영원한 안장지**"라고 선포하신 말씀은, 영원히 갈라놓을 수 없는 복희여와도의 형상처럼 두 분의 원신이 하나임을 상징적으로 선언하신 것입니다. 오늘날 증산법종교 영대靈臺에 상제님과 대모님의 체백體魄을 합장하여 모신 근본적인 이유가 바로 여기에 있습니다.

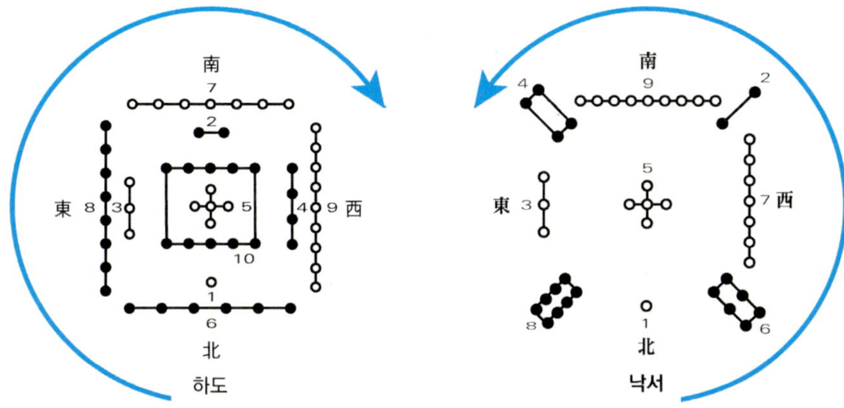

본격적인 논의에 앞서, 좌선左旋과 우선右旋의 개념부터 명확히 정리하고 넘어가겠습니다. 도상에서 알 수 있듯이, 하도는 시계 방향으로 좌선左旋 순행順行하여 상생相生하는 반면 낙서는 시계 반대 방향으로 우선右旋 역행逆行하여 상극相克하는 이치가 나타납니다.

이는 본래 천도天道는 좌선하고 지도地道는 우선하기 때문입니다. 마치 맷돌의 상대적 회전 원리와도 같아서 아래 그림처럼 하도에 비유되는 암쇠(암맷돌)를 시계 방향으로 좌선시키면, 낙서 상징의 수쇠(숫맷돌)는 상대적으로 시계 반대 방향으로 우선하는 것처럼 보이게 됩니다.

맷돌의 상대적 회전방향

A : 암쇠(암맷돌), 천天, 하도河圖, 좌선(左旋 ; 시계방향의 회전)

B : 수쇠(숫맷돌), 지地, 낙서洛書, 우선(右旋 ; 시계 반대방향의 회전)

이러한 좌선, 우선에 대한 개념은 일찍이 풍수지리에서도 좌선룡左旋龍에는 우선수右旋水, 우선룡右旋龍에는 좌선수左旋水가 응해야 한다는 음양배합의 원리로 강조되어 왔습니다.

흥미로운 점은 인류 문명이 오랜 시간 동안 '오른쪽'을 윤리적·가치적 우위에 두어 왔다는 사실입니다. 우리나라에서 오른손을 '옳은 손' 혹은 '바른 손'이라 부르는 것처럼, 서양의 'Right' 역시 '올바른, 정의로운'이라는 의미를 내포합니다. 라틴어에서도 왼손잡이를 뜻하는 'sinister'는 사악하고 불길하다는 부정적 의미를 담고 있는 반면, 오른손을 뜻하는 'dexter'는 능숙하고 올바르다는 뜻으로 쓰입니다. 이는 곧 좌음우양左陰右陽이 선천의 절대적인 법도였음을 방증합니다.

이러한 선천의 법도는 금산사 미륵불의 형상에 그대로 투영되어 있습니다. 금산사 미륵불은 선천태양先天太陽을 상징하는 선천 미륵불로서, 양陽의 손인 오른손을 들고 계십니다. 또한 법화림보살法華林菩薩이신 고수부님께서는 선천에 낙종落種의 사명으로 먼저 쓰임을 받으셨기에 미륵전의 남방에 시립하시게 된 것입니다.

반면, 다가올 후천의 법도는 좌양우음左陽右陰으로 대전환됩니다. 증산법종교의 미륵불이 후천태음後天太陰을 상징하는 후천 미륵불로서 왼손을 들고 계신 이유가 여기에 있습니다. 선천의 '우양(右陽)'이 후천의 '좌양(左陽)'으로 바뀌는 이 파격적인 변화는 과연 어떻게 가능해진 것일까요?

이는 **"공부하는 자들이 '방위가 바뀐다'고 이르나니 내가 천지를 돌려놓았음을 세상이 어찌 알리오"** 하신 상제님의 말씀에 그 해답이 있습니다. 상제님께서 천지를 직접 돌려놓으시는 개벽공사를 집행하심으로써, 우주의 기준점 자체가 완전히 뒤바뀐 것입니다. 이를 두고 상제님께서는 아래와 같이 말씀하셨습니다.

> 一日(일일)에 下訓(하훈)하시니, 放蕩神道統(방탕신도통)이니 春之氣(춘지기)난 放也(방야)오, 夏之氣(하지기)난 蕩也(탕야)오, 秋之氣(추지기)는 神也(신야)오, 冬之氣(동지기)난 道也(도야)니 統以氣之主張者也(통이기지주장자야)라. 知心大道術(지심대도술)이니 戊申十二月二十四日左旋(무신십이월이십사일좌선)이라.
>
> 弟子(제자)이 問曰(문왈), 戊申十二月二十四日左旋之理(무신십이월이십사일좌선지리)이 何以乎(하이호)잇가.
>
> 曰(왈), 天地之運行(천지지운행)이 有右旋(유우선)하니, **河圖右旋之運(하도우선지운)이 爲火水未濟(위화수미제)하고, 爲天地否(위천지비)하고, 爲乾運(위건운)하야 先天也(선천야)오, 有左旋(유좌선)하니 洛書左旋之運(낙서좌선지운)이 爲水火旣濟(위수화기제)하고 爲地天泰(위지천태)하고, 爲坤運(위곤운)하야 后天也(후천야)니라.**
>
> 『대개벽경(大開闢經) 8편 무신년 공사기 20장』

우리는 흔히 하도를 시계 방향으로 좌선左旋 순행하여 상생하는 이치로만 알고 있었습니다. 그러나 상제님께서는 실제 지나온 선천 5만 년의 시간이 이와는 정반대인 **'하도우선지운(河圖右旋之運)'**의 시간이었다는 천도의 비밀을 밝혀 주셨습니다.

상제님의 이 말씀에는 깊은 함의가 담겨 있습니다. 선천 상극을 뜻하는 우선하도右旋河圖의 주재자가 아버지 하느님을 상징한다면, 그와 대비되어 후천 상생을 열어주시는 좌선하도左旋河圖로 상징되는 또 다른 분, 즉 어머니 하느님이 존재하심을 암시하고 있기 때문입니다. 이제 우리는 아버지 하느님 기준의 선천 우선하도가 아닌,

어머니 하느님을 기준으로 하는 후천 좌선하도의 관점에서 낙서의 문제를 새롭게 바라보아야 합니다.

나아가 종래의 낙서 역시 시계 반대 방향으로 우선右旋 역행하여 상극하는 이치만을 드러내는 것으로 여겨졌습니다. 그러나 상제님께서는 이러한 통념을 깨고 상생을 뜻하는 **'낙서의 좌선운(左旋運)'**을 선포하셨습니다. 이를 수화기제水火既濟이자 지천태의 곤운坤運, 즉 후천後天이라 짚어주신 것은 기존 역학의 상식을 밑뿌리부터 뒤집는 대단히 파격적인 선언입니다.

결국 상제님께서 낙서 공사를 보시며 **'左旋**좌선**'**이라 명하신 것은, 낙서에도 우선右旋의 상극 성격뿐만 아니라 좌선左旋의 상생 성격이 동시에 내재되어 있음을 지적하신 것입니다.

> <23> 하루는 선생님이 가라사대 [천지가 역으로 가니 역도수를 볼수밖에 없노라] 하시고, 다음과 같은 글을 쓰시니라.
> **左旋(좌선)**
> **四三八(사삼팔) 天地(천지)는 魍魎(망량)을 主張(주장)**
> **九五一(구오일) 日月(일월)은 竈王(조왕)을 主張(주장)**
> **二七六(이칠육) 星辰(성신)은 七星(칠성)을 主張(주장)**
> 運(운) 至氣今至願爲大降(지기금지원위대강)
> 男女老少兒童(남녀노소아동)들이 모두 노래하리라.
> 그런고로 永世不忘萬事知(영세불망만사지) 하였느니라.
> 『동곡비서(銅谷秘書)』

결론적으로 하도라는 도상은 하나이나, 그 운용의 묘에는 두 가지 상반된 흐름이 공존합니다. 즉, 상극의 흐름으로 운행하는 우선右旋의 복희팔괘와, 상생의 질서로 운행하는 좌선左旋의 정역팔괘라는 두 가지 괘도가 존재하는 것입니다. (복희팔괘도 아래의 상극순환도 그림은 본래 낙서이지만 여기서는 그 상극의 의미를 취함)

이러한 회전 방향의 차이가 갖는 상징성은 세속의 역사에서도 극명하게 나타납니다. 나치 독일의 상징인 하켄크로이츠가 시계 반대 방향으로 우선右旋하며 파괴와 살육의 광기를 드러냈다면, 불교의 상징인 만(卍) 자는 시계 방향으로 좌선左旋하며 생명과 자비의 기운을 전합니다.

참고로 만(卍) 자는 석가모니 이전부터 인도의 태양신 비슈누의 가슴에 새겨진 상징 문양이었다고 전해집니다. 이후 중국 측천무후 시대인 693년에 이르러 정식 글자로 제정되었으며, '길상(吉祥)과 만덕(萬德)이 집약되었다'는 뜻을 담아 '萬'이라 일컫게 되었습니다. 히틀러는 1920년 이 신성한 문양을 변형하여 나치당의 문장으로 삼았으나, 그 회전 방향을 뒤틀어버림으로써 인류사에 돌이킬 수 없는 상극의

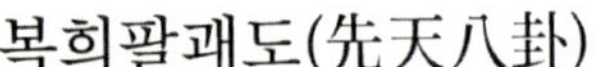

정역팔괘도(正易八卦圖)

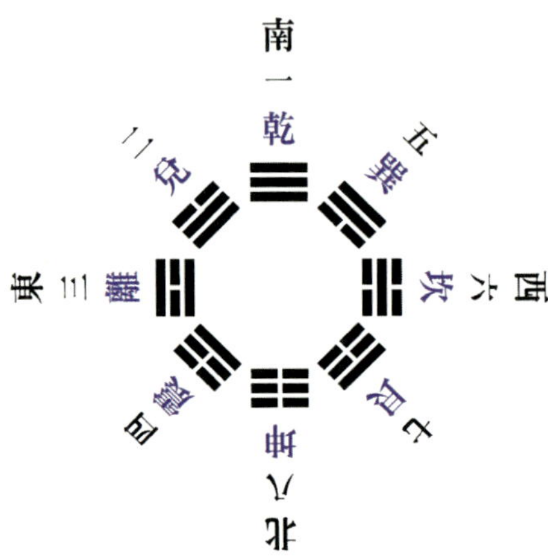

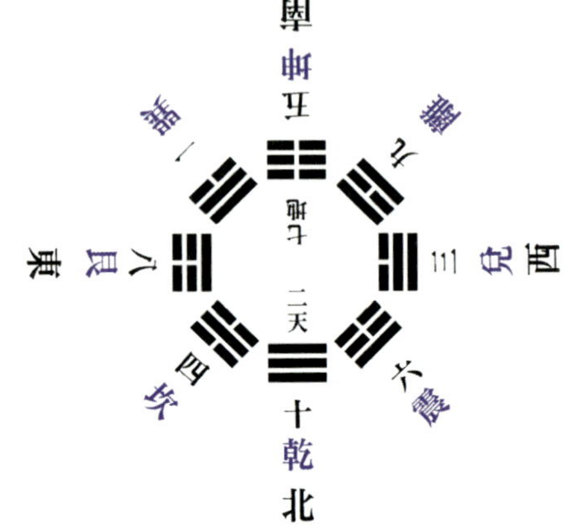

복희팔괘도(伏羲八卦圖)

여와팔괘도(女媧八卦圖)

右旋

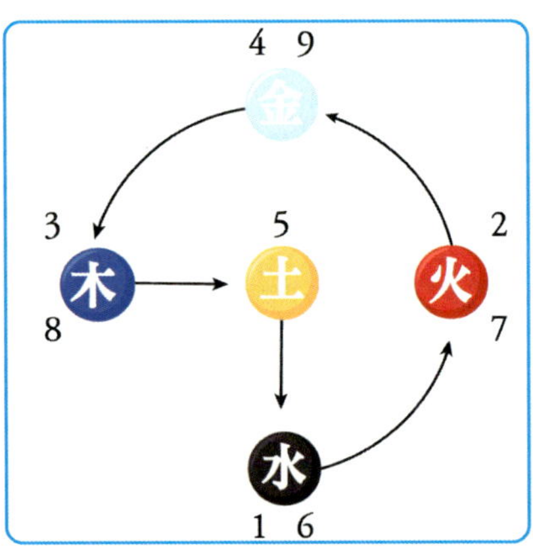

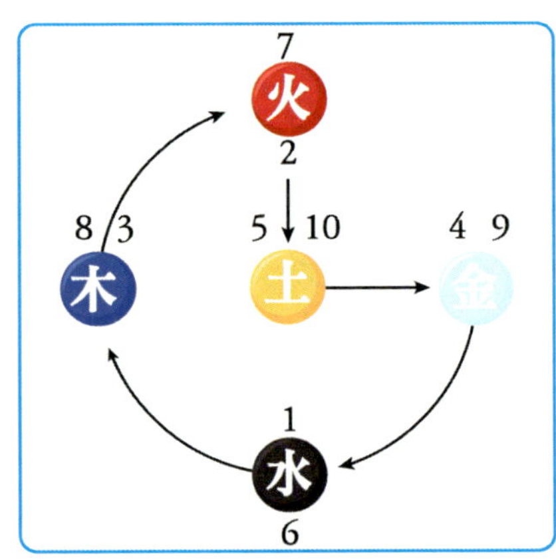

右旋

左旋

비극을 초래했습니다.

이러한 회전의 이치가 우주 변화의 핵심적인 법도라면, 성인들께서 이를 확정 짓는 공사를 보셨음은 자명한 일입니다. 김호연 성도의 증언을 통해 『도전(道典)』에 수록된 당시의 신비로운 장면을 살펴보겠습니다.

> 1 하루는 상제님께서 금산사 천왕문(天王門)의 상량을 커다란 구렁이로 만드시니 중들이 무섭고 징그러워 근접을 못하는지라
> 2 호연이 "아이고, 왜 그런대요?" 하고 여쭈니 말씀하시기를 "구렁이라고 이 상량을 짐승으로 알지 말아라." 하시고 간짓대 끝에 구렁이를 올려 기둥처럼 세워 놓으시거늘
> 3 다른 사람들은 이를 알지 못하고 여느 때와 같이 자유로이 왕래하더라.
> 4 잠시 후 **상제님께서 간짓대 앞에 서시어 구렁이 흉내를 내며 춤을 추시니 구렁이가 바닥으로 떨어져 함께 춤을 추거늘**
> 5 상제님께서 "**용마(龍馬) 내려졌다!**" 하고 소리치시니라.
> (道典 9:38)

여기서 상제님과 함께 춤을 춘 '**구렁이**'는 상제님과 짝을 이루는 특정한 신격神格을 상징하는 매개체입니다. 상제님께서 "**용마 내려졌다!**"라고 외치신 것은, 태고 시절 인류 문명의 시원인 하도河圖를 짊어지고 나온 용마의 배경을 환기하며, 이 구렁이야말로 새로운 후천하도의 주인공임을 천명하신 것입니다. 이는 곧 상제님의 반려伴侶이자 곤坤의 자리에 계신 분을 향한 강렬한 상징입니다.

이 성구를 깊이 들여다보면 자연스레 복희여와도가 연상됩니다. 하반신이 구렁이(뱀)의 형상으로 얽혀 있는 복희와 여와의 모습처럼, 상제님께서는 선천하도와 후천하도의 이치를 한 몸처럼 엮어 천지공사로 확정하신 것입니다. 놀라운 사실은 고수부님께서도 이와 맥을 같이 하는 똑같은 공사를 보셨다는 점입니다.

> 22. 화천절(化天節) 치성(致誠) 끝에 교도(敎徒) 수십인(數十人)을 벌려 앉히시고, 진액주(津液呪)를 한 시간 동안 읽히신 뒤에 종오(鍾五)로 하여금 '**구천지상극(舊天地相剋) 대원대한(大寃大恨), 신천지상생(新天地相生) 대자대비(大慈大悲)**'라 쓰이시고 교도(敎徒)들로 하여금 뒤를 따르게 하시고, 왼 편(便)으로 열다섯 번을 돌으시며 '구천지상극(舊天地相剋) 대원대한(大寃大恨)'이라 읽히시고, 오른 편(便)으로 열다섯 번을 돌으시며 '신천지상생(新天地相生) 대자대비(大慈大悲)'라 읽히신 뒤에, '**서신사명(西神司命) 수부사명(首婦司命)' 이라고 열여섯 번을 읽히시니라.**
> 『고부인신정기(高夫人神政記) 제사장(第四章) 제삼교단시대(第三敎團時代)』

고수부님께서 집행하신 공사 속 '열다섯 번'의 회전은 낙서 15수(十五數)의 이치를 상징합니다.

우선 왼편으로 열다섯 번을 돌며 '**구천지상극(舊天地相剋) 대원대한(大寃大恨)**'이라 읽히신 것은, 선천 상극을 상징하는 우선右旋 하도를 체體로 삼아 우선(선천) 낙서(用) 공사를 보신 것입니다. 이어 다시 오른편으로 열다섯 번을 돌며 '**신천지상생(新天地相生) 대자대비(大慈大悲)**'라 읽으신 것은, 후천 상생의 좌선左旋 하도를 체로 두고 좌선(후천) 낙서(用) 공사를 보신 것입니다.

또한 '**서신사명(西神司命) 수부사명(首婦司命)**'을 16번 읽게 하신 것은 건도성남(乾道成男, 견우)과 곤도성녀(坤道成女, 직녀)에 대한 오황극 공사의 심오한 의미를 내포하고 있습니다.

이러한 '**구천지 상극**'과 '**신천지 상생**'의 대비는 복희여와도에 담긴 선·후천 하도의 이치와 맞닿아 있습니다. 일례로 증산법종교의 전각들을 살펴보면 흥미로운 특징이 발견됩니다. 대부분 단층 혹은 이층으로 이루어진 전각에는 정자正字로 쓰인 현판과 더불어, 도장을 새기듯 좌우가 바뀐 좌서(左書: 崇道廟, 大靈殿, 天廈殿) 현판이 공존합니다. 이는 곧 뒤바뀐 후천의 방위와 좌선左旋의 이치를 건축적 상징으로 드러낸 것입니다.

결국 하도를 기반으로 한 정역팔괘(여와팔괘)의 세상은 무극无極의 위位로써 태을주 공부를 바탕으로 5만년을 닦아 천지와 하나 된 결실 종자들만 들어가는 영원불멸한 신선과 불보살의 경계입니다. 따라서 복희, 문왕, 정역의 세 괘도는 인간농사짓는 천지정신의 변화섭리를 그려놓은 천지문서라 할 수 있습니다.

복희팔괘(선천)와 문왕팔괘(후천)가 선후先後라는 시간적 질서 속에서 음양의 태극 세상을 구성한다면, 정역팔괘는 그 모든 변화의 뿌리인 무극无極의 의미를 담고 있습니다. 무극은 음양의 분화가 일어나기 전 태극의 원原 바탕 자리를 뜻하며, 정음정양의 후천을 주관하시는 태을太乙의 원천原天을 상징합니다.

이제 선천, 후천, 그리고 무극의 경계를 아우르는 '세 괘도'를 놓고 다시 정리하겠습니다.

4. 낙서 문왕팔괘의 상생상극

삼역괘도三易卦圖를 벤다이어그램으로 나타내면 우측과 같은 그림이 나옵니다. 이는 수학數學에서 실수(實數,b=0)와 허수(虛數,b≠0)의 합으로 이루어진 복소수(複素數,a+bi) 체계와도 흡사한데 '甲'이 우주1년과 같이 질서와 조화를 뜻하는 코스모스(Cosmos)의 현상계라면 '乙'은 혼돈의 카오스(Chaos) 영역입니다.

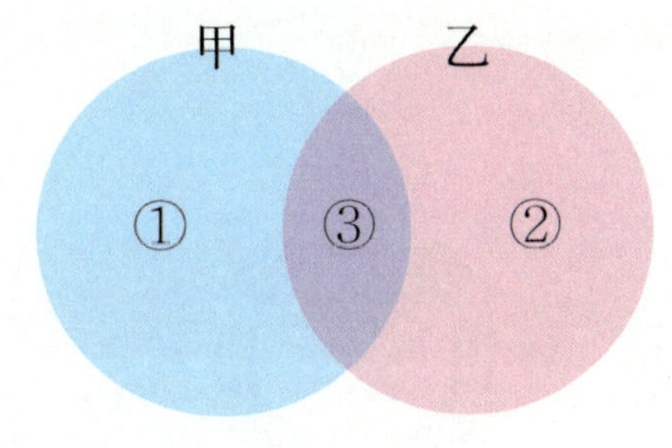

甲에서 ①은 선천하도先天河圖이자 선천태극先天太極이신 상제님(伏羲) 세상으로 봄여름의 상극상相克象입니다.

乙에서 ②는 후천하도后天河圖이자 후천무극(后天无極,十,方)의 바탕(圓)이신 황극(皇極,五)의 대모님(女媧,太乙天上元君) 세상으로 원천原天입니다.

또한 甲과 乙이 겹쳐진 ③의 세상은 낙서洛書를 기반으로 한 문왕팔괘(後天八卦)의 후천後天으로 마치 식물이 열매와 씨앗을 맺기 위해 꽃을 피우듯 甲에서 ①의 속성을 제한 천지비(天地否,뿌리)와 乙에서 ②의 속성을 제한 가을의 결실을 의미하는 지천태(地天泰,꽃)의 상생,상극의 양면성이 동시에 발현되는 세상을 말합니다.

여기서 ③의 후천後天은 甲의 기준에서는 후천(先天之後天)으로서 좌선(左旋,天地否) 운동을 하며 乙의 기준에서는 선천(后天之先天)으로서 우선(右旋,地天泰) 운동을 동시에 겸하여 코스모스(Cosmos)와 카오스(Chaos)의 양면성이 내재된 두 하도河圖 선후천先后天 사이를 이어주는 다리역할을 하므로 문왕文王의 세상을 일러 도솔천兜率天이라 하였습니다.

물론 여기서 언급되는 좌선낙서인 **문왕팔괘의 좌선(左旋,天地否)**은 상극相克의 우선하도右旋河圖인 복희팔괘伏羲八卦의 천지비(右旋,天地否, ↻)와 그 선회방향(↺)이 다르며, **문왕팔괘의 우선(右旋,地天泰)** 역시 상생相生의 좌선하도左旋河圖(↻)인 정역팔괘正易八卦와 그 선회방향( )이 달라져 하도의 방위 자체가 낙서 문왕팔괘에서 모두 뒤집히게 되었습니다.

상제님께서는 **"공부하는 자들이 '방위가 바뀐다.'고 이르나니 내가 천지를 돌려놓았음을 세상이 어찌 알리오"** 하셨습니다.

복희팔괘(先天八卦)의 선천 상극세상과 문왕팔괘(後天八卦)의 후천後天은 선후先後로서 상호대칭이 되는 태극太極의 음양陰陽이니 당연 운동의 변화원리 또한 정반대로 움직입니다.

"장차 도통(道通)은 건감간진손이곤태(乾坎艮震巽離坤兌)에 있느니라."고 하신 상제님 말씀대로 한번 문왕팔괘의 순서대로 건乾·감坎·간艮·진震·손巽·이離·곤坤·태兌를 손가락으로 짚어 보십시오. 시계방향으로 좌선左旋을 그리고 있지 않습니까?

괘의 순서에서 좌선左旋은 상생相生의 방향입니다.

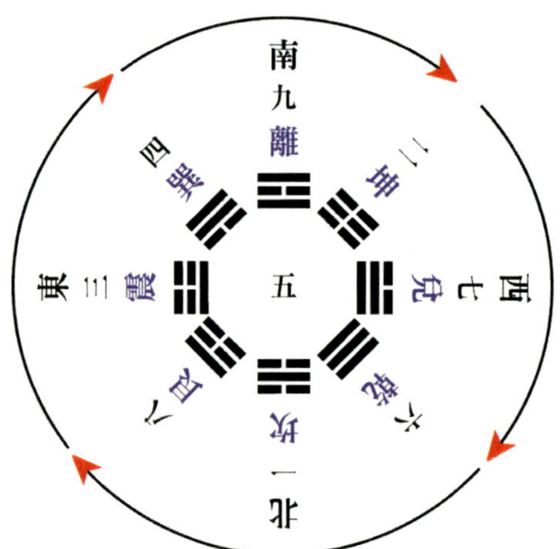

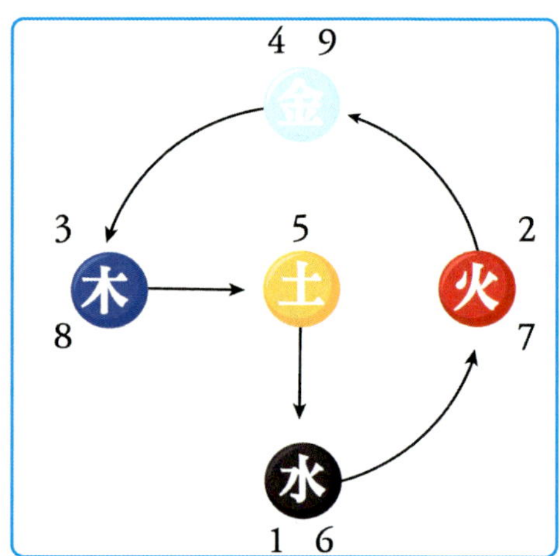

그런데 아이러니한 것은 우리가 익히 알고 있던 문왕팔괘는 상극相克으로 우선右旋을 하고 있다는 점입니다.

결국 이러한 점만 보더라도 문왕팔괘는 좌선左旋과 우선右旋을 동시에 겸하여 양쪽 선, 후천을 이어주는 문門의 역할이기에 이 낙서의 바탕에서 나온 주역이 단순한 점서로서 선천역先天易의 범주에만 속하지는 않는다는 것을 알 수 있습니다.

하루는 형열(亨烈)이 대선생님(大先生任) 출세기일(出世期日)을 물으니 응 - 하시고 **나의 말은 듣기가 어렵다 제비치고 눕히고 엎치고 뒤치고 들이치고 내치고 좌(左)로 돌리고 우(右)로 돌리고 알겠느냐** 똑똑히 들어라

서천서역대법국(西天西域大法國) 천개탑(天開塔)으로 내렸다가 경주용담(慶州龍潭)구경하고 모악산(母岳山) 금산사(金山寺) 삼층전(三層殿)에 삼일(三日) 유연(留延)하고 고부객망리(古阜客望里) 강씨문(姜氏門)에 탄생(誕生)하여 경자(庚子)에 득천문(得天

文) 신축(辛丑)에 대원사도통(大願寺道通) 임인(壬寅)에 상봉(相逢) 계묘춘(癸卯春)에 동곡(銅谷)에 들었노라 나의 말은 쌀에서 서숙(조)가려 내는 것 같으니라 알아듣겠느냐 알기 쉽고 알기 어렵고 두 가지다 하시니라.
『속수전경(續修典經)』

위 성구에서 보듯 김형렬 종도가 상제님께 출세하실 때를 여쭈니 **"제비치고 눕히고 엎치고 뒤치고 들이치고 내치고 좌(左)로 돌리고 우(右)로 돌리고 알겠느냐"**고 하시지요. 바로 이 말씀 속에 담긴 의미는 상극相克의 우선右旋 기운이 좌선左旋으로 돌아갈 때를 묘사한 말씀입니다.

또한 『정역』에는 이러한 구절이 있습니다.

易은 逆也니 極則反하나니라
土極하면 生水하고
水極하면 生火하고
火極하면 生金하고
金極하면 生木하고
木極하면 生土하니
土而生火하나니라
金火互宅은 倒逆之理니라

'易은 逆也니 極則反'이라는 구절에서 '反'은 지뢰복괘地雷復卦의 잡괘전에 '復은 反也'라 하여 선천하도(逆,右旋)의 자리가 뒤집혀(反) 낙서 지천태(順,左旋) 세상이 열림을 뜻합니다.

상제님께서는 **"水火金木이 待時以成하나니 水生於火故로 天下에 無相克之理"**라 하셨습니다. '火'는 '原天火'로서 '無極'을 뜻하고 '水'는 '太極'을 상징합니다.

물론 이때 '水火'는 후천을 기준으로 합니다. 즉 천지의 자연스런 이법은 '無極而太極'으로 '水生於火'인데 선천은 거꾸로 뒤집혀 있었다는 뜻입니다.

그러므로 선천태극이라는 상극의 바탕에서 펼쳐진 선천은 신화 자체도 하도·낙서를 짊어진 용마와 거북이가 모두 물에서 나왔다는 서사를 취하고 있습니다.

반면 후천은 **"소가 하도낙서를 지고 나오리라."** 하셨듯 새로운 좌선하도(原天火)에 바탕(體)을 둔 지천태(水火旣濟) 세상이 열리므로 상극의 이치가 없다 하셨습니다.(水生於火)

이어지는 구절들은 오행五行이 상생相生 상극上克하는 낙서 구조에 대한 설명으로 각각의 우선상극右旋相克 속에 좌선상생左旋相生(生)이 함께 자리해 있음을 드러내고 있습니다.

마지막 '土而生火'는 하도의 이치로 24번째 마지막 글자를 '火'로 뒤집어(反) '金火互宅'하는 '倒逆之理'로 매듭을 짓습니다.

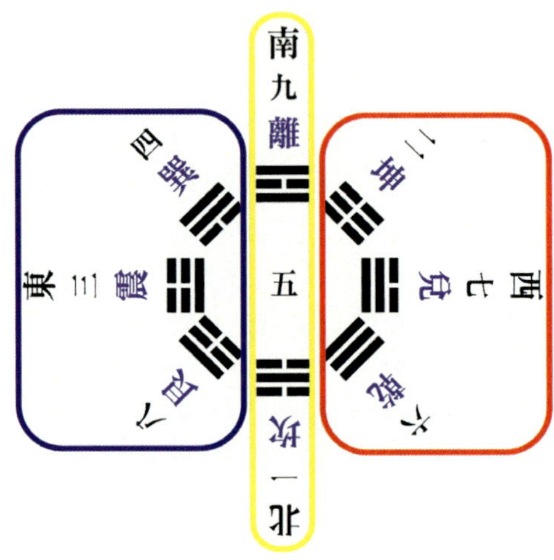

상제님께서는 이러한 낙서의 양면성을 "**左旋**좌선 **四三八**사삼팔 **天地**천지**는 魍魎**망량**이 主張**주장**하고 九五一**구오일 **日月**일월**은 竈王**조왕**이 主張**주장**하고 二七六**이칠육 **星辰**성진**은 七星**칠성**이 主張**주장**이라.**" 하시며 낙서의 이치에 응해 이를 주관하시는 신도까지 풀어 주셨습니다.

뒤에서 자세한 설명을 하겠지만 먼저 간략하게 짚어 보자면 여기서 사삼팔四三八 천지天地는 천지비天地否의 자리이고 반대로 이칠육二七六 성진星辰은 괘의 모양을 보다시피 곤상건하坤上乾下의 지천태地天泰의 자리를 뜻하며 중앙인 구오일九五一 일월日月은 천지비와 지천태가 서로 겹치는 오황극의 자리를 의미합니다.

이처럼 우리가 살펴본 천지이치의 이면에는 이(理)·신(神)·사(事)의 법도가 엄연히 존재합니다. 천지의 이치(理)에 부절符節처럼 합치되어 신도(神)를 주재하는 분이 계신 것입니다.

복희팔괘의 이치는 선천태극先天太極이신 상제님(伏羲)께서 맡으셨고, 정역팔괘(女媧八卦)의 이치는 황극皇極이신 대모님(女媧)께서 주재위主宰位가 되십니다. 그렇다면 문왕팔괘의 이치에는 어떤 분이 자리하고 계실까요?

'콩 심은 데 콩나고 팥 심은 데 팥난다'는 속담처럼, 인간의 삶도 부모의 유전인자를 그대로 자식이 물려 받으며 그 자식이 성장하여 또 부모가 되어 혈통을 이어갑니다. 천지의 이치 또한 이와 다르지 않아, 반드시 천륜天倫을 통해 그 이상을 지상에 실현합니다.

"세상에 인륜(人倫)이 참으로 크나 인륜보다 천륜(天倫)이 더 크나니 천륜으로써 우주일가(宇宙一家) 하리라." 『천지개벽경(天地開闢經) 4장 13절』

하도河圖의 두 주인이신 상제님(伏羲)의 우선右旋 DNA와 대모님(女媧)의 좌선左旋 DNA는 마치 이중나선처럼 꼬여 하나의 생명을 잉태했습니다.

그 부모로부터 생명의 가닥을 온전히 물려받아 탄생하신 분이 바로 화은당華恩堂 선사님입니다. 선사님은 낙서洛書를 기반으로 한 문왕팔괘의 주인으로서, '**문왕의 도수**'를 부여받으신 분입니다.

『화은당실기』에 따르면, 상제님께서는 갓 태어나 새파랗게 얼어있던 선사님을 안으시며 **"이 아이라야 장차 나의 일을 이어 빛내게 될 것이니 잘 기르라"**고 축복하셨습니다. 당시 집안 어른들은 잘난 자식들은 다 죽고 저 못난 여식 하나 남은 것을 비난하며 상제님을 광인 취급 하였으나, 상제님께서는 단호하게 말씀하셨습니다.

자애로우신 성부께서는 그러한 욕설에도 괘념치 않으시고, **"나에게 만약, 동생이나 아들이 있으면 인간에 대죄만 지을 뿐 아니라 천지의 대적(大賊)이 되므로 이 못난 여식이라야 앞으로 증산의 후계사를 여의성취하리라."**하시니 모두 비웃으며 더 더욱 광인으로 여기었다. 삼일간을 머물러 계신 후 나흘만에 부모님전에 만단사례 하시며, "이제 떠나면 언제 올지 모르오니 몸을 안보하시오며, 어린 순임을 잘 길러 장래사를 후계토록 하십시오."라고 말씀드리고, 정씨 성모를 보시고 말씀하시기를, **"이 여식은 아들 대신이니, 비록 풍우상설지중이라도 잘 기르시오. 증산의 일맥이 이 뿐이라. 만약, 이 아이를 박대하면 증산을 영영 저버리는 것이라."** 하시면서 여식을 안고 못내 못내 하시면서 길을 떠나시었다.
『증산법종교 60년사』

또한 '동도법종금강도(東道法宗金剛道)'의 「행선가(行善歌)」에서도 상제님의 명확한 의지를 확인할 수 있습니다.

축시(丑時)에 새벽닭이 울 때 천사(天師)님이 명(命)하시되 글은 다 읽었다.
너희들이 하는 일은 만사(萬事)가 무덕(無德)이라 나의 일은 판밖에서 성도(成道)한다.
계통(繼統)은 혈족(血族)으로 전(傳)하리라.

우리는 난법해원의 어둠속에서 역신해원의 사역을 하며 가구假九 노름판 마다 한 끗발을 믿고 배팅하는 도박꾼들과는 달리 상제님의 피가 흐르는 천륜의 적통에게 왜 종통전수를 해야만 하셨는지에 대한 상제님의 가감없는 심법전수의 말씀을 천지 이치로써 깊이 깨달아야 하겠습니다.

5. 선천태극과 후천태극

지금까지 논의한 천지이치를 태극太極의 관점에서 최종적으로 정리해 보겠습니다. 본래 『복희팔괘차서도(伏羲八卦次序圖)』는 태극이 1변(一變)하여 동정動靜으로 나뉘고, 2변하여 사상四象을 이루며, 최종적으로 3변을 거쳐 팔괘八卦가 생성되는 우주 생성의 파노라마를 보여줍니다.

여기서 흥미로운 대목은 태극이 분화하여 사상四象에 이르는 단계까지의 성격입니다. 이 과정은 외형상 복희팔괘의 순서를 따르는 듯 보이지만, 실상은 '껍질'인 복희팔괘 내부에 비장된 **'알맹이'**로서의 문왕팔괘적 질서를 내포하고 있습니다. 고수부님께서 선천 태극의 껍질 속에 감춰진 이 알맹이의 구조를 일러 '**수지자웅**'이라 명명하신 이유가 바로 여기에 있습니다. 이는 손바닥과 손등이 서로 떨어질 수 없는 관계인 것처럼, 음과 양이 언제나 한 몸으로 조화와 균형을 이루고 있음을 뜻합니다.

보통 우리는 흰색은 빛(陽)을, 검은색은 그림자(陰)를 상징한다고 알고 있습니다. 그러나 이는 세속의 상식일 뿐, 역易의 깊은 이치로 들어가면 오히려 그 반대의 진실이 드러납니다.

이를 가장 잘 보여주는 도상이 바로 '**음양어(陰陽魚) 태극도**'입니다. 흑백의 곡옥曲玉 두 개가 서로의 꼬리를 물고 맞물려 있는 이 도상은 고대 도교의 핵심 상징물 중 하나였습니다. 중국에서는 이 형태가 마치 두 마리의 물고기가 노니는 듯하다 하여 '음양어'라 불렀는데, 이 도상의 진면목은 물고기의 눈에 해당하는 두 개의 작은 점에 숨겨져 있습니다. 단순히 음 속에 양이 있고, 양 속에 음이 있다는 식의 해석을 넘어, 이 점들이 상징하는 '반전의 수리'야말로 선천과 후천을 가르는 결정적인 열쇠가 됩니다.

큰 틀에서 볼 때, 좌측의 선천태극은 선천 5만 년인 복희팔괘의 세상을, 우측의 (후천)태극은 후천 5만 년인 문왕팔괘의 세상을 상징합니다. 이는 양陽인 수직과 음陰인 수평을 기준으로 끊임없이 음양 운동을 지속하는 모습이며, 각기 선천과 후천을 주재하는 태극 운동의 상象을 여실히 보여줍니다.

선천태극은 음 속에 양이 있고 양 속에 음이 깃든 형태로, 아직 잠에서 깨어나지

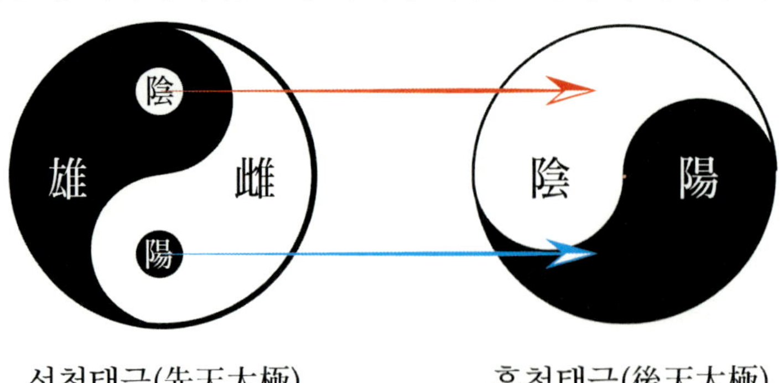

선천태극(先天太極) 후천태극(後天太極)

않은 씨앗처럼 '극즉반(極則反)'의 이치를 내면에 갈무리하고 있습니다. 고수부님께서 이를 일러 **"희고 검은 것을 그 누가 알 것인가"**라고 탄식하듯 말씀하신 이유도 바로 여기에 있습니다.

태극 도형을 세밀히 관찰하면 파격적인 사실을 발견하게 됩니다. 바로 검은색의 양陽은 위로 상승上昇하고 있으며, 흰색의 음陰은 아래로 하강下降하고 있다는 점입니다. 여기서 **"어떻게 어두운 검은색이 양이 될 수 있는가?"**라는 강한 의구심이 생길 수 있습니다. 하지만 이는 현상과 본질이라는 양면성을 혼동한 데서 비롯된 오해입니다. 우리가 흔히 아는 상식, 즉 '남자는 양, 여자는 음, 밝은 것은 양, 어두운 것은 음'이라는 식의 구분은 일상적이고 표면적인 관찰일 뿐입니다.

반면, 태극太極은 현상 너머에 존재하는 '본질'을 뜻합니다. 만물 창조 운동의 본체(體)인 태극을 이루는 음양(用)의 모습을 뿌리의 관점에서 바라보십시오. 거침없는 분열과 팽창의 과정은 양陽의 기운이며, 이는 마치 태양 속에 산다는 전설 속의 삼족오(까마귀)가 검은색으로 상징되듯, 본질의 세계에서는 검은색으로 정의될 수밖에 없습니다. 요컨대 밖(현상)에서 안을 보는 것이 아니라, 안(본질)에서 밖을 보는 관점의 전환이 필요합니다.

이치라는 것은 깊이 파고들수록 어느 순간 자체 모순에 부딪혀 더는 나아갈 수 없는 지벽을 만나게 마련입니다. 그럴 때 막힌 매듭을 풀기 위해서는 결국 출발점으로 되돌아와 근본을 다시 살펴야 합니다. 필자는 여러분이 겪을 수 있는 이러한 시행착오의 지점을 처음부터 바로잡아, 진리의 정수로 곧장 안내해 드리고자 합니다.

흑백黑白의 두 색을 음양의 본질에 배속해 보면 우리가 알던 상식은 다시 한번 뒤집힙니다. 본래 흰색(白)은 서방의 정색으로 금金에 속하며, 그 성질이 차가운 음陰입니다. 여름철 무더위에 우리가 흰옷을 즐겨 입는 것도 바로 이 서늘한 음의 기운을 취하기 위함입니다.

빛과 생명의 질서는 분열과 통일의 원리를 따릅니다. 빛이 양陽의 기운으로 분열되어 사방으로 흩어지면 내면은 오히려 어두워지니, 선천의 분열기는 검은색(黑-先手)으로 상징됩니다. 반대로 빛이 수렴되어 하나로 통일되면 비로소 광명光明이 극치에 이르니, 흰색(白-後手)은 후천 음의 통일 질서를 표상합니다. 즉, 현상이 아닌 본질의 세계에서는 태양의 상징이 까마귀(삼족오)인 것처럼, 검은색이 양陽이요 흰색이 음陰이 되는 것입니다.

사실 음양陰陽이라는 용어조차 상제님 도道의 신도神道 차원에서 살피면, 그 실체는 남미륵男彌勒과 여미륵女彌勒께서 주재하시는 이치를 뜻합니다. 고수부님께서는 이를 일반적인 태극의 음양과 구별하여, 선천태극의 본질을 '**자웅(雌雄)**'이라 명명해 주셨습니다. **"희고 검은 것을 그 누가 알 것인가"**라고 하신 고수부님의 말씀은 이 심오한 반전의 이치를 꿰뚫고 있습니다.

역易의 원리로 볼 때, 선천태극(좌측 그림)의 물고기 눈에 해당하는 두 개의 작은 점은, 후천에 이르러 극즉반極則反의 이치에 따라 거대한 음양의 실체(우측 그림)로 자리 잡게 됩니다.

이때 검은색의 양陽은 아래로 내려가고, 흰색의 음陰은 위로 올라가 완벽한 지천태地天泰의 형상을 이룹니다. 상제님께서는 이를 『중화경(中和經)』에서 음태극(陰,女彌勒)과 양태극(陽,男彌勒)으로 각각 정의해 주셨습니다.

낙서 문왕팔괘의 세상을 상징하는 흑백黑白 태극은 때로 우리가 익숙한 붉고 푸른

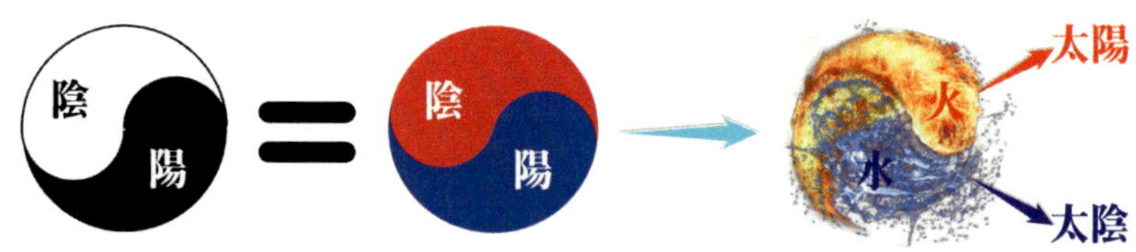

태극으로 그려지기도 합니다. 이때 청색靑色은 양태극(陽,男彌勒)이며, 적색赤色은 음태극(陰,女彌勒)을 의미합니다.

흔히 세상에서는 붉은색을 양陽, 푸른색을 음陰이라 말합니다. 오행상 붉은색이 남방 화火에 해당하므로 양이라는 논리입니다. 그러나 이 논리대로라면 푸른색 또한 동방 목木에 해당하니 양이 되어야지, 음이 될 수는 없지 않겠습니까?

우리는 일상에서 이미 그 정답을 마주하며 살아가고 있습니다. 가장 가까운 예로 공공장소의 화장실 표지판을 보십시오. 전 세계 어디를 가나 남성은 청색靑色으로, 여성은 적색赤色으로 표시되어 있습니다. 이러한 구분은 관용구에서도 그대로 나타납니다. 수많은 남자 속에 섞인 단 한 명의 여자를 가리켜 흔히 홍일점紅一點이라 부르며, 반대로 많은 여자 사이에 끼어 있는 남자를 가리켜 청일점靑一點이라 칭합니다. 이처럼 청靑과 홍紅으로 남녀를 구분 짓는 관습을 보면 인류의 무의식이 이미 알고 있었다는 방증이기도 합니다.

다시 강조하지만, 이는 현상이 아닌 본질적 측면에서의 구분입니다. 본체를 뜻하는 태극에서 붉은 색은 음陰입니다. 사실 이 붉은색은 신神의 본질을 색상으로 구현한 것이며, 삼이화三離火의 자리를 상징합니다. 이 삼이화가 선천에는 건위(乾位, 하늘)의 역할을 하시지만, 후천에는 곤위(坤位, 땅)의 자리가 되시기 때문입니다.

물론 기준점에 따라 표면적인 음양의 시각은 달라질 수 있습니다. 하지만 자웅은 서로 자리를 바꿀 수는 있지만 위치가 바뀌었다 해서 암컷(雌)이 수컷(雄)으로 변하지는 않습니다. 결과적으로 선천태극에서 상승하는 검은색을 양陽이라 하지 않고 웅雄이라 하시며, 하강하는 흰색을 음陰이라 하지 않고 자雌라고 말씀해 주셨습니다.

동양적 사고로 볼 때, 뿌리에서 멀어지며 정반대로 성장하는 분열의 질서는 역도수逆度數의 과정입니다. 생명의 근본과 멀어질수록 내면은 점점 어두워지는 밤(陽의

분열과정)이 됩니다. 반대로 원시반본으로 수렴해서 모든 문제의 근원처인 본성을 닦고 정화하여 열매 맺는 가을 세상은 비로소 어둠 속에 가려졌던 진실이 드러나는 낮(陰의 수렴과정)이라고 할 수 있습니다.

결국 무엇을 기준으로 두느냐의 문제입니다. 선천 상극을 기준으로 본다면 선천이 낮이고 후천이 밤이겠지만, 진정한 진리의 완성인 후천을 기준으로 한다면 선천은 기나긴 밤의 역사였으며 후천은 비로소 밝아오는 광명의 낮이 되는 것입니다.

상제님께서 보신 '**진주(眞主) 노름의 독조사**' 공사를 예로 들어보면 밤새도록 제 돈만 잃어 바닥이 나는 상황은 선천 복희팔괘(하도)의 어두운 난법 세상을 상징합니다. 그러다 새벽녘에 개평을 얻어 판을 회복하는 것은, 후천 문왕팔괘(낙서)의 새로운 태양이 비추는 개명장開明場의 서막을 알리는 것입니다.

따라서 '문왕의 도수'를 받은 화은당 선사님은 낙서 세상에 이르러 선천태극이신 상제님과 자리를 바꾸게 됩니다. 즉, 선천의 태극(黑상제님+白선사님)이 후천에 이르러 뒤집히며 선사님께서 태극(白여미륵+黑남미륵)의 위位를 주재하시게 되는 것입니다.

사물의 겉과 속을 수지자웅誰知雌雄의 예로 든다면 선천(右旋河圖+右旋洛書)에 겉(外)은 상제님(손등,雄,伏羲,河圖)이시고 속(內)은 선사님(손바닥,雌,文王,洛書)이십니다. 그런데 후천(左旋河圖+左旋洛書)이 되어 장갑을 뒤집듯 천지의 판이 뒤집히면, 속(內)이었던 선사님(雌)이 겉으로 드러나고 겉(外)이었던 상제님(雄)은 불양답이나 차지한다고 내면으로 숨으십니다. 고수부님께서 "**수지자웅(誰知雌雄)이라 누가 알 것이며, 오지자웅(五知雌雄)이라 이를 누가 알리요**"라고 말씀하신 배경에는 바로 이러한 태극의 반전 원리가 깔려 있습니다.

이와 같은 맥락에서 볼 때, 만일 누군가가 스스로 태극太極의 주재자임을 자처하고자 한다면, 반드시 그에 부합하는 이치적 증명이 선행되어야 합니다. 즉, 자웅雌雄이 한 몸을 이루는 태극의 원리처럼, 자신과 짝을 이루는 또 다른 한 분의 위位를 명확히 밝히고 그들 사이의 유기적 관계성까지 완벽히 검증될 때에만 그 주장의 타당성이 비로소 인정될 수 있는 것입니다. 혼자서는 결코 성립될 수 없는 것이 태극의 이치일진대, 짝 잃은 외기러기 같은 주장으로 어떻게 천지의 대도大道를 논할 수 있겠습니까?

선사님의 존함인 '순임(舜任)'에는 '순(舜)임금에게 천하를 맡긴다'는 깊은 뜻이 담겨 있습니다. 왜 상제님께서는 굳이 혈연으로 맺어진 따님에게 천하를 물려주어 당신의 유업을 잇게 하셨을까요? 여기에는 천지이치에 근거한 필연적인 이유가 있습니다.

선사님께서는 생전에 신도들 앞에서 "**이놈들아, 내가 누군지 아느냐? 내가 천태산 마고할미니라!**"고 사자후를 토하신 바 있습니다. 선사님(雌)은 본래 삼신상제님(雄)과 한 몸인 선천태극의 이치에서 연유하셨기에, 반드시 상제님의 가족, 즉 따님으로

雄  雌

오셔야만 자웅동체雌雄同體라는 태극의 이치를 인사로 완성할 수 있었던 것입니다.

이러한 법도는 동서양을 막론한 보편적 원리입니다. 그리스 신화에서 주신主神 제우스의 머리에서 지혜의 여신 아테나가 탄생했다는 설정은, 아버지의 본질에서 직접 딸이 분화되어 나온 자웅의 일체성을 상징하며 위 공사의 이치와 궤를 같이합니다. 이는 동서양을 불문하고 보편적인 원리로서 서양의 신화에도 이와 같은 이치의 단면이 있는데 서양의 그리스 신화에서 제우스의 머리로 부터 아테나 여신이 탄생한 신화와도 부합되는 면이 있다 할 것입니다.

그리스 신화에서 유일하게 아버지로부터 태어난 자식이라 불리는 존재가 아테나 여신이나. 아테나는 아버지의 딸이라고 한다. 물론 아테나에게도 어머니는 있다. 그녀는 신들과 인간들 중에서 가장 지혜로운 메티스 여신이다. 메티스 여신은 제우스의 첫 번째 부인이라 말해진다. 그러나 제우스는 메티스가 낳을 자식에 의해 자신의 왕권을 빼앗길까 두려웠다. 그래서 아예 임신한 메티스를 통째로 삼켜버리고 만다.1) 그후로 메티스는 제우스의 뱃속에서 현명한 충고와 조언을 하였다고 한다. 그러나 메티스가 임신한 아이는 어떻게 되었나?

메티스가 제우스 뱃속에서 낳은 아이는 제우스의 몸에서 빠져나오기 위해 머리를 공략한 것으로 보인다. 제우스는 트리톤 강가에서 갑자기 머리가 아파 고통을 호소했다. 마침 헤파이스토스가 도끼를 들고 와서 제우스의 머리를 가르자 아테나가 황금 무장을 하고 태어났다. 아테나가 탄생하는 순간에 하늘과 땅 그리고 바다가 심하게 흔들리고 범람하였으며 태양이 멈추었다.

제우스는 아테나의 탄생을 매우 기뻐했다. 아테나는 분명히 올림포스 신들 가운데 제우스에 이은 제2인자의 위치를 차지한 것으로 보인다.2) 아테나 여신은 다른 남신에 못지않은 훨씬 강력한 존재였다. 제우스가 특별히 아테나를 사랑한 것은 분명해 보인다. 호메로스의 『일리아스』를 보면 아테나는 아버지 제우스에 순종하지만 도리어 제우스가 아테나의 눈치를 보는 상황도 나타난다. 제우스는 항상 아테나의 마음을 먼저 알고 아테나가 원하는 대로 하도록 허락한다.
[네이버 지식백과] (아테네-영원한 신들의 도시, 2004. 6. 30., ㈜살림출판사)

그리스 신화의 최고신 제우스의 상징물을 보면 상제님의 위상과 절묘하게 맞닿아 있음을 알 수 있습니다. 제우스의 번개(震卦)와 선천 상극의 맹금류인 독수리는 곧 선천태극이신 상제님(三離火·乾卦)을 상징합니다.

여기서 주목할 점은 지혜의 여신 아테나(선사님)의 탄생 배경입니다. 아테나는 제우스의 첫 번째 부인 메티스(대모님)가 임신한 아이였으나, 제우스의 머리에서 직접 탄생합니다. 이는 『주역』「설괘전」 제9장에서 '건괘(乾卦)는 머리(首)가 된다'고 정의한 건위수乾爲首의 원리를 신화적으로 구성한 것입니다. 즉, 수지자웅誰知雌雄의 이치에 따라 웅雄인 제우스의 머리(乾)에서 자雌인 아테나가 분화되어 나왔음을 뜻합니다.

상제님 도의 정수인 이(理)·신(神)·사(事)는 천지의 이치[理]를 바탕으로 신도[神]가 개입하여 현실의 역사[事]를 전개합니다. 그중에서도 가장 핵심적인 대목은 천지이치의 주재위를 반드시 인사人事 문제로 드러내신다는 점입니다.

이러한 엄연한 이치를 감안할 때, 스스로 상제님과 짝하는 태극의 자리에 올랐다고 주장하던 이들을 떠올려 보면 실소를 금할 수 없습니다. 상제님과의 관계를 정함에 있어 그 누구도 여성(雌)의 신분으로 이 자웅의 이치를 증명해낸 사람이 없었기 때문입니다. 천지의 이치가 자웅雌雄의 조화로 돌아가거늘, 어찌 남성 홀로 태극의 주재자가 될 수 있겠습니까?

참고로, 이러한 선천태극(誰知雌雄)의 구조는 현대 물리학의 원자 모형과도 놀라울 정도로 흡사합니다.

물질의 고유한 특성을 잃지 않는 가장 작은 단위인 원자(Atom)는 만물의 최소 입자로 정의됩니다. 그런데 이 미시 세계의 구조를 들여다보면 대우주를 통치하는 삼원三元의 이치가 그대로 투영되어 있음을 발견하게 됩니다.

원자는 원자핵과 전자로 구성됩니다. 음전하(-)를 띠며 질량이 극히 작은 입자인 전자(electron)가 핵 주위를 돌고, 원자핵 속에는 양전하(+)를 띤 양성자(proton)와 전기적으로 중성(±)인 중성자(neutron)가 자리 잡고 있습니다.

흔히 원자의 크기를 잠실야구장에 비유한다면 원자핵은 십 원짜리 동전 크기에 불과합니다. 즉, 원자의 99.99%는 텅 빈 공간인 셈입니다. 그 진공에 가까운 광활한 공간을 너무도 작은 전자가 쉼 없이 돌고 있기에, 인간의 능력으로는 그 위치와 운동량을 동시에 측정할 수 없다는 '불확정성의 원리'가 등장하기도 했습니다.

우리가 바라보는 밤하늘의 은하수는 전체 우주의 아주 작은 부분일 뿐입니다. 우주의 6배가 넘는 대부분은 빛을 내지도 반사하지도 않는 암흑물질로 가득 차 있습니다. 이처럼 유무형의 만물을 품고 있는 바탕 자리인 허공虛空은 비어 있는 듯하나 에너지 다발인 기氣로 가득 차 있습니다. 기가 응집하면 유(有, 色)가 되고 흩어지면 다시 무(無, 空)가 되어 돌아가니, 허공(理, 無)과 만물은 결코 분리될 수 없는 한 몸입니다.

따라서 원자모델을 천지지리인 삼원三元의 이치에 접목한다면 허공은 바탕인 무극无極이며 원자핵은 태극太極의 자리이며 전자는 황극皇極의 위가 될 것입니다.

원자핵 속에서 양성자(+)와 중성자(±)가 이루는 관계는 곧 상제님(+)과 화은당 선사님(±)의 위상과 일치합니다. 물리학에서는 중성자와 양성자가 붕괴 과정에서 서로 변환될 수 있기에, 이를 별개의 입자로 보기보다는 태극(원자핵)이라는 하나의 입자가 취할 수 있는 두 가지 상태(선천태극·후천태극)로 이해합니다.

원자의 성질이 탄소나 헬륨으로 갈리는 것은 단지 핵자와 전자의 개수와 배치가 다르기 때문입니다. 이와 마찬가지로 자웅雌雄으로 상징되는 두 분 역시 동일한 태극의 위位에 계시며, 다만 선천과 후천이라는 시공간적 환경에 따라 그 역할만 서로 달리하실 뿐입니다.

더욱 놀라운 것은 전자의 세계에도 반입자反粒子인 양전자(positron)가 존재한다는 사실입니다. 음전자(negatron)와 양전자가 충돌하면 '쌍소멸'하며 광자光子 형태의 에너지를 방출합니다. 이는 황극皇極의 위 또한 홀로 존재하는 것이 아니라, 견우와 직녀라는 음양의 쌍(오황극)으로 이루어져 있음을 물리적으로 상징하고 있습니다.

3장 원방각과 삼원

1. 희고 검은 것을 그 누가 알 것인가?

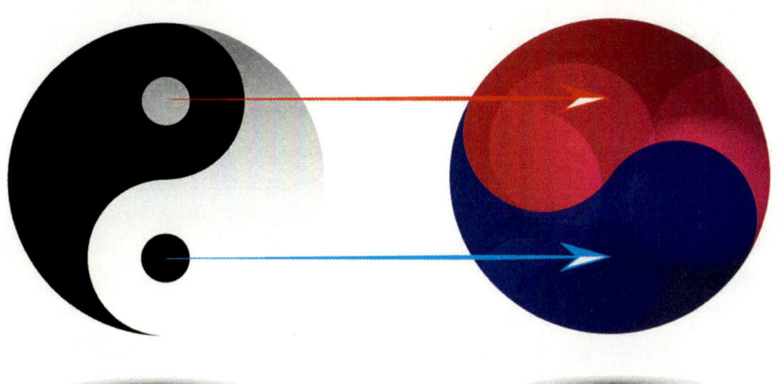

太極이 所以爲太極은 却不離乎 兩儀四象八卦하나니
태극 소이위태극 각불리호 양의사상팔괘
태극이 태극이 되는 까닭은 양의, 사상, 팔괘와 떨어져서 존재할 수가 없기 때문이니

太極動而生陽하고 太極靜而生陰하니
태극동이생양 태극정이생음
태극이 동하면 양이 생기고 태극이 정하면 음이 생기니

動時에 便是**陽太極**이오 靜時에 便是**陰太極**이라.
동시 변시양태극 정시 변시음태극
동할 때에는 양태극이 되고 정할 때에는 음태극이 되는 것이다.
『중화경(中和經)』 제75장(第七十五章)

태극太極의 위位에 계신 화은당 선사님은 상제님(복희)으로부터 우선右旋 DNA를, 대모님(여와)으로부터 좌선左旋 DNA를 각각 한 가닥씩 물려받아 탄생하셨습니다. 이를 괘상으로 비유하자면 선사님의 친가는 천지비(天地否,動)를, 외가는 지천태(地天泰,靜)를 상징한다고 볼 수 있습니다. 이 두 세계를 양의兩儀라 합니다. 태극이 동動하여 양陽을 생生하면 낮(晝)이 되고, 태극이 정靜하여 음陰을 생生하면 밤(夜)이 됩니다. 이때 양陽은 남미륵男彌勒을 음陰은 여미륵女彌勒을 각각 의미합니다.

이에 대해 공자님은 『주역』「계사전」 제5장에서 '**一陰一陽之謂道**일음일양지위도**니 繼之者善也**계지자선야**오 成之者性也**성지자성야'라 하였습니다.

'**一陰一陽之謂道**'에 대해서는 '한번은 음陰 운동을 하고 한번은 양陽 운동을 하는 것을 일러 도道라고 한다.' 또는 '한번 음陰 작용을 하게 하고 한번 양陽 작용을 하게 하는 그 태극의 본체를 도道라고 한다.' 등등의 해석을 하는데 사실 일음일양一陰一陽이라 할 때의 '一'에는 아직 발아하지 못한 씨앗의 의미가 내재되어 있습니다.

고수부님께서는 이 '**一陰一陽**'을 '**희고 검은 것**'이라 표현하셨습니다.

그렇다면 『주역』에서 말하는 강剛과 유柔는 구체적으로 무엇을 의미할까요?

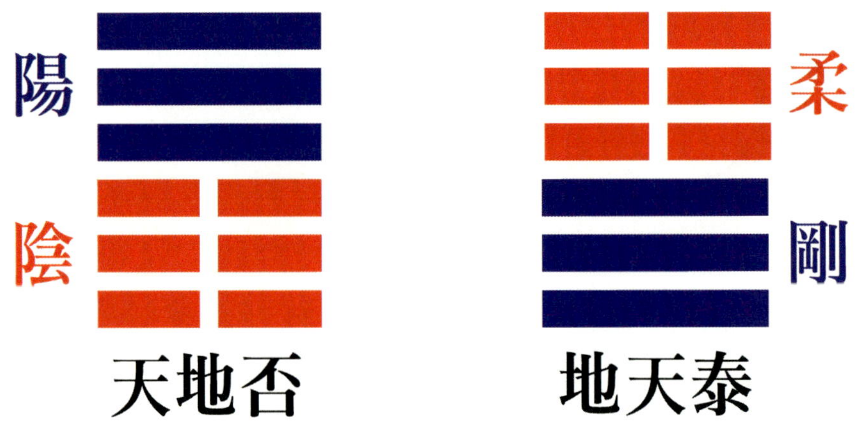

『주역』의 「잡괘전」에서는 '乾剛坤柔'라 하여 건乾은 강剛이며 곤坤은 유柔라고 정의합니다.

천지비天地否의 자리는 낮(晝)을 상징하며, 건乾은 양陽이 되며 곤坤은 음陰이 됩니다. 이는 바탕(體)이 되는 천도天道의 자리입니다.

또한 지천태地天泰의 자리는 밤(夜)을 상징하며, 곤坤은 유柔가 되며 건乾은 강剛이 됩니다. 이는 천도의 자리를 기준으로 일어나는 지도地道의 작용(用)입니다.

결국 양음陽陰이 천지비로 표상되는 천도의 근본 바탕(體)이라면, 강유剛柔는 지천태로 실현되는 지도의 구체적인 쓰임(用)을 의미합니다.

昔者聖人之作易也(석자성인지작역야)는 將以順性命之理(장이순성명지리)니
옛적에 성인께서 역(易)을 지으심에 장차 성명(性命)의 이치에 순하고저 하심이니,

是以立天之道日陰與陽(시이입천지도왈음여양)이오
이로서 하늘의 도(道)를 세움을 이르되 음과 양이오,
立地之道日柔與剛(입지지도왈유여강)이오 **立人之道日仁與義**(입인지도왈인여의)니
땅의 도를 세움에 이르되 유(柔)와 강(剛)이요,
사람의 도를 세움을 이르되 인(仁)과 의(義)니,
兼三才而兩之(겸삼재이양지)라 故(고)로 易(역)이 六劃而成卦(육획이성괘)하고
삼재(三才)를 아울러 둘로 하니라. 고로 역(易)이 여섯 획으로 괘를 이루고,
分陰分陽(분음분양)하며 迭用柔剛(질용유강)이라
음을 나누고 양을 나누며, 유(柔)와 강(剛)을 차례로 씀이라.
故(고)로 易(역)이 六位而成章(육위이성장)하니라.
그러므로 역(易)은 여섯 위(位)로 문장(文章)을 이루니라.
『주역』「설괘전(說卦傳)」 제2장

『주역』「설괘전」 제2장에서 말하는 천·지·인 삼재三才의 도는 다음과 같습니다.

입천지도(立天之道): 하늘의 도를 세움이니, 낙서의 천지비(天地否)에 해당합니다.
입지지도(立地之道): 땅의 도를 세움이니, 낙서의 지천태(地天泰)에 해당합니다.
입인지도(立人之道): 사람의 도를 세움이니, 천지비와 지천태가 중첩되는 오황극의 자리이자 서요동(西堯洞)을 가리킵니다.

우리가 앞서 언급했던 '33천 도솔천'의 진정한 의미는 바로 이 '강유(剛柔)'의 이치를 깨달을 때 비로소 그 문이 열립니다.

「계사전」 제2장에서는 '**剛柔相推而生變化**강유상추이생변화, **變化者**변화자는 **進退之象也**진퇴지상야'라 하여 진퇴進退의 상象이 곧 변화變化이며 이는 강유剛柔가 서로(相) 밀어서(推) 생겨난다(生) 하였습니다.

결국 33천 도솔천의 수리 33에 응하는 천산돈(天山遯, ☰☶)괘의 핵심 비밀은 바로 지천태의 세상에 있습니다. 지천태는 밤(夜)을 상징합니다. 고요한 밤하늘을 올려다보면 북극성은 정북 방향에 고정되어 있고, 나머지 별들은 북극성을 중심으로 반시계 방향으로 회전합니다. 실제로는 지구가 시계 방향으로 자전하기 때문에 나타나는 상대적 운동이지만, 이 지각地殼의 움직임이 곧 천체의 역동적인 변화를 만들어냅니다.

천문을 관측할 때 붉은 원인 황도(黃道, 태양의 길)와 흰 원인 백도(白道, 달의 길)가 교차하는 은하수 중앙에는 북극성이 자리합니다. 고대 동양에서는 해와 달, 그리고 오성五星의 움직임을 살피기 위해 밤하늘을 이십팔수二十八宿로 나누었습니다. 여기서 '수(宿)'는 머물며 묵어간다는 뜻입니다.

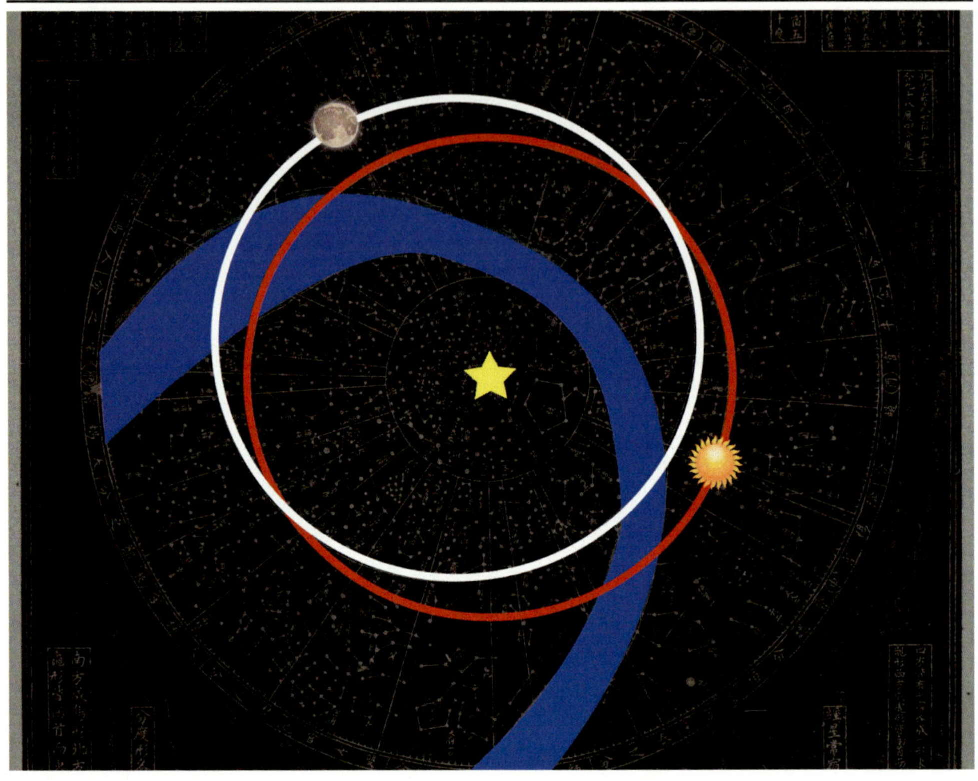

달의 공전 주기인 27.32일에 맞춰 달이 매일 어느 별자리에 머무는지를 정해놓은 것이 바로 이십팔수입니다. 이는 태양의 운행을 기준으로 삼는 서양의 황도 12궁과는 차별화된, 절저히 달(음)의 운행을 중시한 동양 천문학의 정수입니다.

은하수는 총 33개의 별자리로 구성되어 있다고 전해집니다. 이 별자리들을 따라 하늘의 깊은 곳으로 거슬러 올라가면 그 끝에서 마침내 하늘의 중심인 자미원紫微垣의 북극성에 이르게 됩니다. 이 자미원의 자리를 33이라는 숫자로 상징하는 이유가 여기에 있습니다. 『논어』「위정(爲政)」 편에는 다음과 같은 구절이 나옵니다.

> **"자왈(子曰), 위정이덕(爲政以德)은 비여북신(譬如北辰)이 거기소(居其所)어든 이중성(而衆星)이 공지(共之)니라."** (공자께서 말씀하시기를, 덕으로써 정치를 하는 것은 마치 북극성이 제자리에 가만히 있어도 모든 별이 그를 중심으로 예우하며 따르는 것과 같다.)

공자는 하늘의 정사를 펴는 임금과 같은 자리를 북신北辰이라 칭송했습니다. 이 북극성을 도교에서는 자미대제紫微大帝라 부르며 지존의 격을 부여했고, 불교는 이를 수용하여 치성광여래熾盛光如來로 인격화함으로써 불교적으로 북극성의 신격을 재정립했습니다.

사찰의 '**七星圖**칠성도'는 주존主尊인 치성광여래를 중심으로 좌우 보처인 일광변조보살과 월광변조보살, 그리고 칠여래와 칠원성군, 삼태육성과 이십팔수가 조밀하게 배치되어 있습니다. 이는 단순한 종교화가 아니라, 거룩한 신성神聖들이 주재하는 **'의인화된 천문도'**인 셈입니다.

북극성을 중심으로 우주 변화의 기강을 잡으며 국자 모양으로 돌고 있는 일곱 별을 북두칠성北斗七星이라 합니다. 예로부터 이 칠성은 천제(上帝)가 타고 우주를 순행하는 '수레'에 비유되어 왔습니다.

칠성은 북극성을 제외한 모든 별자리의 질서를 다스리는 중심이기에, 전체 성신星辰의 황극皇極이라 할 수 있습니다. 상제님께서 "**북두칠성이 내 별이니라**" (道典 3:89) 하신 말씀 속에는, 당신께서 우주의 기강을 직접 주재하시는 통치자라는 선포가 담겨 있습니다.

북극성과 칠성의 관계는 문을 여닫는 경첩에 비유하면 명확해집니다. 문틀에 고정되어 변치 않는 쪽이 북극성(柔)이라면, 문에 달려 역동적으로 움직이는 부분은 칠성(剛)입니다.

고수부님께서 "**나의 근본이 일월수부니라. 천지음양 있었으니 건곤일월 없을소냐. 일월 일월 만사지라.**" 『선도신정경(仙道神政經) 3장 91절』 하셨습니다.

이 말씀처럼 양陽, 음陰, 강剛, 유柔라는 사상四象의 이치는 천지음양과 건곤일월의 긴밀한 체용體用 관계로 드러납니다. 구체적으로 살펴보면, 남미륵(陽)과 칠성(七星, 剛)이 체용體用이듯 여미륵(陰)과 조왕(竈王,柔) 역시 서로를 보완하는 체용體用 관계를 이룹니다.

하루는 공사를 보실새 글을 쓰시니 이러하니라 「**궐유사상포일극(厥有四象抱一極) 구주운조낙서중(九州運祖洛書中)** 도리불모금수일(道理不慕禽獸日) 방위기맹초목풍(方位起萌草木風) 개벽정신흑운월(開闢精神黑雲月) 편만물화백설송(遍萬物華白雪松) 남아숙인선삼재(男兒孰人善三才) 하산불양만고종(河山不讓萬古鍾)」「원형리정도일월(元亨利貞道日月) 조인장부통명명(照人臟腑通明明)」 『대순전경(大巡典經) 4장 148절』

이 성구의 첫머리인 '**궐유사상포일극(厥有四象抱一極)**', 즉 "그 사상이 있어 하나의 극을 품었다"는 구절은 양의兩儀에서 분화된 사상이 궁극적으로 지향하는 핵심을 짚고 있습니다. 이어지는 '**구주운조낙서중(九州運祖洛書中)**'에서 알 수 있듯, 사상이 품고 있는 그 '일극(一極)'이란 바로 낙서의 이치로 세상을 다스리는 오황극의 자리를 의미합니다.

결국 우주의 조화는 태극의 본체 위에서 사상이 펼쳐지고, 그 중심에 황극이 자리 잡음으로써 완성됩니다. 이제 태극을 보필하며 후천의 새 세상을 열어가는 황극의 위位에 대해 살펴보겠습니다.

2. 건용황극

증산법종교를 창교한 1기초지 노송동 시절에 화은당 선사님의 천상동자天上童子 포태胞胎와 탄생誕生에 대한 일화가 있습니다.

(3) 천상으로부터 선학(仙鶴) 두 마리가 내려오다

천기 68년 1월 15일(4271, 1938, 戊寅) 선사님의 생신날 치성을 올리고 나니, 그날 밤에 천상으로부터 선학(仙鶴) 두 마리가 내려와 방안 현판에 앉더니 일주일 동안 눈에 완연히 보이며 나래를 펄럭이고 소리를 치고 하는데, 하루는 공중으로부터 천명(天命)이 내리시기를, "이 뒤로 어느 때에 가면 태몽이 되어 천상 동자가 포태될 것이니 주의하라."고 하셨다.

(5) 첫째 천상동자 포태(天上童子 胞胎)와 탄생(誕生)

천기 69년 11월(4272, 1939, 己卯) 동지치성을 올리고 나니, 천상으로부터 학을 타고 동자가 내려와서 선사 배 속으로 들어가더니 경진(庚辰)년을 지내자 차차 운신하여 7,8월이 되자 몸이 만삭이 되었다.

천기 70년 9월 13일 (4273, 1940, 庚辰)밤에 천상으로부터 의원 내외와 산파(産婆)와 유모(乳母)가 내려와서 해산하게 되었는데, 동자는 유모가 품에 안고 천상으로 올라가고 산실에는 이상한 향기가 진동하였다. 산모는 14일 동안 산실에 누워있었는데, 밤마다 천상으로부터 유모가 동자를 데리고 내려와서 젖을 먹이고 하였다. 그동안 동자의 성장함이 실로 기적적이어서 말로는 형언할 도리가 없었다.

(6) 둘째 천상동자 포태(天上童子 胞胎)와 탄생(誕生)

천기 71년(4274, 1941, 辛巳)정월에 태몽을 얻어 천상동자를 포태하여 10월 10일 밤에 천상으로부터 의원과 산파, 유모가 내려와 해산하였는데, 유모가 동자를 데리고 천상으로 올라간 뒤에 거년에 태어난 형 동자(兄 童子)가 내려와서 말하기를, "지상의 젖을 먹으니 정신이 희미하여 못 쓰겠으니 동생은 지상의 젖을 먹이지 않고 천상의 약으로 키우겠다."고 하면서 그냥 데리고 왔다가 되돌아 올라가니, 선사의 젖이 불어서 아프므로 짜서 버리기가 수년이었다.

『증산법종교60년사(甑山法宗敎六十年史)』

이상의 내용에 두 분의 천상동자天上童子가 나오는데 선사님께서 영靈으로 낳으셨지만 직접 몸으로 아이를 낳는 것과 같은 생리현상을 겪으신 신비로운 도수로 매년 음력 9월 13일과 음력 10월 10일은 탄신일로서 예를 갖추고 있습니다.

주렴계의 『태극도설(太極圖說)』에 나오는 '无極而太極무극이태극'이라는 말은 무극의 바탕에서 태극이 생겨나는 걸 의미합니다.

그런데 선사님 몸으로 직접 포태胞胎하여 출산出産하시는 형상形象으로 보여주신 것은 이理-신神-사事의 순리 그대로 태극에서 황극이 나오는 천지이치를 직접 산고의 고통으로 드러내 주신 것입니다.

두 도령을 포태胞胎함으로써 후천을 잇는 황극의 모체(母體,太極)가 되시니 육기초六基礎의 천명天命을 받들어 기지基地를 마련한 깊은 뜻이 여기에 있었습니다.

상제님께서 **"알음은 강절의 지식이 있느니라"** 하셨던 소강절 선생의 『황극경세서』 「관물외편(觀物外篇) 상지육(上之六)」에 보면 **'대연(大衍)의 수(數)는 산법(算法)의 근원이다. 그러므로 산법(算法)의 시작은 방(方)·원(圓)·곡(曲)·직(直)에 불과하다.'**라는 말이 나옵니다.

원(圓,○) 방(方,□) 각(角,△)은 각각 하늘(天), 땅(地), 사람(人)에 대응되며 '角'에는 '曲直'이 있다 하였으니 여기서 '直'은 '乾道'를 '曲'은 '坤道'를 뜻합니다.

후천의 오황극은 건도성남乾道成男(견우)과 곤도성녀坤道成女(직녀) 두 분으로 태극太極이신 선사님(文王,人尊)을 보필해 세상을 다스리는 실제적인 주체가 됩니다.

낙서의 중앙에 자리한 이 '五'를 두고 「홍범구주」에서는 '次五차오 曰왈 建用皇極건용황극'이라 하였습니다.

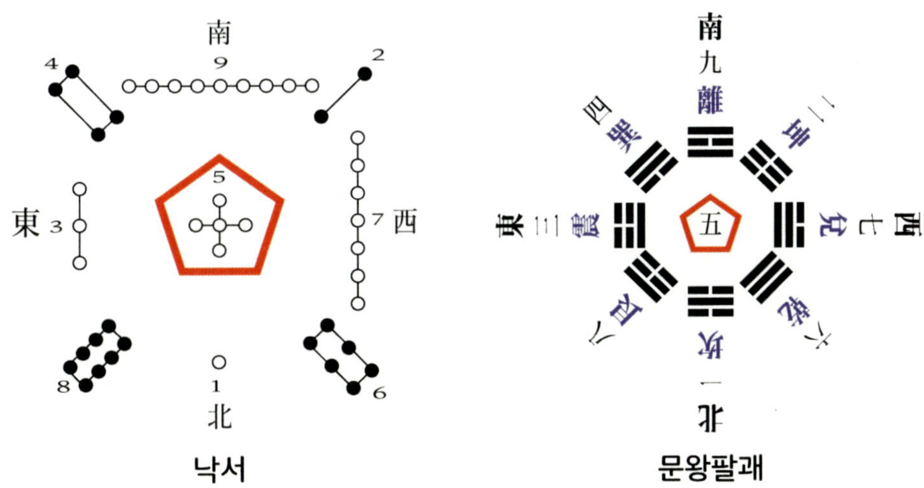

낙서 문왕팔괘

고수부님께서 **'구천지상극(舊天地相剋) 대원대한(大寃大恨), 신천지상생(新天地相生) 대자대비(大慈大悲)'**라 공사보실 때 **'서신사명(西神司命) 수부사명(首婦司命)'**을 16번 읽히신 것이 바로 이 낙서 오황극 도수를 확정 지으신 것입니다.

3. 천지지리는 삼원

『삼한관경본기(三韓管境本紀)』에 보면 '**水以象天**수이상천**하시고 火以象地**화이상지**하시고 木以象人**목이상인'이라 하여 곧 하늘(天)은 하나(一)가 되며 땅(地)은 둘(二)이며 인간(人)은 삼(三)으로 상징합니다.

상제님께서는 수이상천水以象天[1]하시어 선천태극先天太極의 하늘(天)도 되시고 화이상지火以象地하시어 후천무극后天无極의 땅(地)도 되시고 목이상인木以象人하시어 오황극五皇極이기도 하십니다. 더불어 이 삼원三元의 이치에다 '彌則合萬爲一미즉합만위일' 이라는 선후천의 법리까지 주재하시기 때문에 선천미륵불과 후천미륵불로 스스로를 드러내시기도 합니다. 물론 여기서는 『천부경(天符經)』의 바탕에 자리한 원圓(○, 一), 방方(□,二), 각角(△,三)의 본 뜻과는 달리 그 의미의 외연을 좀 더 확장하여 상제님 한 분에게서 보이는 원방각의 면면을 예로든 경우입니다.

<148> 하루는 모든 종도들에게 일러 가라사대 [이 시대가 너무 악하여 몸 둘 곳이 없으므로 장차 깊이 숨으려 하노니 어느 곳이 합당하리오?] 신원일이 가로대 [변산에 은둔할 곳이 많으니 그곳으로 가사이다]. 선생이 들은체 아니하시니라.
또 가라사대 [**내가 금산사로 들어가서 불양답이나 차지하리라**]. 또 가라사대 [내가 금산사로 들어가리니, 나를 보고싶거든 금산사로 찾아오라]. 『동곡비서(銅谷秘書)』

경석의 집에서 종도들에게 말씀하시기를 세상인심이 너무 험악하여 몸둘곳이 없음으로 깊이깊이 피하고저 하노니 어데가 합당하냐 하시니 채사윤이가 내장사(內長寺)로 가사이다 하니 그래 내장사를 가자 하시고 또 신원일이가 부안 변산에 내수사(內修寺)로 가사이다 하니 그 내수사(內修寺)도 좋다하신 후 **나는 금산사에 가서 불양답(佛糧畓)이나 지키리라** 하시며 나를 보고 싶거든 미륵불을 보라 하시니라.
『용화전경(龍華典經) 제 4 장 둔급미륵불(遁及彌勒佛)』

기유(己酉)년 어느날 종도들에게 가라사대,
"금산(金山) 미륵(彌勒)은 육장(六丈)이나 나는 육장 반(半)이니라." 하시더라.
『천지개벽경(天地開闢經) 6장 7절』

말씀하시기를 금산사 미륵불은 육장불(六丈佛)이나 나는 장차 육장반불로 오겠다고 하시니라. 『용화전경(龍華典經) 제 4 장 둔급미륵불(遁及彌勒佛)』

---

1) 이때는 천지라는 位의 관점에서 水,火라 하였지만 내면의 본성을 기준으로 하면 선천태극은 태양(太陽,복희팔괘 三離火)으로 火가 되시고 후천무극은 태음(太陰,정역팔괘 四坎)으로서 水에 해당합니다.

조계종 금산사 미륵삼존불상

법종교 삼청전 미륵삼존불상

사진에 보다시피 금산사 선천미륵불은 좌수左手에 여의주를 받히고 우수右手를 들고 있으며 반대로 법종교 삼청전의 후천미륵불은 좌수左手를 들고 입에 여의주를 물고 계십니다.

이는 상제님께서 생전에 하신 **"금산사 미륵은 여의주를 손에 들었거니와 나는 입에 물었노라"**, **"내가 장차 열석 자(尺)로 다시 오리라"** 하신 말씀이 그대로 도상화된 것입니다. 이 형상의 반전은 단지 여의주의 위치에만 머물지 않습니다. 금산사 미륵불(龍圖,太陽)은 시루(솥)를 밟고 서 계신 반면 삼청전의 증산미륵불(龜書,太陰)은 시루(솥)를 머리에 쓰고 계십니다.

『주역』「계사상전」 4장에 아래와 같은 내용이 있습니다.

易與天地準故로 能彌綸天地之道하나니
역은 천지와 더불어 준칙을 함께 함이라 그러므로 능히 천지의 도를 포괄할 수 있다.
仰以觀於天文하고 俯以察於地理라
위로는 천문을 살피고, 아래로는 지리를 살피니라
是故로 知幽明之故하며 原始反終이라
이런 까닭에 눈에 보이지 않는 세계와 눈에 보이는 세계의 근원까지 알 수 있으며
맨 처음을 근원으로 삼아 끝 머리로 돌아가느니라
故로 知死生之說하며 精氣爲物이오 游魂爲變이라
그러므로 죽음과 삶의 원리를 알 수 있으며 정과 기가 모여 사물이 되고
혼이 흘러서 변화가 됨이라
是故로 知鬼神之情狀하나니라
이런 까닭에 귀신의 정상을 알 수 있느니라.

이를 인용하시어 상제님께서 중화경中和經 제 83장에 덧붙인 글이 있습니다.

'易與天地準故로 能彌綸天地之道라하니 **彌有終竟聯合之意하여 彌則合萬爲一**이오.'
역여천지준고 능미륜천지지도 미유종경연합지의 미즉합만위일
역은 천지의 법도를 가늠하는 기준이 되는 고로 능히 천지의 도를 두루 얽어맬 수 있으니 彌라는 글자에는 마지막 끝까지 이어 뭉침(연합)의 뜻이 있어서, 彌는 곧 만가지를 합하여 하나됨이라.

'彌則合萬爲一미즉합만위일**'**이라는 말씀은 우주 생명의 법도가 무한히 분열하고 성장하던 시간을 지나, 가을의 수렴 기운을 타고 본래 조화 생명의 뿌리인 태극太極의 본처로 돌아감을 뜻합니다. 상제님께서는 만(萬)을 합하여 하나(一)로 귀장歸藏시키는 이 거대한 생명의 통합 과정을 바로 **'미(彌)'**라고 정의하셨습니다.

이는 자연의 순리와도 같습니다. 봄·여름 내내 가지 끝으로 뻗어 올라가 꽃을 피우고 열매를 맺게 했던 뿌리의 진액은, 겨울이 오기 전 다시 본래의 뿌리로 돌아가 생명을 보존합니다. 수만 가닥으로 흩어졌던 수분이 본래의 한 덩어리로 뭉치듯, 모

든 생명이 하나의 품으로 돌아가는 것은 지극히 당연한 귀결입니다.

이때 '만(萬)'은 손에 여의주를 들고 선천의 분열을 주재하신 금산사의 선천미륵불을 상징하며, '일(一)'은 입에 여의주를 물고 후천의 통일을 매듭짓는 증산미륵불을 상징합니다.

선천의 분열을 주재하는 '만(萬)'의 격인 금산사 미륵불은 그 형상이 흡사 엽전의 모습과 그 궤를 같이합니다. 바깥의 둥근 원圓은 선천태극(복희팔괘 一乾)이신 상제님을 상징하며, 하늘(天圓)의 형상을 나타냅니다. 가운데 네모난 구멍(方)은 후천무극(정역팔괘 十乾)의 땅(地方)이신 상제님을 상징합니다.

즉, 엽전의 '원방(圓方)' 구조는 상제님께서 하늘과 땅의 정수를 모두 품으신 수·화(水·火)를 함께 주재하심을 상징적으로 드러내는 도상입니다.

또한, 십미토十未土의 자리에 계신 상제님(體,波動)은 현실 낙서판에선 가을철 열매 속 씨앗처럼 후천미륵불(用,粒子)의 모습으로 드러납니다. 그런데 후천의 운도는 '陰體陽用'으로 지천태 여미륵이신 '一陰' 속에 '一陽'이 자리하므로 여미륵(陰) 부처님이 주장신(體)이 되심은 천도의 자명한 이치이자 거스를 수 없는 결론입니다.

무릇 머리를 들면 조리(條理)가 펴짐과 같이 인류 기록의 시초이며 **원(寃)의 역사의 처음인 당요의 아들 단주**의 깊은 원을 풀면 그 뒤에 수천년동안 쌓여 내려 온 모든 원의 마디와 고가 풀리리라 『대순전경(大巡典經) 5장 4절』

회문산에 오선위기혈(五仙圍棋穴)이 있으니 이제 **바둑의 원조(元朝) 단주(丹朱)의 해원도수**를 이곳에 부쳐서 조선국운(國運)을 돌리려 하노라
『대순전경(大巡典經) 4장 28절』

"단주를 자미원(紫微垣)에 위(位)케 하여 다가오는 선경세계에서 세운(世運)을 통할(統轄)하게 하느니라." (道典 4:31)

상제님께서는 오황극五皇極의 위位로 다시 오실 당신을 일러 역사의 인물인 요堯임금의 아들(子) 단주丹朱에 비유하셨습니다. **"단주를 자미원(紫微垣)에 위(位)케 하여 다가오는 선경세계에서 세운(世運)을 통할(統轄)하게 하느니라."**는 말씀은 자미원을 일주하는 북두칠성에 대한 암시입니다.

"나는 순이다!" 하고 외치신 **'한 일一'** 자 누에공사는 여의주를 손에 들고 계신 선천미륵불(萬)과 여의주를 입에 물고 계신 후천미륵불(一)의 모습과 달리 인신합덕으로 인세에 드러날 신계의 오황극으로서의 신원(identity)을 드러내 주시는 공사입니다.

1 학봉께서 이곳저곳으로 두루 다니시며 친히 세상을 배우실 때
2 그 신이하고 혜명하심이 입에서 입으로 전해져 가시는 곳마다 경애를 받으시되 시험코자 하는 사람도 많더라.
3 한번은 고향에서 멀리 떨어진 흥덕 부안면(興德 富安面) 하오산(下鰲山) 앞의 알미장(卵山場)에 이르시니 어떤 사람이 지필묵을 내어 놓고 글을 청하거늘
4 어린 학봉께서 조그만 손으로 붓을 꽉 잡고 먹을 듬뿍 묻히신 뒤
5 **종이 위에 굵게 '한 일(一)' 자 한 획을 힘껏 그으시며 큰 소리로 "나는 순이다!" 하고 외치시니 순간 한 일 자가 마치 누에처럼 꿈틀꿈틀 기어가거늘**
6 구경하던 장터 사람들이 탄성을 지르며 더 자세히 보려고 서로 몸을 밀치고 당기고 하여 한바탕 소동이 일어나니라.
7 이 때 학봉께서 말씀하시기를 **"조선 땅은 한 일 자 누에와 같다."** 하시니라.
(道典 1:22)

또 어느날 신정공사에서 고후비님이 가라사대 동요동은 신금산이요 서요동은 오성산이라 일후에 누가 나던지 정각하나 잘 지어줄 것이니라 이 천지대사가 유월 칠월 팔월 **나는 바닥에 일 붙은 줄 알고 빼느니라**.하고 창하시더라.
『선도신정경(仙道神政經) 3장 53절』

우주의 본체인 태극은 동정動靜하는 음양 운동의 중심에서 체體로 존재합니다. 태극은 그 스스로 움직이지 않으나, 황극이라는 작용의 통로를 통해 비로소 세상에 당신의 존재를 드러내십니다.

고수부님께서는 **"나는 바닥에 일(一) 붙은 줄 알고 빼느니라"**고 말씀하셨습니다. 여기서 '일'은 본체인 일태극一太極만을 뜻하는 것이 아닙니다. 상제님께서는 변화의 주체인 오황극 또한 '一'이라 천명하셨습니다.

본래 태극은 체體로서 고요히 머물러 있으나, 한 '一' 자가 마치 누에처럼 꿈틀꿈틀 기어간다는 것은 그것이 살아 움직이는 황극의 생명력을 지녔음을 의미합니다.

이러한 이치에 따라 '一'이신 양태극(남미륵)과 '一'이신 음태극(여미륵)에 작용 주체인 황극의 '一'이 하나로 합쳐져 삼태극三太極의 문양이 완성됩니다. 실제로 증산법종교 대령전에 모셔진 운장상제님(관운장)의 관冠에 삼태극 문양이 새겨져 있는 것은 매우 상징적인 대목입니다. 이는 신도의 위격이 현실의 역사 속에 온전히 강세하여 인신합덕하심을 여실히 드러내 주는 형상이라 할 것입니다.

이러한 위상은 동양의 역학을 넘어 서양의 기록 속에서도 발견됩니다.

『신약성서』 요한계시록 1장 8절에 주 하나님이 이르시되 **"나는 알파와 오메가라 이제도 있고 전에도 있었고 장차 올 자요 전능한 자라"** 하시더라는 내용이 나옵니다.

이 말씀은 과거와 현재, 그리고 미래라는 시간의 전 과정에서 역사하시는 주재자의 면모를 증명합니다. 결국 **'장차 올 자'**라는 약속은 인신합덕으로 강세하실 서신사명의 역사와도 그 궤를 같이하고 있는 것입니다.

요한啓示錄 REVELATION-1
8 主 하나님이 가라사대 **나는 알파와 오메가라 이제도 있고 전에도 있었고 將次 올 者요 全能한 者라** 하시더라
8 "I am the Alpha and the Omega," says the Lord God, "who is, and who was, and who is to come, the Almighty."

요한啓示錄 REVELATION-22
13 나는 알파와 오메가요 처음과 나중이요 始作과 끝이라
13 I am the Alpha and the Omega, the First and the Last, the Beginning and the End.

그리스 문자중 최초의 문자 알파(A,Alpha)와 마지막 문자 오메가(Ω,Omega)는 처음과 나중(the First and the Last) 또는 시종(the Beginning and the End)의 뜻과 상통하는 의미가 있습니다.

여기서 알파(A)는 처음(First) 시작(Beginning)인 숫자 **'1'**로서 선천태극이신 상제님(水以象天,who was)이시며 오메가(Ω)는 나중(Last) 끝(End)인 숫자 **'10'**으로 후천무극이신 상제님(火以象地,who is)입니다. 또한 **"장차 올자요 전능한 자"**는 **"내가 장차 열석 자로 다시 오리라"**하신 황극의 상제님(木以象人,who is to come)을 이르는 표현입니다.

이처럼 진리는 동,서양의 표현 방식만 다를 뿐 본질은 같습니다.

천지지리天地之理 삼원三元의 이치理致는 원형이정元亨利貞과 서로 닮은 꼴을 하고 있습니다.

건괘乾卦의 괘사卦辭는 **'乾은 元코 亨코 利코 貞하니라'**인데,

운합주運合呪의 첫구절에도 '元亨利貞원형이정 天地之道천지지도 仁義禮智인의예지 人神之道인신지도'라 하였습니다.

원형이정은 『주역』에서 말하는 천지의 사덕四德으로 '元'은 만물의 '生'으로 '春'에 속하고 '仁'이며, '亨'은 만물의 '長'으로 '夏'에 속하고 '禮'이며, '利'는 만물의 '斂'으로 '秋'에 속하고 '義'이며, '貞'은 만물의 '藏'으로 '冬'에 속하고 '智'가 됩니다.

예를 들어 '元亨利貞'을 성경에 빗대보자면 '寶座 앞에 일곱 등불 켠 것이 있으니 이는 하나님의 일곱 靈이라'(Before the throne, seven lamps were blazing. These are the seven spirits of God.)는 구절에 비견할 수 있습니다. 여기서 'the seven spirits of God.'는 북두칠성(剛)에 대한 지칭입니다.

이를 건괘乾卦 문언전文言傳에서는 아래와 같이 정의하였습니다.

文言曰 元者는 善之長也오 亨者는 嘉之會也오
利者는 義之和也오 貞者는 事之幹也니
君子體仁足以長人이며 嘉會足以合禮며
利物足以和義며 貞固足以幹事니
君子行此四德者라 故로 曰乾元亨利貞이라.

여기서 **'元者는 善之長也'**라 했습니다. '善'은 선악이라는 상대성의 자리로 선천태극을 이루는 자웅雌雄 중 '雌'이니 선善의 장長이란 '乾元'의 자리를 뜻합니다.

『주역』의 건괘乾卦 단전彖傳을 보면 '大哉내재라 乾元건원이여'로 시작하고,

『주역』의 곤괘坤卦 단전彖傳을 보면 '至哉지재라 坤元곤원이여'로 시작합니다.

천지에는 '元'이 두 분 계십니다. '乾元'은 '十無極'(己土)이신 상제님을 뜻하고, '坤元'은 '五皇極'(戊土)이신 대모님을 뜻합니다.

'體仁足以長人체인족이장인'은 후천무극(Ω)이신 상제님으로 고수부님께서는 '여동빈지 조화권능'의 역할로 표현하셨습니다.

참고로 요한계시록 네 생물生物 얘기 중 그 셋째 생물은 얼굴이 사람 같다는(he third had a face like a man) 묘사가 나오는데 주역에도 '長人'으로 나오니 그 맥락은 비슷합니다. 물론 '보좌(寶座) 주위(周圍)'에 자리한 네 생물과 전혀 위격은 다르시나 여기서는 방위적인 측면만 비교해 보았습니다. 표면상으론 '군자는 仁을 체득하여 사람의 우두머리가 될 수 있다.'는 뜻입니다.

이어서 '亨者는 嘉之會也'는 지천태(吉)에서도 '會'(艮,止也)의 자리로 '모임을 아름답게 함이 족히 禮에 부합된다'는 '嘉會 足以合禮'는 남방삼이화 옥황玉皇의 위로 고수부님께서는 '단주수명'의 역할로 표현하셨습니다. 넷째 생물인 날아가는 독수리가 점하는 방위입니다.

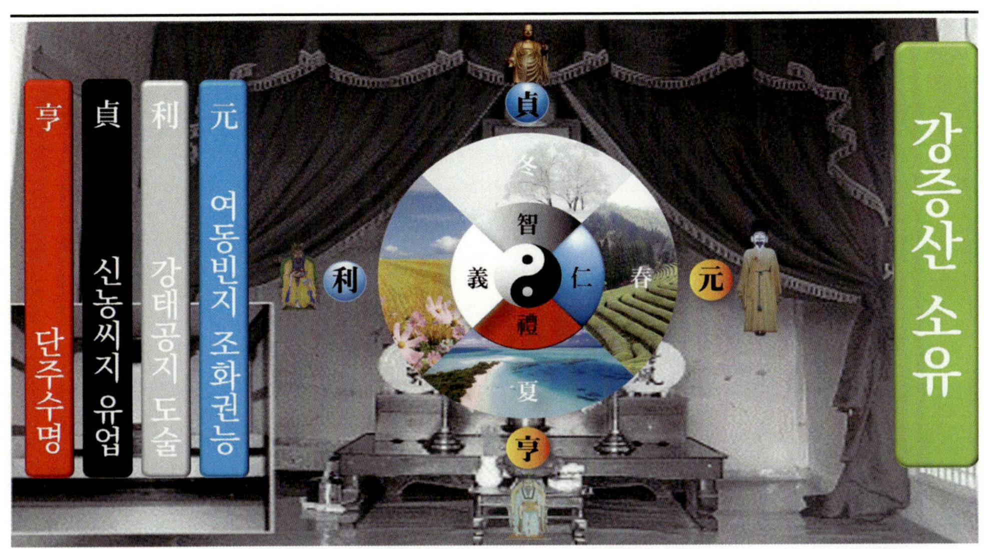

또한 '利者는 義之和也'는 지천태의 서방(義)에서 '和'(兌)의 자리로 '만물을 이롭게 하니 족히 의와 조화를 이룬다'는 '利物足以和義'는 서신사명西神司命 운장雲長(月, 利物)의 위로 고수부님께서는 '강태공지 도술'의 역할로 표현하셨습니다. 첫째 생물인 사자獅子가 점하는 방위입니다.

다음 '貞者는 事之幹也'는 칠성의 象인 저울갈고리(亅=七星)가 중앙에 자리한 '事'가 칠성용정七星用政의 象이므로 '뜻을 바르게 굳혀 족히 일을 주관한다'는 '貞固足以幹事'에 보듯 그 주간(幹)이라 함은 칠성이 매어있는 체를 가리키는 것으로 남미륵(陽太極)이신 증산미륵불(貞固)의 자리로 고수부님께서는 '신농씨지 유업'으로 표현하셨습니다. 둘째 생물인 송아지가 점하는 방위입니다.

그러므로 이러한(此) 사덕(四德者)을 행(行)하는 분을 일러 군자(君子)라 하는 고로(故) 건(乾)을 원형이정(元亨利貞)이라 말한다(曰)고 하였습니다.

이와 같은 이유로 상제님과 고수부님의 공사에 아래와 같은 내용이 등장하게 됩니다. 이에 대해서는 다시 뒷 부분에서 설명드리겠습니다.

고후비께서 무오년 구월 십구일 대흥리를 떠나 조종골로 오실 때 약장을 아니 가지고 빈 몸으로 오셨으므로 이제 약장을 짜시니 다음과 같으니라 약장의 밑의 칸은 큰 칸 하나를 두시고 그 위에 칸은 사상에 응하여 빼닫이 넷칸을 횡으로 두시고 아래칸 바닥에다 경면주사로 붉은 점을 둥글게 스물넉점을 돌려 찍으시고 그 중앙에다 팔문둔갑이라 쓰시고 글쓴 위에다 설문이라고 두자를 불지져 낙서하시고 약장 안벽에다가 이와 같이 쓰시더라 **강증산 소유 여동빈지 조화권능 강태공지 도술 신농씨지 유업 단주수명** 그리고 이 약장을 둔궤라 부르시고 또는 신독이라고도 부르게 하신 바 약방에 오는 사람은 누구든지 그 앞에 돈을 놓고 절하게 하시어 이 법을 엄격히 지키도록 명령하시어 누구든지 반드시 실행하게 하시더라. 『선도신정경(仙道神政經) 3장 12절』

상제님은 '元亨利貞'이신 당신의 여러 모습을 두고 "나는 천지일월(天地日月)이니라." 하셨으니 다음과 같이 정리해 보겠습니다.

曰我(왈아)난 天地日月也(천지일월야)니라.
말씀하시기를, 나는 천지일월(天地日月)이니라.
『대개벽경(大開闢經) 1편 신축년 공사기 3장』

曰(왈), 我(아)난 天地(천지)로 爲體(위체)하고 日月(일월)로 爲眼(위안)하노라.
曰(왈), 日月(일월)이 來照(내조)어든 我觀(아관)이 在茲(재자)하노라.
말씀하시기를, 나는 천지를 몸으로 삼고 해와 달로 눈을 삼노라. 해와 달이 비치면 내가 보고 있음이니라.
『대개벽경(大開闢經) 4편 갑진년 공사기 6장』

1. 선천하도(右旋河圖)의 태양太陽으로 先天太極(水以象天,萬)이신 상제님(伏羲,神農)은 여의주를 손에 든 선천미륵불(미륵의 껍질)입니다.

2. 후천하도(左旋河圖)의 태음太陰으로서 后天无極(火以象地)이신 상제님(呂洞賓,地方)은 낙서판에서는 여의주를 입에 물어 뜻을 성취하시는 후천미륵불(一陽,男彌勒,天圓)로 표상합니다.

3. 선천태극의 세상에서 그 뜻을 펼 수 없었던 五皇極(木以象人,丹朱,乾道成男,牽牛)은 西神司命(강태공,운장)을 주관하십니다.

다음 천지음양은 한 몸이기에 마찬가지로 곤위坤位 역시 상제님의 면면에 맞는 위位가 있으나 건위乾位와 달리 각위各位가 따로 존재하십니다. 이를 곤괘의 괘사에서 '坤은 元코 亨코 利코 牝馬之貞이라' 하였습니다.

1. 후천하도(左旋河圖)의 태양太陽이신 대모님(太乙天上元君,原天火,牝牛)은 후천무극(后天无極,地方) 속의 무극(无極之无極,天圓)이십니다. 상제님께서는 이를 황극신皇極神이라 하셨습니다.

2. 낙서판은 수궁성군(太極,文王)의 바탕위에 천지비는 남미륵(一陽,天)과 여미륵(一陰,地)이 자리하시고 지천태의 자리는 조왕(牝馬)께서 주관하십니다.

3. 선천태극의 세상에서 그 뜻을 펼 수 없었던 五皇極(坤道成女,織女)은 신계에선 고수부님께서 인사에선 김수부님이 서로 인신합덕하여 일월수부로서 '首婦司命'을 주관하십니다.

그런데 여기서 빠진 자리가 있으니 바로 선천 복희팔괘의 곤위坤位입니다. 선천의 곤자리가 공석이었기에, 상제님께서는 "**내 일은 수부(首婦)가 들어야 되는 일이니, 네가 참으로 일을 하려거든 수부를 들여세우라.**" 말씀하셨던 것입니다.

이처럼 '乾道成男'의 일월선관, '坤道成女'의 일월수부 역할을 맡으실 두 분의 황극이 결국 태극이신 선사님께서 포태하신 두 분의 도령이고 보면 신도에서 얼마나 역의 이치로 치밀하게 천지공사를 보셨는지 알 수 있습니다.

4. 하도낙서의 선·후천에 대한 반론

지금까지 하도와 낙서에 얽힌 선후천의 도수, 삼역괘도三易卦圖의 변천, 그리고 태극·양의·사상의 이치와 신도神道의 위상을 종합적으로 정리해 보았습니다. 이제 이를 바탕으로 서두에 제기했던 세 가지 핵심 항목을 하나씩 짚어보겠습니다.

(1) 공간적(창조적인) 선·후천의 문제

대개 『주역』을 공부하는 이들은 하도河圖를 현상계가 창조되기 이전 근원자리로 보는 관점을 견지하기에 현실의 시간개념으로 보지 않고 있습니다.

그래서 이를 '**공간적인 선·후천**'이라 규정하였지만 시공이 서로 분리된 독립적 존재가 아니라는 사실에 입각해 본다면 그다지 적합한 술어로 보이지 않습니다.

하도河圖에 대해 '**천지창조의 설계도**'라 지칭하는 수사修辭 역시 이러한 관점을 반영합니다. 그런데 일부선생은 『정역』에서 아래와 같이 언급하셨습니다.

龍圖는 未濟之象而倒生逆成하니 先天太極이니라
龜書는 旣濟之數而逆生倒成하니 后天无極이니라
五居中位하니 皇極이니라
先后天 正閏度數라
先天은 體方用圓하니 二十七朔而閏이니라
后天은 體圓用方하니 三百六旬而正이니라
原天은 无量이니라

일부 선생은 '龍圖'를 '先天太極'이라 규정하셨습니다. 이는 우리가 흔히 아는 '**하도우선지운(河圖右旋之運)**'을 의미합니다. 그런데 이 말씀 속에는 매우 중요한 반전이 숨어 있습니다. '右旋'하는 하도가 있다면, 마땅히 '左旋'하는 하도 역시 존재한다는 사실입니다. 선생은 「先后天 正閏度數」에서 '先天은 體方用圓', '后天은 體圓用方'이라 하여 하도가 두 가지 종류임을 명시하였습니다. 그렇게 해서 새롭게 작도된 것이 바로 정역팔괘입니다.

결국 그동안 하도를 막연히 '**천지창조의 설계도**'라고만 주장하던 이들은, 하도의 절반인 '우선지운의 선천하도'에만 매몰되어 있었던 셈입니다. 그들은 선천 이치의 틀 속에 갇혀, 하도가 후천의 완성된 질서(좌선지운)로 변모하는 거대한 우주의 도약을 보지 못했다는 결론에 이르게 됩니다.

(2) 시간적인 선·후천에 대한 문제

기존 역학계와 달리 『정역』의 가치를 인정하는 진영에서는 흔히 '**낙서(洛書)는 선천이고 하도(河圖)가 후천이 된다**'는 관점을 취해 왔습니다. 그러나 이러한 주장에는 간과할 수 없는 치명적인 모순이 존재합니다. 그것은 바로 '**洛書左旋之運이 爲水火既濟하고 爲地天泰하고, 爲坤運하야 后天也**'는 상제님의 말씀과 정면으로 배치되기 때문입니다.

상제님께서는 분명히 낙서의 좌선 운동이 수화기제와 지천태를 이루어 후천의 운(坤運)이 된다고 선포하셨습니다. 그런데도 하도를 후천이라 고집하며 『주역』의 후천적 가치를 배제해버린 결과, 후천의 구체적인 실체는 다시금 깊은 미궁 속으로 빠져버리고 말았습니다.

결국 『주역』에 매몰된 쪽이나 『정역』만을 내세우는 쪽 모두 천지 이치의 전체 구도를 놓치고 있는데다 그 이치와 한 몸인 신도의 경계까지 의식이 닿지 못하다 보니 역易의 껍질만 부여잡은 채 실제 변화의 핵심은 놓치고 마는 형국입니다.

"잘못하다가는 십년공부 도로아미타불이란 말이다. 알겠느냐?" 하시는 상제님 말씀이 생각납니다.

<68> 평소에 선생이 종도들을 다리고 노르실 적에는 반드시 [가구 진주치기 놀이]를 하시는데 투전을 들고 탁 치시며 [ㅇ씨가 판을 쳤다] 하시고, 다 긁어들이시면서 [파라 파라 깊이 파라. 얕이 파면 다 죽는다. **잘못하다가는 십년공부 도로아미타불이란 말이다. 알겠느냐?** 도로 본자리에 떨어진단 말이다. 나는 알고 너는 모르니 봉사잔치란 말이다. 아는 사람은 알지마는 누가 갈쳐 주나? 제가 알아야 한다니께] 하시고, 또 가라사대 [나의 일은 알다가도 모르는 일이라. 끝판에 ㅇ씨가 있는 줄 모른단 말이다]
『동곡비서(銅谷秘書) 68』

(3) 하도와 낙서의 가장 큰 차이점은 10土의 존재 유무

흔히 '**낙서는 오황극을 중심으로 만물이 분열·성장해 나가는 원리**'라고 말합니다. 하지만 이는 낙서를 선천 5만년 상극의 운도인 우선낙서右旋洛書로만 국한해 바라본 결과입니다. 상제님께서 "**장차 도통(道通)은 건감간진손이곤태(乾坎艮震巽離坤兌)에 있느니라**" 하신 말씀은, 장차 인류사에 단 한 번도 드러나지 않았던 좌선左旋 낙서판의 출현과 그 주체인 오황극의 등장을 선포하신 것입니다.

이러한 '十土'에 의한 만물 통일의 이치를 일부 선생은 '**기위친정(己位親政)**'이라 하였습니다. 여기서 '己位'는 '十土'를 의미하며, '親'은 『주역』의 13번째 천화동인괘天火同人卦를 「잡괘전」에서 '親也'라 한 것을 취한 것입니다.

따라서 기위친정은 천화동인(☰☲)의 형상과 같이 상제님(天,己位)께서 직접 강세하시어 인사(火,親)와 더불어 인신합덕(同人)하여 정사(政)를 펴신다는 뜻입니다.(與我同居 도수의 실현)

이를 형상으로 비유하자면, '**己位親政**'은 마치 잘 익은 열매(五) 속에 단단한 씨앗(十, 一)이 자리 잡는 것과 같습니다. 분열과 성장을 거듭해온 인류 역사 위에 황극이 인신합덕의 모습으로 나타난다는 것은, 마침내 역사의 대반전이 일어나 모든 가치가 하나로 통일됨을 상징합니다. 이처럼 하도와 낙서는 십과 오가 서로 분리된 개별 관계가 아니라 서로 유기적인 체용관계로 연결되어 있습니다.

5. 선·후천 체용관계

하도와 낙서에 담긴 '**陰體陽用**음체양용'과 '**陽體陰用**양체음용'의 문제는 선후천의 질서를 규정하는 핵심 논리입니다. 그런데 이 체용의 배치에 대해 『대개벽경(大開闢經)』과 『도전(道典)』의 기록이 서로 상반되게 나타나 있어 이를 짚어보고자 합니다.

> 一 章(1 장)
> 1. 癸卯正月元日(계묘정월원일)에 弟子(제자)이 上餠湯(상병탕)이어늘, 大先生(대선생)이 不下箸(불하저)하시고 命退(명퇴)하시니라.
> 2. 二月初日(이월초일)에 命(명)으로 弟子(제자)이 上餠湯(상병탕)이어늘 下箸(하저)하시고 日(왈), 換歲餠湯(환세병탕)이 味善也(미선야)로다.
> 3. 日(왈), 先天(선천)에 夏(하)난 寅月(인월)로 爲歲首(위세수)하고, 殷(은)은 丑月(축월)로 爲歲首(위세수)하고, 周(주)난 子月(자월)로 爲歲首(위세수)하고, 秦(진)은 亥月(해)로 爲歲首(위세수)하니, 我世(아세)에 我(아)난 卯月(묘월)로 爲歲首(위세수)하노라.
> 4. 日(왈), **我於天地之間(아어천지지간)에 無不改之(무불개지)언마는 惟於曆(유**

어력)에 人(인)이 已有作焉(이유작언)하니 用其曆也(용기력야)니라.
5. 日(왈), 先天(선천)은 陽爲體而陰爲用(양위체이음위용)하고, 后天(후천)은 陰爲體而陽爲用(음위체이양위용)이니라.
1. 계묘년 설날에 제자가 떡국을 올리거늘, 대선생께서 드시지 않고 물리시니라.
2. 이월 초하루에 명령을 받고 제자가 떡국을 올리니 드시며 말씀하시기를, 해가 바뀌어 먹는 떡국이 맛이 좋구나 하시니라.
3. 말씀하시기를, 선천에 하나라는 인월(寅月)로 설을 삼고, 은나라는 축월(丑月)을 설로 삼고, 주나라는 자월(子月)을 설로 삼고, 진나라는 해월(亥月)을 설로 삼았으나, 나는 묘월(卯月)로 설을 삼노라.
4. 말씀하시기를, 나는 천지 사이에 고치지 않는 것이 없으나, 오직 역(曆)은 남이 이미 만들어 두었으므로 그것을 쓰노라.
5. 말씀하시기를, 선천은 양이 체가 되니 음으로 용을 삼고, 후천은 음이 체가되어 양을 용으로 삼노라. 『천지개벽경 제3편 계묘년 공사기』

1 계묘(癸卯 : 道紀 33, 1903)년 설날에 한 성도가 상제님께 떡국을 끓여 올리니 한 수저도 들지 않으시고 그냥 물리시니라.
2 그 후 2월 초하룻날에 상제님께서 "떡국을 지어 올리라." 하시거늘 다시 끓여 올리니
3 다 잡수시고 말씀하시기를 "새해의 떡국 맛이 좋구나. 설 잘 쇘다. 이건 내 설이다." 하시니라.
4 또 말씀하시기를 "내 세상에는 묘월(卯月)로 세수(歲首)를 삼으리라." 하시고
5 "내가 천지간에 뜯어고치지 않은 것이 없으나 오직 역(曆)만은 이미 한 사람이 밝혀 놓았으니 그 역을 쓰리라." 하시니라.
6 **"선천에는 음(陰)을 체(體)로 하고 양(陽)을 용(用)으로 삼았으나 후천에는 양을 체로 하고 음을 용으로 삼느니라."** 하시니라. (道典 5:21)

『대개벽경』과 『도전』의 기록을 비교해 보면, 체體와 용用을 배속하는 방식이 서로 엇갈려 있음을 알 수 있습니다. 두 경전 모두 '선천은 남자의 세상, 후천은 여자의 세상'임을 밝히려 했으나, 그 실질적인 운용 원리를 바라보는 관점이 달랐던 것으로 보입니다.

필자의 견해로는 『대개벽경』의 기록 방식이 우주 변화의 핵심을 더욱 간명하고 정확하게 전하고 있다고 생각합니다. 역易에서의 체와 용은 비록 관념적인 도구이나, 변화의 실상을 파악하기 위해서는 이를 '표준(基準)'과 '변화(變化)'의 관점에서 엄격히 구분해야 하기 때문입니다.

이때 사물의 중심이자 표준이 되는 것을 체라 하며 그 입장은 주(主, 주인)가 됩니다. 반면 체를 중심으로 변화하는 것은 용이 되며 그 입장은 객(客, 손님)이 됩니다.

쉽게 비유하자면, 체는 마치 집안에 들어 앉아 있는 주인과 같고, 용은 그 주인의 뜻에 따라 심부름하는 '아래 사람'이나 왔다가 떠나는 '빈객'과 같습니다.

그러므로 아래 성구에서 보듯 선천은 천지비의 형상이니 양陽인 선천미륵불(舊, 龍馬)이 주인(體)이 되어 중심을 잡고, 음陰인 고수부님이 용으로서 보필하며 성장과 분열의 역사를 전개해 왔습니다. 반면 후천은 음이 바탕이 되고 양이 쓰임이 되는 시대입니다. 따라서 후천은 음인 여미륵(牝牛)께서 주인(體)이 되시고, 양인 북두칠성(옥황)을 용으로 삼는 지천태의 형상이 완성됩니다.

결국 『대개벽경』의 기록처럼 '陰體陽用'의 설정이야말로, 여미륵 부처님이 후천 정사의 주장신으로서 세상을 다스리게 되는 천지 이치를 가장 정밀하게 표상하는 것입니다.

> 日(왈), 坤運(곤운)은 婦人世界也(부인세계야)니라.
> 日(왈), **先天(선천)은 男爲主而女爲客(남위주이여위객)하니 相克之運也**(상극지운야)라 至寃(지원)이 生焉(생언)하고, **后天(후천)은 女爲主而男爲客(여위주이남위객)하니 相生之運也(상생지운야)**라 至樂(지락)이 生焉(생언)이니라.
> 日(왈), 我(아)난 雖銕屑襤褸(수철설남루)라도 皆爲解寃也(개위해원야)니라.
> 말씀하시기를, 곤운(坤運)은 부인의 세계니라. 선천은 남자가 주인이 되고여자는 손님이 되니 상극의 운수라 지극한 원한이 생기고, 후천은 여자가 주인이 되고 남자가 손님이 되니 상생의 운수라 지극한 즐거움이 생기느니라.
> 말씀하시기를, 나는 비록 철설남루라도 모두 해원하게 하노라.
> 『대개벽경(大開闢經) 3편 계묘년 공사기 4장』

『도전』의 기록은 '선천에는 음(여성)이 뿌리인 체가 되어 땅속에 숨고 양(남성)이 용하는 세상이었으나, 후천에는 반대로 양이 체로 숨고 음이 용하는 세상을 삼는다'는 취지로 보입니다.

결과적으로 여성이 전면에 나서는 세상을 말하고자 한다는 점에서는 『대개벽경』과 궤를 같이하나, '기준이 되는 바탕을 체로 잡고 그 변화를 용으로 삼는' 역易의 정통 체용 개념과는 다소 거리감이 느껴집니다.

이해를 돕기 위해 불가의 미륵불과 좌우보처불의 관계를 예로 들어보겠습니다.

일반적인 역의 이치에 따르면, 중심에서 기준이 되는 주존 미륵불이 체가 되시고, 그를 보좌하는 좌우 보처불이 용이 됩니다. 그런데 만약 『도전』의 기술 방식을 이 구도에 대입해 본다면, 오히려 곁에 선 보처불이 체가 되고 중심인 미륵불이 용이 된다는 역설적인 결론에 이르게 됩니다.

과연 역의 이치에 비추어 볼 때 어느 쪽이 더 진리의 실상에 부합하는지 깊이 숙고해 볼 대목입니다.

6. 천부경의 우주관

천부天符를 직역하면 '하늘에 부합하다'는 의미이니 '天符經'은 하늘의 이치를 담은 경전입니다. 또한 '符'는 '하늘의 부호', '증표'의 의미도 있으니 『부도지』 제14장에 보듯 하늘의 인장(天印,海印)으로도 해석할 수 있습니다. 이러한 천권天權을 드러낸 신물을 천부인天符印이라 하였고 이는 백성을 다스림에 있어 하늘로부터 받은 정통성의 상징이 되었습니다.

「삼한관경본기(三韓管境本紀)」를 보면 **'한웅천왕이 천제를 드리기 위하여 산에 행차할 때 풍백은 천부를 거울에 새겨 앞서가고, 우사는 북을 치면서 돌아가며 춤을 추며, 운사는 백검으로 호위하였으니'**라는 구절이 나옵니다.

세전환웅천왕　순주어차　　전렵이제
世傳桓雄天王이 巡駐於此하사 佃獵以祭하실새
세상에 이런 말이 전해 온다. 환웅천황이 이곳에 순행하여 머무시면서 사냥하여 제사 지내실 때,

풍백　천부각경이진　　우사　영고환무　　운사　백검폐위
風伯은 天符刻鏡而進하고 雨師는 迎鼓環舞하며 雲師는 佰劒陛衛하니라.
풍백은 『천부경』을 거울에 새겨 진상하고, 우사는 북에 맞추어 둥글게 춤을 추고, 운사는 백 명을 칼로 무장시켜 제단 밑에 늘어서서 지켰다.
『환단고기(桓檀古記)』 「태백일사(太白逸史) 삼한관경본기(三韓管境本紀) 1.」

이러한 맥락에서 볼 때, '**天符刻鏡而進**'에 담긴 '天符'의 함의는 고대로부터 전해 내려온 신성한 무구巫具의 하나인 명두(明斗, 鏡)의 상징성과 깊이 맞닿아 있습니다. 명두의 뒷면에 새겨진(刻) 해와 달, 그리고 북두칠성의 도상은 곧 천부의 이치를 시각화한 것이라 할 수 있습니다.

이제 천부의 원리를 집약한 『천부경(天符經)』의 본문을 본격적으로 탐구하기에 앞서, 경문을 구성하는 기초 개념들의 맥락을 짚어보고자 합니다. 특히 『천부경』의 사상적 배경이자 뿌리가 되는 환역桓易의 출처와 그 핵심 내용을 소개한 기록들을 먼저 살펴보며 인류 최고最古의 역학적 토대를 확인해 보겠습니다.

환역　출어우사지관야
桓易은 出於雨師之官也니
환역은 관원인 우사에게서 나왔다.

시　복희위우사　　이양육축야
時에 伏羲爲雨師하야 以養六畜也라.
당시에 복희께서 우사가 되어 육축을 기르셨다.

어시　견신룡지축일　　일십이변색　　내작환역
於是에 見神龍之逐日하야 日十二變色하고 乃作桓易하니
이때에 신룡이 태양을 따라 하루에 열두 번 색이 변하는 것을 보고 환역을 지으셨다.

환　즉여희　동의야　역　즉고룡본자야
桓은 卽與羲로 同義也오 易은 卽古龍本字也라.
환桓은 희羲와 같은 뜻이요, 역易은 옛적에 쓰인 용龍자의 원 글자이다.
『환단고기(桓檀古記)』「태백일사(太白逸史) 소도경전본훈(蘇塗經典本訓) 1.」 상생출판

환역　체원이용방
桓易은 體圓而用方하야
환역은 체원용방, 즉 둥근 하늘을 창조의 본체로 하고, 땅을 변화의 작용으로 하여
유무상이지실　　시천지리야
由無象以知實하니 是天之理也오
모습이 없는 것[無象]에서 우주 만물의 실상을 아는 것이니, 이것이 하늘의 이치[天理]이다.

희역　체방이용원
羲易은 體方而用圓하야
희역은 체방용원, 즉 땅을 변화의 본체로 하고, 하늘을 변화 작용으로 하여

유유상이지변　　시천지체야
由有象以知變하니 是天之體也오
모습이 있는 것[有象]에서 천지의 변화를 아는 것이니, 이것이 하늘의 실체[天體]이다.

금역　호체이호용
今易은 互體而互用하야
지금의 역[周易]은 호체호용, 즉 체와 용을 겸비하여(체도 되고 용도 되어)있다.

자원이원　　자방이방　　자각이각　　시천지명야
自圓而圓하며 自方而方하며 自角而角하니 是天之命也라.

사람의 도는 천도의 원만(○)함을 본받아 원만해지며 지도(地道)의 방정함(□)을 본받아 방정해지고, 천지와 합덕하여 하나(천지인 삼위일체,△)됨으로써 영원한 대광명의 존재[太一]가 되나니, 이것이 하늘의 명령[天命]이다.
「태백일사(太白逸史) 소도경전본훈(蘇塗經典本訓) 2.」 상생출판

일단 위 구절은 환역桓易과 희역羲易을 비교한 내용입니다.
그런데 어디서 많이 본 듯한 구절이기도 합니다.

先天은 體方用圓하니 二十七朔而閏이니라
后天은 體圓用方하니 三百六旬而正이니라
原天은 无量이니라 『正易』「先后天 正閏度數」

바로 『正易』의 선후천先后天 정윤도수正閏度數와 그 내용에 있어 동일합니다.
정리해보면,
'羲易은 體方而用圓'이라 한 것을 일부선생은 '先天은 體方用圓'이라 하시어 '羲易'을 '先天'이라 하였습니다.
'桓易은 體圓而用方'이라 한 것을 일부선생은 '后天은 體圓用方'이라 하시어 '桓易'을 '后天'이라 하였습니다.
따라서 '桓은 卽與羲로 同義也' 즉 '환桓은 희羲와 같은 뜻'이라 한 구절은, 바로 하나의 몸뚱이를 가진 복희(羲)와 여와(桓)의 도상을 연상케 합니다.

檀君亦曰天君 主祭之長也 王儉亦卽監群 管境之長也
(단군역왈천군 주제지장야 왕검역즉감군 관경지장야)
단군은 또한 천군天君이라고도 한다. 제사를 주관하는 어른이다. 왕검은 또한 바로 감군監群이요 관경의 어른이다.

故 自天光明 謂之桓也 自地光明 謂之檀也 所謂桓卽九皇之謂也
(고 자천광명 위지환야 자지광명 위지단야 소위환 즉구황지위야)
고로 하늘로부터의 광명을 환桓이라 하고 땅으로부터의 광명을 단檀이라고 하는데 소위 환은 구황九皇을 일컫는 것이다.

韓亦卽大也 三韓曰風伯雨師雲師
(한역즉대야 삼한왈풍백우사운사)
한韓은 또한 곧 대大이다. 삼한을 풍백, 우사, 운사라고 한다.
「태백일사(太白逸史) 신시본기(神市本紀)」

특히 '桓','檀','韓'에 대한 풀이 중 '桓'을 '自天光明', 즉 '하늘로부터의 광명'이라 정의한 점에 주목해야 합니다. '桓'은 이미 둥근(◯) 하늘의 이치가 담긴 '여와역(정역팔괘)'을 의미하며, **'원圓(○)은 一也니 無極'**이라는 구절은 그 자체로 환역의 주체인 여와(桓)가 곧 **'천지의 어머니'**이심을 증명하는 강력한 근거가 됩니다.

일부선생이 「先后天 正閏度數」에서 '先天은 體方用圓하니'와 '后天은 體圓用方하니'는 하도로서 체體가 된다면 '二十七朔而閏이니라'와 '三百六旬而正이니라'는 모두 낙서로서 체용體用 관계로 서로 연결해 놓았습니다.

'先天은 體方'(선천 우선하도,體) + '用圓하니 二十七朔而閏이니라'(선천 우선낙서,用)
'后天은 體圓'(후천 좌선하도,體) + '用方하니 三百六旬而正이니라'(후천 좌선낙서,用)

여기서 좌선하도의 바탕에 1년이 360 정도수가 되는 후천 지천태 세상인 '正曆정력'(문왕팔괘)과 좌선하도로서 본체자리를 뜻하는 '正易정역'(정역팔괘)의 개념을 체용관계로 파악을 못하면 혼동하게 됩니다.

그러면 각각의 구절들을 해석해 보겠습니다.

'羲易은 體方而用圓하야 由有象以知變하니 是天之體也오'에서 '羲易'은 논란의 여지없이 복희씨가 창시한 역을 지칭합니다.

즉 선천이므로 아래 성구와 같이 양陽이 체體로서 남자(男)가 주인(主)이 된다고 분명히 말씀해두셨는데 어찌 『正易』과 「소도경전본훈(蘇塗經典本訓)」의 내용은 '體方'으로 표현되어 있을까요?

> 曰(왈), 坤運(곤운)은 婦人世界也(부인세계야)니라.
> 曰(왈), **先天(선천)은 男爲主而女爲客**(남위주이여위객)하니 相克之運也(상극지운야)라 至寃(지원)이 生焉(생언)하고, 后天(후천)은 女爲主而男爲客(여위주이남위객)하니 相生之運也(상생지운야)라 至樂(지락)이 生焉(생언)이니라.
> 말씀하시기를, 곤운(坤運)은 부인의 세계니라. 선천은 남자가 주인이 되고 여자는 손님이 되니 상극의 운수라 지극한 원한이 생기고, 후천은 여자가 주인이 되고 남자가 손님이 되니 상생의 운수라 지극한 즐거움이 생기느니라.
> 『대개벽경(大開闢經) 3편 계묘년 공사기 4장』

이 문제를 풀려면 먼저 『소도경전본훈(蘇塗經典本訓)』의 1장에서 정의하고 있는 원방각의 정확한 의미부터 이해되야 할 것입니다.

1장의 서두에 보면 신시 때, 복희伏羲와 동문수학하던 선인 발귀리發貴理가 있었는데 이 분이 도를 통한 후에는 방저와 풍산 사이를 유람하여 명성을 얻었고 아사달에 와서는 제천행사를 보고 예식이 끝난 후에 찬송하는 글을 지었다는 내용이 나옵니다. 그 글 중 원방각에 대해 언급하는 내용이 말미에 나옵니다.

故로 圓者는 一也니 無極이오 方者는 二也니 反極이오 角者는 三也니 太極이라.
고로 원圓(◯)은 일이니 무극이오 방方(□)은 이이니 반극이오 각角(△)은 삼이니 태극이라
『환단고기(桓檀古記)』「태백일사(太白逸史) 소도경전본훈(蘇塗經典本訓) 1.」

이 구절에서 '反極'이라는 아주 생소한 개념이 나옵니다.

이는 하늘(圓)에 반反하지만 짝이 되는 땅(方)의 정신을 이르는 말로 곧 '無極'에 반反하는 '有極'의 개념입니다. 이 '有極'은 이후 주나라 무왕武王이 기자箕子에게 선정의 방안을 물었을 때 기자가 교시한 홍범구주洪範九疇의 내용중 다음과 같이 오황극五皇極의 해설에 등장하게 됩니다.

五皇極은 皇이 建其有極이니 斂時五福하야 用敷錫厥庶民하면 惟時厥庶民이 于汝極애 錫汝保極하리라.
다섯번째 황극(皇極)은 임금이 유극(有極)을 세움이니, 이 오복(五福)을 거두어서 여러 백성들에게 복(福)을 펴서 주면 이 여러 백성들이 너의 극(極)에 대하여 너에게 극(極)을 보존함을 줄 것이다.
會其有極하야 歸其有極하리라.
그 유극에 모여 그 유극에 돌아올 것이다.

이러한 정황을 미루어 볼 때, 환역桓易이 정립될 당시의 원방각 개념은 복희역(羲易)이나 오늘날의 일반적인 기준과는 상당한 차이가 있었음을 알 수 있습니다. 오히려 이는『정역(正易)』에서 통찰하는 관점과 매우 흡사한 양상을 보입니다.

보통 우리는 둥근(◯) 하늘(圓)을 부모 중 '아버지'의 자리로 이해하곤 합니다. 하지만 '桓'을 '自天光明'이라 정의한 대목에서 알 수 있듯이, 진리의 뿌리가 성성하게 살아 있던 고대에는 이를 원천原天의 관점에서 **어머니(無極)**로 인식했습니다.

그에 따라 어머니의 바탕 위에 마주 선 모난(□) 땅인 방(方)은 아버지(反極)의 위격이 되며, 천지부모의 합덕으로 태어난 각(△)은 천지의 자식인 태극(角)을 상징하게 됩니다. 이처럼 원방각의 삼위三位를 일러 우리는 삼신三神이라 칭해 왔던 것입니다.

자상계　각유삼신　　즉일상제
自上界로 却有三神하시니 卽一上帝시오
천상 세계에 '문득'삼신이 계셨으니 곧 한 분 상제님[三神卽一上帝]이시다.

주체즉위일신 비각유신야 작용즉삼신야
主體則爲一神이시니 非各有神也시며 作用則三神也시니라.
주체는 일신(한 분 상제님)이시니, 각기 따로 신이 있는 것이 아니라 작용으로 보면 삼신이시다.
『환단고기』「태백일사(太白逸史) 삼신오제본기(三神五帝本紀) 第一」

이를 상제님 도에 접목해 인사人事로 나타낸다면 원圓(◯,一)은 '五皇極'이자 '无極之无極'인 대모님(戊,-)이시고, 방方(□,二)은 '十无極'의 상제님(+)이시며 각角(△,三)은 태극이신 선사님(±)을 뜻합니다. 그래서 당신 스스로를 **"야 이놈들아 내가 누군지 아느냐? 내가 천태산 마고할미니라."**하시며 당신의 신원을 밝히셨던 것입니다.

이러한 관점에서 **'羲易은 體方而用圓하야 由有象以知變하니 是天之體也'**라는 구절에는 상제님(方)의 바탕(體) 위에 고수부님(圓의 껍질)으로 하여금 도문 개창의 씨를 뿌리도록(用) 하신 선천의 이치가 담겨 있습니다. 그래서 이를(是) '天之體也'라 한 것입니다.

즉 하도는 바탕으로서 체體가 되고 낙서는 변화를 일으키는 용用이 되는데 이 체體도 쌍雙으로 이루어져 있습니다. 그 두 분은 하늘(圓,여와)과 땅(方,복희)으로서 무극無極과 반극反極입니다. 그래서 두 번째(二)로 언급한 희역羲易의 체를 두 분 중 '天(◯)之體(□)'라 하여 반극(反極,二)이라 한 것이며 이에 반해 처음에(一) 언급하였던 환역桓易은 '天(◯)之理(◯)也'라 하여 무극(無極,一)이라 하였습니다.

이를 볼진대 환역桓易은 여와역女媧易으로서 정역正易의 원조가 됨을 알 수 있으니 일부 선생이 이 구절을 정역에 그대로 인용하신 이유 또한 자명하다 할 것입니다.

그 다음 구절을 살펴보겠습니다.

'由有象以知變'이라 하였으니 이때 '由'는 '말미암다'나 '좇다', '꾀하다'의 뜻을 가진 글자로 이 구절에서는 '象이 있는 까닭(由)으로 그 변화를 알게되니~'로 해석하는 것이 무난할 것입니다. 그런데 이렇게 두루뭉술하게 넘어가면 탈이야 없지만 이 글을 남긴 이의 정확한 의중을 헤아리기는 요원할 것입니다. 그러므로 이 '由'에 담긴 의미를 좀 더 파헤쳐서 그 象을 연구해 보겠습니다.

'由'자의 갑골문에는 방안에 불을 밝히던 등잔과 심지를 함께 그린 것 같은 이미

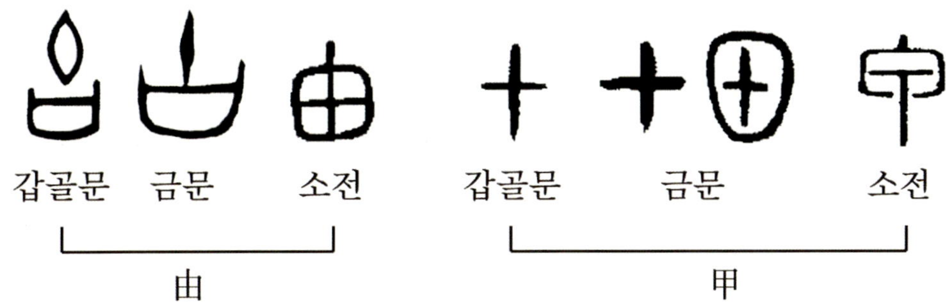

지가 그려져 있는데 이는 자원字源이 상형문자이기 때문으로 보입니다.

반면 이 '由'자를 거꾸로 뒤집은 '甲'자는 원래 거북 껍질을 뜻하는 상형문자입니다. 갑골문에는 열 십(十)자로 나타나는데 '갑옷'을 뜻한다는 설도 있고, '씨앗에서 뿌리가 터져 나오는 모양을 그렸다는 설'도 있습니다. 그런데 이러한 象을 이치에 접목시켜 보면 '十'은 후천무극이니 이는 『정역(正易)』에 '龜書는 旣濟之數而逆生倒成하니 后天无極이니라'는 구절에 근거합니다.

즉 '十'은 하도河圖 속에 자리한 낙서洛書로 '甲'이며, '五'는 '乙'이 됩니다. 그런데 이 '甲'자를 뒤집어 놓은 것이 '由'이니 이는 선천태극(逆數)의 象입니다. 그런 후 다시 환역桓易(由無象以知實)과 희역羲易(由有象以知變)을 비교해보면 '由'자에 뒤에 '無象'과 '有象'의 차이가 보입니다.

태극의 象이 있으면 '有象'(선천태극,龍圖)이라 하고 없으면 '無象'(후천무극,龜書)이라 하였습니다. 게다가 이어진 '以知實'은 속 알맹이인 '實'(泰)의 자리인 반면 '以知變'은 '變'(否)의 자리로서 선천기운(껍질)을 뜻하니 이 둘은 정 반대의 위치입니다.

또 이어지는 구절은 '**今易은 互體而互用하야 自圓而圓하며 自方而方하며 自角而角하니 是天之命也**'라 하였습니다.

이때 '互'자는 '서로'나 '번갈아들다'라는 뜻으로 '互'자의 금문을 보면 위아래 획의 가운데는 불룩 튀어나와 있는 모습이 그려져 있습니다. 실을 감는 도구인 '얼레'의 모습으로 줄을 감는 방식에서 '서로'나 '번갈아들다', '교차하다'의 뜻이 파생된 것으로 학자들은 추정하였고 그래서 후에 '糸'(실 사)자를 더한 '絚'(얼레 호)자가 따로 만들어지기도 했습니다.

그러므로 이 구절의 '**互體而互用**'의 의미를 살펴보자면 '互'자의 상,하는 체體로서 환역桓易과 희역羲易의 象이며 그 가운데가 용用의 자리 금역今易입니다. 그러므로 좌선(환역)과 우선(희역) 이 둘을 '**互體**'라 하였고 낙서는 '用'이니 좌선낙서와 우선낙서 모두를 '**互用**'이라 하였습니다. 또한 '**自圓而圓하며 自方而方하며 自角而角**'이라 하였는데 여기서 '自'는 코 비鼻의 고자古字로서 태극의 의미가 있습니다.

"또 사람마다 칠성을 얼굴에 붙이고 다니느니라. 눈 둘, 콧구멍 둘, 귓구멍 둘, 입 하나, 칠성 아니냐!"는 상제님 말씀에서 사람의 얼굴을 칠성이라 하셨으니 그 가운데 있는 코(自)는 북두구진北斗九辰 중천대신中天大神의 위입니다.

그러므로 '自圓', '自方', '自角'은 **"천존(天尊)과 지존(地尊)보다 인존(人尊)이 크니 이제는 인존시대(人尊時代)니라."**는 말씀대로 태극(인존) 안에 들어와 있는 원방각의 의미입니다. 즉 태극(自)의 바탕위에 구축된 '**圓方角**'으로 입천지도(立天之道), 입지지도(立地之道), 입인지도(立人之道)를 겸삼재(兼三才)한 낙서의 구조를 각각 상징합니다. 이로서 '桓易'과 '羲易' 그리고 '今易'을 들어 역도易道의 이치를 설파함은 '桓易환역은 出於雨師之官也출어우사지관야'에서 보듯 이미 음양오행을 비롯해 하도 낙서의 이치를 담은 역易의 뿌리가 모두 고대 환국에서 비롯되었음을 역설한 의도 또한 내포되어 있다 할 것입니다.

자부선생 발귀리지후야
紫府先生은 發貴理之後也니
자부선생은 발귀리의 후손이다.

생이신명 득도비승
生而神明하고 得道飛昇이라.
태어나면서 신명하여 도를 통해 신선이 되어 승천하였다.

상측정일월지전차 추고오행지수리
嘗測定日月之纏次하고 推考五行之數理하야
일찍이 일월의 운행 경로와 그 운행 도수를 측정하고, 오행의 수리를 추정하여

저위칠정운천도 시위칠성력지시야
著爲七政運天圖하니 是爲七星曆之始也라.
「칠정운천도」를 지으니 이것이 칠성력의 기원이다.

후 창기소 우부연기법
後에 蒼其蘇가 又復演其法하야
뒤에 창기소가 다시 그 법을 부연하여

이명오행치수지법 시역신시황부지중경래야
以明五行治水之法하니 是亦神市黃部之中經來也라.
오행치수법을 밝혔는데, 이것 역시 배달 신시 시대의 『황부중경』에서 유래한 것이다.

우인사우 도회계산 수교우조선
虞人使禹가 到會稽山하야 受敎于朝鮮하고
우나라 순임금이 보낸 우가 회계산에 가서 조선의 가르침을 받을 때,

인자허선인 구견창수사자부루 수황제중경

因紫虛仙人하야 求見蒼水使者扶婁하야 受黃帝中經하니
자허 선인을 통해 창수사자인 부루태자를 찾아 뵙고 『황제중경』을 전수받으니,

내신시황부지중경야
乃神市黃部之中經也라
바로 배달의 『황부중경』이었다.

우취이용지　　유공어치수
禹取而用之하야 有功於治水하니라.
우가 이것을 가지고 가서 치수하는데 활용하여 공덕을 세웠다.
『환단고기(桓檀古記)』「태백일사(太白逸史) 소도경전본훈(蘇塗經典本訓) 2.」 상생출판

차기오행치수지법　황제중경지서
且其五行治水之法과 皇帝中經之書가
또 오행치수법과 『황제중경』이

우출어태자부루　이우전지어우사공
又出於太子扶婁오 而又傳之於虞司空하고
부루태자에게서 나와 우 사공에게 전해졌는데,

후　부위기자지진홍범어주왕자
後에 復爲箕子之陳洪範於紂王者가
후에 기자가 은나라 주왕에게 진술한 홍범구주

역즉황제중경　오행치수지설
亦卽皇帝中經과 五行治水之說이니
또한 황제중경과 오행치수설이다.

즉개기학　본신시구정균전지유법야
則蓋其學이 本神市邱井均田之遺法也니라.
대저 그 학문은 본래 배달 신시 시대의 구정법과 균전법에서 전해 내려온 법이다.
『환단고기(桓檀古記)』「태백일사(太白逸史) 신시본기(神市本紀) 18」

위 내용에서 자부선생紫府先生이 지은 칠정운천도七政運天圖와 배달 신시 시대의 『황부중경(黃部中經)』은 우임금이 9년 홍수를 다스린 오행치수법의 기원이 되었으

니 이를 미루어 보면 중국 한족漢族에게 전해진 하도,낙서를 비롯한 역易의 시원始原이 모두 배달 신시에서 유래되었음을 알 수 있습니다.

그러나 중국측 사서인 『오월춘추(吳越春秋)』에는 부루 태자를 창수사자蒼水使者로 말하며 그에게서 금간옥첩金簡玉牒의 신서神書를 얻음으로써 국난을 해결한 중대한 일을 그저 현몽받은 것으로만 감추며 이 과정에서 단군조선과의 연결고리를 신화로 각색하게 됩니다.

요임금 때 9년 동안 홍수가 나서, 순이 우에게 처리하라고 명령했다. 우는 8년간이나 성과를 내지 못하고 걱정하다가, 남악(南嶽) 형산(衡山)에서 백마를 제물로 바치고 하늘에 제사지내며 성공을 기원했다. 꿈에 한 남자가 나타나 자신을 현이(玄夷)의 창수사자(蒼水使者)라고 소개한 뒤, 우에게 구산(九山) 동남쪽의 도산에 신서(神書)가 있으니 3개월간 몸을 정결히 한 다음 읽어보라고 말했다. 우는 이 말에 따라 귀중한 신서[金簡玉牒]를 얻고, 물을 다스리는 이치를 깨달아 홍수를 막았다.
禹乃東巡，登衡嶽，血白馬以祭，不幸所求。禹乃登山仰天而嘯，因夢見赤繡衣男子，自稱玄夷蒼水使者，聞帝使文命于斯，故來候之。「非厥歲月，將告以期，無 吟。」故倚歌覆釜之山，東顧謂禹曰：「欲得我山神書者，齋於黃帝巖嶽之下三月，庚子登山發石，金簡之書存矣。」禹退又齋三月，庚子登宛委山，發金簡之書。案金簡玉字，得通水之理。『오월춘추(吳越春秋)』

『단군고기(檀君古記)』에 따르면, 단군왕검(檀君王儉)은 아들 부루(夫婁)를 보내, 하(夏)나라 우(禹)임금과 도산(塗山)에서 만나도록 했다. 단군조선 때는 동(東), 남(南), 서(西), 북(北), 중(中)의 오부를 남(藍), 적(赤), 백(白), 현(玄), 황(黃)으로도 불렀다. 북부(北部)는 현부(玄部)에 해당했다. 중국인들은 현부(玄部)를 현이(玄夷)라고 불렀다. 창수(蒼水)는 창수(滄水)를 뜻한다. 중국 춘추시대의 기록에 조선이 주신(珠申), 숙신(肅愼), 직신(稷愼), 식신(息愼)으로 표기됐으며, 주신은 조선을 가리킨다.
『단군고기(檀君古記)』에 나오는 부루는 오월춘추(吳越春秋)의 창수사자(蒼水使者)다. 이때 중국에서 대홍수의 재앙이 있었다는 것은 각종 고대사 서적들이 똑같이 증명하고 있다. 단군왕검이 중국의 수재(水災)를 구제(救濟)하고자 아들 부루를 창해사자(滄海使者)로 임명하였다. 부루가 도산에 가서 우에게 삼신오제교(三神五帝教)의 오행설(五行說)을 전파하고 치수(治水)의 방법을 가르쳤다. 그래서 우는 왕이 된 뒤 부루의 은덕을 생각하며 삼신오제의 교리를 신봉하고 이것을 중국 각지에 전파했다. 정전제(丁田制)와 법률(法律), 도량형(度量衡)도 중국이 창작한 게 아니라 조선의 제도를 모방한 것이다. 이런 이유 때문에 꿈에서 창수사자를 만났다고 이야기한 것이다. 신성한 장치를 통해 사실을 신화로 만드는 것은 상고시대에 흔한 일이었다.
『조선상고사(朝鮮上古史)』,신채호

이상으로 천부天符의 이치를 담은 천부경에는 이미 원방각을 비롯한 환역桓易과 희역羲易 그리고 황부중경黃部中經 곧 하도·낙서의 이치가 기저에 흐르고 있음을 볼 수 있습니다. 그러므로 천부경을 해리解理함에 있어 역易의 이치로 그 전문全文 내용을 살펴보는 것이 사리事理에 합당할 것입니다.

※ 한자 획수 따지는 법은 세 가지가 있습니다.

한자 획수 따지는 법은 원획법(元劃法:옥편 위주로 따지는 법)과 필획법(筆劃法:획수 그대로 따지는 법) 그리고 곡획법(曲劃法)이 있습니다.

1) 원획법元劃法과 필획법筆劃法으로 한자 획수, 수리를 따지는 법

우선 '珉'의 경우를 보면 '珉'의 왼쪽 王자는 4획이지만, 옥편 1페이지 부수색인部首索引에서 5획에 있는 구슬옥부(玉)에서 珉자를 찾을 수 있기에 10획으로 봅니다.(필획법으로는 9획) 또 다른 글자인 '洙'의 경우 왼쪽 삼수변은 3획이지만, 옥편의 부수색인에서 4획에 있는 물수변(水部)에서 찾을 수 있기에 10획으로 따집니다.(필획법으로 9획)
일반적으로 옥편에 나와있는 한자 획수는 필획(붓으로 쓰는 획수)이며, 보이는 대로만 획수를 산정하는 산법입니다. 그런데 작명 전문가들은 거의 대부분 원획 즉 부수 원래의 모양을 찾아 그 획수를 적용하여 계산하는 획수 법을 적용합니다. 이는 이름 석 자가 그 사람의 전체를 정확히 상징해야 하므로 비록 숨겨져 있거나 본래의 모습이 바뀐 부수라도 그 온전한 모습 그대로의 획수를 반영함으로써, 빠짐없이 그 사람을 표현하는 이름이어야 한다고 보기 때문입니다.

2) 곡획법曲劃法으로 한자 획수, 수리를 따지는 법

곡획법曲劃法이란 중국 북송의 소옹이 창안하였다는 설이 있는데 한자를 쓸 때 구부려지는 획수에 따라 획수를 산출하는 방법으로 예를 들어 '乙'의 경우 원획(元劃,한자의 부수에서 생략된 모든 획수를 계산하는 방식)이나 필획(筆劃,點劃,字劃,쓰는 획수)에서는 1획으로 계산하지만 곡획법으로는 4획으로 봅니다. 또 '口'는 원획이나 필획이 3획이지만 곡획법으로는 4획으로 계산합니다.

4장 지천태와 천지비

1. 주역의 독법

흔히들 '**후천은 지천태(地天泰)의 세상**'이라고 말합니다. 그러나 그 철학적 뿌리인 『주역』의 본문을 직접 펼쳐보고, 그 속에 갈무리된 깊은 함의를 온전히 성찰하기란 결코 쉬운 일이 아닙니다. 이에 4장에서는 『주역』의 지천태괘와 천지비괘天地否卦의 괘사를 면밀히 분석함으로써, 그 진정한 의미를 탐구해 보고자 합니다.

본래 역易의 역사에는 하夏나라의 연산역連山易과 은殷나라의 귀장역歸藏易이 있었다고 전해집니다. 하지만 안타깝게도 이들은 전해지지 않으며, 현재 우리가 접할 수 있는 것은 주나라 문왕文王 시대에 정립된 『주역(周易)』뿐입니다.

이 책은 한대漢代에 이르러 성인이 저작한 기록이라는 뜻의 '경(經)'으로 존칭되며 『역경(易經)』이라 불리게 되었습니다. 이때부터 유가儒家의 대표적 다섯 경전인 오경(시詩, 서書, 예禮, 악樂, 역易) 중 하나로 자리 잡았으며, 동시에 만물의 이치를 담은 '제왕의 학문'이자 오경의 으뜸(群經之首)으로 추앙받아 왔습니다.

『주역』은 크게 본문인 '역경(易經)'과 그 해설서인 '역전(易傳)'의 두 부분으로 나뉩니다. 역경은 64괘卦와 각 괘에 6개의 효爻로 구성되었고 역전易傳은 주역을 해설하고 있는 저작들을 모아놓은 것으로, 한대漢代 사람들은 이를 통털어 십익十翼이라 불렀습니다.

역전 혹은 십익이라고 하는 것은 곧 단전彖傳 상하편, 상전象傳 상하편, 문언전文言傳, 계사전繫辭傳 상하편, 설괘전說卦傳 , 서괘전序卦傳, 잡괘전雜卦傳 등 10편의 주역에 대한 해설서를 말합니다.

본래 역경과 역전은 서로 분리되어 있었으나, 위진시대의 학자 왕필王弼이 괘사 아래에 '단왈(彖曰)', '상왈(象曰)' 등의 해설을 연접하여 편찬하였습니다. 이것이 당나라 때 주역의 정본正本으로 확정되면서 오늘날 우리가 접하는 체제로 굳어지게 되었습니다.

역학사易學史에서는 주역의 뜻을 해석하려는 커다란 두 줄기 역학의 발전을 크게 상수역(象數易,占易)과 의리역(義理易,學易)으로 구별합니다.

상수역은 상象과 술수術數를 역易과 관련지어 미래를 예측하는 점서占書의 성격이 있으나 의리역은 하나의 사상思想으로 역전易傳의 철학적 원리를 계승하여 발전시켜 왔습니다.

의리역의 토대가 된 역전(십익)은 단순한 해설을 넘어 독자적인 이론 체계를 갖춘 거대한 철학 저작입니다. 전국시대 이후 수많은 철학 유파를 탄생시켰으며, 지금까지도 동양 역학사와 철학사에서 중추적인 위치를 차지하고 있습니다.

『주역』을 공부함에 있어 반드시 선행되어야 할 개념이 바로 '위(位)'에 대한 이해입니다. 이는 효爻의 길흉화복이 그가 처한 자리에 따라 결정된다는 이론으로, 대표적으로 효위설爻位說이 있습니다.

효위설은 전체 괘상 내에서 효상이 점유한 위치를 근거로 괘의 길흉을 판별합니다. 여기에는 < 당위설(當位說), 응위설(應位說), 중위설(中位說), 추시설(趨時說), 승승설(承乘說), 왕래설(往來說) > 등 다양한 이론이 존재하며, 이들은 때로 상호 결합하여 괘와 효의 의미를 해석하는 틀로 활용되어 왔습니다.

지금까지 대다수 학자가 경문 해석을 위해 기성의 이론들을 상황에 맞춰 차용해 왔다면, 필자는 상제님의 진리를 근본 삼아 이를 원점에서 전면 재검토하고자 합니다. 아무리 오랜 전통을 지닌 학설일지라도 진리의 실상에 부합하지 않는다면 과감히 배제하고, 그 자리에 새로운 이정표를 세우는 것이 학인의 도리라 믿기 때문입니다.

비록 숱한 시행착오와 한계 속에서 얻어낸 미약한 결과물이 성현의 드높은 뜻에 온전히 부합할지는 미지수이나, 차마 간과할 수 없었던 의혹들을 함께 나누고자 부족한 소견을 남깁니다. 천지의 이치를 탐구하는 후학들에게 이 글이 작은 디딤돌이 되기를 소망합니다.

『주역』 고유의 독법에 관해 그간 수많은 학설이 제기되어 왔으나, 필자의 관점과는 상당한 거리가 있습니다. 이에 대표적인 **'왕래설(往來說)'**을 예로 들어 그 결정적인 차이점을 논해보고자 합니다. 사실 이 왕래의 문제는 지천태괘와 천지비괘의 핵심을 간파할 수 있는 대단히 중요한 열쇠(Keyword)입니다.

과연 '갈 왕(往)'과 '올 래(來)' 두 글자를 두고 기존 역학자들은 어떻게 이해해 왔을까요? 또한 「계사전」을 집필하신 공자님은 이 문제를 어떻게 언급하셨으며, 나아가 상제님께서는 이에 대해 어떤 진리의 말씀을 내려주셨을까요?

통상적으로 『주역』에서 '往'이란 하괘下卦에서 상괘上卦로 위로 가는 것 또는 안(內)에서 밖(外)으로 가는 것(往)을 말하고, '來'란 상괘上卦에서 하괘下卦로 아래로 내려오는 것 또는 밖(外)에서 안(內)으로 오는 것(來)을 말합니다.

『주역』「계사전 하편」 제5장

日往則月來일왕즉월래**하고 月往則日來**월왕즉일래하여 日月일월이 相推而明生焉상추이명생언

해가 가면 달이 오고 달이 가면 해가 와서, 해와 달이 서로 밀어서 밝음이 나오며,

寒往則暑來한왕즉서래하고 **暑往則寒來**서왕즉한래하여 **寒暑相推而歲成焉**한서상추이세성언하니
추위가 가면 더위가 오고 더위가 가면 추위가 와서
차고 더운 것이 서로 밀어서 해(歲)가 이루어지니,

往者왕자**는 屈也**굴야**오 來者**래자**는 伸也**신야니 **屈伸**굴신이 **相感而利生焉**상감이이생언하니라.
가는 것은 굽힘이요 오는 것은 펼치는 것이니,
굽히고 폄이 서로 느껴서 이로운 것이 생하느니라.

계사전에 나오는 왕래往來의 부분을 보면 딱히 특이한 부분은 없는 것 같습니다. 그러면 상제님께서는 어떻게 말씀하고 계실까요?

중화경 第十七章 言 陰陽是萬化之原素

鬼神之實귀신지실이 不越乎불월호 陰陽兩端而已음양양단이이니 大哉대재라 天地之運천지지운이여 **日往月來-爲夜**일왕월래위야하고 **月往日來-爲晝**월왕일래위주하나니 孰測其所以然哉숙측기소이연재아 曰道也왈도야니라. 聖人성인은 乃能通而知者也내능통이지자야라.
귀신의 실상도 음과 양이라는 두 테두리의 진리에서 벗어나지 않는다.
크도다. 천지의 운행이여! 해가 지고 달이 떠오르니 밤이 되고, 달이 지면 해가 떠올라서 낮이 되나, 이러한 까닭을 뉘라서 살펴 알 수 있을까? 이름하여 도라고 한다.
성인이라야 이러한 이치를 능히 통하여 아느니라.

이 내용 중에 '**日往月來爲夜**'라는 문장을 가만히 보면 계사전에 나오는 '**日往月來**'에다가 '**爲夜**'를 살짝 덧붙이신 것이며 '**月往日來爲晝**'라는 문장은 '**月往日來**'에다가 '**爲晝**'라는 내용만을 살짝 덧붙이신 것입니다.

이는 해가 지고 달이 떠오르니(日往月來) 밤이 된다(爲夜)는 뜻으로 곧 래來는 어떤 시기나 기회가 '도래到來함'을 뜻하며 반대로 왕往에는 '가서 사라지다'라는 의미가 담겨 있습니다. 이렇게 위야爲夜와 위주爲晝 두 글자만으로 왕래에 담긴 의미를 대단히 간명하게 정의해주셨는데 아래 구절에서도 또한 역시 계사전을 인용하시어 왕래를 굴신屈伸으로 풀어주십니다.

중화경 제18장
왕자(往者)는 굴야(屈也)요 래자(來者)는 신야(伸也)니 주야자(晝夜者)는 일일지굴신(一日之屈伸)이요 사생자(死生者)는 일세지굴신(一世之屈伸)이며 한서자(寒署者)는

일세지굴신(一歲之屈伸)이요 고금자(古今者)는 만세지굴신(萬世之屈伸)이니
가는 것은 굽힘이요 오는 것은 펼침이라. 낮과 밤은 하루의 굴신이요, 죽고 삶은 일세의 굴신이며 춥고 더운 것은 한 해의 굴신이요 예와 지금은 만세의 굴신이라.

중화경 제48장
장지이유유(藏之而愈有)하며 현지이유신(顯之而愈新)하나니 **출자(出者)는 자내이외고(自內而外故)로 왕야(往也)요 입자(入者)는 자외이내고(自外而內故)로 래야(來也)니** 금일(今日)에 복산작일지고(覆算昨日之故)는 수왕자(數往者)니 순(順)하고 금일(今日)에 역계래일지고(逆計來日之故)는 지래자(知來者)니 역(逆)이니라.
감출수록 더 있으며 나타날수록 더 새로우니, 나간다는 것(出顯)은 안에서 밖으로 향하는 현상이기에 왕(往)이라고 하고, 들어온다는 것(入)은 밖에서 안으로 향하는 형상이므로 온다(來)고 하니, 오늘에 있어서 어제의 일을 헤아려보는 것은 지나간 것을 셈하니 수왕(數往)이라 하며 순(順)이 되고, 오늘날에 내일의 일을 헤아려보는 것은 지래(知來)라 하며 역(逆)이 된다.

'**出者 自內而外故 往也 入者 自外而內故 來也**'(출出이라는 것은 안에서 밖으로 향하는 현상이기에 왕往이라고 하고, 입入이라는 것은 밖에서 안으로 향하는 형상이므로 온다來고 하니)라는 구절은 주역 25번째 천뢰무망괘天雷无妄卦의 단전에 '自外來而爲主於內자외래이위주어내'의 구절과 흡사한데 상제님께서는 출입出入의 문제를 왕래往來의 문제와 묶어서 결론을 내 주셨으니 이 말씀의 실상實狀은 기존의 주역 해석하는 분들과는 다른 내용입니다.

이는 단순히 괘卦의 안팎을 설명한 것에 그치지 않고 낙서의 천지비(육기초), 지천태(칠현무)라는 삼재지도三才之道의 구조에 대한 말씀입니다.

이때 '自'는 코 비鼻의 고자古字로서 중앙 '土'의 의미로 여기서는 서요동(立人之道)을 지칭하는 象이 있습니다.

그러므로 '出'은 서요동(自)을 포함한 천지비(內,六基礎)에서 지천태(外,七玄武) 자리로 나감을 뜻하여 '往'이라고 하고 반대로 '入'은 지천태(外) 자리에서 서요동(自)을 포함한 천지비(內)로 들어옴을 '來'라고 하여 장현藏顯으로 구분하셨습니다.

필자의 관점			일반적인 주역의 독법	
天地否(晝,立天之道)	立人之道	地天泰(夜,立地之道)	上卦	外-出-往-藏
內(판안)-入-來-顯	中(自)	外(판밖)-出-往-藏	下卦	內-入-來-顯

'辰巳之間에 聖人出'이나 '大時太祖 出世', '內外交養' 등에서 보듯 '出', '內外'등

의 한자의 의미가 기존의 주역하시는 분들이 생각하듯 괘의 안과 밖을 이르는 뜻으로만 쓰는 것은 아님을 알 수 있습니다.

그러면 이제 상제님께서 정의해 주신 내용을 가지고 적용을 해 보겠습니다.

중화경 제17장에서 상제님께서는 **'日往月來爲夜'**라 하셨는데 11지천태괘의 '小往大來'라 한 것과 비교를 한 번 해보겠습니다.

「대산大山 주역강해周易講解」에 보면 아래와 같이 되어 있습니다.(주역 전통독법)

> '小'는 陰이며 小人이니 곤삼절(坤三絶)을 말하고, '大'는 陽이요 君子니 건삼련(乾三連)을 뜻한다.
> '往'이란 하괘에서 상괘로 또는 안에서 밖으로 가는 것을 말하고,
> '來'란 상괘에서 하괘로 또는 밖에서 안으로 오는 것을 말한다.

『주역』의 해석대로라면 '大'는 군자(君子,陽,乾三連)의 세상을 의미합니다. 그렇다면 지천태의 '小往大來'라 하면 양陽의 세상, 즉 건乾의 세상이 도래했다는 뜻이 됩니다. 그런데 우리가 고대하는 후천이 과연 과거와 같은 태양의 세상, 남성 중심의 세상입니까? 이는 논리적으로 앞뒤가 맞지 않는 지점입니다. 물론 이를 단순히 '군자의 세상'이라 호도한다면 수긍할 수 있겠으나, 역학적 실상과는 거리가 있습니다.

이번에는 **'月往日來爲晝'**와 12천지비괘의 **'大往小來'**를 비교해 보겠습니다.

'小來'가 소인(小人,坤三絶)의 세상을 뜻한다면, 천지비의 선천은 곧 음陰의 세상이자 여성의 세상이었다는 결론에 이르게 됩니다. 하지만 우리가 겪어온 선천이 과연 달의 세상이었습니까? 이 역시 상식과 이치에 어긋납니다. 물론 해석상의 어감 차이긴 한데 소인배小人輩의 세상이라고 하면 별 문제는 없겠지요.

이러한 해석 방식은 소위 **'귀에 걸면 귀걸이, 코에 걸면 코걸이'** 식의 임기응변에 불과합니다. 확고부동한 원칙 없이 상황에 따라 말을 바꾼다면, 그것을 어찌 불변의 이치라 할 수 있겠습니까?

이 모순을 명확히 확인하기 위해, 나무의 줄기와 뿌리를 기준으로 '왕(往)'과 '래(來)'를 배속해 보겠습니다.

상제님께서 **'日往月來爲夜하고 月往日來爲晝'**라 하셨습니다. 여기서 '往'은 숨고(屈) '來'는 드러남(伸)을 의미하니 뿌리 방향으로는 '往'이 되고, 줄기방향으로는 '來'가 되어야 상제님의 말씀과 부합합니다.

그런데 괘 그림에다가 주역의 괘를 해석하는 현재 입장에서 '大往小來', '小往大來'의 '往', '來' 두 글자를 쓴다면 상제님 말씀과는 정 반대로 뿌리 방향인 내괘內卦는 '來'를 줄기방향인 외괘外卦에는 '往'을 써야만 일반적인 주역의 괘 해석에 맞을 것입니다.

진리란 수시로 변하는 것이 아닙니다. 하나의 이치가 만고에 일관되어야 한다면,

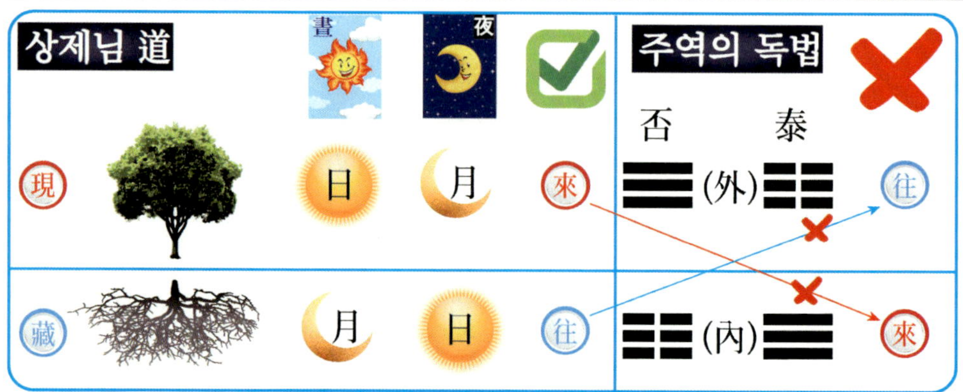

기존의 주역 해석법과 상제님의 말씀 중 어느 한쪽은 분명 심각한 오류를 범하고 있는 것입니다.

출입出入과 왕래往來, 굴신屈伸의 주체는 단순히 괘의 평면적인 움직임에 국한되지 않습니다. 그것은 괘라는 상징 너머에서 약동하는 신도神道의 거대한 파동을 의미합니다. 따라서 상괘와 하괘라는 지엽적인 구조 분석에만 매몰되어 괘사卦辭의 심오함을 설명하려는 시도는, 본질을 보지 못한 채 겉만 훑는 '장님 코끼리 만지기'와 다를 바 없습니다.

하도河圖와 낙서洛書의 이치 위에 신도의 관점을 병행하여 역을 이해하지 않고서는, 괘 속에 담긴 작역자作易者의 진정한 의도를 간파하기란 불가능에 가깝습니다.

결국 주역의 글자 하나하나가 곧 신神의 얼굴입니다. 하지만 본체가 되는 알맹이는 놓친 채 껍데기만 붙잡고 임기응변식으로 풀어내다 보니, 괘의 길흉을 변명하기 위한 번잡한 이론들만 잔가지처럼 무성해진 것입니다. 이는 결국 역학을 진리의 학문이 아닌 술術적인 차원으로 전락시키고 말았습니다.

이러한 상황에서 상제님께서 기존 공자님의 말씀 뒤에 '**爲夜**'와 '**爲晝**'라는 단 두 글자를 덧붙이신 것은 가히 혁명적인 선언입니다. 기존의 역학 체계는 이 두 글자가 지닌 진리의 무게조차 감당하지 못한 채, 자신들이 쌓아 올린 논리가 사상누각砂上樓閣이었음을 스스로 자인하게 되었습니다.

그럼, 기존 역학의 판도를 완전히 뒤바꿔 놓은 『중화경』 제17장의 말씀을 다시 한 번 깊이 새겨보겠습니다.

중화경 제17장

大哉대재라 天地之運천지지운이여 日往月來-爲夜일왕월래위야하고 月往日來-爲晝월왕일래위주하나니 **孰測其所以然哉**숙측기소이연재아 日道也왈도야니라.

크도다. 천지의 운행이여! 해가 지고 달이 떠오르니 밤이 되고, 달이 지면 해가 떠올라서 낮이 되나, 이러한 까닭을 뉘라서 살펴 알 수 있을까? 이름하여 도라고 한다.

'孰測其所以然哉숙측기소이연재아', '이러한 까닭을(其所以然) 뉘라서(孰) 살펴(測) 알 수 있겠느냐?'라 하실 만 하시지요. 이 구절이 너무나도 엄청난 말씀입니다.

유가의 사서삼경 중에서도 역경이 으뜸인데 역도易道의 천지이치가 열려야 진리를 보는 눈이 떠집니다. 이와같이 기존 역易을 공부하는 학인들의 진리적 안목과 수준에 대해 상제님께서는 한마디로 정리를 해 버리셨습니다.

그러니 고수부님께서 주역 공부하는 사람을 보시면 **"병신 육갑한다."** 하시고 **"64괘卦가 중요하나 괘명卦名이나 알아 두라. 그것만 보다가는 신세를 그르치느니라."**는 말씀이 안 나오실 수가 없는 것입니다. 상제님께서도 **"주역周易은 개벽할 때 쓸 글이니 주역을 보면 내 일을 알리라."**고 하셨던 것 또한 선천지학先天之學의 범주에서는 알 수 없는 경계의 말씀이라는 것입니다.

그렇다면 지천태괘와 천지비괘의 실제 의미를 괘사卦辭와 단전彖傳, 상전象傳의 내용들을 차례로 살펴보며 확인해 보도록 하겠습니다.

2. 지천태(地天泰)

11

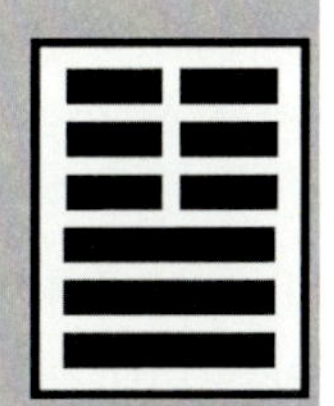

泰는 小往코 大來하니 吉하야 亨하니라.
태는 작은 것이 가고, 큰 것이 오니 吉하여 형통하니라.

彖曰 泰小往大來吉亨은 則是天地 交而萬物이 通也며 上下 交而其志同也라.
단에 가로되 '泰小往大來吉亨'은 곧 天地가 사귀어 만물이 통하는 것이며, 위와 아래가 사귀어 그 뜻이 같음이라.

內陽而外陰하며 內健而外順하며 內君子而外小人하니
안에는 양이고 밖에는 음이며, 안으로는 강건하고 밖으로는 유순하며, 안으로는 군자요 밖으로는 小人이니,

君子道長하고 小人道消也라.
군자의 道는 자라나고 소인의 도는 사라지느니라.

象曰 天地交 泰니 后 以하야 財成天地之道하며 輔相天地之宜하야 以左右民하나니라.
상에 가로되 하늘과 땅의 사귐이 泰니, 后가 이로써 天地의 道를 재단하여 이루며,

天地의 마땅함을 도움으로써 백성을 左하고 右하느니라.
< 출처: 대산(大山) 주역강해(周易講解) (원문-번역문) >

泰태 小往大來소왕대래 吉길 亨형

왕래往來의 문제는 앞서 언급했듯이, 단순히 『주역』의 상괘와 하괘 사이를 오가는 평면적인 움직임으로만 보기보다 하도와 낙서라는 이치적 바탕 위에 신도 문제로서 이해해야 할 본질적인 사안입니다.

기존 역학에서는 '小往大來'의 '大'를 건괘乾卦로, '小'를 곤괘坤卦로 치환하여 논리를 전개합니다. 하지만 이러한 도식화는 자칫 깊은 모순에 빠질 위험이 있습니다.

지천태괘에서 곤坤의 본질은 엄밀히 말해 '小'가 아닌 '柔'이기 때문입니다.

이는 『주역』「잡괘전」에서 '**乾剛坤柔**'라 정의한 대목만 보아도 명확히 알 수 있습니다.

따라서 괘사의 '小往大來'는 괘 자체에 대한 직접적 언급이라기 보다 오히려 황극의 측면에 대한 수사로 보는 것이 더욱 타당합니다. 더불어 주역에서 '小'가 주로 인사문제로 쓰여지는 경향이 있는 점도 고려되야 할 것입니다.

결국 이 왕래의 문제를 '장현(藏顯, 숨고 드러남)'의 원리로 치환하여 들여다봐야 합니다. 삼재지도 중 입지지도立地之道인 지천태 강유剛柔의 판 위에서, 소인은 숨고 대인이 드러나는 '小往大來'의 형국인 것입니다. 즉 건도성남의 황극이 드러나는 자리라는 의미가 내포되어 있습니다.

彖曰단왈 泰小往大來吉亨태소왕대래길형 則是天地交而萬物즉시천지교이만물 通也통야 上下交而其志同也상하교이기지동야

'시(是)'[2)]의 본자는 '하(昰)'로, 이는 '日'과 '𤴓'이 결합한 형태입니다.

'만비일시(万非一是)'라는 표현에서 알 수 있듯이, '비(非)'가 부정성을 내포한 선천(右旋)의 상象이라면, '시(是)'는 긍정과 완성을 상징하는 후천(左旋)의 상입니다.

흥미로운 점은 12천지비괘에서도 동일하게 '是天地'라는 표현이 쓰였다는 사실입니다. 이는 비괘否卦가 단순히 선천의 질서(非,龍圖)에 머물러 있는 고착된 상태가 아니라, 이미 낙서의 질서(是,龜書)로 편입해 있음을 암시합니다.

'天地不交'의 음양이신 남미륵과 여미륵이 '天地交'로 뒤집히면 강유가 용사하

2) '日'과 '𤴓'의 합자로 '日'은 서요동(立人之道)의 황극(日)을 뜻하며, '𤴓'은 잡괘전의 '旣濟 定也'의 象으로 이는 63번째 수화기제(水火旣濟)의 성격을 한 글자로 정의해놓은 것이므로 칠현무(立地之道)를 의미하니 '是'는 곧 낙서의 象입니다.

는 지천태(칠현무)의 세상이 열립니다. '교(交)'라는 글자를 파자해 보면 돼지해머리(亠, 地)와 아버지(父, 天)의 합자임을 알 수 있습니다.

돼지(亥)가 12소식괘에서 곤坤의 자리(亥月)를 상징한다는 점을 감안하면, '交'라는 글자 자체에 이미 하늘(父,剛)과 땅(亥,柔)이 자리를 바꾸어 합덕하는 지천태의 상이 고스란히 담겨 있는 것입니다.

이에 대해 『주역』「서괘전(序卦傳)」에서는 '**泰者는 通也**'라 하였고, '上下交'는 강유가 서로 사귀어 그 뜻이 하나가 됨을 의미한다고 하였습니다.

內陽而外陰내양이외음 內健而外順내건이외순 內君子而外小人내군자이외소인

지천태괘의 구조를 삼재지도의 원리로 분석하면, 후천 개벽의 주체와 그 운용의 묘리가 극명하게 드러납니다.

첫째, 입천지도(立天之道, 陰與陽)의 관점에서 본 '**內陽而外陰**'입니다. 이는 안(內)은 남미륵(陽·牡牛)이시고 밖(外)은 여미륵(陰·牝牛)으로서, 음양이 합덕하여 조화를 이룬 태泰의 상을 의미합니다.

둘째, 입지지도(立地之道, 柔與剛)의 관점에서 본 '**內健而外順**'입니다. 『주역』「설괘전」 제7장에서 '乾은 健也오 坤은 順也'라 하였듯, 안(內)은 칠성(健·剛·牡馬)이 자리하고 밖(外)은 북극성(順·柔·牝馬)이 감싸 안은 형국입니다. 이는 곧 '柔上而剛下', 즉 부드러운 것이 위에 있고 굳건한 것이 아래에 있어 천지가 화평해지는 지천태의 상을 뜻합니다.

셋째, 입인지도(立人之道, 仁與義)의 관점에서 본 '**內君子而外小人**'입니다. 이는 태극(角,人尊)을 바탕으로 작용하는 황극(人)의 위격을 뜻합니다. 「계사전」의 '乾道成男·坤道成女' 원리에 따라, 건괘는 견우오황극(仁)에 대응하는 군자(義)이고 곤괘는 직녀오황극(神)에 대응하는 소인(小人,김수부님)입니다.

여기서 입인지도 서요동西堯洞 자체가 '自內'의 자리이므로, 군자가 안(內)에 자리한다는 것은 곧 황극의 치세治世가 본격적으로 펼쳐짐을 의미합니다. 결국 지천태는 천지의 이치와 신도의 위격, 그리고 인사의 치정治政이 하나로 맞물려 돌아가는 완벽한 후천의 질서라 할 수 있습니다.

君子道長군자도장 小人道消也소인도소야

'소장지수(消長之數)'란 우주의 근본 법칙인 음양소장陰陽消長을 의미합니다. 이는 음과 양 중 어느 하나가 성盛하면 다른 하나는 쇠衰한다는 원리로, 음이 자라나면(長) 양이 줄어들고(消), 양이 성성해지면 음이 물러나는 흥망성쇠의 이치를 담고 있습니다.

그러므로 '君子道長 小人道消也'라 하였는데 '君子道'는 건도성남의 군자로서 장차 크게 자라는(長) 상으로 정사政事를 보는 장長의 의미로도 해석할 수 있습니다. 또한 '小人道'는 곤도성녀의 소인으로 크게 줄어드는(消) 상이니 정사에 관여치 않음을 의미합니다. 그러므로 입인지도 서요동의 황극 위位는 군자의 소관임을 알 수 있습니다.

어느날 상제께서 고후비께 가라사대 신축년 이후부터는 세운을 내가 맡았나니 사절기는 수부에게 맡기고 **이십사방위는 내가 맡으리라** 동서남북에서 우겨 들어 새 천지를 만드리니 혼백동서남북이라 이일은 판 밖에서 이루어져 들어오는 일인즉 그리 알라 하시더라.『선도신정경(仙道神政經) 1장 7절』

象曰상왈 天地交泰천지교태 后以후이 財成天地之道재성천지지도 輔相天地之宜보상천지지의 以左右民이좌우민

'天地交泰'란 천지가 교합하여 지천태의 도국으로 변모함을 의미합니다. 이곳은 대지의 어머니이신 후后께서 주관하시는 자리입니다. 과거 경복궁의 내전이자 왕비의 처소인 중전中殿을 **'교태전(交泰殿)'**이라 명명했던 것 역시, 이곳을 만물을 품어 기르는 천지어머니(牝牛)의 성소에 비유했음을 보여줍니다.

이어지는 **'재성(財成)'**과 **'보상(輔相)'**은 본래 '지나침을 억제하고(裁成), 부족함을 돕는다(輔相)'는 사전적 의미를 지닙니다. 그러나 이 속에 숨겨진 진리적 함의는 더욱 깊습니다.

먼저 '재(財)'는 일반적인 재물을 뜻하기도 하지만, 여기서는 진리의 주체인 '재인(才人)'의 상징성을 내포합니다. 글자를 파자해 보면 더욱 명확해집니다. 먼저 '재(財)' 자의 조개 '패(貝)' 부분은 눈 목(目) 아래 여덟 팔(八, 八艮)이 결합한 형상으로, 이는 황극의 상입니다.

따라서 '재성천지지도(財成天地之道)'는 표면적으로 '천지의 도를 재단하여 이룬다'는 뜻이지만, 그 속뜻은 지천태를 실현하는 인도의 주체, 즉 오황극인 옥황(玉皇, 財)을 상징하고 있습니다.

이어서 '보상천지지의(輔相天地之宜)'를 살펴보겠습니다. 도울 '보(輔)' 자는『주역』여덟 번째 괘인 수지비괘水地比卦 단전에서 **'比吉也 比輔也'**라 한 대목에서 보듯 보필의 의미를 지닙니다. 이는 입인지도의 옥황(財·日·11획)과는 달리, 입지지도의 운장(輔·月·16획)을 상징하는 것으로 풀이됩니다.(획수 산출은 획 하나 하나를 모두 세어 합함)

또한 '천지지의(天地之宜)'에서 '의(宜)'는 '집 면(宀)'과 '또 차(且)'가 결합한 글자입니다. 여기서 '차(且)'는 '일(一)' 위에 '목(目)'을 올려놓은 황극의 상이며, 그 위에 갓머리(宀)를 씌운 '의(宜)'는 하늘의 질서가 지상에 마땅하게 안착됨을 의미합니다.

이 '의(宜)'의 상징성은 『주역』 세 번째 괘인 수뢰둔괘水雷屯卦에서 더욱 선명해집니다. 둔괘 단전의 '천조초매(天造草昧)에는 의건후(宜建侯)라'는 문구처럼, 천지가 처음 열려 만물이 어수선하게 뒤엉킨 '초매(草昧)'의 시기에는 제후(建侯)를 세워 질서를 잡는 것이 마땅(宜)하기 때문입니다. 따라서 '의(宜)'는 혼돈을 바로잡는 군자의 상이라 할 수 있습니다.

나아가 '관운장이 조선을 세 번 돕는다'는 '삼보조선(三報朝鮮)'의 갚을 '보(報)'와 통하는 도울 '보(輔)'의 의미를 새겨본다면, '천지의 마땅함을 돕는다'는 이 구절은 『중용』 제20장에서 '**義者는 宜也**'라고 정의한 서신사명 운장(雲長·義)의 역할을 강력히 암시합니다.

결국 '財成天地之道'와 '輔相天地之宜'는 각각 입인지도와 입지지도를 상징합니다. 이는 곤원坤元이신 '后'를 중심으로 동서東西를 오가는 일월日月이신 옥황(財成)과 운장(輔相)이 인신합덕하여 좌우에서 보필하는 형국을 묘사한 것입니다. 이 관계를 한층 간결하게 압축한 문구가 바로 '이좌우민(以左右民)'으로, 백성(民)을 거느린 '后'를 좌우에서 보필하는 흐름을 명확히 드러냅니다.

이제, 이러한 지천태와는 대조적인 천지비괘天地否卦의 실상을 살펴보겠습니다.

3. 천지비(天地否)

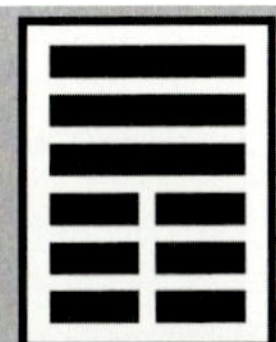

12
否之匪人이니 不利君子貞하니 大往小來니라.
否가 사람이 아니니 군자의 바름이 이롭지 못하니,
큰 것이 가고 작은 것이 오느니라.

彖曰 否之匪人不利君子貞大往小來는 則是天地 不交而萬物이
단에 가로되 '否之匪人不利君子貞大往小來'는 곧 이 天地가 사귀지 못해서 만물이

不通也며 上下 不交而天下 无邦也라.
통하지 아니하며, 上下가 사귀지 못해서 천하에 나라 없음이라.

內陰而外陽하며 內柔而外剛하며 內小人而外君子하니
안에는 음이고 밖에는 양이며, 안에는 柔하고 밖에는 剛하며, 안에는 소인이요 밖에는

군자니,

小人道長하고 君子道消也라.
소인의 도가 자라나고 군자의 도는 사라지느니라.

象曰 天地不交 否니 君子 以하야 儉德辟難하야 不可榮以祿이니라.
상에 가로되 천지가 사귀지 않는 것이 否니, 군자가 이로써 德을 검소히 하고 어려움을 피해서 가히 祿 받는 것으로써 영화를 누리지 않느니라.
< 출처: 대산(大山) 주역강해(周易講解) (원문-번역문) >

否之匪人비지비인 不利君子貞불리군자정 大往小來대왕소래

'비(否)'는 '아닐 불(不)'과 '입 구(口)'의 합자입니다.

'不'는 땅속의 씨앗이 발아하여 뿌리를 내리는 모양을 본뜬 글자로, 『주역』에서는 입천지도의 자리로 도맥의 뿌리, 동요동을 의미하는 문맥에 자주 쓰입니다.

'口'는 「설괘전(說卦傳)」 제 9장에 '건위수乾爲首오 곤위복坤爲腹이오 .....간위수艮爲手 태위구兌爲口'라는 구절에서 태兌는 입(口)에 배속을 하며 제 11장에는 '兌爲澤'으로 사람의 신체 중 입에서 물이 마르지 않고 샘솟듯 침이 나오는 형상을 연못에 비유하였습니다.

이어지는 '비인(匪人)'에서 '비(匪)'는 상사를 뜻하는 '빙(匚)'과 선천의 상인 '비(非)'가 결합한 글자입니다.

여기서 '匚'의 고자는 '匚'로, 13획인 걸 감안하면 13천화동인인 군자를 상징합니다. 이는 '后天은 體圓用方'에 나오는 '方'(口)에서 한 쪽(利)이 트인 모양입니다. 즉, '비(匪, 11획)'라는 글자는 그 트인 상자(匚) 속에 '非'(A/Ω)를 품은 '同人'의 상입니다.

괘사 '**否之匪人**'의 해석은 크게 두 가지 관점에서 볼 수 있습니다.

첫째, '之'를 우리말의 '~이, ~가'의 주격 조사로 볼 때 '否'가 주어가 되어 "否는 匪人이다"로 풀이됩니다.

둘째, '之'를 동사로 본다면 '否之'는 장차 오실 황극을 의미합니다.

원래 '否'는 '先天'을 뜻하여 숫자 '1'로서 선천태극(水以象天,who was)이라면 '否之'는 "**장차 올 자요 전능한 자**"로서 "**내가 장차 열석 자로 다시 오리라**"하신 황극(木以象人,who is to come)의 의미입니다.

또한 '匪人'은 괘사의 '不利君子貞'과 궤를 같이합니다.

본래 '利君子貞'은 '利君子'와 미륵불(貞)의 인신합덕을 뜻합니다. 그런데 앞에 아닐 '不'자를 붙여 '不利君子貞'이라 하면 '非'자를 품은 '匪人'의 상과 같습니다.

이를 선기옥형에 비유하자면, 자유롭게 움직이며 저울질하는 갈고리(亅)와 달리, 한자리에 고착된 '고정된 추'와 같은 모습이 바로 '匪人'입니다. 그러므로 '否之' 하여 '匪人' 됨을 '否之匪人 不利君子貞'이라 하였습니다.

이 '否之匪人'이라는 네 글자(四金)의 총 획수는 25획으로, 25천뢰무망괘天雷无妄卦에 응합니다. 이는 '火'(龍圖)가 '金'(龜書)으로 바뀌는 '金火交易'의 상을 내재하고 있으며, 곧 '否之匪人'으로서의 '否'가 '洛書左旋之運'으로 '交易' 되었음을 잘 드러내고 있습니다.

이어지는 '大往小來'는 대인(군자)은 숨고 소인(곤도성녀의 황극)이 드러나는 자리의 의미가 내포되어 있습니다. 이상 괘사卦辭의 총 글자 수는 13자(81획)로, 13천화동인괘의 원리와 통하고 있습니다.

彖曰단왈 **否之匪人不利君子貞大往小來**비지비인불리군자정대왕소래 **則是天地**즉시천지 **不交而萬物**불교이만물 **不通也**불통야 **上下不交而天下无邦也**상하불교이천하무방야

'否之匪人不利君子貞大往小來'의 형국은 곧 '天地'가 사귀지 못해(不交) 만물이 소통되지 않으며, '上下'가 어긋나 천하에 진정한 나라가 없는 상태(天下无邦)를 의미합니다.

이때 '上下不交'는 화수미제火水未濟의 상으로 육기초(立天之道)를 뜻하며 '天下无邦也'라 하여 이 상태로는 나라를 열 수 없다 하였습니다. 아울러 이는 천지비의 상인 선천엔 천하에 통일된 대동大同의 나라가 존재할 수 없었음을 시사하기도 합니다.

여기서 '방(邦)' 자를 파자해 보면 그 의미가 더욱 선명해집니다.

'개(丯)'는 '풍(丰)'과 동자로 '풍(豊)'(豊의 本字,禮의 古字)의 간체자이기도 하니 입인지도(丰)의 象이며 언덕 부(阝=阜)는 '邑'과 동자로 도읍의 의미니 서요동을 상징합니다.

따라서 '무방(无邦)'이란 단순히 나라가 없다는 뜻을 넘어, 지천태와 맞닿은 천지비의 끝자락(无)에서 비로소 도읍(邦)을 세울 기틀이 마련됨을 내포하고 있습니다. 즉, 선천의 극한에 이르러서야 비로소 후천의 새 나라를 세울 황극의 도정이 시작됨을 암시하는 것입니다.

內陰而外陽내음이외양 **內柔而外剛**내유이외강 **內小人而外君子**내소인이외군자

지천태와 정반대의 구조를 가진 천지비괘를 삼재지도의 원리로 들여다보겠습니다.

첫째, 입천지도(立天之道, 陰與陽)의 관점에서 본 '內陰而外陽'입니다. 이는 안

(內)에 여미륵(陰)이 계시고 밖(外)을 남미륵(陽)이 감싸고 있는 형국으로, 천지비(否)의 전형적인 상을 이룹니다.

둘째, 입지지도(立地之道, 柔與剛)의 관점에서 본 '內柔而外剛'입니다. 「잡괘전」에서 '乾剛坤柔'라 하였듯, 안에는 부드러운 곤유坤柔가 자리하고 밖에는 굳건한 건강乾剛이 위치한 '剛上而柔下'의 상태를 의미합니다.

셋째, 입인지도(立人之道, 仁與義)의 관점에서 본 '內小人而外君子'입니다. 이는 태극을 바탕으로 작용하는 황극의 측면을 설명합니다. 안(內)은 정사政事를 펴는 용사(用)의 자리입니다. 따라서 안(內)에 소인(김수부님)이 계시고, 밖(外)에서 그 바탕(體)이 되어 무게중심인 추를 잡고 계신 분이 군자가 되십니다.

이는 입천지도의 동요동 자체가 안(內) 자리로 소인小人이 안(內)에 자리한다는 자체는 여왕벌로서 용사하심을 의미합니다.

小人道長소인도장 君子道消也군자도소야

이에 따라 괘사에서는 '小人道長 君子道消也'라 선언합니다.

'小人道'는 곤도성녀의 도를 맡은 소인의 기운이 크게 자라남을 뜻하며, 정사政事를 보는 장長의 의미로도 해석할 수 있습니다.

또한 '君子道'는 건도성남의 군자로서 크게 줄어드는(消) 상이니 정사에 관여치 않음을 의미합니다. 결과적으로, 입천지도 동요동에서 펼쳐지는 황극의 위位는 바로 김수부님의 소관임을 알 수 있습니다.

象曰상왈 天地不交천지불교 否비 君子以군자이 儉德辟難검덕피난 不可榮以祿불가영이록

'儉德辟難'에 군자(君子)가 덕(德)을 좇아 난(難)을 피하는(辟) 정황과 '不可榮以祿'은 '가히 녹祿 받는 것으로써 영화를 누리지 않는다'는 뜻에서 보듯 난세의 부정함과 결탁하지 않겠다는 군자의 서리발 같은 결기가 담겨 있습니다.

이는 곧 세상의 유혹에 야합하여 안주하거나 방심하지 않고, 오직 천지의 대의를 위해 자신을 낮추며 때를 기다리는 군자의 고결한 지조를 상징합니다.

2부 도맥의 개괄

1장 법통맥(法統脈)

1. 도맥의 삼줄

생명이 깃든 모든 곳에는 맥脈이 흐릅니다. 물리적인 산천에는 산맥과 수맥이 흐르고, 추상적인 학문과 인간관계에도 학맥과 인맥이 얽혀 있습니다. 인체가 혈맥과 기맥으로 생명을 유지하듯, 도道 역시 도맥道脈이라는 거대한 흐름을 통해 그 생명력을 이어갑니다.

상제님의 도가 역사 속에 자리 잡는 도운道運의 전 과정을 이해하려면, 먼저 도맥을 꿰뚫어 보는 안목이 열려야 합니다.

도맥의 흐름은 마치 한 그루의 나무가 자라는 이치와 같습니다.

도맥은 크게 도의 근원이 되는 뿌리로서의 '종통맥(宗統脈)', 그 기운을 받아 뻗어 나가는 줄기로서의 '법통맥(法統脈)', 그리고 마침내 결실을 보는 열매로서의 '도통맥(道統脈)'으로 나눌 수 있습니다.

종통宗統이란 문자 그대로 '마루 종(宗)'과 '거느릴 통(統)'을 써서, 진리의 정점에서서 모든 것을 통솔한다는 의미를 담고 있습니다. 이는 곧 상제님 도의 대代를 잇는 핏줄, 즉 종가宗家의 맏아들과 같은 위상을 뜻합니다. 다시 말해 종통은 상제님 천지도업에 있어 '문중의 큰집' 격인 종가집을 일컫는 말입니다.

또한 **'진리의 온전한 계승'** 이라는 뜻에서 법통法統이라고도 합니다. 원래 스승에서 제자로 계속 이어져 전해 온 불법佛法의 계통을 이르는 말인데 스승의 가르침을 가장 순수하게 받아내린 법맥法脈을 말합니다.

유학의 도통(道統)은 '中'의 전승을 핵심으로 삼습니다.

요堯→순舜→우禹→탕湯→문文·무武→주공周公으로 이어진 유가의 도맥은 송나라 주자朱子에 의해 신유학으로 집대성되어 그 계보가 확립되었습니다. 이 도통맥이야 말로 천명을 받은 진리의 왕, 즉 이 세상의 주인공을 규정하는 기준입니다.

이러한 종통, 법통, 도통의 세 맥은 마치 자궁속의 아이에게 연결된 탯줄(삼줄)과 흡사합니다.

탯줄은 겉보기와 달리 두 개의 탯줄 동맥과 하나의 탯줄 정맥, 총 세 개의 혈관이 새끼줄처럼 꼬인 형태를 띠고 있습니다. 이 독특한 꼬임 구조는 탯줄의 인장력을 높이고 혈관이 꺾이는 것을 방지하여, 태아가 움직여도 혈액순환에 장애가 발생하지 않도록 보호하는 안전장치 역할을 수행합니다.

일반적으로 신체 혈관은 동맥과 정맥이 1:1 비율을 가지는 것에 반해, 탯줄만은 2:1의 특이한 비율로 이루어져 있습니다. 이처럼 상제님께서는 "**시속에 '맥 떨어지면 죽는다.' 하나니 연원(淵源)을 잘 바루라.**" 하시며 도맥을 잘 살펴볼 것을 강조하셨습니다.

그렇다면 우리는 상제님으로부터의 종통,법통,도통의 근거를 어디서 찾아야 할까요?

曰, 理卽天이오 天卽理니, 是故로 我난 無私하노라.
말씀하시기를, 이치가 곧 하늘이요 하늘이 곧 이치이니,
그러므로 나는 사사로움이 없느니라.
『대개벽경(大開闢經) 6편 병오년 공사기 10장』

天者천자는 理也리야라. 昭昭之天소소지천이 合人心之天합인심지천하나니
理原於天이원어천하여 具於人心구어인심이라.
하늘은 이치라 저 밝게 비추는 하늘이 사람 마음속 하늘에 부합하니,
이치는 하늘에 근원하여 사람 마음에 갖춰져 있느니라
『중화경(中和經) 47장』

상제님께서는 '**天理**', 즉 하늘의 이치를 바탕으로 온 우주와 인간 역사를 통치하시므로 도맥道脈을 전하심도 '**天理**'를 바탕으로 하셨습니다.

일부一夫 선생은 정역正易에서 '**天地之理는 三元이라.**'고 설파하며, 무극無極, 태극太極, 황극皇極의 삼원三元이 본래 하나의 이치一理임을 역설했습니다.

즉 무극, 태극, 황극이 삼진귀일三眞歸一 하듯 크게 세 개의 맥脈을 전함으로써 그 진리가 궁극적으로 한 사람에게 모두 귀결歸結되도록 하였습니다.

첫째는 화은당 선사님께 붙이신 종통맥(宗統脈)입니다.

『천지개벽경』에는 "**세상에 인륜(人倫)이 참으로 크나 인륜보다 천륜(天倫)이 더 크나니 천륜으로써 우주일가(宇宙一家) 하리라.**"하신 말씀이 나옵니다.

필자는 이 문장이 오직 상제님과 선사님 두 분의 천륜에 대한 말씀이시며, 그 외의 어떠한 다른 대상을 지칭하는 것이 아님을 명확히 밝혀둡니다.

"**이 아이라야 장차 나의 일을 이어 빛내게 될 것이니 잘 기르라**" 하실 때 잘난 자식은 사 남매나 다 죽이고 저 못난 아이를 데리고 그게 무슨 모양일까 하여 비난하던 집안 문중 노인들이 "**못난 아이라야 나의 일의 일맥이 될 것이라**" 하시는 상제님 말씀에 모두 웃으면서 "집안이 망할려하니 별일이 많다."고들 야단하며 인정하지 않았다고 합니다.

그러나, 자애로우신 성부께서는 그러한 욕설에도 괘념치 않으시고, "나에게 만약, 동생이나 아들이 있으면 인간에 대죄만 지을 뿐 아니라 천지의 대적(大賊)이 되므로 **이 못난 여식이라야 앞으로 증산의 후계사를 여의성취하리라.**"하시니 모두 비웃으며 더더욱 광인으로 여기었다.

삼일간을 머물러 계신 후 나흘만에 부모님전에 만단사례 하시며, "이제 떠나면 언제 올지 모르오니 몸을 안보하시오며, 어린 순임을 잘 길러 장래사를 후계토록 하십시오."라고 말씀드리고, 정씨 성모를 보시고 말씀하시기를, "**이 여식은 아들 대신이니, 비록 풍우상설지중이라도 잘 기르시오. 증산의 일맥이 이뿐이라. 만약, 이 아이를 박대하면 증산을 영영 저버리는 것이라.**"하시면서 여식을 안고 못내 못내 하시면서 길을 떠나시었다.

『증산법종교 60년사』

특히 "**이 아이를 박대하면 증산을 영영 저버리는 것이라.**"는 엄중한 말씀을 간과해서는 안 됩니다. 이 말씀처럼, 선사님을 애써 외면하는 것은 곧 상제님의 참된 도道와 영원히 멀어지는 길을 택하는 것임을 명심해야 합니다.

둘째는 고수부님께 붙이신 법통맥(法統脈 > 泰統脈)입니다.

동짓달 초사흗날 천사께서 고부인을 맞아 결혼하실새 부인에게 일러 가라사대「내가 너를 만나려고 십오년 동안 정력(精力)을 들였나니 **이로부터 천지대업(天地大業)을 네게 맡기리라**」하시고 인하여 부인을 옆에 끼시고 붉은 책과 누른 책 각 한권 씩을 앞으로부터 번갈아 깔며 그 책을 밟으며 방에서 마당에까지 나가사 남쪽 하늘의 별을 바라보고 네 번 절하라 하시고 다시 그 책을 번갈아 깔며 밟아서 방으로 들어오시니라
『대순전경(大巡典經) 3장 31절』

10. 하루는 천사(天師)께서 반듯이 누우신 뒤에, 천후(天后)로 하여금 배위에 걸터앉아 칼로 배를 겨누며 **'나를 일등(一等)으로 정(定)하여 모든 일을 맡겨 주시렵니까'**라고 다짐을 받게하시고, 천사(天師)께서 허락(許諾)하여 가라사대 **'대인(大人)의 말에는 천지(天地)가 쩡쩡 울려나가나니, 오늘의 이 다짐은 털끝만치도 어김이 없으리라'** 하시며 이도삼(李道三), 임정준(林正俊), 차경석(車京石) 세사람으로 증인(證人)을 세우시니라.
『고부인신정기(高夫人神政記) 1장 10절』

하루는 고 부인으로 하여금 춤추게 하시고 친히 장고를 치사 가라사대 이것이 천지굿이니 **너는 천하일등무당(巫堂)이요 나는 천하일등재인(才人)이라 이당(黨) 저당 다 버리고 무당의 집에서 빌어야 살리라** 하시고 인하여 무당도수를 붙이시니라
『대순전경(大巡典經) 4장 124절』

상제님의 법통 전수는 선천 성자들과는 전혀 달랐습니다.

예수는 열두 제자 중 베드로에게 '천국 열쇠'를 맡겨 초대 교황의 권위를 세웠고, 석가모니는 연꽃을 들어 법통을 가섭존자에게 전수하며 가사와 바리때를 물려주었습니다. 유가의 공자 역시 충직한 제자 증자에게 도를 전하며 계보를 이었습니다.

그러나 상제님께서는 이와 같은 선천 성자들의 방식과는 달리, 당신을 따르는 판안의 종도들에게 법통을 전수하지 않으셨습니다.

당시 남존여비가 만연했던 봉건사회에서 여성에게 법맥을 전하신 것은 전례 없는 파격이었습니다. 상제님의 법통 전수가 선천 성자들의 남성 중심 승계와 근본적으로 다른 차원에 있음을 명백히 보여줍니다.

그런데 우리는 이 부분에서 법통 전수의 관계 설정이 갖는 의미를 깊이 숙고해야 합니다.

법통을 전수하고 수여받는다는 행위는 두 분의 위치가 동등하지 않다는 상하 관계를 명백히 시사합니다.(만일 동등하다면 전수할 이유가 없기 때문입니다.)

고수부님께서 스스로 이와 같은 관계를 '侍女佛시녀불'이라고 명시해 주신 것이 바로 이를 증명합니다.

『선도신정경』에 보면 **"금산사 미륵전의 남방에 시립하고 있는 시녀불은 삼십 삼천 내원궁 법륜보살로서 자씨부인이요 이 세상에 와서는 고씨로 되었구나 그리고 북방에 시립하고 있는 시녀불은 천상 요운전 묘향보살인 바 이 세상에 와서는 김형렬의 딸이었느니라"**고 나옵니다.

천지의 이치에 따라 원(圓, ○), 방(方, □), 각(角, △)이 각각 하늘, 땅, 사람에 대응되듯이, 태극太極이자 인존人尊이신 선사님을 낳은 분은 엄연히 따로 계십니다.

고수부님은 상제님과의 관계에서 인존의 자식을 낳으신 정식 부인이 아니시므로, 천지음양의 위位가 될 수 없습니다.

상제님께서 '首婦수부'라고 명명하신 것 또한 이 때문입니다. 따라서 이 성구에 의하면 천지음양의 자리가 따로 있음을 분명히 알 수 있습니다.

어쨌던 여성에게 법통을 전수하신 것은 지구촌 문화의 기틀을 바꾼 혁명적인 대사건이자, 상제님 도가 보다 근원적이고 핵심적인 진리를 전하고 있음을 보여줍니다.

고수부님께 법통이 전수된 이유는 바로 양체음용陽體陰用의 선천先天 곤坤 자리에 대한 소임 때문이었습니다. 그리하여 법륜보살이신 고수부님의 줄기맥을 일러 법통맥法統脈이라 한 것입니다.

고수부님께서는 '동갑장사' 도수로서 낙종落種에서 이종移種에 이르는 세 살림 도수를 맡아 전체 도문道門 개창과 성장의 연대책임을 지게 되셨습니다.

반면 태통맥泰統脈은 봄, 여름 성장기 동안 물이 오른 줄기(법통맥)가 아니라, 가을철 뿌리를 찾아 진액이 수렴되는 원시반본의 과정에서 가지마다 피어나는 꽃으로 상징되는 맥을 말합니다. 이에 대해서는 뒷 부분에서 다시 정리하겠습니다.

셋째는 호연이에게 붙이신 선매숭자의 도통맥(道統脈)입니다.

1 상제님께서 말씀하시기를 **"사람이 낳기는 제 어미가 낳았어도 맥을 전해 주는 사람이 있어야 산다.**
2 사람이 아프면 맥을 먼저 짚어 보지 않느냐? **맥 떨어지면 죽느니라.**
(道典 6:65)

1 하루는 상제님께서 형렬에게 말씀하시기를 **"선매숭자가 있어야 사느니라. 호연에게 선맥을 전하리라."** 하시고
2 호연을 천지에 제(祭) 지내시며 "천지 천황에 천제(天祭) 지낸다. 맥을 전해 주자! 선맥을 전해 주자!" 하시고 여러 가지 글을 쓰시니라.

3 다시 '혈맥관통(血脈貫通)'이라 써서 불사르시고, 호연의 코를 쥐신 채 큰 음성으로 "혈맥관통이다!" 하고 소리치시거늘
4 그 소리에 응하듯 사방에서 천둥과 우레가 일더니 이내 폭우가 쏟아지니라.
5 상제님께서 제를 마치시고 호연에게 이르시기를 "너에게 선맥을 전해 줬으니 너를 찾을 사람이 있다. 죽어도 증인이 있어야 한다." 하시고
6 "천지에서 너를 부르는 날이 있다. 죽지 말고 살아라." 하시니라.
(道典 3:25)

이 중에서 **"천하 사람이 제 어미가 낳아서 생겨났지만 맥은 네가 붙인다. 맥 떨어지면 죽느니라."(道典 7:71), "낳기는 제 어미가 낳았어도 맥은 얘가 붙인다."(道典 10:12)** 이 말씀은 선사님 고수부님에게 전한 맥과 더불어 천하사람을 살리는 맥은 네가 붙인다는 말씀이신데 이는 황극에 대한 공사입니다.

상제님께서 호연이를 통해 이 공사公事를 보신 심오한 의미는 4장 도통맥에서 단서를 제공하며, 그 전체적인 맥락은 김수부님편에서 비로소 명확히 드러날 것입니다.

이상의 세 가닥 맥은 본질적으로 하나의 묶음이자 순환 시스템입니다. 동맥(動脈, 종통맥), 정맥(靜脈,법통맥), 모세혈관(毛細血管,도통맥)이라는 세 가닥으로 나뉘어 있으면서도, 생명을 유지하는 하나의 순환 시스템으로 작동하는 이치와 같습니다.

상제님의 도맥이 크게 세 줄기로 나뉘어 있는 지금, 우리가 잡은 맥이 혹여 하늘에서 내린 튼튼한 동앗줄인지 썩은 새끼줄은 아닌지도 스스로 숙고해야 합니다.

서로 다른 줄을 잡고 있다 싸울 것이 아니라, 회삼귀일會三歸一로 근본은 결국 하나이니 집일함삼執一含三하듯 하나를 잡고서 그 셋을 모두 다 포용하는 마음이었으면 합니다.

상제님께서는 **"상말에 맥 떨어지면 죽는다 이르나니 연맥連脈을 잘 바루라."**고 하셨으며, **"사람이 낳기는 제 어미가 낳았어도 맥을 전해 주는 사람이 있어야 산다. 사람이 아프면 맥을 먼저 짚어 보지 않느냐? 맥 떨어지면 죽느니라."** 하셨습니다.

"다유곡기횡이입(多有曲岐橫易入)이요 비무탄로정난심(非無坦路正難尋)이라."[1]고 바른 길을 찾기가 어려움을 말씀하시며, 천신만고 끝에 상제님 도를 찾아 들어 왔지만 그 중에서도 도맥의 뿌리인 종가집 곧 종통宗統과 판밖의 태통泰統을 찾는 문제에 우리들의 생사존망이 달려 있음을 큰 틀에서 일깨워 주셨습니다.

그렇다면 상제님께서 화천化天하신 후 고수부님께로 법통맥이 전수된 이후 도운에는 어떠한 큰 변화가 있었는지 하나씩 살펴보도록 하겠습니다.

1) 구부러진 갈림길이 많으니 빠져들기 쉽고,평탄하고 바른 길이 있으나 찾기가 어렵구나.

2. 낙종물 세 살림도수

고수부님께서 상제님으로부터 법통 전수를 받은 것은 1907년(정미년)이었지만, 실제 도통을 받고 역사 속에 도의 씨앗을 뿌리는 계기가 된 도사적 사건은 상제님 화천化天 2주기인 1911년(신해년) 음력 9월 탄신기념치성 다음날 아침에 일어났습니다.

그런 이유로 이정립선생은 상제님 도를 펴는 제일교단시대의 첫 출발 시점을 이 날로 명시 하였습니다. 인용 자료로 『고부인신정기(高夫人神政記)』「제이장(第二章) 제일교단시대(第一教團時代)의 2장」을 보겠습니다.

구월(九月) 중순(中旬)에 대흥리(大興里)로 돌아오사, 경석(京石)에게 열아흐렛날 천사(天師)의 탄신기념치성(誕辰記念致誠)을 올릴 것을 명하시니, 경석(京石)이 제수(祭需)를 성비(盛備)하여 열아흐렛날 새벽에 치성(致誠)을 올리니라. 스무날 아침에 천후(天后) 마당에서 거닐다가 혼도(昏倒)하여 네댓 시간(時間)을 쓰러져 있는데, 현황(炫煌)한 중에 큰 저울과 같은 것이 공중(空中)으로부터 내려오거늘, 자세(仔細)히 보시니 오색(五色) 과실(果實)을 고배(高杯)로 고인 것이라. 가까이 내려와서는 문득 헐어져서 쏟아지거늘 놀래어 깨시니, 집안사람들이 둘러 앉아서 애통(哀痛)하다가 천후(天后)께서 깨어나심을 보고 모두 기뻐하는지라. 천후(天后)께서 일어나 앉으사 문득 천사(天師)의 음성(音聲)으로 경석(京石)을 대(對)하여 누구임을 물으시니 경석(京石)이 이상(異常)히 여겨 성명(姓名)을 고(告)하고, 또 무슨 생(生)임을 물으심으로 경석(京石)이 경진생(庚辰生)임을 고(告)하니, 일러 가로대 '나도 경진생(庚辰生)이라. **속담(俗談)에 동갑(同甲) 장사 이(利) 남는다 하나니, 우리 두 사람이 동갑(同甲) 장사 하자**' 하시고, 또 생일(生日)을 물으니 경석(京石)이 유월(六月) 초하루임을 고(告)한대 다시 일러 가로대 '내 생일(生日)은 삼월(三月) 이십육일(二十六日)이라. **나는 낙종(落種)물을 맡으리니, 그대는 이종(移種)물을 맡으라. 추수(秋收)할 자(者)는 다시 있으리라**' 하시니라. 이로부터 천후(天后)께서는 성령(聖靈)의 접응(接應)을 받으사 한 달 동안 신정(神政)을 행(行)하시니라.
『고부인신정기(高夫人神政記) 2장 2절』

어느 때 도인들이 말하기를 우리는 교명이 없으니 포교를 할 때에 무어라 할 말이 없더라 하니 들으시고 가라사대 교명을 지을 것이 뭐 있으리요 그러니 그냥 그대로 **선**이라고만 말하라 하시더라 전하니라.
『선도신정경(仙道神政經) 3장 40절』

상제님 화천化天 이후 방황하던 종도들은 고수부님께서 신도神道로 포정소布政所 문을 열고 도장 개창을 선언하시자 다시 발심發心하여 모여들었고, 고수부님께서는 대흥리 차경석의 집을 본소本所로 정하여 포교에 힘쓰게 하셨습니다.

위 성구에서 "**우리 두 사람이 동갑 장사 하자.**" 하신 것은 같은 경진생 동갑同甲인 차경석 종도로 하여금 고수부님을 대리해 선천 상극의 100년 난법 해원의 큰 그림을 그리게 하신 것입니다.

이는 낙종물落種物 이후의 이종물移種物을 맡기기 위함이었습니다.

즉, 앞으로 전개될 상제님 교운敎運의 역사는 낙종落種, 이종移種, 추수秋收라는 크게 세 단계의 과정을 밟는다고 선언하신 것입니다.

수부님께서 도문 개창의 씨를 뿌리시는 낙종, 차경석 종도가 세상 무대에 널리 크게 옮겨 심는 이종, 수부님의 법통을 계승하신 제3의 인물이 나와 인류 구원의 사업을 마무리 지으신다는 추수의 과정은 마치 교운의 전개양상을 일년 벼농사에 비유하여 큰 틀에서는 자연의 변화과정인 생生-장長-성成의 3단계 원리로 말씀을 하셨습니다.

이는 "**현하대세가 씨름판과 같으니 애기판과 총각판이 지난 뒤에 상씨름으로 판을 마치리라.**"하신 상제님 말씀과 비슷합니다. 세계 정세를 조선朝鮮을 중심으로 4대강국이 바둑을 두는 오선위기 형국으로 잡아 돌리시고, 이를 씨름판에 비유하시어 크게 세 차례의 대국을 거치게 하신 것입니다.

그래서 대부분의 사람들은 고수부님의 낙종과 차경석의 이종 외에 다음 추수의 한판이 더 있을 뿐이며 거기는 비집고 들어갈 여지가 없다고 믿고 있습니다.

마지막 세 번째에 가서 비로소 상제님 진리의 참 면목(眞法)이 온 천하에 드러나도록 되어있기 때문에 현재 새 문명을 드러낼 역량을 갖고 있는 인재풀(pool,팀,그룹)이 자신들 외에는 없다고 확신하는 사람들도 있습니다.

그런데 상제님과 고수부님께서 과연 그렇게 공사를 짜 놓으셨을까요?

겉보기는 마치 세운을 애기판, 총각판, 상씨름이라 나누신 것처럼 도운 역시 낙종落種, 이종移種, 추수秋收 라는 3단계 과정으로 말씀하신 듯 보입니다.

그런데 세운과 도운의 양상에는 주의 깊게 보지 않으면 구분하기 어려운 미세한 차이가 존재합니다. 이 미세한 차이는 마치 발사체의 발사각 오차가 최종 궤도를 크게 이탈시키는 것처럼 중대한 결과를 초래합니다.

고수부님께서 오성산으로 이사하신 뒤에 **"삼변(三變)이라야 성국(成局)이니라."**(道典 11:369) 하셨으니 이 말씀에는 도운의 실질적 전개 양상에 대한 단서가 있습니다. 그것은 삼변三變이라는 용어 선택에 있습니다.

이는 '**세 차례次例에 걸친 변화變化**'를 뜻하며, 어떤 기준점으로부터 세 번의 과정을 거쳐 최종적으로 완성 된다는 의미입니다. 일테면 세 번의 구간변속이 이루어지는 4단기어 변속기에 비유하여 이해할 수 있습니다.

『선도신정경』에 보면 아래와 같은 말씀이 나옵니다.

> 종도 몇 십명만을 거느리고 금산면 용화동으로 들어오실새 이 때에 팔정이 개울에 노디돌(띔돌)을 건너오시며 들고 계신 담뱃대로 노디돌을 세시면서 건너시는데 **하나 하시고 담뱃대로 노디돌을 겨누시고 둘 하시며 담뱃대를 겨누시고 셋 하시고 담뱃대로 겨누시고 넷 하시며 네번째 노디돌을 담뱃대로 딱 때리시며 가라사대 이것이 내 새끼니라** 하시더라.
>
> 『선도신정경(仙道神政經) 4장 2절』

처음부터 **"우리 두 사람이 동갑 장사 하자"**고 하신대로 대흥리 차경석의 집을 본소本所로 정하시고 고수부님께서 첫 살림을 시작하셨을 때, 사실상 교운의 목적지를 향한 낙종과 이종은 함께 출발선에 정렬된 상태였습니다.

"내가 없으면 그 크나큰 세 살림을 어떻게 홀로 맡아서 처리하리오."라 상제님께서 걱정하신 대로 고수부님이 건너시던 돌다리의 첫 번째, 두 번째, 세 번째 노둣돌은 각각 세 살림 도수에 해당하며, 마지막 네 번째 은거하신 오성산 자리를 네 번째 노둣돌에 비유해 **"내 새끼"**라 하셨던 것입니다.

고수부님께서 오성산에 은거하신 것을 단순히 공무를 마치고 쉬시는 것으로 오판해서는 안 됩니다.

오성산은 윷판이라는 판밖에 대한 상징일 뿐만 아니라 **"오성산에는 오성이 있고"**

하시며 대인이 출세하는 자리로 일러 주시기까지 하셨습니다.

상제님께서도 오성산에 배말뚝 박는 공사를 세 차례 하신 후 **"남조선배가 잘 도착하였노라."**하시며 구원의 배가 닻을 내려 정박하는 목적지로 말씀을 하셨으니 어떻게 여길 은거하신 휴양지 정도로 가볍게 생각할 수 있겠습니까?

물론 오성산은 **'태전'**처럼 일종의 서요동을 지칭하는 도수로 빌려 썼을 뿐 액면가 그대로의 지명을 뜻하지는 않습니다. 입인지도 오황극 산이라는 황극(五聖)의 이치에 걸맞는 이름을 차용해 도수를 보신 것입니다.

즉 **"삼변(三變)이라야 성국(成局)이니라."**는 말씀은 낙종물 첫 살림에서부터 삼변三變이 마무리 되는 네 번째 오성산을 가리키는 말씀입니다.

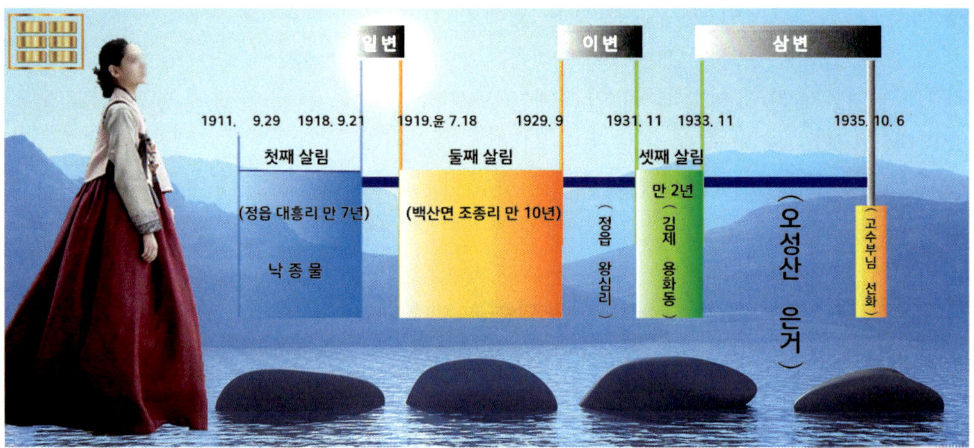

또한 출발점이 같았던 동갑同甲장사 차경석 종도의 이종물 역시 삼초의 과정을 통해 네 번째인 대인행차에 이르게 됩니다.

그런데 삼변三變외에 삼천三遷이라는 용어도 함께 쓰셨습니다.

曰(왈), 我事(아사)난 三變成局也(삼변성국야)노라.
말씀하시기를, 내 일은 세 번 바뀌어 판이 이루어지느니라.
『대개벽경(大開闢經) 4편 갑진년 공사기 5장』

너희들은 손에 살릴 생(生)자를 쥐고다니니 득의지추(得意之秋)가 아니냐 삼천(三遷)이라야 일이 이루어 지느니라.
『대순전경(大巡典經) 6장 30절』

어느날 신정공사에서 가라사대 이일은 삼천이라야 일이 이루어지느니라
『선도신정경(仙道神政經) 5장 7절』

즉 큰 틀에서는 벼농사에 교운의 전개를 비유하여 낙종과 이종과 추수의 생장성이라는 거시적인 틀을 기본 전제로 깔고 가지만 실제 전개되는 입체적 양상은 출발선을 포함해 네 번째에 이르러서야 최종 말뚝박은 목표점에 도착하게끔 세 번을 이사 다니게 하셨으니 이것이 속 공사인 삼변三變의 진정한 의미입니다.

이는 '**세 번 옮긴다.**'는 삼천三遷의 뜻으로 예를 들어 천도遷都라 하면 '도읍을 옮기다.', '이사하다'의 의미가 됩니다.

그러므로 고수부님께서 출발지인 대흥리에서 두 번째 살림, 세 번째 살림 그리고 마지막으로 '**내 새끼**'가 있는 오성산에 이르기까지 세 차례나 이사를 다니신 것을 일러 삼변三變이라 하셨습니다.

그런데 삼변三變을 낙종과 이종 그리고 추수라 하여 평면적인 도식으로만 이해하면 24세에 출세한 항우처럼 때를 모르고 나온 낮도깨비가 되어 마치 봉사가 작지 잃은 것과 같이 큰 틀을 보지 못하고 시야가 좁아진 우물 안 개구리의 처지를 면하기 어려울 것입니다.

반면 상제님께서 "**여기가 제비창골(帝妃創谷)이라지?**" 하시매 형렬이 "예, 그렇습니다. 어디서 들으셨습니까?" 하고 대답하니 "**응, 촉나라 길이 험하다 하여도 한신(韓信)이가 알더라고, 천하사(天下事)를 하러 다니는 사람이 제비창골을 모르겠나.**" 하시는 공사에 등장하는 유방이 자리한 판밖 촉나라에 대해 "현덕(유비)이 촉에 들어가매 촉나라 선비가 환영하였다는 말이 있는데 그렇습니까?"하고 물은 한 종도에게 "**토정은 선생이라 일컬을만 하도다.**"하시며 힌트를 주시는 모습이 나옵니다.

이처럼 난법과 진법의 차이를 초한지楚漢志 항우와 유방의 예를 드시며 정확한 때를 알고 일의 대세를 파악하는 것이 천하사 흥망의 갈림길에서 얼마나 중요한 일인지 알려주셨습니다. 이는 판안과 판밖에 대한 예시이기도 합니다.

<20> 또 가라사대 [**항우가 이십오세에 출세 하였으면 성공하였을 것인데, 이십사세에 출세 하였기로 성공을 보지 못하였느니라.** 대장부 출세하는 법이 대세를 모르면 일찍 작파하여야지 대세도 모르는 놈이 출세한다고 나서는 놈은 낮에 난 토째비 같고, 저도 모르는 놈이 남을 속이고 사람을 모우다가는 제가 먼저 죽으리라. 천하에 무서운 죄는 저도 모르는 놈이 남을 모아 수하중(手下中)에 넣는 죄가 제일 크다 하였느니라. 공자(孔子)가 알고 하였으나 원망자가 있고, 석가(釋迦)가 알고 하였으나 원억(冤抑)의 고를 풀지 못하였거늘, 하물며 제가 모르는 놈이 세간에 사람을 모우는 자는 저 죽을 땅을 제가 짓는 일이니라. 수운가사에 **기동없이 지은 집이 어이하야 장구하리.** 성군취당 곡성중에 허송세월 다보낸다 하였느니라].
『동곡비서(銅谷秘書)』

<9> 하루는 선생님이 오셨는지라. 하도 반가와서 [선생님, 안으로 들어가십시다] 하니

가라사대 [**여기가 제비창고라지?**] [그렇습니다. 어디서 들었읍니까?] [**응! 촉나라 길이 험하다 하여도 한신이가 알더라고 천하사를 하러 다니는 사람이 제비창고를 모르겠나.** 들어가자. 자네 집에 산고 들었지?] [어찌 아십니까?] [산하에 오니 말 한마리가 자네 집으로 들어갔네. 아들을 낳을 것이나 젖이 넷일 것이니 이름을 천리마(千里馬)라 지어주소] 하시고 가라사대 [두집이 망하고 한집이 흥하는 공부를 하려는가?] 형렬이 대답하되 [열집이 망해도 하겠읍니다. 열집이 망하고라도 한집만 성공하면 열집이 다 성공될 것이 아닙니까?] 선생께서 [그렇지. 자네 말이 옳네. 그러나 모두 자네 같은가. 어려운 일일세] 하시고 세번 다짐을 받으시고 집으로 들어가시어 방에 앉으시는지라. 그때 선생의 춘추는 삼십이세이고, 형렬의 나이는 사십일세라. 노소는 다를망정 차차 모셔보니 감히 앞으로 다니기가 황공할 지경이더라.

『동곡비서(銅谷秘書)』

井邑이 在角星分野하고, 蘆嶺之下에 王者布德하고,

玄德이 入蜀에 蜀士歡迎之說하니 何如乎.

曰, 土亭은 方可謂之先生也니라.

弟子(제자)이 問曰(문왈),

世(세)에 有求人種於兩白之說(유구인종어양백지설)하니 何以乎(하이호)잇가.

曰(왈), 兩白(양백)이 在角也(재각야)니라.

제자가 여쭈기를, **정읍이 각성 분야에 있고, 노령산맥 아래서 임금이 덕을 펴고,**

현덕(유비)이 촉에 들어가매 촉나라 선비가 환영하였다는 말이 있으니 그렇습니까?

말씀하시기를 토정은 선생이라 일컬을만 하도다.

제자가 여쭈기를, 세상에 양백에서 사람을 구한다는 말이 있으니 어떻습니까?

말씀하시기를, **양백이 角에 있느니라.**

『대개벽경(大開闢經) 4편 갑진년 공사기 4장』

그럼 이제 낙종과 이종물 각각의 삼변三變의 실제 과정의 속내는 어떠하였는지 알아보도록 하겠습니다.

1911년 신해년 음력 9월 20일, 고수부님께서 성령감화로 도통을 하시고 5일 후인 25일 구릿골로 가시어 약장 기물 일체를 접수하시고, 29일에 약장을 모시고 대흥리로 돌아오신 후 상제님 공사에 수종들었던 종도들을 불러 모아 처음으로 교단을 개창하셨습니다. 이후 1933년 계유년까지 만 22년간 세 살림 교단을 개척하시며 수부도수로 인한 온갖 희생과 봉사의 길을 걸으시며 당신의 몸을 천지대업의 제단에 바치셨습니다.

하지만 사실 가장 중요한 시간은 용화동을 떠나 선화하실 때까지 머무르신 2년간의 오성산 시절로 겉보기는 휴식을 뜻하는 은거의 시간으로 표현되지만 오성산에서의 신정 공사라든지 선정원경仙政圓經에 **"조강맥식(糟糠麥食)이라도 임옥 자손(臨沃子孫)을 영솔(領率)하고 제반사(諸般事)를 결탁(結托)하리라"**하신 말씀 등을 헤아려 볼 때, 사실 그 내면의 성격은 용을 그린 다음 마지막으로 눈동자를 찍어 넣는다는 화룡점정畵龍點睛과 같은 일이었습니다.

이는 낙종물 4번째 노둣돌에 비로소 안착하는 지천태 윷판의 결실자리로 상제님께서 직접 남조선 배말뚝을 세 번씩이나 박아서 닻을 내린 도운의 최종 목적지를 상징하고 있음을 잊어서는 안 될 것입니다.

그럼 이제 세 살림의 대략적인 내용만 간추려 보도록 하겠습니다.

14. 교단(敎團)의 기초(基礎)가 확실(確實)히 서게되고, 교세(敎勢)가 날마다 불어나는 것을 본 경석(京石)은 가만히 교권(敎權)을 움켜쥐려는 계획(計劃)을 세워, 먼저 종도(從徒)들과 교도(敎徒)들 사이에 이간(離間)을 붙여 연원(淵源)의 의(誼)를 끊게하고, 다음에는 천후(天后)의 법소(法所)에 주렴(珠簾)을 걸어놓고 겉으로는 천후(天后)를 높이는 체 하나, 실상(實狀)은 천후(天后)와 참배(參拜)하는 교도(敎徒)들 사이의 간격(間隔)을 멀게하니, 이에 종도(從徒)들은 경석(京石)의 야심(野心)을 간파(看破)하고 모두 분개(憤慨)하여, 더러는 교문(敎門)을 하직하고 물러가서 지방교도(地方敎徒)들과 연락(連絡)하여 따로 문호(門戶)를 세우기도 하고, 더러는 경석(京石)을 따돌리고 천후(天后)의 법소(法所)를 다른 곳으로 옮기려는 운동(運動)을 하기도 하니라.

15. 을묘년(乙卯年)에 김형국(金炯國)이 보성(寶城) 지방(地方) 교도(敎徒)들과 연락(連絡)하여, 천후(天后)의 법소(法所)를 장성(長城) 필암(筆岩)으로 옮기려고 운동(運動)하다가 마침내 뜻을 이루지 못하였더니, 병진년(丙辰年)에 이치복(李致福)과 채사윤(蔡士允)이 다시 각 지방교도(地方敎徒)들과 연락(連絡)하여 법소(法所)를 원평(院坪)으로 옮기려고 운동(運動)함에, 천후(天后)도 또한 경석(京石)의 발호(跋扈)하는 것을 불쾌(不快)히 여겨 치복(致福)의 운동(運動)에 동조(同調)하시더니, 이윤수(李胤洙)가 경석(京石)의 부탁(付託)으로 천후(天后)께 간(諫)하고, 강사성(姜士成)은 경석(京石)의 부탁(付託)으로 천후(天后) 앞에서 치복(致福)의 과실(過失)을 들어서 공격(攻擊)하니, 이에 법소(法所)를 옮기려는 운동(運動)은 실패(失敗)하게 되고, 치복(致福)과 사윤(士允)은 할 일없이 교문(敎門)을 하직하고 물러가니라.

16. 치복(致福)과 사윤(士允)이 떠남에 이 뒤로 본소(本所)에는 종도(從徒)들의 자취가 끊어지고, 오직 경석(京石)이 그 아우들과 더불어 천후(天后)를 모시며 교도(敎徒)들을 응접(應接)하게 된지라. 경석(京石)이 이에 김형규(金炯奎), 문정삼(文正三) 이하 심복교도(心服敎徒) 스물네사람에게 방주(方主)의 임명(任命)을 주어 각지방(各地方)으로 파견(派遣)하여 교도(敎徒)들을 수습(收拾)하고 교권(敎權)을 집중(集中)한 뒤에, 교도(敎徒)들이 천후(天后)께 참배(參拜)하는 길을 막아버리고, 인(因)하여 정사년(丁巳年)

시월(十月)에 경석(京石)이 유람(遊覽)의 길을 떠나니라. 경석(京石)이 떠난 뒤에 천후(天后) 일년동안 교도(敎徒)들을 상대(相對)하지 못하시고 한가(閑暇)한 세월(歲月)을 보내시다가, 무오년(戊午年) 구월(九月) 열아흐렛날 대흥리(大興里)를 떠나사 김제군(金堤郡) 백산면(白山面) 송삼리(松森里) 천종서(千鍾瑞)의 집으로 옮겨가시니라.
『고부인신정기(高夫人神政記) 2장 14,15,16절』

차경석 종도가 모든 교권을 자신에게로 집중시키는 행태를 보이자 다른 종도들이 분개하여 이탈하게 되고 따로 교단을 만들게 된 것은 바로 낙종물과 이종물이 현실화되는 모습입니다.

차경석 종도의 전횡을 막기 위해 마지막으로 칼을 뽑아 들었던 인물이 이치복 종도였는데 본소 이전운동이 실패로 돌아가며 이치복은 동지 다음날 혼자 쓸쓸히 원평으로 이사를 갔으며 그 후 그를 따르는 일부 종도들과 함께 따로 교단을 창설했다고 하니 훗날 제화교를 말합니다.

이를 계기로 다른 종도들도 각자 뿔뿔이 흩어져 한판씩 차리게 되었는데 일찍이 상제님께서 **"도운(道運)의 개시(開始)가 초장봉기지세(楚將蜂起之勢)를 이루리라"** 하셨듯 김형렬, 이치복은 물론 차경석에게 불만을 품고 보천교를 떠난 종도들이 각자 교단을 개창하게 됩니다.

한편, 본소 이전 운동을 무력화시킨 차경석은 그동안 물밑에서 행사하던 실권을 바탕으로 마침내 전면에 나섰습니다. 그는 하루아침에 도장을 장악하고 신도들을 규합하여 교권을 자신에게 집중시켰습니다. 급기야 고수부님을 철저히 고립시켜 사실상 연금 상태에 빠뜨렸고, 이로 인해 대흥리 본소는 점차 종도들의 발길이 끊어지게 되었습니다.

그러던 중 고수부님께서는 1918년 무오년 딸 태종을 시집보내시고 상제님 성탄치성을 봉행하신 다음 대흥리에서의 모든 일을 정리하신 후 21일 새벽에 대흥리를 떠나십니다. 김제 송산松山 마을 천종서의 집으로 옮기시면서 대흥리 교단의 7년 살림을 모두 정리하시고 이듬해 기미(1919)년에 김제군 조종골에서 두 번째 살림을 개창하셨습니다.

이 당시 신도들은 **"상제님께서는 저희들과 동종간(同宗)이며 수부님께서는 저희들의 사모님이시니 저희들이 모실 것입니다."** 하고 여러 차례 청하길래 **"그러면 종서하고 상의해 보아라."** 하십니다.

강씨 신도들이 종서와 상의하여 고수부님의 거처를 옮기기로 합의하자 고수부님께서는 **"다른 것은 없고 다만 성씨(姓氏) 하나 보고 가노라."** 하셨습니다. 그리하여 김제 조종리 강씨 집성촌으로 가시어 새롭게 살림을 펼치시게 된 것을 둘째 살림이라고 합니다.

1918년 무오년 동짓달 11일에 건축을 시작하여 기미년 윤 7월 18일에 성전을 낙성落成하고 고수부님을 모시게 되었는데 이로부터 종도 두어 사람과 더불어 도장에 계시며 소작답 스물네 마지기를 부쳐 농사나 감독하시고 한 달에 한두 번 치성 올리시며 한가로이 수행하실 뿐이더니 그해 8월 무렵에 옥구사람 고민환이 입도하게 되었습니다.

1926년 병인년에 칠성용정 공사를 보신 이후 고민환을 크게 신임하여 모든 일을 민환에게 위임하시니 강응칠과 강사성 등을 주축으로 한 몇몇 조종리 강씨들이 그 동안의 공로와 신앙 경륜을 내세우며 친목단을 조직하여 불만을 토로하다가 1928년 무진년에 이르러 고수부님께서 간부 조직을 새로운 인물로 대폭 개편하시매 노골적으로 반동하며 강응칠은 아예 도문을 떠나게 되어 버립니다.

결국 강씨들의 배신과 음모로 인해, 1929년 기사년 9월에 고수부님은 정읍 왕심리에 자리를 마련하시어 옮겨 가시게 되는데 그 곳에서 2년여 머무르시며 계속 신정을 베푸시다가 동화교에서 이상호 선생이 고수부님을 모시겠다고 간청을 해서 만들어진 통합교단이 셋째 살림입니다.

86. 칠월(七月) 그믐에 동화교(東華敎) 통정(統正) 이상호(李祥昊)와 간부(幹部) 조학구(趙鶴九)가 고찬홍(高贊弘)과 함께 와 뵈옵고, 여쭈어 가로대 '듣자하오니 천사(天師)께서 천후(天后)께 세 살림을 하라 하시고, 또 여러 종도(從徒)들에게 용화동(龍華洞)이 내 터니라 하셨다 하시므로, 제가 무진년(戊辰年) 동지(冬至)에 여러 교우(敎友)들과 함께 용화동(龍華洞)에서 동화교(東華敎)를 창건(創建)하고, 그 이듬해 기사년(己巳年) 삼월(三月) 열엿새날 대순전경(大巡典經)을 편찬(編纂)하여 진법(眞法)의 기초(基礎)를 정(定)하고 때가 오기를 기다렸더니, 이제 천사(天師)의 육순회갑(六旬回甲)을 당(當)함에 비로소 천후(天后)께서 세 살림을 차릴 도수(度數)가 된 듯 하오니, 청(請)컨대 천후(天后)께서 용화동(龍華洞)으로 법소(法所)를 옮기심이 옳을까 하나이다.' 천후(天后) 허락(許諾)하시고, 먼저 대순절(大巡節)에 천사(天師)의 영정(影幀)을 모시고 용화동(龍華洞)에 가서 회갑치성(回甲致誠)을 올리고, 그 뒤에 기회(機會)를 보아 법소(法所)를 용화동(龍華洞)으로 옮기게 하라 하시니라.

87. 구월(九月) 보름날 이상호(李祥昊)가 임경호(林敬鎬)와 이성영(李成英)·이정립(李正立)을 보내 천후(天后)를 뵈옵게 하니, 열이렛날 천후(天后) 고찬홍(高贊弘), 이근목(李根睦), 박종오(朴鍾五), 강재숙(姜在淑), 서인권(徐仁權) 등 십여인(十餘人)을 데리고, 임경호(林敬鎬) 및 이성영(李成英)과 함께 천사(天師)의 영정(影幀)을 모시고 용화동(龍華洞)으로 가사, 열아흐렛날 새벽에 육순(六旬) 회갑치성(回甲致誠)을 올리실 새, 천후(天后) '아동방(我東方) 창생(蒼生)들아, 천지운수(天地運數) 염려(念慮)말고 마음 심자(心字) 닦아보세. 마음 심자(心字) 닦고보면 불로불사(不老不死) 아닐런가. 좋을시구 좋을시구 우리 시절(時節) 좋을시구' 라고 노래 부르시니라.

88. 스무하룻날 천후(天后) 이상호(李祥昊)와 여러 종도(從徒)들에게 '이길로 돌아가서 조종(祖宗)골 일을 정리(整理)하고 동지치성(冬至致誠)에 아주 이사하여 오리니, 그동안 준비(準備)하라'고 부탁(付託)하신 뒤에, 영정(影幀)을 모시고 돌아오시니라.
『고부인신정기(高夫人神政記) 3장 86,87,88절』

고민환 종도의 생각은 그당시 세 살림 도수로 교운의 매듭이 지어질 것이라 생각하였던 것 같습니다.

그후 고수부님께서 조종골 본소 건물을 강응칠에게 넘겨주시고 1931년 신미년 11월 14일에 상제님의 영정을 모시고 이종물의 2초에 해당하는 동화교東華教로 이사오시어 조종골 교단과 용화동 교단을 합한 통합교단統合教團을 만드시니 동화교가 새로 발족하게 됩니다. 이로써 셋째살림이 열리게 되었습니다.

그러면 여기에는 어떤 의미가 내포되어 있는 것일까요?

두 교파가 통합교단을 이루는 과정에 이르러서야 비로소 우리는 그동안 언급해온 낙종落種물과 이종移種물의 진정한 속뜻을 파악할 수 있게 됩니다. 처음에 동갑장사로 직접 맡으신 낙종물이 곤도坤道로서 음陰이었다면, 차경석 종도에게 맡기신 이종물은 건도乾道로서 양陽에 해당합니다.

이는 최종 목적지인 네 번째 노둣돌, 오성산으로 향하기 전에 행하신 공사입니다. 선천 곤도의 음도수 성격을 띤 낙종물을 매듭지어 이종물에 접붙이는 한편, 이종 도수에서 파생된 수많은 2초 교단들 중 가장 튼실한 곳을 낙점하기 위함이었습니다.

비유컨대 전체 3단 로켓의 1단부인 보천교에서 분리되어 나와, 장차 3단부가 될 '3초 교단'의 모태가 될 2단부 '2초 교단'을 선정하는 목적이었습니다.

결론적으로 이 통합 과정은 장차 선천(복희팔괘)의 건곤(껍질)이 합덕하여 그 결실인 선진주(껍질)를 길러낼 환경, 즉 일종의 '살림집'을 조성하기 위한 것이었습니다. 이는 생명의 탄생 원리에 비유될 수 있습니다. 수많은 정자에 해당하는 수많은 분열 교단들 중 하나의 튼실한 교단을 낙점하고, 그 교단이 난자에 해당하는 고수부님의 낙종물과 합일함으로써 통합교단이라는 새로운 생명체를 포태胞胎하여 다음 단계를 준비한 것입니다.

즉 이종물의 흐름 중 하나인 동화교는 선천의 건乾으로 아버지 신앙인 상제님 기운을 대표했습니다. 반면, 낙종물인 조종골 둘째살림 교단은 선천의 곤坤으로서 어머니 신앙인 고수부님을 각각 대표하였습니다.

만약 이러한 건곤을 함께 받들어 모시는 신앙의 기반이 확립되지 않았다면, 아마도 대순진리회를 비롯한 여타 대부분의 교단들처럼 억음존양의 논리에 치우쳐 하늘 아버지만 받드는 상제님 신앙에만 머물렀을 개연성이 컸을 것입니다.

고수부님의 교단 창립이후 수많은 교단이 우후죽순 생겨났지만 그 많은 교단 중에서 특별히 선택하시어 직접 주재하시는 수고를 마다하지 않으신 것은 3초의 선진주先眞主를 내기 위한 사전 정지작업이었습니다.

이는 수많은 교단 중 하나의 정자만 골라 수태시키는 인공수정人工受精에 해당하는 정밀한 작업이었던 것입니다.

또한 깨어나셔서 하신 첫 말씀이 **"나도 경진생이라. 속담에 동갑 장사 이(利) 남는다 하나니 우리 두 사람이 동갑 장사 하자."**고 하신대로 2초의 줄기에서 뻗은 3초의 교단은 동갑장사의 최종주자로서 선천 음양기운의 결실(껍질,先眞主)이자 기업형 도무집행을 목표로 하는 신앙기업으로 크게 성공을 하였습니다.

즉 낙종과 이종이 합해진 인공수정의 성공을 통해 처음 말씀하신 대로 동갑 장사 끝에 '利'를 남기게 되었으니 이를 상제님께서는 **'개평'**이라 하셨습니다.

'개평'이라 함은 도박판에서 나온 말로 딴 돈 중에서 낱돈을 주는 것으로 **"진주(眞主)노름에 독조사라는 것이 있어 남의 돈은 따 보지 못하고 제 돈만 잃어 바닥이 난 뒤에 개평을 뜯어 새벽녘에 회복하는 수가 있으니 같은 끗수에 말수가 먹느니라."**는 말씀처럼 장사는 성공하여 마대자루로 돈(사람)을 긁어 모았으니 인심쓰는 척 술값이나 하라고 주는 공돈인 개평(利)은 3초의 교단에서 풀려 나와 다시 본래의 뿌리자리로 돌아가는 것이 원시반본하는 가을의 섭리입니다.

이제 말씀들을 정리해 보겠습니다.

"나는 낙종(落種) 물을 맡으리니 그대는 이종(移種) 물을 맡으라. 추수(秋收)할 사람은 다시 있느니라."에서 보듯 고수부님께서는 모판에 도의 씨앗을 뿌려 심는 낙종물의 사명을 맡으시어 씨앗(種)을 틔울 수 있도록 흙이 되어 주셨습니다.

여기서 씨앗(種)의 의미는 선천태극先天太極으로서 상제님의 진리를 상징하고 있습니다. 고수부님께서는 마치 어미 닭으로서 알을 품어 병아리가 되도록 부화시키는 역할 곧 도문개창이라는 선천곤도의 사명을 감당하셔야 했습니다.

3. 이종물 교운전개의 삼초

이제 차경석 종도에게서 비롯된 선천 건도乾道의 이종물 사명이 어떤 과정을 거쳐 진행되어 왔는지 그 변천사에 대해 알아 보겠습니다.

말씀하시기를, **대인의 행차에 삼초(三硝)가 있으니, 일초는 갑오가 맡았고, 이초는 갑진이 맡았고, 삼초는 병희가 맡았나니, 삼초 뒤에 대인의 행차가 이르느니라.**
『대개벽경(大開闢經) 4편 갑진편 공사기 5장』

북적(北賊) 북적(北賊) 괴는 술에 제주를 떳건만은 남적(南賊)을 어이 모셔 **일초(一哨) 이초(二哨) 삼초(三哨) 끝에 대인행차(大人行次) 하신다네**
십삼척(十三尺) 미륵불(彌勒佛)을 쌍(雙)으로 모시(慕侍)나니 오성산(五聖山)과 용화동(龍華洞)에 건립(建立)하고 세우니라 운장(雲長)과 진묵(震默)은 좌우(左右)에 보필(輔弼)이니라
『선도신정경(仙道神政經) 5장 6절』

여기서 '**일초**一招·**이초**二招·**삼초**三招'등에 나오는 '**초(招)**'라는 말은 판소리 대본에서도 확인되지만, 그 원래 기원은 군악軍樂에서 나발과 함께 사용되던 군사적 신호였습니다. 이 용어는 점차 걸립 풍물패들에게까지 확대되어, 보통 정월 대보름 이후부터 그믐까지 집집을 돌며 고사告祀와 축원祝願을 해주고 그 대가로 전곡錢穀을 받았다 합니다.

이때, 걸립패가 나발을 각각 일초·이초·삼초 불면 마을에서도 나발로 이에 응대해야만 비로소 마을 진입이 허락되곤 했습니다. 따라서 이러한 절차는 판밖의 인물이 세상에 드러나기까지 거쳐야 하는 단계적 과정에 대한 상징적인 의미로 해석될 수 있습니다.

상제님 말씀에서 일초一招는 전봉준 장군이 봉기한 갑오 동학혁명(1894년 甲午)을 말함이고, 이초二招는 동학의 민족주의 근대화세력인 갑진 개화운동이었습니다.

갑진(1904)년 8월경 손병희 지도하에 갑진 개화운동을 시작하였고, 9월 하순 전국 각지에서 동학교도들이 진보회進步會를 결성하여 회원들을 중심으로 머리를 자르고 개화복을 입는 등 개혁 운동을 확산시켜 나갔습니다.

마지막으로 삼초三招는 동학의 제 3대 교주였던 손병희孫秉熙에 의한 3.1 만세운동(1919 己未)을 말합니다.

이 사건은 1894년 갑오동학운동과 1904년 갑진개화혁신운동에 이어, 10년 뒤인 1914년(갑인년) 제1차 세계대전 발발을 계기로 일본의 패망을 기대하며 보성사 내에 천도구국단天道救國團이라는 비밀 결사를 조직하고 계획했던 소위 삼갑운동三甲運

動이라는 대규모 민중 운동의 연장선상에 있었습니다.

손병희는 국내 정국을 주도하며 이 삼갑운동을 최고의 정점에 올려놓았습니다. 일제하 조선 민중과 독립 운동가들을 하나로 결속시킨 그는 태화관에서 기미 독립 선언서를 낭독케 하고, 고종의 독살과 장례식을 기점으로 거국적인 3.1 만세 운동을 일으켜 조선 강토를 뒤흔들었습니다.

그러나 이 운동은 종내 실패로 끝났고, 손병희는 주동자로 3년형을 받고 투옥되었습니다. 이후 병보석으로 출옥했으나, 옥사 후유증으로 만사輓詞를 지은 상제님의 공사대로 1922년 임술년 5월 19일 62세를 일기로 서거함으로써, 이로써 삼초를 마무리 짓게 됩니다.

이 사건들은 근세사의 큰 획을 그은 사건들이며, 모두 조선 강토에서 발원하여 세계를 진동케 한 역사적 사건들입니다.

그러나 상제님은 이것이 단지 서막으로 오프닝 세리머니(opening ceremony)에 불과하다고 말씀하십니다. **'본론이 나오기 위한 준비과정일 뿐'**이라는 것이지요.

일부에서는 "**삼초 끝에 대인(大人)이 나오리라.**"는 말씀을 선진주先眞主인 손병희의 사망 시점으로 곧이곧대로 해석하기도 하지만 위 삼초의 역사적 상황은 도운의 성장사에 접목해 함께 비교해야만 공사의 본의를 이해할 수 있습니다.

> 하루는 종도들에게 일러 가라사대 대인의 행차(行次)에 삼초(三哨)가 있나니 갑오년에 일초가 되었고 갑진년에 이초가 되었고 손병희는 삼초를 맡았나니 삼초 끝에는 대인(大人)이 나오리라 하시고 손병희의 만사(挽詞)를 지어 불사르시니 이러하니라
> 「지충지의군사군(知忠知義君事君) 일마무장사해민(一魔無藏四海民) 맹평춘신배명성(孟平春信倍名聲) 선생대우진일신(先生大羽振日新)」
> 『대순전경(大巡典經) 3장 150절』
>
> 어떤 사람이 여쭈어 가로대 조선지말(朝鮮之末)에 이란이 있으리라 하오니 그러하오리까 가라사대 손병희가 영웅이라 장차 난리를 꾸미리니 그 일을 이름이니 **손병희가 선진주(先眞主)라 박절(薄切)하게 성돌 밑에서 턱을 고이고 앉아서 거의(擧義) 하므로 성사(成事)치 못하리라**
> 『대순전경(大巡典經) 5장 24절』

『普天教 教典』에 보면 "**손병희(孫秉熙)가 선 진주(先眞主)라 박절(薄切)하게 성(城)돌 밑에서 턱을 고이고 앉어서 역적(逆賊)을 도모(圖謀)함으로 성사(成事)치 못하리라.**"고 좀 더 적나라하게 나오는데 이 성구 만으로 미루어 본다면 손병희는 나름 천자꿈[2)]을 꾸고 일을 도모한 것으로 보여집니다. 그런데 말입니다.

2) 손병희는 국가의 대계를 세우기 위해서는 우선 국내의 친러파 정권부터 타도해야 한다고 생각하고

지금까지 내용을 정리하여 오면서 한 가지 특이한 부분이 발견됩니다.

그것은 2초와 3초를 이끈 주동 인물이 동일하다는 것입니다.

상제님 말씀에 보면 "**갑진 년에 이초가 되었고, 손병희는 삼초를 맡았나니, 삼초 끝에는 대인(大人)이 나오리라.**" 하셨는데 2초二招가 되는 갑진년에는 손병희孫秉熙 지도하에 동학세력을 주축으로 갑진개화운동(1904년 甲辰)이 일어났고, 3초三招는 아예 손병희가 맡았다고 직접 상제님께서 언급 하시지 않으셨습니까?

2초, 3초로 전개되는 양상이 주동자가 2초에서 나타나서 3초에서 사라지는 모습까지 너무 흡사합니다. 과연 이 추측이 실제도 그러한지 한 번 확인해 보겠습니다.

> 치우(蚩尤)가 작란(作亂)하여 큰 안개를 지으므로 황제가 지남거(指南車)로써 정(定)하였나니 작란하는 자도 조화요 정란(靖亂)하는 자도 조화라 **최수운은 동세를 맡았고 나는 정세(靖世)를 맡았나니** 전명숙의 동(動)은 곧 천하의 난(亂)을 동케 하였느니라 『대순전경(大巡典經) 5장 19절』

'**대인의 행차(行次)에 삼초(三哨)가 있다.**'는 말씀을 단지 세운世運의 추동력이 되었던 개혁 세력, 즉 동학만을 이르는 것이라 해석한다면 이는 표면적인 이해에 그칠 것입니다.

상제님과 고수부님께서 실제 하시려 했던 말씀은 "**최수운은 동세(動世)를 맡았고 나는 정세(靖世)를 맡았나니**"라는 성구에 그 본의가 담겨 있습니다.

즉, 역사의 겉면인 세운(動世)이라는 잎사귀에 가려져 있던 교운(靖世)이라는 열매가 역사의 무대에서 세 차례에 걸쳐 시공을 달리해 성장하다가, 그 마지막 가을 된서리를 맞고 잎이 떨어질 때 익은 열매가 드디어 천지에 보은報恩하게 되는 성사재인成事在人에 대한 말씀입니다.

동세動世를 맡은 동학이 일초, 이초, 삼초를 거치며 세운世運에서 일정한 시운時運의 마디마다 개혁 운동이라는 변화의 물꼬를 터냈듯이, 이 흐름은 인간 종자의 구원을 매듭지을 정세靖世로서 상제님 도道의 변천사에 빗대어집니다.

즉, 상제님 도는 현실 역사의 시의적절한 흐름 속에서 일초, 이초, 삼초로 마치 매미가 허물을 벗듯 성장을 거듭하며, 그 끝에 도업道業을 마무리하는 대인大人의 출세를 암시하는 것으로 이 말씀의 핵심은 상제님 도운道運 변천사를 이루는 골간骨幹의 마디를 지적하신 것입니다.

국내의 동학교도들을 결집시키는 한편 그의 계획에 일본군 참모장이던 다무라를 위시한 일본의 군부세력과 국내교도들의 힘을 규합하여 시행하고자 했던 조선정부정복계획은 친동생인 손병흠의 급사로 시작도 못해보고 실패하였다. 이와 동시에 든든한 동조자 다무라마저 손병흠이 급사한 이틀 뒤 (1903년 8월 5일) 연이어 원인모를 이유로 사망하였다. 청천벽력과도 같은 소식에 손병희는 식음을 전폐할 정도로 실망을 금치 못하였다. (출처 : 『典經』에 나타난 손병희(孫秉熙) 연구 -대순진리회-)

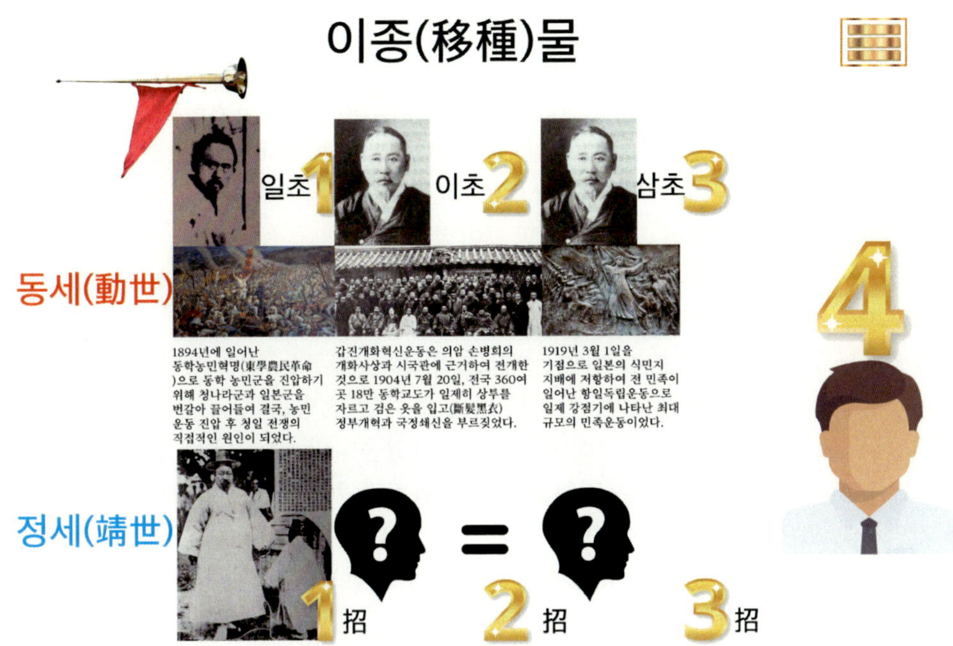

"**갑오(甲午:天紀24, 1894)년에 일초가 되었다**"는 말씀은 1894년에 일어난 갑오동학혁명에 대한 지칭이며 이때 "**백의한사(白衣寒士)로 일어나서 능히 천하를 움직였느니라.**"는 구절은 전봉준 녹두장군에 대한 말씀입니다.

이는 상제님의 도道가 세상에 펼쳐져 가는 형세를 동학東學에 빗대어 설명하신 것으로 여기서 주목할 점은 일초의 주체를 동학의 교조인 최수운 선생에게 두지 않으셨다는 것입니다. 이는 상제님 도의 변천사에서도 마찬가지로, 상제님이나 고수부님을 의미하지 않는다는 뜻이기도 합니다.

그렇다면 상제님 도사에서 동학의 1초와 같은 의미를 가지신 분은 누구일까요?

"**최수운은 동세(動世)를 맡았고 나는 정세(靖世)를 맡았다.**"는 말씀에 비추어 볼 때, 상제님 도사道史에서 동학의 일초一招와 같은 의미를 지닌 인물은 차경석 종도입니다. 천하의 난을 동케한 전명숙의 동動으로 인해 여러 만 명 학살된 원귀들을 전부 차경석 종도에게 붙여 정세靜世의 해원도수를 열었기에, 그가 도사에서의 일초를 맡은 것입니다.

결론적으로, 일초·이초·삼초로 표현된 속(裏)공사는 이종물移種物의 전개 양상에 대한 표현이었습니다.

상제님께서는 차경석 종도에 대해 다음과 같이 말씀하셨습니다.

"경석이 성경신(誠敬信)이 지극하므로 달리 써 볼까 하였으나 제가 스스로 청하니 어찌할 수 없는 일이로다. 지난 갑오년에 동학 신도들이 여러 만 명 학살되어 모두 지극히 원통한 원귀(冤鬼)가 되어 우주간에 나붓거리는지라....오늘부터는 동학 때 한 맺

힌 신명들을 전부 경석에게 붙여 보내어 이 자리에서 왕후장상의 해원이 되게 하리라."

결국, 능히 천하를 움직였다는 전봉준 장군처럼, 이 동학 신명들의 기운을 받은 차경석 종도에게서 교운의 일초一招인 보천교(1921년 보화교普化教를 선포, 이듬해 다시 교명을 보천교로 개칭)가 자라났으며 그 본줄기에서 여러 개의 가지들이 나와 수십개에 달하는 지금의 각 교단들이 만들어졌습니다.

또한 갑진(甲辰:天紀34, 1904)년에 2초가 되었다는 말씀은 동학이 주축이 되어 전개한 갑진개화혁신운동甲辰開化革新運動을 지칭합니다.

손병희는 1901년 일본으로 떠났는데, 그의 일본 체류는 천도교의 미래를 결정하는 중요한 계기가 되었습니다. 일본에 망명 중이던 손병희는 국내에 지령을 내려 1904년 4월부터 전국적으로 민회民會를 조직하였습니다. 초기에는 대동회大同會라 하였으나 7월경 중립회中立會로 명칭을 변경하였지만 20년 전 동학농민혁명의 기세를 기억하고 있던 대한제국 정부는 이를 경계하며 대대적인 탄압에 나섰습니다.

이에 손병희는 8월, 이용구를 급파하여 단체명을 진보회進步會로 개칭하고 조직을 재정비하게 했으니 당시 일본 공사관 기록에 따르면 전국의 진보회원은 무려 11만 명에 달했다고 합니다. 정부를 일신하여 독립적이고 인민을 위한 나라를 만들어나가자는 운동일 따름이었지만 그럼에도 대한제국은 진보회 간부와 회원들을 대대적으로 체포·구금했습니다.

1904년 8월에 조직된 송병준의 일진회가 나서서 진보회 구명운동을 벌여 11월 1일 구금되었던 진보회원들이 모두 풀려났지만 이를 계기로 진보회는 그해 12월 일진회 조직으로 통합되어 을사조약을 지지 서명하는 친일 행동에 나서게 됩니다.

일진회가 친일로 변질되자 손병희는 1906년 1월 6일 일본에서 급거 귀국하였고 이 무렵 동학을 천도교라 고치고 그해 9월에는 일진회에 계속 가담한 이용구를 비롯한 64명에 대한 출교처분을 내려 쫓아내게 됩니다.

이와 같은 일련의 움직임 속에서, 동학의 이초二招와 상응하는 의미를 상제님 도수 정신의 큰 틀에서 해석해 본다면, 그것은 본줄기인 보천교(一招)에서 사방으로 뻗어 나온 가지들(二招)에 비유할 수 있습니다.

이 가지들에 해당하는 군소 종단들은 매우 다양하게 형성되었는데, 대표적인 예시들은 다음과 같습니다.(존칭은 생략)

상제님 재세 시 종도들이 세운 교단:
김형렬의 미륵불교, 안내성의 증산대도교, 이치복의 제화교, 박공우의 태을교, 문공신의 문영상교, 김광찬의 도리원파, 김병선의 교단 등

이 외의 주요 분파 종단:

장기준의 순천교, 강승태의 동도법종 금강도, 김락원의 오동정 교단, 허욱의 삼덕교, 김청강의 보화교, 김근하의 용화사, 정수산의 미륵불교 등

이 외에도 다양한 종단들이 이 시기에 분열·성장하였습니다.

그런데 그 많은 분파 가운데, 지금에 이르러 가장 폭발적인 성장 기운을 받으며 아름드리 거목과 같은 교운사教運史에서 가장 무성한 신도수의 잎사귀와 역량을 자랑하는 삼초三招 교단 두 곳의 뿌리가 되는 이초二招 교단이 있습니다.

그것은 바로 증산교 대법사(東華教)와 태극도(無極道)입니다.

이상호, 이정립 선생은 을묘년(乙卯, 1915년)에 고수부님의 대흥리 교단에 입교한 이후, 차경석 종도의 보천교에서 60방주의 한 사람으로 활동하였습니다. 그러나 갑자년(甲子, 1924년) 시대일보사 사건을 계기로 보천교 혁신 운동을 일으키다가 교적을 박탈당했습니다. 이후 중국으로 망명했다가 귀국하여, 무진년(戊辰, 1928년)에 동화교를 창건하였으며, 훗날 교단명을 증산교 대법사로 개명하게 됩니다.

태극도는 15세 때 항일 투쟁을 하다가 만주로 망명한 부친을 따라 그곳에서 살다가 보천교 교인 김혁金赫에 의하여 입교한 조철제 도주에 의해 설립되었으며 26세에 귀국하여 상제님의 누이동생인 선돌부인과 인연을 맺고 1923년 무극도를 창설했다가 1948년 부산 감천에서 '태극도'로 교단 명칭을 변경하였습니다.

아마 이 부분에서 태극도의 연원淵源이 어찌 보천교가 되느냐고 반문할 사람들이 있을 것 같아 태극도 편찬위원회에서 발간한 진경眞經의 내용을 덧붙입니다.

이해 윤 2월 초에 용인(龍仁)사람 오석鳴石) 김혁(金赫)이 찾아왔다. 김혁은 정산의 부친과 호형(呼兄)하는 동지(同志)로서 만주에 망명한 독립군(獨立軍)의 자금모집책(資金幕集責)으로 순회하면서 매년 정초(正初)에 들리더니 금년에는 본국순회로 늦어진 것이었다. 김혁은 정산이 정진하는 공부의 내용과 앞으로의 계획을 묻고 정산부자에게 아래와 같이 말하는 것이었다. '지난 섣달에 군자금庫資金)을 모집하기 위해 본국 정읍(井色)에 갔다가 이치복(李致福)을 만나 그 교조(教祖) 증산(甑山)의 교법(教法)을 들었습니다. 그의 말로는 지금 우리의 독립운동도 상제(上帝)인 증산의 공사(公事)에 의한 천지도수(天地度數)의 법방(法方)으로라야 성취될 수 있으며 국가 인민도 그 진법(眞法)의 수도(修道)를 통하여야 광구(匡救)될 수 있다고 하므로 나도 그 도문(道門)에 참예하였으니 **형님 부자 분께서도 입도하는 것이 좋겠습니다**'하였다.
(眞經全書 26쪽)

정산은 그 자리에서 부친께 말씀드리고 누이 봉귀(鳳貴), 종제 길룡(吉龍)을 데리고 입도하기로 하였다.**김혁은 세 사람에게 3일간 목욕재계케하고 많은 전수(食需)를 장만하게 한 다음 노고산(老姑山) 공부방에서 입도식(入道式)을 거행하였다.**이 날

이 윤 2월 10일, 양력 4월 1일 축시(丑時)였다. 정산은 입도한 후에 김혁으로부터 증산대성(甑山大聖)의 생애(生任)와 선도(宣道)의 역사를 비롯하여 신봉(信奉)하고 수행(修行)하는 방법과 기도(祈禱) 치성의 절차 등을 자세히 알게 되었다. 정산은 김혁이 전수한 내용이 자신이 받은 구천상제(九天上帝)의 계시와 같은데 새삼 놀랬고 마음에 기쁨을 감추지 못했다. 이때 김혁(金赫)으로부터 받은 주문(呪文)은 아래와 같다.
기도주(祈禱呪)·태을주(太乙呪)·운장주(雲長呪)·칠성주(七星明)·오주(五呪)
(眞經全書 247~250쪽) [범증산교사 태극도편에서 발췌]

안병욱(安柄彧)은 본시 보천교(普天教)교인으로 보천교주(普天教主) 차경석(車京石)이 서거하였을 때 복(服)까지 입은 열성교인이었다. **안병욱(安柄彧)은 종도(從徒) 이치복(李致福)에게서 도(道)를 받았다고 했고, 운산(雲山)은 부친에게서 도를 받은 것으로 말했다.**
(범증산교사 증산도사 - 창교주創教主 운산雲山의 교력教歷)

그러고 보면 창교주인 운산雲山과 정산鼎山 이 두 분 모두 그 연원淵原의 뿌리를 종도從徒 이치복李致福에게 두고 있다는 사실은 매우 의미심장하다 할 수 있습니다.

특히 정산鼎山 역시 보천교普天教교인이었던 김혁金赫에 의해 입교하여 그 연원淵原의 뿌리를 종도 이치복에게 두고 있으니 아래의 상제님 말씀처럼 이치복 종도에게 붙인 **'난법 헛도수'** 공사와 아예 연관이 없다고는 할 수 없을 것입니다.

또 양지에 이십칠년이라 쓰시거늘 그 뜻을 물은 대 가라사대 **홍성문이 회문산에서 이십칠년동안 헛공부를 하였다 하니 이로부터 이십칠년동안 헛도수가 있노라** 또 양지 한 장을 열 두조각으로 내어 조각마다 글을 쓰신 뒤에 한 조각은 친히 불사르시고 열 한조각은 치복을 명하여 불사르시니 문득 비가 크게 내려 이 비로 인하여 보리를 잘 먹게 되니라.
『대순전경(大巡典經) 4장 160절』

상제님께서는 **"손병희(孫秉熙)는 삼초를 맡았나니 삼초 끝에는 대인이 나오리라."** 하시고, 손병희의 만사輓詞를 지어 불사르셨습니다. 또한 **"손병희가 선진주(先眞主)이나 박절하게 성(城)돌 밑에 가까이 앉아 거의(擧義)하므로 성사는 못 되리라."**고 하시며 그의 한계를 명확히 하셨습니다.

여기서 **'박절하게'**는 '바싹 닥쳐서 몹시 급急함'을 뜻하고 **"성(城)돌 밑에 가까이 앉아 거의(擧義)**[3]**하므로"**는 전명숙 장군과 같이 생명을 초개처럼 버릴 각오로 일판의

3) 쿠데타의 경우에서 보듯 이 일국의 운명을 좌우할 거사를 진행함에 있어 현장에 가 보지도 않은 채 일을 도모하려 하였고, 러일전쟁(1904년)이 끝나 신변의 안전이 확인될 때까지 한국에 들어오지 않았던

중심에서 혈심을 갖지 못하고 마음은 절박하나 책임에선 한 발짝 물러서서 관망하는 자세로는 천하사를 못 이룬다는 뜻입니다.

이를 동학에 비유한 상제님 도수로 본다면 본줄기인 보천교(一招)에서 뻗어나온 가지들(二招) 중에서도 이초二招 교단인 태극도와 증산교 대법사를 뿌리로 두고 새로운 판을 열고 나온 대순진리회와 증산도는 모두 삼초三招에 해당하는 교단이라 볼 수 있습니다.

바로 이러한 천지도수 절차로 인해 세상에 상제님 진리를 드러내는 대표격인 교단으로 자리매김할 수 있었던 것이니 이는 바꿀 수 없는 엄연한 역사적 사실입니다.

이와 같이 일초一招인 보천교의 차경석 종도에게서 시작된 이종물 사명은 이제 그 끝자락을 향해 숨 가쁘게 달려가고 있습니다.

그렇다면 **"삼초(三招) 끝에는 대인(大人)이 나오리라"**는 말씀은 어떤 의미일까요?

이는 봄, 여름 동안 지속되었던 모든 성장, 분열의 과정이 끝나고 찬 바람이 불기 시작하며 진액과 수액이 뿌리로 되돌아오는 도운道運의 전환 시점을 의미합니다.

상제님께서 친히 동세動世의 삼초를 맡은 손병희의 만사輓詞를 지어 불사르셨듯, 정세靖世의 삼초를 맡은 인물들 역시 모두 명부冥府의 부름을 받고 역사의 무대에서 퇴장하는 사건으로 가늠해 볼 수 있습니다.

여기에서 **"명부 공사의 심리(審理)를 따라서 세상의 모든 일이 결정되나니"**라는 상제님 말씀과 천시의 정확한 때를 가늠하시는 천지공사의 엄정함을 느낄 수 있습니다.

그런데 이 두 사람 중에서도 우당牛堂의 뿌리인 정산鼎山은 2초 교단인 태극도에서 운명함으로써 3초 교단인 대순진리회 태동의 바탕만 제공한데 반해 운산雲山은 마치 동학의 2초인 갑진개화운동에서부터 선진주先眞主로 3초까지를 맡은 손병희와 닮은 꼴 운명인 듯, 2초인 증산교 대법사에서부터 해방을 맞이하던 1945년 당시 나이 24세에 세운이 새로운 국면 속에 들어가자 본격적으로 전국 각지를 돌며 활발한 포교활동을 하였으니 이를 지금도 증산도 제2 부흥시대라 홍보하고 있습니다.

그러다 세 번째 부흥이 시작되는 1974년 갑인(甲寅)년과 1975년 을묘(乙卯)년에 이르러, 운산雲山은 **'갑을로 머리를 든다.'**는 말씀 도수에 맞추어 충청도 대전에서 자식과 더불어 다시 새로운 부흥이자 개척을 시작하게 됩니다.

이상의 내용으로 미루어 본다면, 선진주先眞主 노릇을 한 손병희에 대한 상제님 공사는 이종물 도운의 변천에서는 2초에서 3초까지를 맡은 운산雲山에 대한 도수일 가능성을 배제할 수 없습니다. 만일 그렇다 하다면, 꼭 그렇게 공사를 보셔야 했던 이

것이었다. 진보회의 경우에도 마찬가지로 손병희는 친러파를 타도하여 정권을 바로세우고 나아가 정략적으로 일본을 이겨야 할 너무나도 막중한 일을 부하 (이용구)에게 일임(一任)하고 자신은 뒷전에서 턱을 괴고 앉아 물끄러미 지켜만 보고 있었으니 애당초 그의 거사는 성공할 수 없는 일이었다.(출처 : 『典經』에 나타난 손병희(孫秉熙) 연구 -대순진리회-)

유가 있었을까요?

이는 선천의 이치가 그러하기 때문입니다.

마치 선천미륵불이 시루(솥) 위에 올라 서 있는 상을 쏙 빼닮듯 오황극(노른자, 鼎)을 담은 계란껍질인 선진주先眞主를 낳아서 성장시켜야만 비로소 가을에 천지의 열매를 맺을 수 있기 때문입니다.

그리하여 사전 정지작업으로 이종물의 2초 교단인 동화교東華教(선천의 乾)의 바탕(陽體)에 고수부님 신앙을 대표하는 낙종물 조종골 둘째살림(선천의 坤) 교단이 유입(陰用) 되면서 선진주를 내기 위한 통합교단의 형태인 셋째 살림이 만들어지게 됩니다.

곧 음양이 합해진 자리에서 자식(子)이 생기는 것은 만물의 이치이듯 선천 건곤의 소질素質이 합合해짐으로써 선진주(황극을 담은 껍질)가 생겨나는 이치가 있으니 이 분에 의해 장차 3초의 교단이 크게 발전하게 될 것을 미루어 짐작해 볼 수 있습니다.

그러나 결국 삼초 끝에 이르러 "**집안새(鳥)가 봉(鳳)이 될 줄을 누가 알까**"『속수전경(續修典經)』라 하시는 말씀처럼 병아리(鳳)가 알을 깨고 나올 시기가 되면 이제 삼초와는 완전 분리된 존재로 동갑同甲 장사의 남은 '利'(龍,개평도수)가 드러나게 됩니다.

즉 독조사 도수의 진정한 주인이신 상제님(雄,貞)과 종통의 뿌리인 문왕(雌,太極)의 개평도수로 쓰임 받으실 분(君子)이 출현하므로 손병희(껍질,先眞主)의 만사를 지어 불사르시고 삼초 끝에 나오는 대인(알맹이,皇極)의 출세를 말씀하셨습니다.

그렇다면 이제 낙종落種 물과 이종移種 물을 거쳐 "**추수秋收할 사람은 다시 있느니라.**"는 고수부님과 "**삼초 끝에는 대인이 나오리라.**"는 상제님 말씀처럼 150여년 상제님 도업을 매듭지을 추수자 곧 역사의 전면에 드러날 주인공은 어디서 어떻게 등장하게 될까요?

이제껏 법통맥法統脈의 흐름을 추적하는 과정에서, 모두가 궁금해하는 이 주인공의 자취에 대한 중요한 실마리 하나를 잠시 미뤄두었습니다. 이 시점에서 논의의 흐름을 되돌려, 그 핵심인 원점原點으로 다시 돌아가 이야기를 이어가도록 하겠습니다.

2장 종통맥(宗統脈)

1. 뿌리인 육기초

이때 수부님께서 일어나 앉으시어 갑자기 상제님의 음성으로 경석에게 '누구냐?' 하고 물으시니, 경석이 놀라며 '경석입니다' 하거늘…" 우리는 이 대목을 기억합니다.

여기서 특히 주목해야 할 점은 고수부님께서 갑자기 상제님의 음성으로 말씀하셨다는 사실입니다. 이는 놀랍게도 고수부님으로 하여금 세상에 도道를 펴도록 하신 상제님의 강력한 의지가 담겨 있기 때문입니다.

상제님께서는 **"천지에 독음독양(獨陰獨陽)은 만사불성이니라."**고 하셨습니다. 즉, 천지도수는 언제나 음양의 이치에 따라 체용體用 관계로 진행됩니다.

'先天은 陽爲體而陰爲用'이라 하셨듯이, 선천에는 상제님께서 바탕(體,乾)이 되시고 고수부님은 이를 현실에서 집행하는 손발(用, 坤)로서 용사(用事) 하십니다.

따라서 상제님의 음성으로 차경석을 향해 쏟아내신 그 첫 일성一聲에서부터 이미 양체음용이라는 선천법도로 초장봉기지세의 도문개창이 이루어질 것임을 선포하신 것입니다. 이는 곧 고수부님께 법통(줄기맥)을 전수하시어 천지대업을 맡기셨음을 천명한 사건이라 할 수 있습니다.

23. 하루는 **천사(天師)께서 남(南)을 등지고 북(北)을 향(向)하여 서시고, 천후(天后)로 하여금 북(北)을 등지고 남(南)을 향(向)하여 서게하신 뒤에** 그 가운데 술상(床)을 차려 놓게 하시고, 무수(無數)한 글을 써서 술상 위에 놓으시고 천후(天后)와 함께 서로 절하시니라. 『고부인신정기(高夫人神政記) 1장 23절』

술상을 차려놓고 남북으로 마주 보시어 공사보신 이 성구는 복희팔괘 '**乾南坤北**'의 위상을 가진 두 분의 관계로서 공사보셨다는 명백한 증거라 할 것입니다.

문명文命을 쓰실 때도 반드시 수부님의 손에 붓을 쥐게 하시고 상제님께서 등 뒤에 겹쳐 앉으시어 수부님의 손목을 붙들고 쓰게 하심에서 보듯, 고수부님의 도문개창의 바탕에는 보이지는 않지만 무형의 상제님이 계셨습니다.

그 상제님의 형체는 선천태극이기에 '**誰知雌雄**수지자웅'의 모습을 하고 계십니다.

다시 말하자면 고수부님의 낙종落種으로 상제님을 상징하는 선천태극의 씨앗(種)에서 커져 본줄기의 좌우로 길게 늘어진 이종移種 물의 가지를 포함한 거목(雄-桀之亡)의 형상이 펼쳐진 이면에, 그 거목을 지탱하는 실체인 뿌리(雌雄-湯之興)가 땅속에 내려져 있음을 아무도 인지하지 못하였던 것입니다.

이 뿌리가 바로 수지자웅誰知雌雄인 선천태극의 '**雌**'로서 선사님이 되십니다.

그러므로 선천태극(雄,복희팔괘)이 뒤집혀 후천태극(雌,문왕팔괘)이 드러나게 될 때 자연히 선천태극(天地否,右旋)이신 상제님은 낙서의 입천지도 자리인 천지비(天地否,左旋) 육기초六基礎라는 뿌리에 숨는 이치가 있습니다.

여기서 참고로 '**六基礎**'와 '**七玄武**'라는 말은 현무경에도 등장하는데 칠현무는 현무경의 '**午申戌子寅辰**'으로 시작하는 양부陽符에 '玄武' 또는 '玄武經'으로 일곱 번 나타나고, 육기초는 현무경의 '**未巳卯丑亥酉**'의 순서로 씌어진 음부陰符에 '**基礎棟樑**'이 여섯 번 나타나고 있으니 '六'과 '七'의 수리數理 또한 이와 연관이 있어 보입니다.

다만 법종교 현무경의 '午符'에는 각각 가로와 세로로 씌어진 '玄武經'이 두 번 나옵니다.

사실 육기초의 '**뿌리를 드러낸다**'는 비유적 표현은 액면가 그대로의 뜻은 아닙니다. 여름내내 빈 집처럼 텅 비어 있던 뿌리에 다시 수기가 돌게 되는 가을의 천시를 맞아, 내실을 다지며 새로운 주목을 받아 비로소 그 존재감을 세상에 나타내게 된다는 의미를 내포하고 있습니다.

성장기(봄, 여름)에는 뿌리에 있던 진액과 수분이 가지로 옮겨져 녹음방초가 흐드러지게 피어나고 키가 쑥쑥 자랍니다. 이 시기, 뿌리는 빈 곳간과 같이 텅 비게 됩니다. 이처럼 봄, 여름의 성장 기운을 받고 자라나는 나무의 가지와 잎사귀는 선천 태극인 '雄'의 시간대로 복희팔괘(右旋河圖)에 해당합니다.

반면, 가을과 겨울이 되면 여름 내내 가지 사이로 올라갔던 수분과 진액이 원시반본原始反本하여 본래의 고향인 뿌리로 수렴되어 되돌아옵니다. 이러한 음 도수의 전개는 선천 태극의 '雌'이신 선사님의 태극 세상이 비로소 열리는 시점이며, 이는 문왕팔괘(左旋洛書)의 상징과 같습니다.

보이지 않는 땅속으로 뻗어나가 거목을 지탱해온 뿌리는 화은당 선사님께서 창교하신 육기초六基礎의 기지基地인 현 증산법종교를 의미하며 이 뿌리에 대한 행방을 고수부님께서는 너무도 친절하게 말씀해 주셨습니다.

이정립 선생이 쓴 『고부인신정기』에 보면 고수부님께서 "구성(丘聖) 속에 수양산(修養山)이 결실(結實)하였도다. 후천(後天) 오만년(五萬年) 운수(運數)의 본원지(本源地)가 이곳이라. 속설(俗說)에 수양산(修養山) 그늘이 강동(江東) 팔십리(八十里)라는 말이 이곳을 두고 나온 말이니, 잘 기억(記憶)하여 두라"고 하셨습니다.

유서遺書에 나오는 '東西日月之道路故동서일월지도로고 東西分爲二京동서분위이경' 곧 '동과 서는 일월이 다니는 도로인 고로 동서로 두 개의 서울을 둔다.'는 이 말씀 역시 수양산에 자리한 육기초六基礎의 동요동東堯洞과 "수양산(修養山) 그늘이 강동(江東) 팔십리(八十里)를 간다."는 서요동西堯洞에 대해 일컫는 말씀입니다.

선천태극(雄,복희팔괘,껍질)이 뒤집히면서 태극(雌,문왕팔괘,알맹이)의 세상으로 밝아질 때 비로소 음양운동의 날개짓을 하며 태극(선사님)을 태운 황극말(삼족오)이 비상하게 됩니다. 이때 태극을 이루는 음과 양의 이치에 자리하신 분은 남미륵(陽太極)과 여미륵(陰太極)으로서 각각 양동陽動인 천지비天地否의 동東과 음정陰靜인 지천태地天泰 서西의 바탕이 되십니다.

2. 동요동은 신금산

그러면 이와 관련된 『선도신정경』의 구절을 살펴보겠습니다.

또 어느날 신정공사에서 고후비님이 가라사대 **동요동은 신금산이요 서요동은 오성산이라** 일후에 누가 나던지 정각하나 잘 지어줄 것이니라 이 천지대사가 유월 칠월 팔월 나는 바닥에 일 붙은 줄 알고 빼느니라.하고 창하시더라.
『선도신정경(仙道神政經) 3장 53절』

어느날 고후비님께서 가라사대 **용화동은 동요동이니 건곤의 사당 자리로써 미륵이 다시 설 것이요 평사리는 나의 평상이니라 금산사는 미륵의 껍질이니 너희들은 금산사 미륵 앞에 가지도 말지니라** 하시더라.
『선도신정경(仙道神政經) 4장 13절』

고후비님께서 계유년 동지절에 오성산으로 들어가시려고 용화동을 출발하실 때에 이상호를 불러 세우시고 상호를 담뱃대로 가리키시며 상호야 부르시어 대답하니 **너 저기에다 건곤의 사당을 짓겠느냐** 하시거늘 상호가 대답하지 못하고 있으려니까 고후비님이 불 같이 대답을 재촉하여 가라사대 이놈아 빨리 대답하라 빨리 대답해 하시며 담뱃대로 등줄기를 때리시거늘 **상호가 엉겁결에 예예 짓겠나이다 하니 가라사대 그래야지 그래야 하고 말고** 일후에 사람이 나거든 용봉기를 꽂아 놓고 잘 맞이해야 하느니라 하시더라.
『선도신정경(仙道神政經) 5장 2절』

고수부님께서 "**상호야! 너 저기에다 건곤의 사당을 짓겠느냐?**"라고 재촉하시자, 이상호 선생은 얼떨결에 짓겠다고 답변합니다.

그러나 지금의 통천궁統天宮을 고수부님께서 말씀하신 **'건곤사당'**이라고 단정하기에는 무리가 있습니다.

왜냐하면 통천궁은 예배를 드리는 성전聖殿의 개념인 반면, 사당祠堂은 본래 조상의 신주神主를 모시는 가묘家廟, 즉 묘廟 자리의 성격이 강하기 때문입니다.

그러므로 고수부님의 의중에 있던 진정한 **'건곤사당'**은 도수 진행의 결과로 미루어 볼 때 현재 증산법종교 경내에 상제님 내외분의 체백體魄을 모신 영대靈臺를 의미한다고 보아야 합니다.

또한 **'동요동은 신금산'** 이라 하시는 구절 역시 새로운 절(寺)이 지어진다는 의미를 내포하고 있습니다.

실제로 1949(己丑)년 음력 12월 26일, 삼청전三淸殿이 준공되고 열석 자 증산미륵불상甑山彌勒佛像이 봉안됨으로써 **'미륵이 다시 선다'**는 말씀이 현실화되었습니다. 이로써 미륵이 다시 재생하실 기초가 마련되었으니, 법종교 자리가 곧 **'신금산'**이라는 사실이 입증된 것입니다.

결국 이 공사를 표리表裏의 양면으로 해석한다면, 이상호 선생이 짓겠다고 답한 '건곤사당'(통천궁)은 겉도수이고, 상제님 내외분의 체백을 모신 영대靈臺야말로 진정한 속도수인 셈입니다.

하루는 공사를 보실새 글을 쓰시니 이러하니라
일삼오칠구 이사육팔십
一三五七九 二四六八十
성기국 총묘천지신 기지천지신
成器局 **塚墓天地神 基址天地神**
운 영대사해박 득체 득화 득명
運 靈臺四海泊 得體 得化 得明
『대순전경(大巡典經) 4장 135절』

기지基址인 육기초의 양택지陽宅地에 **'一三五七九, 二四六八十'**에서 보듯 천지음양天地陰陽 건곤乾坤의 음택陰宅인 총묘천지신塚墓天地神을 모신 영대靈臺가 **'건곤사당'**이 아니라면 또 어디라 할 수 있겠습니까?

신금산이 수양산修養山 자락에 위치한 육기초의 터로서 절(寺)이라면 지금은 사라진 금평저수지金坪貯水池에 있었던 오기초지는 지천태地天泰의 논(畓)으로서 금산사 불양답佛糧畓에 비유할 수 있습니다.

<148> 하루는 모든 종도들에게 일러 가라사대 [이 시대가 너무 악하여 몸 둘 곳이 없으므로 장차 깊이 숨으려 하노니 어느 곳이 합당하리오?] 신원일이 가로대 [변산에 은둔할 곳이 많으니 그곳으로 가사이다]. 선생이 들은체 아니하시니라.
또 가라사대 [**내가 금산사로 들어가서 불양답이나 차지하리라**]. 또 가라사대 [내가 금산사로 들어가리니, 나를 보고싶거든 금산사로 찾아오라]. 『동곡비서(銅谷秘書)』

경석의 집에서 종도들에게 말씀하시기를 세상인심이 너무 험악하여 몸둘 곳이 없음으로 깊이깊이 피하고저 하노니 어데가 합당하냐 하시니 채사윤이가 내장사(內長寺)로 가사이다 하니 그래 내장사를 가자 하시고 또 신원일이가 부안 변산에 내수사(內修寺)로 가사이다 하니 그 내수사(內修寺)도 좋다 하신 후 **나는 금산사에 가서 불양답(佛糧畓)이나 지키리라** 하시며 나를 보고 싶거든 미륵불을 보라 하시니라.

『용화전경(龍華典經) 제 4 장 둔급미륵불(遁及彌勒佛)』

기유(己酉)년 어느날 종도들에게 가라사대, "**금산(金山) 미륵(彌勒)은 육장(六丈)이나 나는 육장 반(半)이니라.**" 하시더라.

『천지개벽경(天地開闢經) 6장 7절』

증산법종교는 상제님을 신앙하는 여러 교단 중에서도 매우 독특한 신앙 형태를 보입니다. 불상을 모신 삼청전에서 매번 사시법수(四時法水, 청수)를 올릴 때마다 '**나무아미타불**' 염불하며 목탁을 치는 의식을 거행하는데, 그 기저에 유·불·선의 법이 하나로 융합되어 있기 때문입니다. 그 구조를 살펴보면 다음과 같습니다.

유법(儒法) - 영대(靈臺): 유교의 가묘家廟 및 범절에 따라 상제님 내외분의 체백(體魄, 유해)을 봉분 아래에 정중히 봉안하였습니다.

불법(佛法) - 삼청전(三淸殿): 불교의 형식을 빌려 미륵삼존불을 봉안하였으며, 의례 시 목탁을 사용하여 미륵불의 재림을 상징적으로 드러냅니다.

선법(仙法) - 천하전(天夏殿): 선의 조화법에 따라 구궁정자형九宮井字形의 집을 짓고, 그 중앙에 밤나무로 깎아 만든 상제님(己位)의 영상靈像을 모셔 선仙의 기운을 담아냈습니다.

이처럼 증산법종교는 유儒·불佛·선仙이 합쳐진 입체적인 도장道場으로서, 70년이 넘는 세월 동안 부처님 전에 아침저녁 공양을 빠짐없이 올리며 한결같은 정성을 다해온 교단이라는 점에서 그 유례를 찾아보기 어렵습니다.

'彌則合萬爲一미즉합만위일' 하는 천리天理에 따라 기존의 조계종 금산사에 모셔진 선천미륵불(萬)과 새 부처이신 후천미륵불(一)을 모신 법종교는 껍질과 알맹이라는 선후천의 법맥法脈으로 서로 연결되어 있습니다.

즉 조계종 금산사가 겉 금산이라면 법종교는 속 금산인 것입니다.

결국 증산법종교야말로 실제 속 도수로 보신 금산사金山寺라는 말이 되니 절에서 목탁을 치는 것이 당연하지 않습니까?

고수부님께서 **"구성(丘聖) 속에 수양산(修養山)이 결실(結實)하였도다. 후천(後天) 오만년(五萬年) 운수(運數)의 본원지(本源地)가 이곳이라. 속설(俗說)에 수양산(修養山) 그늘이 강동(江東) 팔십리(八十里)라는 말이 이곳을 두고 나온 말이니, 잘 기억(記憶)하여 두라"** 하셨던 이유도 여기에 있었습니다.

> 어느날 종도들에게 가라사대 "일후에 때가 되면 천하만국의 제왕신과 이십사장은 금산사를 옹위하고 이십팔장은 용화기지를 옹위하며 삼만의 철기신장은 원평장상 대기지를 옹위하리라." 하시고, 이어서 가라사대 "옛 말에 이르기를 **'수양산 그늘이 강동 팔십리 간다.'고 하는 말과 같이, 금산사를 중심으로 한 용화도장은 장광(長廣)이 팔십리니라."**
> 『천지개벽경(天地開闢經) 1장 12절』

게다가 **"금산사를 중심으로 한 용화도장은 장광(長廣)이 팔십리니라."**는 말씀을 **"수양산 그늘이 강동 팔십리 간다."**는 말씀과 결부시키면 여기서 상제님의 의중에 계신 금산사金山寺가 곧 수양산 자락에 위치한 증산법종교를 말하는 것임을 단박에 알 수 있습니다.

"내가 금산사로 들어가리니 나를 보고 싶거든 금산 미륵불을 보라. 금산사 미륵불은 육장(六丈)이나 나는 육장 반으로 오리라."는 말씀에서 **'금산 미륵은 육장(六丈)'**이라는 말씀은 손에 여의주를 든 부처님을 모신 조계종 금산사에 대한 내용이고 **'나는 육장 반으로 오리라.'**는 구절은 여의주를 입에 물고 새 부처로 오신다는 신금산에 대한 말씀임을 알 수 있습니다.

그러므로 **"나는 금산사에 가서 불양답(佛糧畓)이나 차지하리라."** 하신 것은 글자 그대로 조계종 금산사로 들어가신다는 말씀이 아니라 육기초인 신금산(寺)으로 들어가시어 그 절(寺)에 딸린 속 깊은 칠현무(畓,立地之道) 자리에 계시겠다는 의미입니다.

그래서 고수부님께서도 강진용의 논 아홉 두락에 **'금산사 불양답(金山寺佛糧畓)'**이라 쓴 푯말을 세우시고 미륵불을 맞이하는 공사를 보셨던 것입니다.

사실 이 공사 이전, 많은 사람들이 지켜보는 가운데 금산사 미륵전 법당 안에서 요강에 오줌을 누시어 근목에게 그 요강을 주시며 **"저 미륵에게 끼얹어라. 헛것이니**

라."하시고 "**금산사는 미륵의 껍질이니 너희들은 금산사 미륵 앞에 가지도 말지니라.**" 하시며 아예 선을 그어 조계종 금산사에 대한 **사망선고**를 내리셨습니다.

따라서 이러한 분명한 공사가 있음에도 불구하고, 상제님께서 들어가신다는 그 금산사를 기존의 금산사로 착각하는 일이 없기를 바랍니다.

무진년 팔월 초파일 도중이 모여 치성을 드릴 새 전각 문 앞에 제단을 설치하라 명하시여 그대로 전각 앞에 설단하고 상제님 천진을 단에다 모신 후 천공품과(제수) 향촉을 진설하라 하시거늘 그대로 하고 고하니 고후비님께서 나오시어 녹사로 하여금 **금산사 불양답이라 패에다 쓰라 하시어 그 팻말을 강진용의 논 아홉 마지기에다 세우게 하시고** 고민환에게 중의 가사와 장삼을 구해다 입히시고 단 앞에 세우시더니 불서인 천수경을 주시며 읽게 하시고 또한 칠성경을 읽으라 하시면서 가라사대 **이 공사는 선천의 주불인 석가모니의 운수가 이미 다 되었으니 후천 용화세계 주세불이신 미륵불을 봉영하여 드리는 법을 베푸는 바니라** 하시며 도인들로 하여금 다음과 같이 읽으라 하시더라 천갱생 지갱생 인갱생 미륵갱생이라 삼창하게 하시고 또 지극히 심고 기원하라 하신 후에 상제님 천진을 전각으로 봉안하라 명하신 후 도중들에게 가라사대 미륵불 공양에 너희들의 수고가 많았느니라 칭찬하시더라
『선도신정경(仙道神政經) 3장 90절』

상제님께서는 "**내가 장차 열석 자로 다시 오리라.**"고 하신 대로, 재생신再生身으로 다시 오시더라도 이 금산사(법종교)를 얻기가 심히 어렵다고 말씀하셨습니다.

더불어 지금의 조계종 금산사는 "**때가 되면 사무실(事務室) 자리로나 쓰면 마땅할 것이라.**"고 하시며, 그 역할과 위상을 명확히 구분해 주셨습니다.

하루는 제자가 모셨더니 말씀하시기를, 시속 말에 이제 보니 수원 나그네라 하나니, 이는 누군지 모르고 만나다가 다시 보니 낯이 익은 아는 사람이라는 말이라. 그러니 **너희들은 내 얼굴을 잘 익혀 내가 돌아오기를 기다리라.**
『대개벽경(大開闢經) 9편 기유년 공사기 9장』

어느날 종도들에게 가라사대 "**참으로 어렵구나. 내 금산사(金山寺)를 도득(圖得)하기가 천하를 얻기보다 더 어렵다.**"하시고 이어서 가라사대 "**시지(時至)하며는 금산사 칠 칸(間) 법당(法堂) 자리는 사무실(事務室) 자리로나 쓰면 마땅할 것이니라.**" 하시더라. 『천지개벽경(天地開闢經) 1장 29절』

도일이 병이 나은 뒤에 요통이 다시 풀리지 아니하여 지팡이를 짚고 와 뵈이니 천사 가라사대 병 나은 뒤에도 오히려 지팡이를 짚고 다님은 웬일이뇨 도일이 대하여 가로대

요통이 곧 나으니라 다시 도일을 명하여 가라사대 서쪽 하늘에 붉은 구름이 떠 있는가 보라 하시니 도일이 나가보고 아뢰어 가로대 붉은 구름이 떠 있나이다 가라사대 **금산을 얻기가 어렵도다** 하시니라
『대순전경(大巡典經) 8장 18절』

형열(亨烈)을 불러 너는 알면 금산사(金山寺)를 죽어도 지키겠느냐 형열(亨烈)이 대답(對答)하되 지키겠습니다. 또 물으시되 지키겠느냐 형열(亨烈)이 대답(對答)하되 지키겠습니다 또 물으시되 지키겠느냐 형열(亨烈)이 대답하되 지켜서 될 것 같으면 죽어도 지키겠습니다 가라사대 너 아니라도 그렇다면 너 뿐일까 하시기로 형열(亨烈)이 꿇어앉아 꼭 지켜야 하겠습니까 - 그 말은 들은 체도 아니하시고 **금산사(金山寺) 얻기가 그렇게 어려워** 하시고 나의 일은 불지형체(佛之形體) 선이포태(仙而胞胎) 유지범절(儒之凡節)이라야 옳게 가느니라
『속수전경(續修典經)』

3. 성골 수난사

그렇다면 이제 흙 속에 깊이 내려져 자리한 뿌리의 내력을 좀 더 자세히 살펴보겠습니다. 다음은 현재 대순진리회에서 '옥황상제'로 모시고 있는 조철제 도주에 관해 기록된 내용들입니다.

1909년 상제님께서 화천化天하신 후, 상제님의 체백體魄은 김형렬 종도의 집 뒤, 모시밭을 지나 대밭 끝에 임시로 초빈草殯하여 모셔졌습니다.

그렇게 두 달여가 지난 어느 날이었습니다.

수부님께서 저녁에 주문을 읽으실 때 신안神眼이 열려 상제님의 모습을 뵙고 화천化天 사실에 깊은 의혹을 품게 되었습니다. 이에 수부님은 홀로 상제님의 성체聖體가 모셔진 구릿골(銅谷)로 찾아가 사별死別하는 통과의례를 거치게 되셨습니다.

30. 구월초(九月初) 어느날 저녁에 천후(天后) 주문(呪文)을 읽으시더니, 광명(光明) 속에 문득 대흥리(大興里)로부터 구릿골까지 가는 길이 나타나며, 구릿골 뒷산(山)에 초빈(草殯)이 보이고 초빈(草殯) 나래 두 모습에 시추(尸醜)물 묻은 것까지 보이므로 크게 의혹(疑惑)하시더니, 그 이튿날 저녁에 문득 천사(天師)께서 들어오시어 일러 가라사대 **'내가 죽었는데 네가 어찌 나의 묻힌 곳을 찾아보지 않느냐'** 하시거늘, 천후(天后) 대(對)하여 가로대 '어찌 상서(祥瑞)롭지 못한 말씀으로 희롱(戲弄)하시나이까'. 가라사대 '내가 참으로 죽었노라' 하시고 손으로 천후(天后)의 등을 어루만지시고 손을 잡으시며 이별가(離別歌) 한 곡조(曲調)를 크게 부르신 뒤에 일어나서 문(門) 밖으로 나가시

며 문득 보이지 아니하신지라. 천후(天后) 크게 의혹(疑惑)하사 윤경(輪京)을 안내성(安乃成)의 집에 보내어 경석(京石)을 불러오사, 천사(天師)의 종적(踪跡)을 물으시고 찾아가자 하시니 경석(京石)이 가로대 '천사(天師)께서 며칠 전에 남경(南京)으로부터 구릿골로 돌아오사 큰 공사(公事)를 보시는데, 다만 한 사람만 출입(出入)하며 수종(隨從)들게 하고 다른 사람은 누구든지 출입(出入)을 금(禁)하시니, 그러므로 가 뵈옵지 못하나이다' 하는지라. 천후(天后) 할 일 없어 고민(苦悶)으로 밤을 새우고, 이튿날 새벽에 분(粉) 한 갑(匣)과, 독약(毒藥) 한 봉(封)과, 이왕(已往)에 천사(天師)께서 주신 흰바둑 한 개(個)와, 진주(眞珠) 한 개(個)와, 총전(總錢) 칠분(七分)과, 적은 백로지(白鷺紙)쪽 마른 것을 담은 엽낭(葉囊)을 가지고 새벽빛을 타서 아무도 알지 못하게 사립문을 나서시니, 적막(寂寞)한 천지(天地)에 어스럼이 남았고 북(北)으로 터진 빈 들에 찬기운만 돌뿐이라. 삼십평생(三十平生) 첫 출입(出入)에 구릿골이 어데인지 방향(方向)을 알 바 없고, 오직 전날 밤 광명(光明) 속에 나타났던 큰 길로 초빈(草殯)한 곳을 바라보고 가시니, 걸음이 빨라져서 팔십리(八十里)를 한나절에 당도(當到) 하시니라.

31. 경석(京石)은 천후(天后)께서 계시지 아니함을 알고 놀래어 이웃집에 물어도 아는 자(者)가 없고, 뒷 들에서 새벽일 하는 농부(農夫)가 말하되 '이른 새벽에 천후(天后)께서 정읍통로(井邑通路)로 급(急)히 가는 것을 보았노라' 하거늘, 경석(京石)이 아우 윤칠(輪七)과 함께 급(急)히 뒤를 좇아 태인(泰仁) 도창(道昌)고개 밑에 이르러 천후(天后)를 만나게 된지라. 드디어 천후(天后)의 몸을 수색(搜索)하여 독약(毒藥)을 빼앗고, 이에 여쭈어 가로대 '누님이 어찌하여 이런 일을 행하시나이까? 천사(天師)님이 지금 중대(重大)한 공사(公事)를 보시는 중(中)인데, 부르시는 명령(命令)이 없이는 절대로 오지 말라고 기별(寄別)하셨으므로, 아우도 이제까지 가뵈옵지 못하고 부르시는 명령(命令)이 속히 있기만 고대(苦待)하는 중이거늘, 이제 졸연(猝然)히 가뵈오면 누님은 고사(姑捨)하고 아우에게도 큰 꾸지람이 있으리니, 어떻게 감당(堪當)하시려 하나이까? 바라건대 이길로 돌아가서 일간(日間)에 명령(命令)이 있기를 기다리사이다' 하며 집으로 돌아가기를 간청(懇請)하되, 천후(天后) 굳이 듣지 아니 하시고, 걸음만 계속(繼續)하시니 경석(京石) 형제(兄弟)도 할 수 없이 뒤를 따르니라.

32. 원평(院坪)에 이르사 윤칠(輪七)에게 명하여 약간(若干)의 주과포(酒菓脯)를 준비(準備)하여 들리고, 길을 버리고 논두둑과 밭두둑으로 걸어서 솔개봉(峯) 위 장탯날에 올라 초빈(草殯) 앞에 당도(當到)하사, 윤칠(輪七)에게 나래를 헤치라고 명하시니 경석(京石)이 가로대 '남의 초빈(草殯)을 헤치다가 초빈(草殯) 임자가 바라보고 달려와서 힐란(詰難)하면 어찌하려나이까? 바라건대 속히 돌아가사이다' 하며 굳이 간(諫)하되 천후(天后) 들은 체도 아니하시고 몸소 헤치기 시작(始作)하시거늘, 경석(京石)이 할수없어 윤칠(輪七)을 명하여 초빈(草殯)을 헤치고 널 천개(天蓋)를 떼니, 천사(天師)의 용모

(容貌)는 아직 상(傷)하지 아니하신지라. 천후(天后) 가지고 왔던 진주(眞珠)를 입술 안에 넣고, 한삼(汗衫)을 가슴에 덮고, **그 위에 백로지(白鷺紙)쪽(옥황상제{玉皇上帝}라 썼음)을 덮고**, 천개(天蓋)를 다시 덮은 뒤에 준비하여 온 주과포(酒菓脯)로 전을 올리고, 초빈(草殯)을 다시 봉(封)하시니라. 김형렬(金亨烈)이 바라보고 종도(從徒) 십여인(十餘人)과 함께 나와서 천후(天后)를 맞아 들어가니라. 천후(天后) 형렬(亨烈)의 집에서 이틀동안 쉬시고, 경석(京石)과 윤칠(輪七)과 함께 고부(古阜) 와룡(臥龍) 신경수(申京洙)의 집에 이르시니, 마침 시아버지께서 오셨거늘, 인(因)하여 수일(數日)동안 머무르시다가 대흥리(大興里)로 돌아오시니라.
『고부인신정기(高夫人神政記) 제일장(第一章) 봉사시대(奉事時代)』

이후 대밭에 초빈草殯했던 체백은 형렬의 집 뒤안 감나무 밑으로 옮겨 모셔졌습니다. 그리고 3년이 지난 1912년, 약방 뒷산 왼편에 위치한 장태산 자락의 '장탯날'에 장사葬事지내게 됩니다.(道典 10:104) 그러다가 9년 후인 신유(辛酉 : 1921)년 삼월 삼짇날, 일명《상제님 성체聖體 도굴사건》이라 불리는 아주 엄청난 일이 벌어지게 됩니다.

1 신유(辛酉 : 道紀 51, 1921)년 삼월 삼짇날에 이르러 조철제가 '상제님의 성골(聖骨)을 모시고 수도하면 큰 기운이 붙어 도통하고 교단이 크게 번창한다.'는 소문에 현혹되어
2 그의 심복 권태로(權泰魯), 손진방(孫進邦) 등 장정 여덟 사람을 시켜 밤을 타서 구릿골 장탯날에 모신 상제님 성골을 도굴하니라.
3 이 때 형렬은 서울에 가고 그 아내 김호연이 딸을 출산한 지 갓 사흘이 되어 사랑방에 누워 있는데
4 고요한 밤에 갑자기 비가 쏟아지고 번갯불이 방안으로 들어오며 몸을 휘감는지라
5 호연이 놀라 일어나 정신을 차리니 **"내 몸을 도둑질해 가고 있는데 뭣들 하고 자빠졌느냐!"** 하는 상제님 성령의 불호령이 떨어지거늘
6 방문을 열고 형렬의 큰아들 찬문을 불러 이르기를 "불칼이 방안으로 들어와 대니 어쩐 일인지 선생님의 묘소에 좀 가 보고 오소." 하므로
7 찬문이 서둘러 장탯날에 가 보니 과연 묘소가 다 파헤쳐져 있고 도굴범들은 횃불을 들고 멀리 도망하는 중이라 쫓기를 포기하고 집으로 돌아오니라.
8 이 때 서울에 있는 형렬에게도 **"내 몸이 이렇게 흔들리는데 너희들은 잠만 자고 있느냐!"** 하시는 상제님의 호령이 들리거늘
9 형렬이 즉시 김덕찬(金德燦)과 몇 명을 데리고 출발하여 이튿날 동이 틀 무렵에 집에 당도하니라.
10 형렬이 대문에 들어서며 다급한 목소리로 "어젯저녁에 무슨 일이 있었느냐?" 하고 물으니

11 호연이 간밤에 있었던 일을 말하매 형렬이 곧장 묘소로 달려가 구덩이를 보더니 **"이는 조철제의 짓이라."** 하니라. (道典 10:138)

이때 상황을 『道典』에서는 김호연이 딸을 출산한 지 갓 사흘이 되어 사랑방에 누워 있는데 **"내 몸을 도둑질해 가고 있는데 뭣들 하고 자빠졌느냐!"** 하는 상제님의 불호령이 떨어지자 **"불칼이 방안으로 들어와 대니 어쩐 일인지 선생님의 묘소에 좀 가보고 오소."** 하므로 찬문씨가 서둘러 장탯날에 가 보니 과연 묘소가 다 파헤쳐져 있어 도굴범들 쫓기를 포기하고 집으로 돌아오게 되었다고 기록하고 있습니다.

한편, 김형렬 종도는 삼짇날 한밤중에 서울에서 갑작스레 상제님의 계시를 받고 묘소에 변고가 생겼음을 직감했습니다. 이에 즉시 서울을 출발하여 다음 날 새벽 구릿골로 돌아왔으며, 곧바로 이 사건을 김제 경찰서에 고발했으나 경찰서에서는 소극적인 수사만을 진행하게 됩니다.

당시 무극도無極道의 기틀을 마련하고 있던 정산 조철제는 상제님의 체백을 자신의 본거지였던 통사동 영모재(정읍시 감곡면)로 옮겨 오게 됩니다.

1 김형렬이 조철제의 성골 도굴 만행을 김제 경찰서에 고발하니
2 경찰은 전라북도 각 경찰서에 통지하여 수사를 진행하되 이 사건을 계기로 증산계(甑山系) 교단이 와해되기를 바라며 소극적으로 수사를 진행할 뿐이더라.
3 한편 철제는 기미년 여름에 대흥리 도장에서 훔쳐 온 궤(櫃)를 숨겨 두고 상제님의 친동생 선돌부인을 이용하여 '상제님의 의자(義子)로 유명(遺命)을 얻어 교통(敎統)을 받았다.'며 교단 창립을 꾀하더니
4 이어 **성골을 도굴하여 통사동 영모재 골방에 감춰 두고** '모월 모일에 상제님의 뼈에 살이 붙어 나와 상제님이 다시 출세하신다.'고 하며 신도들의 금전을 갈취하니라.
5 그러나 약속한 날이 되어도 상제님께서 오시지 않으매 다시 상제님 성탄절인 9월 19일로 연기하였으나 역시 허사가 되니라.(道典 10:139)

1 조철제의 허무맹랑한 만행을 탐지한 문공신은 김정우(金定雨)로 하여금 철제를 거짓 추종하여 신임을 받게 하면서 사태의 추이를 지켜보니라.
2 하루는 철제를 따르던 경상도 사람 둘이 공신에게 와서 공부를 청하매 공신이 흔쾌히 받아들여 공부를 시키거늘
3 그중 한 명이 느닷없이 피를 쏟더니 혼수상태에 이른지라 공신이 정신을 차리게 하고 그 연유를 물으니 거짓으로 남의 집에서 돈을 가져와 신벌을 받은 것이더라.
4 공신이 그들을 다시 돌려보내니 그들이 그 동안 베풀어 준 공신의 은혜에 감복하여 아쉬움을 남기고 다시 조철제에게 돌아가니라.
5 임술(壬戌 : 道紀 52, 1922)년 정월 23일에 그 두 사람이 다시 공신을 찾아와 "조철제

가 상제님의 성골을 도굴하여 영모재에 숨겨 두었는데 내일 새벽에 북간도로 모셔 간다." 하거늘
6 일찍이 공신이 고부경찰서에 갇혀 있을 때 '공신아, 내 몸이 조선을 떠나면 안 되느니라.' 하신 상제님 말씀이 불현듯 되살아나는지라
7 법적 절차를 밟아 성체를 모셔오려고 하니, 공신의 제자 양주선, 민영두, 박노규, 이기선 등이 서둘러 영모재를 습격하자고 강력히 주장하매
8 20여 명을 거느리고 석 자가 넘는 각목을 챙겨 통사동으로 찾아가니라.
9 영모재에 도착하여 문지기 넷을 때려눕히고 방으로 들어가니 조철제는 이미 도망하고 피우던 담뱃불이 채 꺼지지 않았거늘
10 **공신이 이중벽 속에 숨겨 둔 성골을 찾아** 집으로 모시고 와 보니 뜻하지 않게 현금 만여 원이 들어 있더라.
11 공신이 현금은 경찰서에 가져다 주고 찾아온 **성골을 천장 위에 은밀히 모시다가 운산리 신경수의 집으로 옮겨 용마루 속에 모시거늘**
12 이 과정에서 성골 가운데 왼팔 뼈가 없음을 확인한 공신이 정우 등으로 하여금 다시 철제를 추격하게 하여 서대전역에서 그 일행을 붙잡으니
13 철제가 왼팔 뼈를 심복 김윤진에게 주어 도망치게 하매 정우 등은 철제가 가진 현금을 빼앗으니라.
14 이에 철제가 대전 경찰서에 정우 일행을 강도로 고소하매 경찰이 철제와 정우 일행을 취조하니 성골 도굴 사실이 모두 드러나는지라
15 공신과 장남 광옥(光玉)을 비롯한 정우와 철제 등 20여 명이 검거되어 공신은 7년 징역에 처해지고 철제는 되찾은 돈으로 뇌물을 주어 곧 풀려나니라.
16 이 때 수산도 독립 자금 후원의 죄로 공신과 함께 대전 형무소에서 7년을 복역하니라.(道典 10:140)

이상에서와 같이, 상제님의 체백體魄은 정읍 통사동 영모재의 골방에서 문공신 종도의 집 천장 위에 은밀히 모셔졌다가, 이후 신경수 종도의 집으로 옮겨져 용마루 속에 모셔지는 등 여러 번의 우여곡절을 겪었습니다.

결국 체백은 정읍 경찰서에 보관되는 상황까지 이르렀고 이후 보천교普天教로 인도되자 보천교는 진등 마을에 빈소殯所를 마련하여 안치하고 묘각墓閣을 세워 모시게 됩니다.

1 3월에 이르러 **성골이 정읍 경찰서에 보관되어 있다**는 소식을 들은 성모 권씨께서 대로하시어
2 경찰서에 가서 "내 아들 유골을 내놓으라." 하며 고함을 치시니 일본 순사들이 성모님의 범상치 않은 행동에 두려워 모두 자리를 피하니라.

3 계해(癸亥 : 道紀 53, 1923)년 삼월삼짇날 경찰에서는 성모님의 강력한 요구에도 불구하고 성골을 보천교(普天教)로 인도하니
4 **보천교에서는 정읍군 입암면 신면리(新綿里) 진등 마을에 빈소(殯所)를 마련하여 안치**하고 묘각(墓閣)을 세워 모시니라.
5 이에 **철제가 다시 100여 명을 동원하여 진등 마을 빈소에 모셔 둔 성골을 도굴해 가거늘**
6 **보천교에서 200여 명이 도굴범들을 추격하여 태인과 정읍 중간 지점에서 다시 되찾아 오니라.**
7 정묘(丁卯 : 道紀 57, 1927)년 가을에 철제가 상제님의 친딸 이순(二順)을 앞세워 보천교를 상대로 성골 인도 청구 소송을 제기하니
8 **경석이 패소(敗訴)와 성골 도굴을 우려하여 차윤경(車輪京), 김정곤(金正坤) 등으로 하여금 대흥리 비룡산 중턱에 성골을 평장(平葬)하게 하고** 빈소에는 김정곤의 머슴 뼈를 대신 묻어 두니라 (道典 10:141)

1 무진(戊辰 : 道紀 58, 1928)년 정월 초사흗날에 경석이 이씨 부인의 허령 체험에 현혹되어 신로(信路)를 변경하더니
2 차천자(車天子)를 참칭(僭稱)하며 '상제님의 체백(體魄)을 없애리라.' 하고
3 **윤경으로 하여금 비룡산에 암장한 옥골을 파 오게 하니 윤경이 다른 유골을 갖다 주니라.**
4 조종리 도장 성도들은 경석이 상제님의 성골을 가지고 불측한 짓을 한다는 소문을 듣고 크게 분개하여
5 보천교와 투쟁할 각오를 하고 성골을 모셔 오고자 상여(喪輿)를 만들어 출발하려 하니
6 태모님께서 만류하여 말씀하시기를 **"그만들 두어라. 누구의 뼈다귀인지 아느냐."** 하시므로 할 수 없이 그만두니라.
7 그 뒤 **또 다시 철제가 진등 마을 빈소에 묻어 둔 머슴의 뼈를 상제님의 성골로 알고 도굴해 가거늘**
8 천지가 경악할 철제의 불의와 패륜적인 만행으로 우주의 주재자이신 상제님의 성골이 온갖 수난을 당하더니 마침내 그 행방을 알 수 없게 되니라.(道典 10:142)

진등 마을에 모셔져 있던 상제님의 체백과 관련하여, 조철제는 상제님의 친혈육이신 어린 선사님을 앞세워 보천교를 상대로 성골 인도 청구 소송을 제기했습니다.

이에 차경석은 패소敗訴와 성골 도굴을 염려하여 차윤경, 김정곤 등에게 지시하여 성골을 대흥리 비룡산 중턱에 평장平葬하게 하고 빈소에는 김정곤의 머슴 뼈를 대신 묻어 두게 합니다.

이후 신로 변경을 하면서 체백을 없애고자 윤경으로 하여금 비룡산에 암장한 옥골을 파 오게 했으나, 윤경이 다른 유골을 갖다 주게 됩니다.

물론 이를 고수부님께서는 신도神道로 미리 알고 계셨습니다.

한편 『道典』에 나오는 **'철제가 상제님의 친딸 이순(二順)을 앞세워 보천교를 상대로 성골 인도 청구 소송을 제기하니'**라는 내용과 차경석이 패소敗訴를 우려했던 구체적인 이유는 법종교의 『화은당실기(華恩堂實記)』에 좀 더 자세히 기록되어 있습니다.

정씨대모 별세하신 그때부터 이름 모를 악질이 퍼져 세상이 암암하고 인심이 흉흉한데도 선사께서는 어머님의 영위도 불구하고 조철제의 집을 떠나 기약없는 나그네길을 방황하시게 되었으니, 그렇게 하지 아니하면 아니 되었던 사정은 다음과 같다.

성부의 후계사를 가로채고저 하는 양가 모녀의 흉계가 자자했다 함은 위에 기술한 바와 같거니와, 선사께서 그의 흉계에 걸려 양가의 집에서 억류생활을 할 때에 그들은 선사를 키워 맞며느리로 삼으면 증산선생과 혈연관계를 맺게 됨으로 교중 각파 사이에 기세를 높일 수 있으며 또한 물질도 모을 수 있다고 생각하여 선사를 억류했던 것으로, 조철제가 선사모녀를 뫼시게 되어 선사께서 양가의 집을 벗어나게 되자 조씨는 양가에서 적지않은 금품을 증여했을 뿐 아니라 장가까지 보내주었던 것인데 양가 어미는 그것을 기화로 가끔 조씨를 찾아와 행패를 부리게 되었고, 그럴 때마다 조씨는 돈을 주고 또 장가를 두 번이나 보내주는 등 손을 끊게 하기에 많은 고초를 겪었던 것이다.

그러는 동안 조철제와 차경석 사이에 소송사건이 발생하게 되었으니, 그것은 성부의 체백을 모시는 자가 장차 재림시에 법통을 이을 수 있다는 그릇된 신앙으로 말미암아 교주들 가운데에는 체백을 서로 모실려는 움직임이 있었는데, 그 당시 조철제가 모시고 있던 체백을 차경석에게 빼앗겼음으로 양 교주간에 재판이 벌어지게 되었던 것이다. 그러나 어떤 재산상의 이해관계가 있어서 다투는 것도 아닌 소송사건에 **사직당국에서는 체백과의 친소 관계를 따질 수 밖에 없어 성부의 유가족의 유무를 거론하게 되자, 흉악한 양가모녀는 조철제에게 적자는 없고 딸이 하나 있으니 사위가 나서면 재판은 문제 없이 승소할 수 있다는 의견을 제시하였고, 이 의견을 받아들인 조철제는 선사와 양가가 서로 결혼한 것처럼 호적을 위조함에 이르렀다.**

사세가 이에 이르름에 선사의 가슴이 막히고 초조하기 짝이 없을 뿐 아니라 이렇게 매여 살다가는 후계사는 고사하고 성부님의 도법을 빙자하여 혹세무민을 일삼는 무리들에게 이용만 당할 것이라는 생각이 들어 주위의 모든 인연을 끊고 새로운 설계를 꾸미는 것이 마땅하다고 결심하고, 천갈래 만갈래로 찢어지고 흩어지는 마음을 가다듬어 죽음을 각오하고 어머님의 영위도 돌보지 못한채 강산을 집 삼아 떠도는 길을 떠나지 않을 수 없게 되었더니라.
『화은당 실기』

사직당국에서는 체백과의 친소 관계를 따질 수밖에 없었으므로 당연히 상제님 유가족의 문제를 거론했습니다. 이에 조철제는 선사님과 양가가 서로 혼인한 것처럼 호적을 위조하기까지 했다는 전말이 상세히 기록되어 있습니다.

그러면서 『道典』에서는 '**상제님의 성골이 온갖 수난을 당하더니 마침내 그 행방을 알 수 없게 되니라.**'로 결론을 짓고 있어, 체백의 행방에 대한 더 이상의 추적이나 노력의 흔적이 보이지 않는다는 점에서 아쉬움과 함께 다소 무성의한 느낌을 지울 수 없습니다.

대개 일개 범부凡夫의 유해를 찾는 데도 가족들이 온갖 노력을 기울이는 것이 세상의 인지상정인데, 하물며 우주의 주재자이신 상제님 체백의 행방에 대한 더 이상의 기록이 보이지 않음을 우리는 어떻게 해석해야 할까요?

물론 각 교단마다 저마다의 속사정이 있었겠으나, 『道典』에서의 상제님 체백의 행방은 끝내 찾을 수 없는 채 이야기가 끝이 납니다.

그러나 천만다행으로, 상제님 체백이 최종적으로 봉안되기까지의 마지막 기록이 『화은당실기』에 자세히 기록되어 있습니다.

이 책에는 비룡산에 암장했던 상제님 체백을 차윤경 종도가 직접 파내 따로 은닉시키고 다른 유골을 갖다 주었던 일의 전후 과정이 상세히 나와 있습니다. 이제 그 내용을 『화은당실기』 원문을 통해 직접 확인해 보도록 하겠습니다.

천기 77년(1947, 丁亥) 또 **성모님께서 하명하시되 "무자년 이월 십일에 정읍 차교주의 집에 가 사실을 물어서 너의 아버님 체백을 찾아서 모셔 오기에 힘쓰라"고 하시니라** 즉각 명령을 받들기 위하여 발정을 하니, 그 당시는 좌우익 관계로 사람들의 출입이 곤란한 때였으므로 김제경찰서에 들려 선사와 정사를 비롯한 일행 여섯 사람의 여행증명을 얻어서 가지고 가니라.

정읍에 도착하여 선사님과 식모를 차교주의 집에 보내어 하룻밤을 경과하면서 모든 동정을 살핀 다음 이튿날 여관에서 만나기로 하고 박창욱 강수원 오갑출을 데리고 정사는 여관에 머물면서 그날 밤으로 창욱을 데리고 일제시대에 보천교 내에 파견되어 차씨 교중사를 전담하여 살핀 바 있던 전 고등계 형사 강(姜)부장(강제영)을 찾아가 인사를 하고 찾아온 연유를 말하고 협조해 줄 것을 요청하니 그는 실정을 토로하면서 옥체를 찾는 일은 중지하는 것이 좋을 것이라고 하는지라.
그 실정인즉 차월곡이 도중에 자기의 부친으로 신앙대상을 바꾸게 되면서 어느날 밤에 그의 동생인 차윤경(車潤京)과 그밖에 두어 사람(김정곤 등)을 불러 그때까지 비장(秘藏)해 두었던 성부의 옥체를 내어 놓으면서, "너희들만 알고 산(비룡산)에 갔다 묻도록 하라."하여 갖다 묻은 뒤 일제에 의하여 교가 해산되어 십여 성상이 지낸 뒤에사 월곡의 셋째 아우(윤칠)가 옥체를 찾을 목적으로 그 자리에 과목을 심으면서 땅을 일일이 뒤지다 싶이 하였으나 찾지 못하였으며 자기(고등계 형사 강제영)도 씨족관계도 있고 또한 옥체를 찾아 모신다면 각 교파 간에 대우를 받을 것 같아서 청수(淸水)를 떠놓고 빌어가면서 삼·사년 동안이나 두루 살펴보았으나 찾지 못하였은즉 아무래도 그들(차씨 일족)이 평장한 채 돌보지 않은 동안에 산사태가 나서 흩어져버린 모양 같으니 단념하고 돌아가는 것이 좋으리라고 하기에 여관으로 돌아와서 막막히 앉았자니 차씨 편의 수작인가는 몰라도 경찰 치안대가 와서 일동의 거주지를 묻기에 금산(金山)에서 왔노라고 대답하니 금산은 빨갱이의 구뎅이라고 하면서 이것 저것 따져서 묻다가 마침내는 연행할 기세가 보이기에 부득이 서장(김제경찰서장)의 증명서(여행증명)를 보이기에 어물어물 하다가 물러가더라.

잠은 오지않고 벽에 의지하여 눈을 감고 앉았자니 비몽사몽간에 환상이 나타나는데, 지서 앞에 차월곡의 동생들이 있기에 쫓아가 뺨을 쳐올리고 서로 맞붙어 씨름을 하다 보니

월곡의 맏 자부(子婦; 맏아들 차희남(車喜南)의 부인)가 만류하면서 자기 집으로 가자고 하기에 따라가 툇마루에 올라서서 발을 굴르면서 호통을 하는데 뒷산 산비탈에 두건을 쓴 젊은이가 나타나더니 뒷짐을 낀채 삽을 끌고 내려와 정사 앞에 절을 하고, "너무 화를 내지 마세요. 체백만 모셔 가면 되지 않습니까?"고 하더라.

이에 정사 소리를 질러, "이놈들아 어서 속히 모셔오라!"고 호령하니, 그는 정사가 데리고 간 일꾼들을 데리고 산으로 올라가더니 어느 지점에 머물러 한참동안 삽질을 하니 김이 뭉개뭉개 나더라. 이윽고 삽 위에다 마주들고 와서 푸른 보자기에 쌓인 둥그런 덩어리를 앞에 놓더라. 정사 억장이 무너지는 듯한 분이 복받쳐,

"이 죽일 놈들!! 갖다가 버린다 하더래도 이 모양으로까지 할 수가 있느냐!"

고 호령하니 두건을 쓴 젊은이는,

"여보시오, 내가 할 책임은 다 하였으니 나중에 잊지 말고 나를 찾아나 주시오."

하면서 슬프게 흥얼거리며 건들건들 뒷산으로 올라가더라.

깜짝 놀라서 눈을 뜨니 꿈이라. 뜰에 나가 대흥리 앞산(비룡산)을 살펴보니 그 자리가 눈 앞에 선하게 보이는 듯 하더라.

날이 새어 아침에 차씨 집 근처로 나가보니 선사님은 식모를 데리고 나오시는지라. 함께 여관에 돌아와서 상황을 물은 즉 차씨 부인(차희남車喜南의 부인)은,

"우리는 전혀 모르는 일이라." 고 하며 교주(차경석)가 살았을 때 어떻게 하였는지 모른다고만 되풀이함으로,

"(구릿골에서 정읍까지) 밤을 그대로 세우고 왔노라."고 하며 낙루(落淚)하는 지라

윤경(차경석의 동생 차윤경) 노인(1948년 당시 67세)의 집을 방문하여 찾아온 사유를 말하고
"만일 순순히 말을 듣지 않는다면 법적인 수속을 할 수밖에 없노라."고 하였더니,
그는 잔뜩 겁을 내어 놀라면서,
"진정하시오. 혈식께서 오셔서 아버님을 부르고 애통할 때 천사님께서 대답이 없으실 이치가 있을 수 없은 즉 한 십여 일간만 기한을 준다면 그동안 산천에 기도는 늘 해 나왔지만 다시 새로운 마음으로 축원한다면 밤에 현몽(現夢)이라도 계실 듯 하니 그렇게 해주시오."하며 애걸하기로, 한 달을 한하고 찾아보도록 당부하고 칠백 환을 주고 비용에 보태어 쓰도록 한 다음 동곡으로 돌아오니라.
성전(聖殿)에 상을 올리고 다음과 같이 상고(詳考)하니라.
"바람을 스치고 비를 스치는 물결과 같이 세월의 흐름 속에 우리 두 사람의
천신만고는 실로 붓으로 쓰기에는 힘드옵나이다.
그러나 세상 모양은 가소(可笑)롭고 가탄(可歎)하기만 하오니
성부(聖父; 증산상제님)님 옥체는 어느 곳에 계시온지 생각하면 생각할수록 골절(骨節)이 쑤셔오는데 성부님을 신앙한다는 몰지각자(沒知覺者)가 많아 혹은 도취구복(盜取求福)을 일삼고 혹은 증산의 재생(再生)이라 자칭하며 감언이설로 혹세무민을 일삼아 그 행악(行惡)은 이루 헤아릴 수 없으니 생각건대 천인공노(天人共怒)에 절치부심(切齒腐心)이로소이다. 연(然)이나 성부님을 숭상하여 장래 복을 구하는 자 혹은 성부님의 재림을 고대하는 자 수백만을 헤아리건마는 핏줄을 받은 몸으로써 아직도 성부님의 옥체를 찾아 모시지 못한 채 어디엔지 알 길도 없는 풀 덤불 속에 버려둔 채로 있아오니 어찌 차마 하루 밤인들 발을 뻗고 잠들 수 있아오리까. 언제나 옥체를 찾아 모시어 명산대천에 터를 잡아 안장(安葬)하여 일편단심(一片丹心) 사무쳐 지새운 그 동안의 사적(事蹟)을 성부님의 홍대무량(弘大無量)하신 성업(聖業)을 기념하기 위해 세울 삼청루각(三淸樓閣) 한 곳에 기록하고 난다면 죽어도 여한이 없겠사온즉 성부님께옵서 명백히 계시(啓示)하시와 저희의 원을 풀게 하시옵고 또한 성부님을 지극히 믿사옵기에 저희와 더불어 고초를 겪은 형제들의 원을 풀으사 그들의 괴로움을 풀어주시기를 빌고 비옵나이다. 저희로서 취할 바 명백한 명령을 내리시옵소서."

이월 이십사 일에 정읍으로부터 윤경(潤京; 차윤경) 노인의 부인(주판례, 1890~?)이 찾아와서,
"진심으로 발원하여 거듭 기도를 올린 결과 그 당시의 평장(平葬)터(비룡산 평장터)를 찾을 수 있었으니 안심하라."고 하면서 이십 칠일에 가만히 모시고 올 터이니 마중을 나와 달라고 부탁하고 나서, 만일 대흥리 교중(보천교)이나 차씨(車氏) 일문에서 알게 되면 큰 분쟁이 일어나게 될 것이므로 아무도 모르게 모셔와야 될 것이며 자기네 내외(차윤경과 주판례)는 이사를 해야지 그렇지 않으면 큰 일이 나리라고 하여 이사하도록

거처를 주선해 줄 것을 약속하고, 이십 칠일 날 정읍으로 마중을 나가 (상제님의 성골을) 모시고 (구릿골로) 오는 도중 풍우(風雨)가 대작(大作)하더라.
동곡 성전에 모시니 명하시되 **"무자년 삼월 삼일에 봉안식을 행하라"** 하시기에 경찰에 말하여 성전 후편에 묘각을 짓고 또 도적이 들런지도 모를 일이어서 저녁으로 네명씩 번을 짜서 지키니라. 『화은당 실기』

1947년(정해)에 성모님께서 **"무자년 이월 십일에 정읍 차교주의 집에 가 사실을 물어서 너의 아버님 체백을 찾아서 모셔 오기에 힘쓰라"**는 하명下命을 내리셨습니다.

이에 정사는 즉각 명령을 받들어 정읍으로 갔으나 일이 여의치 않았고, 차윤경을 만나 체백을 찾아보도록 간곡히 당부한 후 동곡으로 돌아오게 됩니다.

이후 이십사 일경에 정읍으로부터 차윤경의 부인인 주판례가 찾아와 **"그 당시의 평장(平葬)터(비룡산 평장터)를 찾을 수 있었으니 안심하라."**는 애기를 듣게 됩니다.

또한 이십 칠일에 성골을 모시고 올 것이니 마중 나와 달라는 부탁을 받고, 마침내 상제님의 성골을 모시고 구릿골(동곡)로 돌아오게 되었다는 내용이 기록되어 있습니다.

이상의 내용에서 신유(辛酉 : 1921)년 삼월 삼짇날 상제님 체백을 도굴당한 이후 그 체백을 다시 찾아서 봉안한 무자(戊子 : 1948)년 삼월 삼짇날 까지는 정확히 27년이 걸리게 되었습니다.

을해년 시월 초닷샛날 낮에 부엌에 들어오시더니 소매를 걷지도 않으신 채 팔을 구정물 통에 넣어 고루 저어서 가라앉은 찌꺼기를 건어내 보시며 조왕맞이 여신도 이길수에게 가라사대 밥티 한 알이라도 구정물 속에 들어가지 않도록 조심하라 사람이 먹는 것이란 천지가 아는 것이니라 만약에 밥알을 구정물에 버리면 죄가 크리로다 하시고 또 그 길로 나뭇간으로 가시어 땔나무를 돌아보신 후에 나무를 아껴서 때라 당부하시더라 하니라. 이날 오후에 이르시기를 너희들은 집이나 잘 지키고 있도록 하라 부탁하시고 또 이르시기를 내가 너희 아버지에게 속히 가야 너희들이 잘 될것이니라. 또 여신도 백윤화에게 가라사대 **이십칠년만에 근본을 찾았다** 하시더라.
『선도신정경(仙道神政經) 5장 31절』

진리의 등불을 잃어버리고 난법의 어둠속에서 헤메다가 다시 **"27년 만에 근본을 찾았다."**하신 고수부님 말씀처럼 정확히 27년만에 상제님 체백을 친자종단親子宗團인 증산법종교의 지금은 사라진 금평저수지金坪貯水池에 있었던 오기초지 동곡 성전에 봉안하는 기적과 같은 일이 일어나게 되었습니다.

이는 종통宗統의 상징인 상제님의 체백體魄이 도굴되었다가 다시 봉안된 전후 시점이, 27년 만에 근본을 찾았다는 말씀에 단 하루의 오차도 없이 부절符節처럼 정확히 일치한다는 것을 의미합니다.

천지공사의 안배가 단 하루의 오차도 없이 정확히 이루어진 것은 참으로 경이로운 일입니다. 사람의 인위적인 개입이 배제된 신도의 명命으로 이행되었다는 것은 무위이화無爲以化로 다스리시는 천지의 공능이라 하지 않을 수 없습니다.

> 또 양지에 이십칠년이라 쓰시거늘 그 뜻을 물은 대 가라사대 **홍성문이 회문산에서 이십칠년동안 헛공부를 하였다 하니 이로부터 이십칠년동안 헛도수가 있노라** 또 양지 한 장을 열 두조각으로 내어 조각마다 글을 쓰신 뒤에 한 조각은 친히 불사르시고 열 한조각은 치복을 명하여 불사르시니 문득 비가 크게 내려 이 비로 인하여 보리를 잘 먹게 되니라.
> 『대순전경(大巡典經) 4장 160절』

그 무엇보다 놀라운 것은 "**홍성문(洪成文)이 회문산에서 27년 동안 헛공부를 하였다 하니 이로부터 27년 동안의 헛도수가 있노라.**" 하신 말씀 그대로 상제님의 화천(1909년)이후 27년 만인 1936년(丙子)에 보천교주 차경석이 세상을 떠나게 되면서 헛도수가 마무리됩니다.

이어 그 이듬해인 1937년(정축) 음력 9월 17일, 전주 노송동全州老松洞에서 일기초공사一基礎公事가 시작되면서, 마침내 도운道運에 있어 참 도수가 뿌리내려지는 중대한 순간이 열리게 된 것입니다.

반면, 줄기(헛도수)를 대표하여 폭발적 성장을 한 3초의 두 주자 그 연원淵原의 몸통이 동일하게 종도 이치복에게 이어져 있음은 곧 '27년 난법 헛도수'의 결과물임을 입증하는 확실한 증거라 할 것입니다.

회문산에서 27년 동안 헛공부를 한 줄기(雄,선천건도,복희팔괘)와, 27년 만에 근본을 찾아 모악산 자락인 수양산에 뿌리(雌,후천곤도,문왕팔괘)를 모시게 되는 이 상반된 두 모습은, 흐름이 서로 반대인 동맥과 정맥처럼 종통맥(動脈)과 법통맥(靜脈)이 각기 다른 방향으로 분열 성장하는 모습과 흡사합니다.

이는 장차 이 두 맥을 연결하는 열매로 상징되는 황극맥皇極脈인 도통맥道統脈의 출현을 예고하고 있음을 분명히 보여줍니다. 이상 종통맥宗統脈의 보이지 않던 뿌리가 내려져 자리한 내역을 간략하게 살펴보았습니다.

여기서 우리는 "**27년 동안의 헛도수가 있노라**" 하신 기간(1909년~1936년)에 우후죽순처럼 혼란스럽게 일어났던 각색 교단의 성장사나 《상제님 성체 도굴 사건》 등은 '헛도수'라는 도수 절차상의 천지 프로그램이 진행되는 복합적인 과정으로 이해하며 100년이라는 난법의 성장 과정을 통해 진법이 드러나는 거시적인 도사道史의 흐름으로 서로를 포용하는 마음이 중요하리라 봅니다.

지금은 150여 년에 달하는 도사道史의 풍성한 열매를 거두는 시기입니다.

비바람을 잘 견디고 따가운 햇살 아래 잘 영근 열매만을 골라 수확하는 철이 돌아왔습니다. 스스로 몸담은 '집 자랑' 할 때가 아니라, 천지주인이신 상제님과 대모님의 손길을 받을 수 있는 익은 영혼인가를 모두가 심각하게 고민하며 수신수덕修身修德하기에도 바쁜 시간일 것입니다.

4. 꽃(泰)을 든 남자

도운의 형세로 보자면, 종통의 뿌리(육기초)는 땅속에 숨겨진 채, 본 줄기(일초:보천교)를 바탕으로 다양한 크기의 가지(이초)가 뻗어 나오고 다시 잔 가지(삼초)에 무수한 잎사귀가 달린 형국이었습니다.

그렇다면 "**추수(秋收)할 사람은 다시 있느니라**"는 고수부님의 말씀처럼, 분열의 극단인 삼초 끝에 나온다는 '**대인**'은 과연 어디서 출현하게 되는 것일까요?

> 천사 천지공사를 마치셨음을 종도들에게 성명(聲明)하시니 경학이 여쭈어 가로대 공사를 마치셨으면 나서시기를 바라나이다 가라사대 **사람들이 없으므로 나서지 못하노라** 경학이 가로대 내가 비록 무능하오나 몸이 닳도록 두 사람의 일을 대행하려 하나이다 가라사대 그렇게 되지 못하느니라. 경학이 가로대 그러면 우리는 모두 쓸데없는 사람이 오니 선생을 따른들 무슨 소용이 있으리이까 하고 모든 종도들에게 일러 가로대 우리는 다 복없는 사람이니 함께 손잡고 물러감이 옳도다 하고 일어서서 문 밖으로 나가니 천사 드디어 누으사 여러 가지 병을 번갈어 앓으시며 가라사대 내가 이러한 모든 병을 대속하여 세계 창생으로 하여금 영원한 강령을 얻게 하리라 하시더라
> 『대순전경(大巡典經) 9장 19절』

이 성구는 상제님께서 화천(化天)하시기 직전에 벌어진 한 장면을 기록하고 있습니다. 김경학 종도는 천지공사를 마치셨으니 이제 이 세상에 출세하시기를 간곡히 청합니다. 그러나 상제님께서는 이를 응낙하지 않으시며, 그 이유를 '**사람들**'[1)]이 없기에 나설 수 없다고 단언하십니다.

그러나 이 '사람들'이라는 구절은 『대순전경』 2판에서부터 등장하며, 본래는 '**사람 둘**'로 기록되어 있었습니다. 이 '사람 둘'이라는 원문은 『대순전경』 6판에서 '사

1) 이 '두 사람'에 대한 기록은 이상호, 이정립 형제에 의해 1933년에 발간된 『 대순전경』제 2판에서 처음 등장한다. 『대순전경』 2판에서 5판까지는 이 '두 사람'에 대한 말씀을 그대로 수록하였으나 『대순전경』 6판(1965)부터는 '사람 둘'을 '사람들'로 비틀어 수록하였고 1977년 이정립의 유고집인 『증산교사』에서 다시 '두 사람'으로 나타나게 된다.(출처: 증산도 월간개벽 2014년 07월)

람들'로 바뀌어 12판에까지 이르고 있습니다. 그러나 『천지개벽경』에도 '二人'으로 명확히 기록되어 있음을 볼 때, 원래의 기록대로 '**사람 둘**'임을 확인할 수 있습니다.

> 一日(일일)에 侍之(시지)러니 弟子(제자)이 告曰(고왈), 天下萬民(천하만민)이 望堯舜之世(망요순지세)하야 若渴(약갈)하오니, 今也(금야)에 出世(출세)하사 成乎万民之願(成乎만민지원)하소서. 曰(왈), **天下事(천하사)난 無二人(무이인)하야 不可爲也(불가위야)니라.**
>
> 어느날 모시던 제자가 아뢰기를, 천하의 백성이 요순의 세상을 바라기를 목마른 듯 하오니, 이제 세상에 나서시어 만백성의 소원을 이루어 주소서. 말씀하시기를, **천하사는 두 사람이 없어서 할 수 없느니라.**
>
> 『대개벽경(大開闢經) 9편 기유년 공사기 8장』

성인의 말씀은 단 한마디도 헛되이 땅에 떨어지지 않으니, 상제님께서 하신 이 말씀 역시 예사롭지 않은 깊은 뜻을 담고 있을 것입니다. 그렇다면 상제님께서 말씀하신 '**사람 둘**'이란 과연 어떤 분들을 가리키는 것일까요?

> **曰我(왈아)난 天地日月也(천지일월야)니라.**
>
> 말씀하시기를, 나는 천지일월(天地日月)이니라.
>
> 『대개벽경(大開闢經) 1편 신축년 공사기 3장』
>
> 曰(왈), **我(아)난 天地(천지)로 爲體(위체)하고 日月(일월)로 爲眼(위안)하노라.**
>
> 曰(왈), 日月(일월)이 來照(내조)어든 我觀(아관)이 在玆(재자)하노라.
>
> 말씀하시기를, 나는 천지를 몸으로 삼고 해와 달로 눈을 삼노라. 해와 달이 비치면 내가 보고 있음이니라.
>
> 『대개벽경(大開闢經) 4편 갑진년 공사기 6장』

우리가 쉽게 자각하지 못하지만 천지天地는 이 세상의 바탕이며, 일월日月은 천지를 대행하여 모든 변화를 일으키고 만물을 낳아 기릅니다.

일월의 기운으로 밤낮이 변하고 대기가 순환하여 기상현상이 생기며, 그로 인해 초목이 자라나고 일체 생명체가 생명을 이어갑니다. 인류 역시 자연 속에서 문화를 일으켜 삶을 영위합니다.

천지일월은 이처럼 만물을 낳아 기르는 바탕이자 주역이며, 생장염장의 질서와 생멸을 반복하게 하는 힘의 근원입니다. 이 사실은 그 누구도 부정할 수 없습니다. 그것을 부정하는 사람들조차도 천지일월의 혜택 속에서 생명을 영위하고 있기 때문입니다.

여기서 천지天地는 자연과 더불어 그 이면에 자리한 신도神道로서, 천지음양을 가리킵니다. 상제님께서 천지공사를 설계하시고 진리의 법통을 전수하신 기본 원칙은 다름 아닌 이 자연 법칙입니다. 우주 만 신명들과 뭇 창생들 누구에게나 똑같이 적용되는 천리天理가 아니라면, 그 누가 순응順應할 수 있겠습니까?

그러므로 천지음양天地陰陽을 대리하여 건도성남乾道成男과 곤도성녀坤道成女의 이치로 오시는 일월日月은 신계神界를 다스리는 황극皇極의 위位입니다.

바로 이 두 분의 '日月'과 인신합덕人神合德하여 인간 열매를 맺게 되는 인사의 '**사람 둘**'이 150여 년 도사道史에 있어 성사재인成事在人의 주체가 되시는 것입니다.

뿌리가 튼튼하지 못하면 실한 열매를 맺을 수 없듯이, 선령先靈의 음덕으로 가을철 열매 맺는 천지 기운이 내려오듯, 결국 도맥의 뿌리인 종통 기운을 받아먹지 않고는 신앙의 열매를 맺을 수 없습니다. 이제 도맥의 뿌리와 관련된 여러 도수 중 독조사 도수에 대해서 간략히 살펴보겠습니다.

> **진주(眞主) 노름에 독조사**라는 것이 있어서 남의 돈을 따보지 못하고 제 돈만 잃어 바닥이 난 뒤에 **개평을 뜯어가지고는 새벽녘에 회복하는 수가 있느니라**
> 『대순전경(大巡典經) 4장 62절』

뿌리에 있던 진액과 수분이 가지로 옮겨져 녹음이 짙어지고 색색의 꽃들이 화려한 자태를 뽐낼 때, 정작 뿌리는 마치 빈 곳간처럼 텅 비게 됩니다.

이러한 현상은 **"남의 돈은 따 보지 못하고 제 돈만 잃는다"**[2)]는 말씀으로 상징되는데, 이는 줄기(가지)로 상징되는 상제님 신앙의 대표 종단들에게 인재人才들이 모두 쓸려 들어가면서, 난법 해원解冤의 날이 새는 동안 뿌리(종통)의 진액이 자연히 바닥을 드러내는 상황을 의미합니다.

여기서 뿌리는 다름 아닌 상제님 체백을 모신 텅 비어 생명 활동이 멈춰 있는 듯 보이는 땅(六基礎)으로 **"남의 돈은 따 보지 못하고 제 돈만 잃어 바닥이 난 뒤에"**라는 말씀의 주인공은 바로 뿌리이신 선사님(雌,太極)과 후천미륵불(陽太極)인 상제님(雄) 이 두 분에 대한 비유입니다.

그러므로 **개평**[3)]**은** 상제님께서 **"두 사람이 없으므로 나서지 못하노라"**하셨던 그 **'두 사람'**으로 **"내 일은 셋만 있어도 하고, 셋이 없으면 둘만 있어도 하고, 둘이 없으면 하나만 있어도 하느니라. 그 하나도 없으면, 말뚝에다 기운만 붙이면 천하사를 하느니라."**고 하셨던 말씀의 주인공에 비유될 것입니다.

"개평을 뜯어 새벽녘에 회복하는 수가 있으니"라는 말씀은 삼초에 해당하는 양대산맥과 같은 큰 교단으로 쓸려 들어갔던 일꾼들 중 일부가 개평으로 떨어져 나와 다시 뿌리 기운을 받으며 도세道勢를 만회하는 상황이 있음을 가리킵니다.

여기서 새벽녘이란 선천 상극의 어둠이 밀려나는 도솔천의 시작을 뜻합니다. **'회복하는 수가 있으니'**는 초목의 성장처럼 성장판의 온갖 모순과 한계치를 다 겪어보고 천지 가을의 금풍을 맞아 묵은 허물을 벗은 후, 도통천지보은의 우주 열매로 거듭 나는 대인출세를 암시하고 있습니다.

그러므로 이 구절에는 상제님의 일꾼들이 결국 어느 한 집단의 소유물이 아니라 본래의 원 주인이 있음을 뜻하여 고수부님께서도 **"사람 욕심 내지 마라. 올바른 줄 하나 치켜들면 다 오느니라."**고 하셨던 것입니다.

정리하면 인사의 **'두 사람'**은 독조사의 개평도수를 받기 때문에 반드시 뿌리기운을 받으며 열매로 익어가는 시간을 거치게 되어있습니다. 또한 **'두 사람'**은 말 그대로 음양陰陽이라는 두 남녀의 조합으로 이루어짐은 너무도 당연한 이치입니다.

그러면 그 열매는 어디에서 드러나게 되는 것일까요?

열매는 가지(法統脈)에 달리겠지만, 좀 더 정확히 말하자면 꽃이 핀 자리(泰統脈)에서 영글게 됩니다.

모든 성장의 분열이 끝나고 찬바람이 불어 진액과 수액이 다시 뿌리로 턴하여 내려오는 시점이야말로, 뿌리 기운과 더불어 태통 기운을 함께 받는 도통맥道統脈이 열

2) 성장기에는 뿌리가 텅 비는 이치로 뿌리의 입장에서는 제 돈만 잃는 상황

3) 노름이나 내기 따위에서 남이 가지게 된 몫에서 조금 얻어 가지는 공것

리는 천시天時가 될 것입니다.

상제님께서는 '**井은 地也**'라 하시고 '**井海水流四海源**'이라 하시어, 이곳 정읍이 입지지도立地之道 지천태의 자리라고 하셨습니다. 또한 '**花開於扶安 結實於泰仁**'이라 하신 말씀처럼, 정읍을 포함한 그 인근 지역이 도道의 꽃이 피는 자리라고 밝히셨습니다.

下訓(하훈)하시니 日(왈), 古阜(고부)난 求禮(구례)오, 井邑(정읍)은 咸悅(함열)이오, 全州(전주)는 壬實(임실)이니라. 下訓(하훈)하시니 日(왈), **花開於扶安(화개어부안)하고, 結實於泰仁(결실어태인)하노라.**
弟子(제자)이 問日(문왈), 世(세)에 有四七八正別將(유사칠팔정별장)이 雲中往來之說(운중왕래지설)하니 何義乎(하의호)잇가. 日(왈), **井(정)은 地也(지야)오**, 別(별)은 次也(차야)오, 四七八(사칠팔)은 年也(연야)니라.
下訓(하훈)하시니,
陣木花開萬樹春(진목화개만수춘)이오 **井海水流四海源(정해수류사해원)이라.**

고부는 구례요, 정읍은 함열이요, 전주는 임실이니라.
가르침을 내리시기를, **꽃은 부안에서 피고 열매는 태인에서 맺노라.**
제자가 여쭈기를, 세상에 사칠팔 정별장이 구름 속을 오고간다는 말이 있으니 무슨 뜻입니까? 말씀하시기를, **정(井)은 땅이요**, 별(別)은 차례요, 사칠팔은 해니라.
가르침을 내리시니, 묵은 나무에 꽃이 피니 모든 나무에 봄이오고, **정해의 물이 흘러 사해의 근원이 됨이라.**
『대개벽경(大開闢經) 4편 갑진년 공사기 4장』

또한 "**수양산 그늘이 강동 팔십리**"라 하시어 "**일꾼이 콩밭(太田)에서 낮잠을 자며 때를 넘보고 있느니라.**" 하셨습니다.

<70> 또 가라사대 [나의 일은 상씨름 씨름판과 같으니라. **상씨름 딸 사람은 술이나 먹고 잠이나 자면서 누워서 시치렁코 있다가, 상씨름이 나온다고 야단들 칠때 그때야 일어나서 판 안에 들어와서** '어유, 상씨름 구경하러 가자. 끝내기 여기 있다. 누런 장닭 두회 운다. 상씨름꾼 들어오라' 벽력같이 고래장치니 어느 뉘가 당적할까. 허허허 참봉이로고. 소 딸 놈은 거기 있던감만. 밤새도록 헛춤만 추었구나. 육각소리 높이 뜨니 상씨름이 끝이났다] 하시니라.
『동곡비서(銅谷秘書)』

어느날 문공신(文公信)에게 가라사대 "**잠든 개가 일어나면 산호랑이를 잡는다는 말**

이 있나니, 태인 숙구지(宿狗地) 공사로 일을 돌린다." 하시며 공사를 계속 하시였다 하니라.
『천지개벽경(天地開闢經) 2장 61절』

어느날 공사를 보시며 가라사대 **"상씨름할 사람은 술 고기 많이 먹고 콩밭(太田)에서 잠을 자며 판을 넘겨다보는 법이니라.** 콩밭은 태을주(太乙呪) 판이고 태을주는 구축병마주(驅逐病魔呪)이니 태을주를 많이 읽으라." 하시니라.
『천지개벽경(天地開闢經) 2장 43절』

'시치렁코'는 제주방언의 하나로 '수수방관'을 의미하니 말씀 그대로 잠만 자다가 **'상씨름이 나온다.'**고 야단들을 칠 때, 그때서야 **'잠자던 개'**가 일어나서 판 안에 들어온다 하셨습니다. 이때 **'잠자던 개'**는 갑자甲子꼬리로서 칠성(七星) 도수를 받는 인사의 일꾼을 두고 하는 말입니다.

또한 콩밭(太田)은 삼이화三離火가 벌려진 태극太極의 자리로 상제님과 고수부님께서 **"삼초 끝에는 대인이 나오리라.","일초(一招), 이초(二招), 삼초(三招) 끝에 대인(大人) 행차하시는구나."**라고 하신 **'大人행차'**의 자리이기도 합니다.

여기서 말씀하시는 **'大人'**의 원출처는 30중화리괘重火離卦의 상전象傳으로 **문왕팔괘의** '南方三離火남방삼이화'로서 황극(南方)이신 상제님을 이르는 말입니다. 중화경中和經 제56장에서도 '其像기상이 大人대인'이라 하셨습니다.

그러면 다음장에서는 천지열매가 맺히는 콩밭이 자리한 지천태 곤운의 자리를 살펴보도록 하겠습니다.

주역(周易) 30중화리괘(重火離卦) 상전(象傳)

象曰상왈 明兩명양 作離작리 大人以대인이 繼明계명 照于四方조우사방
밝음이 두번 일어남이 離니 대인은 이를 본받아 밝음을 계승하여 사방에 비추느니라

주역周易 설괘전說卦傳 第五章 :

離也者이야자 明也명야 萬物만물 皆相見개상견 南方之卦也남방지괘야
리(離)라는 것은 밝음이니, 만물이 모두 상견하게 되니, 남방의 괘라.

聖人성인 南面而聽天下남면이청천하 嚮明而治향명이치 蓋取諸此也개취저차야
성인이 남면하여 천하의 의견을 들어서, 밝음을 향하고 다스리니, 모두 이것(離卦)에서 취함이라.

聖人(성인)이 像八卦(상팔괘)하여 爲治天下(위치천하)하되 南面而立(남면이립)은 取諸離(취제이)니 離(이)는 陽明卦(양명괘)라. 萬物(만물)이 相(상)이 見於離故(견어이고)로 其像(기상)이 **大人**(대인)이니 取以繼明遍照四方(취이계명편조사방)하여 垂拱平章(수공평장)하니 豈不美哉(기불미재)아.
성인이 팔괘의 이치를 따라 세상을 다스리되 남쪽을 보고 자리 잡은(立)이유는 리괘(离)의 의미를 본뜬 것이니, 리괘는 태양을 상징하는 괘로서 만물의 상이 모두 밝은 쪽을 보고 나타나므로 큰 인물을 상징하기도 한다. 리괘의 밝고 큰 소임을 계승하여 세상을 두루 비춰서 밝고 평등하며 평화롭게 다스림으로써 모든 백성이 존경하고 따르게 하니 아름다운 일이 아닌가!
『중화경(中和經) 제56장』

대인의 말은 구천(九天)에 사무치나니 나의 말도 그와 같아서 늘지도 줄지도 않고 부절(符節)과 같이 합하느니라
『대순전경(大巡典經) 6장 80절』

3장 태통맥(泰統脈)

1. 정읍은 왕자포정지지

추수할 사람인 대인이 출세하는 '**판밖**'에 대한 말씀들을 정리하였습니다.

대범(大凡) 판안에 드는 법으로 일을 꾸미려면 세상에 들켜서 저해(沮害)를 받나니 그러므로 **판밖의 남 모르는 법으로 일을 꾸미는 것이 완전하니라.**
『대순전경(大巡典經) 5장 2절』

어느날 상제께서 고후비께 가라사대 신축년 이후부터는 세운을 내가 맡았나니 사절기는 수부에게 맡기고 이십사방위는 내가 맡으리라 동서남북에서 우겨 들어 새 천지를 만드리니 혼백동서남북이라 **이일은 판 밖에서 이루어져 들어오는 일인즉 그리 알라** 하시더라.
『선도신정경(仙道神政經) 1장 7절』

<69> 또 가라사대 [일을 해야되니 김성국을 데리고 오라. 천지공사를 결정하자. 우리끼리 일했으나 **나의 일은 판밖에 있단 말이다**]. 또 손을 오므리시고 [이 손안에 무엇이 있는 줄 아느냐? 방안에 일을 두고 마당에서 야단친단 말이다].
『동곡비서(銅谷秘書)』

<71> 하루는 사요 일편(史要 一篇)을 고축하신 후에 불을 사르시고 일러 가라사대 [판안 사람 둘러보니 많고 많은 저 사람들, 어떤 사람 이러하고 어떤 사람 저러하니, **판안 사람 판안 공부 할 수 없어 허리끈 졸라매고 뒷문 열고 바라보니 판밖 소식 이르리라**].
『동곡비서(銅谷秘書)』

판안(內)사람 판안(內) 공부(工夫) 소용(所用)없어 허리띠 졸라메고 뒷문(門)을

열고 내다보니 봉황(鳳凰)이 지저귄다. 판안에 그 문서(文書)로 아무리 돌려 보아도 할 수 없어 판박(外)에 것을 가르치고 허탄 마음 거머잡고 죽기로 찾았으니 조금도 걱정마라 **황학성(黃鶴聲)이 날개털면 판밖소식(消息) 알리로다** 네가 그렇게 서러워하니 **판밖에 있드라도 소식(消息)을 통(通)해 주마** 하시고 가신 후(後)로 밤마다 생존시(生存時)에 조금도 다름없이 꼭 오셔서 생전(生前)과 같이 일러주시니라

『속수전경(續修典經)』

<22> 선생님이 평소에 종도들과 노르실 적에 흔히 가구 진주치기 노름을 하시는데, [다 터라] 하시고 척사를 들고 탁 치시며 [ㅇ씨가 판을 쳤다] 하시고 다 긁어 들이시고, [끝판에 ㅇ씨가 있는줄 몰랐지야. 판안 끝수 소용있나. 끝판에 ㅇ씨가 나오니 그만이로구나. **나의 일은 판밖에 있단 말이다. 붉은 닭 소리치고 판밖소식 들어와야 나의 일이 될 것이다].**

경학(京學)이 물어 가로대 [도통판은 어디 있읍니까?] 가라사대 [가르쳐 주어도 모르리라. 똑똑이 들어볼래? 전라도 백운산으로 지리산으로 장수 팔공산으로 진안 운장산으로 광주 무등산으로 제주 한라산으로 강원도 금강산으로, 이처럼 가르쳐주니 알겠느냐? 알기 쉽고 알기 어렵고 두가지라. **장차 자연히 알게 되리라. 내가 가르치니 알게 된다는 말이다**].

『동곡비서(銅谷秘書)』

<33> 하루는 박공우가 선생님께 여쭈어 가로대 [도통을 주시옵소서]. 선생 꾸짖어 가라사대 [이것 무슨 말고. 도통을 네가 하겠느냐. 판밖에서 도통하는 이 시간에 생식가루를 먹고 만학천봉 돌구멍 속에 죽었는지 살았는지 내 가슴이 답답하다. 들어라. 각집 선령신 한명씩이 하늘 公庭에 올라가서 제 집안 자손 도통 시킨다고 눈을 붉히고 앉았는데, 만일 판안에서 도통을 주면 모든 선령신들이 달려들어 내집 자손은 어쩌느냐 하고 야단칠 참이니, 그 일을 누가 감당하리요. 그러므로 나는 사정을 쓰지 못하노라.

판안에 너희들은 이 뒤에 닦은대로 도통이 한번에 열리리라. 그런고로 **판밖에서 도통종자(道通種子)를 하나 두노라. 장차 그 종자가 커서 천하를 덮으리라.**

『동곡비서(銅谷秘書)』

<27> 최덕겸(崔德兼)이 여쭈어 가로대 [천하사는 어떻게 되오리까?] 선생 가라사대 [子丑寅卯辰巳午未申酉戌亥(자축인묘진사오미신유술해)]를 쓰시며 가라사대 [이러하니라]. 자현이 가로대 [알 수 없읍니다]. 선생이 다시 그 위에다가 [甲乙丙丁戊己庚辛壬癸(갑을병정무기경신임계)]를 쓰시고 차경석에게 일러 가라사대 [네가 알겠느냐?] 경석이 대답하기를 [알 수 없읍니다].

선생 가라사대 [**청죽같이 속이 통통 비었는 도통자라야 안단 말이다**]. 또 가라사대 [베짜는 바디와 머리빗는 빗과 같으니 알것느냐?] [알 수 없읍니다]. 선생 가라사대 **[판안 공부로는 알 수 없을 것이요, 판밖 공부라야 알게 되느니라]** 하시니라.
『동곡비서(銅谷秘書)』

57. 고후비(高后妃)께서 고민환과 종도(從徒)들에게 늘 말씀하시기를 너희들이 지금(至今)은 도인(道人)들의 수(數)가 너무나 적으니 한(恨)이 될 것이요 또 도장(道場) 운영(運營)에 있어서 궁색(窮色)하니 그 또한 한이 될 것이니라. 그러나 그런 것을 한(恨)을 하지 말라 앞으로 **판밖에서 성도(成道)시켜 몰아 들일 때에는 인산인해(人山人海)를 이루어 너희들의 수고(受苦)함이 참으로 클 것이니라** 하시더라.
『선도신정경(仙道神政經) 3장 57절』

25. 지고후비(高后妃)께서 늘 가라사대 **판(版) 밖에서 성도(成道)하여 들어오리라** 하시니 당시(當時)의 문도(門徒)들이 들을 때에 너무나 억장이 무너지는 말씀이나 감(敢)히 누구도 그 이유(理由)를 캐묻지 못하더니 어느날은 고민환(高旻煥)이 후비님(后妃任) 말씀 끝에 묻기를 늘 그와 같으신 말씀을 하시오나 감히(敢) 묻지 못하였읍니다 황송(惶悚)하오나 오늘은 그와같이 되지 않으면 안되는 사유(事由)를 소상(昭詳)히 가르쳐 주시옵소서 어찌하여 저희들은 성도(成道)하지 못하나이까 하고 물으니 아무 대답(對答)도 하지 않으시고 홍하실 뿐이더라 하니라.
『선도신정경(仙道神政經) 5장 25절』

98. 어느날은 고후비님(高后妃任)이 삼불산(三佛山)에 가시어 장상집결(將相集結) 공사(公事)를 보시고 가라사대 장상신(將相神)이 집결(集結)하였으니 그에 따라 사람도 참석(參席)해야 할 것이 아니더냐 도읍(都邑)을 다시 옮겨 장상신(將相神)이 앉으리니 장상신(將相神)이 아니면 그 자리를 어찌 들어가리 선천(先天)은 문자(文字)로 계어인(戒於人)이요 후천(后天)은 신자(神字)로 계어인(戒於人)이요 공자(孔子)의 안빈락도(安貧樂道)는 인간(人間)으로서 차마 하지 못할 일이니 나는 만물(萬物)을 다 해원(解冤) 시키리라 하시고 또 이어서 말씀하시기를 **성인(聖人)이 나오는데 도덕군자(道德君子)도 따라서 나오나니 내 일은 판(版)밖에서 성공(成功)해 가지고 들어오느니라.** 혼백(魂魄) 동서남북(東西南北) 아니던가 한(漢) 고조(高祖)는 마당(馬上)에서 득천하(得天下) 하였으나 우리는 좌상(座上)에서 득천하(得天下) 하는 법(法)이니 이제부터 자씨보살 (慈氏菩薩) 여동빈지(呂童賓之) 일월수부(日月首婦)가 일을 맡아 하느니라 하시더라.
『선도신정경(仙道神政經) 3장 98절』

1 태모님께서 항상 말씀하시기를 **"너희들 가지고는 안 되느니라. 판밖에서 성공해 들어와야 되느니라."** 하시고
2 **"진인이 나와야 하느니라. 나의 모든 일을 이룰 사람이 판밖에서 나오느니라."** 하시거늘
3 성도들이 크게 낙심하여 한숨을 쉬며 "그러면 우리는 다 소용이 없습니까?" 하고 여쭈니
4 말씀하시기를 **"너희는 울안에 들어 있느니라."** 하시니라.
(道典 11:362)

치상을 마치고 나서 정사는 짝잃은 기러기처럼 외로이 앉아 생사를 아직 경절하지 못한채 연일 밤잠을 이루지 못하고 마음을 잡지 못하던 어느날 비몽사몽간에 선사님과 화답하게 되었는데 .....(중략)

우리 양인이 이십 여년을 두고 처음부터 끝까지 지시하시는 아버지의 명령 말씀을 거역하지 않고 지금껏 받들어 나왔기에 이 기초가 다 완성된 것이니 나로서는 지상의 책임을 다한 셈이요, 따라서 아버님의 체백을 찾아 모시자던 일편단심으로 살아온 나의 소망도 이루어진 셈이 아니겠소, **지금 아버님을 믿기 위하여 벌려놓은 각파의 일은 모두 부분적인 책임을 맡아서 하는 것인데,** 우리가 할 책임을 천상에 와서 보니 강령은 되었으나 앞으로 남은 책임이 더욱 큰지라 모든 것을 정리하여 **새 문명을 세상에 들어낼 의무와 책임이 아직 남았으니 그 일이 어찌 크지 않다 하겠소,**....(중략)

모든 것을 천지에서 은밀히 일러주고 뒤에서 훈수하는데 우주간에 겁날 것이 무엇이오, 현실문명과 현실인심에 역합하지 아니할 수 없는 노릇이로되 우리가 그동안 공사해 나온 것은 인세로 보아서야 모두가 가소롭고 허망하기만 한 노릇인데도 물샐틈 없이 짜여진 그 도수대로 진행이 되어 나온 것이 아니겠소.
미구에 판밖에서 일이 터져 나올 것이니 그 동안 도체와 공사가 어긋나지 않도록 하소서. 일반이 혹 부당한 논설을 할지라도 들은척 만척하고 내가 할 책임만 힘써 다하실 수 있도록 하시오......(중략)

우리 사업은 마치 탕자의 노름같고 광인과 무당의 집과 같으니 알 수 없도다. 우리 교는 깨달은 자 알것이오, 깨닫지 못하는 자 모를 것이니, **호호 탕탕한 이 가운데 진법이 나오건만 어찌 그리 쉽게 깨달을 자 많으리요.**
『화은당실기』

그렇다면 **"너희들 가지고는 안 되느니라. 나의 모든 일을 이룰 사람이 판밖에서 나오느니라."**고 하셨던 추수할 사람이 출현하는 판밖은 어디를 말씀하시는 것일까요? 뜻밖에도 상제님께서는 정미년 동짓달 초사흗날 수부책봉예식을 거행하시는 중에 다음과 같은 말씀을 하셨습니다.

5. 상제(上帝)께서 수부공사(首婦公事)를 보실새 대흥리(大興里) 차경석(車京石)의 사랑(舍廊)에 삼십여명(三十餘明)을 모아놓고 가라사대 **정읍(井邑)이라 하는 곳은 왕자포정지지(王者布政之地)요 정자(井字)는 새암정자(井字) 아니냐** 수부(首婦)로 하여금 이를 번갈아 밟고 들어오라 해라 하시며 대학경(大學經) 한 권(一卷)과 부를 그린 부도책(符圖冊) 한 권(一卷)을 주시더라.
『선도신정경(仙道神政經) 1장 5절』

1. 동짓달 초사흗날 대흥리 차경석의 집 두 칸 장방(長房)에 30여 명을 둘러 앉히시고 수부 책봉 예식을 거행하시니라.
2 상제님께서 말씀하시기를 **"내가 진주(眞主) 도수를 천한 데 가서 가져온다."**하시고
3 "정읍은 왕자포정지지(王者布政之地)요, 정(井) 자는 새암 정 자 아니냐." 하시니라.
(道典 6:37)

"내가 진주(眞主) 도수를 천한 데 가서 가져온다" 하신 말씀에서 **'진주(眞主) 도수'**란 바로 십오진주十五眞主를 이르는 말입니다. 이는 기위친정己位親政을 뜻하며, 역리易理적으로는 낙서洛書의 중앙에 자리한 오황극五皇極을 의미합니다.

말씀 중 **'천한 데 가서 가져온다'**는 구절은 『주역(周易) 계사전(繫辭傳)』 1장의 첫머리에 **'天尊地卑하니 乾坤이 定矣오 卑高以陳하니 貴賤이 位矣'**라는 구절을 통해 해석됩니다. **'하늘은 존귀하고 땅은 비천하다'**는 뜻으로, **'천한 데'**란 곧 입지지도立地之道의 낮은 자리를 지칭합니다.

또한 **'정읍은 왕자포정지지(王者布政之地)'** 라는 바로 이 대목에서 우리는 그동안

그토록 말이 많았던 판밖에 대한 아전인수식 해석과 논란에 종지부를 찍음과 동시에 왜 이곳을 왕도王都로 정하셨는지에 대한 천지공사의 초석을 까는 이치의 단초를 엿볼 수 있습니다.

수부책봉首婦冊封 예식에서 잘 드러나듯, 도운道運의 시작과 마무리는 간도수艮度數의 시종始終에 대한 이치를 배제하고는 설명될 수 없습니다.

상제님께서는 새 집을 짓거나 이사를 한 후 성주신城主神을 기리는 성주풀이를 하시며 "**시(始)도 여기서 일어나고 종(終)도 여기서 마치리라.**" 하신 말씀이 바로 이와 다르지 않습니다.

하루는 형열(亨烈)을 보고 소(牛) 머리 하나 사오고 떡도 쪄라 하시고 제비창고 일을 해야 한다 하시며 나무 밑에 음식(飮食)을 차려놓으시고 만수(萬壽)를 찾으시되 이러하시니라 경상도(慶尙道) 안동(安東)땅 제비원의 솔(松)씨 받아 소평대평(小坪大坪) 던졌드니 그 솔(松)이 점점(漸漸)자라 황장목(木)이 되었구나 청장목이 되었구나 **대명전(大明殿)** 대들보가 되었구나 어라만수(萬壽) 어라대신(大神)이야 대활연(大活然)으로 설설이 이 땅으로 내립소서 **시(始)도 여기서 일어날 것이요 종(終)도 여기서 끝이리라** 하시고 금산사(金山寺)를 넘어다보시며 여기를 큰집으로 할까 저기로 작은 집을 할까 - 제비새끼 치는 날에 제비창고 가득찰 걸 하시고 소머리를 묻었더라

『속수전경(續修典經)』

임인(壬寅)년 여름 하운동(夏雲洞) 제비창골 김형렬의 집에 계실세 하루는 형렬에게 물어 가라사대, "이 골짝의 이름을 무엇이라 부르느냐." 하시니 형렬이 대답하여 가로대, "전부터 부르기를 제비창골이라 하옵니다." 하니 들으시고 가라사대, "**이는 그릇된 부름이로다. 이곳은 제비창골이 아니오 제업창골(帝業創谷)이니라.**" 하시니라.

『천지개벽경(天地開闢經) 1장 19절』

제업창골(帝業創谷)로 상징되는 정읍은 이처럼 시종始終이 함께 겹치는 간도수의 자리임을 알 수 있습니다. 참고로 『속수전경(續修典經)』의 '대명전(大明殿)'은 『道典』에서 '태평전(太平殿)'으로 나옵니다.

그렇다면 과연 정읍井邑이 판밖이라는 말씀을 어떻게 얘기하셨을까요?

곤존고씨(坤尊高氏)께옵서 신도선정(神道仙政) 도체조직(道體組織)의 설법(說法)을 하실새 동서남북(東西南北) 사방위(四方位) 인원(人員)을 정(定)하사 **동청(東靑) 서백(西白) 남적(南赤) 북흑(北黑)으로 대기(大旗)를 정립(定立)하고** 기전(旗前) 책임인원(責任人員)을 담립(擔立)이며 **중앙(中央)에는 황룡기(黃龍旗)를 건립(建立)후 기전(旗前)에 고층(高層)으로 설단(設壇)하고 곤존고씨(坤尊高氏)께서 단상(壇**

上) 정좌(定坐)하사 또 육임팔봉(六任八奉) 십이(十二) 이십사(二十四) 인원(人員)을 찬정(撰定)하야 동기편(東旗便)에 육임(六任) 서기편(西旗便)에 팔봉(八奉) 남기편(南旗便) 십이(十二) 북기편(北旗便)에 이십사(二十四) 인원(人員)을 일렬(一列) 시립(侍立)케 하고 기(其) 여인원(餘人員)은김내원 육임(六任) 일인하 (一人下) 육인식(六人式) 균정(均定) 즉 삼십육인야(三十六人也)오, 팔봉(八奉) 일인하(一人下) 팔인(八人)이 육십사인(六十四人) 십이일인하(十二一人下) 십이인(十二人) 즉, 백사십인(百四十人)이오, 이십사일인하(二十四一人下) 이십사인(二十四人) 즉, 오백칠십육인(五百七十六人)이 정원(定員)이고 중앙(中央) 곤존고씨(坤尊高氏) 시립인(侍立人)은 고민환(高旻煥), 강사성(姜士成)이러라. 곤존(坤尊)께서 말씀하시되 "차후(此後) 수백만(數百万)의 인원이면 수기본간인원시례(隨其本幹人員視例)하야 진전(進展) 즉, 세계민족(世界民族)을 포섭(抱攝) 의(矣)리라" 하시며 "기(其) 연맥(聯脉)을 수지(守持)하라" 하시니라.
『선정원경(仙政圓經)』

6 그 후 공우가 고부 운산리 신경수의 집에서 상제님을 모시거늘 공우와 그 외 세 사람에게 명하시어 "윷을 놀자." 하시며 "'윷이야, 삳이야.' 하고 부르라." 하시더니
7 이윽고 윷판을 거두시며 말씀하시기를 **"다른 것은 무엇이든지 '한다.'고 이르나 오직 윷은 '논다.'고 이르나니 가르치고 놀라."** 하시니라.
(道典 3:279)

6. 어느날 고후비님(高后妃任)이 간부(幹部) 도인(道人)들 모인 방(房)에 들어 오시어 둘러보시고 가라사대 **천하(天下)에 대도통(大道通)은 육(六)으로써 벌리나니 윷판(柶版)은 나요 저울은 성포(聖圃)며 잣대는 수제(首濟)니라** 하시더라 전(傳)하니라. 『선도신정경(仙道神政經) 3장 6절』

50. 어느날 신정공사(神政公事)에서 고후비님(高后妃任)이 가라사대 내가 하는 일은 세상(世上)에 폭(幅) 잡히지 않는 일이니라 너희들도 폭(幅) 잡히면 일을 못하나니 폭(幅)을 잡히지 않도록 하라 하시고 이어서 창(唱)하시되 **고부(古阜)가 나의 소금지지야(所檎之地也)니라 지령지기(地靈之氣) 운회야(運回也)니 돌면서 사람을 추리리라** 선자(善者)는 사지(事之)하고 악자(惡者)는 개지(改之)하라 하시더라.
『선도신정경(仙道神政經) 3장 50절』

윷판은 북극성을 중심으로 일주 운동을 하는 북두칠성을 동서남북 방향에 그려 넣은 것입니다. **'윷놀이'**는 다른 민속놀이와 달리 한 해를 마치고 새해로 넘어가는 연말정초年末正初에 주로 행해지기에, 종즉유시終則有始하는 간도수를 상징하는 대표적인 민속놀이입니다.

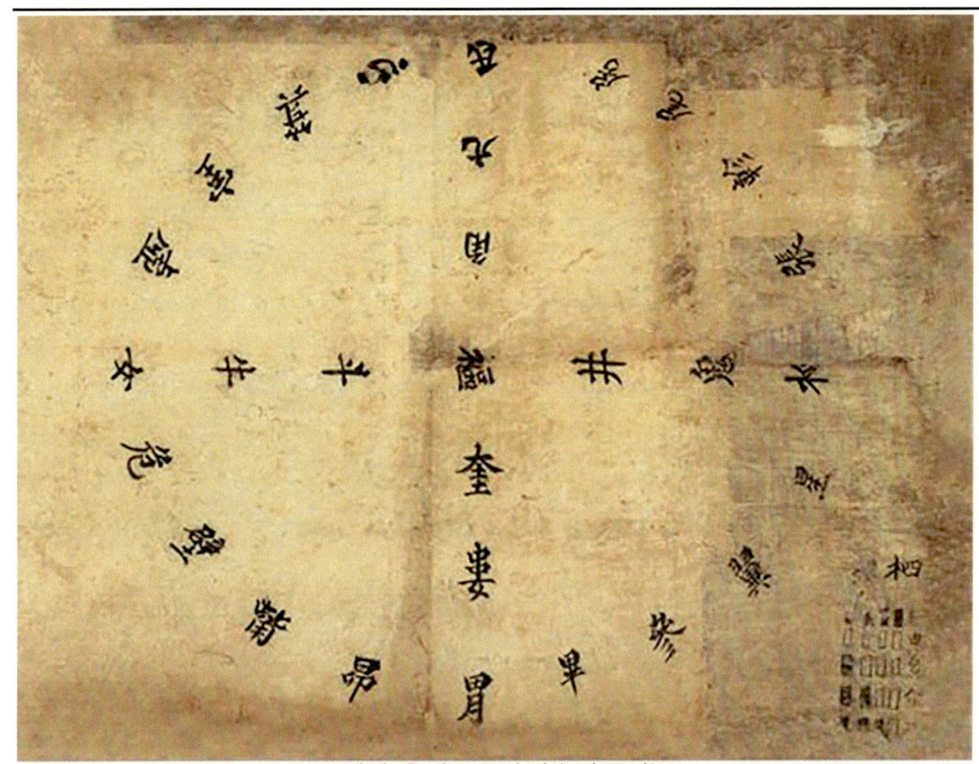

< 옛날 윷판. (온양민속박물관) >

그런즉, **"다른 것은 무엇이든지 '한다'고 이르나 오직 윷은 '논다'고 이르나니 가르치고 놀라"**는 말씀에서 우리는 이 두 가지의 차이점을 발견하게 됩니다.

주로 낮 시간에 생계를 위해 치열하게 움직이는 '일(Doing)'의 개념과 달리, '논다(Playing)'는 것은 휴식과 안식을 상징합니다. 따라서 윷에는 이러한 지천태 음도수의 속성이 담겨 있습니다.

윷판을 그려 놓으시고 그 위에 정좌하시며 **"사방 60리 지령 기운(地靈氣運)이라."**, **"윷판은 나요"**라는 말씀 속에는 천하일등무당으로서 고수부님의 신원身元이 드러나 있습니다.

앞서 살펴보았듯이, 법통맥法統脈에 붙은 보천교의 몸통에서 자라난 이초의 수많은 교단을 비롯하여 삼초의 과정을 거치며 사회에서 갈고닦은 인재들, 그리고 그 밖의 모든 인연자들은 앞으로 천지에서 가을바람이 불어 수기가 다시 턴하는 시점에서는 모두 헤쳐 모일 수밖에 없습니다.

이처럼 가을철 뿌리를 찾아 열매를 맺는 원시반본의 과정(Reversing Process)에서 재구성 된 지천태의 줄기맥 곧 태통맥의 자리는 식물의 생식기관인 꽃에 비유할 수 있습니다.

곤도운으로 뒤집히는 천시를 타고 육기초의 뿌리가 드러날 때, 칠현무의 태통맥으로 수렴되어 결국 암술 머리인 북극성을 에워싸고 있는 사칠성의 휘하인 28수 본연의 자리로 되돌아오도록 천지기운을 몰아들이는 대란이 터지기 때문입니다. 천하대세를 읽지 못하면 가을 바람에 떨어지는 낙엽 신세를 면하기 어렵습니다.

인정상관님은 인력거가 샘바다인 정해井海를 지날 때 무리에게 들으라는 듯이 **"여기가 중앙지로구나."**하셨습니다.

상제님께서도 북두칠성이 북극성을 중심으로 크게 한 바퀴 도는 자미원의 구역을 **'井海水流四海源**정해수류사해원'이라 부르셨으니, 구원의 성소聖所인 이 자미원의 영역을 일러 상제님께서는 **"옛 말에 이르기를 '수양산 그늘이 강동 팔십리 간다.'고 하는 말과 같이, 금산사를 중심으로 한 용화도장은 장광(長廣)이 팔십리니라."** 하신 바 계십니다.

고수부님께서도 **"이곳에서 장광 팔십리가 꼭 차니라."**고 하셨으며 본주님께서도 어느날 밤 혼자 말씀으로 **"장광팔십리(長廣八十里) 안으로 와야지"** 하시며 성현들이 이구동성으로 살 수 있는 생문방을 말씀하셨습니다.

日我世(왈아세)난 坤運(곤운)이니, 乾運(건운)은 先治后亂(선치후란)하고, **坤運(곤운)은 先亂后治也(선란후치야)니라.**

나의 세상은 곤운(坤運)이니, 건운(乾運)은 다스림이 앞서고 어지러움이 뒤따르되, 곤운은 어지러움이 먼저하나 뒤에는 다스려지느니라.

『대개벽경(大開闢經) 1편 신축년 공사기 11장』

日(일일)에 日(왈), **井邑(정읍)에 有先亂後治之運(유선란후치지운)하니, 義者(의자)를 近之(근지)하고 不義者(불의자)를 遠之(원지)하라.**

하루는 말씀하시기를, 정읍에 먼저 어지럽고 뒤에 다스려지는 운수가 있나니, 의로운 사람을 가까이하고 불의한 사람은 멀리하라.

弟子(제자)이 問曰(문왈), 義與不義(의여불의)를 亦何以知之乎(역하이지지호)릿가.

日(왈), **閱歷風霜(열력풍상)하고 有一片丹心(유일편단심)이 以待其時(이대기시)하노라.**

제자가 여쭈기를, 옳고 그름을 또한 어찌 알 수 있사오리까?

말씀하시기를, 긴 세월 바람 서리를 밟으며 일편단심을 지닌 사람이 그 때를 기다리니라.

『대개벽경(大開闢經) 8편 무신년 공사기 18장』

상제님께서는 이 자리를 두고 **'我世 坤運'**이라 하시고 **'坤運은 先亂后治'**이며 **'井邑에 有先亂後治之運'**이 있다 하셨습니다. 이는 먼저 어지럽고 뒤에 다스려지는 곤운의 운수가 자리한 정읍에 왕자포정지지인 서요동이 자리함을 밝혀주신 것입니다.

여기서 판안인 건운乾運은 선치후란先治后亂의 천지비天地否를, 판밖인 곤운坤運은 선란후치先亂后治의 지천태地天泰를 의미합니다.

고수부님 역시 이 지천태의 운수가 갈머있는 땅을 일러 **'정자(井字)는 새암정자 아니냐'**고 하셨습니다. 샘물이라는 건 생명의 근원자리니 고수부님은 한마디로 이 생명수를 먹지 못하면 살 수 없다 하신 것입니다.

「계사하전」 제7장 구덕괘九德卦 중 **'井은 德之地也'**라는 구절이 나오는데, 상제님께서도 '井은 地也'라 하시어 일관되게 이 곤위가 정읍임을 증거하셨습니다.

'王者布政之地'의 왕王은 **"자미원(紫微垣)에 위(位)케 하여 다가오는 선경세계에서 세운(世運)을 통할(統轄)하게 한다."**는 단주丹朱로서 곧 재생신再生身으로 오실 상제님을 이르는 말입니다.

태인泰仁 역시 정읍시에 속한 땅으로 상제님 생가터에서 불과 20~30리里에 위치한 작은 면 단위의 마을입니다.

태인泰仁 배례밭拜禮田 군신봉조群臣奉朝 혈穴을 두고 상제님께서는 **"군신봉조는 장상將相이 왕명을 받는 것이니 그 기운을 걷어 나라를 태평케 할 것이라."** 하셨습니다.

이 태전 공사를 보시기 위해 대전으로 들어가실 때 **"이곳이 제왕지지(帝王之地)니라! 여기서 왕이 나온다! 장차 여기에서 전무지후무지법(前無知後無知法)이 나오리라. 태전을 집을 삼고 인신합덕을 하리니 태전이 새 서울이 된다."**(道典 5:306) 하셨습니다.

신하臣下 없는 왕王이 없듯 사실 군신봉조 혈이 주변에 자리한 것만 봐도 공사보신 **'太田'**이 곧 서요동이 자리한 **'王者布政之地'**로서 정읍의 또 다른 지칭임을 알 수 있습니다. 또한 이어진 구절에서 **'義者'**는 단순히 '의로운 사람'이라는 일반적인 의미보다는, 사실상의 속뜻인 서신西神으로 오실 상제님과 인신합덕할 **'義'**의 대명사 관운장의 역할을 할 **'利君子'**를 뜻합니다. 이는 도운의 이종물 일초를 맡은 **'不義者'**인 차경석과 대비됩니다.

즉 선란후치先亂后治의 땅에 차례로 드러날 두 인물을 **'義者'**와 **'不義者'**로 대비시킨 명확한 의도가 있음을 보여줍니다.

다음으로 이어지는 내용은, 성도 물어 여쭈기를 "의로움과 의롭지 못함을 또한 어찌 알 수 있으리이까" 말씀하시되 **"만고풍상을 겪고 일편단심으로 그 때를 기다리고 있는 사람이 있노라."**하셨는데,

이 말씀에 등장하는 **'閱歷風霜열력풍상'**은 아래성구에 나오는 '風霜閱歷誰知己'에서 알 수 있듯 '일편단심으로 그 때를 기다리고 있는 사람'이라는 뜻의 **'有一片丹心 以待其時'** 곧 13자 '同人'이신 수원나그네이심을 알 수 있습니다.

風霜閱歷誰知己오 湖海浮遊我得顔이라
풍상열력수지기 호해부유아득안
驅情萬里山河友요 供德千門日月妻라

구정만리산하우 공덕천문일월처
만고풍상의 고난을 다 겪은 나를 누가 능히 알리오.
저 우주의 조화 바다에 떠서 노니
내 얼굴이 드러나는구나.
정을 만리에 모니 산하가 내 벗이 되고
덕을 천지에 베푸니 일월이 내 짝이 되는구나.
(道典 8:44)

曰(왈), **我世(아세)에 來世之苦(내세지고)이 我(아)이 爲最(위최)오 次來者(차래자)이 爲次(위차)니라.**
말씀하시기를,나의 세상에서 나의 타고난 고생이 으뜸이요, 다음에 올 사람이 그 다음이니라.『대개벽경(大開闢經) 3편 계묘년 공사기 3장』

이러한 이유로 전라북도 그 중에서 정읍은 몇몇 도시와 더불어 가장 먼저 소병小病이 들어오는 지역이기도 합니다. 오죽하면 **"그러면 선생님의 고향 객망리(客望里)는 몇이나 살겠습니까?"** 하고 묻자, 상제님께서 **"객망리는 초빈터니라"**(道典 7:49)는 말씀까지 하실 정도입니다.

그렇듯 병이 맨 처음 일어나는 곳은 대한민국 호남 땅으로 정읍, 군창, 나주에서 먼저 터진다고 말씀해 주셨는데 그 이유는 병을 고치는 길이 호남에 있기 때문이며(救病之道가 在湖南) 호남 중에서도 병을 고쳐 세상을 구하는 천명이 있는 자리가 정읍이기 때문이며(救世天命이 在此待時) 이 곳에서 때를 기다리는 사람이 있노라고 하셨습니다.(日 閱歷風霜 有一片丹心 以待其時)

弟子(제자)이 問曰(문왈) 大病(대병)이 襲于人世(습우인세)하면 天下(천하)에 何國(하국)이 爲先乎(위선호)잇가.
曰(왈), **始發之初(시발지초)가 在朝鮮(재조선)하노라.**
弟子(제자)이 問曰(문왈), 大病(대병)이 東土(동토)에 先發(시발)하니 何以乎(하이호)잇가
曰(왈), **救病之道(구병지도)가 在朝鮮(재조선)하노라.**
弟子(제자)이 問曰(문왈), 大病(대병)이 東土(동토)에 何道(하도)가 爲先乎(위선호)잇가.
曰(왈), **湖南(호남)이 先發(선발)하노라.**
弟子(제자)이 問曰(문왈), 大病(대병)이 湖南(호남)에 先發(선발)하니 何以乎(하이호)잇가
曰(왈), **救病之道(구병지도)가 在湖南(호남)하노라**
弟子(제자)이 問曰(문왈), 大病(대병)이 湖南(호남)에 何郡(하군)이 爲先乎(위선호)잇가.

曰(왈), **井邑(정읍) 群倉(군창) 羅州(나주)가 先發(선발)하노라.**

弟子(제자)이 問曰(문왈), 大病(대병)이 湖南(호남)에 三郡(삼군)이 先發(선발)하니 何以乎(하이호)잇가.

曰(왈), 羅州(나주)난 敗運(패운)이오, 群倉(군창)은 魚腹(어복)이오, **井邑(정읍)은 救世天命(구세천명)이 在此待時(재차대시)하노라.**

弟子(제자)이 問曰(문왈), 世(세)에 有十二諸國(유십이제국)이 朝貢朝鮮之說(조공조선지설)하니, 以井邑謂乎(이정읍위호)잇가.

曰(왈), 時來(시래)하면 知(지)하노라.

제자가 여쭈기를, 대병이 인간 세상을 엄습하면 어떤 나라에 먼저 닥치나이까?

말씀하시기를 **맨 처음 일어나는 곳이 조선이니라.**

제자가 여쭈기를, 대병이 어째서 이 나라에 먼저 일어나나이까?

말씀하시기를, **병을 고치는 방도가 조선에 있노라.**

제자가 또 여쭈기를, 대병이 이 나라에서 어떤 도에 먼저 일어나나이까?

말씀하시기를, **호남에서 먼저 시작되노라.**

제자가 여쭈기를, 대병이 어찌하여 호남에서 먼저 일어나나이까?

말씀하시기를, **병을 고치는 길이 호남에 있음이니라.**

제자가 다시 여쭈기를, 대병이 호남에서도 어떤 군에서 먼저 일어나오리까?

말씀하시기를, **정읍 군창 나주에서 먼저 일어나노라.**

제자가 여쭈기를, 대병이 어째서 호남의 세 군에서 먼저 일어나나이까?

말씀하시기를, 나주는 망하는 운이요, 군창은 어복이요, **정읍은 구세천명이 이 곳에서 때를 기다리노라.**

제자가 다시 여쭈기를, 세상에 십이제국이 조선에 조공을 바친다는 말이 있으니, 정읍을 이르나이까?

말씀하시기를, 때가 오면 아느니라.

『대개벽경(大開闢經) 5편 을사년 공사기 9장』

스무나흗날 경석(京石)에게 명(命)하여 사인교(四人轎)를 빌려오라 하시더니, 그 이튿날 침방(寢房)을 깨끗이 쓸고 차윤덕(車輪德)으로 하여금 방(房)을 지키라 하시고, 경석(京石)의 한삼(汗衫)에 [어명(御命)]이라 써서 입히시고, 갓을 주물러 씌우시며 일러 가라사대 '너는 암행어사(暗行御史)라. 암행어사(暗行御史)는 폐의파립(弊衣破笠)으로 행동하여야 하느니라' 하시고, 천후(天后) 사인교(四人轎)를 타시고 경석(京石)을 앞세우시고 윤칠(輪七)과 임정준(林正俊)과 주낙범(朱洛範)을 데리고 길을 떠나, 원평(院坪)에 이르사 송찬오(宋贊五)의 집에 처소(處所)를 정(定)하신 뒤에, 윤칠(輪七)을 명(命)하여 약장(藥藏)과 궤(櫃)의 열쇠를 가지고 약방(藥房)에 가서 지키라 하시고, 경석(京石)을 명(命)하여 짐꾼 세사람을 데리고 가서 약장(藥藏), 궤(櫃) 등 약방기구(藥房器具) 일체

(一切)와 부벽서(附壁書)와 벽(壁) 바른 종이까지 모조리 떼고, 방(房)바닥에 먼지까지 쓸어서 가져오라 하시니라.
『고부인신정기(高夫人神政記) 2장 3절』

정읍井邑에 선란후치지운先亂後治之運이 있다(有)고 하셨듯이, 상제님께서는 차경석 종도에게 30만의 동학 역신을 해원시키는 도수를 붙이시어 먼저 어지럽게 하시고, 이어서 고수부님께서는 '**암행어사 도수**'를 붙이시어 뒤에 다스려지는 운수를 정하셨습니다.

이처럼 정읍에는 성웅聖雄의 두가지 야누스의 얼굴이 있음을 지적하셨습니다.

그러므로 "**정읍은 왕자포정지지(王者布政之地)요, 정(井) 자는 새암 정 자 아니냐.**" 고 하신 상제님의 복중에는, "**수부 나오라 해라**" 하시며 고수부님의 수부책봉을 하는 예식의 시작에서부터 이미 도운의 종장終章을 짓는 추수秋收할 사람이 나올 곳을 미리 점찍고 계셨음을 알 수 있습니다. 이는 상제님으로부터 법통 전수를 받은 이후 실제 도통을 받고 역사 속에 도의 씨앗을 뿌리던 날에 나눈 대화 속에도 발견됩니다.

천후(天后)께서 일어나 앉으사 문득 천사(天師)의 음성(音聲)으로 경석(京石)을 대(對)하여 누구임을 물으시니 경석(京石)이 이상(異常)히 여겨 성명(姓名)을 고(告)하고, 또 무슨 생(生)임을 물으심으로 경석(京石)이 경진생(庚辰生)임을 고(告)하니, 일러 가로대 '**나도 경진생(庚辰生)이라. 속담(俗談)에 동갑(同甲) 장사 이(利) 남는다 하나니, 우리 두 사람이 동갑(同甲) 장사 하자**' 하시고, 또 생일(生日)을 물으니 경석(京石)이 유월(六月) 초하루임을 고(告)한대 다시 일러 가로대 '내 생일(生日)은 삼월(三月) 이십육일(二十六日)이라. 나는 낙종(落種)물을 맡으리니, 그대는 이종(移種)물을 맡으라. 추수(秋收)할 자(者)는 다시 있으리라' 하시니라.
『고부인신정기(高夫人神政記) 2장 2절』

9월 20일 아침에 수부님께서 마당을 거니시다가 정신을 잃고 넘어지신 후 가까스로 일어나 앉으시어 하신 첫 말씀으로 "**누구냐?**" 하시니 이에 대답하는 말이 "경석입니다." 하거늘 또 "**무슨 생이냐?**"하고 물으시니 경석이 "경진생(庚辰生)입니다." 하고 대답을 합니다.

그러면서 "**나도 경진생이라. 속담에 동갑 장사 이(利) 남는다 하나니 우리 두 사람이 동갑 장사 하자.**"는 말씀을 하시면서 '利'를 언급하셨는데 '利'는 '이윤', '이득', '이익'의 의미이지만 그 시대로만 보면 동갑 장사하여 그 장사가 번창하지 못하고 망해버렸음을 알 수 있습니다.(先亂,30만의 동학역신 해원도수)

그런데 '**利**'에는 '**利君子**'라는 속 뜻이 담겨 있습니다.

정읍에서 동갑장사하여 결국 추수秋收할 사람이 나올 이곳에 '운장'으로 상징되는 **'利君子'**가 남음을 암묵적으로 시사하신 것입니다.

이는 곧 **"시(始)도 여기서 일어나고 종(終)도 여기서 마치리라."**는 간도수의 숙구지宿狗地 도수를 받아, 낮잠을 자며 때를 기다리고 있는 주인공을 이르는 말이기도 합니다. 이는 폐의파립의 암행어사 도수와 그 맥락이 같습니다.

이러한 서신사명西神司命의 황극말 도수를 고수부님께서는 강원섭을 통해 인마人馬 공사로 보시기도 하셨습니다.

강원섭의 호가 서방 백호白虎 이기도 하니 도체공사에서 사정방四正方을 정하실 때 서방주西方主에 임명하시고 고민환과 강원섭은 고수부님을 모시고 황룡기를 꽂은 중앙에 서기까지 하였습니다.

그런즉 **"앞으로 모든 일을 민환에게 맡긴다."** 하시고 **"너는 저울만 맡아 보라"**던 고민환 종도가 봉鳳인 단주(亨,日)의 역할이라면 서방백호의 강원섭은 용龍인 운장(利,月)의 대리였음을 알 수 있습니다.

1 태모님께서 매양 치성 때가 되면 많은 신도들이 지켜보는 가운데 인마(人馬)를 타고 다니시거늘
2 여러 성도들이 번갈아가며 인마를 짓되 주로 **강원섭이 인마 역할을 하니 그의 호(號)는 백호(白虎)라.**
3 태모님께서 인마를 타시려고 할 때는 큰 소리로 동네를 향하여 "백호야, 백호야!" 하고 부르시니
4 원섭이 그 소리를 알아듣고 달려와서 대령하면 "인마를 지어라."고 명하시거늘
5 원섭이 무릎을 꿇고 엎드려 태모님을 등에 오르시게 한 뒤에 달려갈 채비를 끝내면
6 태모님께서 말채찍으로 치듯이 원섭의 허리께를 손으로 철썩철썩 때리시며 큰 소리로 **"백호야, 달려라! 이랴, 어서 가자!"** 하시고 마당을 도시니라.
7 어떤 때는 강대용에게 인마를 짓게 하시어 그의 등에 타시고 원섭을 마부로 정하여 인마를 끌게 하시니라.
8 또 종종 인마를 타시고 당산 마을 한가운데에 있는 큰 당산나무 주위를 강강술래 하듯 빙빙 도시니
9 성도들은 태모님께서 공사를 마치실 때까지 계속하여 주문을 읽으니라.
(道典 11:153)

하루는 종도들에게 일러 가라사대 **나의 일이 장차 초장봉기지세(楚將蜂起之世)로 각 색(色)이 혼란스럽게 일어나서 물중전(잡화전) 본을 이루리라 그러나 다시 진법이 나오게 되리라.**
『대순전경(大巡典經) 3장 165절』

또한 "**나의 일이 장차 초장봉기지세(楚將蜂起之勢)를 이루리라.**"는 말씀은 '초나라의 장수들이 벌떼처럼 일어난다.'는 뜻입니다.

여기서 벌을 예로 드신 것은 낙종물을 맡으신 고수부님을 두목인 여왕벌에 비유하시고, 동갑장사로 정읍에서 일어난 보천교 차경석 종도를 초楚나라 장수 초장楚將 항우에 비유하시는 말씀입니다.

곧 간도수艮度數의 시종始終을 암시하는 말씀으로 사실 그 이면에는 김수부님과 '**利君子**'인 운장(암행어사 차경석)을 난亂의 종결終結을 지은 한漢나라 임금인 유방에 넌지시 비유하시는 상제님의 의도를 느낄 수 있습니다.

井邑(정읍)이 在角星分野(재각성분야)하고, 蘆嶺之下(노령지하)에 王者布德(왕자포덕)하고, 玄德(현덕)이 入蜀(입촉)에 蜀士歡迎之說(촉사환영지설)하니 何如乎(하여호)잇가. **曰(왈), 土亭(토정)은 方可謂之先生也(방가위지선생야)니라.**

弟子(제자)이 問曰(문왈), 世(세)에 有求人種於兩白之說(유구인종어양백지설)하니 何以乎(하이호)잇가. **曰(왈), 兩白(양백)이 在角也(재각야)니라.**

下訓(하훈)하시니 **曰(왈), 古阜(고부)난 求禮(구례)오, 井邑(정읍)은 咸悅(함열)이오, 全州(전주)는 壬實(임실)이니라.**

下訓(하훈)하시니

曰(왈), **花開於扶安(화개어부안)하고, 結實於泰仁(결실어태인)하노라.**

弟子(제자)이 問曰(문왈), 世(세)에 有四七八正別將(유사칠팔정별장)이 雲中往來之說(운중왕래지설)하니 何義乎(하의호)잇가. 曰(왈), 井(정)은 地也(지야)오, 別(별)은 次也(차야)오, 四七八(사칠팔)은 年也(연야)니라.

下訓(하훈)하시니,

陣木花開萬樹春(진목화개만수춘)이오 井海水流四海源(정해수류사해원)이라.

제자가 여쭈기를, 정읍이 각성 분야에 있고, 노령산맥 아래서 임금이 덕을 펴고, 현덕(유비)이 촉에 들어가매 촉나라 선비가 환영하였다는 말이 있으니 그렇습니까?

말씀하시기를 토정은 선생이라 일컬을만 하도다.

제자가 여쭈기를, 세상에 양백에서 사람을 구한다는 말이 있으니 어떻습니까?

말씀하시기를, 양백이 뿔에 있느니라.

고부는 구례요, 정읍은 함열이요, 전주는 임실이니라.

가르침을 내리시기를, 꽃은 부안에서 피고 열매는 태인에서 맺노라.

제자가 여쭈기를, 세상에 사칠팔 정별장이 구름 속을 오고간다는 말이 있으니 무슨 뜻입니까?

말씀하시기를, 정(井)은 땅이요, 별(別)은 차례요, 사칠팔은 해니라.

가르침을 내리시니, 묵은 나무에 꽃이 피니 모든 나무에 봄이오고, 우물 바다에 물이 흐

> 르니 사해의 근원이로다.
> 『대개벽경(大開闢經) 4편 갑진년 공사기 4장』

상제님께서 **"여기가 제비창골(帝妃創谷)이라지?"** 하고 물으시자, 형렬이 **"예, 그렇습니다. 어디서 들으셨습니까?"** 하고 대답합니다. 이에 상제님께서는 **"응, 촉나라 길이 험하다 하여도 한신(韓信)이가 알더라고, 천하사(天下事)를 하러 다니는 사람이 제비창골을 모르겠나"** 하셨습니다.

유방劉邦이 자리한 촉나라에 대해 한 종도가 **"현덕(유비)이 촉에 들어가매 촉나라 선비가 환영하였다는 말이 있는데 그렇습니까?"** 하고 묻습니다. 그러자 상제님께서는 **"토정(土亭)은 선생이라 일컬을 만하도다"** 하시며 힌트를 주십니다.

이 말씀은 앞문장과 맥락을 이어서 보면 **"蘆嶺之下(노령지하)에 王者布德(왕자포덕)"**의 땅인 정읍(井邑)을, 촉나라인 제비창골(帝妃創谷)에 비유하신 말씀입니다.

이를 통해 상제님께서 정읍이라는 곳을 유방이 자리한 촉나라로 보시는 시각을 엿볼 수 있으며 적벽대전에 대패해 결국 관운장이 지키는 화용도에서 만나게 되는, 판안과 판밖의 대결 구도로 공사를 짜 놓으신 모습을 볼 수 있습니다.

이러한 도수를 통해 정읍이야말로 **"제비 새끼 치는 날에 제비창골이 가득 차리라."** 하신 제비창골 도수가 열리는 제업창골(帝業創谷)이 자리한 곳임을 확인할 수 있습니다.

또한 '**井邑(정읍)이 在角星分野(재각성분야)하고 兩白(양백)이 在角也(재각야)**'라는 구절은 사실상 종결짓는 선언과 같습니다. '**角星分野**'라는 말 속에는 김호연 성도에게 붙이신 혈맥관통의 맥이 연결되는 땅이라는 깊은 속뜻이 내포되어 있습니다.

『격암유록』에도 무려 81회나 나오는 '**兩白**'이 자리하신 비처를 찾겠다고 전국 방방곡곡을 쑤시고 다니며 더 헤맬 필요가 없도록, 상제님께서는 아예 정읍을 콕 찍어 그 위치를 분명히 확정해 주신 것입니다.

"양백에서 사람을 구한다(有求人種於兩白之說)"는 말에 대해 묻는 종도의 질문에 상제님께서는 **"古阜(고부)난 求禮(구례)오"**로 시작하여 이어지는 말씀들로 사실상 모든 답을 하신 것입니다. 고부古阜를 일러 '**예(禮)를 구하는 자리**'라 하신 것은 결국 예(禮章)를 갖춰야 할 분이 그곳에 계시다는 것을 뜻하지 않습니까?

또한 중택태괘重澤兌卦의 단전에 '**彖曰 兌는 說也**'라는 구절에서 근거한 '**井邑(정읍)은 咸悅(함열)**'이라는 말씀은 백성을 거느린 임금을 뜻하는 '**兌卦**'로 상징되는 인물이 자리한 곳이자 '**咸悅**'의 '**咸**'이 31번째 택산함괘가 상징하는 '**두 사람**' 곧 '**兩白**'이 '**在角也**' 즉 정읍에 있음을 드러낸 것입니다. 따라서 상제님께서는 이 모든 이치를 집약하여 '**井邑은 咸悅**'이라 결론지으신 것입니다.

어떤 이들은 이 '**두 사람**'을 남자 두 사람으로 얘기하는데 택산함괘의 단전에는 분명히 '**男下女**'와 괘사에 여자를 취하면 길하다는 '**取女吉**'이라는 구절이 나옵니다. 주역을 보면 내일을 알리라 하셨는데 이치에 맞지도 않는 소리로 혹세무민 하지 않기를 바랄 뿐입니다.

간도수艮度數에는 크게 두 가지 의미가 있습니다. 앞서 언급했던 정읍이 '王者布政之地'라는 공간적 관점이라면, **"시(始)도 여기서 일어나고 종(終)도 여기서 마치리라"**는 말씀은 시간적 의미를 내포하고 있습니다.

즉, 도운의 시작인 낙종落種도 정읍井邑에서 일어나고, 추수자에 의한 도운의 매듭 역시 쇠머리(坤爲牛)를 땅(牝馬)에 묻은 지천태地天泰의 상에서 알 수 있듯 정읍에서 마치게 된다는 것입니다.

결국 법통맥의 시작(始)과 마무리(終) 태통泰統의 추수할 사람이 나타나는 곳은 동일함을 말씀하셨습니다.(始於艮,終於艮)

그리하여 왕王이 정사政事를 펴는 포정소布政所가 자리한 정읍井邑에 간도수艮度數의 종장終章을 찍어 **"이 점이 되는 때에 세상일이 바로잡히게 되리라."(道典 5:349)**고 하셨는데 이는 '井'의 본자本字인 '丼'자에서 보듯 438/951/276의 낙서 구궁정자九宮井字 중앙에 있는 오황극五皇極의 낙점落點을 뜻합니다. 이 말은 왕이 자리잡는 곳이 우물을 뜻하는 정읍이라는 말입니다.

선생님(先生任)이 정읍(井邑)에 계실 때 선생님(先生任)을 의병(義兵)이라 하여 헌병(憲兵) 수십명(數十名)이 문전(門前)에 이르기로 선생님(先生任)이 경석(京石)을 불러 네가 저 사람들을 보내겠느냐 - 경석(京石)이 청명(聽命)하고 나가서 어찌 하였던지 무사(無事)히 헌병(憲兵)들을 보내고 들어오니 선생님(先生任)이 보시고 경석(京石)은 대재(大才)요 만인지장(萬人之長)이 될 만하다 하시고 **왕자포덕(王者布德) 도수(度數)를 정읍(井邑)에 둔다 하신 후(後)로 차경석(車京石)이 교도 수만(敎徒數萬)을 두었더라** 선생님(先生任)이 형열(亨烈)을 보시고 **정읍(井邑)이 대창(大昌)하되 잠농지운(蠶農之運)이라 누에는 집만 지으면 죽나니 집만 끝이 나면 죽으리라** 하시니라
『속수전경(續修典經)』

그리하여 차경석 종도에게 **"정읍이 대창(大昌)하되 잠농지운(蠶農之運)이라. 누에는 집만 지으면 죽나니 집만 끝이 나면 죽으리라."**고 하신 말씀대로 십일전十一殿을 비롯한 보천교의 큰 건물을 세운 1929년 이후 7년만인 1936(丙子)년에 그 명을 다하게 됩니다.

우선 총 공사비가 150만 원이었다. 혹은 100만 원이었다고 기록되어 있는 데도 있지만, 그 당시 총독부의 한 해 총예산이 2억 4천만원 가량이었고 당시 조선의 수출입 규모가 각각 300만 원을 조금 웃돌았다 하니 가히 엄청난 금액이었음을 짐작할 수 있다.
이듬해인 기사년(서기 1929년)3월15일에 태극전(太極殿:聖殿) 준공식(정식 명칭은 '천

지신명봉안식'이었다.)을 하려다 태극이라는 명칭이 불온하다는 경찰의 이의 제기로 무산되고 말았다. 이때 전국 각지에서 몰려든 교인과 구경온 사람들은 경찰에 의해 강제로 해산되었고 교단 간부들은 체포, 구금당하였다. 이에 격분한 교인들이 갓을 뒤로 제치고 주변 건물의 지붕에 올라가 기왓장을 들고 경찰과 대치하는 등 일촉즉발의 상황이 벌어지기도 하였다.

2만평의 교 본소 내에는 십일전(十一殿:太極殿의 이름을 고쳐 부른 것임.)을 중심으로 40여 채가 넘는 크고 작은 건축물들이 들어서 흡사 대궐을 연상케하였다. 중앙의 웅장한 십일전은 땅과 무극을 상징한 십(十)과 하늘과 태극을 상징한 일(一)을 적용하여 붙인 이름이었다 한다. 또 교주가 60방주(方主) 중에서 중앙격인 토주(土主)였기 때문에 의당 그 궁전을 토전(土殿)이라 일컬을 것을 경찰의 의심을 피해 합치면 土(토)자가 되고 토전은 곧 이 땅의 주인이 장차 정사를 펴 나가는 집이라는 뜻이다.

십일전은 목조 건물로 지붕이 기와로서 당초엔 황와(黃瓦)를 올렸는데 경찰의 간섭으로 다시 보통 기와를 올리게 되었다. 황색은 바로 흙의 정색(正色)으로 상징된다는 이유 때문이다. 그 건평이 200여평, 높이가 87.7척(26.6미터), 총 공사비는 50만 원으로 5년 만에 완성되었다. (출처 : 소설 本主)

1 정읍 대흥리에 계실 때 하루는 성도들에게 **"정읍에 천맥(阡陌) 도수를 붙인다."** 하시고
2 공사를 행하신 후에 말씀하시기를 **"여기가 못자리니 이것이 천하파종(天下播種) 공사니라."** 하시니라. (道典 6:48)

또 종이에 철도선(鐵道線)을 그려놓고 **북쪽에 점을 치사 정읍이라 쓰시고 남쪽에 점 치사 사거리라 쓰신 뒤에** 그 중앙에 점을 치려다가 그치기를 여러번 하시더니 대흥리를 떠나실 때에 점을 치시며 가라사대 **이 점이 되는 때에는 세상이 끝나게 되리라** 하시니라 『대순전경(大巡典經) 4장 130절』

"정읍에 천맥(阡陌) 도수를 붙인다."고 하셨는데 여기서 천맥阡陌의 사전적 의미는 남북南北으로 난 것을 천阡, 동서東西로 난 것을 맥陌이라 하여 논이나 밭이 있는 시골 지역의 작은 길을 뜻하는 한자입니다.

또한 **"여기가 못자리니 이것이 천하파종(天下播種) 공사니라."**고 하셨던 것은 **"판밖에 도통종자(道通種子)를 하나 두노니 장차 그 종자가 커서 천하를 덮으리라."**는 말씀에 나온 도통종자道通種子를 심는 천하파종天下播種 공사입니다.

우물 '井'자의 생긴 모양을 보면 동서남북東西南北으로 난 길은 곧 십승지十勝地의 중심에서 뻗어나가 사칠성四七星이 움직이는 윷판자리와 같습니다. 그러므로 '못자리'는 '丶'이 빠진 우물 '井'자와 같아서 **"나는 금산사에 가서 불양답(佛糧畓)이나 차지하리라."**는 말씀에 나오는 판밖의 불양답과 같이 후천의 도통종자를 뿌리는 칠현

무 자리를 뜻합니다. 이는 철도선을 그리시며 남쪽에 점치사 '**사거리**'(南,佛養畓,立地之道)라 쓰시는 공사와 연결되는데 이 남쪽에는 정읍의 뿌리가 되는 정해마을(井海)이 자리해 있습니다.

반대로 북쪽에 점을 치사 정읍이라 쓰심은 '井'자의 중앙에 '丶'이 있는 자하도 생문방 자리 서요동(北,太田,立人之道)으로 가활만인지지可活萬人之地'라 일러온 불가지佛可止입니다.

천맥(阡陌)에는 원래 '**밭두둑**'이라는 뜻이 있습니다. 상제님께서도 "**피란은 콩밭(太田) 두둑에서 하느니라.**" 하지 않으셨습니까?

또한 '阡陌'에는 천세千歲(阡) 만세萬歲(陌)의 상이 있습니다.

사실 '만세'의 호칭은 황제의 전유물이었습니다. 조선과 같은 이른바 '제후국'의 군왕에게는 만세는 언감생심이고 원칙적으로는 '천세' 호칭까지만 허락됐습니다.

원래 하도(1~10) 55수와 낙서(1~9) 45수의 합을 일러서 일원수一元數라 했으니 이를 신도神道로 보자면 황극신(一元)을 뜻합니다.

즉 천맥阡陌 도수는 자미원이 지상에 내려온 십승지 '**콩밭(太田) 두둑**'으로 왕자포덕의 황도皇都를 뜻하는 도수입니다.

하루는 태인 백암리(泰仁 白岩里)에 사는 김경학金京學이 와 뵙거늘 상제님께서 명하시어 김자선金子善의 집에 유숙케 하는 일이 있었습니다.

이튿날 상제님께서 자선의 집에 이르시어 경학에게 "**간밤에 꿈에서 본 것을 말하라.**" 하시니, 경학이 "**꿈에 개 한 마리가 우물에 빠지는 것을 보고 죽을까 염려하여 달려가 보니, 그 개가 다시 우물에서 뛰어나와 다른 곳으로 가더이다.**" 라고 아뢥니다.

이에 상제님께서는 "**상말에 강가를 개라 하나니 네가 꿈을 옳게 꾸었다.**"고 말씀하시는 공사가 있었습니다. 즉 '井'의 본자本字인 '丼'에서 보듯 가운데 그 한 점이 서신으로 오시는 상제님이심을 알 수 있습니다.

더불어 동도지東桃枝 공사를 보실 때 양지에 '**용(龍)**' 자 한 자를 써 주시며 "**약방 우물에 넣으라.**" 하시는 공사까지 보셨으니, 이 모든 것이 같은 맥락임을 알 수 있습니다.

상제님께서는 "**나의 도(道)를 열어 갈 때에 난도자(亂道者)들이 나타나리니 많이도 죽을 것이니라**" 하셨습니다.

> 日(왈), 大道之下(대도지하)에 有亂道者(유난도자)하야 有衆死(유중사)하노라.
> 下訓(하훈)하시니, 不知赤子入暴井(부지적자입폭정)하니 九十家眷(구십가권)이 摠沒死(총몰사)라.
> 말씀하시기를, 대도 아래에서 도를 어지럽히는 사람이 있어 여러 사람이 죽는 일이 있으리라. 가르침을 내리시니, 어린 아이가 우물에 떨어지는 것을 모르니, 열에 아홉 집안이 모두 죽음을 당하리라.『대개벽경(大開闢經) 5편 을사년 공사기 9장』

이때 거짓 천자, 대두목 행세 등 난법을 자행하는 이들을 일컬어 사나운 우물이라는 뜻의 '暴井폭정'으로 쓰신 것을 보면, 우물 '井'자에 임금(천자)을 상징하는 의미가 담겨 있음을 알 수 있습니다.

그렇다면 지금까지 논의해왔듯 정읍을 지천태 자리로 공사보실 수 밖에 없는 천지공사의 이치적 배경이 되는 역易의 근거는 어디에 두고 있을까요?

그것은 11지천태괘의 서괘전序卦傳에 **'泰者는 通也'**라는 문장에 있습니다.

놀랍게도 이 '通'의 자리를 48수풍정괘水風井卦의 잡괘전에서 또 다시 **'井은 通也'**라 명시하였으니 역易에서는 **'泰'의 자리를 '井'으로 규정**하고 있습니다.

그리고 이를 상제님께서는 이치 그대로 천지공사에 취하여 쓰셨던 것입니다.

그러면 **"내가 진주(眞主) 도수를 천한 데 가서 가져온다."**하시고 **"정읍은 왕자포정지지(王者布政之地)요, 정(井)자는 새암 정 자 아니냐."**고 하신 '井'자의 이면에 담겨 있는 신화의 의미성에 대해서 알아보도록 하겠습니다.

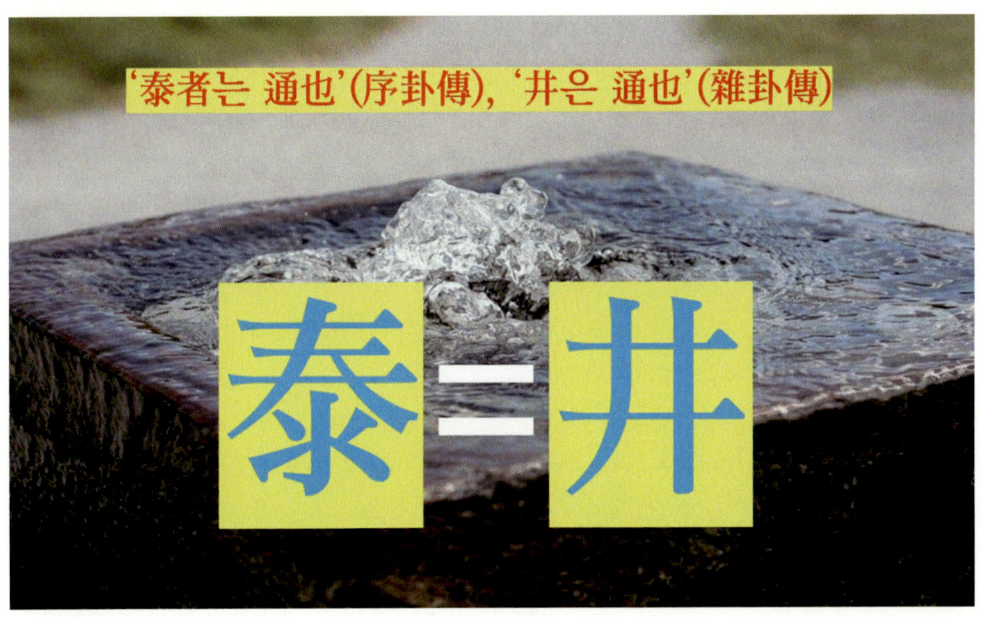

2. 우물의 신화적 의미성(子井,女井)

<정읍시 정해(井海) 마을 새암바다 상징우물>

왜 고대의 우물들은 정(井)자로 지어졌을까요?

그것은 신교문화의 영향을 받았기 때문입니다. 우물(井)에 대한 고대의 기록들 중 인류의 창세 역사와 잃어버린 한민족사의 국통 맥을 바로 세우는 근간이 되는 『환단고기(桓檀古記)』 중 「삼성기(三聖紀) 상편」에 보면 '子井자정'과 '女井여정'에 대한 내용이 나옵니다.

> 後 桓雄氏繼興 奉天神之詔 降于白山黑水之間
> **鑿子井女井於天坪** 劃井地於靑邱 持天符印 主五事
> 在世理化 弘益人間 立都神市 國稱倍達.
> 그 후 환웅씨가 환국을 계승하여 일어나 하늘에 계신 상제上帝님의 명을 받들어 백산과 흑수 사이의 지역에 내려오셨다. 그리하여 **천평天坪에 자정子井과 여정女井을 파고 청구靑邱에 농사짓는 땅을 구획하셨다.** 환웅께서 천부와 인을 지니고 오사五事를 주관하시어 세상을 신교의 진리로 다스려 깨우쳐 주시고, 인간을 널리 이롭게 하시며 신시神市에 도읍을 정하여 나라 이름을 배달倍達이라 하였다.
> (환단고기 역주본, 상생출판)

우물은 물을 긷기 위해 땅을 파서 물이 괴도록 한 곳으로 고대 중국의 구주九疇, 정전제井田制 등의 용어도 땅의 의미였지만 본시 정井은 하늘을 뜻하였습니다.

예로부터 우리 민족이 써온 '天井'이라는 말도 북두칠성이 한 바퀴 도는 자미원의 구역을 뜻하는 말이었습니다. 하지만 이 말이 지금은 '天障천장'으로 바뀌어 실내 공간의 상부를 구성하는 면이 되면서, 그만 닫힌 하늘이 되고 말았습니다.

칠성신앙은 삼신신앙과 더불어 고대 한민족의 대표적 신앙이었습니다. 할머니들이 장독대에 정화수井華水를 떠놓고 칠성님께 자손들의 무병장수와 복을 비는 모습이 연상되는데, 특히 우물가에서 비는 이유는 칠성이 비추는 우물 그 자체에 북두칠성을 뜻하는 의미가 내재해 있기 때문입니다.

이와 같이 지구촌 어디에서나 보이는 하늘을 바라보며 종교생활을 했던 고대인들의 생활문화에는 그 하늘의 이치가 그대로 녹아있을 수밖에 없습니다.

하늘의 중앙에는 북극성이 자리한 자미원紫微垣과 태미원太微垣, 천시원天市垣이 있고, 이 삼원三垣을 중심으로 동서남북에 28수宿가 자리했습니다.

이러한 천문天文에 대한 공통된 인식은 역사의 성장과 더불어 대륙을 넘나들며 각기 다른 환경적 토양에 적응하는 과정에서 서로 다른 문화적 양식으로 표출되었지만, 그 근본은 본래 하나였기 때문에 서로 다른 환경에도 불구하고 대단히 유사한 공통점이 발견됩니다.

모든 종교적 신화의 기저에는 하늘의 뜻인 이치(理)가 있고, 그 뜻이 하늘에 펼쳐진 장場이 바로 천문天文입니다. 그러므로 지구촌에 있는 세계 각 종교와 문화가 갖는 공통점으로서 인문人文의 뿌리가 되는 천문의 이치를 모르고서는, 역사 속에서 펼쳐진 신화의 원형이나 종교에 내재해 있는 메시지의 본질을 알아볼 수 없는 것입니다.

이에 대한 자세한 내용은 본서의 4부 중 <삼원三垣 28수宿와 칠정七政>에 관한 글에 천문天文에 대한 개략적인 내용이 있으니 참고하시기 바라며, 여기서는 따로 설명하지는 않겠습니다.

정井에는 원래 두가지의 뜻이 있습니다. 이는 처음에 『삼성기(三聖紀) 상편』을 언급하며 소개한 '子井자정'과 '女井여정'에 대한 내용입니다. 그 본을 뜬 본래의 의미는 '子井'은 북두칠성을, '女井'은 북극성을 의미하고 있습니다.

즉 정井에는 북극성(柔,體)과 북두칠성(剛,影)의 관계를 뜻하는 체영지도體影之道인 지천태地天泰의 상징성이 담겨 있습니다. 그러므로 지천태의 자리를 **'日我世 坤運'**(나의 세상은 곤운)이라 말씀하신 것입니다.

조왕(柔)의 정지를 뜻하는 우물(女井) 속에 출입하는 국자모양의 북두칠성(剛)인 두레박이 출입하는 모습을 상형하여 만들어진 글자가 바로 우물 정井자의 본자인 '丼'입니다. 참고로 두레박(瓶,巽)에 매단 줄(繘)은 오황극인 직녀를 뜻합니다.

또한 '女井' 속에 '子井'이 서로 붙어 있는 의미를 본뜬 글자가 '好'이니, 이는 음(女)양(子)의 순으로 지천태의 상을 나타냅니다.

유서遺書에 나오는 '**好道遷佛**호도천불'에는 칠현무七玄武 자리를 뜻하는 의미가 담겨 있습니다. 더욱이 옮길 천遷자의 구성 요소인 '覀'은 덮을 아자(襾)로, '西'와 동자同字가 됩니다. 따라서 '遷'에는 '서쪽으로 옮긴다.'는 뜻을 내포하고 있으며, 이 서쪽이 바로 지천태의 자리임을 암시하고 있습니다.

'井'과 '好道'에 담긴 의미는 서양종교인 카톨릭에서는 'mandorla'(만돌라)로 표현되고 있으며, 동양 불교사상에서는 만다라(Mandara)라 불립니다. 이름이 유사할 뿐 아니라, 이 둘이 말하는 철학 사상 또한 매우 유사합니다.

만돌라(mandorla)는 원래 아몬드 열매나 과실의 핵核을 뜻하는 만도리아(Mandoria)에서 유래한 말로 미술 용어이기도 합니다. 님부스가 머리에만 국한된 후광後光을 가리키는 데 비해, 만돌라는 신성한 인물 전체를 둘러싼 빛을 의미합니다. 이는 그 인물의 신성神性, 영광, 위엄의 발현發現, 또는 신에 의한 보호및 성화聖化된 일과 관련하여 쓰이는 경우가 많습니다.

이 그림은 4세기 중엽부터 로마의 마리아 대성당에서 시작되어, 영광에 싸인 그리스도의 거룩한 변용變容 그림과 고성소古聖所에 내리는 그리스도, 심판하러 재림하는 그리스도 상 뒤에 후광으로 그려지기 시작했다고 합니다.

그리스도는 종종 비잔티움 황제처럼 권좌에 앉아 나타나는데, 이때 그리스도의 영광을 상징하는 푸른색 원형 후광인 '만돌라(mandorla)와, 지구의 네 방위와 네 복음사가의 상징 동물이 그려진 붉은색 사각형 바탕 위에 나타나기도 합니다. 이것은 그리스도의 재림을 상징합니다.

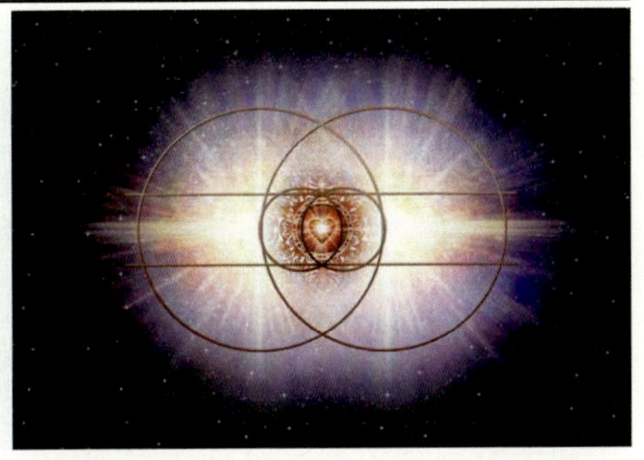

하늘(Heaven)과 땅(Earth)이 서로 겹쳐진 아몬드(Mandoria) 모양의 공간이 상징하는 바가 만돌라(mandorla)입니다. 이를 동양에서는 천지부모(天地陰陽)에게서 나온 사람(人)으로 해석합니다. 물론 지천태 자리에서는 다시 자정(子井,剛)과 여정(女井,柔)으로 나뉩니다. 이 관점에서 보면, 그리스도는 북두칠성(子井,剛)의 비유이며 네 방위에 그려진 상징 동물은 사방신四方神으로서 28수宿 별자리를 주관하는 사칠성四七星을 뜻합니다.

즉 만돌라(mandorla)는 카톨릭에서 눈(eye)으로 상징하고 있습니다.

그런데 이 아몬드 모양은 꼭 여자의 음부陰部와 흡사합니다.

노자의 『도덕경(道德經)』 제6장에 나오는 곡신谷神, 현빈玄牝이라는 말은 자미원紫微垣의 북극성(牝馬)에 대한 내용입니다. 하지만 '是謂天地根'과 '用之不勤'에서 알 수 있듯이, 경서의 깊은 자리는 결국 황극신(牝牛)에 대한 찬탄으로 끝을 맺고 있습니다.

老子 제6장
谷神不死, 是謂玄牝, 玄牝之門, 是謂天地根, 綿綿若存, 用之不勤.
곡신불사 시위현빈 현빈지문 시위천지근 면면약존 용지불근.
곡신(谷神)은 죽지 않으니 이를 일러 현빈(玄牝)이라 한다.
현빈玄牝의 문은 천지의 뿌리(根)가 되며, 면면(綿綿,실낱같이 희미하게 이어져)하여 있는 것 같기는 한데 쓰임에는 부지런하지 않다.

결국 북극성과 북두칠성의 관계는 세계 각 문화권의 처녀 수태, 부활 등에 관한 놀라우리만치 유사한 신화[1)]의 원형原形이 되었습니다.

만돌라가 그리스도교의 상징이라면, 불교에는 광배光背가 있습니다. 광배는 일반적으로 두광頭光과 신광身光으로 구분하며, 이는 부처님의 몸에서 나오는 빛을 상징화한 것입니다. 부처님이 발산하는 일체의 빛은 깨달음의 정신적 에너지이자 지혜의 상이며, 부처님의 몸에서 나오는 광명을 광명지상光明智相이라 합니다.

영주 부석사 소조여래좌상　　　　동화사 비로암 석조비로자나불좌상

1) 예를 들어 이집트 신화에 나오는 호루스 신은 기원전 3천년전에 12월 25일 출생 했고, 처녀 수태 하였으며, 태어나자 동방에서 별이 떠올랐고, 별을 따라온 점성술 예언자인 동방박사 3인의 경배를 받고 12명의 제자들과 방랑하며 병자를 치료하고 물위를 걸었으며 타이폰의 배신으로 십자가에 못 박혀 죽었으나 3일 뒤 부활하였습니다. 또한 그리스 신화에 나오는 아티스 신은 기원전 1200년 12월 25일 처녀수태로 출생 하였고 십자가에 못밖혀 죽었으나 3일 뒤 부활하였으며 그외 인도의 크리슈나신,페르시아의 미트라신,그리스의 디오니소스신등 모두 12월 25일 처녀수태로 탄생 하였으며 이집트신화와 내용이 비슷하거나 같고 어머니의 이름이 메리,마야.마리 등으로 불렸다고 합니다.(출처:시대정신)

만다라(Mandala)는 우주 법계法界의 온갖 덕을 망라한 진수眞髓를 그림으로 나타낸 불화佛畵의 하나입니다. 그 중에서도 칼라차크라(Kālacakra)는 고대의 탄트릭 불교라 일컬어지는 밀교密敎의 한 만다라 양식입니다. 이는 가장 논리적이며 철학적인 우주의 이치와 원리의 집약도이기도 하며, 티베트 불교 사상의 정수가 담겨 있어 대중성과 예술적 선호도가 높습니다.

칼라차크라는 시간을 뜻하는 칼라(kala)와 바퀴를 뜻하는 차크라(chakra)의 합성어로, 산스크리트어로는 '시간의 바퀴' 또는 '시간의 순환'을 의미하며, 한역漢譯에서는 시륜時輪이라고 번역했습니다. 티베트 불교에서는 매우 복잡한 가르침과 수행을 포함하며, 상당히 높고 깊은 단계로서 난해한 밀교의 가르침으로 전해지고 있습니다.

칼라차크라 만다라는 대부분 둥근 원 안에 사각형 모양이 그려져 있는 형태를 취합니다. 원을 이루는 백, 청, 황, 적, 녹색은 지구상의 다섯 가지 존재 요소인 땅, 물, 불, 바람, 하늘을 뜻합니다. 가운데에 있는 사각형은 3층 탑 모양으로 이루어져 몸,

입, 정신을 나타냅니다. 이러한 구조 또한 북극성을 중심으로 한 사방신四方神의 경계를 그린 천문天文의 이치가 담겨있는 그림입니다.

이상으로 정井자의 이면에 담겨있는 세계 각 문화권의 종교적 신화의 의미를 알아보았습니다. 땅의 지기地氣가 다름으로 인한 형질形質의 변화로 생활 문화권별 표현 양식은 다르게 나타나지만, 하늘은 하나이듯 지향하는 바는 결국 천정天井의 중심으로 통하고 있음을 확인해 보았습니다.

4장 도통맥(道統脈)

1. 사문과 생문

천지지리는 삼원이라 하여 처음에 도맥道脈의 틀을 뿌리, 줄기, 열매로 크게 나누었습니다. 그러나 원시반본原始反本 하여 가을 운도로 넘어오게 되면, 줄기맥의 기운이 반전하면서 칠현무의 속성을 가장 잘 드러내는 꽃의 기능 또한 함께 발현됩니다.

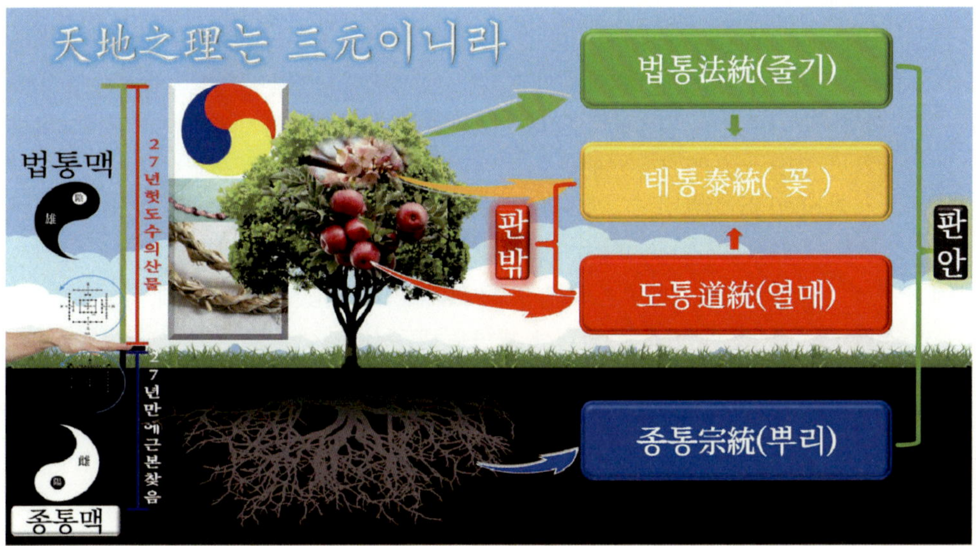

이러한 속성은 태통맥으로 분류되는데, 법통맥과 도통맥에 절반씩 발을 걸치고 있는 모양새를 하고 있습니다.

스웨덴의 식물학자 칼 폰 린네(Carl von Linne,1707-1778)는 식물분류의 체계를 만들 때 꽃을 기준으로 삼았습니다.

린네는 꽃이 생식기라는 점을 분명히 언급하며, 꽃잎은 침대, 수술은 남편, 암술은 아내이며 여러 종류의 꽃 형태를 일부다처제, 동성애, 혼인 등으로 학생들에게 설명했습니다.

당시 일부 식물학자들은 린네가 학생들에게 부도덕한 영향을 준다며 비난하기도 했으나, 다소 자극적이긴 해도 꽃의 구조를 이해시키고 흥미를 끄는 데는 분명 효과가 있었을 것입니다.

이처럼 꽃은 식물의 생식기로서 여성의 생식기관인 자궁을 상징하기도 합니다.

이 꽃의 씨방이 장차 자라나 열매가 열리게 됩니다. 꽃이 계란의 흰자라면 열매는 계란의 노른자에 해당합니다. 계란의 흰자와 노른자가 서로 붙어있듯이, 꽃과 열매가 될 씨방은 한 몸입니다.

바로 이러한 태통맥과 도통맥의 관계를 역易의 이치로 표현하면, 팔문八門 중 사문死門과 생문生門에 해당합니다.

『주역(周易)』 계사전(繫辭傳) 제4장에 '**原始反終**원시반종**이라 故로 知死生之說**지사생지설'이라 하였고, 『태극도설(太極圖說)』의 마지막 구절에서도 이를 인용하며 다음과 같이 역易의 위대함을 찬탄하였습니다.

'**又曰原始反終**우왈원시반종 **故知死生之說**고지사생지설 **大哉易也**대재역야 **斯其至矣**사기지의'(또 이르되 원시반종하는 고로 사생의 설을 안다고 하였으니, 크도다 역의 이치여! 이것이 그토록 지극하도다.)

이는 바로 앞서 언급한 사문死門과 생문生門의 관계, 즉 사생死生의 이치를 설명한 것입니다. 그러면 '八門'이란 무엇일까요?

상제님께서는 '**天地大八門이요 日月大御命이라**' 하시며 선기옥형 도수를 보셨습니다. 여기서 '**天地大八門**' 도수에 나오는 이 팔문八門은 아래 성구에 나오는 팔도八道와도 그 성격이 같습니다.

> 1 무신년 섣달에 상제님께서 수부님과 함께 서울에 가시어 공사를 행하시니
> 2 이 때 김형렬, 김호연, 김갑칠, 안내성, 박공우, 문공신, 차경석 등 성도들 대부분과 문정삼, 차윤칠, 차윤덕, 차순옥, 차평국 등이 따르니라.
> 3 상제님께서 대흥리를 떠나시며 성도 여덟 명으로 하여금 상제님의 앞뒤로 네 명씩 서서 걷게 하시니 나머지 성도들은 몇 걸음을 떨어져 따르니라.
> 4 상제님께서 길을 떠나시며 말씀하시기를 "**조선이 팔도(八道)니라.**" 하시니라.
> (道典 5:335)

"**조선이 팔도(八道)니라.**"는 말씀은 조선시대 초기인 태종 13년(1413년)에 행정구역을 여덟 군데로 나눈 데서 나온 말씀으로, 곧 우리나라 전역인 함경도, 평안도, 황해도, 경기도, 강원도, 충청도, 경상도, 전라도를 말합니다.

이때 여덟 명의 종도 중앙에 계신 상제님은 서울로서 중궁中宮이 되시고 팔도八道는 팔문八門으로서 용사用事하게 되는데, 이때 중궁中宮은 오황극의 자리를 의미합니다.

팔문과 팔괘

팔문은 주역의 팔괘에서 파생된 개념으로 각 문은 특정 괘상과 연결되어 길흉의 속성과 작용력을 나타냅니다. 곧 휴문休門·생문生門·상문傷門·두문杜門·경문景門·사문死門·경문驚門·개문開門으로 구성되어 낙서洛書 구궁九宮의 원리를 응용하고 있습니다.

고수부님께서는 이 태통맥과 도통맥이 자리한 생사문에 대해 공사를 보십니다.

63. 고후비(高后妃)께서 윷놀(柶板)이를 즐기시기에 윷판(柶板)을 만들어 두고 있더라 언제든지 윷놀이를 하시려 하면 윷가락(柶枝)과 윷판(柶板)을 대령(待令)하는 바 하루는 윷판(柶板)을 가져오라 하시어 윷판(柶板)을 가져다 올리니 윷판을 받아 놓으시더니 적삼(赤衫)을 벗으시고 젖통을 늘어 뜨린체 속꽂만 입으시고 윷판(柶板)의 날지[출구(出入)]를 고후비님(高后妃任)의 홍문(肛門)쪽으로 놓고 않으시어 가라사대 이것이 이러하니라.

들(入)어가기는 마음(心)로 들어가되 들어(入)가기만 하면 나갈(出)래야 마음(心)대로 나가지 못하고 상호간(相互間)에 잡아먹다가 **승리(勝利)하여 나갈 적에는 오직(唯)한(一) 구멍(口)으로 밖에 나가(出)는 데가 없나니 꼭(必) 그리 알라 생사출입(生死出入)이 이와 같으니라** 하시더라.

『선도신정경(仙道神政經) 3장 63절』

42. 공부(工夫)들 시키시며 고후비님(高后妃任)께서 가라사대 너희들이 하는 이 공부(工夫)는 천지대업(天地大業) 공부이니라.
천지대업(天地大業) 공부(工夫)를 하자면 수마(睡魔)와 마신(魔神)과 척신(斥神)이 침노(浸擄)할 것이라
그를 물리친 후(後)에라야 큰 공부(工夫)를 이룰 수 있으리니 힘써 공부(工夫)하도록 하라
또 이어서 가라사대 **너희들이 공부(工夫)를 하자면 마땅히 생문방(生門方)부터 알아두어야 하리니** 생문방(生門方)이 어떻게 된 것인지 너희들이 아느냐
사문(死門)은 입 구멍이요 생문(生門)은 똥 구멍이니라 하시더라.
『선도신정경(仙道神政經) 3장 42절』

십오(十五) 건곤주(乾坤呪)로 호흡(呼吸) 공부(工夫)하라
사람의 코(鼻)가 중앙(中央)이요
입(口)속의 혀(舌)바닥이 조화본(造化本)이며
귀(耳)는 들(聞)으라고 마련한 것
눈(目)은 보(視)라고 마련한 것
입(口)은 사문(死門)인 연고(然故)로 함부로 말(口)하면 못 쓰며
항문(肛門)은 생문(生門)이라 넉(四)동배기 윷놀이에 빼는 곳이 생문(生門)이니라 하시더라.
『선도신정경(仙道神政經) 4장 3절』

고수부님께서는 **"천지 아구를 아느냐. 천지 입망을 찾으려면 생사문(生死門)을 알고 공부해야 한다"** 하시며, 이를 계란의 노른자와 흰자에 비유하셨습니다.

"수부 치마폭을 벗어나면 죽으리라" 하신 상제님의 말씀은 참으로 지당합니다. 하나 그 진의는 특정 교단이나 법통맥 안에 안주하라는 뜻이 아닙니다. 이는 고수부님께서 수부사명으로 황극皇極의 자리, 곧 생문방生門方을 주재하고 계시기 때문입니다.

문제는 황극의 치마폭 안으로 들어가기 위해서는 반드시 곤坤 자리인 사문死門을 찾아야 한다는 점입니다. 인정상관님께서 주관하시는 이 사문을 통과해야만 윷판의 생로가 열립니다. 고수부님께서 도를 공부하는 자들에게 **"생사문부터 알아두라"** 하시며 당부하신 까닭이 바로 여기에 있습니다.

윷판의 생문은 고수부님께서 주관하고 계시지만, 그 핵심인 노른자위까지 닿기는 대단히 어렵습니다. 안타깝게도 대다수는 상제님과 고수부님의 형상이 그려진 계란 껍질만을 핥고 있을 따름입니다.

이 자리를 팔문八門과 팔괘八卦로 한번 살펴보겠습니다.

서남방 곤위坤位에는 '死門'이라 적혀 있으니,

일부 선생은 이 자리를 **'理西南而交通'**(이서남이교통)이라고 하셨습니다.

반면 동북방 간위艮位는 '生門'이라 되어있는데,

일부 선생은 이 자리를 **'氣東北而固守'**(기동북이고수)라 하셨습니다.

이 곤위의 사문死門을 지키는 분이 바로 조왕이신 인정상관님이십니다. 과연 이 분을 부정하고서 **'利涉大川**이섭대천'(대천을 건넘이 이롭다) 할 수 있겠습니까?

이 대천大川을 무사히 건너야만 비로소 고수부님께서 말씀하신 삼불산의 운수를 받을 수 있습니다. 이곳에 삼산三山의 불로초가 있고, 바로 이곳이 오성산입니다. 또한 새 도읍이 들어설 터전으로서, **"장상신이 아니면 들어가지 못하느니라."** 하신 말씀의 도수가 박혀 있는 곳이기도 합니다.

이를 삼재지도三才之道로 풀면, '死門'은 입지지도의 칠현무 자리요 '生門'은 입인지도의 서요동입니다.

칠현무 자리는 바다를 상징합니다. 그렇기에 정읍이라는 샘바다 가운데 떠 있는 섬, 곧 서요동을 고수부님께서는 자하도紫霞島라 하셨고 상제님께서는 이곳에 천맥 도수를 붙이셨습니다.

또한 사람의 몸에 비유하자면 뱃속 곤坤의 자리는 막힘이 없어야 합니다. 입(口, 兌)으로 음식을 받아 위장(土)과 소장(火)을 거쳐 영양을 흡수하고, 대장(金)으로 찌꺼기를 내려보내 항문(肛)으로 배출하는 전 과정이 순조롭게 통해야 하는 것입니다.

상제님께서 종종 내장산內藏山에 가시어, 그 이유를 묻는 종도들에게 **"내장(內臟) 단속하러 간다."**(道典 4:107) 하신 말씀은 결코 우스개로 하신 말씀이 아닙니다.

즉 지천태 육판은 간도수의 시종始終이 자리한 판밖 곤운의 자리이며, 특히 넉동배기 윷놀이에 빼는 곳 곧 항문을 두고 생문生門이라 하셨습니다.

상제님께서는 이곳을 두고 불가지 공사를 보셨으며, 유서에 호도천불好道遷佛 불성인사佛成人事의 유언을 남기셨습니다.

'原始反終원시반종'이란 본래 시작한 곳으로 되돌아오면 그것이 곧 끝이라는 뜻입니다. 이처럼 윷판에 있어 행마를 시작하던 처음 그 자리가 윷판을 한 바퀴 다 도는 시점에 와서는 이제 종착지(終)가 되어 '出'하는 자리가 되는 이치와 같습니다.

결국 도운의 시작(始)인 낙종落種이 정읍井邑에서 일어났으니, 추수자에 의한 도운의 매듭 역시 동일하게 정읍井邑에서 마친다(終)는 뜻입니다.

이것이 바로 '原始反終'의 간도수입니다.

2. 옥구와 서요동

옥구와 서요동에 대한 『선도신정경』의 구절을 살펴보겠습니다.

고후비님께서 어느날 신정공사를 베푸실새 이와 같은 말씀을 하시더라. 북적 북적 괴는 술에 제주를 떳건만은 남적을 어이 모셔 일초 이초 삼초 끝에 대인행차 하신다네 **십삼척 미륵불을 쌍으로 모시나니 오성산과 용화동에 건립하고 세우니라** 운장과 진묵은 좌우에 보필이니라 또 말씀이 계시니 이러하니라. **오성산은 만국 영사관 자리요** 서대문 팔십리는 저기 있는 계화도요 **평사리는 나의 평상이니라** 하시고 또 가라사대 **옥구에는 천가죽 지가죽 인가죽이 있느니라** 하시더라
『선도신정경(仙道神政經) 5장 6절』

어느날 고후비님께서 신정공사를 베푸시며 말씀하시니 이러하니라. 선천에는 음양이 고르지 못하여 장부에게 상처가 있는 것 아니더냐. 천문 음양 정사가 아니던가 혼백 동서남북이 아니던가 천지 조화정치이니 내 일은 되어 놓고 보아야 아느니라 사람 잘되기를 바라도록 하라 창생되기도 퍽이나 어려우니라 하시고 이어서 가라사대 일은 다른 사람이 하느니라 조화 조화 개조화 금과 옥이 발길 닿는데 있고 손길 닿는데 있어도 알고난 후에야 주을 것이 아니더냐 **금과 옥이란 옥구란 말이니라**
『선도신정경(仙道神政經) 5장 8절』

또 어느날 신정공사에서 고후비님이 가라사대 **동요동은 신금산이요 서요동은 오성산이라** 일후에 누가 나던지 정각하나 잘 지어줄 것이니라. 이 천지대사가 유월 칠월 팔월나는 바닥에 일 붙은 줄 알고 빼느니라하고 창하시더라.
『선도신정경(仙道神政經) 3장 53절』

또 어느날 공사후에 고후비께서 말씀하시니 이러하니라. **오성산에는 오성이 있고 오성산에는 서요동이 있고 오성산에는 사옥재가 있지 아니하더냐 이곳이 오성산이니 오선위기 도수를 끌어다가 이 곳에 붙여 쓰니라** 오선위기 도수에 두 신선은 바둑을 두고 두 신선은 훈수를 하다가 돌아갈 때에는 바둑판과 바둑돌은 두고 가리라 하셨지 않느냐 **이 벽강궁촌에 바둑판과 윷판을 내가 묻었으니 이 세상 누가 능히 그를 알 수 있으리오** 내 일은 판 밖에서 성도하여 들어오나니 너희들은 잘 닦기나 하라 하시더라. 『선도신정경(仙道神政經) 5장 9절』

인신사해에 문 열리니 될려는 사람의 일 일세 그려 바다해자 열개자 사진주가 오신다네. **옥구가 근본이네** 삼제갈 팔한신 관우 장비 조자룡 진묵대사 사명당이 때가 때인

만큼 일제히 서로 나서 만고성인이 다 오신다네 오방신장 이하로 신영맞이 어서하소. 『선도신정경(仙道神政經) 5장 14절』

고후비님께서 항상 말씀하시기를 **지경이 보리밥이라도 임옥구 내 자손을 거느리고 모든 일을 선택하여 결정하리라** 하시더니 급기야 임피 옥구에 있는 오성산에 도장이 건설되어 오성산 도장에 오심으로써 지경이 보리밥이라도 임옥구 내 자손의 말씀대로 되니라. 지경은 지경면을 일컬으심이요 임옥구 내 자손이라 하심은 임피군의 지명이요 옥구는 옥구군의 지명이더라. 『선도신정경(仙道神政經) 5장 15절』

어느날 신정공사에 고후비님께서 말씀하시니 이러하니라. 무신 기유에 천지가 개로하니 무우 뽑다 들킨격 되느니라. **옥구는 닷줄 장상지지요 임피는 흑운명월 도수니라** 하시며 또 가라사대 상제께서 섣달 그믐날 저녁에 임피에서 달 뜨게 하셨음을 알라 또 가라사대 세상 사람들이 말하기를 상제님 보고 회개자심한다 하고 나보고는 허허탄식한다 하더라지 내가 올적에는 세상 사람들에게 먼저 알리고 올 것이니 그리 알라 하시더라. 『선도신정경(仙道神政經) 5장 20절』

고후비님이 김제 조종골을 떠나오실 적에 육임과 팔괘와 십이며 이십사를 싸 가지고 오시다가 육임과 팔괘는 김제에 오시어 땅에다 묻으시고 땅을 세 번 구르시더라 또 십이는 이리에 가시어 묻으시며 땅을 세 번 구르시고 **바둑돌과 윷은 옥구에다 묻게 하시고** 종도 열 사람을 데리고 공사를 행하시고 가라사대 내가 오십토를 세 곳에 나누어 놓았느니라. 내가 마음 먹고 하는 일은 천지의 귀신도 모르는 일이니라. 십오 건곤주로 호흡 공부하라 사람의 코가 중앙이요 입속의 혓바닥이 조화본이며 귀는 들으라고 마련한 것 눈은 보라고 마련한 것 입은 사문인 연고로 함부로 말하면 못 쓰며 항문은 생문이라 넉동배기 윷놀이에 빼는 곳이 생문이니라 하시더라.
『선도신정경(仙道神政經) 4장 3절』

어느날 공사를 베푸실 새 고후비님께서 말씀하시니 이러하니라. **하도 낙서 자하도 바다 가운데 자하도 해중 문을 열어놓고 사람 맞이 하느니라.** 기유 된일 잘되었네. 오리 오리 인지 오리 개개히 새 사람 지기금지원위대강 이라 창하시더라.
『선도신정경(仙道神政經) 3장 92절』

이상의 내용에서 보듯 '**옥구(沃溝)와 서요동(西堯洞)**'에 관련된 성구는 대략 10여 군데에서 발견이 됩니다. 살펴보건대, 서요동에 관한 상제님의 말씀은 거의 대부분 정읍 일대를 가리키고 있습니다.

그러나 이와 대조적으로 고수부님의 말씀은 군산 오성산을 비롯하여 임피, 옥구

일대에 국한되어 나타납니다.

"천지간에 독음독양(獨陰獨陽)은 만사(萬事) 불성(不成)이니라." 하신 말씀처럼, 두 분께서는 늘 음양합덕의 이치로 공사를 처결해 오셨습니다. 하물며 같은 맥락의 진리를 설하시면서 이토록 지목하시는 장소가 다르다는 것은, 보는 이로 하여금 깊은 의문과 혼란을 갖게 하기에 충분합니다.

같은 서요동을 두고 상제님은 정읍을, 고수부님은 군산이라 하셨으니, 이는 필시 한 곳은 **'겉공사'**이고 다른 한 곳은 **'속공사'**일 것입니다. 애초에 한 곳으로 통일하여 지정하셨다면 후대에 이런 혼란은 없었을 터인데, 굳이 이렇게 이원화하여 공사를 보신 까닭은 무엇일까요?

첫째, 현상과 본질이 상호 표리부동한 음양의 이치를 따르셨기 때문입니다. 태극의 이치가 그러하듯 껍질이 있으면 알맹이가 있는 법입니다.

그 비근한 예로 고수부님께서 **"금산사는 미륵의 껍질이니 너희들은 그 앞에 가지도 말라"** 하셨듯, 조계종 금산사가 겉 금산이라면 법종교는 속 금산이 됩니다.

또한 이상호 선생이 짓겠다고 답한 **'건곤사당'**(통천궁)이 겉도수라면, 상제님 내외분의 체백을 모신 영대靈臺야말로 진정한 속도수인 셈입니다.

이처럼 만물은 겉(表,陽)과 속(裏,陰)이라는 상반되면서도 상호 보완적인 두 측면이 하나로 엮여 돌아갑니다.

둘째, 선천의 구조인 양체음용陽體陰用의 법도에 기인합니다.

이는 상제님과 고수부님의 역할, 곧 체體와 용用의 관계를 통해 이해해야 합니다.

> 曰(왈), **先天(선천)은 陽爲體而陰爲用(양위체이음위용)하고,** 后天(후천)은 陰爲體而陽爲用(음위체이양위용)이니라.
> 말씀하시기를, 선천은 양이 체가 되니 음으로 용을 삼고, 후천은 음이 체가되어 양을 용으로 삼노라.
> 『천지개벽경 제3편 계묘년 공사기』

봄, 여름의 선천은 생명의 근본에서 멀어지는 분열의 과정입니다. 껍질을 뚫고 나오는 역도수의 줄기(用)는 자라날수록 뿌리(體)와는 다른 모습을 띠게 마련입니다.

이러한 이치로 볼 때, 상제님께서는 뿌리인 체體를 잡고 계시기에 그 말씀에 변함이 없으십니다. 반면 고수부님께서는 용用이 되시므로 상제님의 말씀을 기준으로 삼아 상황에 맞게 시의적절하게 이해해야 합니다. 체와 용을 거꾸로 해석하면 도수의 맥락이 엉켜버리니, 이 또한 모사재천 당시 천지공사의 법도입니다.

비유하자면 상제님의 말씀은 무게를 달 때 움직이지 않는 **'큰 저울'**(體)과 같아 정읍을 중심으로 변함없는 기준을 세우셨고, 고수부님의 말씀은 이리저리 재 볼 수 있는 **'잣대'**(用)와 같아 지역적 상황에 따라 도수를 풀어내신 것입니다. 그러므로 우리는 체와 용이라는 전체 틀 안에서 그 변화의 묘리를 탐구해야 마땅할 것입니다.

이제 이러한 전체 맥락에 대한 이해를 전제로 성구의 진의를 밝혀보고자 합니다.

어느날 신정공사에서 가라사대 이일은 삼천이라야 일이 이루어지느니라 우리의 공부는 용 공부이니 남 모르는 공부를 많이 해두라 천지지법이 틀리겠느냐 심량으로 생각해 보지 않고 오가사담만 하는구나 앞으로 **옥구 한구석 하고 김제 만경은 덮엥이 공사가 있느니라** 너희들 잘 알아 두라 내 일은 폭을 못 잡느니라 하시고 큰 음성으로 노래하시니 이러하니라 **소리개 까치집 하도 낙서는 선천 용이요 자하도는 후천 용이라 용화교주 자씨부인 자하도 칠현무는 선천용 하였고 육기초는 후천용 하느니라** 옥구는 닻줄 장상지지요 포육지지야니라 하시고 이어서 가라사대 수식남방매화가

를 누가 알 수 있으리요 호남서신 아니고는 내 일을 누가 알까부냐 여동빈의 자하도 세계극락 일월수부 하시더라.
『선도신정경(仙道神政經) 5장 7절』

소리개는 매목 수리과의 '솔개'로서 맹금猛禽에 속하며, 까치는 까마귀과에 속하는 길조吉鳥로서 한자로는 작鵲이라 하며 비박조飛駁鳥·희작喜鵲·건작乾鵲·신녀神女라는 이칭이 있습니다.

깃털 달린 조류鳥類는 오행상 화火에 속하며 주역의 이괘離卦 또한 불(火)이자 태양(三離火)을 뜻하므로 새(鳥)는 곧 하도河圖를 상징한다고 볼 수 있습니다.

그러므로 "**소리개 까치집 하도(河圖) 낙서(洛書)는 선천용(先天用)이요 자하도(慈下道)는 후천용(后天用)이라.**"는 말씀에서 맹금류인 솔개는 선천 상극의 기운을 상징하므로, 솔개집은 선천 하도를 의미합니다.

반면, 까치는 견우와 직녀를 이어주는 오작교烏鵲橋의 전설처럼 정음정양과 상생을 상징하므로, 까치집은 후천 하도를 의미합니다.

하도와 낙서는 각각 체體와 용用의 관계를 이루며, 이 둘이 합쳐져 선천태극인 수지자웅誰知雌雄의 형상을 띱니다.

고수부님께서는 선천 칠현무七玄武의 기운, 곧 우선右旋하는 하도와 낙서가 결합하여 겉으로 드러난 선천 낙서를 일컬어 '선천先天 용用'이라 하셨습니다.

반면, '**反掌之間에 兵法在焉이라**' 하신 말씀처럼, 겉과 속이 뒤집혀 육기초六基礎의 기운, 곧 좌선左旋하는 하도와 낙서가 결합하여 겉으로 드러난 후천 낙서를 일컬어 '후천後天 용用', 즉 '慈下道자하도'라 하셨습니다.

참고로 '慈下道자하도'를 『선도신정경』에서 '河圖洛書하도낙서'에 이어 쓸 때는 '玆河圖자하도'라 하고 '仙人玉峰선인옥봉'에 이어서는 '**紫霞島**자하도'라 기록하고 있습니다.

'**紫霞島**자하도'의 '**慈**자'는 미륵(Maitreya)을 뜻하는 '**慈氏**자씨'에서 비롯되었습니다.

'자하(慈下)'를 문자 그대로 풀면 '부처님 아래'가 되지만, 그 이면에는 '하늘에 계신 미륵불께서 지상에 내려 오신다'는 미륵출세의 섭리가 내포되어 있습니다. 즉, 자하도는 곧 지천태 형국의 또 다른 이름인 것입니다.

입인지도立人之道에 해당하는 서요동西堯洞은 천지비天地否와 지천태地天泰라는 삼재지도三才之道의 중앙에 자리합니다.

이곳은 물(泰)과 불(否), 그리고 육지(否)와 바다(泰)라는 상징성이 접하는 곳이기에 고수부님께서는 이를 섬이나 배에 비유하여 '**자하도**紫霞島 **해중문**海中門'이라 하셨습니다.

후천 낙서의 의미를 벤다이어그램으로 도식화하면, 입천지도立天之道는 바둑판으로, 입지지도立地之道는 윷판으로 상징됩니다. 나아가 고수부님께서는 이 바둑판과 윷판의 기운을 걷어 이를 운용하는 황극皇極의 용사用事 자리로도 말씀하셨습니다.

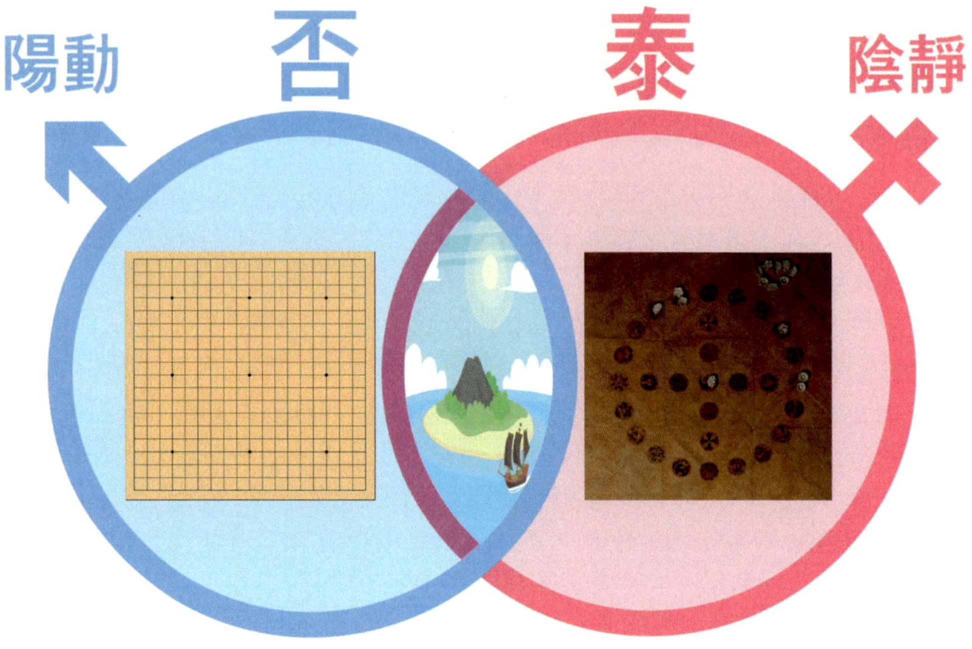

'바둑돌(碁)과 윷(板)은 옥구(沃溝)에다 묻(埋)게 하시고', '이 벽강궁촌(壁岡窮村)에 바둑판(碁版)과 윷판(柶版)을 내가 묻었으니 이 세상(世上) 누가 능(能)히 그를 알 수 있으리요' 하신 말씀은 체와 용의 양면성을 복합적으로 드러낸 것입니다.

사실 천지비의 육기초(寺)는 큰 도령(단주)이 체體가 되어 작은 도령(직녀)이 정사政事를 보는 자리라면, 지천태 윷판은 작은도령이 체體가 되어 큰 도령(견우)이 정사를 보는 자리가 됩니다.

고수부님께서 "옥구에는 천가죽 지가죽 인가죽이 있느니라." 하신 말씀은 『소도경전본훈(蘇塗經典本訓)』에 나오는 '自圓而圓하며 自方而方하며 自角而角'이라는 내용과 그 이치가 흡사합니다.

여기서 '自'는 코 비(鼻)의 고자古字로서 태극을 상징합니다.

상제님께서는 "사람마다 칠성을 얼굴에 붙이고 다닌다" 하셨으니, 얼굴 중앙의 코(自)는 북두구진北斗九辰 중천대신中天大神의 위를 뜻합니다.

그러므로 '自圓', '自方', '自角'은 "천존(天尊)과 지존(地尊)보다 인존(人尊)이 크니 이제는 인존시대(人尊時代)니라."는 말씀대로 인존이라는 태극(自) 위에 구축된 '圓方角'의 낙서 구조를 말합니다.

또한 가죽(皮)은 금金의 속성으로, 이는 거북 구자 '龜書'인 낙서라는 뜻이 내포되어 있으니 '천가죽 지가죽 인가죽'이란 곧 입천지도立天之道, 입지지도立地之道, 입인지도立人之道를 겸삼재兼三才한 낙서의 구조를 뜻하며, 옥구에 이것이 있다는 말씀은 낙서의 세상을 다스리는 오황극이 자리하고 있다는 선언이신 것입니다. 따라서 입인지도立人之道의 옥구沃溝는 자하도(田)로서 오성산五聖山이 자리한 서요동을 상징합니다.

"이 벽강궁촌에 바둑판과 윷판을 내가 묻었으니 이 세상 누가 능히 그를 알 수 있으리요", "금과 옥이란 옥구란 말이니라.", "옥구가 근본이네.", "지경이 보리밥이라도 임옥구 내 자손을 거느리고 모든 일을 선택하여 결정하리라."하신 말씀들은 옥구가 판밖의 근본(本)자리이자, '천지인의 정수'가 모두 모여 천지 열매가 맺히는 자리임을 일러주신 것입니다.

이 도통천지보은道通天地報恩의 열매자리인 입인지도立人之道 황극의 위位는 태극太極을 바탕으로 하기에 태전太田으로도 불리며, 부생모육父生母育의 이치에 따라 포육지지가 됩니다. 따라서 **"옥구는 닻줄 장상지지요 포육지지야라"** 하신 말씀에는 두 가지 뜻이 내포되어 있습니다.

판밖을 상징하는 인사각지人事刻之의 남조선 배가 정박하여 닻줄을 거는 장상지지將相之地이며, 대학공부 자리로서 겁기를 벗는 대학교 도수가 응해서 새끼를 먹여 길러내는 칠성도수七星度數의 포육지지哺育之地의 뜻이 내포되어 있습니다.

조선의 일월대명두(日月大明斗) **네브라 천반**

▲ BC 1600년경으로 추정되는 서유럽 청동기 시대의 유일무이한 네브라 천반. 서유럽의 명두로 볼 수 있는 신물이다.(출처 : James Park <레이니어 신당>)

참고로 황극의 자리인 **"천가죽 지가죽 인가죽"**은 무속에서 일월성日月星으로 해석되며, 이는 환인이 환웅에게 내린 천부삼인인 검(劍), 방울(鈴), 거울(鏡)에 비견됩니다.

특히 거울은 무巫의 명두明斗[1]로 계승되었는데, 기원전 1600년경 서유럽의 '네브라 천반'(Nebra Sky Disk)에서도 이와 유사한 일월성 문양이 발견되어 그 상징의 보편성을 보여줍니다.

> 7. 어느날 신정공사(神政公事)에서 가라사대 이일은 삼천(三遷)이라야 일이 이루어지느니라 우리의 공부(工夫)는 용(用) 공부(工夫)이니 남 모르는 공부(工夫)를 많이 해두라 천지지법(天地之法)이 틀리겠느냐 심량(深量)으로 생각(生覺)해 보지 않고 오가사담(吾家私談)만 하는구나 **앞으로 옥구(沃溝) 한구석 하고 김제(金提) 만경(萬頃)은 덮엥이 공사(公事)가 있느니라**
> 『선도신정경(仙道神政經) 5장 7절』

"옥구 한구석 하고 김제 만경은 덮엥이 공사가 있느니라."에 나오는 덮엥이 공사는 새만금 방조제 사업을 의미합니다.

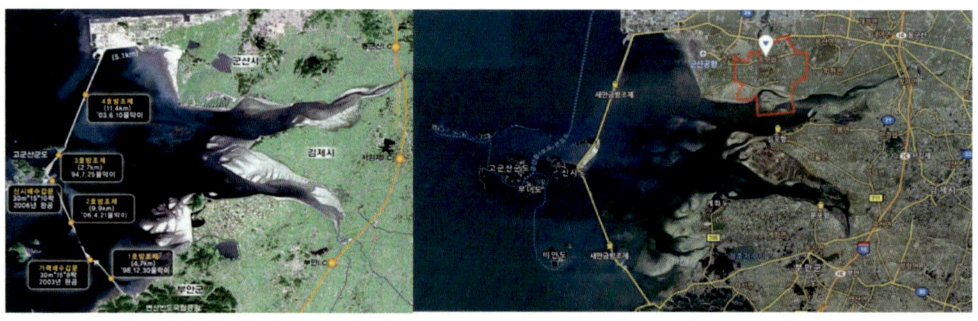

"옥구 한구석 하고 김제 만경은 덮엥이 공사가 있느니라."에 나오는 덮엥이 공사는 오늘날의 새만금 방조제 사업을 의미합니다.

'새만금'이란 만경평야의 '만'(萬)자와 김제평야의 '금'(金)자를 따서 이름 지어졌는데, 전국 최대 곡창지대인 두 평야를 합친 만큼의 새 땅이 생긴다는 뜻을 담고 있습니다.

그런데 상제님의 의중에 계신 태전太田이 충청남도 대전大田을 글자 그대로 지칭하는 것이 아니듯, 자하도紫霞島라고 해서 실제 섬이 아닌 것처럼, 사진상의 붉은 선으로 표시된 군산 오성산의 서남쪽에 위치한 옥구읍 또한 실제의 서요동의 본질과

1) 신비로운 신성(神聲)의 반사경으로 보통 놋쇠로 만들어진 주술적인 원형 금속무구인데 보통 고리가 있는 면에는 해(日)·달(月)·칠성(星)이 양각되어 있고 고리에 무명을 매어 무의식을 행할 때 사용됨. 흔히 명두는 큰무당이며 동시에 스승이기도 한 신어머니가 신딸에게 물려주며 대를 잇는 상징물로 삼기도 하였다.

는 거리가 멉니다.

다만 오성산 인근 옥구의 지명을 빌려 서요동을 상징적으로 표현하셨을 뿐입니다. 이를 일러 고수부님께서는 '**자하도**'라 하셨으니, '**眞人海島出**진인해도출'이라는 정감록의 구절이 바로 이에 대한 비유인 것입니다.

> **오성산(五聖山)에는 오성(五聖)이 있고 오성산(五聖山)에는 서요동(西堯洞)이 있고 오성산(五聖山)에는 사옥(士玉)재가 있지 아니하더냐 이 곳이 오성산(五聖山)이니 오선위기(五仙圍碁) 도수(度數)를 끌어다가 이 곳에 붙여 쓰니라.**
>
> 『선도신정경(仙道神政經) 5장 9절』

이러한 표리의 이치는 상제님의 생가터인 '**사옥재**'의 한자 표기에서도 드러납니다.

『선도신정경』에는 상제님이 성년기를 맞아 쓰신 자字인 선비 사士자를 쓴 '士玉'으로 기록되어 있습니다. 반면 『도전』에는 실제 현지의 사옥개를 답사하여 기록한 모래 사沙자인 '沙玉'으로 되어 있습니다.

결국 모래 사沙자의 '沙玉'은 군산을, 선비 사士자의 '士玉'은 정읍을 상징하는데 여기서 '재'는 집(齋)을 뜻하니 곧 '**사옥재**'는 상제님의 생가터를 의미합니다. 이처럼 겉봉지(군산) 속에 실제 빵(정읍)이 들어있는 이치와 같이 표리表裏의 두 가지 패턴은 우연이 아닌 필연으로 항상 같이 존재합니다.

꽃은 스스로 움직여 벌을 좇아 다니지 않습니다. 벌이 꽃을 따르듯 오선위기 도수를 끌어다가 붙인다는 것은 이미 응기應氣시키는 지천태 꽃의 자리가 정해져 있음을 의미합니다.

그러므로 "**이곳이 오성산이니 오선위기 도수를 붙여 쓰니라**" 하신 말씀에서 오성산은 문자 그대로의 지명을 초월하는 상징입니다.

상제님의 따님이신 화은당 선사님께서 돌아가시면서 "**태전으로 간다**" 하셨던 그 '**태전**'이 충청남도 대전大田을 의미하는 것이 아니듯, "**일꾼이 콩밭(太田)에서 낮잠을 자며 때를 넘보고 있느니라**" 또는 "**내가 후천선경 건설의 푯대를 태전(太田)에 꽂았느니라**" 등의 말씀 또한 액면 그대로의 지명을 뜻하지 않습니다.

이 모든 말씀은 곧 '**王者布政之地**왕자포정지지', 즉 상제님께서 이미 정해 놓으신 곤운坤運의 자리인 정읍을 두고 하신 선언인 것입니다.

3. 상제님 의중의 오성산

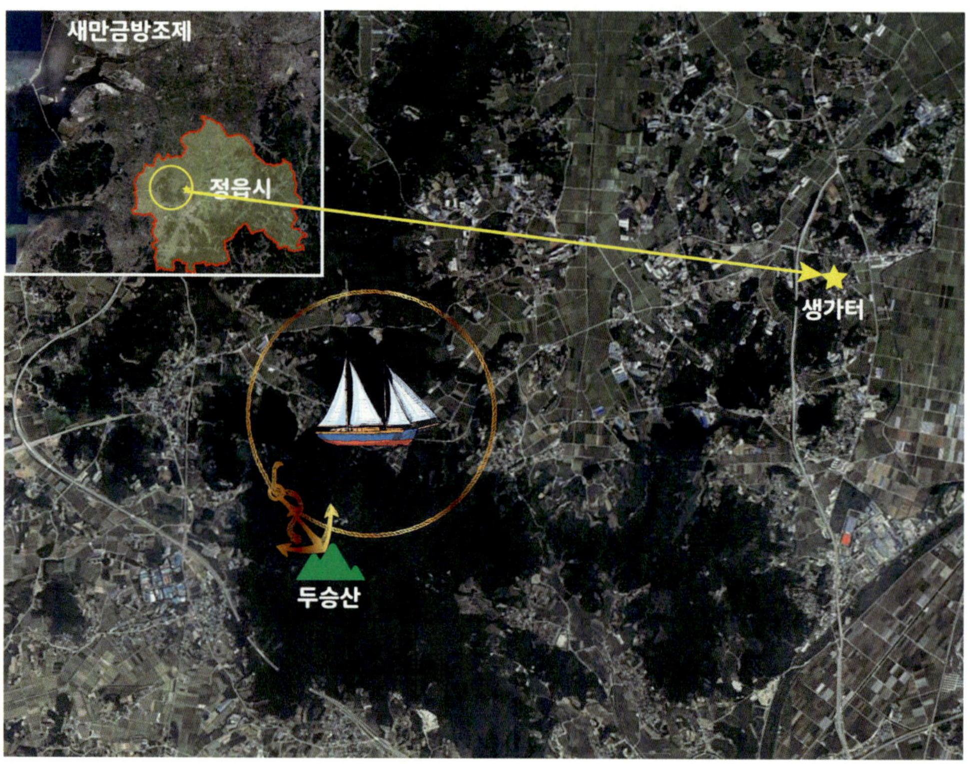

그렇다면 지천태 곤운坤運의 자리인 정읍에서도 오성산五聖山은 과연 어디일까요?

사진의 붉은 색은 정읍시의 행정 경계선이고 노란색 별표는 상제님 생가터이며 그 주산主山인 두승산斗升山이 서요동이 자리한 오성산이 되겠습니다.

두승산(444m)은 예로부터 호남의 삼신산(방장, 봉래, 영주) 중 영주산瀛州山으로 불려 왔습니다. 해발 고도는 낮지만 드넓은 평야 지대 한가운데 우뚝 솟아 있어 탁 트인 조망을 자랑합니다. 게다가 역사적으로는 후천개벽을 외친 동학혁명의 요람이자 고부 문화의 중심지로서, 호남 문화의 축소판이라 할 만한 곳입니다.

또한 두승산 기슭에는 오학지지五鶴之地로 이름난 상학上鶴, 중학中鶴, 하학下鶴, 학전鶴田, 학림鶴林 마을이 드넓은 분지로 펼쳐져 있습니다.

또한 산의 주요 봉우리에는 명당 혈이 전해져 내려옵니다. 연화봉蓮花峰과 옥녀봉玉女峰의 봉우리에는 연화도수혈蓮花到水穴과 옥녀탄금혈玉女彈琴穴이 있다고 하며 두승산 소 기우제를 지낸 용소龍沼가 있으며, 서남쪽에 '비아골'이라 불리는 골짜기에는 비학상천혈飛鶴上天穴이 있다고 전해져 예로부터 그 지세가 매우 영험한 곳임을 알 수 있습니다.

도순산都順山, 영주산瀛州山의 별칭을 갖고 있는 두승산은 아홉 봉우리로 이루어져 있고, 동쪽 끝의 말봉에는 곡식의 용량을 재는데 쓰는 석두石斗와 석승石升이 있으며 판판한 암석위에는 수두목승水斗木升이라 새긴 글귀가 씌어져 있습니다.

이 글씨를 쓴 김석곤(1874년~1948년)은 전라남도 태인泰仁에서 태어난 일제강점기 유학자로 명승지를 두루 유람하며 바위에 글씨 새기기를 즐겨, 내장산 서래봉西來峰 불충암佛充庵의 뒤쪽 바위에는 내장풍악內藏楓嶽, 정읍의 두승산 정상엔 수두목승水斗木升, 칠보산七寶山에는 도불원인道不遠人, 상두산象頭山에는 산명수류山明水流, 백운대白雲臺에는 유수불부流水不腐라고 새겼다 합니다.

두승斗升은 곡식穀食의 용량을 재는 말(斗)과 되(升)로서 통상 1말은 10되입니다.

대개 둥근 것은 원만한 하늘을, 네모난 것은 땅으로서 방정함을 뜻하니 이는 '**天圓地方**천원지방'의 이치를 상징하며 둥근 말(斗) 위에 네모난 되(升)가 올라가 있는 형국에는 곧 지천태의 이치가 담겨 있습니다.

'天圓地方 道在中央'(천원지방하니 도재중앙)
하늘은 원융무애하고 땅은 방정하니 도가 그 가운데 있느니라.
『회남자』「천문훈」

그러므로 좌측 암석위에 새겨진 '**水斗木升**수두목승'에는 지천태의 의미와 더불어 서요동이 자리해 간도수의 열매를 맺는 오성산임을 드러내는 표지석標識石의 의미까지 내포되어 있습니다.

"옥구에는 천가죽 지가죽 인가죽이 있느니라." 하셨던 고수부님처럼, 상제님께서도 정읍에 '**阡陌**천맥' 도수를 붙이셨습니다.

서요동이 자리한 '**王者布政之地**왕자포정지지'의 북쪽과 '**사거리**'인 남쪽에 점을 치시고 그 중앙에 한 점을 찍어 모두 세 점을 찍으시고는 **"이 점이 되는 때에는 세상이 끝나게 되리라"** 하셨습니다.

고수부님께서는 '옥구'를 '닻줄장상지지'라 하여 배의 닻줄을 매는 곳이라 하셨듯, 상제님께서는 **"정읍이 대창(大昌)하되 잠농지운(蠶農之運)이라."** 하시며 '누에'에 비유된 장상의 일꾼들을 기르는 '포육지지'라 하셨습니다.

이처럼 군산과 정읍이 계속 교차되는데 특히 남조선뱃길을 여는 공사에서 상제님의 깊은 의중이 여실히 드러납니다.

임피(臨陂) 강장한(康壯翰)의 집을 종종 왕래하시더니 어느날 임어(臨御)하사 계실세 밤중에 출행(出行)하시려 하거늘, 장한이 놀래며 만류(挽留)하여 가로대 "어찌하여 밤중에 출행을 하시려 하나이까." 하니, 가라사대 "내가 볼일이 있노라. 곧 돌아오리니 그리 알라." 하시며 가시더라. 장한이 자지않고 기다리더니 자정(子正)쯤 되여 오시거늘, 장한이 물어 가로대 "야심(夜深)한 밤중에 어데를 다녀 오시나이까." 하고 여쭈니 대답하여 가라사대 **"응, 오성산(五聖山)에 다녀 오느니라."** 장한이 놀래며 다시 묻기를 "밤중에 오성산은 무슨일로 다녀 오시나이까." 가라사대 **"큰 말뚝을 박고 오는 길이니라."** 하시였으며, 그 후에도 이와 같은 공사를 세 차례나 보시였다 하니라.
『천지개벽경(天地開闢經) 1장 27절』

천사 일진회가 일어난 뒤로 삿갓을 쓰시다가 이날부터 의관을 갖추시고 경석을 데리고 물방앗집을 떠나 **정읍으로 가실 때** 원평에 이르사 군중을 향하여 가라사대 **이 길은 남조선(南朝鮮) 뱃길이니 짐을 채워야 떠나리라** 하시고 술을 나누어 주시며 또 가라사대 이 길은 성인 다섯을 낳는 길이로다 하시니 모든 사람은 그 뜻을 알지 못하더라 다시 떠나시며 가라사대 대진은 하루 삼십리씩 가느니라 하시니 경석이 노정(路程)을 헤아려서 고부 솔안에 이르러 친구 박공우의 집으로 천사를 뫼시니 공우도 또한 동학신도로서 마침 사십구일동안 기도하는 때더라
『대순전경(大巡典經) 3장 21절』

상제님께서 오성산에 배말뚝을 박고 돌아오시어 **"남조선 배가 잘 도착하였노라."** 하셨을 때만 본다면, 남조선 배의 목적지는 군산의 오성산인 듯 보입니다.

그러나 만약 군산 오성산이 진정한 목적지였다면, 상제님께서 남조선 뱃길을 여는 도수를 보실 때 굳이 정읍으로 방향을 잡으실 이유가 없지 않겠습니까?

이는 곧 군산 오성산이 겉도수였을 뿐이며, 실제 속도수는 다른 곳, 즉 정읍에 있음을 암시하는 것입니다.

상제님께서 **"이 길은 남조선(南朝鮮) 뱃길이니 짐을 채워야 떠나리라."**고 말씀하신 후, 군산이 아닌 정읍으로 뱃길의 행로를 잡으신 점은 시사하는 바가 매우 큽니다. 이는 배가 닿을 최종 기착지가 군산이 아닌 정읍임을 역설적으로 보여주는 증거입니다.

뱃길이 나 있는 동요동(日)과 서요동(月)의 길을 오고 가는 남조선 배가 최종적으로 정박하여 배말뚝에 매는 자리는 다름 아닌 정읍(井은 地也)에 있습니다. 그리고 말씀으로 미루어 볼 때, 상제님의 생가터인 **'사옥재'** 인근의 어떤 산이라는 걸 암시합니다.

특히 **"이 길은 성인(聖人) 다섯을 낳는 길이로다."**라는 말씀은 단순히 다섯 명의 인물이 아니라 **'五聖'** 즉 오황극의 성인聖人이 출세(판밖,月)하여 판안(동요동,日)으로 들어오는 길이라는 뜻입니다.

31. 열이렛날 천후(天后) 고영(高英)에게 물어 가라사대 **'너희 집 근처(近處)에 오성산(五聖山)이 있느냐?'** 대(對)하여 가로대 '있나이다.' 가라사대 '그 산(山) 속에 수백(數百) 간(間) 집을 지을만한 터가 있느냐?' 대(對)하여 가로대 '수천(數千) 간(間)이라도 지을만 하나이다.' 가라사대 **'거미가 집을 지을 때에 이십사방(二十四方)으로 줄을 늘여서, 집을 다 지은 뒤에는 거미는 남이 알지 못하게 한편 구석에 숨어있으니, 너는 그곳을 떠나지 말라'** 하시고, 그 이튿날 종도(從徒)들을 데리고 오성산(五聖山)에가실 새, 종도(從徒)들이 하늘을 보니 흰 구름가닥이 본소(本所) 상공(上空)으로부터 오성산(五聖山)을 향(向)하여 길 모양(模樣)으로 뻗쳐있고, 그 위에 구름 무더기가 사인교(四人轎) 모양(模樣)을 이루어 천후(天后)의 길을 따르며, 돌아오실 대에도 또한 교자(轎子) 모양(模樣)을 이룬 구름이 공중(空中)에 떠서 따르니라.
『고부인신정기(高夫人神政記) 3장 31절』

고수부님께서 고민환 종도에게 "**너의 집 근처에 오성산이 있느냐?**" 고 물으신 뒤, 민환이 대답을 하자 "**거미가 집을 지을 때는 이십사방(二十四方)으로 줄을 늘여서 짓고....**"라는 비유를 드셨습니다.

이때 거미는 한자로 지주蜘蛛라 하며, 다리가 네 쌍(여덟 개)인 상象으로 미루어 볼 때, 팔문둔갑八門遁甲의 자리로서 서요동의 단주를 상징하는 곤충입니다. 특히 24절후(時)도 아니고 28방위(空)도 아닌 '24방위'라는 말씀이 이채롭습니다. 이 24방위는 천지비와 지천태의 이치가 중첩된 서요동의 구조적 특징을 암시합니다.

어느날 상제께서 고후비께 가라사대 신축년 이후부터는 세운을 내가 맡았나니 **사절기는 수부에게 맡기고 이십사방위는 내가 맡으리라** 동서남북에서 우겨 들어 새 천지를 만드리니 혼백동서남북이라 이일은 판 밖에서 이루어져 들어오는 일인즉 그리 알라 하시더라.『선도신정경(仙道神政經) 1장 7절』

우주宇宙는 '**淮南子**회남자'에서, '**天地四方 曰宇, 古往今來 曰宙**'(천지사방을 宇라고 하며, 고왕금래를 宙라고 한다)라고 정의하였습니다.

즉 '宇'는 공간空間, '宙'는 시간時間으로 우주는 시공연속체(space-time continuum)로 정의되어 있습니다. 그러므로 천지비가 24절후의 시간(宙)에 응한다면 지천태는 28방위의 공간(宇)에 응해있습니다.

이때 24절후(時)도 아니고 28방위(空)도 아닌 '**24방위**'를 언급하신 말씀은, 동요동과 서요동을 일월日月이 되어 운행하시는 상제님의 양면성을 드러냅니다.

따라서 24방위라는 말씀 속에는 천지비와 지천태가 서로 중첩된 서요동(立人之道)을 이르는 깊은 의미가 내재해 있습니다.

이러한 맥락에서 "**거미가 집을 지을 때는 이십사방(二十四方)으로 줄을 늘여서 짓고, 다 지은 뒤에는 남이 알지 못하게 한편 구석에 숨어 있는 법이니 너는 그곳을 떠나지 말라.**"는 말씀은 마치 "**스물네 가지 약종(藥種)만 잘 쓰면 만국의원이 되리라.**"는 상제님 말씀과도 맥락이 연결됩니다. 이는 약장 중앙의 단주수명丹朱受命 자리가 곧 서요동이라는 의미로 해석될 수 있습니다.

기미(己未) 팔월(八月)에 고민환(高旻煥)과 이근우(李根宇)와 동반(同伴)하야 고씨(高氏)전 승안(承顔)차로 가서 승안(承顔) 중 고씨(高氏)께서 거주(居住)를 물으시기에 옥구군(沃溝郡) 성산면(聖山面) 성덕리(聖德里)라 고(告)한 즉 "좋은 곳에 산다" 하시고 "**기처(其處)를 떠나지 말라**" 삼차(三次)를 다짐후에 기처(其處)에 오성산(五星山)이 있느냐 하시기에 있나이다 한즉 그러면 **기천간(幾千間)이라도 지을 기지(基地)가 있느냐** 하시기에 기만간(幾萬間)이라도 지을 수 있나이다. 한즉 "**그러면 좋은 곳이라**" 하시니라.『선정원경(仙政圓經)』

게다가 "**그러면 그곳에 수천 칸이라도 지을 만한 집터가 있느냐?**"고 하문하시는 말씀에서 오성산이 왕도王都를 건설할 만큼 광활하고 이상적인 입지 조건을 갖추고 있음을 대략 짐작해 볼 수 있습니다.

> **고민환이 자기 사가를 짓는데 돈이 없어서 짓다 말고 중지하였던 바** 하루는 지고후비님께서 명하시기를 **오늘은 내 집을 구경하리라** 하시며 출발하시니 모든 도인들이 따라 나오더라. 한봉산(옥녀봉)에 이르렀을 때 고민환이 여쭙기를 어머님 여기에서 보입니다 하고 아뢰니 산넘어 짓다만 **집을 한참동안 건너다 보시고 돌아오시며** 가라사대 너희들은 나태하지 말라 촉박하니라. 그런고로 **속히 내 집을 수찬하도록 하라** 하시니 이로부터 도인들이 합심 협력하여 **고민환의 사가가 지어지니라.** 그후에 선화하시니 오성산 도장은 헐리고 고민환의 사가로 원황상제님 천진과 지고후비님 진영을 모시어 오늘에 이르니 과연 지고후비님의 집이 되였음이 확실하게 되었더라.
> 『선도신정경(仙道神政經) 5장 28절』

고수부님께서 "**오늘은 내 집을 구경하리라**","**속히 내 집을 수찬하도록 하라**"는 등의 말씀을 하시며 고민환 종도의 사가私家를 '**내 집**'이라 칭하신 것은 액면 그대로 보면 군산群山을 지칭하는 것처럼 보이기 쉽습니다.

그러나 "**천지간에 독음독양(獨陰獨陽)은 만사(萬事) 불성(不成)이니라.**"는 말씀에서 알 수 있듯, 음양합덕 공사로 천지 만사를 처결하신 두 분의 말씀이 서로 다를 수 없습니다. 따라서 천지공사에 있어 상제님 말씀을 체體로 놓고 고수부님 말씀을 시의적절한 비유(用)로 이해해야 합니다.

특히 우주의 절대자가 나시고(生) 돌아가신 자리(死) 자체가 무언無言의 대공사이므로, 유서遺書에 밝히신 대로 두 점을 잇는 선이 동요동(否)과 서요동(泰)으로 펼쳐져 일월이 순행하는 도로가 됩니다.(東西日月之道路故 東西分爲二京)

이처럼 고민환 종도의 사가私家를 '**내 집**'이라 하신 것은『사기史記』「천관서天官書」에 북두칠성이 천제天帝 타는 수레인 제거(帝車)에 비유되듯, 칠성용정七星用政 도수로 쓰신 그 집을 상징적으로 칭하신 것입니다.

따라서 이를 모사재천謨事在天의 도수로 보아야 하며, 성사재인成事在人의 '**그 사람**'이나 '**일이 되는 그 장소**'로 착각해서는 안 됩니다.

결국 '**고민환의 사가**'라는 말씀은 특정한 종교 조직이나 단체가 아니라 칠성용정 도수로부터 저울도수, 강태공 성군 만나는 공사 등 고민환 종도에게 붙여 쓰신 여러 도수의 주인이 되시는 진주眞主가 거처하고 계신 사가에 대한 상징적인 말씀으로 이해해야 할 것입니다.

그런데 천지개벽경 무신년 공사기에 보면 서요동을 확정하는 '一所三宮之公事'에 대한 내용이 나옵니다.

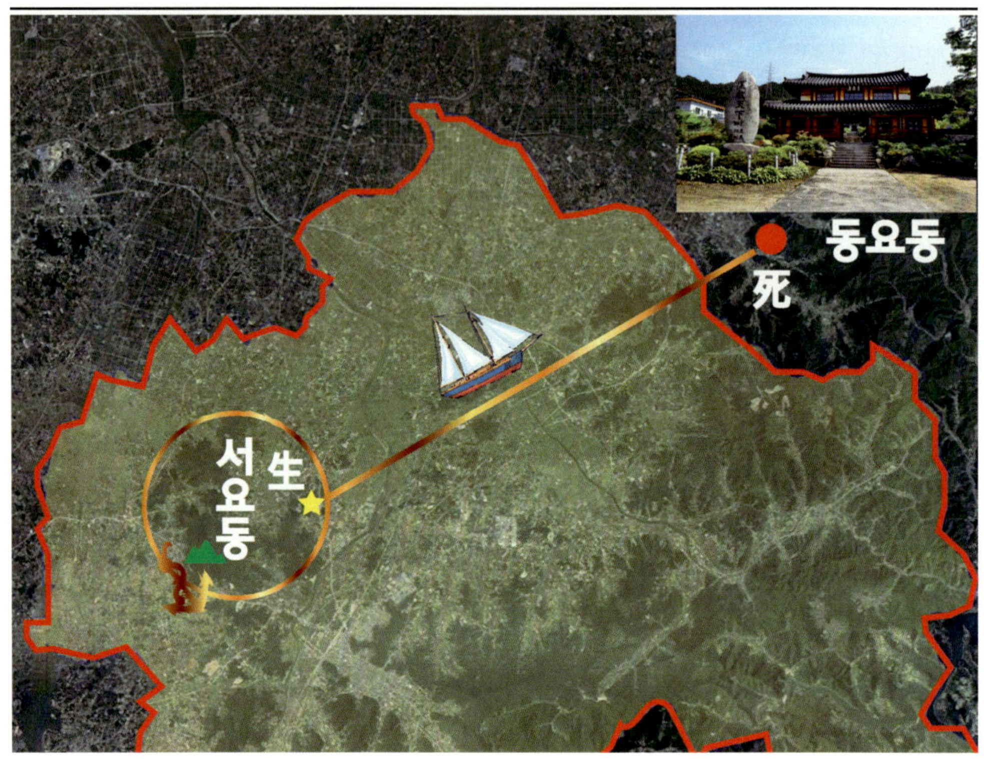

曰(왈), **井邑(정읍)에 定布政所**(정포정소)하노라.

曰(왈), 天下萬事(천하만사)가 皆立政然后(개입정연후)에 行之(행지)니라.

曰(왈), **泰仁(태인)에 定大學宮**(정대학궁)하노라.

曰(왈), 泰仁(태인)에 有道昌峴(유도창현)하고 有大覺橋(유대각교)하니, 天(천)이 示世久矣(시세구의)니라. 我世(아세)에 天下之大學(천하之大學)이 將設立泰仁(장설립태인)하노라.

曰(왈), **泰仁(태인)에 定福祿宮**(정복록궁)하노라.

曰(왈), 天下萬世(천하만세)에 億兆衆生之福祿(억조중생지복록)이 定福祿宮(정복록궁)하노라.

曰(왈), **古阜(고부)에 定壽命宮**(정수명궁)하노라.

曰(왈), 天下萬世(천하만세)에 億兆衆生之壽命(억조중생지수명)이 定壽命宮(정수명궁)하노라.

曰(왈), **天下萬法(천하만법)이 自京而出**(자경이출)하나니, 今(금)에 一所三宮之公事(일소삼궁지공사)를 行於四人之所(행어사인지소)하니라.

정읍에 포정소를 정하노라.

천하의 모든 일이 모두 정사가 선 다음이라야 행해지느니라.

태인에 대학궁을 정하노라.

태인에 도창 고개가 있고 대각교가 있으니, 하늘이 세상에 보여준 지가 오래니라. 나의 세상에 천하의 큰 학교가 장차 태인에 세워지리라.

태인에 복록궁을 정하노라.

천하 만세에 억조 백성의 복록을 복록궁에서 결정하노라.

고부에 수명궁을 정하노라.

천하 만세에 억조 백성의 수명을 수명궁에서 결정하노라.

세상의 모든 법이 서울에서 나오나니, 이제 일소삼궁(一所三宮) 공사를 네 사람의 집에서 보았노라.

『대개벽경(大開闢經) 8편 무신년 공사기 14장』

즉 정읍井邑에 포정소布政所를 정하시고 태인泰仁에 대학궁大學宮과 복록궁福祿宮을 정하시고 고부古阜에 수명궁壽命宮을 정하시는 이 일소삼궁공사一所三宮公事가 모두 이루어지는 땅이 곧 정읍 일대라는 것이 위 성구의 핵심입니다. 그리고 그 이유를 설명해주신 대목이 '**天下萬法이 自京而出**'한 때문이라 하셨습니다.

여기서 '四'는 오행상 '金'이자 방위상 '西'를 상징하는데, 상제님께서 네 명의 종도(獨四人)에게만 유독 서울 경京 자 붙은 이름을 내리신(賜京字名) 것 또한, 천하만법天下萬法이 서울에서 나오듯 유서遺書의 '**東西分爲二京**' 중 '**西堯洞**'이 바로 일소삼궁이 자리한 정읍에 있음을 확정하는 말씀입니다.

이로써 오성산과 서요동이 모두 정읍을 가리키고 있음이 명확해졌습니다.

이상에서 살펴본 말씀들을 종합해 볼 때, 동요동으로부터 시작된 남조선 뱃길의 최종 종착지는 다름 아닌 정읍 땅입니다.

이곳은 상제님의 생가터인 사옥재에 인접해 있으면서도, 왕자포정지지王者布政之地로서 수천 칸의 집을 지을 만한 왕도王都의 입지 조건을 갖추고 있습니다.

이러한 평야 지대[2] 한가운데, 세인들의 시선이 닿지 않는 벽강궁촌僻岡窮村의 한가운데에 우뚝 솟아 그 위용을 드러내는 산, 그곳이 바로 두승산입니다.

그러나 이러한 여러 증거에도 불구하고, 여전히 군산이 서요동의 자리라 맹신하는 이들이 적지 않습니다.

일찍이 상제님께서는 짚으로 인형을 만들어 머리에 침을 가득 꽂고는 도랑에 묻

2) 두승산 기슭에는 오학지지(五鶴之地)로 이름난 상학(上鶴), 중학(中鶴), 하학(下鶴), 학전(鶴田), 학림(鶴林) 마을이 드넓은 분지로 펼쳐져 있는데 두승산 우측의 동죽산(東竹山)으로 해서 상제님 생가터를 거쳐 서북으로 천태산에 이르는 울안은 서울의 사대문 보다 그 면적이 더 큽니다. 두승산의 북쪽 천태산 방향은 호남평야가 아득히 눈앞에 펼쳐지 있으며,서쪽으로는 변산 칠산바다가 손에 잡힐듯 자리하고, 남쪽으로는 노령의 산줄기가 다가오고, 동쪽으로는 정읍 시가지가 한눈에 들어옵니다.

게 하시며, '万非 不敢犯一是' , 즉 '그릇된 만(萬)이 옳은 하나(一)를 범하지 못한다' 하셨습니다.

이에 종도가 **"대도 아래에 장차 하나만 옳고 모두가 틀리는 일이 있나이까?"** 하고 여쭈자, 상제님께서는 **"하늘의 운수라 어찌할 수 없으니, 나의 덕이 크게 상하노라."** 탄식하셨습니다.

이는 곧 '**万非一是**'의 공사에서 보듯, 오직 한(一) 곳에만 옳은(是) 진리적 원형을 숨겨두셨음을 시사하는 말씀이 아니겠습니까?

고수부님께서도 **"이 벽강궁촌에 바둑판과 윷판을 내가 묻었으니 이 세상 누가 능히 그를 알 수 있으리오"**라고 말씀하신 까닭이 바로 여기에 있습니다.

다음 장에서는 오성산에 대한 논란의 여지가 더 이상 없도록, 이 모든 논의의 최종적인 결론을 내리고자 합니다.

4. 오성산 논란의 종결

고수부님의 의중에 계신 서요동의 자리가 정확히 어딘지를 상제님 말씀으로 확인하고자 합니다. 상제님께서는 옥구와 오성산의 문제를 두고 '**彼天地는 虛하고 此天地는 盈하리라**'고 하셨습니다.

丙午秋(병오추)에 在群倉(재군창)하시더니 下勅(하칙)하시니, 地有群倉地(지유군창지)하니 使不天下虛(사불천하허)라. **倭萬里淸萬里洋九萬里(왜만리청만리양구만리)니 彼天地(피천지)난 虛(허)하고 此天地(차천지)난 盈(영)하니라.**
弟子(제자)이 問曰(문왈), 天地之運(천지지운)이 東盈西虛(동영서허)하니 何以乎(하이호)잇가.
曰(왈), 天地之大運也(천지지대운야)니 我世(아세)에 群倉(군창)은 天下之大庫也(천하지대고야)니라.
曰(왈), 我世(아세)에 道通(도통)이 在乾坎艮震巽離坤兌(재건감간진손리곤태)하노라.
병오년 가을에 군창에 계시더니 칙령을 내리시니, 땅에는 군창이 있으니, 천하를 비지 않게 하리라. 왜는 만리요, 청도 만리요, 서양은 구만리이니, 저 천지는 비고 이 천지는 차느니라.
제자가 여쭈기를, 천지의 운수가 동양은 차고 서양은 비니 어째서입니까?
말씀하시기를, 천지의 큰 운수이니, 나의 세상에서 군창이 천하의 큰 창고니라 하시니라. 말씀하시기를, 나의 세상에 도통이 건감간진손이곤태에 있노라 하시니라.
『대개벽경(大開闢經) 6편 병오년 공사기 7장』

<51> 그후에 [전주동곡해원신 경주용담보은신(全州銅谷解寃神 慶州龍潭報恩神)]이라 써서 김형렬의 집 벽상에 부치시니라. 그후에 군산에 가사 또 공사를 보시고 글을 써서 불사르시니 이러하시니라. [지유군창지 사불천하허 왜만리청만리양구만리 피천지허차천지영(**地有群倉地 使不天下虛 倭萬里淸萬里洋九萬里 彼天下虛 此天下盈**)]이라 써서 불사르시니라. 『동곡비서(銅谷秘書)』

증산(甑山)께옵서 신도(信徒) 수십인(數十人)을 영솔(領率)하시고 군산(群山) 부두(埠頭)에 오사 "지유군창지(地有郡倉地)하니 사불천지기(使不天地飢)라" 하시며 "왜만리청만리양구만리피지허차지영(倭萬里淸萬里洋九萬里**彼地虛此地盈**)이라" 하시며 찬사(讚詞)하시니라. 『선정원경(仙政圓經)』

성구에 나오는 '**地有群倉地**'에서 '**地有**'는 곧 지천태의 자리를, '**群倉地**'는 서요동을 의미합니다. '**井은 地也**'라는 말씀처럼 '**地有**'는 곧 정읍을 암시합니다. 즉, '**地有群**

倉'이란 이미 지천태 판밖에 자리한 군창이라는 뜻을 내포합니다.

앞서 서요동에 '겉공사'와 '속공사'가 겹쳐 있음을 확인했듯이, '**群倉**'이라는 용어에도 겉뜻과 속뜻이 함께 존재합니다. 본래 군산의 속명이 군창이기에 표면적으로는 군산을 뜻하지만, 상제님께서는 글자의 상象을 취하여 정읍에 대한 상징으로 사용하셨습니다.

'**群**'은 주역 건괘 '**用九 見 龍 无首 吉**'에서 '羣'으로도 쓰는데 임금 군君자에 양 양羊자를 합한 글자로, 십미토十未土 양 위에 앉은 임금의 상으로 곧 기위친정 하는 황극을 나타냅니다.

게다가 '**倉**'은 '창고'의 쓰임으로 가득 채울(盈) 수 있는 '**此天地**'를 뜻하나, 표면적으로는 새만금[3]이 자리한 군산을 가리키는 중의적 표현입니다.

지천태의 자리는 본래 '**泰者는 通也**'라 하여 속이 텅 비어 있는 자리입니다.

뱃속 곤坤의 자리가 비어 있어야 소화가 되고, '**井은 通也**'라 하여 우물 속이 비어 있어야 물이 솟아나는 이치와 같습니다. 상제님께서도 "**대나무같이 속이 통통 비어 있는 도통자**"를 말씀하지 않으셨습니까?

이처럼 '**倉**'은 비어서(虛,彼天下) 끊임없이 채울(盈,此天下) 수 있는 '칠현무(샘바다)'의 속성과, 무리 '**群**'자에 보듯 왕이 자리한 '서요동(자하도)'의 양면성을 동시에 내포한 글자입니다. 그러기에 상제님께서는 겉으로는 군산의 지명을, 속으로는 그 내밀한 도수를 취해 공사를 보신 것입니다.

1 또 말씀하시기를 "이 뒤에 병겁이 **군창(群倉)**에서 시발하면 전라북도가 어육지경(魚肉之境)이요
2 광라주(光羅州)에서 발생하면 전라남도가 어육지경이요
3 인천(仁川)에서 발생하면 온 세계가 어육지경이 되리라.
4 이 후에 병겁이 나돌 때 군창에서 발생하여 시발처로부터 이레 동안을 빙빙 돌다가 서북으로 펄쩍 뛰면 급하기 이를 데 없으리라.
5 조선을 49일 동안 쓸고 외국으로 건너가서 전 세계를 3년 동안 쓸어버릴 것이니라.
6 **군창**에서 병이 나면 세상이 다 된 줄 알아라. 나주에서 병이 돌면 밥 먹을 틈이 있겠느냐." 하시고
7 또 말씀하시기를 "그러면 천시(天時)인 줄 아소." 하시니라.
(道典 7:41)

1 태모님께서 말씀하시기를 "장차 괴질(怪疾)이 **군산(群山)** 해안가로부터 들어오느니

3) 군산과 부안을 연결하는 세계 최장인 33.9km의 방조제 좌우로 물류의 중심지 역할을 할 터 안에 아득히 바다만 보일 뿐입니다.

라.” 하시고
2 “그 괴질의 기세가 워낙 빨라 약 지어 먹을 틈도 없을 것이요, 풀잎 끝에 이슬이 오히려 더디 떨어진다.” 하시니라.
3 또 말씀하시기를 “소병, 대병이 들어오는데 죽는 것은 창생이요, 사는 것은 도인(道人)이니
4 오직 마음을 바르게 갖고 태을주를 잘 읽는 것이 피난하는 길이니라.” 하시니라.
(道典 11:386)

세인들은 **“병겁이 군창에서 시발하면”**, **“괴질이 군산 해안가로부터 들어오느니라”** 하신 말씀에 매여, 그 이면의 깊은 뜻을 보지 못합니다. 이어서 **‘倭萬里 淸萬里에 洋九萬里’**라는 구절이 나옵니다.

‘倭萬里왜만리**’**는 태양이 뜨는 선천 기운(日)을 가리키니 천지비 육기초의 상象입니다. 또한 **‘淸萬里**청만리**’**는 삼수변(氵)에서 보듯 지천태 칠현무 자리에 대한 상이고 **‘洋九萬里**양구만리**’**는 역시 삼수변(氵)을 쓰지만, 십미토十未土를 뜻하는 **‘羊’**과 태양(九離火)을 뜻하는 **‘九離火’**에 자리한 상수 **‘九’**가 결합되어 지천태 자리 중에서도 서요동을 상징합니다. 그래서 **‘수식남방매화가’**라 하셨습니다.

그러므로 **‘彼天地’**는 **‘淸萬里’**인 칠현무의 자리를 뜻하고 **‘此天地’**는 **‘洋九萬里’**인 서요동을 의미합니다.

이때 **‘此’**는 ‘止’와 ‘匕’의 합자로 ‘止’는 『설괘전』 제 7장에서 **‘艮은 止也’**라 하였기에 간도수의 象이 있습니다.

이는 자미원紫微垣이나 자하도紫霞島라 할 때의 ‘紫’의 용례와 같이 불가지(佛可止, 부처가 가히 그치는) 도수가 응해 있는 서요동의 의미가 내재되어 있습니다.

그러므로 **‘彼天地는 虛’**하다 할 때 **‘虛’**는 대나무처럼 속이 텅텅 빈 칠현무의 자리를, **‘此天地는 盈’**하다 할 때 가득찰 **‘盈’**은 서요동을 가리킵니다.

정역에 **‘進退之政은 月盈而月虛니라.’** 하였습니다.

‘진퇴의 정사는 달이 찼다 달이 비었다.’ 한다는 것입니다.

‘淸萬里 洋九萬里’가 모두 삼수변(氵)을 뜻하듯 두 곳은 달(月)의 영향권인 지천태의 속성을 띠지만, **‘進退’**의 차이로 인해 달이 가득 찬 것(月盈)은 서요동(田,태전)이요, 그믐처럼 달조차 비어(月虛) 칠흙같이 어두운 곳은 칠현무(畓,불양답)가 됩니다.

요컨대 군창群倉에 찼다 비었다 하는 상을 가진 **‘倉’** 자를 쓰신 이유는, 두 분 흉중의 내밀한 곳에서는 왕자포정지지인 정읍을 군창으로 정해 두시고도, 표면적으로는 군산으로 비틀어 놓으신 이유가 있을 것입니다.

물론 혹자는 **“그럼에도 불구하고 군산의 오성산과 옥구가 실제 서요동일 가능성을 완전히 배제할 수 없지 않으냐”**고 할 수 있기에 또 하나 반론의 예를 들어 보겠습니다.

천후(天后) 수양산(修養山)을 바라보시며 가라사대 '구성(丘聖) 속에 수양산(修養山)이 결실(結實) 하였도다. 후천(後天) 오만년(五萬年) 운수(運數)의 본원지(本源地)가 이곳이라. **속설(俗說)에 수양산(修養山) 그늘이 강동(江東) 팔십리(八十里)라는 말이 이곳을 두고 나온 말이니, 잘 기억(記憶)하여 두라**' 하시니라.
『고부인신정기(高夫人神政記) 4장 14절』

4. 고후비(高后妃)께서 용화동(龍華洞)으로 오시다가 팔정이에 앉아 쉬실세 구릿골(銅谷) 입구(入口) 돌다리를 담뱃대로 겨누시며 가라사대 저기가 천지(天地) 문(門)턱이니라. 이어서 가라사대 **이곳에서 장광(長廣) 팔십리(八十里)가 꼭 차니니라** 하시고 담뱃대로 제비산(帝妃山)을 가리키시며 저 산(山) 흙은 쓸 데가 있노라 하시니라.
『선도신정경(仙道神政經) 4장 4절』

어느날 종도들에게 가라사대 "일후에 때가 되면 천하만국의 제왕신과 이십사장은 금산사를 옹위하고 이십팔장은 용화기지를 옹위하며 삼만의 철기신장은 원평장상 대기지를 옹위하리라." 하시고, 이어서 가라사대 "**옛 말에 이르기를 '수양산 그늘이 강동 팔십리 간다.'고 하는 말과 같이, 금산사를 중심으로 한 용화도장은 장광(長廣)이 팔십리니라.**" 『천지개벽경(天地開闢經) 1장 12절』

11. 또 용화동(龍華洞)에서 어느날 가라사대 용(龍)이 뿔이 나야하는 것이 아니드냐 팔대장삼(八大長衫)을 입고 노장(老장)이 너울 너울 춤(舞)을 추노라
또 가라사대 사람 욕심(慾心) 내지 말라 옳은 줄 하나만 추켜들면 다 오느니라
이로써 장광팔십리(長廣八十里)가 꼭 차느니라 잘못된 그 날에야 제 복장(服裝)을 제가 찍고 죽(死)을 적에 앞거리 돌맹이가 모자라리라 하시더라 하니라.
『선도신정경(仙道神政經) 4장 11절』

본주님께서 태인에 계실 때 밤이면 집주위를 살피시고 거리를 순찰하시더니 어느날 밤 혼자 말씀으로 **『장광팔십리(長廣八十里) 안으로 와야지』** 말씀하심
『本主大經典 p.30』

하루는 **금산사를 중심으로 장광팔십리가 평사낙안이라** 하신지라.
『용화전경(龍華典經) 6장 7절』

상제님께서 말씀하신 "**금산사를 중심으로 한 용화도장은 장광(長廣)이 팔십리니라**"는 말씀과 "**수양산 그늘이 강동 팔십리 간다.**"는 말씀을 겹쳐보면, 상제님의 의중에 계신 금산사金山寺가 곧 수양산 자락에 위치한 증산법종교를 지칭함을 단번에 알

수 있습니다.

고수부님께서도 **"이곳에서 장광 팔십리가 꼭 차니라."**, **"사람 욕심 내지 말라. 옳은 줄 하나만 추켜들면 다 오느니라. 이로써 장광팔십리가 꼭 차느니라."**는 말씀을 하셨고, 대모님께서도 하루는 금산사를 중심으로 **"장광팔십리가 평사낙안이라"** 하셨습니다.

그러니 『천지개벽경』 뿐만 아니라 동요동과 서요동의 거리를 두고 **"장광팔십리(長廣八十里) 안으로 와야지"**하는 본주님에 이르기까지 무려 네 분의 성인이 공통적으로 하신 말씀이라면 이보다 더 확실한 지리적 단서가 어디 있겠습니까?

성인들의 말씀을 종합하면 동요동(증산법종교)에서 서요동까지의 거리는 80리(약32km)를 넘지 않아야 합니다. 이를 카카오맵을 통해 검증해 보았습니다.

군산 오성산: 동요동 영대에서 직선거리 39.04km (약 100리) → 탈락
고민환 종도의 사가: 직선거리 39.89km (약 101리) → 탈락
옥구 읍사무소: 직선거리 37.86km (약 96리) → 탈락
정읍 두승산(말봉): 직선거리 23.56km (약 60리) → 포함

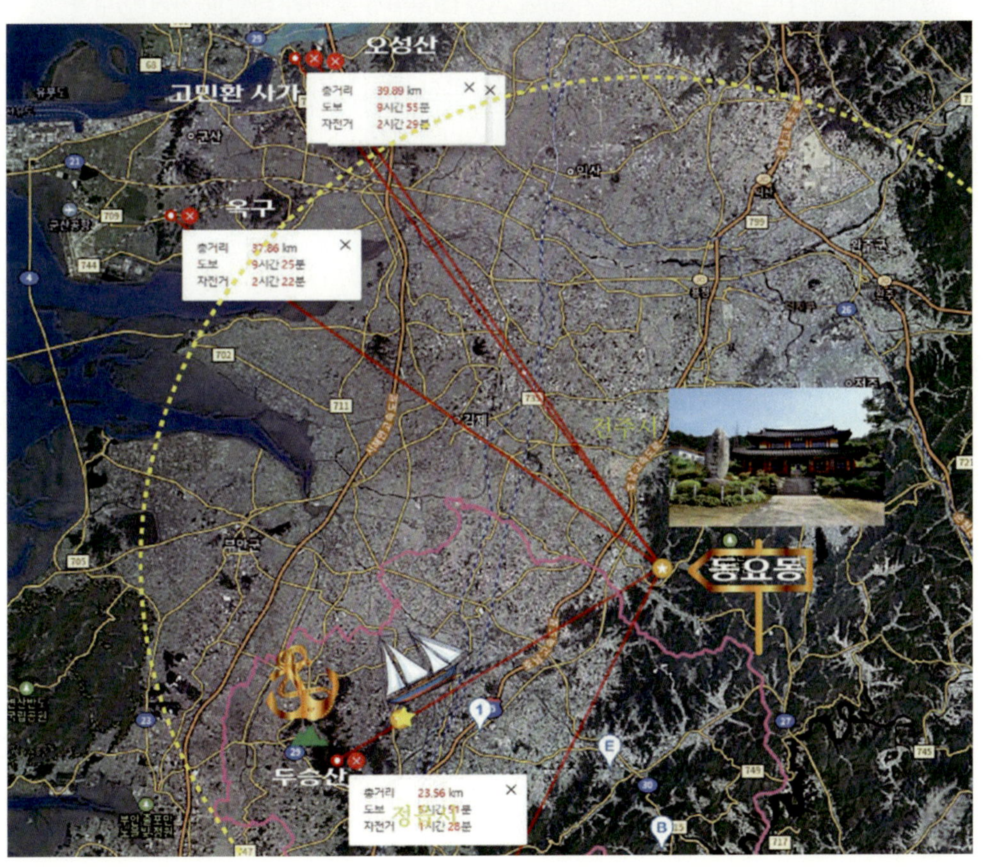

붉은 선 중 가장 위에 있는 선은 동요동인 증산법종교 영대에서 오성산 정상에 있는 기상레이더 센터까지로 총거리는 39.04km이니 99.4리(里) 즉 근 100리가 됩니다. 여기서 고민환 종도의 사가는 39.89km이니 101.57리(里)로 100리가 아주 넘어갑니다. 또한 중간 선은 옥구 읍사무소까지로 총거리는 37.86km이니 96.4리(里)가 됩니다. 그러니 또 다른 동요동의 후보지로 추정하는 증산교 대법사에서 잰다면 거리는 더욱 더 멀어질 것입니다.

반면 아래 선은 생가터를 지나 두승산 말봉까지 23.56km이니 60리(里)가 됩니다. 이처럼 육기초(동요동)를 중심으로 '**장광팔십리**'에 달하는 원(황색 점선)을 그려보면 군산 일대에서 옥구 일부만 그 반경에 포함됨을 볼 수 있습니다. 즉, 군산은 서요동의 가장 기본적인 입지 조건인 거리 기준에서부터 배제되는 것입니다.

참고로 정읍시의 행정구역 최남단까지도 31.63km로 80.5리(里)에 불과하여, 정읍 전체가 팔십리 권역 안에 온전히 들어옵니다. 상제님께서 "**전주에 북문이 서노라**" 하신 말씀 또한 이 권역(전주 이남 정읍)을 암시하고 있습니다.

> 日(왈), **我(아)난 以古阜 井邑 泰仁 扶安 金堤와 全州 淳昌 益山 沃溝 咸悅로 作都城**(작도성)하나니, 文武之都(문무지도)에 越等七培(월등칠배)라 可居也(가거야)니라.
> 日(왈), 一符(일부)에 一山(일산)을 可移(가이)니 我世(아세)에 拓西海(척서해)하노라.
> 日(왈), **我居(아거)에 北門(북문)이 立全州(입전주)하노라.**
> 日(왈), 時來(시래)하면 金山寺(금산사)에 作人山人海(작인산인해)하노라.
> 말씀하시기를, **나는 고부, 정읍, 태인, 부안, 김제와 전주, 순창, 익산, 옥구, 함열로 도성을 삼으리니**, 주(周)나라 문왕과 무왕의 도성보다 일곱 배나 커서 살기가 좋으리라. 말씀하시기를, 부적 하나로 산 하나를 옮기리니, 나의 세상에 서해를 간척하노라 하시니라.
> 말씀하시기를, **내가 지내는 (도성의) 북문이 전주에 서노라.**
> 말씀하시기를, 때가 오면 금산사에 사람들이 산과 바다를 이루리라.
> 『대개벽경(大開闢經) 5편 을사년 공사기 5장』

이로서 '**長廣八十里**장광팔십리'란 정읍을 암시하는 말임을 알 수 있으며 우리가 익히 알고 있던 오성산五聖山과 옥구沃溝라는 실제 지명地名은 다분히 공사의 예를 들기 위한 방편일 뿐 실제 천지일이 이루어지는 천장지비天藏地秘의 땅은 따로 있음을 알 수 있습니다.

이 서요동을 찾기가 얼마나 어려운지 오죽하면 고수부님께서도 "**이 벽강궁촌에 바둑판과 윷판을 내가 묻었으니 이 세상 누가 능히 그를 알 수 있으리요.**"라고 탄식하셨습니다.

여기서 '**벽강궁촌(僻岡窮村)**'이란 '외따로 떨어진 궁벽한(僻) 산등성이(岡)의 가난한(窮) 마을(村)'을 뜻합니다. 읍邑 단위로 승격될 만큼 규모가 있는 옥구는 이 이미지와 거리가 멉니다. 더욱 결정적인 모순은 **'비밀의 유무'**입니다.

고수부님께서는 고민환 종도에게 **"너희 집 근처에 오성산이 있느냐"**, **"내 집을 수찬하라"** 하시며 그 위치를 너무나 친절하고 상세하게 알려주셨습니다. 당시 종도들은 물론 지금의 우리까지 그곳이 어디인지 다 알고 있습니다. 그런데 정작 고수부님은 **"이 세상 누가 능히 그를 알 수 있으리요"**라며 아무도 모를 것이라 하셨습니다.

바둑판은 오선위기 도수의 상징으로 세운판입니다. 또한 윷판은 도체공사 보실 때 고수부님이 깔고 앉으셨고 당신 스스로를 윷판이라 하셨으니 도운인 것입니다.

즉 세운과 도운을 상징하는 두 사람(바둑판과 윷판) 또는 정교일치의 통치자와 제사장을 겸하는 도통군자를 은두장미로 가려 그 분이 계시는 궁벽한 곳을 어느 누가 알겠느냐는 말씀입니다.

다들 알고 있는 장소를 두고 **'누가 알겠느냐'** 하셨다면, 이는 역설입니다. 즉, 고민환 종도의 사가(군산)는 겉 도수일 뿐, 진짜 바둑판과 윷판이 묻힌 속 도수는 아무도 모르게 숨겨두셨다는 뜻이 됩니다.

상식적으로 생각해보십시오. **"세상 그 누구도 모를 곳"**이어야 한다면, 누구나 다 아는 군산 오성산은 아니지 않겠습니까?

고수부님은 분명히 **"오성산엔 오성이 있고 오성산엔 서요동이 있고"**라 하시고 **"두고 보라 이 다음에 필연코 초막 속에서 성인이 나올 것이니라"** 하셨습니다.

그렇다면 고수부님께서 진짜 숨겨두신 그 벽강궁촌은 과연 어디일까요?

놀랍게도 그 해답을 상제님께서 이미 말씀해 주셨습니다.

弟子(제자)이 告曰(고왈), 土亭之訣(토정지결)이 造主碁翻局(조주기번국)하니 兆始烈煽蚊(조시열선문)이라. 今朝跨刀子(금조과도자)가 昔日碩功勳(석일석공훈)이라. 木之十八子(목지십팔자)가 絲冬海島汾(扮?)(사동해도분)이라.

欲免斯塗炭(욕면사도탄)이면 無如石井崑(무여석정곤)이라. 石井(석정)이 非難知(비난지)라 寺畓七斗落(사답칠두락)이라. **亥馬上下路(해마상하로)가 正是石井崑**(정시석정곤)이라.

吉運(길운)이 有轉(유전)하니 醇風(순풍)이 不變(불변)이라. 種財可畏(종재가외)오 種德可生(종덕가생)이라. 東土(동토)가 雖佳(수가)나 不如南州(불여남주)라 하고 又曰(우왈), **龜玆一隅(구자일우)에 朝母苟活(조모구활)하고 黑子孤城(흑자고성)에 白首君王(백수군왕)이라 하니 何謂乎(하위호)잇가.**

曰(왈), 土亭(토정)은 方可謂之先生也(방가위지선생야)로다. 造主者(조주자)난 輩(輦?)失兩夫也(배실양부야)오, 煽蚊者(선문자)난 有功之文也(유공지문야)오, **亥馬者(해마자)난 南出北流之水也(남출북류지수야)오**, 種財可畏(종재가외)난 亂道之世也(난도지세야)오, 種德可生(종덕가생)은 眞法之始也(진법지시야)니라.

龜玆一隅(구자일우)는 閱歷風霜也(열력풍상야)오, 黑子孤城(흑자고성)은 草屋數間也(초옥수간야)오, 白首君王(백수군왕)은 東學歌詞之李花桃花滿發也(동학가사지이화도화만발야)니라.
曰(왈), 草幕之家(초막지가)에 聖人(성인)이 出焉(출언)하노라.
제자가 아뢰기를, 토정의 비결에 조물주가 바둑판을 뒤집으니 징조가 극성스런 모기(탐관오리)라. 지금 조정의 칼을 타고앉은 사람이 옛날에 큰 공신이었도다. 나무의 열여덟 아들(이씨왕조)이 남북으로 물이 흐르는 바다의 섬에서 끝나리라.
이 도탄을 면하고자 하면 석정곤 만한 것이 없도다. 돌우물을 알기 어려운 것이 아니라 절 논 열 마지기니라. 해(亥)와 오(午)를 이은 길이 올바른 석정곤이라.
좋은 운이 돌고도니 순박한 풍속이 변치 않네. 재물을 모음은 두렵고, 덕을 심으면 살 수 있다. 동토가 아름다우나 남쪽 나라만은 못하네 하셨다.
또 말하기를, 손바닥만한 땅 한 구석에서아침 저녁 근근히 살아가고 바둑 알 같은 외로운 성에 머리 하얀 임금이라 하니 무슨 말입니까?
말씀하시기를, 토정은 선생이란 말을 들을 만 하도다. 주인을 만듦은 배(翡)가 두 사나이를 잃음이요 선문(煽蚊)은 글의 공이 있음이요 해마(亥馬)는 남쪽에서 북쪽으로 흐르는 물이요 재물을 모음은 도가 어지러운 세상이요 덕을 심어야 삶은 진법의 시작이니라.
구자일우는 풍상을 두루 겪음이요 흑자고성은 초가집 몇 간이요 백수군왕은 동학가사의 이화도화 만발이니라. 말씀하시기를, 초가집에서 성인이 나오느니라.
『대개벽경(大開闢經) 5편 을사년 공사기 4장』

상제님께서는 "초막지가(草幕之家)에 성인(聖人)이 출언(出焉)하노라"는 말씀으로 결론을 맺으셨습니다. 과연 이 말씀의 진의는 무엇인지 앞뒤 맥락을 통해 깊이 살펴보겠습니다.

토정 이지함의 비결에 대해 상제님께서는 "토정은 가히 선생이라 이를 만하다(方可謂之先生也)" 하시며 직접 그 비결의 핵심을 풀어주셨습니다.

"욕면사도탄(欲免斯塗炭)이면 무여석정곤(無如石井崑)이라. 해마상하로(亥馬上下路)가 정시석정곤(正是石井崑)이라." (이 도탄을 면하고자 하면 석정곤만 한 것이 없도다. 해(亥)와 오(午)를 잇는 길이 바로 올바른 석정곤이라.)

이에 대해 상제님께서는 "해마자(亥馬者)는 남출북류지수야(南出北流之水也)"라 명쾌하게 답을 내려주셨습니다. 즉, 석정곤을 찾는 열쇠는 '남쪽에서 발원하여 북쪽으로 흐르는 물'에 있다는 것입니다.

비결서인 『격암유록』 <석정가>에 '이재석정(利在石井)'이 나오는데, '이재석정'

은 '천정수(天井水)' 곧 하늘 우물에서 솟는 샘물로 그 샘물을 한 번 마시면 수명이 늘어나고 재차 마시면 영생불사한다고 말하고 있습니다. 또한 <은비가>에서는 '석정곤(石井崑)'을 '절에 딸린 칠두락 넓이의 논'으로 표현하고 있는데 여기서 곤崑은 원래 곤륜산의 약자입니다.

<석정가(石井歌)>
이재석정천정수(利在石井天井水) 일차음지연수(一次飮之延壽)
음지우음연음자(飮之又飮連飮者) 불사영생차천(不死永生此泉)

<은비가(隱秘歌)>
사답칠두석정곤(寺畓七斗石井崑) 천종지성반석정(天縱之聖盤石井)

옛 사람들은 북두칠성이 상조금궐上照金闕 하부곤륜下覆崑崙이라고 하여 위로는 금궐(호천금궐)을 비추고 아래로는 곤륜을 덮고 있다고 하였습니다. 이때 산이름 곤崑자의 맨 아래쪽에 자리한 견줄 비(比)자는 주역의 8번째 수지비괘水地比卦의 의미가 담겨있습니다.

이는 지천태 곤운坤運의 반석자리를 뜻하여 '天縱之聖盤石井' 곧 천종지성(天縱之聖:하늘이 낸 성인)께서 자리한 반석이 되는 우물자리라 하였습니다.

'天井'이라는 표현은 하늘의 '자미원'으로 이 '天井水'가 지상에 고인 '石井崑'은 '兩白(양백)이 在角也'라 하신 왕자포정지지를 말합니다.

이 '石井崑'을 토정은 달리 '寺畓七斗落'이라 하였으니 <은비가(隱秘歌)>에서는 아예 '寺畓七斗石井崑'이라 붙여 썼습니다.

많은 비결서에서 단골로 등장하는 말이 '寺畓七斗'입니다. 세간에서는 진표율사가 금산사 미륵전을 세울 때 원래의 연못자리를 메꾸어 미륵불을 조성할 부지로 만든 터로 알지만, 조계종 금산사는 미륵의 껍질인 선천미륵불을 모신 겉금산입니다.

'寺畓七斗'는 사실 삼재지도三才之道의 틀에 빗대어 쓰인 상징입니다.

'寺'는 입천지도立天之道의 육기초이며,
'畓'은 입지지도立地之道로 칠현무인 불양답佛糧畓이며,
'七斗'는 입인지도立人之道의 서요동으로 북두칠성이 운기하는 자리가 됩니다.

그러니 '寺畓'의 중앙에 '七斗'가 깔고 앉은 반석인 '石井崑'을 두고 토정은 "**욕면사도탄(欲免斯塗炭)이면 무여석정곤(無如石井崑)이라. 해마상하로(亥馬上下路)가 정시석정곤(正是石井崑)이라.**"이라 하였습니다.

이 '七斗'가 "**초막지가(草幕之家)에 성인(聖人)이 출언(出焉)하노라**"의 주인공이시니 칠성도수, 강태공 성군 만난 공사등 모사재천 도수를 본 고민환 종도로 상징되는 성사재인의 역할인 것입니다.

그러므로 **"해마자(亥馬者)는 남출북류지수야(南出北流之水也)"**라 답하신 건 '초막지가(草幕之家)'에 나오는 '聖人'이 남쪽 수원지에서 발원하여 북쪽으로 흐르는 강주변에 거주하고 있음을 지리적으로 암시하신 것입니다.

상제님께서는 **"구자일우(龜玆一隅)는 열력풍상야(閱歷風霜也)"**라 하셨습니다.

'龜玆一隅'는 흔히 '작은 땅 한 구석'으로 해석되나, 이는 '龜書'인 낙서판에서도 '玄'이 겹쳐진 '玆'의 상을 취해 지천태 칠현무의 자리를 의미합니다.

상제님께서는 성인이 머무는 곳을 **"흑자고성(黑子孤城)은 초옥수간야(草屋數間也)"**라 하시어, 화려한 궁궐이 아닌 '몇 칸 안 되는 작은 초가'임을 밝히셨습니다. 여기서 **'흑자고성(黑子孤城)'**은 뒤에 나오는 **'백수군왕(白首君王)'**과 흑백의 강렬한 대비를 이룹니다.

또한 자오선子午線을 기준으로 볼 때, 남방(午)은 성인이 덕을 드러내는 자리이니, 아직 드러나지 않은 북방(子, 黑)에 비유되는 '黑子'는 백성이나 신하가 없는 잠룡潛龍의 상태를 상징하고 있습니다. 이어 상제님께서는 **"백수군왕(白首君王)은 동학가사지이화도화만발야(東學歌詞之李花桃花滿發也)"**라 하셨습니다.

> 一日(일일)에 東學歌詞一節(동학가사일절)을 興而歌之(흥이가지)하시니, 每嘗興來(매상흥래)에 多歌之(다가지)하시니라.
> 歌에 曰(왈), **李花桃花滿發(이화도화만발)한대 桂花(계화)들 不開乎(불개호)아.**
> 弟子(제자)이 問曰(문왈), 此歌之義(차가지의)이 何以乎(하이호)잇가.
> **曰(왈), 有人(유인)하고 有道(유도)하고 有地(유지)하니라.**
> 하루는 동학가사 한 구절을 흥겨이 노래하시니, 평소에 흥이 나시면 자주 노래하시는 구절이더라. 가사에 말하되, 이화 도화 만발한대 계화들 불개호아(오얏꽃 복숭아꽃 활짝 피었는데, 계수나무꽃은 피지 않겠느냐).
> 제자가 여쭈기를 이 노래의 뜻이 무엇입니까?
> 말씀하시기를, 사람이 있고 도가 있고 땅이 있노라.
> 『대개벽경(大開闢經) 4편 갑진년 공사기 4장』

이는 동학가사에 나오는 구절, **"이화도화만발(李花桃花滿發)한대 계화(桂花)들 불개호(不開乎)아?"**와 직접적으로 연결되는 말씀입니다.

상제님께서는 이 노래의 뜻을 묻는 제자에게 **"사람이 있고(有人), 도가 있고(有道), 땅이 있노라(有地)"**라고 답하셨습니다. 즉 '好道'인 지천의 도(桃花)를 펴는 인물(李花)이 바로 백수군왕임을 명시하신 것입니다.

결국 고수부님께서 **"오성산엔 오성이 있고 서요동이 있다"** 하신 말씀이나, 상제님께서 "**초막지가(草幕之家)**에 **성인(聖人)**이 **출언(出焉)하노라**" 하신 말씀은 동일한 맥락을 가리킵니다.

곧 백수군왕이 초막(흑자고성)에 은거하며 열력풍상하며 일편단심으로 그 때를 기다리고 있다는 것입니다.

> 弟子(제자)이 問曰(문왈), 義與不義(의여불의)를 亦何以知之乎(역하이지지호)릿가.
> 曰(왈), **閱歷風霜(열력풍상)하고 有一片丹心(유일편단심)이 以待其時(이대기시)하노라.**
> 제자가 여쭈기를, 옳고 그름을 또한 어찌 알수 있으오리까?
> 말씀하시기를, 긴 세월 바람 서리를 밟으며 일편단심을 지닌 사람이 그 때를 기다리니라. 『대개벽경(大開闢經) 8편 무신년 공사기 18장』

앞서 "**열력풍상(閱歷風霜)하고 유일편단심(有一片丹心)이 이대기시(以待其時)하노라**" 하셨던 '**차래자(次來者, 다음에 올 사람)**'에 대해 상제님께서 "**정읍(井邑)은 구세천명(救世天命)이 재차대시(在此待時)라**"는 말씀을 통해, 일편단심으로 때를 기다리는 이 주인공이 머무는 곳이 정읍임을 명확히 밝히셨습니다.

이제 모든 논증의 결론은 지리적 검증으로 귀결됩니다. 두승산 일대가 진실로 서요동이 맞다면, 상제님 말씀대로 그 주변에는 필시 '**남출북류지수(南出北流之水, 남쪽에서 발원하여 북쪽으로 흐르는 물)**'가 흐르고 있어야 할 것입니다.

정읍 일대의 수계水系를 분석해 보면, 동부 산간 지역은 남해로 흐르는 섬진강 수계에 속하고, 서부 평야 지대는 서해로 흐르는 동진강 수계에 속합니다.

그런데 동진강 본류와는 별개로 독자적인 흐름을 유지하다가 하류에서만 잠시 합류하여 서해로 나아가는 하천이 있습니다. 바로 **고부천(古阜川)**입니다.

두승산 서쪽을 따라 남북으로 길게 흐르는 이 고부천에 대해, 『두산백과』는 "**호남 평야 서부를 남쪽에서 북쪽으로 흐르는 강**"이라고 명확히 정의하고 있습니다.

이 지리적 사실은 상제님께서 '석정곤'을 풀어 제시하신 '**남출북류지수(南出北流之水)**'라는 조건에 한 치의 오차도 없이 여합부절如合符節로 들어맞습니다.

이로써 고부천이 흐르는 두승산 일대가 곧 토정이 말한 '석정곤'이자, 상제님께서 일러주신 '초막지가의 성인'이 계신 곳임이 최종적으로 입증됩니다.

이제 반대로, 군산 오성산 주변을 면밀히 살펴봅시다. 과연 상제님께서 제시하신 '**남출북류지수(南出北流之水)**'의 강이 있을까요?

군산으로 흐르는 주요 강인 금강錦江은 전라북도 장수에서 발원하여 충청도와 전라도의 도계를 이루며 흘러듭니다.

그러나 금강의 흐름은 굳이 정의하자면 '**동출서류지수(東出西流之水)**'입니다.

그나마 주변에 고척천이라는 작은 물줄기가 있으나, 이는 평야 지대의 단순한 용·배수로 수준일 뿐더러, 결정적으로 흐르는 방향이 맞지 않고 오성산과의 거리도 멀어 도수적 조건에 부합한다고 볼 수 없습니다.

결국 군산 오성산 일대에서는 '**남출북류**'의 조건을 전혀 찾을 수 없습니다.

고수부님께서는 "**오성산엔 오성이 있다**" 하셨고, 상제님께서는 그 성인(오성)이 출세하는 곳에 "**남출북류지수(南出北流之水)**"가 흐른다고 명확히 밝히셨습니다.

이제 거리(長廣八十里)와 지리(南出北流之水)적 조건을 충족시키는 모든 도수적 증거가 가리키는 곳은 정읍 두승산뿐입니다.

두 분 성인의 말씀과 현실의 지리적 증거가 여합부절로 정읍 두승산을 지목하고 있음이 명확히 수긍되십니까?

이러한 명확한 지리적 증거 외에도, '**시어간(始於艮) 종어간(終於艮)**'하는 간도수艮度數의 이치로도 정읍이 종점終點임이 입증됩니다.

앞서 '**原始反終**'의 뜻을 풀며 윷판의 시작(始)이 윷판을 다 도는 시점에서는 이제 '**出**'하는 종점(終)이 된다고 하였습니다.

상제님께서는 어느날 "**제비창골 일을 해야 한다.**" 하시더니 성주풀이 공사를 보시며 '**시(始)도 여기서 일어나고 종(終)도 여기서 마치리라.**' 하셨습니다.

도운의 시작(始)인 낙종落種도 정읍에서 일어났으니 추수자에 의한 도운의 매듭 역시 동일하게 정읍에서 마치는(終) 것이 '**原始反終**'의 간도수입니다.

그렇다면 군산 오성산에 똑같은 질문을 던져 보겠습니다.

정읍 대흥리에서 고수부님이 도의 씨앗을 뿌리며 낙종물을 시작하셨듯, 군산 오성산에서 도의 씨가 뿌려진 역사가 단 한 번이라도 있었습니까?

또한 "**곤운(坤運)은 선란후치야(先亂后治也)**"라 하셨는데, 군산 땅에서 난법이 펼쳐져 세상을 시끄럽게 하고 그 후에 다스려진 역사적 사례가 있습니까?

"**춘무인(春無仁)이면 추무의(秋無義)라.**", '봄에 씨를 뿌리지 않으면 가을에 거둘 것이 없다.' 하였듯 애초에(始) 씨를 뿌려 가꾼 것(仁)이 없다면, 가을(終)에 거둘 결실(義) 또한 있을 수 없습니다.

결론적으로 오성산은 성구를 교차 검증한 결과, 알맹이가 빠진 겉도수일 뿐이며, 실제 '**성사재인(成事在人)**'의 자리가 아니라는 결론에 도달합니다.

역도易道의 이치에서 간도수艮度數의 요체는 '**시어간(始於艮) 종어간(終於艮)**'입니다. 시작한 자리에서 매듭짓는 것. 이 근본 원리 하나만 제대로 꿰뚫어도, 핵심에서 벗어난 잔가지는 모두 걸러낼 수 있습니다.

3부 도맥의 주관

1장 화은당 선사님(水宮)

1. 암계룡과 세 꼬리

천지의 분열 기운을 타고 거침없이 위로 뻗어 나가던 봄·여름은, 법통과 종통이 제각기 방향을 달리한 채 아름드리 거목의 외형을 뽐내며 몸집을 불려온 성장의 시간이었습니다. 그러나 선선한 바람이 부는 가을의 천시를 맞이하면 상황은 일변합니다.

나무는 가지마다 무성했던 잎사귀를 떨궈내며 화려한 외형을 갈무리하고, 여름내 비워두었던 뿌리에 다시 수기水氣를 되돌려 내실을 기하는 '**원시반종(原始反終)**'의 시간으로 접어듭니다.

이때 뿌리와 줄기의 역할에도 변화가 생깁니다. 비어있던 공간이 채워지며 칠현무의 줄기는 열매(도통맥)를 품은 꽃(태통맥)을 피우며 새로운 생명의 질서를 재구성하게 됩니다.

이와 같은 천시天時의 흐름에 따라 신도神道 또한 이치의 변화와 맞물려 돌아갑니다. 그러므로 그 내밀한 변화의 정점에서 전체 흐름을 주관하시는 분들 사이의 관계성을 깊이 고찰하는 것은, 상제님 진리의 참모습을 온전히 이해하기 위해 반드시 필요한 과정이라 할 수 있습니다.

흔히 남녀의 차이를 논할 때 존 그레이의 저서 **『화성에서 온 남자, 금성에서 온 여자』**를 인용하곤 합니다. 남성은 목표 지향적이고 집중과 몰입에 특화된 반면, 여성은 관계 지향적이며 다중 프로세스 처리가 가능한 멀티태스킹의 성향을 지닌다는 것입니다.

이러한 비유를 굳이 언급하는 이유는 상제님과 천지공사의 인연을 맺은 여성분들의 역할이 결코 단선적이지 않기 때문입니다.

마치 집중과 몰입에 특화된 남성의 성향을 연상시키듯 상제님(乾道)은 오직 한 분이시지만, 곤도坤道의 원리는 다종의 프로세스를 동시에 수행하는 멀티태스킹의 성향을 띱니다.

즉, 대모님의 대리대행이 되어 움직이는 세 분은 천수千手, 천안千眼의 보살처럼

각기 복합적인 위격과 역할을 나누어 맡아 도업을 집행하고 있습니다.

대모님을 포함한 이 네 분에게 상제님 도道의 지분이 각각 배분되어 있다는 점을 고려할 때, 어느 한 분만을 맹목적으로 추종해서는 진리의 전모全貌를 온전히 파악하기란 요원한 일입니다.

따라서 이 네 분의 위격과 상관관계를 명확히 정립하는 것이야말로, 복합적으로 얽힌 도맥의 전체 흐름을 꿰뚫어 보기 위한 필수적인 선결 과제라 할 수 있습니다.

상제님께서 본격적인 천지공사를 행하시기 전, 그 도업의 가장 밑뿌리에는 정씨 대모님이 계셨습니다.

상제님께서 스물한 살 되시는 신묘(辛卯 : 道紀 21, 1891)년 늦가을, 하동河東 정씨鄭氏 문중에서 중신이 들어오자 부친께서 즉시 허락하시어 일가친척이 모인 가운데 인륜지대사를 치르셨습니다.

그 후 정씨 부인과의 사이에 2남 3녀의 5남매를 두셨으니, 대모님은 그 누구도 부정할 수 없는 명실상부한 대부인이십니다. 네 자녀를 조기에 여의었으나 결혼하신 지 13년 만에 상제님의 도업을 이을 혈통(선사님)을 보셨습니다.

그로부터 3년 뒤인 정미(1907)년, 상제님께서는 차경석 종도에게 **"천지에 독음독양(獨陰獨陽)은 만사불성이니라. 내 일은 수부(首婦)가 들어야 되는 일이니, 네가 참으로 일을 하려거든 수부를 들여세우라."** 하시며 수부를 천거할 것을 명하십니다.

이미 정씨 대모님과의 사이에 자식까지 두신 상제님께서 스스로를 **'독양(獨陽)'**이 아니라 하실 법함에도, 굳이 수부도수를 명분으로 새로운 여인(고수부님)을 맞이하신 점은 세속의 관습으로도 쉽게 이해하기 어려운 파격적인 대목입니다.

그리하여 동짓달 초사흗날, 대흥리 차경석의 집 두 칸 장방長房에 30여 명을 둘러 앉히시고 수부 책봉 예식을 거행하시게 됩니다.

그로부터 1년 반 남짓 흐른 뒤, 상제님께서는 화천化天하시기 바로 전날 오전에 다시금 명하십니다. **"이제 때가 바쁜지라 일이 절박하니, 너희들 중에 임술생(壬戌生)으로 누이나 딸이 있거든 수부(首婦)로 내세우라."** 하시며 또 한 번의 수부 천거를 독촉하신 것입니다.

이에 김형렬 종도가 **"수부는 염려 마시고 사업만 추진하옵소서. 수부는 저의 딸로 들여세우겠습니다."**라고 아뢰며 셋째 딸(말순)을 약방으로 데려오니, 상제님께서는 후비后妃 임직 공사를 보시게 되십니다. 이는 명백히 왕비의 위位를 정하신 예식이었습니다.

이미 그전부터 천지공사를 수종 들어오던 중이었는데, 어느날은 자시子時가 지나자 **"천하창생을 다 맡겠느냐?"** 하고 물으시니 말순이 **"십오 세 소녀로서 어찌 감당하리오마는 천지공사가 그러하다면 맡겠나이다."**라고 대답합니다. 이후 상제님께서는 김형렬 종도를 장인으로 대하시고 **'부원군 김형렬(府院君 金亨烈)'**이라는 글을 써서 보여주시기까지 합니다.

부원군府院君이란 조선시대 임금의 장인 또는 친공신親功臣에게 주던 작호爵號로 여기서는 김형렬 종도를 상제님의 장인으로 삼아 평좌를 허락하신 것입니다.

그렇다면 결국 정씨대모님과 고수부님, 김수부님 이 세 분 모두 일정 부분씩 상제님과의 관계에 있어 부인 역할을 맡으셨음이 분명해집니다. 게다가 인정상관仁正上觀님 역시 **"가정으로 말하면, 증산은 나와 부부지간이다."**라는 말씀을 하셨다 합니다.

> 어느날 상관진들에게 **"가정으로 말하면, 증산은 나와 부부지간 이다"** 하셨는데 얼마 후 상제님 따님이신 강순임 여사가 쫓아와서 많은 폭언을 하여도 대항치 않으시고 듣고만 있으시니라. 『전지언(典之言) 무자하편 16절』

상제님께서는 **"여자의 원(寃)을 풀어 정음정양(正陰正陽)으로 건곤(乾坤)을 짓게 하겠다"**고 천명하셨습니다. 하지만 근대적인 일부일처一夫一妻의 관점에서 본다면, 네 분의 여성이 모두 상제님의 반려자로 등장하는 이 상황은 선뜻 이해하기 어려운 대목일 수 있습니다.

선천상극의 낡은 틀을 쾌연히 벗어 던지고 정음정양正陰正陽의 새법으로 후천을 여는 상제님 도道의 위상을 생각할 때, 무엇보다 본질적인 문제는 **'상제님께서 과연 어떠한 여성관을 바탕으로 공사를 집행하셨는가'** 하는 점입니다.

상제님의 39년 공생애가 오직 천지공심天地公心에 근거하여 한 치의 흔들림도 없으셨음을 믿는다면, 정식 혼례를 올린 정씨 대모님을 비롯해 수부 책봉 공사를 보신 고수부님과 김수부님, 그리고 인정상관님에 이르는 이 네 분의 관계 설정은 신앙인들이 반드시 풀어내야 할 핵심 화두話頭라 할 수 있습니다.

이에 대해 약간의 실마리를 주는 말씀이 90년도에 나온 초판初版『도전(道典)』5편 306장에 수록된 성구말씀으로 지금은 개정판이 나오면서 이 성구는 삭제가 되었습니다.

306 어떤 사람이 계룡산 정씨 왕국에 대한 비결을 말하거늘 증산 상제님께서 이르시기를 "일본사람이 모든 섬 속을 샅샅이 뒤져 보고 물 밑까지 더듬었나니 정씨가 몸 붙여서 일 벌일 곳이 어디 있으리요. 그런 생각은 다 버릴지어다." 하시니라.

하루는 성도들에게 "연장을 준비하여 따르라." 하시니라. ○○○에 이르시어 밤나무 뿌리를 캐시는데 "뿌리를 찍지 말고 파라."고 명하시니라. 뿌리를 캐어 보니 그 모습이 **계룡 형상인데 나무에서 끊은 쪽은 머리가 되고 꼬리는 셋이 되어 있는지라.** 양쪽 꼬리 둘을 끊어서 한 꼬리는 오리를 만드시고 한 꼬리는 닭을 만드신 후에 **닭의 목에는 오리 부(鳧)자를 써서 말아서 걸고 오리 목에는 닭 계(鷄)자를 써서 말아서 걸어 오리는 모래 담은 그릇에 앉히시고 닭은 쌀 담은 그릇에 앉히시니라.**

상제님께서 밤나무 뿌리를 캐실 때 "**뿌리를 찍지 말고 파라.**" 하고 신신당부하신 대목은 매우 의미심장합니다.

밤나무를 한자로는 율목栗木이라 합니다. 여기서 '율(栗)' 자를 파자破字해 보면 서

녘 서(西)와 나무 목(木)이 합쳐진 형상임을 알 수 있습니다. 이는 곧 서신西神으로 오시는 상제님을 상징하는 비유적 장치입니다.

그런데 캐낸 뿌리의 형상을 보니 영락없는 계룡鷄龍의 모습이었습니다.

여기서 밤나무가 '用'의 자리라면, 그 뿌리는 근본 바탕인 '體'가 됩니다. 마치 하도(體)와 낙서(用)가 서로를 뿌리 삼아 맞물려 돌아가는 상호호근相互互根의 관계이듯, 밤나무와 그 뿌리 또한 불가분의 체용 관계를 형성하고 있는 것입니다.

후천은 체원용방體圓用方의 이치라 하였으니 이를 밤나무 공사에 대입해 보면, 용방用方으로서 겉으로 드러난 밤나무는 '龜書'인 상제님이라면 뿌리는 근본 바탕인 체원體圓의 자리로 '河圖'이신 대모님을 의미한다고 볼 수 있습니다.

"계룡산은 수계룡이요 모악산은 암계룡이라. 나는 암계룡을 택하였노라."고 하신 말씀에서 보듯 나무에서 끊은 쪽은 머리가 되고 꼬리는 셋이 되어 있다 했는데 암계룡(대모님)의 머리에 꼬리가 셋인 것은 그 대리대행을 표상하고 있습니다.

밤나무 뿌리의 세 가닥 꼬리 중 양옆의 두 꼬리를 잘라 만든 오리(鳧)는 김수부님(終)을, 닭(鷄)은 고수부님(始)을 뜻합니다.

상제님께서 닭의 목에는 오리 '부(鳧)' 자를, 오리의 목에는 닭 '계(鷄)' 자를 써서 걸어주신 것은, 두 분의 기운이 서로 정교하게 맞물려 인신합덕人神合德을 이루는 것을 상징합니다.

한편, 잘라내지 않고 중앙에 온전하게 남겨두신 하나의 꼬리는 곧 조왕竈王으로서 인정상관님을 상징합니다.

그러나 안타깝게도 이 모든 함의가 담긴 말씀이 결국 개정판 《도전》에서 누락된 점은 큰 아쉬움으로 남습니다. 상제님 진리의 거시적 틀 안에서 조금 더 열린 마음으로 깊이 있는 진리적 고민이 병행되었다면 어떠했을까 하는 생각이 듭니다.

지금까지의 논지를 통해 우리는 결과적으로 네 분(대모님, 고수부님, 김수부님, 인정상관님) 모두를 인정하게 되었습니다. 하지만 그럼에도 불구하고 풀리지 않는 화두는 정음정양正陰正陽의 문제라고 할 수 있습니다.

그런데 고수부님께서는 이 난해한 화두를 명쾌하게 풀어낼 수 있는 단서를 남겨 주셨습니다.

> 104. 어느날 공사(公事)에서 고후비님(高后妃任)이 말씀하시니 이러하더라
> **금산사(金山寺) 미륵전(彌勒殿)의 남방(南方)에 시립(侍立)하고 있는 시녀불(侍女佛)은** 삼십(三十) 삼천(三天) 내원궁(內院宮) 법륜(法輪) 보살(菩薩)로서 자씨부인(慈氏夫人)이요 **이 세상(世上)에 와서는 고(高)씨로 되였구나**
> 그리고 **북방(北方)에 시립(侍立)하고 있는 시녀불(侍女佛)은 천상(天上) 요운전(曜雲殿) 묘향보살(妙香菩薩)인바 이 세상(世上)에 와서는 김형렬(金亨烈)의 딸이었느니라.** 『선도신정경(仙道神政經) 3장 104절』

이 말씀은 엉킨 실타래를 끌러갈 수 있도록, 우리가 진리의 본질을 꿰뚫어 볼 수 있도록 영적 안목을 틔워 주신 것입니다.

그 이유는 시녀불侍女佛이라는 용어를 쓰신 것에 있습니다.

본래 시녀侍女란 지체 높은 분을 가까이에서 모시는 여인을 뜻합니다.

복희와 여와가 그러하듯, 상제님과 대모님은 부부로서 천지와 같은 동격同格의 위상을 지니십니다. 따라서 상제님을 곁에서 모시는 시녀불(보살)들은, 곧 대모님의 위격을 받들어 공사를 집행하는 대리대행代理代行의 역할로 강세하셨음을 의미합니다.

이러한 위격의 정립은 곧 오행五行의 이치와도 맞닿아 있습니다. 다음 글에서는 오행(水火木金土)의 운용과 달(月)의 위상 변화를 통해 이 문제를 더욱 구체적으로 논의해 보겠습니다.

2. 오행과 달의 변화

우리의 삶은 거대한 대자연의 호흡과 순환 속에서 이루어집니다. 이 영원한 순환의 법칙을 설명하는 핵심 원리가 바로 음양오행陰陽五行입니다.

학술적으로 볼 때, 음양陰陽은 현상계에 드러난 태극太極의 모습이며, 반대로 태극은 본체 속에 갈무리된 음양이라 할 수 있습니다. 즉, 음양은 우주의 본체인 태극(體)이 지닌 양면성입니다.

음양오행 사상은 음陰과 양陽의 소멸·성장·변화, 그리고 여기서 파생된 수(水)·화(火)·목(木)·금(金)·토(土)의 다섯 가지 기운으로 우주 만물의 생성과 소멸을 해석하는 틀입니다.

이러한 오행 사상은 종종 고대 서양의 **'4원소설(물, 불, 흙, 공기)'**과 비교되곤 합니다. '4원소 설'과는 '불, 물, 흙' 세 가지 요소는 겹치지만, 마지막 공기 대신 '나무(木)'와 '쇠(金)'가 들어가는 차이점이 있습니다.

서양의 4원소설(물, 불, 흙, 공기)이 물질을 구성하는 근원적인 '입자'나 '요소'에 집중한다면, 동양의 오행은 기氣의 '운동 방식'과 '순환 과정'에 초점을 맞춥니다. 즉, 정적인 물질 구조보다 생명의 역동적인 순환을 중시했음을 보여줍니다.

> 형렬이 다리가 아파서 오한 두통하며 음식을 전폐하고 크게 앓거늘 천사 **육십사괘(六十四卦)를 암송하라** 명하시니 형렬이 그대로 함에 곧 오한이 물러가며 두통이 그치고 다리도 낫거늘 크게 이상히 여겨 그 까닭을 물으니 가라사대 **팔괘 가운데 오행 이치가 있고 약은 오행기운을 응함인 연고니라** 하시더라
> 『대순전경(大巡典經) 8장 19절』

가령 김형렬 종도가 크게 앓을 때 상제님께서 **"육십사괘(六十四卦)를 암송하라"** 명하시자 곧바로 병마가 물러간 일화는 매우 상징적입니다. 이는 인간의 몸이 그 자체로 하나의 소우주小宇宙로서 우주 만유의 변화 원리인 오행의 기운에 긴밀히 감응하고 있음을 증명합니다. 즉, 흐트러진 오행의 질서를 64괘의 암송을 통해 바로잡음으로써 인체의 조화를 되찾고 질병을 다스릴 수 있음을 보여주는 대목입니다.

우주는 음양이 서로 맞물려 존재하며 변화하는 거대한 태극체로서 양의 분열과정에서는 팽창하여 기운을 흩고, 음의 통일과정에서는 수축하여 기운을 모읍니다.

자연현상에 비추어 오행의 순환을 살펴보면 씨앗(水)에서 싹이 트고(木), 더욱 자라 잎과 가지가 뻗어서 숲으로 우거지며(火), 열매를 더욱 키워(土) 영글게 하고(金) 땅에 떨어지거나 동물에게 먹혀 씨앗을 퍼트리며(水) 자연은 끊임없이 순환하고 있습니다.

木 목木은 씨앗이 땅을 뚫고 나오듯 생명의 기운(陽)이 처음 태동하는 에너지입니다. 억눌렸던 용수철이 튕겨 오르듯(Spring), 물이 압력을 받아 작은 구멍으로 빠져 나올 때 한 방향으로 힘차게 뻗어 나가는 직향성을 본 땄습니다. 봄을 영어로 'Spring'이라 하는 것도 이러한 솟구치는 기운을 내포하고 있습니다. 하루로 보면 해가 떠오르는 아침에 해당하고, 인생에서는 유아기와 소년기에 해당하며 방위로는 동방東方입니다.

火 화火는 목의 기운을 이어받아 사방으로 가지와 잎을 뻗으며 무한히 분열하는 기운입니다. 내면의 충실함보다는 외관의 화려함과 위세를 밖으로 표출하는 상象입니다. 하루로 보면 해가 중천에 떠 있는 낮에 해당하고 일년 사계절에서는 여름(夏)이며, 인생으로 보면 청년기에 해당하고 방위로는 남방南方입니다.

土 목화木火의 생장이 극에 달하면 자연은 다시 통일을 준비합니다. 이때 중앙의 토土가 개입하여 중화의 덕성으로 조절합니다. 토는 생장이나 수렴 어느 한쪽에 치우치지 않고, 상극인 금화金火의 충돌을 막아 여름(火)에서 가을(金)로 자연스럽게 넘어가는 다리(火生土→土生金) 역할을 합니다.

金 금金은 목木과 정반대로, 밖으로 흩어졌던 양기를 내면으로 거두어들이는 통일의 시작입니다. 가을이 되면 낙엽을 떨구고 열매를 맺듯, 생명의 진액을 모아 알맹이를 남기는 과정입니다. 열매는 일년 농사의 최종 결론으로 봄, 여름은 가을을 위해 존재합니다. 하루로 보면 해가 지는 저녁에 해당하고 일년 사계절 중에서는 가을(秋)이며, 인생으로 보면 장년기에 해당하며 방위로는 서방西方입니다.

水 수水는 금金에서 시작된 통일을 완성하는 단계입니다. 겉만 단단해지는 금金과 달리, 수水는 내부까지 완전한 응축을 이룹니다. 이 수기를 인체에서는 정(精), 식물에서는 핵(核, 씨앗)이라 합니다. 그런즉 모든 생명의 근원은 물(水)이며, 모두 이 수水의 변화과정을 의미합니다. 하루로 보면 잠을 자는 밤에 해당하고 일년 사계절 중에서는 모든 생명의 기운이 땅 속으로 들어가 다음해 봄을 준비하는 겨울(冬)이며, 인생으로 보면 노년기에 해당하고 방위로는 북방北方입니다.

오행이라는 용어의 기원은 《상서(尙書)》의 <홍범구주편(洪範九疇篇)>에서 찾아볼 수 있습니다. 홍범구주의 '**초일初一은 日 오행五行**'의 속 내용을 원문으로 확인해 보겠습니다.

일오행(一五行)은 **一日 수(水)**이오 , **二日 화(火)**이오, **三日 목(木)**이오, **四日 금(金)**이오, **五日 토(土)**니라.
일오행은 첫째는 수요, 둘째는 화요, 셋째는 목이요, 넷째는 금이요, 다섯째는 토이니라.

수왈윤하(水日潤下)오, 화왈염상(火日炎上)이오, 목왈곡직(木日曲直)이오, 금왈종혁(金日從革)이오, 토원가색(土爰稼穡)이니라.
수는 윤택하게 아래로 내려가는 것이요, 화는 불꽃으로 위로 올라가는 것이오, 목은 굽으나 곧게 뻗어가는 것이오. 금은 따르며 바꾸는 것이오, 토는 심고 거두는 것이니라.

윤하(潤下)는 작함(作鹹)하고 염상(炎上)은 작고(作苦)하고 곡직(曲直)은 작산(作酸)하고 종혁(從革)은 작신(作辛)하고 가색(稼穡)은 작감(作甘)하니라.
윤하는 짠 맛을 만들고 염상은 쓴 맛을 만들고 곡직은 신맛을 만들고, 종혁은 매운 맛을 만들고 가색은 단 맛을 만드느니라.
『洪範九疇』「初一 日 五行」에서

처음에 오행五行의 순서를 '一五行 一日水 二日火 三日木 四日金 五日土'로 '水火木金土수화목금토'의 순서대로 나열한 이유는 오행이 생기는 순서를 기준으로 한 것입니다.(生成五行) 만물의 변화는 1水에서 2火로의 분열과 다시 1水로의 통일이라는 음양운동을 끊임없이 반복하며 성장해 갑니다.

만물의 변화는 1(水)과 2(火)라는 음양의 부모 기운이 만나 3(木)이라는 생명을 낳고, 이것이 자라나 4(金)라는 완성체를 이루며, 이 모든 과정을 조절하는 5(土)가 중심에 자리 잡는 원리로 돌아갑니다. 즉, 토(土)는 순서상 다섯 번째이나, 실제로는 목화금수가 생성되고 운행되는 근본 바탕이자 조절자(Control Tower) 역할을 수행합니다.

여기서 우리는 한 가지 근원적인 물음을 던지게 됩니다. 문왕팔괘文王八卦의 북방

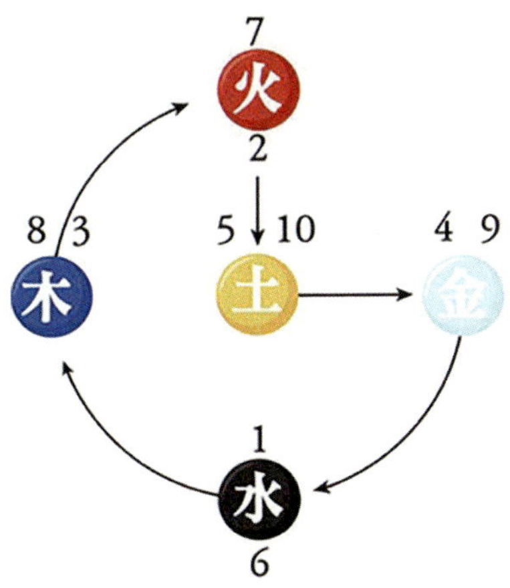

北方에 자리한 감괘坎卦는 달(月)을 의미합니다. 그렇다면 《홍범구주(洪範九疇)》에서는 왜 이 자리를 오행과 결부시켜 설명하고 있을까요?

이는 필시 달의 주기적인 위상 변화와 오행의 순환 원리 사이에 떼려야 뗄 수 없는 오묘한 함수 관계가 내재되어 있음을 시사합니다.

따라서 본 단원에서는 오행의 원리를 단순히 철학적 개념에만 머물지 않고, 신도神道의 내밀한 관계성을 고찰하는 핵심 도구로 확장해 보고자 합니다.

신의 본질과 위격 또한 '이(理)-신(神)-사(事)'라는 이 우주질서의 법칙을 벗어나지 않기 때문입니다. 이제 오행이 실제 변화 속에서 어떻게 역동적으로 움직이며, 신도의 질서와 조응하고 있는지 구체적으로 살펴보겠습니다.

3. 임(壬)과 무(戊)

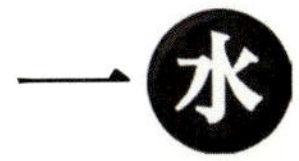

본격적으로 수(水), 화(火), 목(木), 금(金), 토(土) 오행의 자리를 하나하나 짚어보겠습니다. 그 첫 번째는 생명의 근원인 북방 수(水)의 자리입니다.

《홍범구주》에서는 수(水)에 대해 다음과 같이 정의합니다.

'일오행(一五行)은 一日 수(水)), 수왈윤하(水日潤下), 윤하(潤下)는 작함(作鹹)하고'
일오행은 첫째는 수요, 수는 윤택하게 아래로 내려가는 것이요, 윤하는 짠 맛을 만들고

이 수(水)의 자리는 변함없이 썩지않는 청정한 소금의 짠맛(鹹)에 배속을 하였습니다. 여기서 '윤택할 윤(潤)'은 삼수변 '氵'에 선천의 윤달을 뜻하는 '閏'자가 합쳐진 글자입니다. 즉 선천태극이라는 자웅雌雄 관계에서 '潤下'가 암시하는 분은 선사님(雌)이십니다.

중앙의 토(土)를 제외한 작용(用)의 측면에서 볼 때, 수·화·목·금 중 수(水)는 첫 번째 서열입니다. 토(土)가 보이지 않는 본원(無極)의 자리라면, 북방 수궁(水宮)은 그 본원을 현실화하여 생겨난 뿌리(水)이자 현실적 작용의 바탕(體)이 됩니다.

고수부님께서는 이 자리를 **'수궁성군(水宮聖君)'**이라 칭하시며, 중생의 겁을 벗을 수 있도록 도와 주시는 분으로 말씀해 주셨습니다.

81. 어느날 신정공사(神政公事)를 베푸실 새 고후비님(高后妃任)이 이와같이 말씀하시더라
첫째 사람 잘되기를 바라소
지난 일일랑 생각(生覺)지 말고 오는 일만 되게 하소
도리(桃李)(道理) 도리(桃李)(道理)는 편시춘(片是春)이요
가지(枷枝)(可知) 가지(枷枝)(可知)가 봄 가지(枷枝)(可知)라
이화(李花)(理化) 도화(桃花, 道化)가 다 피어서 국내(國內,菊乃)가 양생(陽牲 養生)이라
은천상제(恩天上帝) 상천(上天)이요
토궁지(土宮之) 오복(五福)이라
수궁(水宮) 성군(聖君)을 모시(慕侍)어
탈겁중생(脫劫衆生)이 이 아니냐라 하시더라. 『선도신정경(仙道神政經) 3장 81절』

또한 고민환 종도에게 바둑판 위에서 낚시하는 형상을 취하게 하시며 **"이는 강태공 성군(聖君) 만나는 공사"**라고 밝히셨습니다.

강태공은 문왕을 보필하여 주周나라 800년 기틀을 세운 인물입니다. 따라서 여기서 고수부님께서 언급하신 '**성군(聖君)**'은, 남조선 배질을 통해 모셔오는 '**성주(聖主)**'로서 문왕의 도수를 받은 선사님(太極)을 상징하는 것입니다.

33. 하루는 강효백(姜孝伯)을 명(命)하사 명주(明紬) 실꾸리와 낚싯대를 구(求)하여 오라 하사, 명주(明紬) 실로 온 방(房) 안과 천정(天井)에 얽어 걸게 하시고, 고영(高英)으로 하여금 바둑판을 방(房) 한가운데에 놓고 그 위에 올라 앉아서 낚싯대를 들라 하시고, 또 전내언(田乃彦)과 김원명(金元明)으로 하여금 뱃노래를 불러라 하시고, 가라사대 '**이는 남조선(南朝鮮) 배질이니 성주(聖主)와 현인군자(賢人君子)를 모셔오는 일이로다**' 하시니라. 『고부인신정기(高夫人神政記) 3장 33절』

곤존고씨(坤尊高氏)께옵서 선정설법(仙政說法)을 하시난대 강대용(姜大容)을 명(命)하사 가제주사(家製紬絲)를 구래(求來)하시고 또 조간일구(釣竿一具)를 구하여 오라 하사 방사간(房四間)에 천장(天張)에 주사(紬絲)로 밀괘포련(密掛布練)하고 고민환(高旻煥)을 기판상(碁板上)에 앉으라 하시며 조간(釣竿)으로 조어지형상(釣魚之形像)을 시키시더니 **차공사(此公事)난 강태공(姜太公)이 성군(聖君) 만나는 설법(說法)인대 오등(吾等) 대증산지명시(待甑山之明示)이라 할지라.** 『선정원경(仙政圓經)』

상제님의 어용御容에 대한 구절이 『대순전경』에 나옵니다.

천사께서는 얼굴이 원만(圓滿)하사 금산미륵불(金山彌勒佛)과 흡사하시며 양미간(兩眉間)에 불표(佛表)가 있으시고 **왼 손 바닥에 북방임자(壬字) 무늬와 오른 손 바닥에 별무자(戊字) 무늬가 있으시니라** 『대순전경(大巡典經) 2장 134절』

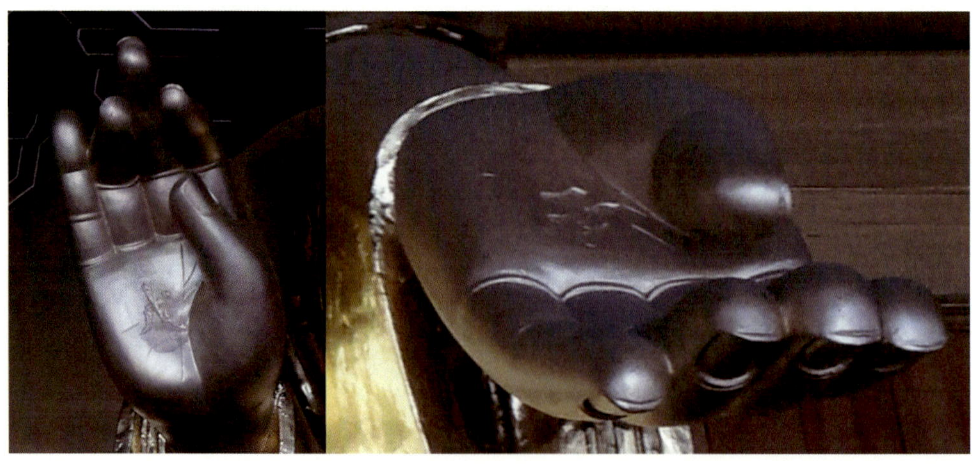

금산미륵불을 닮은 상제님의 왼 손 바닥에 북방임자壬字 무늬와 오른 손 바닥에 별무자戊字 무늬가 있으시다고 하였습니다.

이 무늬의 비밀은 **"천지정리 무기토(天地定理戊己土)"**라는 고수부님 말씀에서 풀립니다.

97. 기사년(己巳年) 정월(正月) 초삼일(初三日) 치성(致誠)을 드릴 새 고후비님(高后妃任)께서 헌작(獻酌)을 드리고 나서 모든 도중(道衆)들이 반천무지사배(攀天無地四倂)를 드린 후 고후비(高后妃)께서 도중(道衆)에게 가라사대 이제부터 세번(三番)을 천지정리(天地整理) 무기토(戊己土)라고 읽도록 하라 지시(指示) 하시거늘 말씀에 따라서
천지정리(天地整理) 무기토(戊己土)라
천지정리(天地整理) 무기토(戊己土)라
천지정리(天地整理) 무기토(戊己土)라 읽으니라.
이 때에 태을단(太乙檀) 천정(天井) 위에서 큰 거미가 줄을 타고 내려와 매달려 있거늘 이를 보시고 강재숙(姜在淑)에게 가라사대 그대는 거미의 이치(理致)를 아느냐 만약(萬若) 안다면 그 이치(理致)를 말해 보라 하시니 강재숙(姜在淑)이 대답(對答)하지 못하거늘 고후비님(高后妃任)이 도중(道衆)을 향(向)하시여 누구든지 거미의 이치(理致)를 아는 사람은 말하라 하시나 아무도 대답(對答)하는 사람이 없더라
이 때에 고후비님(高后妃任) 가라사대 거미가 집을 지을 때 이십사방(二十四方)으로 줄을 늘이고 집을 다 엮은 후(後)에는 한쪽에 뵈지 않게 숨어 있는 법(法)이니라 하시더라. 『선도신정경(仙道神政經) 3장 97절』

'무토(戊土)'와 **'기토(己土)'**는 사실 천지 음양을 의미합니다.

여기서 '戊土'는 '五土'로서 '原天火'인 태을천상원군이시며, '己土'는 '十土'로서 '十無極'이신 상제님이십니다.

즉 상제님의 오른 손 바닥에 별 무자戊字 무늬는 황극신이신 대모님이십니다.

그렇다면 왼 손 바닥에 북방 임자壬字 무늬는 어느 분을 상징할까요?

바로 **'天一壬水'**의 수궁성군이신 선사님을 뜻하는 글자입니다.

즉 상제님께서 양손에 '壬字'와 '戊字'를 지니고 오셨다는 것은, 상제님·대모님·선사님 이 세 분이 떨레야 뗄 수 없는 천가족으로서 원방각圓方角 삼신의 자리에 계심을 드러내신 것입니다.

이는 인륜의 배필인 대모님을 만나 천륜으로 우주 일가를 이루는 **'천지삼신의 도'**를 여시러 오셨음을 드러내는 강력한 표상입니다.

비결서인 『신교총화』에 등장하는 **'임성인(壬姓人)'** 역시 수생목水生木의 이치로 도업을 여는 선사님을 지칭합니다.

왈(曰) 동방인목(東方寅木) 임즉수(壬則水) 수생목지리야(水生木之理也)
말씀하시기를 "우리 동방(東方)은 인목(寅木)이니 임(壬)은 곧 수(水)로써 수생목(水生木)하는 이치이니라.
임검지도(壬儉之道) 필사임성인선준(必使壬姓人先遵) 분수기우천하이야(噴水器于天下理也)
단군(檀君) 임검(壬儉)의 도(道,신교)는 반드시 임성인(壬姓人)이 먼저 행할지니 물을 높이 뿜어 오르게 하는 기구는 天下의 이치이니라.
『신교총화(神敎叢話) 中 팔공진인 총담(八公眞人 叢談) (109)』

여기서 '**북방 임(壬)**' 자를 깊이 고찰해 볼 필요가 있습니다.

비슷한 듯 보이지만 '壬'(북방 임)과 '𡈼'(빼어날 정)은 서로 다른 글자입니다.

'𡈼'(빼어날 정)의 갑골과 금문 전서에서는 '人'(현대 해서에서는 '丿'로 변형됨)과 '土'가 합쳐진 글자로 높은 흙더미 위에 사람이 올라서서 자신을 드러낸다는 개념을 나타냅니다. 흙더미 위에 우뚝 서 있다고 해서 '우뚝할 정'이라고도 합니다.

반면 '壬'(북방 임)은 '丿'(삐침 별)과 '士'의 합자로 아홉째 천간을 나타냅니다.

여기서 '士'는 '十'과 '一'의 합자입니다.

『정역』「화옹친시(化翁親視) 감화사(監化事)」의 다섯 번째 구절에 '**嗚呼라 五運이 運하고 六氣이氣하야 十一歸體하니 功德无量이로다**'라 하였습니다.

여기서 '**十一**'은 기위(十)친정(一)을 뜻하여 '**한 일(一)**' 자 누에로 상징됩니다. 그러므로 '**壬**'은 '**十一歸體**'(太極)의 상象입니다. 상제님의 자字를 '**사옥(士玉)**'으로 하신 것도 다 이유가 있었던가 봅니다.

결국 상제님의 양손에 새겨진 무늬는 단순한 표식이 아니라, 천지삼신의 이치를 고스란히 담아낸 상징입니다. 나아가 대모님을 비롯한 수부님들과 상제님 사이에 얽힌 오묘한 신도적 관계를 풀어가는 과정은, 곧 '**이(理)-신(神)-사(事)**'가 혼연일체로 맞물려 돌아가는 천지의 기틀을 궁구하며 역도(易)의 심오한 이치를 깨달아 가는 과정이라 할 수 있습니다.

4. 태극도설과 계지자선 성지자성

상제님께서 집행하신 천지공사의 기저에는 깊은 역도(易)의 이치가 깔려 있습니다. 따라서 암호와 같은 말씀들을 해독하기 위해서는 천지이치에 대한 탐구가 선행되어야 합니다. 이번 장에서는 '**수궁성군(水宮聖君)**'이신 선사님의 자리를 주돈이의 <태극도설>로 살펴보겠습니다.

우주사적인 관점에서 볼 때, 선천태극이신 상제님(복희)과 정역판의 본체 오황극이신 대모님(여와) 사이에서, 후천태극이신 선사님이 천륜天倫으로 강세하셨습니다. 고수부님께서는 이를 다음과 같이 비유하셨습니다.

> **"수지자웅(誰知雌雄)이라 누가 알 것이며**
> **오지자웅(烏知雌雄)이라 이를 누가 알리요**
> 희(白)고 검(黑)은 것을 그 누가 알 것인가
> 지지자(知之者)는 지지(知之)하고 부지자(不知者)는 부지(不知)로다"
> 『선도신정경 3장 82절』

이 말씀은 복희팔괘(先天八卦)와 문왕팔괘(後天八卦)로 상징되는 우주1년 선후천의 문제를 상제님과 선사님이라는 자웅雌雄에 빗대어 말씀을 다 하신 것입니다. 따라서 상제님께서는 **"이 아이라야 장차 나의 일을 이어 빛내게 될 것"**이라 하시며 선사님으로 하여금 유업을 계승繼承토록 하셨습니다.

> **一陰一陽之謂道니 繼之者善也오 成之者性也라**
> 仁者見之에 謂之仁하며 知者見之에 謂之知오
> 百姓은 日用而不知라 故로君子之道鮮矣니라
> 『주역』「계사전」 제5장
>
> 大學之道 在明明德 在新民 在止於至善
> **繼之者善 成之者性 本末兼存 內外交養**
> 然後 方可謂之大道也
> 『유서(遺書)』

주역 계사전에서는 '**繼之者善也**계지자선야' 곧 '도를 이어감이 선이라.' 하였고, 『유서(遺書)』에서도 '**繼之者善**계지자선 **成之者性**성지자성'이라 명시하고 있습니다.

이러한 이치는 선사님의 존함에도 고스란히 담겨 있습니다. 선사님의 본명인 '**강순임(姜舜任)**' 외에도 상제님께서 친히 지어주신 '**강이순(姜二順)**'이라는 이름(김경도 증언)이 있으셨습니다. 상제님께서 친히 내려주신 이 이름은 당신의 유업이 선사님께로 오롯이 계승될 것임을 암시하는 일종의 상징이었습니다.

상제님의 존함이 한 '一'자에 순박할 '淳순'으로 '일순'이신데 반해 선사님은 두 '二'자에 순할 '順순'자의 '이순'으로 이때 '順'은 순서의 의미로도 쓰입니다.

'이순(二順)', 즉 '두 번째 순서'라는 함자에는 도를 잇는다는 '繼之者善계지자선'의 의미가 오롯이 서려 있습니다. 상제님께서 친히 이 이름을 지어 주셨다는 사실 하나만으로도, 그 행간에 숨겨진 의미를 간파해야 합니다.

계사전 제5장 '繼之者善계지자선'에 앞서 '一陰一陽之謂道일음일양지위도'가 나옵니다. 나아가 『중화경(中和經)』 제75장에서는 이러한 '一陰一陽'의 생성과 변화 과정을 다음과 같이 정교하게 기술하고 있습니다.

太極태극이 所以爲太極소이위태극은 却不離乎각불리호 兩儀四象八卦양의사상팔괘하니
태극이 태극이 되는 까닭은 양의,사상,팔괘와 분리하여 존재할 수가 없기 때문이니
太極動而生陽태극동이생양하고 太極靜而生陰태극정이생음하니
태극이 동하면 양이 생기고 태극이 정하면 음이 생기니
動時동시에 便是陽太極변시양태극이요 靜時정시에 便是陰太極변시음태극이라.
동할 때에는 양태극이 되고 정할 때에는 음태극이 되는 것이다.

그러면 이와 병행해서 송대宋代 성리학자인 주돈이周敦頤가 〈태극도(太極圖)〉를 해설한 도설圖說의 내용중 도입부를 보겠습니다.

無極而太極무극이태극	-무극이면서 태극이니,
太極動而生陽태극동이생양	-태극이 움직여서 양을 생성하고,
動極而靜동극이정	-움직이는 것이 지극해서 고요하며,
靜而生陰정이생음	-고요해서 음을 낳고,
靜極復動정극복동	-고요함이 지극하면 다시 움직이나니,
一動一靜互爲其根일동일정호위기근	-한번 움직이고 한번 고요한 것이 서로 그 뿌리가 되며,
分陰分陽兩儀立焉분음분양양의입언	-음,양으로 나뉘어 양의(兩儀)가 세워지도다.

<태극도설(太極圖說)>의 그림은 퇴계 이황이 경연慶筵에 입시했을 당시, 선조 임금이 성군聖君이 되기를 바라는 간절한 마음을 담아 올린 『성학십도(聖學十圖)』의 첫머리를 장식하는 그림입니다. 퇴계는 성학의 대강과 심법心法의 요체를 설명하기 위해 여러 성리학자의 도설 중 핵심을 엄선하고 자신의 견해를 덧붙였는데, 그중 주렴계의 태극도를 가장 먼저 배치할 만큼 이를 우주와 인륜의 근본 원리로 중시하였습니다.

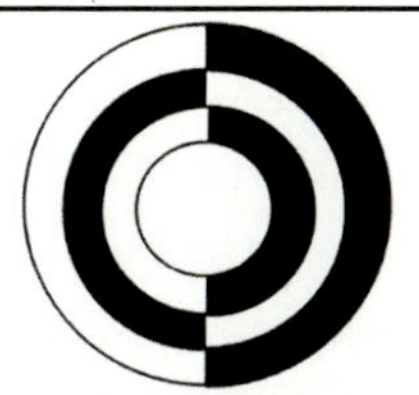

수화광곽도(水火匡郭圖)

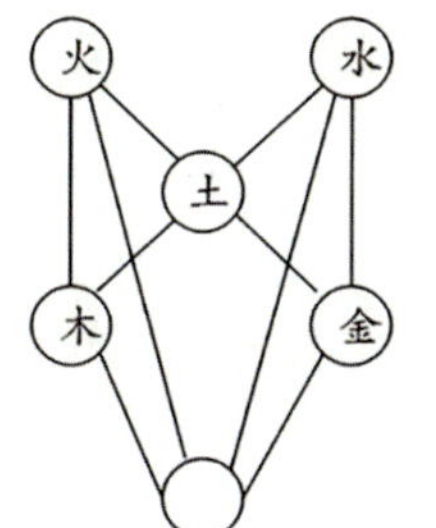

삼오지정도(三五至精圖)

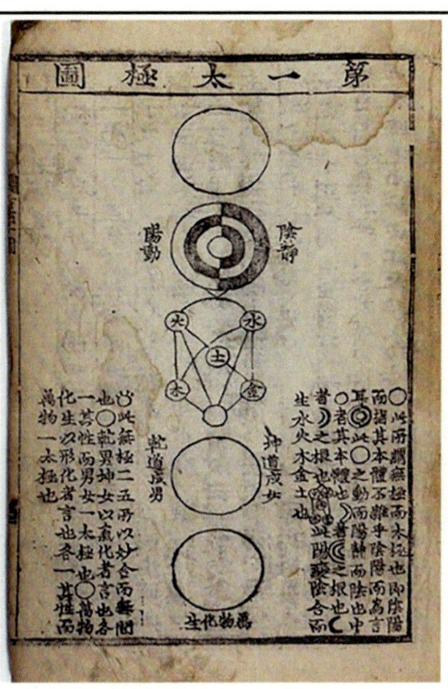

주렴계의 태극도는 우주의 생성, 인륜의 근원을 논한 249글자의 짧은 문장에 불과하지만, 우주의 근원을 태극太極이라 하고 태극으로부터 만물이 생성되는 과정을 도해圖解하여 <태극도(太極圖)>를 그리고 그 이론을 정립하였습니다.

<태극도설>의 첫머리에 등장하는 '**無極而太極**무극이태극'은 성리학 역사상 가장 치열한 논쟁의 중심이 되어온 개념으로, 크게 두 가지 관점으로 해석됩니다.

첫째, '**무극이태극(無極而太極: 무극이 태극이다)**'이라 하여 무극을 태극의 한 형태로 보는 것인데 뒤에 나오는 '**태극본무극야(太極本無極也: 태극은 본래 무극이다)**' 또한 마찬가지로 주자는 태극 외에 무극이 따로 있지 않다고 하였습니다.

둘째는 무극과 태극을 선후先後의 관계로 보는 시각입니다. 즉, '**自無極而爲太極**자무극이위태극', 즉 '**무극에서 태극이 나왔다**'는 의미로 해석하여, 무극을 계승하여 질서화된 태극이 나오는 것으로 해석합니다.

이는 <태극도설>의 내용중 '**五行은 一陰陽也요 陰陽은 一太極也니 太極은 本無極也라**'는 문맥을 가만히 음미해 볼 때 '**太極本無極也**'는 '**태극은 무극에 뿌리를 둔다.**'는 의미로 해석할 수 있습니다.

즉 무극無極은 태극太極의 본원本原으로서 체體가 되고, 그 무극이 현실화 되는 자리가 태극입니다. 이를 신도神道의 차원에서 주재자의 위격으로 살펴보면, 무극의 위位는 대모님이시며, 그 이치를 현실화하여 도업을 이어가시는 태극의 위位는 선사님이 되십니다.

<16> 하루는 형렬이 약방 도배를 하니, 김준상을 보시고 보시기 안개를 가져오라 하시더니 [자현이 자네가 식기를 벽에 대고 마음 가는대로 돌려 떼라] 하시므로 돌려 떼니, 그 속에 음(陰)자가 나오니 가라사대 [자네 재조가 참으로 쓸 재조네. 옳게 떼었다. 그러나 **음자를 아는가. 사람은 여자가 낳는 것이므로 옳게 되었네**] 하시니라.
『동곡비서(銅谷秘書)』

또 하루는 형열(亨烈)을 약방(藥房)에 대비(待備) 시키시고 준상(俊相)이를 보시고 보새기 한 개를 가져오라 하시더니 자현(自賢)이 자네는 이 보새기로 마음 가는데로 벽(壁)에 데고 돌려 떼라 하시기로 도려 떼니 그 속에 있던 음자(陰字)가 나타나는지라 선생님(先生任)이 보시고 옳게 되었다 **음자이치(陰字理致)를 아는가 - 사람은 여자(女子)가 나으니 옳게 되었다** 하시니
『속수전경(續修典經)』

상제님께서 음도수 공사를 보실 때 "**음(陰) 자의 이치를 아느냐? 사람은 여자가 낳는 것이므로 옳게 되었다**" 라고 말씀하신 대목이 있습니다. 여기서 말씀하신 '**여자(女)**'는 무극으로서 대모님을 상징하며, '**사람(人)**'은 태극으로서 선사님이니 이는 '무극이태극'하는 천지이치를 사람에 빗대어 말씀하신 구절입니다.

이어서 <태극도설>의 '**太極動而生陽**태극동이생양'이라는 구절이 『중화경』에도 토씨 하나 틀리지 않고 그대로 인용되어 있음을 알 수 있습니다. 이는 양태극이신 남미륵의 위격을 상징하는 핵심적인 대목입니다.

<태극도설>의 '**動極而靜**동극이정, **靜而生陰**정이생음'이라는 구절은 『중화경』에서 '**太極靜而生陰**태극정이생음'의 여섯 자로 압축되어 전해집니다. 이는 음태극이신 여미륵의 위격을 상징합니다.

나아가 '**靜極復動**정극복동'은 고요함(靜)이 극(極)에 이르러 다시(復) 동(動)한다는 뜻입니다. 이는 정靜의 지천태(立地之道)와 동動의 천지비(立天之道)가 함께 교차하는 입인지도立人之道의 서요동 자리를 의미합니다. 즉, 지뢰복괘地雷復卦를 뜻하는 복동復動의 상에서 알 수 있듯 상제님의 재집권 곧 재생신再生身을 의미하고 있습니다.

바로 이러한 상징성을 취해서 영국의 엘리자베스 1세 2세 하듯 '**강증산 2세**'의 의미인 요堯임금(상제님)의 적장자 아들(子,皇極) 곧 단주丹朱라는 후생後生의 설정을 하였던 것입니다. 이를 『유서(遺書)』에서는 고금에 유례없는 강력한 통치력을 휘둘렀던 진시황을 선천 미륵불이신 상제님에 빗대어 진시황 2세라 할 수 있는 아들 호해胡亥로 말씀해 주셨습니다.

특히 '**호해허망(胡亥虛亡)**'이라는 표현은, 진시황이 세운 질서를 호해가 철저히 종결지었듯, 문자 그대로 진시황에 빗댄 선천을 철저히 망亡하게 하여 문닫아 버리고 후천의 새 기틀을 열 막중한 사명을 문자 그대로 드러낸 것이라 할 수 있습니다.

'**胡亥**'라는 글자의 상이 '**剛柔**'를 뜻하며, 이분이 결국 황극인 단주임을 통찰할 때 우리는 거대한 우주의 섭리를 마주하게 됩니다. 선천의 역사에서 요堯임금(상제님, 先天太極)의 제위가 순舜임금(선사님,後天太極)으로 넘어갈 수 밖에 없는 우주적 원리가 역사의 이면에 숨어 있었던 것입니다.

상제님께서는 주돈이의 <태극도설>의 핵심을 정리하여 『중화경』 제75장에 '**陽太極**양태극'(一陽)과 '**陰太極**음태극'(一陰)으로 명시해 주셨습니다. 이는 곧 『주역』 「계사전」의 '**一陰一陽之謂道**'와 맥을 같이하며, 나아가 "**희고 검은 것을 그 누가 알 것인가**"라고 하셨던 고수부님 말씀이기도 합니다.

'**一陰一陽**'이라 할 때의 '一'은 아직 발아하지 못한 씨앗의 의미를 내포하고 있습니다. 즉, 선사님을 태극으로 볼 때 '**一陰**'과 '**一陽**'은 여미륵(陰)과 남미륵(陽)으로서 하나의 본체에 뿌리를 둔 음양의 두 날개와 같습니다. 일테면 천지부모이신 상제님과 대모님의 DNA나 두 분의 정자(一陽)와 난자(一陰)에 비유할 수 있습니다.

상제님 도의 정수인 이(理)-신(神)-사(事)는 천지의 이치理致를 바탕으로 신도神道가 개입하여 현실의 역사歷事를 전개해 나가는 원리입니다. 그중에서도 가장 핵심은 천지이치의 주재위를 인사人事 문제로 드러내어 보여주신다는 점에 있습니다.

여기서 천지 이치란 곧 천지의 마음(心)이 흘러가는 자취이자 역도易道의 이치 그 자체를 의미합니다.

그러므로 태극의 동정動靜 운동을 통해 분화된 양陽 음陰 강剛 유柔의 사상四象 중, 음양의 주재위로 남미륵(神)과 여미륵(鬼)이 태극이신 선사님의 바탕위에 자리하십니다. 나아가 선사님의 뜻을 받드는 큰 도령(乾道成男)과 작은 도령(坤道成女)이 정음정양으로 오황극의 위位가 되심은, 천지 이치가 현실에 온전히 투영된 천의天意라 하지 않을 수 없습니다.

지금까지 살펴본 '**一陰一陽之謂道**', '**繼之者善**' 그리고 '**誰知雌雄 烏知雌雄**'이라는 말씀 속에는 요堯임금과 순舜임금, 그리고 단주丹朱에 얽힌 미묘한 삼각관계를 상생相生의 도道로 풀어낼 수 있는 역도의 원리가 깊이 녹아 있습니다.

선사님께서 상제님과 천륜天輪으로 맺어진 혈육으로 강세하셔야만 했던 이유, 그리고 '**순(舜)에게 맡긴다**'는 '**순임(舜任)**'이라는 성함에 담긴 뜻처럼, 상제님께서 왜 화은당 선사님께 천하를 물려주시어 당신의 유업을 잇도록 하셨는지에 대한 원리적인 이유가 있습니다.

그것은 다시 개벽을 통해 선후천이 뒤바뀌는 대변국기에 선천태극과 후천태극의 자리가 교차하기 때문입니다. 또한, 서로 다른 자웅雌雄이면서 본래 한 몸인 수지자웅誰知雌雄의 이치에 따라, 마고삼신麻姑三神이신 선사님(雌)께서는 반드시 삼신상제님(雄)과 한 가족이자 따님이라는 혈손血孫의 인연으로 강세하셔야만 했습니다.

나아가 요임금이신 상제님에 이어 순임금이신 선사님으로 제위가 계승되는 과정은, 왕위를 혈통에 얽매이지 않고 오직 덕 있는 이에게 물려주는 요순선양堯舜禪讓의 덕치德治를 여시는 명분으로 순임舜任이라는 존함을 내리시고 천지의 순리에 부합하는 공사를 집행하신 것입니다.

선사님(繼之者善)께서는 황극(氣)을 타고 다니시는 태극(理)의 위에 계십니다. 따라서 상제님께서 왜 단주(成之者性)로 하여금 자미원紫微垣에 위位케 하여 다가오는 선경세계에서 세운世運을 통할統轄하게 하셨는지 정극복동靜極復動하는 역리易理를 통해 비로소 온전히 이해될 수 있었습니다.

이처럼 상제님과 고수부님께서는 선후천을 안고 돌아가는 거대한 천도天道의 섭리를 요·순과 단주에 얽힌 고사에 비유하여 대우주의 신화로 노래하셨던 것입니다.

2장 고수부님(火宮)

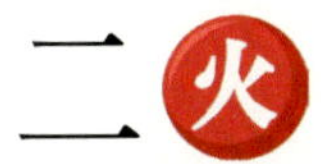

二日 화(火)이오, 화왈염상(火曰炎上)이오, 염상(炎上)은 작고(作苦)하고
둘째는 화요, 화는 불꽃이 위로 타오르는 것이니, 이 염상은 쓴맛을 내느니라.

오행五行 중 화火는 염상炎上 즉 불꽃이 하늘을 향해 힘차게 타오르는 성질을 지니며 쓴맛(苦)에 배속됩니다.

도적道的 관점에서 볼 때, 북방 수水 자리이신 선사님께서 땅속 깊은 곳에서 거목을 지탱하는 '뿌리'의 역할을 하신다면, 남방 화火 자리이신 고수부님은 도문개창의 낙종을 비롯해 무성한 잎사귀를 틔워 올리는 '줄기'의 역할을 수행하십니다.

고수부님은 뿌리로부터 생명의 기운을 끌어올려 염상炎上 즉 불꽃이 위로 타오르듯 만물을 분열·성장시키는 매개자가 되시어, 낙종물과 27년 헛도수 공사로 펼쳐진 이종물로 대표되는 도문의 개창과 성장에 대한 동갑장사의 최종적인 책임을 지셨습니다.

오행 변화의 마디를 주재하는 수·화·금·목 네 분의 성인 중, 고수부님은 선천에 곤(地, 八坤)의 위격이셨으나 후천에서는 황극皇極으로서 용사用事하시게 됩니다. 정미(1907)년 동짓달, 수부책봉 공사는 이러한 위격의 변화를 극적으로 보여줍니다.

상제께서 수부공사를 보실새 대흥리 차경석의 사랑에 삼십여명을 모아놓고 가라사대 정읍이라 하는 곳은 왕자포정지지(王者布政之地)요 정자(井字)는 새암정자 아니냐 수부로 하여금 이를 번갈아 밟고 들어오라 해라 하시며 대학경 한 권과 부를 그린 부도책(符圖冊) 한 권을 주시더라. 고후비께서 명하신 대로 하여 방에 들어오니 고후비께서 웃옷을 벗고 누우라 하사 **상제께서 큰 장도칼을 가지고 고후비님의 배위에 걸터앉아 칼을 고후비님 목에 겨누시며** 가라사대 **죽어도 나를 섬기겠느냐 그리고 천지대업에 있어서 중도에 변개함이 없으렸다** 하시며 다짐하시니 고후비 대답하여 가라사대 어찌 변개함이 있아오리까 하시니 상제께서 기뻐하시며 가라사대 그러면 그렇지 하신 후에 인하여 **상제께서 누우시어 상제님 배위에 고후비님을 앉히시고 그와같**

이 다짐 받도록 하실새 고후비 가라사대 나를 일등으로 정하여 주시렵니까 하고 다짐을 받으시니 상제께서 대답하여 가라사대 **일등수부로 정하리라** 하시거늘 고후비께서 가라사대 이 다짐을 변개함이 없어야 하오리다 하시니 대답하시기를 **대인의 말에는 천지가 쩡쩡 울려 나가나니 오늘의 이 다짐은 털끝만치도 어김이 없으리라 이것이 천지대도의 수부공사이니 만민의 어머니가 되려면 이와 같이 공사를 맡아야 되느니라** 하시며 부를 그려 불사르신 후 가라사대 **세상 사람이 내가 누구인지만 알아도 반도통은 열려야 하느니라** 하시더라.

『선도신정경(仙道神政經) 1장 5절』

이 공사는 선천과 후천의 위격 변화를 한자리에서 매듭지으신 중대한 도수입니다.

상제님께서 이 공사를 보실 때 처음엔 큰 장도칼을 가지고 고수부님의 배위에 걸터앉아 칼을 목에 겨누시며 **"죽어도 나를 섬기겠느냐 그리고 천지대업에 있어서 중도에 변개함이 없으렷다"** 하시며 다짐을 받으신 과정은 선천의 곤위坤位, 즉 하늘에 순응하고 수종하는 땅의 도리를 확정 지으신 공사입니다.

그러자 고수부님은 **"어찌 변개함이 있사오리까"**라고 굳게 답하시자, 상제님께서는 크게 기뻐하시며 **"그러면 그렇지"**라고 확증해 주십니다. 이후 이어진 다음 공사는 후천의 황극위를 맡으시는 내용입니다.

상제님께서는 친히 바닥에 누우신 후 당신의 배 위에 수부님을 앉히셨고, 이번에는 반대로 고수부님이 상제님으로부터 다짐을 받는 형국이 전개됩니다. 이때 수부님은 **"나를 일등으로 정하여 주시렵니까"**라고 당당히 확답을 요구하시자, 상제님은 그제서야 **"일등수부로 정하리라"** 하십니다.

이에 고수부님이 다시 한번 **"이 다짐을 변개함이 없어야 하오리다"**라며 천지공사의 엄중함을 묻자, 상제님께서는 **"대인의 말에는 천지가 쩡쩡 울려 나가나니 오늘의 이 다짐은 털끝만치도 어김이 없으리라. 이것이 천지대도의 수부공사이니, 만민의 어머니가 되려면 이와 같이 공사를 맡아야 되느니라"**고 선포하시며 부符를 그려 불사르셨습니다.

수부책봉예식의 전 과정을 관통하는 역학적 상징을 살펴보면, 상제님께서는 건곤乾坤의 위치를 바꾸어 가며 법통과 도통의 두 맥을 완벽히 정립하셨음을 알 수 있습니다.

첫째, 상제님(乾)께서 수부님(坤)의 배 위에 걸터앉아 장도칼을 목에 대고 다짐을 받으시는 광경은, 하늘이 위에 있고 땅이 아래에 있어 서로 사귀지 못하는 **'천지비괘(天地否卦)'**의 형상을 연상시킵니다. 이는 선천의 억음존양抑陰尊陽 질서를 바탕으로, 상제님 도의 씨를 뿌리는 '낙종도수'를 맡으시어 세 살림을 개척하도록 줄기맥을 여시는 법통맥法統脈 공사로 연결됩니다.

둘째, 이어진 공사는 앞서 상황과는 정반대로 상제님께서 누우시고 그 배 위에 고수부님을 앉히신 채 진행됩니다. 이는 땅이 위에 있고 하늘이 아래에 있어 서로 기운이 화합하는 '**지천태괘(地天泰卦)**'의 형상입니다. 바로 이 공사를 통해 고수부님께서는 **후천의 일등수부로 확정**되십니다. 이는 곧 '**곤도성녀(坤道成女)**'의 황극이 서는 도통맥道通脈 공사인 것입니다.

상제님께서 "**세상 사람이 내가 누구인지만 알아도 반도통은 열린다**"고 하신 말씀은 참으로 의미심장합니다.

이는 단순히 상제님의 존함이나 존재를 아는 것에 그치는 것이 아니라, 당신께서 선천도수를 풀어내시고 후천의 황극皇極으로서 수부님을 세우신 이 공사의 내막을 온전히 깨닫는 것이 곧 상제님의 참된 신원身元을 알아보는 길임을 일깨워 주신 것입니다.

이에 따라 수부공사의 핵심을 선천의 곤위坤位와 후천의 황극위皇極位라는 두 가지 관점으로 나누어 심도 있게 정리해 보겠습니다.

1. 선천의 곤위

그러면 고수부님께서 선천의 곤위가 되시는 여러 이유들을 찾아보겠습니다.

(1) 수부 책봉 공사(天地否 예식)

수부 책봉 예식에서 상제님(乾)께서 수부님(坤)의 배 위에 걸터앉아 장도칼을 목에 대고 다짐을 받으신 것은 명백한 '**천지비(天地否)**'의 형상입니다. 비록 이어지는 공사에서 지천태地天泰로 전환되지만, 그렇다고 처음의 예식이 사라지는 것은 아닙니다. 그 의미에 대해 깊은 고찰이 요구됩니다.

(2) 선천팔괘 설위공사(乾南坤北 예식)

23. 하루는 **천사(天師)께서 남(南)을 등지고 북(北)을 향(向)하여 서시고, 천후(天后)로 하여금 북(北)을 등지고 남(南)을 향(向)하여 서게하신 뒤에** 그 가운데 술상(床)을 차려놓게 하시고, 무수(無數)한 글을 써서 술상 위에 놓으시고 천후(天后)와 함께 서로 절하시니라.
『고부인신정기(高夫人神政記) 1장 23절』

상제님께서 북쪽을 향해 서시고 수부님을 남쪽을 향해 서게 하신 공사는 복희팔괘의 '**건남곤북(乾南坤北)**'의 배치와 일치합니다. 이 성구는 두 분이 각각 복희팔괘의 건위乾位와 곤위坤位를 맡으셨음을 보여주는 명백한 증거입니다.

(3) 선천의 운도 자오묘유(子午卯酉)

고수부님께서는 당신의 신원을 다음과 같이 말씀하십니다.

유불선이 삼합하여 신미생이 탄강하시고 **모악산 정기가 자오묘유로 떨어져서 경진생이 탄강**하여 금산사 솥을 열고 밥을 지어 만신인민 먹여 내고 만고성인 위해 보세.
결재 났네 결재 났네. 나온 결재를 다시 들고 세상사람 살펴보세.
지기금지 원위대강이라 대성으로 고창하시더라
『선도신정경(仙道神政經) 3장 59절』

여기서 모악산은 천지어머니산으로 대모님을 상징합니다. 고수부님은 당신 스스로를 "**모악산 정기가 자오묘유로 떨어져 경진생이 탄강**"하였다고 밝히셨습니다.

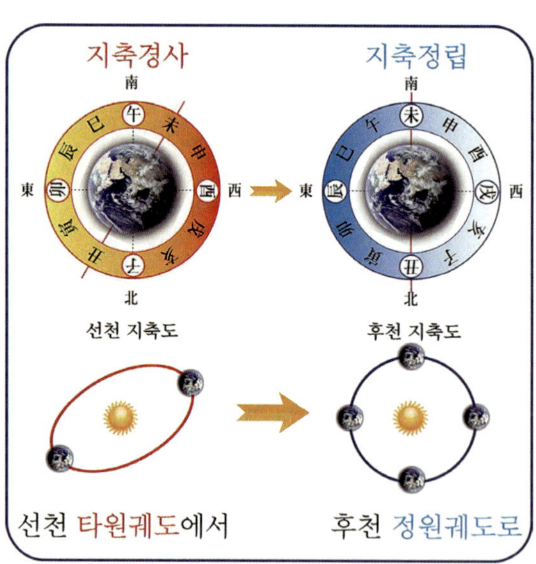

선천에는 지축의 정남·정북이 자오子午선에 걸려서 동북인 축미방향으로 23.5도 비스듬하게 기울어져 있기에 여기서 자오묘유는 선천을 상징합니다. 후천에는 정남·정북이 축미丑未선으로 바뀌게 됩니다.

즉 정북방에 있던 쥐(子)가 물러나고 소(丑)가 정북방으로 서게 되면서 지축이 바로 서게 되는데, 이것을 암시하는 것이 바로 우리속담에 '**소 뒷걸음 치다 쥐 잡기**'라고 우연히 공을 세운 경우를 비유적으로 이르는 말입니다.

지축이 바로 서게 되면 축미丑未는 정남북으로 자리하고 진술辰戌이 동서에 자리하게 되어 동서남북 사정방四正方에 진술축미辰戌丑未의 사토四土가 자리하여 자연을 비롯한 인간 역사의 모든 갈등과 모순이 해소되지만 선천에는 동서남북 사정방四正方에 자오묘유子午卯酉가 자리잡고 있어 이 때문에 부조화와 모순, 갈등이 끊임없이 일어났던 것입니다.

결국 이 말씀은 무엇을 의미합니까?

"모악산 정기가 자오묘유로 떨어져서 경진생이 탄강"하였다는 말씀 자체는 곧 당신이 선천운도의 줄기맥을 맡으셨다는 말이기도 합니다.

(4) 낙종물 세 살림(陽體陰用)

상제님의 화천이후 1911년 신해년 음력 9월 20일, 고수부님께서는 성령감화로 도통 받으시고 깨어나서 하신 첫 말씀은 차경석을 보고 누구이고 무슨 생인지를 물으셨습니다. 그 직후 던지신 첫 번째 말씀은 **"속담(俗談)에 동갑(同甲) 장사 이(利) 남는다 하나니, 우리 두 사람이 동갑(同甲) 장사 하자"**입니다.

"나는 낙종(落種) 물을 맡으리니 그대는 이종(移種) 물을 맡으라. 추수(秋收)할 사람은 다시 있느니라."에서 보듯 고수부님께서는 초창기 도문 개창의 기초를 다지는 '**낙종**'의 사명을 맡으셨습니다. 이는 선천 곤위로서 생명을 잉태하고 길러내는 어머니의 역할을 수행하신 것입니다.

사실 고수부님이 도통 받고 깨어나 상제님 음성으로 차경석을 향해 쏟아내신 첫 일성에서부터 이미 선천의 양체음용이라는 법도로 초장봉기지세의 도문개창이 이루어질 것이라는 선포를 하신 것이고 이를 대리하는 고수부님은 줄기맥을 주관하실 것임이 이미 예정되었던 것입니다.

(5) 암계룡과 세 꼬리(侍女佛 용어 선택)

하루는 성도들에게 "연장을 준비하여 따르라." 하시니라. ○○○에 이르시어 밤나무 뿌리를 캐시는데 "뿌리를 찍지 말고 파라."고 명하시니라. **뿌리를 캐어 보니 그 모습이 계룡 형상인데 나무에서 끊은 쪽은 머리가 되고 꼬리는 셋이 되어 있는지라.** 양쪽 꼬리 둘을 끊어서 **한 꼬리는 오리를 만드시고 한 꼬리는 닭을 만드신 후에 닭의 목에는 오리 부(鳧)자를 써서 말아서 걸고 오리 목에는 닭 계(鷄)자를 써서 말아서 걸어 오리는 모래 담은 그릇에 앉히시고 닭은 쌀 담은 그릇에 앉히시니라.**

초판(初版)『도전(道典) 5편 306장』

104. 어느날 공사(公事)에서 고후비님(高后妃任)이 말씀하시니 이러하더라

금산사(金山寺) 미륵전(彌勒殿)의 남방(南方)에 시립(侍立)하고 있는 **시녀불(侍女佛)**은 삼십(三十) 삼천(三天) 내원궁(內院宮) 법륜(法輪) 보살(菩薩)로서 자씨부인(慈氏夫人)이요 이 세상(世上)에 와서는 고(高)씨로 되였구나
그리고 북방(北方)에 시립(侍立)하고 있는 **시녀불(侍女佛)**은 천상(天上) 요운전(曜雲殿) 묘향보살(妙香菩薩)인바 이 세상(世上)에 와서는 김형렬(金亨烈)의 딸이었느니라.
『선도신정경(仙道神政經) 3장 104절』

암계룡의 머리에 세 개의 꼬리가 달려 있는 독특한 형상은 대모님을 본체(머리)로 하여, 그 사명을 현실 역사에서 받드는 대리대행代理代行의 위격들을 상징합니다. 이러한 상징성은 『선도신정경』에 기록된 '**시녀불(侍女佛)**'이라는 용어와 그 맥락을 같이합니다.

이는 『주역』 곤괘坤卦에서 '**牝馬**빈마**는 地類**지류'라 하여 땅의 종류(地類)를 여럿으로 보거나, 이괘離卦에서 '**畜牝牛吉也**휵빈우길야'라 하여 암소(牝牛)가 등장함은, 결국 곤坤의 위격이 체용體用 관계로 존재함을 뜻합니다.

따라서 단순히 '**一乾一坤**'이라는 평면적인 도식에만 머물러서는 안 됩니다.

천지 음자리(無極神)와 그 대리대행 사이 연결된 복합적인 곤의 위상을 역학적으로 통찰해야 합니다.

결론적으로, 암계룡의 꼬리로 화현된 시녀불의 배치는 여성 성인들의 대리대행 도수가 천지의 이치를 바탕으로 어떻게 천지공사 속에 설계되어 있는지를 극명하게 보여줍니다.

(6) 원圓(○), 방方(□), 각角(△)

「태백일사(太白逸史) 소도경전본훈(蘇塗經典本訓)에 '**圓者는 一也니 無極이오 方者는 二也니 反極이오 角者는 三也니 太極이니라**'는 구절이 나옵니다.

천지삼신의 이치가 인사人事 문제로 현현될 때, 천지음양 가운데 자식이 생기게 됩니다. 여기서 우리는 본질적인 질문을 던져야 합니다.

만일 상제님과 고수부님께서 천지삼신의 위가 되신다면, 당연히 두 분 사이에 천륜으로 맺어진 혈손이 존재하셔야 할 것입니다. 이것이 바로 고수부님을 선천의 곤위로 보아야 하는 결정적인 이유 중 하나입니다.

세존님 재세시에 금산사 오중석탑이 즉천계탑이라 하시며 종도들에게 탑에 접근치 말라 경계하시고 또 **금산사 황금대맥은 천지의 대용맥(大龍脈)줄이니 누구든지 가(可)히 범접(犯接)치 못하리라** 하시니라
『용화전경(龍華典經)』

'**금산사 황금대맥은 천지의 대용맥(大龍脈)줄**'이라 하신 이 말씀에 나오는 '**대용맥(大龍脈)줄**'은 결국 어머니산 모악산이 품고있는 맥입니다. 즉 천지어머니 황극신(五)의 맥줄임을 알 수 있습니다.

따라서 이 황극맥인 '**도통줄**'을 잡기 위해서는, 원·방·각 중에서도 태극의 위격인 각(角, △), 즉 두 분에게서 나온 천륜(화은당,太極)을 배제하고서는 결코 올바른 줄을 잡을 수 없다는 것이 말씀의 결론입니다.

2. 후천의 곤도성녀

그에 반해 수부책봉 예식의 후반부에 이르면 상제님께서는 전혀 상반된 지천태 공사를 보시게 됩니다.

이번에는 반대로 고수부님(坤)이 상제님(乾) 배 위에 걸터앉으시어 장도칼을 상제님의 목에 대고 다짐을 받으시는 광경이 펼쳐졌는데 **"나를 일등(一等)으로 정하여 모든 일을 맡겨 주시렵니까?"**하시는 말씀에서 알 수 있듯 천지교태天地交泰하는 지천태地天泰의 상象이면서도 역시 칼을 들고 뜻을 관철하는 형식이 되었습니다.

10. 하루는 천사(天師)께서 반듯이 누우신 뒤에, 천후(天后)로 하여금 배위에 걸터앉아 칼로 배를 겨누며 '**나를 일등(一等)으로 정(定)하여 모든 일을 맡겨 주시렵니까**'라고 다짐을 받게하시고, 천사(天師)께서 허락(許諾)하여 가라사대 '**대인(大人)의 말에는 천지(天地)가 쩡쩡 울려나가나니, 오늘의 이 다짐은 털끝만치도 어김이 없으리라**' 하시며 이도삼(李道三), 임정준(林正俊), 차경석(車京石) 세사람으로 증인(證人)을 세우시니라. 『고부인신정기(高夫人神政記) 1장 10절』

모사재천의 운도로 오시어 천지공사를 보셨던 상제님(선천태극)과, 선천 역도수의 낙종落種과 이종移種을 맡아 도문 개창의 소명을 다하신 고수부님께서는 이제 선천에서의 건곤 역할을 마무리하십니다.

만유의 생명이 근원으로 돌아가는 원시반본原始返本의 가을 추수기를 당하여, 두 분은 지뢰복괘地雷復卦의 '**반야(反也: 되돌아옴)**'라는 의미처럼 천지자연의 순리에 따라 다시금 재생신再生身 하시게 됩니다.

19. 시월(十月) 초닷새날 저녁에 천후(天后) 목욕(沐浴)하시고 새 옷을 갈아입으신 뒤에 요(褥) 위에 누우사, 고영(高英)을 불러들여 머리맡에 앉히시고, 두어 시간(時間) 후(後)에 문득 가라사대 '잘 꾸리고 있으라' 하시거늘, 고영(高英)이 무슨 뜻임을 물으니 대답(對答)치 아니하시고 또 가라사대 '**증산(甑山)이 오시면 나도 올 것이요, 내가 오면**

증산(甑山)도 오시리라' 하시더니, 조금 있다가 '벌써 오실 때가 되었는데' 라고 세 번 거듭 말씀하신 뒤에 눈을 감으시고 선화(仙化)하시니 새벽 두시(時)라. 이때에 모시고 있던 자(者)는 고영(高英)과 박종오(朴鍾五)와 식모(食母) 이길수(李吉守)더라. 날이 밝음에 수의(壽衣)를 수습(收拾)하니, 이미 꺼내어 횃대에 걸어 놓으셨더라.
『고부인신정기(高夫人神政記) 5장 19절』

"**증산(甑山)이 오시면 나도 올 것이요, 내가 오면 증산도 오시리라**" 하신 고수부님의 말씀은, 바로 이러한 천지의 순환 원리와 두 분의 재생신 사명을 확증하는 명백한 증거입니다.

고수부님(坤道)께서는 "**나는 낙종(落種)물을 맡으리니 그대는 이종(移種)물을 맡으라. 추수(秋收)할 자는 다시 있으리라**"고 선언하셨습니다. 상제님(乾道)께서도 "**사람들 다 죽었네, 다 죽었어. 살릴 사람, 건질 사람이라고는 나 하나네**"라 탄식하셨듯이, 천지공사의 결실은 씨를 뿌린 농부가 가을에 다시 거두러 오는 자연의 섭리와 조금도 다르지 않습니다.

이를 『주역』「계사전」에서는 '**건도성남(乾道成男) 곤도성녀(坤道成女)**'라 하였습니다. 하늘과 땅의 도가 인간의 몸을 통해 남녀로 성도成道한다는 뜻입니다.

결국 선천의 역도수逆度數 속에 생명의 씨앗을 뿌리신 건곤(乾坤)의 두 분은, 후천 가을 세상을 맞아 인격신人格神으로 재생신再生身 하시어 만유를 추수하고 주재하시는 황극皇極의 위격을 완성하게 되십니다.

여기에 작은 씨앗 하나가 있습니다. 이 씨앗은 모든 생명의 시작인 알파(α)이자, 만물을 번성시키는 선천태극(萬)입니다. 씨앗이 싹을 틔워 분열과 성장을 거듭하다 마침내 가을바람 속에 탐스런 결실을 맺게 됩니다. 그런데 그 열매 속에는 다시금 새로운 씨앗이 맺혀 있습니다. 이때의 씨앗은 모든 과정의 마무리를 뜻하는 오메가(ω)이자, 완성된 생명의 근원인 후천무극(十)의 자리입니다.

즉, 개체로서의 씨앗(種)이 생명의 출발점인 알파(先天太極)라면, 열매 속에 자리한 씨앗은 처음의 씨앗이 도달할 수 있는 궁극의 종착지이기에 오메가(后天無極)의 의미입니다.

이제 이러한 생명의 순환 원리를 상제님 도에 접목해 보겠습니다.

상제님께서는 모사재천의 공사를 보시기 위해 강세하셨습니다. 이때의 상제님을 선천태극이라 합니다. 더불어 함께 음양의 이치로 공사를 보셔야

했기에, 고수부님께서는 도의 씨를 뿌리는 낙종물의 사명을 맡아 마치 어미 닭으로서 알을 품어 병아리가 되도록 부화시키는 역할 곧 도문개창이라는 선천곤도의 사명을 감당하셔야 했습니다.

그런데 상제님께서는 재생신으로 다시 오실 것을 약속하셨습니다. 모사재천의 운도로 오셨던 고수부님 역시 원시반본의 가을이 되면 열매의 자리로 임하시게 됩니다. 이에 대해 고수부님께서는 "**증산 상제님이 오시면 나도 올 것이요, 내가 오면 상제님도 오시리라.**" 하셨습니다.

씨앗을 심어 얻은 첫 소출이자 첫 우주의 열매가 바로 재생신으로 다시 오시는 상제님과 고수부님입니다. 이 두 분이 후천 가을 세상을 여는 건도성남(神)의 견우와 곤도성녀(神)의 직녀이십니다. 그런데 이분들이 다시 오시려면 진리의 계통상 반드시 모체가 필요합니다.

천지이치로 볼 때 황극의 모체는 태극입니다. 즉, 재생신 하시는 두 분은 화은당 선사님이 성령으로 낳으신 두 도령의 위격으로 강세하시게 되는 것입니다.

가을철 열매 속엔 처음의 씨앗과 동일한 생명의 유전자로 '**후천무극**'이 자리합니다. 다만 씨앗을 둘러싼 오황극이라는 열매의 형상으로 외피外皮를 둘렀을 뿐입니다.

가을철 모든 생명이 자기 뿌리로 돌아가 열매를 맺는 '**원시반본(原始返本)**'의 질서는 천지 대자연의 섭리입니다. 이는 '**생명의 순환**'을 준비하는 과정이며, 결과적으로 만유가 영원한 생명을 이어가게 하는 순리이기도 합니다.

인간의 삶 또한 이와 같습니다. 각 성씨의 시조로부터 이어진 생명의 유전자가 대대손손 전해져 오늘날 '나'라는 존재가 있게 되었고, 나는 다시 후손을 위한 새로운 뿌리가 됩니다. 조상과 자손은 이처럼 뿌리와 열매의 관계로서, 뿌리가 열매가 되고 열매가 다시 뿌리가 되는 선순환을 통해 영원한 생명을 이어가는 것입니다.

이처럼 화은당을 낳으신 선천의 상제님(父) 또한 후손인 선사님(太極)을 모체로 하여, 무극과 태극을 잇는 도의 계통을 따라 다시 황극이라는 열매로 화현하시게 됩니다. 이것이 바로 천도가 정한 생명의 순환이자 재생신의 비의秘儀입니다.

즉 태극이신 선사님께서 성령으로 낳으신 두 도령은 각각 '**서신사명(西神司命)**'과 '**수부사명(首婦司命)**'을 맡으십니다. 그런데 신도의 이 두 분과 인사에서 인신합덕할 사명자를 가리켜 '**두 사람**'이라 명명하셨습니다.

이 '**두 사람**'을 세상에 내기위해 상제님께서는 "**내가 장차 열석 자로 다시 오리라.**", "**내 얼굴이 관운장의 형모와 같으냐?**" 거듭 말씀하시고 창생점고 후비소의 김수부님 공사를 처결하신 것입니다.

결국 큰 도령으로 재생신 하신 상제님과 단주수명자의 합덕 자리이며, 작은 도령으로 재생신 하신 고수부님과 인세로 오신 김수부님이 이루어내는 인신합덕의 자리입니다. 이로써 신도의 황극과 인사의 대행자가 하나로 신인합발하여 천지대업을 완수하게 됩니다.

85. 고후비(高后妃)께서 어느날 신정공사(神政公事)를 베푸실 때 말씀이 계시니 이러하니라.
수(數)가 있네 수(數)가 있네 천지(天地) 수(數)가 정리(整理)되어
두문동(杜門洞) 성수(星數) 팔팔(八八) 구구(九九)
신농씨 운수(運數)가 나오신다네
오곡백초(五穀百草)가지고서 한울님이 오신다네
조화선경 (造化仙境)건설(建設)하고
연화세상(蓮華世上) 정리(整理)하여
천하강산(天下江山)이 해원(解寃)이네
조화(造化) 조화(造化) 내 조화(造化)
조화(造化) 조화(造化) 만사지(萬事知)
천지(天地) 조화(造化)가 이 아닌가
단주수명(丹朱受命) 우주수명(宇宙壽命)
지기금지(至氣今至) 원위대강(願爲大降)
재생신(再生身) 재생신(再生身)
기신사업(己身事業) 재생신(再生身)
인륜(人倫)을 밝혀야만
천륜(天倫)을 밝히게 되느니라 하시더라.
『선도신정경(仙道神政經) 3장 85절』

성구말씀처럼 계속 '**재생신 재생신 기신사업 재생신**'이라는 구절이 반복되는 건 참말로 재생신하기 때문이지 않겠습니까?

이어서 "**인륜을 밝혀야만 천륜을 밝히게 되느니라**" 하신 상제님의 말씀은, 장차 두 분이 새롭게 태어나실 집안의 내력에 대한 말씀입니다.

도적으로 볼 때, 12월 26일은 상제님께서 증산미륵존불로 다시 오시는 재생再生의 날로서 열매인 황극은 태극이신 선사님의 몸을 통해 출산케 됩니다.

"**대저 부모가 지어 준 것은 인연(人緣)이요, 스스로 지은 것은 천연(天緣)이라**" 하신 상제님 말씀처럼, 부모님께서 맺어주신 인연人緣의 자리를 통해 상제님 가문의 인륜지사人倫之事를 온전히 밝힐 때 비소로 천지음양이 자리하여 결실을 맺은 천륜天倫(선사님)을 밝힐 수 있다 하신 고수부님 말씀을 비로소 이해할 수 있습니다.

즉 인륜의 자리는 무극이시며 천륜의 자리는 태극이십니다.

'**기신사업(己身事業)**'은 오직 이 무극과 태극이라는 도의 계통을 통해서만 재생신 될 수 있으며, 그 결실로 황극皇極이라는 열매가 맺히게 됩니다. 이러한 천지 이치의 엄중한 틀로 인해, '**서신사명(西神司命)**'과 '**수부사명(首婦司命)**'은 필연적으로 재생신하신 두 도령의 몫이라 하는 것입니다.

바로 이러한 상징성을 바탕으로, 마치 영국의 왕실 계보와 같이 상제님의 대를 잇는 **'강증산 2세'**의 위격이 설정됩니다. 그것이 바로 요堯임금(상제님)의 적장자 아들(子,皇極) 곧 단주丹朱라는 후생後生의 도수입니다.

상제님께서는 장차 당신께서 외양을 바꾸어 다시 오실 때, 세상 사람들이 알아보지 못할 것을 경계하시며 미리 간곡한 당부를 남기셨습니다.

"상말에 '이제 보니 수원(水原) 나그네'라 하나니, 누구인지 모르고 대하다가 다시 보니 낯이 익고 아는 사람이라는 말이니 낯을 잘 익혀 두라. 내가 장차 열석 자로 다시 오리라." 하신 말씀은 재생신으로 오시는 당신이 이미 우리 곁에 친숙한 인연으로 화현해 있을 것을 일깨워 주시는 말씀입니다.

> 내 백성들아. 큰 복을 얻으려거든 한 마음으로 나를 믿어 그 마음을 잘 닦고, 도를 펴 공을 세움을 오로지 의롭게 하여 다른 뜻을 두지말고, **힘써 덕을 닦아 내가 돌아오기를 기다리라.** 『대개벽경(大開闢經) 9편 기유년 공사기 11장』

세상 만물과 만유가 일체 변화하는 것이 역易의 이치이듯, 신의 얼굴 또한 예외가 아닙니다. 천지절후의 변화를 따라 형모(形貌) 또한 변하기 마련입니다. **'큰 도령'**과 **'작은 도령'**이라는 호칭은 생소하게 들릴지 모르나, 그 본질은 선천에 오셨던 상제님과 고수부님 바로 그분들이십니다.

땅에 뿌려진 씨앗과 똑같은 형질의 씨앗이 가을철 열매 속에서 다시 태어나는 것과 같습니다. 모사재천의 공사를 주재하셨던 상제님께서 이제 오황극이라는 열매 속에 새 둥지를 트신 그 모습을 일컬어 **'십무극(十無極)'**이라 이름합니다.

상제님께서는 십무극이 자리 잡은 이 새로운 터전, 즉 서西방 금金의 황극자리를 **'서신사명(西神司命)'**이라 명명하셨습니다. 일부선생 또한 이러한 모습을 두고 **'기위친정(己位親政)'**이라 표현한 바 있습니다.

이처럼 간도수艮度數의 섭리에 따라 우주의 열매이신 두 분이 강세하셨다면, 마땅히 황극이 달린 가지가 뿌리내린 바탕을 볼 줄 알아야 합니다.

황극皇極은 태극太極에 그 뿌리를 두고 있으며, 태극의 바탕에는 무극無極이 자리하고 있습니다. 따라서 서신사명과 수부사명의 위격 뒤에서 그들을 받치고 계신 근원적 존재들이 거론되는 것은 자연스러운 수순이라 할 것입니다.

3. 여동빈지 일월수부

91. 어느날 신정공사(神政公事)를 베푸실 새 고후비님(高后妃任)께서 이와 같이 말씀하시더라.
나의 근본(根本)이 일월수부(日月首婦)니라
천지음양(天地陰陽)있었으니 건곤일월(乾坤日月) 없을소냐
일월(日月) 일월(日月) 만사지(萬事知)
『선도신정경(仙道神政經) 3장 91절』

98. 한(漢) 고조(高祖)는 마상(馬上)에서 득천하(得天下) 하였으나 우리는 좌상(座上)에서 득천하(得天下) 하는 법(法)이니 **이제부터 자씨보살 (慈氏菩薩) 여동빈지(呂童賓之) 일월수부(日月首婦)가 일을 맡아 하느니라** 하시더라.
『선도신정경(仙道神政經) 3장 98절』

7. 옥구(沃溝)는 닷줄 장상지지(將相之地)요 포육지지야(布育之地也)니라 하시고 이어서 가라사대 수식남방매화가(誰識南方埋火家)를 누가 알 수 있으리요
호남서신(湖南西神)아니고는 내 일을 누가 알까부냐 여동빈(呂童賓)의 자하도(慈下道) 세계극락(世界極樂) 일월수부(日月首婦) 하시더라.
『선도신정경(仙道神政經) 5장 7절』

고수부님께서는 "**나의 근본(根本)이 일월수부(日月首婦)니라. 천지음양(天地陰陽) 있었으니 건곤일월(乾坤日月) 없을소냐**"라고 하셨습니다. 여기서 '**천지음양(天地陰陽)**'은 천지라는 원 바탕자리를 의미하며, 곧 천지부모님이신 상제님(陽)과 대모님(陰)을 지칭하는 말씀입니다.

또한 '**건곤일월(乾坤日月)**'은 재생신하시어 '**건도성남(乾道成男)**'과 '**곤도성녀(坤道成女)**'로 화현하시는 낙서洛書의 오황극五皇極 두 분을 이릅니다. 고수부님께서 이를 두고 '**일월(日月) 일월(日月) 만사지(萬事知)**'라 노래하신 이유가 바로 여기에 있습니다.

나아가 '**여동빈(呂童賓)의 자하도(慈下道)**'는 좌선左旋하는 낙서판의 이치로서 후천무극(十)이신 상제님을 상징합니다. 고수부님께서 '**호남서신(湖南西神)아니고는 내 일을 누가 알까부냐**'라고 하신 것 역시 이와 맥을 같이 합니다.

따라서 '**자씨보살 (慈氏菩薩) 여동빈지(呂童賓之) 일월수부(日月首婦)가 일을 맡아 한다**'는 말씀은 결국 직녀오황극으로 오셔서 천지일을 매듭지으시는 고수부님의 위격을 온전히 드러내고 있는 것입니다. 이는 이미 모친이신 박씨 부인의 태몽에서도 예고된 바 있으십니다.

1. 천후(天后)의 성(姓)은 고씨(高氏)요, 본(本)은 장택(長澤)이요, 이름은 판례(判禮)니, 이조(李朝) 고종(高宗) 경진(庚辰) 삼월(三月)에 전라도(全羅道) 담양군(潭陽郡) 무면(武面) 성도리(成道理)에서 탄생(誕生)하시니, 부친(父親)의 이름은 덕삼(德三)이요, 모친(母親)은 박씨(朴氏)니라.
2. 박부인(朴夫人)이 기묘년(己卯年) 오월(五月)에 어느 절에서 기도(祈禱)할 새, 하루 밤 꿈에 높은 산(山)에 올라 굉장(宏壯)한 집에 들어가니, **한 선관(仙官)이 붉은 책(冊)과 누런 책(冊) 각(各) 한권(一卷)씩 주거늘** 부인이 받아가지고 놀라 깨었더니, 이로부터 잉태(孕胎)하여 천후(天后)께서 탄강(誕降)하시니라.
『고부인신정기(高夫人神政記) 1장 1-2절』

5. 차경석(車京石)이 천사(天師)를 모시고 돌아와서 그 이종매(姨從妹) 고씨(高氏) 천후(天后)를 천거(薦擧)하니, 동지달 초사흗날 천사(天師)께서 천후(天后)를 맞아 결혼(結婚)하실 새, 천후(天后)에게 일러 가라사대 **내가 너를 만나려고 십오년(十五年)동안 정력(精力)을 들였나니, 이로부터 천지대업(天地大業)을 네게 맡기리라** 하시며, 이날 천사(天師)께서 **천후(天后)를 옆에 끼시고 붉은 책(冊)과 누런 책(冊)을 각각 한권씩 앞으로부터 번갈아 깔며, 그 책(冊)을 밟아 방(房)으로부터 마당에 나가사 남쪽 하늘에 별을 바라보고 네 번 절하라** 하시고, 다시 그 책(冊)을 번갈아 깔며 밟아서 방(房)에 들어오게 하시니라.
『고부인신정기(高夫人神政記) 1장 5절』

1879년 5월, 고수부님의 모친 박씨 부인은 어느 절에서 기도하던 중 신비로운 태몽을 꾸게 됩니다. 높은 산 위 웅장한 전각에 들어서자 한 선관仙官이 나타나 붉은 책과 누런 책을 각각 한 권씩 건네주었고, 그 책들을 받는 순간 태기가 있어 낳은 아이가 바로 고수부님이셨습니다.

이후 수부 책봉 예식에서 상제님께서는 고수부님을 옆에 끼시고 '**붉은 책과 누런 책**'을 번갈아 바닥에 깔며, 그 책들을 밟고 방 안에서 마당까지 나가시는 공사를 보셨습니다. 이 광경은 박씨 부인이 꾸었던 태몽의 실현이자, 고수부님의 탄생부터 수부 책봉에 이르기까지 모든 과정이 천지의 치밀한 설계 속에서 이루어졌음을 보여줍니다.

여기서 '**붉은 책과 누런 책**'은 "**나의 근본(根本)이 일월수부(日月首婦)라.**" 하신 고수부님의 말씀대로, 일월로서 황극의 위격을 상징합니다.

또한 상제님께서 고수부님에게 "**남쪽 하늘의 별을 바라보고 네 번 절하라**"고 명하신 공사 역시 매우 중요한 함의를 담고 있습니다. 이는 "**천지음양(天地陰陽) 있었다**" 하신 말씀 그대로, 상제님과 더불어 천지의 어머니로서 만유를 낳고 기르시는 '**천지망량신(天地魍魎神)**'의 위격이 엄연히 실재함을 확증해 주는 대목입니다.

그런데 고수부님께서는 지천태 태통맥에 대한 공사도 일부 보셨습니다.

10 **이렇게 열한 번을 뒹구시니 모두 열두 개의 해가 연주형(連珠形)으로 하늘에 늘어서거늘**
11 태모님께서 말씀하시기를 "**이 일은 십이제국(十二諸國)의 운도(運度)를 뽑아 쓰는 공사로다.**" 하시니라.
(道典 11:104)

23. 오월(五月) 초사흗날 석양(夕陽)에 종도(從徒)들을 명(命)하사 마당을 깨끗이 쓸게 하시고, 천후(天后) **겉은 붉고 안은 푸른 저고리를 입고** 마당에 나와서시며 종도(從徒)들에게 해를 보라 하시거늘, 모두 보니 해 둘레에 어리었던 붉은 기운(氣運)이 띠 모양으로 길게 뻗쳤거늘, 모두 이상(異常)히 여겨 천후(天后)를 보니 천후(天后) 오른 손으로 붉은 옷고름을 들고 계시더라. 천후(天后) 가라사대 '이것이 표적(表跡)이니라' 하시고, 마당에 멍석을 펴게 하신 뒤에 그 위에 누어 뒹구시니, 천후(天后)의 몸이 한 번씩 뒹구시는 대로 원 해에서 해 한 개씩이 빠져나와 해 열두 개가 되어서 일자(一字) 모양(模樣)으로 하늘에 널려 있는데, 천후(天后) 뒹구시며 저고리를 번갈아 뒤집어 입으시니 **저고리 빛이 붉을 때에는 붉은 해가 나오고, 푸를 때에는 푸른 해가 나오더라.**
『고부인신정기(高夫人神政記) 3장 23절』

고수부님께서 마당 멍석 위를 '**열한 번**' 뒹구신 것은 『주역』의 11번째 '**지천태괘(地天泰卦)**'를 상징하며, '**열두 개의 해**'는 12번째 '**천지비괘(天地否卦)**'의 의미가 있습니다. 열한 번을 뒹구신다는 표현에는 땅이 움직인다는 지동地動의 의미가 내포되어 있습니다.

이러한 신도神道 공사는 『주역』 곤괘坤卦 단전의 '**행지무강(行地无疆)**'이라는 구절을 형상화한 일종의 퍼포먼스입니다. 그래서 지천태 공사를 보셨다 한 것입니다.

곤괘 단전에 '**牝馬는 地類니 行地无疆이라.**'고 지류地類라 하였습니다. 여기서 빈마牝馬는 조왕의 의미입니다. 물론 곤괘 단전에는 '**行地无疆**'만 있지 않습니다.

곤괘 단전에 '**安貞之吉이 應地无疆**'이라 하여 지위의 역할이신 즉 관운장의 얼굴로 변하신 서신사명의 역할을 묘사하는 구절도 있으며 천지어머니이신 암소의 역할을 묘사하는 '**덕합무강(德合无疆)**'의 구절까지 있습니다.

02
坤 元亨利牝馬之貞 君子有攸往 先迷後得 主利
西南得朋 東北喪朋 安貞吉

彖曰 至哉라 坤元이여.
萬物이 資生하나니 乃順承天이니 **坤厚載物이 德合无疆**하며
含弘光大하야 品物이 咸亨하나니라.
牝馬는 地類니 行地无疆하며 柔順利貞이 君子攸行이라.
先하면 迷하야 失道하고 後하면 順하야 得常하리니
西南得朋은 乃與類行이오 東北喪朋은 乃終有慶하리니
安貞之吉이 應地无疆이니라.

象曰 地勢坤이니 君子以하야 厚德으로 載物하나니라.

전통 복식인 의상衣裳에서 치마(裳)는 하의로서 둥근 하늘을 본떠 암소(땅하늘)를 상징하고, 상의인 저고리(衣)는 암말(조왕)을 상징합니다. 고수부님께서 저고리를 뒤집어 입으실 때마다 붉고 푸른 해가 솟아오른 것은, 이 태양의 본질이 태극(中天大臣)을 바탕으로 용사하는 황극(北斗九辰)임을 증명하는 것입니다.

즉 수부님(體)의 움직임에 응하는 태양(影)의 성격이므로 이는 조왕(柔)과 북두칠성(剛)의 관계(體影之道)를 암시합니다.

저고리 고름의 색깔에 따라 햇무리도 동일한 색상을 띄는데 **"이것이 표적(標的)이니라."** 하신 것은 저고리(柔)와 고름(剛)의 관계처럼, 지천태의 태통맥泰統脈 공사를 보심을 '**표적**'으로 제시하신 것입니다.

다만 고수부님께서 조왕의 도수를 일부 보시긴 하셨지만, 후천에 일월수부로서 황극의 자리가 되시기에 천지조왕의 위까지 겸임 하지는 않습니다. 이 자리는 인정상관님의 몫입니다.

3장 인정상관님(木宮)

三日 목(木)이오, 목왈곡직(木曰曲直)이오, 곡직(曲直)은 작산(作酸)하고
셋째는 목이요, 목은 굽으나 곧게 뻗어가는 것이오. 곡직은 신맛을 만들고,

오행五行 중 나무(木)는 '曲直곡직' 즉 나무는 굽으면서도 곧게 자라는 특성이 있기에 신맛에 배속을 하였습니다. 원(圓,○) 방(方,□) 각(角,△)은 각각 하늘(天),땅(地),사람(人)에 대응되며 각角에는 곡직曲直이 있다 하였습니다.

마치 봄에 새싹이 용틀임을 하듯 몸을 뒤틀며(曲) 꽁꽁 얼었다가 풀린 대지를 뚫고 위로 치솟아 올라오는(直) 왕성한 생기를 표현한 것입니다. 일상에서 사례를 찾는다면, 나팔꽃 등의 덩굴 식물이 나선으로 나무 둥치를 감으며(曲) 올라가는(直) 형상, 홈이 패인 전기 드릴이 회전하며(曲) 뚫는(直) 형태라고 설명할 수 있겠습니다.

직直은 '乾道'를 곡曲은 '坤道'를 뜻하니 '曲直'에는 지천의 상이 있습니다.

곧 신도적 관점에서는 지천태 '本' 땅의 주인主人이신 본주님을 상징하고 있습니다.

여러 종도들에게 **"본 땅에는 본주가 안 있는가 내가 본주다"**하시니라.
(本主大經典 p.34 병술년 공사행록 13)

목木은 인仁, 의義, 예禮, 지智의 사단四端 중에서 인仁에 해당하니 청송녹죽靑松綠竹의 청색靑色으로 사시장춘四時長春의 후천을 상징하고 있습니다.

인정상관仁正上觀님의 존함이 의령 여씨余氏인 여원월余圓月이라는 데서도 알 수 있듯 나 여余자에 둥글 원圓, 달 월月자는 '나는 둥근 달이라.'는 뜻입니다. 어질 인仁(十)자와 바를 정正(五)자의 '인정나라'인 후천后天을 품고 계신 관觀세음보살로 보름달은 조왕의 위位를 의미합니다.

또한 **"자네 불은 알아도 물은 모르지"**라 하시는 말씀은 태양(離,火)이신 상제님은 신앙을 해도 달(坎,水)이신 본주님에 대해서는 모른다는 말씀입니다.

"천하일을 내가 아니면 밝힐 사람이 없네, 처녀일로 밝혀져."라는 말씀처럼 처녀로서 조왕(牝馬)이신 인정상관님으로부터 판밖의 단서가 드러난다는 의미입니다.

여기서 '**처녀일**'이란 목궁의 자리에 계신 인정상관님의 위격을 일상적인 언어로 표현한 말씀입니다.

1. 내일은 처녀 뱃속에 있네

가을 어느날 찾아뵈니 "단양으로 옮길터이니 준비하라." 하시어 조장이 심고끝에 태인이 떠올라 태인으로 정했습니다. 아뢰니 "옮길 준비를 하라," 하시어 집을 물색하다가 상제님 생존제자 김경학 선생을 만나서 상의하던중 상제님께서 **"내일은 처녀 뱃속에 있네, 치마 밑에 대도통이 나온다."** 하셨는데 어떻게 처녀가 애를 낳을 것이며, 낳는다 하더라도 언제 커서 일을 한담, 하니 조장이 답하기를 처녀의 문하에 있다는 뜻 아닙니까? 하니 한참 생각하다가, 조장 말이 맞는 것 같다 하며 옥천사 절방을 얻으시여 수리토록 협조하고 동행하여 본주님을 찾아뵈니 "잘 해 보아." 하시었다.
『전지언(典之言) 을유편 9절』

김경학 종도의 증언이 담긴 『전지언(典之言)』의 성구 **"내일은 처녀 뱃속에 있네, 치마 밑에 대도통이 나온다."**는 이 말씀이 상제님의 다 한 말씀입니다.

『본주대경전(本主大經典)』에는 **"내 일은 처녀 뱃속에 있다"**라는 구절만 일부 수록되어 있으나, 그 원본 격인 『인정상관대경전(仁正上觀大經典)』을 살펴보면 **"치마 밑에서 도통이 나온다"**는 구절까지 포함된 온전한 전문全文이 기록되어 있습니다.

그 외에 『고사모 신정기』에 기록된 **"수부(首婦)의 치마 그늘 밖을 벗어나면 죽으리라"**는 말씀까지 더하면, 그나마 '치마'와 관련된 핵심 도수는 이 두 가지가 전부라고 할 수 있습니다.

초판 『도전(道典)』에는 『전지언(典之言)』에 기록된 **"내일은 처녀 뱃속에 있네, 치마 밑에 대도통이 나온다."**는 문장이 나타나지 않습니다.

주목할 점은 개정판 『도전(道典)』을 편찬하면서 **"치마 밑에 도통 나온다"**는 구절은 삽입했음에도, 이와 한 문장으로 연결된 **"내 일은 처녀 뱃속에 있네"**라는 대목은 의도적으로 배제된 정황이 보인다는 사실입니다. 이는 당시 고수부님께서 처녀가 아니셨던 현실적 상황을 의식한 편집일 수 있으나, 역설적으로 '치마'의 원주인이 따로 있음을 증명하는 방증이기도 합니다.

이는 결코 가벼운 문제가 아닙니다. 대도통이 나오는 그 출처를 결과적으로 은폐

한 셈이 되기 때문입니다. 상제님 말씀의 맥락을 온전히 짚어본다면, "**치마 밑에 대도통이 나온다.**"고 하실 때 그 치마의 주체는 마땅히 처녀이신 본주님 치마 아래를 의미하는 것이라 보아야 합니다.

이와 관련하여 "**초막지가(草幕之家)에 성인(聖人)이 출언(出焉)하노라**" 하신 상제님의 말씀과, "**두고 보라, 이 다음에 필연코 초막 속에서 성인이 나올 것이니라**" 하신 고수부님의 가르침은 맥을 같이 합니다.

이 말씀들은 모두 '**이섭대천 목도내행(利涉大川 木道乃行)**'의 구절처럼, 목도木道의 상징인 '**초막**'에 비유된 인정상관님의 치마 아래에서 장차 대도통을 이룬 성인이 출현하게 됨을 의미합니다.

물론 "**수부(首婦)의 치마 그늘 밖에 벗어나면 죽으리라**" 하신 말씀은 여전히 유효합니다. 선천에 곤위坤位로 계시다가 후천의 황극皇極으로 다시 오시는 고수부님의 도통맥 줄을 잡고 있으면 되니 말입니다.

선천의 고수부님은 나무(木)가 불(火)에 타서 남은 숯의 기운을 상징합니다. 금산사 미륵전이 연못을 숯으로 메운 터 위에 세워졌듯, 숯(과부)과 나무(처녀)는 과부와 처녀처럼 그 성정이 서로 정 반대에 있습니다. '**비태통불가근(非泰統不可近)**'이라 하였듯, 그 '**泰統**'의 맥을 실질적으로 주관하시는 분이 바로 조왕이신 인정상관님입니다.

"**내일은 처녀 뱃속에 있네**"라는 말씀을 고민하여 "**처녀가 어떻게 자식을 낳느냐고**" 한 김경학 종도의 우려와는 달리, 상제님께서 늘상 "**나의 일은 알다가도 모르는 일이라. 나의 일은 판밖에 있단 말이다.**", "**우리끼리 일했으나 나의 일은 판밖에 있느니라.**" 하셨습니다.

이 지천태 '**판밖**'은 인정상관님께서 주관하시는 꽃으로 상징되는 자리입니다.(死生門) 상제님께서 이를 두고 '**처녀 뱃속**'이라 하시고 '**치마 밑**'이라 하셨던 것입니다.

그런즉 여기서 말씀하신 '처녀'의 의미는 결혼하지 않은 성년의 여자란 기본적인 뜻 위에 오행五行 중 목木으로서 청색靑色의 봄처녀를 의미하여 실제 숫처녀로 평생을 살으셨던 본주님을 지칭하는 표현입니다.

이 처녀도수에 대해서 상제님께서는 옥루곡玉漏曲에서 '**殘粧金屋之中잔장금옥지중에 靑蛾正老청아정로**'라 하시었는데 『本主大經典』의 서문序文에서는 '**靑蛾正老**'의 깊은 뜻을 '**달밤에 이슬만 먹고 사는 나부**'라 하여 아주 깨끗하고 맑은 처녀 즉 천상천하에 둘도 없는 깨끗한 처녀의 일생을 이르는 말이라 하였습니다.

반면 고수부님께서는 '**牝馬**'의 특성과 대조적인 선천의 곤坤을 상징하시기에, 처녀가 아닌 혼인을 한 몸으로 오셨습니다. 다만 상제님과 다시 인연이 되기 위해서는, 기존의 인연을 정리하고 홀몸(사별)이 되셔야만 했습니다.

이 '**조왕(竈王)**'의 위격은 『주역』 곤괘 괘사의 "**坤은 元 亨 利 牝馬之貞이니 君子有攸往**"에서 '**牝馬**'라는 상징에 담겨 있습니다.

반면, 30번째 중화리괘重火離卦에서 '**離는 利貞亨 畜牝牛吉也.**'라 하여 '암소를 기름이 길하다'고 하였는데 특이하게도 주역 64괘 중에서도 가장 괘사의 글자가 많은 괘가 곤괘로서 무려 30자나 됩니다.

그러니 주역의 곤괘는 빈우牝牛와 빈마牝馬 즉 암소 속에 암말이 들어있는 상입니다. 여기서 '**牝牛**'는 암소로서 천지어머니 대모님을 상징하며 인정상관님은 암소의 대리대행代理代行의 역할입니다. 이러한 관계를 아주 단적으로 나타내주시는 본주님 말씀이 있습니다.

44. 十一월 十일 본주님께서 김우석, 김정학, 임상화를 부르시어 "지필묵을 준비 하라" 하시고 방문을 걸어 잠그시고 "받아쓰라" 하시어 임상화가 받아 쓰니까 "지구화 하니" 부르시고 "내가 피로하니 누워서 부르겠다." 하시며 "환 건정 곤정 인시지우 일구동정하고 지어당 하고 이건 전지언 전지언 옥서 동지정 정지변 이어정 원이승 이제 중생 원위 원위"까지 부르시고 "다음 줄은 너희들이 써 보아라." 하시어 성모님 포덕천하라고 쓰니 **"내가 성모인가 성모 아니네 그렇게 공부해도 나를 몰라 내가 인정상관이네"** 하시어 붓으로 긋고 쓰려 하니 "중한 글은 지우지 말고 옆에다 써" 하시므로 인정상관님 포덕천하라고 쓰니 **"남 한테 폭 잡혀서는 못써"** 하시고 **"포자 위에 점을 찍고 가운데를 O표하여 효자로 고치시니 효덕천하로 하시고** "참 중한 글이네" 세 번 거듭 말씀하시며 "제를 모셔라" 하시니라.
(本主大經典 p.49 무자년 공사행록)

종도들이 '**성모님 포덕천하**'라고 써 올리자, 본주님께서는 "**내가 성모인가 성모 아니네 그렇게 공부해도 나를 몰라 내가 인정상관이네**"하시며 성모聖母이신 대모님(牝牛)이 아니라 인정상관(牝馬)님 즉 조왕의 위位에 계심을 일깨워 주셨습니다.

즉 '**포덕**'이 아니라 천지부모님 마음을 잘 헤아려 자식된 도리로 효를 다 한다는 의미로 '**효덕(孝德)**'으로 친히 정정해 주신 것입니다.

또한 본주님께서는 "**하늘만 무서운 줄 아느냐 앞으로는 땅하늘이 더 무섭다.**"라고 경책하셨습니다. 여기서 말씀하신 '땅하늘'은 대모님을 지칭하는 것으로, 본주님께서는 이를 '**明天**'이라 부르셨습니다.

소나기가 내리며 천둥 번개가 치니, 종도들이 웅크리고 있으니, 본주님께서 **"하늘만 무서운 줄 아느냐 앞으로는 땅하늘이 더 무섭다."** 하시니라.
『本主大經典 p.32 병술년 공사행록 5』

원장이 언제나 좋은 세상이 됩니까.? 아뢰니 **"사람마다 마음이 발라져야 명천이 감동하고, 땅하늘이 감동해야 하니 사람들 마음이 발라져야 한다."** 하시니라.

『전지언(典之言) 무자하편 1절』

어느날 고동진, 제관이 마음을 바르게 하도록 의원공부를 시킴이 어떤지요, 아뢰니 미소를 지으시고 점두하시며 **"지천도 돌아보고, 명천도 돌아보고, 심천도 돌아볼 때라."** 하시니라.
『전지언(典之言) 신묘상편 18절』

서공수가 천상에서 명 받아썼다는 '새을(乙) 자 두 개가 겹쳐진 글(乙乙)'을 올리자, 본주님께서 **"조왕부 아닌가"** 하시며 거두신 일화가 있습니다. 이 기록은 본주님의 신원을 증명하는 일화입니다.

16. 본주님께서 직접 설도장 하시거나 창교하심이 아니고 전남 나주군 문평면 대도리 사는 서공수(호 보산)이 수년간 수도중 천상상제님께서 [달통]을 시키신 후 "사모님(본주님)을 찾아 받들어라"는 교시를 내리시니 교시내용 "무인년 봄 삼월십칠일 '여천지동맹'이라 외우라."하시기에 그대로 외우니 은하수에 앉아 "땅을 내려보라" 하시기에 이를 행하니 "땅속을 헤쳐보라" 하셔서 땅속을 헤쳐보니 온통 물이어서 이를 아뢰니 "정읍에 가서 본주님을 찾아 모시라"는 계시가 내리시어 본주님을 찾아 헤매든 끝에 입암면 대흥리에서 유숙하면서 새벽에 기도하며 면내쪽을 바라보니 밝은 기운이 비쳐서 날이 새어 부인과 김락두와 三人이 처음 찾아 뵈었으며 본주님 앉은 뒤를 보니 '三日內三人來'라 짐으로 서리어 써 있었음 그때 서공수는 천상에서 명 받아쓴 **새을자 둘쓴 乙乙글을 올리니 본주님께서 "조왕부 아닌가"하고 받으심.**
『本主大經典 p.18 본주님 탄강과 유소시절 지천하공사행록 16』

2. 현룡재전과 비룡재천

상제님께서는 생전에 금산사를 집처럼 자주 드나드셨습니다. 상제님께서 금산사에 이르시면 승려들이 **"미륵존불, 미륵존불"** 하며 불공을 드렸는데, 이는 상제님이 곧 미륵의 화신임을 말해주는 대목입니다.

4월의 어느 날, 상제님께서는 금산사로 가시던 중 모악산의 지맥인 계룡봉鷄龍峯 옆을 지나시며 다음과 같이 말씀하셨습니다.

> "태전(太田)은 현룡재전(見龍在田)이요, 여기는 비룡재천(飛龍在天)이니라."
> (道典 3:84)

이는 판밖에서 대인이 출현하는 곳과 성공해 들어오는 자리에 대한 상호 관계를 주역의 효사에 비유하여 종결 지어주신 말씀입니다.

여기서 '**현룡재전(見龍在田)**'은 건괘乾卦 두 번째 효爻의 효사爻辭로서 원문은 '九二, 見龍在田 利見大人'입니다. 통상 '**나타난 용이 밭에 있으니 대인을 보아야(만나야) 이롭다.**'로 해석을 합니다.

점법占法에서 효변爻變을 적용하면 건괘 '九二'는 '乾之同人'으로 즉 '**천화동인(天火同人)**' 괘로 변합니다. 이 천화동인은 군자君子입니다. 따라서 상제님께서 태전을 '**見龍在田**'이라 하신 것은, 판밖의 대인이 처음으로 모습을 드러내는 서요동(在田)의 자리를 지칭하신 것입니다.

01
乾 元亨利貞

初九, 潛龍이니 勿用이니라.
九二, 見龍在田이니 利見大人이라
九三, 君子終日乾乾하여 夕 若하면 하나无咎리라
九四, 或躍在淵하면 无咎리라
九五, 飛龍在天이니 利見大人이니라
上九, 亢龍이니 有悔리라
用九는 見 龍하되 无首하면 吉하리라

반면 비룡재천飛龍在天은 건괘乾卦 다섯 번째 효爻의 효사爻辭로서 원문은 '九五, 飛龍在天 利見大人'입니다. 통상 '**날으는 용이 하늘에 있으니 대인을 보아야(만나야) 이롭다.**'로 해석을 합니다.

효변을 적용하면 건괘 '九五'는 '乾之大有'로 즉 '화천대유(火天大有)' 괘로 변합니다. 상제님께서 계룡봉을 가리켜 **"여기는 비룡재천이라"** 하신 것은, 이 자리가 결국 성공해 들어오는 곳이라는 말입니다.

상제님께서는 계룡봉 아래 용화동을 가리켜 **"이곳이 곧 용화도장이요, 불무 발판"**이라 하셨습니다.

1 하루는 공우를 데리고 용화동(龍華洞)을 지나며 이르시기를 "이곳이 곧 용화도장이라.
2 이 뒤에 이곳에서 사람이 나서거든 부디 정분을 두고 지내라." 하시니라.
3 하루는 용화동 뒤의 계룡봉(鷄龍峯)을 가리키며 말씀하시기를
"이곳이 불무 발판이니 불무는 두 발판을 부지런히 밟아야 바람이 나는 것이라.
4 **그러니 이곳을 자주 밟아야 바람이 나게 되리라."** 하시니라.
5 또 하루는 안필성(安弼成)을 데리고 계룡봉에 올라가시어 말씀하시기를
"앞을 보아라, 참 좋구나. 노승(老僧)이 팔대장삼을 입고 있는 형국이로구나.
6 **또한 용이 누워 있는 형국이니 용은 뿔이 나야 되느니라."** 하시고
7 계룡봉을 내려오시다가 한 곳을 가리키시며 **"필성아, 여기가 네가 들어갈 자리다."** 하시니라.
(道典 6:66)

하루는 안필성(安弼成)을 데리고 용화동(龍華洞) 뒤 계룡봉(鷄龍峰) 아래를 가시어 내려다 보시며 손짓하여 가라사대, **"참으로 좋다. 늙은 중이 팔대장삼(八大長衫)을 벌린것 같지 아니하냐. 이것이 용(龍)이니 용은 뿔이 나야 되는 법이니라."** 하시였다 전하니라. 『천지개벽경(天地開闢經) 1장 34절』

시신은 김제군 금산면 금산리 모악산하 계룡봉 아래에 안장하였다.
증산 상제님께서 생존시 안필성과 같이 계룡봉에서 내려오시다. 좋다, 거듭 말씀하시어 안필성(安必成) 자리라고 말하니 원장이 **우리가 땅을 사서 모신 자리라 하니 체념하고 돌아갔다 한다.**
『전지언(典之言) 선화하신 후 6절』

흥미로운 사실은 상제님께서 계룡봉을 내려오시던 중 한 곳을 손가락으로 가리키며, **"필성아, 여기가 네가 들어갈 자리다"**라고 말씀하셨다는 점입니다.

하지만 『전지언』의 기록에 따르면, 그 명당에는 뜻밖에도 인정상관님께서 안장되어 계십니다. 이는 모악산 암계룡(牝牛)의 혈 자리에 들 수 있는 분은 오직 천지간에 지류地類인 빈마牝馬뿐이기 때문입니다.

여기서 본주님께서 왜 정읍(지천태)이 아닌, 모악산이 자리한 용화동(천지비)에서 생을 마감하셨는지 그 이유를 찾을 수 있습니다. 조왕 용사의 자리는 칠현무이지만, 종국에는 다시 본체인 땅(坤, 陰) 속으로 돌아가시기 때문입니다.

이러한 맥락에서 볼 때, 안필성 종도가 받은 도수의 의미에 대해 고찰해 볼 필요가 있습니다.

1 하루는 필성이 상제님과 대화를 하는 중에 상제님의 도권(道權)에 눌려 자기도 모르게 "예, 그렇습니다." 하며 존대를 하니라.
2 순간 상제님께서 냅다 뺨을 한 대 올려붙이시고 크게 소리치시기를 "야, 이 미친놈아. 친구는 영원히 친구지 어디다 '허쇼' 하냐? 친구한테 무슨 존댓말이냐!" 하시거늘
3 필성이 스스로 생각하여도 어이가 없는지라 그저 허허 웃고 서 있자니
4 상제님께서 말씀하시기를 **"너하고 나하고는 영원한 친구! 살아서도 친구요 죽어서도 친구가 되어야 한다."** 하시니라.
5 이 뒤에 필성의 손(孫)과 이웃사람들이 필성을 가리켜 '**상제님께서 천상에서 데리고 내려온 인간 세상의 하나뿐인 친구**'라 하더라.
(道典 3:53)

상제님께서 평소 안필성 종도를 대하실 때 "**너하고 나하고는 영원한 친구! 살아서도 친구요 죽어서도 친구가 되어야 한다.**"라고 각별한 애정을 표현하셨던 일화는 유명합니다. 이를 곁에서 지켜본 종도들은 "**하느님이 천상에서 친구를 하나 데리고 내려오셨다.**"라고 입을 모아 말하곤 했습니다.

즉 안필성 종도는 상제님으로부터 '**친구 도수**'를 부여받은 인물이었습니다.

상제님께서 굳이 이 도수를 설정하신 까닭은 무엇일까요?

이는 단순한 인간적 친분을 넘어, 오직 『주역』의 이치를 통해서만 온전히 해독될 수 있는 문제이기도 합니다.

64괘 중 두 번째인 중지곤괘重地坤卦의 괘사를 살펴보면, 유독 반복해서 등장하는 핵심 글자가 있습니다. 바로 '**벗 붕(朋)**' 자입니다.

02
坤 元亨利牝馬之貞 君子有攸往 先迷後得 主利
西南得朋 東北喪朋 安貞吉

彖曰 至哉라 坤元이여.
萬物이 資生하나니 乃順承天이니 坤厚載物이 德合无疆하며
含弘光大하야 品物이 咸亨하나니라.

牝馬는 地類니 行地无疆하며 柔順利貞이 君子攸行이라.
先하면 迷하야 失道하고 後하면 順하야 得常하리니
西南得朋은 乃與類行이오 **東北喪朋**은 乃終有慶하리니
安貞之吉이 應地无疆이니라.

象曰 地勢坤이니 君子以하야 厚德으로 載物하나니라.

단전彖傳을 보면 '**서남득붕 동북상붕 안정길(西南得朋 東北喪朋 安貞吉)**'이라 하여, '**서남방에서는 벗(朋)을 얻고 동북방에서는 벗을 잃게 된다**'는 구절이 나옵니다. 여기서 말하는 '**벗(朋)**'은 사실 '**빈마(牝馬)**'로서, **보름달이신 인정상관님**을 상징합니다.

비록 상제님께 명당을 약속받은 주인공은 안필성이었으나, 실제 그 땅을 매입하여 안장된 분은 인정상관님이었습니다. 약속과 현실의 이 선명한 괴리는 언뜻 상제님의 말씀이 허언虛言이었던 것처럼 보이게 합니다. 과연 천지공사를 주재하신 상제님께서 한낱 거짓으로 종도를 기만하신 것일까요?

그러나 성인께서 허망한 거짓 공사를 보실 리는 만무합니다. 이 당혹스러운 결과 뒤에는 우리가 미처 보지 못한 깊은 천의天意가 숨어 있습니다. 결국 이 사건은 안필성 종도가 인정상관님에 대한 '**대리도수**'(朋友)를 맡은 인물임을 극명하게 보여줍니다.

'**안필성(安弼成)**'이라는 이름자에서 우선 편안할 '**안(安)**' 자를 파자하면 '갓(宀)을 쓴 여자(女)'가 되니, '**安貞吉**'의 용법에서 보듯 곧 천지무당인 조왕을 상징합니다.

도울 '**필(弼)**' 자는 궁궁弓弓 사이에 일백 백百 자가 합쳐진 형상입니다. 여기서 '弓弓'은 수운 대성사가 전수받은 영부靈符의 형상이자 십미토十未土로 임하시는 상제님을 상징하며, 가운데 '百'은 하도(55)와 낙서(45)를 합한 일원수一元數로서 황극신을 뜻합니다.

즉, '**필(弼)**' 자는 '십(十)' 속에 '오(五)'가 내재된 형국으로, 법종교 대령전 중앙에서 옥황과 운장의 보필을 받으시는 태상상제님의 위상과 궤를 같이합니다.(眞法呪)

나아가 이룰 '**성(成)**' 자는 '**성언호간(成言乎艮)**'의 간艮 도수를 의미합니다. 여기에는 건도성남과 곤도성녀의 율려도수가 이루어지는 황극에 대한 의미가 담겨 있습니다.

결국 '**안필성(安弼成)**'이라는 이름에는 암소(弼)의 뜻을 받들어 일월(成)을 주장하는 조왕(安)에 대한 상징성이 고스란히 내포되어 있는 것입니다.

상제님께서는 계룡봉을 가리키시며 "**이곳이 불무 발판**"이라고 하셨습니다.

여기서 '**불무**'는 대장간에서 불길을 살리기 위해 화덕에 끊임없이 바람을 불어넣는 도구인 '**풀무**'의 방언입니다. 이는 아낙네들이 아궁이에 불을 지피려 풍구질이나 부채질을 하는 것과 같은 이치입니다. 즉, 풀무·부채·풍구는 모두 바람(巽卦·손괘,

동남풍, 손사풍)을 일으키는 도구이자, 불을 다스리는 조왕 자리를 상징하는 지표입니다.

이러한 원리는 『주역』의 20번째 **'풍지관괘(風地觀卦)'**에서 더욱 구체화됩니다.

땅(地) 위에 바람(風)이 머무는 형상을 한 이 **'관(觀)'**괘의 단사彖辭에서는 다음과 같이 전하고 있습니다.

聖人以神道設教而天下服矣성인이신도설교이천하복의
성인이 신도(神道)로써 가르침을 베풂에 천하가 복종하느니라.

즉, 계룡봉의 **'불무 발판'**은 성인이 신도로써 천하를 복종시키고 구원하는 자비의 법음法音이 열리는 성지임을 시사합니다.

상제님께서 이곳을 **'불무 발판'**이라 명명하신 것은, 천지공사의 기운을 갈무리하고 조화의 바람을 일으키는 **'두문(杜門)'**의 자리임을 명확히 예시하신 것입니다.

"이곳이 불무 발판이니 불무는 두 발판을 부지런히 밟아야 바람이 나는 것이라. 그러니 이곳을 자주 밟아야 바람이 나게 되리라." 하시는 말씀 속에는 천지어머니 암소의 뜻을 받드는 본주님(불무발판)을 자주 찾아 뵙고 정성껏 받들 때, 비로소 지천태의 법이 세상에 드러나게 됨을 일깨워 주신 것입니다.

이어서 상제님께서는 계룡봉에 올라 사방을 조망하시며 **"앞을 보아라, 참 좋구나. 늙은 중이 팔대장삼(八大長衫)을 벌린 것 같지 아니하냐. 이것이 용(龍)이니 용은 뿔이 나야 되는 법이니라."** 하셨습니다.

또한 고수부님께서도 **"용(龍)이 뿔이 나야하는 것이 아니드냐 팔대장삼(八大長衫)을 입고 노장이 너울 너울 춤(舞)을 추노라"** 하시며 상제님과 궤를 같이하는 말씀을 남기셨습니다. 이 **'너울너울 추는 춤'**은 불교 의식에서 불법을 찬탄하고 부처님 앞에 지극한 공양의 마음을 올리는 **'작법무(作法舞)'**를 연상케 합니다.

작법무는 그 자체가 수행이자 엄격한 예법의 산물입니다. 절제된 몸짓 하나하나에 깊은 종교적 상징이 담겨 있어, 장중하면서도 조화로운 미적 특성을 보여줍니다. 작법무에는 여러 갈래가 있으나, 그중에서도 바라춤과 나비춤은 음양의 조화처럼 선명한 대비를 이룹니다.

팔대장삼은 불교에서 가사 아래에 착용하는 소매 자락이 땅에 끌리듯 늘어진 법의의 일종으로 승무(착복)를 할 때 입는 법복이므로 무복으로도 쓰며 불교적인 색채의 굿거리에서 착용하기도 하는데 머리에 백의관음보살을 상징하는 비로관을 쓰고 동, 서, 남, 북 중앙의 오방을 표시하는 오방색 가사를 입습니다.

7번째 지수사괘地水師卦의 단전에 보면 **'師는 衆也'**라 하였습니다.

무리를 뜻하는 산스크리트어 '상가(Sangha)'를 한자 '중(衆)'의 음을 빌려 '승가(僧伽)'로 음역하였으니, 그 주체를 **'노승(老僧)'**이나 **'노장(老長)'**이라 칭하신 것에는

깊은 상징성이 담겨 있습니다.

이는 단순히 해당 분야에 능통하여 도의 정점에 이른 노련한 연장자라는 의미도 있지만 뭇 별을 대표하는 황극인 북두칠성(師=衆=僧)에 대한 상징으로도 볼 수 있습니다.

게다가 「설괘전」에 '震爲龍'이라 하고 「서괘전」에서는 '主器者(주기자)-莫若長子故(막약장자고)로 受之以震(수지이진)' 곧 '그릇(器)을 주관할 사람은 맏이(큰아들)만 한 이가 없으므로 진(震)괘로 받는다' 한데서 "용이 누워 있는 형국이니 용은 뿔이 나야 되느니라."는 말씀은 바로 칠성에 대한 지칭입니다.

용(震爲龍,神道)과 뿔(巽爲鷄,人事,六角)은 주역의 이치로는 42번째 풍뢰익괘의 象입니다. 특히 '용의 뿔'은 사슴의 뿔을 닮았다고 전해지는데, 동양의 전승에서 사슴은 제위를 상징합니다.

『설괘전』에서 '巽爲鷄'라 하여 닭은 손괘에 배속하니 닭지붕인 계룡봉에서 내려다보는 이 용화동의 형국은 이채롭습니다. "팔대장삼(八大長衫)을 입고 노장이 너울 너울 춤(舞)을 추노라"는 말씀은 계룡봉이라는 거대한 '불무 발판'에서 불어오는 손사풍 바람을 타고 하늘 높이 날아오르는 비룡이 연상됩니다.

이상의 내용을 종합해 볼 때, "참으로 좋다. 늙은 중이 팔대장삼(八大長衫)을 벌린 것 같지 아니하냐", "팔대장삼을 입고 노장이 너울너울 춤을 추노라"는 말씀은 마치 머리에 백의관음보살을 상징하는 비로관毘盧冠을 쓰고, 팔대장삼 법복 위에 오방(東·

西·南·北·中央)의 기운을 갈무리한 오색 가사를 걸친 채 천지 공양을 올리는 성스러운 의식과도 같습니다.

이는 "**도통판이 들어와야 나의 일이 될 것이다**"라고 예고하신 바와 같이, 결국 판밖에서 성공해 들어온 '**두위제거(斗爲帝車)**'가 비로소 판안의 정점으로 등극하여 구궁팔풍九宮八風의 조화 기운을 타고 천지조화정치를 펼치시는 판몰이의 현장을 지칭합니다.

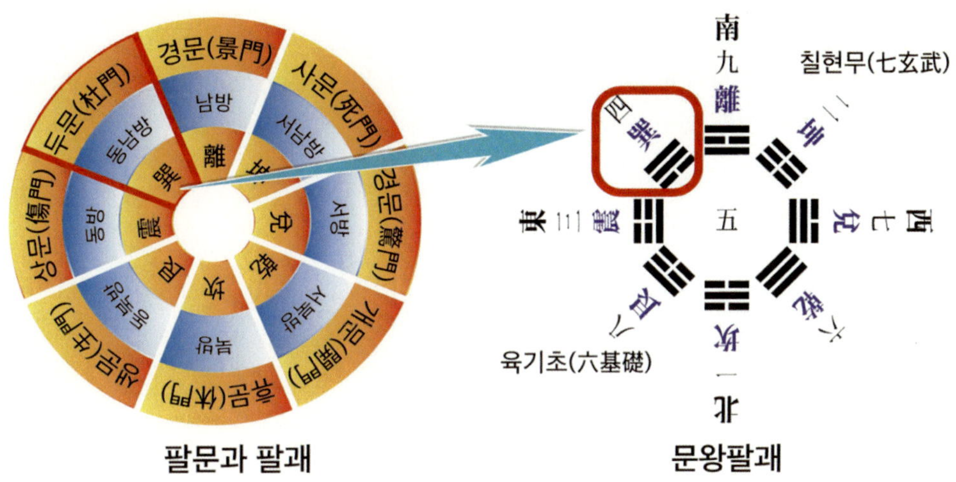

팔문과 팔괘 문왕팔괘

이것이 가능한 이유는 바로 이 자리가 두문이기 때문입니다.

그래서 본주님의 산소를 바로 이 손사방 '**巽爲鷄**'에 응하는 계룡봉에 쓸 수 밖에 없었습니다.

이 손방巽方에서 부는 바람을 손사풍巽巳風이라 합니다. "**모악산 치맛바람을 아느냐? 모악산 치맛바람이 장차 천하를 진동케 하리라.**" 는 말씀이 있는데 이러한 두문에 관련해 상제님께서 공사보신 것이 이른바 '**두문동 성수공사**'입니다.

원래 '두문동'은 고려가 멸망하고 조선이 건국되자 조선의 개국에 끝까지 반대하여 출사出仕하지 않고 충절을 지킨 고려의 유신 72인을 이르는 '**두문동杜門洞 72현**'으로 후세後世에는 절의節義의 표상으로 상징되는 역사적 의미로 많이 알려져 있습니다.

내용을 정리하면, 본주님께서 선화하신 계룡봉의 자리는 '**두문(杜門)**'에 해당하며, 반대로 살아생전 활동하셨던 칠현무의 자리는 곤위坤位로서 '**사문(死門)**'의 이치를 담고 있습니다.

앞서 안필성 종도의 '**친구 도수**'를 풀이하며 언급했듯, 『주역』 곤괘 괘사에는 '西

南得朋 東北喪朋'이라 하여 '**朋**'이라는 글자가 반복됩니다. 서남방에서 벗(朋)을 얻는 자리는 사문의 자리요, 동북에서 벗(朋)을 잃는 자리는 두문입니다. 물론 동북 간방 자체는 생문방이지만 '**상붕(喪朋)**'으로 풀려나와 들어가는 자리가 두문이 된다는 말입니다.

3. 본땅에는 본주가 안 있는가

19. 병술년 가을, 『**본땅에는 본주가 안 있는가 내가 본주다**』 하시고 무자년 가을 삼인을 불러 문을 잠그시고 지운경을 내리시며 『인정상관이다』하시고, 『참 중한 글이네』 거듭 말씀하시며 『만인의 생명 배밭에서 상관진 전원 참석하여 글을 읽고 제를 모시라』고 하셨다.
『本主大經典 탄강과 유소시절 공사행록 19』

13. 여러 종도들에게 『**본땅에는 본주가 안 있는가 내가 본주다**』하시니라.
『本主大經典 병술년 공사행록 13』

여기서 '**본땅**', '**본주**'라 하실 때는 근본 '**本**'자를 씁니다.

한자 구성원리를 찾아보면 '木'자의 하단에 점을 찍어 나무의 뿌리를 가리키는 本자가 만들어졌다고 합니다.

오행五行 중 '木'은 인정상관님(牝馬)이고, 그 속에 계신 '一'은 「소도경전본훈(蘇塗經典本訓)」에서 '**圓者는 一也니 無極**'이라 하였으니 '**암소(牝牛)**'이신 대모님을 뜻합니다. '木'은 계절상 봄에 해당하며, '**木道**'는 사시장춘을 상징하는 후천의 도이자 '**처녀의 도**'입니다.

결국 땅하늘로서 만물의 바탕인 '一'에 깊이 뿌리를 박고 생명력을 뿜어내는 나무의 형상, 즉 근본 '**본(本)**' 자의 주인이라는 의미를 담은 '**本主**'라는 존칭 자체가 곧 천지의 살림을 주관하는 '**조왕(竈王)**'의 실체적 위격을 그대로 드러내고 있습니다.

> 日極 體位度數라
> 丙午 甲寅 戊午 丙寅 壬寅 辛亥니라
> 初初一度는 无而有니라
> 七日而復이니라
> 而數는 三十六이니라
>
> **化翁은 无位시고 原天火시니 生地十己土니라**
> 『正易』

정역의 '日極 體位度數'에 보면 '**化翁**화옹**은 无位**무위**시고 原天火**원천화**시니 生地十己土**생지십기토**니라**'는 구절이 있습니다.

이때 '化翁'을 '原天火'라 한 것에서 이 분이 '戊位'가 되심을 알 수 있습니다.

> 雷風正位 用政數라
>
> **己位**는 四金一水八木七火之中이니 **无極**이니라
> 无極而太極이니 十一이니라
> 十一은 地德而天道니라
> 天道라圓하니 庚壬甲丙이니라
> 地德이라方하니 二四六八이니라
>
> **戊位**는 二火三木六水九金之中이니 **皇極**이니라
> 皇極而无極이니 五十이니라
> 五十은 天度而地數니라
> 地數라方하니 丁乙癸辛이니라
> 天度라圓하니 九七五三이니라
> 『正易』

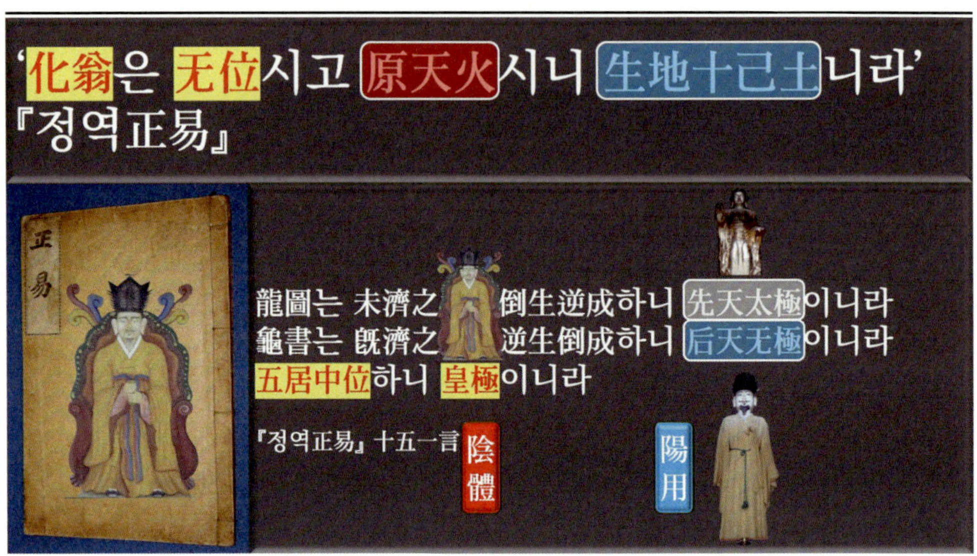

이미 '十一一言'의 '雷風正位 用政數'에서 '戊位'를 '皇極'이라 정의하고 있기 때문입니다.

> 戊位는 度順而道逆하야
> 度成道於三十二度하니 后天水金太陰之母니라
> **己位**는 度逆而道順하여
> 度成道於六十一度하니 **先天火木太陽之父**니라
> 『正易』

반면 '己位'는 '无極'으로서 '十'이시니 '先天火木太陽之父'라 하였습니다.
여기서 '先天火木太陽'은 '龍圖'인 선천태극입니다.

> **龜書**는 旣濟之數而**逆生倒成**하니
> 后天无極이니라
> 五居中位하니 皇極이니라
>
> **太陰**은 **逆生倒成**하야
> 先天而后天이요 旣濟而未濟니라
> 『正易』

따라서 '己位'인 '父'는 '龜書'인 후천무극으로 '逆生倒成역생도성'이 공통적으로 나타난 것에 보듯 태음(方)이십니다. 그러므로 '原天火'인 '化翁'이 태양(圓)으로서 '戊

位'가 되신다 한 것입니다.

여기서 '**圓者는 一也니 無極**'이라 했습니다.

이때의 '一'은 '原天火'(圓)로 작용하는 '皇極'의 자리입니다. 따라서 '木'과 그 생명의 뿌리이자 바탕이 되는 '一'은 엄연히 위격이 다른 분임을 알 수 있습니다.

특히 여기서 말하는 '**無極**'은 『正易』의 논리로 비추어 볼 때, '**无位**'로서 '**夫子之不言**'인 '**無極之無極**'의 자리를 의미합니다.

> 嗚呼至矣哉라
> **无極之无極**이여 **夫子之不言**이시니라
> 不言而信은 夫子之道시니라
> 晩而喜之하사 十而翼之하시고
> 一而貫之하시니 我萬世師신저
> 『正易』

주역의 42번째 풍뢰익괘의 단전에 '**利涉大川은 木道乃行**'이라는 구절이 등장합니다.

> 42
> 益 利有攸往 利涉大川
>
> 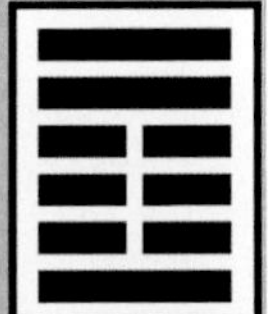
>
> 彖曰 益은 損上益下하니 民說无疆이오
> 自上下下하니 其道大光이라.
> 利有攸往은 中正하야 有慶이오 **利涉大川은 木道乃行**이라.
> 益은 動而巽하야 日進无疆하며 天施地生하야 其益 无方하니
> 凡益之道與時偕行하나니라.
> 象曰 風雷益이니 君子以하야 見善則遷하고 有過則改하나니라.

앞으로 누구나 마주하게 될 험난한 고개, 생사를 가르는 경계선을 일컬어 '**大川**'이라 했습니다. 이 거대한 환란의 강을 건너기 위해서는 오직 '**木道**'라야 넘을 수 있다 한 것입니다.

여기서 말하는 '木道'란 곧 인정상관님께서 주관하시는 지천태의 법도를 의미합니다. 지천태의 도가 아니면 그 누구도 살아남을 수 없다는 뜻입니다.

이 '木道'의 바탕에 자리하신 '一'을 일컬어 '**无位**'라 합니다.

주목할 점은 이때의 '一'은 흔히들 말하는 '一水'가 아니라, '**原天火**'인 불(火)이라는 사실입니다. 생명 나무(木)이신 본주님의 바탕엔 '无位'인 '土'의 기운이 깃들어 있습니다.

이러한 이치에 따라 본주님께서는 **"본땅에는 본주가 안 있는가, 내가 본주다"**라고 선언하셨습니다. 여기서 단순히 땅이라 하지 않고 '**본땅**'이라 강조하신 점에 주목해야 합니다.

'본땅'은 '**木道乃行**'이 실현되는 땅이자, 가을의 결실을 위해 생명수로 충만한 지천태의 성지를 의미합니다. 현실적으로는 정읍을 가리킵니다.

인정상관님의 존상 손바닥에 새겨진 우물 '**정(井)**' 자는 바로 이 생명의 샘터인 '**본땅**'을 당신께서 직접 주관하고 계심을 상징하는 인장印章입니다.

그러므로 **"내가 본주다"**라고 하신 말씀은, **"내가 성모인가 성모 아니네. 그렇게 공부해도 나를 몰라? 내가 인정상관이네"**라고 하셨던 가르침과 그 맥이 맞닿아 있습니다. 즉, 원천화(一)이신 대모님(牝牛,離)의 위격이 아니라, 보름달(木)로서 조왕(牝馬,坎)의 위位에 계심을 다시 한번 엄중히 천명하신 것입니다.

4. 불은 알아도 물은 모르지

인정상관님께서는 공사 중에 끊임없이 '**성주**'를 언급하십니다.

20. 김순덕 종도에게 돈을 주시며『성주 무엇 사다주어』하시어 성주가 누구냐고 아뢰오니 **『소 아닌가 이제껏 성주도 모르는가』**하시니라.
『本主大經典 무자년 공사행록 20』

17. 三월 二十일『성주 앞에 가서 대접해 쌀 두짝 받어 주라. 송아지 열한 마리 잘 살펴라』하시니라.
『本主大經典 기축년 공사행록 17』

59.『마음 바루는 의원공부하라』하시며 **『방우, 공자, 성주, 신농씨에게 잘 대접하고 잘 빌고 하라』**하시어 누릉골에서 이십사인지 사인조로 짜서 三주간 수련하였는데 조용진은 곱추가 펴지고 최동환이는 절름발이가 치료되고 최석기는 산증기가 치료되었다.『本主大經典 계사년 공사행록 59』

7. 二월 六일 한영자 종도에게 **『성주대접 잘해야 三十六도에 새지운이 함께 열려』**하시니라.『本主大經典 갑오년 공사행록 7』

13. 三월 三일 한영자 종도에게 쌀 일통을 올리라고 명하시기에 올리니 독에 넣으시고 장화 모이를 주시며『고동진이 양식 있는가』밥을 많이 보내시고 **『쑥 넣고 편을 十개 만들어라』**하시기에 十개를 만들어 올리니 **一개는 잡수시고 九개는 『성주 갖다 주라』**고 하시면서 **『二十원 빚내서 샀다』**하시니라.
『本主大經典 갑오년 공사행록 13』

성주 무엇 사다주라며 김순덕 종도에게 돈을 주시자 성주가 누구냐고 여쭈니 본주님은 '**소 아닌가 이제껏 성주도 모르는가**' 하십니다. "**성주대접 잘해야 三十六도에 새지운이 함께 열려**" 하시지 않습니까?

특히 한영자 종도에게 쌀 한 통을 올리게 하시고, 쑥 절편 10개를 만들게 하시어 본주님은 단 1개만 잡수시고 나머지 9개를 "**성주 갖다 주라.**"고 하신 대목은 매우 의미심장합니다. 이는 본주님과 성주가 서로 다른 위격임을 보여주는 동시에, 주역 곤괘坤卦에 담긴 '**암소(牝牛)**'와 '**암말(牝馬)**'의 유기적 관계를 이해해야만 알 수 있는 내용입니다.

상제님께서는 "**귀신도 경문(經文) 밖을 나면 못 사느니라.**"고 하셨습니다. 이는 천지귀신도 이치 밖을 벗어나지 않음을 뜻합니다. 본주님께서 절편 10개 중 1개는 본인이 취하시고 9개를 성주에게 돌리신 공사는 문왕팔괘의 수리로 완벽히 설명됩니다.

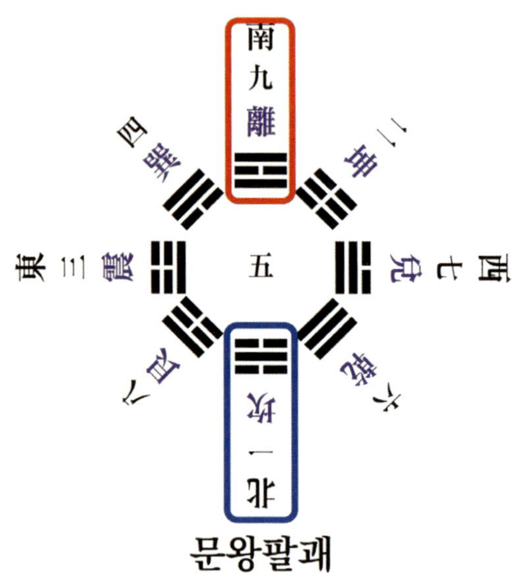

문왕팔괘

문왕팔괘도에서 북방에 위치한 감괘(坎卦, 물)의 상수는 '1'(본주님, 암말)이며 남방에 위치한 이괘(離卦, 불)의 상수는 '9'(성주,암소)입니다.

평소에 본주님은 소는 성주, 말은 신농씨, 개는 방우, 돼지는 도덕이 또는 공자라고 불렀습니다. 그런데 **"마음 바루는 의원 공부 하라."** 하시며 **"방우, 공자, 성주, 신농씨에게 잘 대접하고 잘 빌라."**고 하신 까닭은 어디에 있을까요?

『주역』「설괘전」 제8장에 그 답이 나와있습니다.

원래 주역 설괘전에는 '**乾爲馬**','**坤爲牛**'라 하여 건괘는 말에 배속을 하지만 곤괘는 소에다가 배속을 하였습니다.

① 건위마(乾爲馬), 신농(상제님)

② 곤위우(坤爲牛), 성주(대모님)

③ 간위구(艮爲狗), 방우(선사님)

하늘(상제님)과 땅(대모님)의 사랑의 결실이 바로 선사님입니다. 천지의 결실인 사람을 일컬어 **'각자(角者)는 삼(三)야니 태극(太極)'**이라 합니다. 또한 개는 12지지

중 '戊'로서 이 '戊土'의 자리 또한 태극입니다. 따라서 艮은 열매의 자리로 '艮爲狗'인 '**방우**'는 선사님을 상징입니다.

④ 감위시(坎爲豕), 공자(본주님)

본주님께서는 돼지를 '**도덕이**' 혹은 '**공자**'라 부르셨습니다. 인의예지仁義禮智로 대표되는 유학의 덕목과 시조인 공자로 상징되는 유교는 사칠성 중 북방에 속하기에 일감수一坎水 물로 상징합니다. 설괘전에 '**감위시(坎爲豕)**'라 하여 돼지를 감괘에 배속한 것과 일치합니다.

본주님은 이름을 물으면 자주 당신을 일러 『심정수』 또는 물을 가리키시며 『물』이라 하신 것은 당신이 바로 감괘의 이치에 자리하신 분임을 밝히신 것입니다. 그렇게 이 네 분을 잘 대접하고 잘 빌라고 하신 것입니다.

8. 하루는 한조이 선관에게 큰 말을 가리키시며 말씀하시기를 "**원수(元獸) 다**" 하시니라.

한편, 본주님께서 큰 말을 가리키며 "**원수(元獸)다**" 하신 대목은 상제님의 위격과 선천의 질서를 이해하는 데 매우 중요한 열쇠가 됩니다. 『주역』 설괘전에서 말을 '**건위마(乾爲馬)**'라 하여 상제님(乾)에 배속하는 점을 감안할 때, 이는 상제님께서 선천 태극의 위位를 주재하심을 지칭한 표현이라 할 수 있습니다.(다만 '元獸'라는 한자 표기는 그 함의를 풀이하는 과정에서 후대에 편집된 것으로 보임)

여기서 흥미로운 지점은 지천태地天泰의 후천 세상을 주관하시는 본주님의 도적 성향과, 천지비天地否의 선천을 주재하시는 상제님의 자리는 정반대의 위치에 놓여 있다는 사실입니다. 특히 이를 '**원수(怨讐)**'(원한을 품을 정도로 증오하는 대상)라는 동음이의어의 상징성으로 해석해본다면, 본주님과는 대척점에 서 있는 선천의 억음존양抑陰尊陽적 질서와 그 주재자를 상징적으로 표현하신 것으로도 이해할 수 있습니다.

이러한 맥락에서 볼 때, "**불은 알아도 물은 모르지**"라는 본주님의 말씀은 매우 심오한 함의를 갖습니다. 이는 선천의 질서와 불(火)의 이치에만 익숙한 세상 사람들이, '**원수(元獸/怨讐)**'와 대척점에 서서 물(水)의 이치로 후천의 운수를 여시는 본주님의 '**지천태(地天泰)**'의 비의를 결코 알지 못한다는 준엄한 일갈로 해석할 수 있습니다.

결국 인정상관님의 모든 행적과 공사는 철저하게 역도易道의 이치를 바탕에 두고 진행된 지천공사입니다. 따라서 그 매듭을 풀어나가는 데 있어 역易의 이치를 모른다면, 본주님께서 던지신 파격적인 상징과 말씀의 진면목을 결코 깨달을 수 없을 것입니다.

4장 김수부님(金宮)

四 金

四曰 금(金)이오, 금왈종혁(金曰從革)이오, 종혁(從革)은 작신(作辛)하고
넷째는 금이요, 금은 따르며 바꾸는 것이오, 종혁은 매운 맛을 만들고

오행 중 넷째인 '금(金)'은 '종혁(從革)', 즉 '좇아서 고친다'는 성정을 지니고 있습니다. 쇠는 본래 견고하여 좀처럼 변하지 않을 듯하나, 화로의 도가니 속에서 그 형질을 바꾸어 새로운 형상을 이루는 것이 본연의 특성입니다. 방위로는 서방西方에 속하며, 그 기운이 숙살肅殺의 기운과 맞닿아 있기에 매운 맛(辛)에 배속됩니다.

『주역』의 49번째 괘인 택화혁괘澤火革卦는 금화교역金火交易의 혁명革命을 상징합니다. 이 괘의 단전彖傳에서는 '탕무혁명(湯武革命)'을 언급하고 있는데, 이는 동양 역사에서 천명天命이 바뀐 가장 극적인 사건을 뜻합니다.

구체적으로는 하夏나라의 폭군 걸왕을 정벌하고 상商나라를 창업한 탕왕湯王과, 은殷나라의 주왕을 폐하고 주周나라의 천하를 연 무왕武王의 앞글자를 딴 것입니다. 즉, 탕무혁명이란 구시대의 패역悖逆을 끝내고 새로운 성인의 통치 시대를 연 '천부적(天賦的) 혁신'의 대명사라 할 수 있습니다.

여기서 탕임금은 강태공의 보필을 받아 대업을 닦은 문왕(선사님)을 상징하며, 주무왕은 그 결실을 이룬 단주를 의미합니다. '혁(革)'은 본래 가죽을 무두질하여 털을 벗겨낸다는 뜻으로, 묵은 제도와 방식을 완전히 탈바꿈하여 새롭게 한다는 '변혁'의 함의가 담겨 있습니다.

종혁從革의 원리는 음양이 서로 조응하는 법리이기도 합니다. 마치 바늘(金) 가는 곳에 실이 따르듯, 서신사명의 '혁(革)'을 좇는 수부사명(從)의 관계를 암시합니다.

『중화경(中和經)』 제83장에서는 "혁(革)은 거구(去舊)", 즉 옛것을 보내는 것이라 하였습니다. 강태공이 성군(태극)을 만나 50수가 차면 비로소 선천의 낡은 세상(舊)을 보내는(去) 천도혁명의 물결이 일어납니다. 이는 '혼원포대경(混元布袋經)'의 비유처럼, 부처님의 금빛자루로 세상을 쓸어내어 잠자던 선불 종자들을 추려내는 대청소의 과정과도 같습니다.

易(역)에 日(왈) 井道(정도)-不可不革故(불가불혁고)로 受之以革(수지이혁)이라 하고 革物(혁물)은 莫若鼎故(막약정고)로 受之以鼎(수지이정)이라 하고 主器者(주기자)-莫若長子故(막약장자고)로 受之以震(수지이진)이라 하며 **革(혁)은 去舊(거구)요 鼎(정)은 取新(취신)이라** 하시니라.
彌勒佛(미륵불)이 立於鼎上(입어정상)이셨다.
주역에서 이르기를 정(井)괘의 도리는 개혁해야만 하므로 혁(革)괘로써 받는다고 말하고, 만물을 개혁하는 것이 솥보다 더 좋은 것이 없으므로 정(鼎)괘로써 받는다고 말하고, 그릇(器)을 주관할 사람은 맏이(큰아들)보다 나을 사람이 없으므로 진(震)괘가 받는다고 하며, 혁괘는 옛 것을 보낸다는 도리가 있고 정괘는 새것을 취한다는 도리가 있느니라. 미륵불이 솥위에 서셨도다.
『중화경中和經 제83장』

결국, 낡은 가죽을 벗겨내는 혁명(革)의 고통을 수반해야 새 생명을 익히는 솥(鼎)의 시대가 열립니다. 미륵불이 솥(鼎) 위에 서 계심은 선천을 종결 짓고 후천을 새롭게 열어젖히는 거구취신去舊取新의 결실을 상징합니다.

1. 창생점고 후비소

김수부님은 황극皇極 후비소后妃所의 주인공이십니다.

낙종落種 물을 맡으신 고수부님(동갑장사로 이종移種 물을 맡은 차경석 포함)은 시始를, **"추수(秋收)할 사람은 다시 있느니라"** 하신 후비소 도수의 주인인 김수부님은 종終을 맡으셨습니다.

1 23일 오전에 누워 계신 머리맡 벽에
湖南西神司命
호남서신사명
이라 써 붙이시고
2 여러 성도들에게 이르시기를 "이제 때가 바쁜지라 일이 절박하니 너희들 중에 임술생(壬戌生)으로 누이나 딸이 있거든 수부(首婦)로 내세우라." 하시니
3 형렬이 아뢰기를 "수부는 염려 마시고 사업만 추진하옵소서. 수부는 저의 딸로 들여세우겠습니다." 하니라.
(道典 10:43)

<155> 23일 오전에 여러 종도들에게 일러 가라사대 [**이제 때가 바쁜지라. 너희들 중에 임술생으로서 누이나 딸이 있거든 수부(首婦)로 내세우라**] 하시니, 형렬이 대하여 가로되 [수부는 저의 딸로 들여세우겠읍니다]. 가라사대 [세수시키고 빨은 옷을 갈아입혀서 데려오라] 하시니 형렬이 명하신대로 그의 딸을 약방으로 데려오거늘, 선생이 종도들로 하여금 **약장을 방 한가운데로 옮기게 하신 뒤에 형렬의 딸을 명하사 약장 주위를 세번 돌게 하신 후**에 그 옆에 서게 하시고, 경석에게 명하사 [大時太祖出世 帝王將相方伯守令 蒼生點考后妃所(대시태조출세 제왕장상방백수령 창생점고후비소)]라는 글을 쓰게 하시니, **경석이 받아씀에 后妃所(후비소)를 后妣所(후비소)라 썼거늘** 가라사대 **[잘못썼다] 하사 불사르시고, 다시 쓰게하사 약장에 붙이게 하신 뒤에** 가라사대 **[이것이 禮式(예식)이니 너희들이 증인이 되라]** 하시고 형렬의 딸을 돌려보내신 다음에 경석으로 하여금 그 글을 거두어 불사르시니라.
『동곡비서(銅谷秘書)』

정미년(1907년) 동짓달 초사흗날, 대흥리 차경석의 집 두 칸 장방長房에 30여 명의 종도를 둘러앉히신 가운데 고수부님의 수부 책봉 공사(始)가 엄숙히 거행되었습니다.

하지만 그로부터 채 2년이 지나지 않은 천지공사의 종결 지점에서, 그 누구도 짐작지 못한 파격적인 공사가 다시금 이어졌습니다. 상제님께서 화천化天하시기 바로 전날, 천지공사의 대미를 장식하는 김수부님의 '**후비소(后妃所)**' 공사가 집행된 것입니다.

'湖南'은 전라도를 총칭하여 이르는 말이며 '西神'은 추수운을 주관하시는 상제님입니다. 김수부님의 후비임직 공사에 '**湖南西神司命**'을 써 붙이고 약장 주위를 세 번 돌게 하신 것은 '**首婦司命**'으로 쓰임 받으시는 김수부님의 역할을 드러낸 것입니다.

잠시 후, 단정한 차림의 형렬의 딸이 약방에 들어서자, 상제님께서는 종도들에게 방 한가운데로 약장을 옮기게 하셨습니다. 이어 그녀에게 약장 주위를 세 번 돌고 곁에 서게 하신 뒤, 차경석에게 글을 받아 적게 하셨습니다.

그러나 긴장한 탓인지, 경석은 왕후를 뜻하는 '**비(妃)**' 자 대신 죽은 어머니를 뜻하는 '**비(妣)**' 자를 쓰고 말았습니다. 상제님께서 즉시 "**잘못 썼다!**" 하시며 불사르셨고, 글자를 바로잡아 다시 쓰게 하셨습니다. 이어 정정된 글을 약장에 붙이게 하신 뒤 "**이것이 예식(禮式)이니 너희들이 증인이 되라**"고 엄중히 선언하셨습니다.

상제님께서 "**임술생(壬戌生)으로서 누이나 딸이 있거든 수부(首婦)로 내세우라**" 하신 말씀에는 심오한 상징이 내포되어 있습니다. '잠자는 개'를 뜻하는 '**壬戌**'은 만물의 근원이자 본체인 태극(壬)의 성정을 고스란히 품고 있기 때문입니다.

따라서 이 구절의 진의는 태극의 기운에서 발현된 '**직녀(織女)**'를 수부로 세우라는 것이며, 이는 곧 도운을 완성하는 황극의 위상을 확립함과 궤를 같이합니다.

일찍이 상제님께서는 공사 중에 **"약장(藥欌)은 곧 안장롱(安葬籠)이며 신주독(神主)이라"** 말씀하신 바 있습니다. 약장은 재생신 하실 상제님(단주)을 상징합니다. 그러므로 김수부님으로 하여금 약장(體) 주위를 세 번 돌게(用) 하신 것은, 곧 육기초(벌집)를 맡으실 직녀오황극織女五皇極이심을 천지에 선포하신 것입니다.

아울러 김수부님께 **"네 몸에 천하의 재물을 둘러 주리라"** 하신 말씀은 재물(財)은 곧 사람(人)과 통하는 법이니, 장차 크게 인권人權을 얻게 됨을 상징하고 있습니다.

이상과 같이 상제님 화천 전날 거행된 **'후비소(后妃所) 공사'**는 차경석 종도가 지닌 상징적 위상을 제외하고는 온전히 해독될 수 없습니다. **'井邑**정읍**에 有先亂後治之運**유선란후치지운**하니, 義者**의자**를 近之**근지**하고 不義者**불의자**를 遠之**원지**하라.'**는 상제님의 공사가 그 신명身命에 깊이 박혀 있는 인물이 바로 차경석이기 때문입니다.

여기서 **'의자(義者)'**는 의리의 대명사 관운장의 역할을 수행할 **'이군자(利君子)'**를 뜻하며, 이는 도운의 초기 이종물(일초)을 맡은 **'불의자(不義者)'**인 차경석과 대비됩니다. 즉 선란후치先亂后治의 땅에 차례로 드러날 두 인물을 **'의자(義者)'**와 **'불의자(不義者)'**로 대비시킨 명확한 의도가 있습니다.

이처럼 상제님께서는 정읍이라는 공간에 **'선란후치(先亂後治)'**의 운수를 설정하시고, 그 변화의 격랑 속에 차경석을 중심축으로 세우셨습니다.

고수부님께서 차경석에게 '어명(御命)'이라 쓴 한삼을 입히고 갓을 씌우시며, **"너는 암행어사라. 암행어사는 폐의파립(弊衣破笠)으로 행동해야 하느니라"**며 어사 도수를 정하신 이치도 이와 같습니다. 그는 교운敎運의 난법을 여는 **'불의자(不義者)'**인 동시에, 진법眞法을 여는 **'의자(義者)'**를 예비하는 이중적 사명을 대리한 인물이기 때문입니다.

상제님께서는 **"나의 일이 장차 초장봉기지세(楚將蜂起之世)로 각 색(色)이 혼란스럽게 일어나서 물중전(잡화전) 본을 이루리라 그러나 다시 진법이 나오게 되리라"** 하셨듯 교운의 서막 또한 초나라 장수들이 벌떼처럼 일어나 세상을 어지럽히던 혼란의 시기와 닮아 있었습니다.

상제님께서 벌(蜂)을 예로 드신 것은 낙종물을 맡으신 고수부님을 두목 격인 **'여왕벌'**에, 차경석 종도를 초 패왕인 **'항우(項羽)'**에 비유하신 것입니다. 이는 **"우리 두 사람이 동갑 장사 하자."**고 제안하신 대목과 궤를 같이하며, 곧 교운의 초기 혼란을 상징하는 선란先亂의 도수이자 교운의 서막(始)이었습니다.

이러한 선란후치의 도수에 따라, 초장봉기지세의 혼란이 물중전(잡화전)의 형세로 극에 달한 뒤에는, 반드시 **"다시 진법이 나오게 되리라"**는 말씀처럼 정세를 맡아 마무리 할 인물이 나오게 됩니다. 이 말씀의 이면에는 김수부님과 '암행어사' 차경석으로 상징되는 인물을 난亂의 종결자인 한漢나라 **'유방(劉邦)'**에 넌지시 비유하신 상제님의 의도를 느낄 수 있습니다.

상제님께서는 화천 직전, 지극히 엄중한 시간에 선란후치의 도수를 받은 차경석으로 하여금 후비소를 두 번 쓰게 하셨습니다.

처음 쓴 '**죽은 어미 비(妣)**'의 '**후비소(后妣所)**'는 초장봉기지세의 낡은 운수인 선란先亂의 마디를 상징하기에 이를 불사르셨고, 이어 다시 쓴 '**왕비 비(妃)**' 자 '**후비소(后妃所)**'는 그 선란을 종결하고 진정한 후치後治를 여는 새 시대의 도수를 상징합니다.

후비后妃란 제왕帝王의 배필配匹이란 뜻입니다. 상제님께서 일찍이 "**무량대복(無量大福) 김형렬이요, 부원군(府院君) 김형렬이니라**"라고 그 위상을 확정 지어 말씀하셨습니다. 국왕의 장인에게만 허락되던 '부원군'이라는 작호爵號를 친히 내리셨음에도 불구하고, 그 따님인 김수부님이 후비가 아니며 후비소의 주인이 아니라고 한다면, 대체 그 자리에 누가 설 수 있단 말입니까?

차경석 종도로 하여금 두 가지 '후비소'를 차례로 쓰게 하신 이 공사에는 시(始: 고수부님과 초장 항우)와 종(終: 김수부님과 암행어사 유방)이 간방에서 매듭지어지는 간도수의 섭리가 내재되어 있습니다. 이는 "**시(始)도 여기서 일어나고 종(終)도 여기서 마치리라**"는 성주풀이 공사와 맥락이 같습니다. 결국 정읍이라는 제업창골帝業創谷에서 고수부님으로 시작된 공사가 김수부님으로 마무리되는 것, 그리고 '**불의자(不義者)**'인 차경석으로 시작된 선란의 시대를 '**의자(義者)**'의 진법으로 매듭짓는 것은 모두 간도수의 이치에 바탕한 치밀한 설계였습니다.

금평저수지 제방에 올라서면 동쪽 정면에 삼각형의 우뚝 솟은 제비산帝妃山이 보

제비산에 모셔진 고수부님 산소　　제비산에 모셔진 김수부님 산소

입니다. 모악산에서 뻗어 내려온 봉우리로서 해발 약 300m되는 제왕(帝)의 부인(妃) 산(山)이라는 명칭으로 바늘 가는 곳에 실이 따라가듯 왕의 곁에 왕비가 있는지라 신하들이 왕을 배알키 위해 잠시 머물렀다는 배알터가 오리알터가 되었다고도 전합니다.

시始를 맡으신 고수부님의 묘소와 종終을 맡으신 김수부님의 묘소가 제비산의 앞뒤에 나란히 모셔져 있음은 참으로 경이로운 일입니다. 이는 시어간(始於艮, 后妣所)하고 종어간(終於艮, 后妃所) 하는 간도수의 이치가 현실에서 그대로 드러난 것이라 하지 않을 수 없습니다.

『주역』「설괘전」 5장에서 이르기를, '艮간은 東北之卦也동북지괘야니 萬物之所成終而所成始也만물지소성종이소성시야일새 故고로 曰成言乎艮왈성언호간이라.'하였습니다.

상제님께서 39년 공생애의 수많은 날을 두고, 굳이 어천 전날인 음력 6월 23일에 이르러서야 후비소 공사를 보신 이유가 바로 여기에 있습니다. 간도수의 두 주인공을 의미하는 '**西神司命 首婦司命**'의 마무리 종終을 김수부님을 통해 매듭지으셔야 했기 때문입니다.

결국 후비소 공사의 본질은 묵은 하늘의 난법 운수를 거두고 새 하늘의 치세를 여는 천지공사의 최종적인 마무리 공정입니다.

2. 성주풀이

하루는 형열(亨烈)을 보고 소(牛) 머리 하나 사오고 떡도 쪄라 하시고 제비창고 일을 해야 한다 하시며 나무 밑에 음식(飮食)을 차려놓으시고 만수(萬壽)를 찾으시되 이러하시니라 경상도(慶尙道) **안동(安東)땅 제비원의 솔(松)씨받아 소평대평(小坪大坪) 던졌드니 그 솔(松)이 점점(漸漸)자라 황장목(木)이 되었구나 청장목이 되었구나 대명전(大明殿) 대들보가 되었구나** 어라만수(萬壽) 어라대신(大神)이야 대활연(大活然)으로 설설이 이 땅으로 내립소서 **시(始)도 여기서 일어날 것이요 종(終)도 여기서 끝이리라** 하시고 금산사(金山寺)를 넘어다보시며 **여기를 큰집으로 할까 저기로 작은 집을 할까 - 제비새끼 치는 날에 제비창고 가득찰 걸** 하시고 소머리를 묻었더라 『속수전경(續修典經)』

임인(壬寅)년 여름 하운동(夏雲洞) 제비창골 김형렬의 집에 계실세 하루는 형렬에게 물어 가라사대, "이 골짝의 이름을 무엇이라 부르느냐." 하시니 형렬이 대답하여 가로대, "전부터 부르기를 제비창골이라 하옵니다."하니 들으시고 가라사대, "이는 그릇된 부름이로다. **이곳은 제비창골이 아니오 제업창골(帝業創谷)이니라.**" 하시니라.
『천지개벽경(天地開闢經) 1장 19절』

《성주풀이》에서 대주(垈主: 가장)가 거머쥐는 성줏대는 소나무 가지이며, 이는 성주신을 상징하는 신체神體입니다. **'성주의 본향이 어디메뇨? 경상도라 안동 땅에 제비원이 본일레라'** 하는 사설에 나오듯이 성주신城主神의 본향은 제비원(燕飛院)이며 제비원의 솔씨를 뿌려 그 소나무의 재목으로 집을 지었으니 모든 집의 성주신의 본향은 안동安東이 아닐 수 없습니다.

그러나 무가巫歌 사설에 등장하는 **'安東'**은 단순히 경상북도의 지명을 넘어, 정역팔괘의 이치를 담은 심오한 속뜻을 품고 있습니다.

'安'은 여자가 갓(宀)을 쓴 형상으로 조왕(牝馬)을 뜻하며, **'東'**은 **'만절필동(萬折必東)'**의 자리이자 대모님(戊)의 위상을 상징합니다. 즉 **'安東'**은 하도河圖의 원리를 함축한 표현입니다. 그렇게 경상도 안동땅 그것도 제비帝妃를 연상시키는 제비원이 성주신의 본향이라 한 것입니다.

또한 성주城主인 소나무(松) 역시 심오한 상징성을 지니고 있습니다. 일찍이 박공우 종도가 **"수운 가사에 '청송녹죽은 도통의 연원'이라 하였습니다"**라고 여쭈자, 상제님께서는 **"만물이 다 철(節)을 찾는데, 오직 청송녹죽은 겨울이나 여름이나 항상 푸르게 서 있으니 이는 철 못 찾는 물건이니라."** 하셨습니다.

이 말씀은 얼핏 역설적으로 들리나, 곧 청송녹죽은 시들지 않는 영원한 생명력을 간직한 후천의 **'인목(仁木)'**을 상징한다는 의미입니다.

> 천사 가라사대 이제 혼란키 짝이 없는 말대(末代)의 천지를 뜯어고쳐 새 세상을 열고 비겁에 빠진 인간과 신명을 널리 건져 각기 안정을 누리게 하리니 이것이 곧 천지개벽이라 **옛일을 이음도 아니요 세운(世運)에 매여있는 일도 아니요 오직 내가 처음 짓는 일이라** 비컨대 부모가 모은 재산이라도 항상 얻어 쓰려면 쓸 때 마다 얼굴을 쳐다 보임과 같이 쓰러져가는 집에 그대로 살려면 무너질 염려가 있음과 같이 **남이 지은 것과 낡은 것을 그대로 쓰려면 불안과 위구(危懼)가 따라드나니 그러므로 세 배포(配布)를 꾸미는 것이 옳으니라**
> 『대순전경(大巡典經) 5장 1절』

그러므로 성주풀이는 선천의 낡고 오래된 집에서 새천지인 후천의 새집을 짓는 과정을 노래한 것으로 이때 성주신城主神의 본향인 안동 제비원은 하도의 바탕자리를 뜻하고, 성주인 소나무(松)의 솔씨는 낙서 오황극으로 드러나실 **'두 도령'**을 의미합니다.

'솔씨 받아 소평(小坪) 대평(大坪) 던지더니',**'대명전(太平殿) 대들보가 되어'**라는 말씀 속에는 천지비의 동요동(小坪)과 지천태의 서요동(大坪)을 주재하실 **'대명전(太平殿)'**의 성주 부부인 두 도령을 솔씨(오황극)가 자란 청장목(青壯木,작은 도령)과 황장목(黃腸木,큰 도령)에 비유하고 있습니다.

『속수전경(續修典經)』에는 대명전大明殿으로 나오나 『道典』에는 태평전太平殿으로 나오는데 본래 '太平'이란 말은 세상이 무사無事하고 해마다 풍년豊年이 들며 화란禍亂, 질병疾病 등이 없이 평안平安함을 이르는 말입니다. 이는 과거 삼한관경제로 광활한 강역을 다스렸던 단군조선의 국가 운영의 지표이자 통치 철학을 그대로 계승하는 상징성이 있습니다. 이어 상제님께서는 성주풀이를 통해 다음과 같이 매듭을 지으셨습니다.

"대명전(大明殿) 대들보가 되었구나 어라만수(萬壽) 어라대신(大神)이야 대활연(大活然)으로 설설이 이 땅으로 내립소서 시(始)도 여기서 일어날 것이요 종(終)도 여기서 끝이리라"

이 말씀은 상제님의 도가 처음 태동한 발흥지에서 모든 도업을 마무리 짓는다는 간도수의 이치를 암시합니다. 여기서 '**대활연(大活然)으로 설설이 이 땅으로 내립소서**'라는 구절은, 눈 앞을 가로막은 것이 없이 환하게 터져서 시원스러운 모양을 의미하여 아무런 걸림없이 지천태의 이 땅으로 상서로운 눈이 내리듯 축복 속에 오시길 소망하는 내용입니다.

이렇게 노래 부르신 후에 금산사를 넘어다보시고 "**여기를 큰집으로 할까 저기로 작은 집을 할까 제비새끼 치는 날에 제비창고 가득찰 걸**"하시고 쇠머리를 땅에 묻으셨습니다.

'**큰 집**'과 '**작은 집**'은 두 개의 서울에 대한 말씀이며 쇠머리를 땅에 묻으신데서도 알 수 있듯 가득찬다는 제비창고는 판밖의 도통판인 제업창골로 서요동을 상징합니다.

상제님께서 "**여기가 제비창골(帝妃創谷)이라지?**" 하고 물으시자, 형렬이 "**예, 그렇습니다. 어디서 들으셨습니까?**" 하고 대답합니다. 이에 상제님께서는 "**응, 촉나라 길이 험하다 하여도 한신(韓信)이가 알더라고, 천하사(天下事)를 하러 다니는 사람이 제비창골을 모르겠나**" 하십니다.

井邑(정읍)이 在角星分野(재각성분야)하고, 蘆嶺之下(노령지하)에 王者布德(왕자포덕)하고, 玄德(현덕)이 入蜀(입촉)에 蜀士歡迎之說(촉사환영지설)하니 何如乎(하여호)잇가.

日(왈), 土亭(토정)은 方可謂之先生也(방가위지선생야)니라.

제자가 여쭈기를, 정읍이 각성 분야에 있고, 노령산맥 아래서 임금이 덕을 펴고, 현덕(유비)이 촉에 들어가매 촉나라 선비가 환영하였다는 말이 있으니 그렇습니까?

말씀하시기를 토정은 선생이라 일컬을만 하도다.

『대개벽경(大開闢經) 4편 갑진년 공사기 4장』

이 말씀은 '**왕자포덕(王者布德)**'의 성지인 정읍을, 장차 제왕과 후비가 대업을 창업할 촉나라이자 '**제업창골(帝業創谷)**'로 확증하신 것입니다. 즉, 상제님께서는 한나라 유방이 대업의 기틀을 닦았던 촉나라의 지세를 정읍에 비유하심으로써, 이곳이 후천의 치세를 여는 본거지임을 분명히 밝히신 것입니다.

> 금산사(金山寺) 밑에 어찌 용화동(龍華洞)일까 또 가라사대 **어찌 제비창고일까 옛집을 다시 찾는다는 말이다** 또 가라사대 우리 일은 왕발(王勃)이 일과 꼭 같으니라
> 『속수전경(續修典經)』

다만 『속수전경(續修典經)』에 "**어찌 제비창고일까 옛집을 다시 찾는다는 말이다**"는 구절은 김수부님이 제비가 되어 새끼칠 자리로 동요동東堯洞을 가리킵니다. 이는 상제님의 유서에 담긴 연자강남심구주(燕自江南尋舊主,강남에서 돌아온 제비는 옛 주인을 찾으니)와 통하는 표현이며 '**다시 찾는다.**'는 말씀은 "**참으로 어렵구나. 내 금산사(金山寺)를 도득(圖得)하기가 천하를 얻기보다 더 어렵다.**"하실 때의 '**금산도득(金山圖得)**'과 관련이 있습니다.

바로 이 '**옛집**'이라는 표현은 종가宗家이자 종택宗宅의 자리를 의미합니다. 이를 고수부님께서는 "**구성(丘聖) 속에 수양산(修養山)이 결실(結實)하였도다. 후천(後天) 오만년(五萬年) 운수(運數)의 본원지(本源地)가 이곳이라. 속설(俗說)에 수양산(修養山) 그늘이 강동(江東) 팔십리(八十里)라는 말이 이곳을 두고 나온 말이니, 잘 기억(記憶)하여 두라**"고 까지 하셨습니다.

한편, 상제님께서는 전라도 금산사 미륵금상에 임하시어 30년 동안 머무시다 고부 객망리 강씨 문중에 강세하셨음을 밝히시며, "**이제 주인을 심방함이니라.**"라고 선언하셨습니다. 이어 "(시속에 '아무 때 먹어도 김가가 먹을 밥'이라는 말이 있나니,) **대저 무체(無體)면 무용(無用)이라. 서(西)는 금(金)인 고로 김(金)씨에게 주인을 정하였노라**"라는 수수께끼 같은 말씀을 던지셨습니다. 이는 크게 두 가지의 중요한 상징적 의미를 지닙니다.

> <5> 오랫동안 만나지 못했던 심회를 푸르시고 태운에게 일러 가라사대 [앞으로 말세(末世)가 당도함에 천지가 강대임어사인(降大任於斯人)하였으니 정심수도(正心修道)하여 천지공정에 참여하라. 나는 조화로서 천지운로를 개조하야 불노불사의 선경을 열어 고해에 빠진 중생을 광제하려 하노라] 하시고 또 가라사대 [나는 본시 서천서역 대법국 천계탑(西天西域 大法國 千階塔)에 내려와서 천하를 두루 살피다가 동양 조선국에 내려와 전북 금구 수류면 금산사 삼층전(金山寺 三層殿)에 三일을 머무르다가 고부 객망리 강씨문(古阜 客望里 姜氏門)에 탄강하였다가 주인을 심방함이라] 하시고 **무체(無體)면 무용(無用)이니 서(西)는 금(金)인 고로 김씨에게 주인을 정하였노라**] 하시니라. 『동곡비서(銅谷秘書)』

첫째, 바로 '집주인(體)'인 김형렬 종도에 관한 도수입니다.

정미(1907)년 11월, 종이에 64괘를 점치고 24방위 글자를 둘러 쓰게 하신 뒤에 그 종이를 가지고 문밖에 나가시어 태양을 향하여 불사르시며 **'여아동거(與我同居)'** 즉 **"나와 더불어 함께 살자."** 하시고는 형렬을 돌아보시며 **"잘 믿는 자에게는 해인(海印)을 전하여 주리라."** 하셨습니다.

> 하루는 형렬을 명하사 종이에 육십사괘(六十四卦)를 점치고 이십사방위자(二十四 方位字)를 둘러 쓰이사 태양을 향하여 불사르시며 가라사대 **여아동거(與我同居)**하자 하시고 형렬을 돌아보시며 가라사대 **잘 믿는 자에게 해인(海印)을 전하여 주리라** 하시니라『대순전경(大巡典經) 3장 42절』

상제님(天)과 9년간 한솥밥을 먹으며 식주인 역할을 했던 김형렬(火) 종도에게, 13자로 임하실 것을 상징하는 '同人'(13天火同人卦)의 도수를 붙여두신 것입니다.

또한 하루는 응종이 궁금해 "시속에 인삼이 약중 영장(靈長)이라 하는데 어찌 24종 중에는 인삼이 들어 있지 않습니까?" 하고 여쭈자 상제님께서는 **"삼정(蔘精)은 가는 곳이 있느니라."** 합니다. 그러자 응종이 다시 "어디로 가옵니까?" 하니, **"형렬(亨烈)에게로 가느니라."**하셨습니다.

이 공사는 상제님께서 김형렬 종도를 가리켜 **'하도낙서지인지감 김형렬(河圖洛書知人之鑑 金亨烈)'**이라 평하신 말씀과 같은 맥락입니다.

'하도낙서'는 천지자연의 이치라 할 수 있는 '역(易)'을 표상하는 말입니다. 또한 '지인지감'의 '지(知)'는 '(사람을) 잘 안다'라는 뜻이고, '감(鑑)'은 본래 거울이라는 의미에서 파생하여 '사물을 잘 분별하는 식견'이라는 의미로 쓰였습니다. 따라서 지인지감은 '사람 볼줄 아는 안목을 가진 이'를 뜻하는 의미로 곧 '지도자의 재목'이라 평하신 것입니다.

다만 상제님께서 형렬을 돌아보시며 **"잘 믿는 자에게는 해인(海印)을 전하여 주리라"** 하셨으나, 정작 김형렬 종도의 생애 중 해인을 직접 전수받았다는 기록은 보이지 않습니다. 이러한 사실을 미루어 볼 때, 해인을 전해받는 일심자一心者에 대한 대리도수를 김형렬 종도에게 붙이신 것으로 이해해야 할 것입니다.

둘째, 김수부님(用)에 대한 내용입니다.

'아무 때 먹어도 김가가 먹을 밥'이라 하신 상제님의 말씀은, 후천의 안주인이자 왕비로 이미 점지해 두신 김수부님을 찾아오셨음을 에둘러 표현하신 것입니다.

상제님께서는 화천하시기 하루 전인 음력 6월 23일 오전, 후비소 도수를 보시고 그날 저녁, **"내가 이제 죽으려 하는데 후비(后妃)가 와서 수족이라도 걷어 줘야 할 것 아니냐."** 하셨지만 형렬이 집에 가서 사정을 말했다가 도리어 아내에게 핀잔만 듣고 그냥 돌아오니 이에 상제님께서 노하여 **"안동 김씨가 너 하나뿐이라서 내가 너를 찾은 것이더냐? 만일 개가시키면 너희 집안은 쑥대밭이 되어 망하리라."**(道典 10:47)하시며 엄중한 경고를 하셨습니다.

이러한 도수의 엄정함을 증명하듯, 당시 상제님께서 기거하시던 김형렬 종도의 방에서는 '웅웅웅' (道典 2:15) 하는 소리가 끊이지 않았습니다.

상제님께서 낡은 선천의 하늘로부터 이사하여 후천의 새 천지 집으로 들어앉을 성주 부부를 불러오는 성주풀이를 하실 때 **"제비새끼 치는 날에 제비창고 가득찰 걸"** 하신 말씀을 보면 이는 선천운도의 고수부님과 관련된 도수가 아님을 단번에 알 수 있습니다.

만약 고수부님이 새 집의 안주인이라면, 왜 굳이 상제님께서 김수부님을 통해 '**성주풀이**' 공사를 보셨겠습니까? 결과적으로 '**성주 도수(人事)**'를 받는 분이 김수부님이라는 사실은, 역설적이게도 고수부님이 선천운도를 맡으셨음을 반증해 줍니다. 이것이 바로 공사의 이면에 깔린 자명한 사실입니다.

이처럼 선천의 곤이신 고수부님과 후천의 새집에 이사하여 앉으실 김수부님의 역할은 전혀 겹치지도 않고 다름에도 불구하고 김수부님의 위상을 부정하거나 견제하려는 시각은, 두 분 수부님께 부여된 각기 다른 역할을 온전히 이해하지 못한 무지無知에서 기인한 결과라 할 수 있습니다.

"말복 운이 가장 크니라. 늦게 들어온 사람이 크게 받나니 '막둥이 놀음'이니라." 하시며 안내성 종도에게 막둥이 도수를 붙이셨습니다. 이 '**막둥이**'라는 상징은 김수부님의 함자인 '**말순(末順)**'에서 보듯 김 수부님을 향한 도수임을 우리는 명확히 인식해야 합니다.

> 1 하루는 상제님께서 내성에게 이르시기를 "내 종자는 삼천 년 전부터 내가 뿌려 놓았느니라." 하시고
> 2 "앞으로는 음(陰) 도수가 높으니 양(陽)만으로는 절대 큰일을 못 하는 것이다." 하시니라.
> 3 또 말씀하시기를 "내성아, 너는 태을주(太乙呪)를 많이 읽어라." 하시고
> 4 **"너는 내 도(道)의 어머니가 되라."** 하시며 **내성에게 무당 도수를 붙이시니라.**
> 5 상제님께서 경석에게 천맥(阡陌) 도수를 붙이시고, **내성에게 율려(律呂) 도수**, 경학에게 대학교(大學校) 도수, 창조에게 삼신(三神) 도수를 붙이시니라.
> (道典 3:276)

상제님께서는 안내성 종도에게 **"너는 내 도(道)의 어머니가 되라"** 하시며 '무당(巫

堂) 도수'와 '**율려(律呂) 도수**'를 붙이셨습니다. 이는 건도성남(견우), 곤도성녀(직녀)에서 보듯 황극도수를 뜻합니다.

'재인(才人)'은 '무당(巫堂)'을 보조하는 역할입니다. 옆에서 북을 치면서 추임새를 넣고, 흥을 돋우는 역할을 담당하니 안내성 종도에게 부여된 이 도수들은 여성성을 상징하며, 나아가 '**도의 아내**'라 지목하시고 '**율려도수**'까지 붙이셨다면 당연히 김수부님의 역할에 대한 도수입니다.

"아따 그놈, 계룡산 도둑놈이로구나!" 또는 후천 음양도수 여덟 점을 친 난법의 겉 도수에만 매몰되어 속 도수 보신 진법공사까지 외면하는 편견에 빠져서는 안 됩니다. 겉과 속, 음과 양의 허실을 동시에 통찰해야만 진실로 공사의 참된 의도를 파악할 수 있습니다. 상제님께서 안내성 종도에게 붙이신 '**숫계룡**' 공사의 이면에 실은 '**암계룡**'의 자리에 방점이 찍혀 있음을 놓치지 말아야 합니다.

1 하루는 상제님께서 안내성(安乃成)에게 이르시기를 "**내성아! 너는 내 도(道)의 아내요, 나는 너의 남편이니라.**" 하시고
2 이어 말씀하시기를 "**너는 내 도의 어머니 노릇을 해야 하느니라. 모악산이 포해지형(胞孩之形) 아니더냐!**
3 아기는 어미젖으로 사는 법이니 너는 창생들에게 태을주를 잘 가르치라.
4 태을주를 읽는 것은 천지 어머니 젖을 빠는 것과 같아서 태을주를 읽지 않으면 그 누구도 개벽기에 살아남지 못하느니라.
5 어머니가 있어 자식을 길러내듯 **내성이 네가 먼저 태을주를 읽어 내 도의 어머니 노릇을 해야 하느니라.**" 하시며
6 "**너는 나중에 어머니 산인 모악산(母岳山)에 가서 내 도를 펴라.**" 하시니라.
7 하루는 상제님께서 내성에게 말씀하시기를 "온갖 것은 다 주어도 감 하나는 안이 주네." 하시니라.
(道典 6:76)

여담이지만 안내성 종도의 젖이 여자의 유방처럼 늘어져 있었다는 아드님의 증언은 부생모육父生母育으로 마치 어미가 젖을 먹여 아이를 길러내듯(育) 칠성선녀의 역할이신 김수부님에 대한 상징성으로 이해해야 할 것입니다.

포해지형胞孩之形인 모악산을 얘기하신 것은 김수부님이 제비산의 혈자리에서 보듯 모악산 자락에서 도를 펴시기 때문입니다.

유서에 '**연자강남심구주(燕自江南尋舊主, 강남 제비가 옛 주인을 찾는다)**'라고 명시하신 이유가 여기에 있습니다. 상제님께서는 "**벌은 규모 있는 벌레니라.**" 하시며 장차 육기초의 벌집에 수많은 일벌들이 여왕벌을 에워싸며 모여들 것에 비유하시는 말씀도 하셨습니다.

이상으로 살펴본 바와 같이, 제비창골에서 거행된 '**낡은 선천의 집을 헐고 후천의 새 집을 짓는**' 거대한 성주풀이 공사는 '**제비 새끼 치는 날에 제비 창고가 가득 찰 것**'이라 하신 상제님의 약속 그대로, 새 집의 주인인 김수부님의 손길을 통해 천지대업이 최종 완결되는 인사도수人事度數임을 거듭 확인하며 글을 맺습니다.

3. 김수부님 비문

아래는 김수부님 비문碑文의 원문原文에 독음讀音을 달아서 표기한 내용입니다.

<비문(碑文) 전면(前面)>
首婦(末順)님의 생애

신묘(辛卯) 道紀 21年 1891年 (陰)10月 8日 誕生
신해(辛亥) 道紀 41年 1911年 (陰) 9月27日 銅谷에서 21歲로 化天
觀世音菩薩化身安東金首婦末順之墓(관세음보살화신안동김수부말순지묘)
※유록(由錄)
※大聖甑山天師左補體表佛錄(대성증산천사좌보체표불록)
대성증산천사 좌보체표불(좌측 보처불)에 대한 기록
天師(천사) 西洋千階塔下降(서양천계탑하강) 教衍於東洋金山寺彌勒金佛庇護(교연어동양금산사미륵금불비호) 而辛未九月十九日(이신미구월십구일) 湖南客望姜氏門(호남객망강씨문)
誕生後(탄생후) 以賢質聖資搏覽强記天地大道道通圓覺時唯辛丑七月五日也(이현질성자박람강기천지대도도통원각시유신축칠월오일야)
適時天大雨五龍噓振(적시천대우오룡허진) 風大雷矣(풍대뇌의)
천사께서 서양 천계탑에 내려오시어 동양 금산사 미륵금불의(에) 비호로(임하여) 가르침을 베푸시고, 신미 9월 19일 호남 객망리 강씨문에 탄생하신 후 어질고 성스러우신 심성을 바탕으로 박람을 마음에 깊이 새기시고 천지대도를 원각도통하시니 때는 신축년 7월 5일이라. 그때 하늘에서는 큰 비가 쏟아지고 다섯 마리의 용이 바람을 불어 일으키고 천둥이 크게 일어났다.

<비문(碑文) 후면(後面)>
自命輿(與)(자명홍(여))司西神(사서신) 聖旗明明指揮(성기명명지휘) 布德於世(포덕어세) 誓約天地公事也(서약천지공사야)
(천사께서) 스스로 서신의 사명을 부여하시고(맡으시고), 성스러운 기치(旗幟)를 분(선)명하게 지휘하시며, 세상에 덕을 펴시고 천지공사를 서약하셨다.
壬寅四月(임인사월) 幸逢首弟子金亨烈其三女金末順(행봉수제자김형렬기삼녀김말순) 時年十二歲(시년십이세) 天上有(緣)之人(천상유(연)지인) 壬寅五月五日(임인오월오일) 乃邐馬(내리마) 與其行于天地秘密公事也(여기행우천지비밀공사야) 累年隨從庚戌九月化仙(누년수종경술구월화선) 世人不知故(세인부지고) 聞訪者稀少也(문방자희소야)
임인년 4월에 다행히 수제자 김형렬을 만나시니 그 셋째 딸 김말순은 그때 12세로 천상에서부터 인연이 있는 사람이라. 이에 임인년 5월5일에 천리마와 더불어 천지비밀공사를 집행하셨다. 여러 해 동안 수종하였으나 경술년 9월에 화선(어천)하시니, 세상사람들이 알지 못하여 찾아오는 자가 드물었다.
且喪前(차상전) 乙巳(을사) 天師彌勒佛(천사미륵불) 顯世秘密公事大業(현세비밀공사대업) 公開於世佛(緣)觀世音菩薩化身之至今世(공개어세불(연)관세음보살화신지금세) 天師與(천사여)
末順(말순) 秘密公事終而化仙(비밀공사종이화선) 更以再顯世後天師彌勒佛郎(갱이재현

세후천사미륵불즉) 天師左補體弘德觀音佛也(천사좌보체홍덕관음불야)
謹望有(緣)者(근망유(연)자) 擧皆納得而覺來焉(거개납득이각래언) 輔鏡顯明天地功堅碣(보경현명천지공견갈)

또 어천하시기 전 을사년에 천사미륵불께서 비밀공사의 대업을 세상에 드러나게 하시고, 관세음보살의 화신이 이 세상에 온 불연(불교적 인연)에 대해 세상에 공개해 주셨다. 천사께서 말순과 더불어 비밀공사를 마친 후에 화선(어천)하시고, 다시 이 세상에 재현하시니 후(後) 천사미륵불은 곧 좌보체홍덕관음불이니라. 삼가 바라노니, 인연있는 자는 모두 납득하고 깨달을 지어다. 천지공을 밝게 드러내어 거울로 삼고자 미천한 정성이나마 비(碑)를 세웁니다.

※甲辰年(갑진년) 十月(십월)에 구릿골에 계실 때 하루는 黃應鐘(황응종)이 와서 뵈옵고 本宅夫人(본댁부인)에 관한 親命(친명)을 전하거늘

※上帝(상제)께서 亨烈(형렬) 自賢(자현) 甫京(보경) 公淑(공숙)등 여러 弟子(제자)들에게 일러 가라사대「家庭事(가정사)는 親命(친명)대로 처리할 것이니 너희들이 證人(증인)을 설지니라.」하시고 또 가라사대「公事(공사)에는 首婦(수부)가 있어야 하나니 首婦(수부)를 천거하라.」하시니 亨烈(형렬)이 셋째 딸 末順(말순)으로 하여금 수종들게 하니라. 上帝(상제) 가라사대「내가 너를 만나려고 十五年(십오년) 동안 정성을 들였나니, 이로부터 너와 더불어 天地公事(천지공사)를 보려 하노라」하시니라. 이때 金首婦(김수부) 나이는 十四歲(십사세)시니「胞胎·養生(포태양생)」기간을 합하여 十五年(십오년)이 되더라.

※上帝(상제)께서 壬寅年(임인년) 봄에 夏雲洞(하운동)에 사는 金亨烈(김형렬)을 찾으사 그로부터 亨烈家(형렬가)에서 起居(기거)하셨는데 末順(말순)님의 나이 十二歲(십이세)때 上帝(상제)님과 첫 대면하시고 甲辰年(갑진년) 十月(십월)에 首婦(수부)로 책정되신 三年(삼년)동안 한집에 살면서 朝夕(조석)으로 대하셨는데 上帝(상제)님은 정성을 다하여 末順(말순)님의 성장을 돌보시니 이는 그럴만한 이유가 있더라.

※末順(말순)님의 前生(전생)은 觀世音(관세음)보살이었는데 上帝(상제)님 御令(어령) 二十歲(십이세)때 天上仙境(천상선경)에 계시는 觀世音(관세음)보살의 영혼을 구릿골 앞 帝妃山(제비산) 帝妃穴(제비혈)에 招魂(초혼)장사하사 발음시키시고 그 영혼을 金亨烈(김형렬)의 夫人(부인) 長水黃(장수황)씨 몸에 胞胎(포태)시키사 辛卯年(신묘년1891년一八九一年) 十月八日(십월팔일)에 탄생시키시고 이로부터 甲辰年(갑진년) 十月(십월)까지 十五年(십오년)동안 온 정성을 들이신 이유는 장차 上帝(상제)님의 首婦(수부)와 后妃(후비)로 삼으심은 물론이요. 여러 가지 重要(중요)한 天地公事(천지공사)를 보시기 위함인데 그 가운데 특히 중요한 것은「玉皇后妃(옥황후비)」를 책봉하는 일과「皇極·蒼生點考(황극·창생점고)」두 后妃所(후비소)에 관한 公事(공사)와 더불어 甘結文公事(감결문공사)로써「미륵」을 현세에 탄생시키는 公事(공사)더라.

※上帝(상제)께서 金師母(김사모)를 天地公事(천지공사)의 首婦(수부)로 임명하신 다

음 훗날 首婦(수부)님 房(방)에서 첫 公事(공사)를 보실새. 首婦(수부)님 나이 만 十四歲(십사세)가 되신 때였는데 女性(여성)의 첫 經度(경도)가 나오는 때더라. 上帝(상제) 가라사대 「내가 너를 만나려고 十五年(십오년)동안 정성을 드렸음은 오늘 너의 眞經(진경)을 얻어서 公事(공사)를 보고자 함이니 이 公事(공사)는 天地(천지)가 生人(생인)하여 用人(용인)하는 일이니라」하시고 金首婦(김수부)의 經穴(경혈)을 그릇에 받아서 公事文(공사문)에 「甘結(감결)」이라 쓰신 다음 「仙之胞胎(선지포태) 佛之養生(불지양생) 儒之浴帶(유지욕대)」와 「冠旺(관왕) 兜率(도솔) 虛無(허무) 寂滅(적멸) 以詔(이조)」 열 글자에 經血(경혈)을 손 끝에 묻쳐서 點(점)을 찍으니 公事文(공사문)은 다음과 같더라.

基礎棟梁 天地人神有巢文 文理接續血脈貫通
기초동량 천지인신유소문 문리접속혈맥관통
治天下之大經大法皆載此書 文以時異治以道同
치천하지대경대법개재차서 문이시이치이도동
文則天文文有色色有氣氣有靈 氣靈不昧以具求誼
문즉천문문유색색유기기유령 기령불매이구구의
而應万事 事之當旺在於天地 不必在人而天地生人用人
이응만사 사지당왕재어천지 불필재인이천지생인용인
天地之用 胞胎養生浴帶冠旺衰病死葬
천지지용 포태양생욕대관왕쇠병사장
元亨利貞奉天地道術敬授人時
원형이정봉천지도술경수인시
佛之形體仙之造化儒之凡節
불지형체선지조화유지범절
天文陰陽政事
천문음양정사
受天地之虛無仙之胞胎
수천지지허무선지포태
受天地之寂滅佛之養生
수천지지적멸불지양생
受天地之以詔儒之浴帶
수천지지이조유지욕대
冠旺兜率虛無寂滅以詔
관왕도솔허무적멸이조
甘結 감결

-김수부님 비문(碑文)에 대하여 주의할 점-

<비문(碑文) 전면(前面)>
1. 신묘(辛卯) 道紀 21年 1891年 (陰)10月 8日 誕生

비문의 전면에는 '道紀'를 사용하고 있으나, 표지석에는 '大巡'을 쓰고 있음. 『도전』 제3편 92:8에선 출생년(道紀 20년)이 비문(道紀 21年)과 상이함(참고)

※ 제3편 92:8 김말순(金末順, 1890~1911). 道紀 20년 10월 8일 출생하여 道紀 41년 9월 25일 동곡에서 22세로 작고. 이때(갑진년) 수부로 책봉되었으나 김형렬 성도의 우유부단함으로 한을 남기게 된다.

2. 신해(辛亥) 道紀 41年 1911年 (陰) 9月27日 銅谷에서 21歲로 化天

비문에 9月27日로 오기誤記되어 있고 『도전』 측주에는 (陰) 9月25日로 나오지만 원래는 9월 26일 선화하신 것으로 전해짐. 또한 상제님께서 돌아가신 경우는 통상 화천化天 또는 어천御天이라는 표현을 많이 쓰고 여성이신 경우는 선화仙化라는 표현을 많이 써왔는데 김수부님의 경우에는 '化天'으로 용어선택을 한 부분이 이채로움. 한편 비문의 후면에 '累年隨從庚戌九月化仙'라 하여 '경술년 9월에 화선(어천)하시니,'라 한 부분은 오기.

3. 大聖甑山天師左補體表佛錄(대성증산천사좌보체표불록)

'天師'를 대신해서 상제上帝의 호칭도 있으나 문맥상으로 보면 미륵불의 호칭을 쓰지 않은 부분에 의문이 들며 또한 좌우左右에 대한 별다른 기준을 제시하지 않을 때는 항상 예禮를 받으시는 수례자受禮者인 부처님을 기준으로 좌우左右를 구별하는데 금산사에 모셔진 협시보살 중 김수부님 자리에 계신 대묘상보살大妙相菩薩은 대개 우보처右補處로 표현을 하는데 이를 좌보체左補體라 표현함.

4. 西洋千階塔下降(서양천계탑하강)

유서遺書에는 '天階塔'으로 되어있고 『선도신정경』에는 '天啓塔', 『도전』에는 '天蓋塔'으로, 『속수전경』에는 '天開塔'으로 기록됨.

5. 時唯辛丑七月五日也(시유신축칠월오일야)

『대순전경』에는 음력 7월 5일로 기록하고 있으므로 대순에서는 상제님께서 도통하신 날을 7월 5일로 보고 있지만 상제님을 시봉하셨던 정씨대모님의 증언이 담긴 김낙원 선생이 쓴 『용화전경』과 김형렬 종도의 후손이 기록한 『성화진경』은 모두 7월 7일로 기록하고 있음.

<비문(碑文) 후면(後面)>
※ 甲辰年(갑진년) 十月(십월)에 구릿골에 계실 때 하루는 黃應鐘(황응종)이 와서 뵈옵고 本宅夫人(본댁부인)에 관한 親命(친명)을 전하거늘 上帝(상제)께서 亨烈(형렬) 自賢(자현) 甫京(보경) 公淑(공숙)등 여러 弟子(제자)들에게 일러 가라사대 「家庭事(가정사)는 親命(친명)대로 처리할 것이니 너희들이 證人(증인)을 설지니라.」 하시고 또 가라사대 「公事(공사)에는 首婦(수부)가 있어야 하나니 首婦(수부)를 천거하라.」 하시니 亨烈(형렬)이 셋째 딸 末順(말순)으로 하여금 수종들게 하니라. 上帝(상제) 가라사대 **「내가 너를 만나려고 十五年(십오년) 동안 정성을 들였나니 , 이로부터 너와 더불어 天地公事(천지공사)를 보려 하노라」** 하시니라. 이때 金首婦(김수부) 나이는 十四歲(십사세)시니 「胞胎·養生(포태양생)」 기간을 합하여 十五年(십오년)이 되더라.

이 내용역시 놀라운 것은 **「내가 너를 만나려고 十五年(십오년) 동안 정성을 들였나니」**라 하신 말씀이 비단 고수부님뿐만 아니라 김수부님에게도 동일하게 적용되었다는 점입니다.

※ 이 내용에 대한 기록은 이효진李孝鎭 씨가 이중성 선생의 『천지개벽경(대개벽경)』 중 일부를 발췌하여 소개한 저술, 『나의 세상 용화선경(龍華仙境)이 오면』을 통해 세상에 알려졌습니다. 이는 상제님께서 두 분 수부님을 맞이하시는 과정에서 동일한 공력과 정성을 들이셨음을 시사하고 있습니다.

동짓달 초사흗날 천사께서 고부인을 맞아 결혼하실새 부인에게 일러 가라사대 **「내가 너를 만나려고 십오년 동안 정력(精力)을 들였나니 이로부터 천지대업(天地大業)을 네게 맡기리라」**하시고 인하여 부인을 옆에 끼시고 붉은 책과 누른 책 각 한권씩을 앞으로부터 번갈아 깔며 그 책을 밟으며 방에서 마당에까지 나가사 남쪽 하늘의 별을 바라보고 네 번 절하라 하시고 다시 그 책을 번갈아 깔며 밟아서 방으로 들어오시니라.
『대순전경(大巡典經) 3장 31절』

차경석(車京石)이 천사(天師)를 모시고 돌아와서 그 이종매(姨從妹) 고씨(高氏) 천후(天后)를 천거(薦擧)하니, 동지달 초사흘날 천사(天師)께서 천후(天后)를 맞아 결혼(結婚)하실 새, 천후(天后)에게 일러 가라사대 **내가 너를 만나려고 십오년(十五年)동안**

정력(精力)을 들였나니, 이로부터 천지대업(天地大業)을 네게 맡기리라 하시며, 이날 천사(天師)께서 천후(天后)를 옆에 끼시고 붉은 책(冊)과 누런 책(冊)을 각각 한권씩 앞으로부터 번갈아 깔며, 그 책(冊)을 밟아 방(房)으로부터 마당에 나가사 남쪽 하늘에 별을 바라보고 네 번 절하라 하시고, 다시 그 책(冊)을 번갈아 깔며 밟아서 방(房)에 들어오게 하시니라.
『고부인신정기(高夫人神政記) 1장 5절』

※ 末順(말순)님의 前生(전생)은 觀世音(관세음)보살이었는데 上帝(상제)님 御슈(어령) 二十歲(십이세)때 天上仙境(천상선경)에 계시는 觀世音(관세음)보살의 영혼을 구릿골 앞 帝妃山(제비산) 帝妃穴(제비혈)에 招魂(초혼)장사하사 발음시키시고 그 영혼을 金亨烈(김형렬)의 夫人(부인) 長水黃(장수황)씨 몸에 胞胎(포태)시키사 **辛卯年(신묘년 1891년一八九一年) 十月八日(십월팔일)에 탄생시키시고 이로부터 甲辰年(갑진년) 十月(십월)까지 十五年(십오년)동안 온 정성을 들이신 이유는** 장차 上帝(상제)님의 首婦(수부)와 后妃(후비)로 삼으심은 물론이요. 여러 가지 重要(중요)한 天地公事(천지공사)를 보시기 위함인데 그 가운데 특히 중요한 것은 **「玉皇后妃(옥황후비)」를 책봉하는 일과 「皇極·蒼生點考(황극·창생점고)」 두 后妃所(후비소)에 관한 公事(공사)와 더불어 甘結文公事(감결문공사)로써 「미륵」을 현세에 탄생시키는 公事(공사)더라.**

위 내용은 그 전 글인 **'「胞胎·養生(포태양생)」 기간을 합하여 十五年(십오년)이 되**더라.'는 내용을 이해해야 **'辛卯年(신묘년1891년一八九一年) 十月八日(십월팔일)에 탄생시키시고 이로부터 甲辰年(갑진년) 十月(십월)까지 十五年(십오년)동안 온 정성을'** 들이셨다는 내용을 알 수 있습니다.

※ 上帝(상제)께서 金師母(김사모)를 天地公事(천지공사)의 首婦(수부)로 임명하신 다음 훗날 首婦(수부)님 房(방)에서 첫 公事(공사)를 보실새. 首婦(수부)님 나이 **만 十四歲(십사세)**가 되신 때였는데 女性(여성)의 첫 經度(경도)가 나오는 때더라. 上帝(상제) 가라사대 「내가 너를 만나려고 十五年(십오년)동안 정성을 드렸음은 오늘 **너의 眞經(진경)을 얻어서** 公事(공사)를 보고자 함이니 이 公事(공사)는 天地(천지)가 生人(생인)하여 用人(용인)하는 일이니라」하시고 **金首婦(김수부)의 經穴(경혈)을 그릇에 받아서** 公事文(공사문)에 「甘結(감결)」이라 쓰신 다음 「仙之胞胎(선지포태) 佛之養生(불지양생) 儒之浴帶(유지욕대)」와 「冠旺(관왕) 兜率(도솔) 虛無(허무) 寂滅(적멸) 以詔(이조)」 열 글자에 **經血(경혈)을 손 끝에 묻쳐서** 點(점)을 찍으니 公事文(공사문)은 다음과 같더라.

(1) **'金首婦의 經穴을 그릇에 받아서'** 할 때의 '經穴경혈'과 **'經血을 손 끝에 묻쳐서'** 할 때의 '經血경혈'이 같은 내용임에도 불구하고 글자가 틀림.

(2) 비문에 기록된 **'너의 眞經(진경)을 얻어서'** 라는 내용은, 김형렬 종도에게 **'첫 몸을 받아오게 하시더니'**라는 『도전』의 성구와 그 맥락을 같이합니다. 다만, 『도전』에 따르면 김수부님이 초경을 치르고 공사가 집행된 시점은 갑진(1904)년으로 나타나지만, 비문에 언급된 **'만 14세'**(이효진 저술)라는 연령은 을사(1905)년입니다. 이러한 연도의 불일치는 향후 정밀한 사실 확인과 사료 고증이 반드시 병행되어야 할 대목입니다.

(3) 『도전』에서는 **상제님 화천 후** 그 명에 따라 종이에 글을 써서 준비해 두었다가, 호연이 첫 몸(초경)에 맞춰 집행한 것이 '감결' 공사의 전부인 것처럼 나타납니다. 그러나 위 내용에서 보듯 **직접 상제님께서 준비하시어 역시 동일한 '감결' 공사를 보셨음을 볼 때 이 공사의 중심에 김수부님이 자리함을 알 수 있습니다.**

여기서 **'감결(甘結)'**이란 조선시대 관청 간의 공식적인 의사소통 수단으로, 현대의 공문서公文書와 같은 격식을 지닙니다. 즉, 상제님께서 집행하신 감결 공사는 엄중하고도 공적인 결재 문서로 천지인신에 내리신 천명天命이심을 알 수 있습니다.

1 갑진년에 하루는 형렬의 셋째 딸이 첫 몸을 하매 상제님께서 "오늘은 혈맥관통(血脈貫通) 공사로 전 세계 생사(生死)를 판단하리라." 하시고
2 미리 마련해 놓으신 양지 책에 글을 쓰시고 부(符)를 그리시며 **형렬에게 첫 몸을 받아오게 하시더니**
3 그 피를 묻혀 각 장마다 도장을 찍으시니라.
4 이어 말씀하시기를 "천지의 이치를 여기에 판명하여 놓았나니 천지조화가 전부 이 안에 들어 있느니라." 하시니라.
(道典 5:67)

감결(甘結)은 원래 중국에서는 관부에서 내주는 문서로 의무나 책임을 받아들이고 만약 수락한 말을 이행할 수 없으면 기꺼이 처벌을 받는다는 문서였다. 조선에서도 각 관청에서 다짐을 하는 의미로 상급 관청에 제출하는 문서였는데, 조선후기 이후에는 상급 관청에서 하급 관청에 내리는 지시 문서로 사용되었다. 관찰사나 암행어사가 관하 읍에 내리는 경우에 많이 사용되었다. 감결에는 관인(官印) 또는 마패(馬牌)를 몇 군데에 찍는다. 서식은 기두(起頭)에 '감결모읍(甘結某邑)' 또는 '감결각읍(甘結各邑)'이라 쓰고, 일정한 양식이 없이 지시, 명령하는 내용을 쓴다. 결사(結辭)도 지시, 명령하는 내용에 따라 약간씩 다르나 대개 명령의 거행 상태를 즉각 보고하라는 내용으로 되어있다. 감

결은 오늘날 고문서로 많이 전해지고 있으며, 원문서 상태가 아닌 등록(謄錄)된 자료로 전해지는 것도 많다.(출처: 위키 실록사전)

결론(結論)

비문을 건립하는 과정에서 나타난 불명확한 한자 표기와 연도 고증을 소홀히 한 점은 분명 미흡한 대목입니다. 이러한 사소한 오류가 자칫 비문 전체의 신뢰성에 의구심을 던질 수도 있는 터라 안타까움이 남지만, 그럼에도 불구하고 비문이 관통하고 있는 핵심 메시지만큼은 매우 잘 전달되고 있습니다.

특히 『도전』의 기록상으로는 호연이를 통해서만 '감결문'이 드러나는 것으로 보이나, 실제로는 호연의 월경수로 공사를 보시기 훨씬 이전부터 이미 '감결문'이 존재했음을 시사합니다. 상제님께서 김수부님의 경혈로 공사를 보신 사실이 이를 뒷받침합니다.

따라서 **"말순(末順)님의 전생은 관세음보살이었으며, '옥황후비(玉皇后妃)' 책봉과 '황극·창생점고(皇極·蒼生點考)'의 후비소 공사, 그리고 감결문 공사를 통해 미륵을 현세에 탄생시키기 위함"**이라는 비문의 내용은 결과적으로 **'秋之氣는 神也'**라 하셨듯 가을 운수가 인신합덕으로 인인人人이 성신聖神이 되어 이루어지는 천지사를 암시하고 있습니다.

간도수의 두 분이 그 첫 열매가 되시니, 이는 **"너의 진경(眞經)을 얻어서 공사를 보고자 함이니, 이 공사는 천지가 생인(生人)하여 용인(用人)하는 일이니라"**하신 상제님의 말씀처럼, 결국 이 '감결문'을 통해 천지대업을 인간의 역사 속에서 완결 짓는 인사(用人)의 결론이 바로 **김수부님**이라는 사실을 천하에 선포한 것입니다.

4. 혈맥관통(선매숭자)

상제님께서는 '**감결(甘結)**' 공사를 일컬어 '**혈맥관통(血脈貫通)**'이라 명명하셨습니다. 이는 감결문에 기록된 '**천지인신유소문(天地人神有巢文)하니 문리접속(文理接續)하고 혈맥관통(血脈貫通)이라**'는 구절에서 비롯된 것입니다. 이 공사는 이후 김호연 성도를 통해 '**선매숭자**' 도수로 다시금 나타납니다.

1 갑진년에 하루는 형렬의 셋째 딸이 첫 몸을 하매 상제님께서 **"오늘은 혈맥관통(血脈貫通) 공사로 전 세계 생사(生死)를 판단하리라."** 하시고
2 미리 마련해 놓으신 양지 책에 글을 쓰시고 부(符)를 그리시며 형렬에게 첫 몸을 받아오게 하시더니
3 그 피를 묻혀 각 장마다 도장을 찍으시니라.
4 이어 말씀하시기를 **"천지의 이치를 여기에 판명하여 놓았나니 천지조화가 전부 이 안에 들어 있느니라."** 하시니라.
(道典 5:67)

이 두 분의 '**혈맥관통(血脈貫通)**' 공사에는 김형렬 종도가 단 한 번도 빠짐없이 참관하며 핵심적인 역할을 수행했습니다. 『도전』의 기록을 바탕으로 고찰해 보면, 1904년(갑진년) 김수부님을 통해 먼저 도수를 집행하신 후, 8년의 세월이 흐른 임자(壬子, 1912)년 초, 상제님 어천 후에도 그 명은 이어져 당시 16세였던 김호연 성도를 대상으로 후속 공사가 이루어집니다.

당시 호연이의 몸에서 나온 피로 남은 종이에 제비를 그려 넣기도 하고, 점도 찍고, '**감결(甘結)**'이라 서書하여 완성하였다고 나옵니다.

1 호연이 상제님께서 어천하신 후로도 계속 구릿골에 머물다가 이 해 섣달 그믐경에야 흑석골 오두막집으로 돌아가니라.
2 이후 16세 되는 임자(壬子 : 道紀 42, 1912)년 초에 형렬이 선매숭자 공사를 보기 위해 호연의 집으로 가거늘
3 호연의 어머니가 방 하나를 깨끗이 치워서 내주므로 그곳에서 기거하며
4 상제님께서 명하신 대로 가로 세 치, 세로 다섯 치 남짓한 종이를 한 자 반 높이가 될 정도로 준비하고
5 각 종이마다 글을 써서 공사 준비를 마친 후에 호연이 첫 몸 하기만을 기다리니 그 글은 이러하니라.
(道典 10:105)

그렇다면 과연 혈맥관통이란 어떤 의미를 담고 있는 공사일까요?

우리는 흔히 기혈 순환이 원활하지 못할 때 몸이 저리거나 당기는 증상을 경험하곤 합니다. 여기서 '**맥(脈)**'이란 생명의 근원인 피가 흐르는 핵심 통로를 말하며, 혈맥관통은 말 그대로 온몸의 핏줄이 막힘없이 서로 통하는 상태를 의미합니다. 즉 '**인신합덕(人神合德)**'의 이치를 혈맥이 통하는 것에 비유하신 것입니다.

혈맥관통 공사를 보신다며 형렬에게 김수부님의 첫 몸을 받아오라 하신 것은 제비창골에서 성주풀이 공사를 하실 때 "**제비 새끼 치는 날에 제비창골이 가득 차리라.**" 하시는 말씀과 연결해 보면 쉽게 이해할 수 있습니다.

제비 새끼를 친다는 의미는 가임기가 시작되는 초경이후에나 가능한 일입니다. 월경수를 받아 공사보신 걸 혈맥관통이라 하신 것은 인신이 합덕한 도통의 경계라야 비로소 제비 새끼 치는 날이 시작되는 것입니다. 이는 고수부님의 도통사건 이후에야 비로소 도장 개창을 선언하신 것과 같은 맥락입니다.

상제님께서는 김수부님의 첫 생리혈生理血을 받아오게 하시어, 뚝뚝 떨어지는 그 선연한 핏물로 각 장마다 생명의 징표인 도장을 찍으시고 "**천지의 이치를 여기에 판명(判明)하여 놓았나니, 천지조화가 전부 이 안에 들어 있느니라**"라고 선포하셨습니다.

여기서 '**판명(判明)**'이란 천지이치와 인사의 향방을 명백히 가려 밝히셨음을 의미합니다. 이 공사로서 김수부님의 생리혈이 곧 제비 새끼를 치는 오황극(織女)의 상징임을 분명히 확증하신 것입니다.

1 상제님께서 묵묵히 앉아 계시다가 자시(子時)가 지나자 "**천하창생을 다 맡겠느냐?**" 하고 물으시거늘
2 말순이 아뢰기를 "**십오 세 소녀로서 어찌 감당하리오마는 천지공사가 그러하다면 맡겠나이다.**" 하고 대답하니라.
3 이에 **상제님께서 피를 토해 머금고 받아 먹으라고 손짓하시니 말순이 달려들어 입으로 받아 삼키니라.**
4 이후로 상제님께서 형렬을 장인으로 대하시고 공사석에서 평좌를 허락하시니라.
5 하루는 형렬에게 글을 써서 보여 주시니 이러하니라.
無量大福 金亨烈이요 府院君 金亨烈이니라
무량대복 김형렬 부원군 김형렬
6 이어 말씀하시기를 "형렬의 복을 정하는 것이 가장 어려운 일이니라." 하시니라.
(道典 3:93)

상제님께서는 "**천하 창생을 다 맡겠느냐?**" 하시며 엄중한 다짐을 받으신 뒤, 당신께서 토하신 피를 입으로 직접 받아 삼키라고 손짓하셨습니다. 이에 말순이 지체 없

이 달려들어 그 피를 받아 삼키는 전무후무한 공사가 집행되었습니다.

본래 피란 순환을 통해 생명을 유지시키는 근원이기에, 그 일차적인 상징은 생명 그 자체입니다. 또한 피는 혈연이라는 끊을 수 없는 유대와 계승을 의미합니다. 따라서 상제님의 피를 수부님이 받아 삼킨 공사는, 두 분이 신성한 피의 언약을 통해 일체가 되었음을 뜻하며, 상제님의 천지대업을 온전히 계승한다는 의미를 담고 있습니다.

이러한 맥락에서 볼 때, 상제님께서 김수부님의 첫 생리혈로 도장을 찍으신 행위는 곧 수부님을 인사의 주인으로 세우신 결정적인 황극공사인 것입니다.

이를 간단히 도식화하자면, 상제님의 피(聖血)는 황룡黃龍의 기운을 상징합니다. 김수부님이 그 황룡의 기운을 받아들여 상제님과 혼연일체가 됨으로써, 비로소 '제비 새끼'를 칠 수 있는 가임可妊의 상징인 생리혈은 음陰 자리인 청룡靑龍의 위位를 확정 짓게 됩니다.

마치 평범한 궁녀가 임금의 성은을 입어 왕자를 생산함으로써 후궁을 거쳐 왕비에 오르듯, 수부님의 신분이 황극으로 격상되는 위상 변화가 이 공사를 통해 완성된 것입니다.

"천지의 이치를 여기에 판명(判明)하여 놓았나니, 천지조화가 전부 이 안에 들어 있느니라" 하신 상제님의 선언은, 우주의 정의가 실현될 수 있는 법적·도수적 근거가 마침내 인간의 역사 속에 확고히 정립되었음을 의미합니다.

결국 천지의 이치는 천지가 사람을 내어(生人) 사람을 쓰는(用人) '**인신합덕(人神合德)**'의 경계에서 완성됨을 천명하신 것으로 김수부님이 바로 '**그 사람**'이라고 천하에 공표하신 것입니다.

> 1 하루는 상제님께서 형렬에게 말씀하시기를 **"선매숭자가 있어야 사느니라. 호연에게 선맥을 전하리라."** 하시고
> 2 호연을 천지에 제(祭) 지내시며 "천지 천황에 천제(天祭) 지낸다. 맥을 전해 주자! 선맥을 전해 주자!" 하시고 여러 가지 글을 쓰시니라.
> 3 다시 **'혈맥관통(血脈貫通)'이라 써서 불사르시고, 호연의 코를 쥐신 채 큰 음성으로 "혈맥관통이다!" 하고 소리치시거늘**
> 4 그 소리에 응하듯 사방에서 천둥과 우레가 일더니 이내 폭우가 쏟아지니라.
> 5 상제님께서 제를 마치시고 호연에게 이르시기를 "너에게 선맥을 전해 줬으니 너를 찾을 사람이 있다. 죽어도 증인이 있어야 한다." 하시고
> 6 "천지에서 너를 부르는 날이 있다. 죽지 말고 살아라." 하시니라.
> (道典 3:25)

한편 호연이의 '**혈맥관통(血脈貫通)**' 공사를 집행하시며 **"선매숭자가 있어야 사느**

니라. 호연에게 선맥을 전하리라."라고 선포하셨습니다.

여기서 호연에게 전하신다는 '**선맥**'은 여성의 몸을 통해 발현되는 '**선녀직금(仙女織錦)**'의 서선西仙 맥이며, 이는 곧 동방 청룡의 사명을 상징합니다. 이와 동시에 호연이는 장차 '**서신사명**'의 큰 도령과 인신합덕할 '**이군자(利君子)**'에 대한 **대리도수**를 맡았습니다.

흔히 '**간태합덕(艮兌合德) 도수**'에 있어 호연이를 '**태소녀(兌少女)**'에 배속하는데 실지 주역의 '**태소녀**' 자리는 인사의 '**이군자**'입니다. 즉 호연이에게 붙이신 도통맥의 핵심인 '**선매숭자**'(단주수명자) 도수는 바로 이 인사의 주인공을 향한 공사라 할 수 있습니다.

'**선매숭자(仙媒崇子)**'는 신선 선仙, 중매할 매媒, 높일 숭崇, 씨앗 자子가 합쳐진 용어로, '후천 선 세상을 매개해주는 숭고한 씨앗'이라는 뜻으로 "**사람들 다 죽었네, 다 죽었어. 살릴 사람, 건질 사람이라고는 나 하나네.**"라고 하신 상제님 말씀처럼 이 황극 말을 통하지 않고서는 살 자가 없습니다.

1 하루는 상제님께서 종이에 제비를 그리신 후에 형렬에게 말씀하시기를 "**선매숭자를 써야 나갔던 제비가 다시 들어온다.**" 하시고
2 호연을 가리켜 말씀하시기를 "**낳기는 제 어미가 낳았어도 맥은 애가 붙인다.**
3 이 도수를 맞추려면 삼색(三色) 실과 제물이 있어야 하고, 첫 몸을 받아야 천지에 공을 드릴 수 있나니
4 **이 애를 잘 돌봐서 선매숭자를 받아라. 선매숭자를 지녀야 표적이니라.**" 하시고
5 호연의 첫 경도(經度)를 받아서 공사를 행하도록 그 방법을 세세히 일러 주시니라.
(道典 10:12)

상제님께서는 "**선매숭자를 써야 나갔던 제비가 다시 들어온다**", 혹은 "**선매숭자를 지녀야 표적(表蹟)이니라**"라고 말씀하셨습니다. 이후 힘들 때 상제님께서 찾아 오시어 "**네게서 나간 이슬을 모르냐? 네 육신에서 우러난 피를 내서 선매숭자를 써 준 맥이 있는데 어찌 몰라야.**"라며 위로하시기도 했습니다.

여기서 생리혈을 '이슬'이자 '선매숭자'라 칭하신 것은, 바로 황극을 두고 하시는 말씀입니다. 따라서 "**선매숭자를 지녀야 표적이니라.**"는 말씀은 김호연 성도가 동청룡東青龍의 사명을 띠고 있음을 확증하는 결정적 증거가 됩니다.

이 부분은 천지음양 중에 청룡의 자리를 깊이 이해할 때 비로소 온전히 파악할 수 있는 대목입니다. 본래 동청룡의 원 뿌리는 천지의 어머니이신 대모大母님이십니다. 이러한 자리의 속성을 쏙 빼 닮은 분이 바로 사칠성 중 동방칠성입니다.

1 이내 호연이 첫 월경(月經)을 시작하매 준비한 종이를 쌓고 그 위에 호연을 앉히거늘
2 첫날은 책 한 권 분량이 조금 못 되게 젖고 다음날은 책 두 권 분량이 흠뻑 젖으니
3 너무 흥건하게 젖은 것은 짜서 사용하는데, 짜고 모인 피만도 두어 사발이나 되는지라
4 그것으로 남은 종이에 제비를 그려 넣기도 하고, 점도 찍고, **'감결(甘結)'**이라 서(書)하여 완성하니라.
5 이 공사에 참여한 사람은 김형렬과 서중옥, 김기보, 장기동으로
6 공사를 마친 후에 종이째로 묻은 것을 조그맣게 잘라서 하나씩 가지고, 월경수(月經水)로 점을 찍고 글씨 쓴 종이도 각기 한 장씩 가져가니라.
7 이후 호연이 상제님의 성적(聖蹟)을 증거하기까지 이루 말할 수 없는 인고의 나날을 보내며 깊은 회한과 원망으로 한탄을 하니
8 하루는 상제님께서 오시어 **"네게서 나간 이슬을 모르냐? 네 육신에서 우러난 피를 내서 선매숭자를 써 준 맥이 있는데 어찌 몰라야.**
9 너 그것 잊어버리지 마라. 증명 없이 사는 놈 없다. 죽어도 증명이 있어야 한다.
10 아는 놈은 너를 건질 테니 걱정 말아라." 하고 위로해 주시니라.
(道典 10:107)

상제님께서 동방칠성(호연이)의 월경수를 받아 공사를 보시며, **"네게서 나간 이슬을 모르냐? 네 육신에서 우러난 피를 내서 선매숭자를 써 준 맥이 있는데 어찌 몰라야."**라고 하신 말씀에는 심오한 천지 이치가 담겨 있습니다.

이는 무극無極에서 태극太極이 나오고, 태극에서 다시 황극皇極이 생겨나는 천지이치에 의거해 무극신無極神인 청룡의 도맥을 이은 황극을 두고 선매숭자라 표현하신 것을 이해하게 됩니다.

따라서 '**선매숭자를 지녀야 표적**'이라는 말씀을 역으로 추적해 보면, 호연이를 무극신이신 청룡에다 빗댄 표현이 되는 것이니 결과적으로 호연이는 '리틀 청룡' 곧 동방칠성이라는 사실이 이 공사를 통해 명백히 증명된 셈입니다.

상제님께서 거듭 '**표적**'과 '**증명**'이라는 용어를 사용하신 이유도 바로 여기에 있습니다. 나아가 이 '**선매숭자**' 도수는 현실적으로 12,000의 군자를 배출하는 산파産婆 역할을 해야 할, 동방칠성의 막중한 소임과도 직결됩니다. 남은 월경수로 종이에 제비를 그려 넣기도 하였다는 것은 바로 이런 부분을 얘기하는 것입니다.

상제님께서 '**혈맥관통(血脈貫通)**'이라 써서 불사르시고, 호연의 코를 쥐신 채 큰 음성으로 "**혈맥관통이다!**" 하셨습니다.

평소 **"사람마다 칠성을 얼굴에 붙이고 다니느니라. 눈 둘, 콧구멍 둘, 귓구멍 둘, 입 하나, 칠성 아니냐!"**(道典 6:57)라고 말씀하시며, '耳目口鼻'가 곧 하늘의 칠성과 상응함을 밝혀 주셨습니다.

설괘전에 보면 '艮爲手'라 하여 산(艮)을 손(手)에다 배속시키지만 인상학人相學에서는 사람 얼굴의 토土자리인 코(鼻)를 우뚝 솟은 산에 비유하여 역시 간괘에 배속을 합니다. 이는 북두구진北斗九辰 중에서도 우주의 중심을 다스리는 중천대신中天大神이 자리한 곳과 같습니다.

즉 이 코를 쥐시는 행동은 음양이 한 덩어리로 조화된 태극의 모습처럼, 간소남(艮小男, 神道)이신 상제님과 태소녀(兌少女, 人事)가 인신합덕하여 하나로 통하는 도통의 경계를 암시하는 퍼포먼스로 이를 혈맥관통에 빗대신 것입니다.

결국 상제님께서 집행하신 **'감결(甘結) 공사'**는 천지가 설계한 이치(理)의 바탕 위에, 새 천지의 주인인 성주 부부(神)가 성령으로 내리시어 인간의 역사(事) 속에 화현하심을 확정 지은 최종 결재 문서입니다.

이 공사의 본질적 실체는 장차 후천 선경의 조화 낙원을 다스릴 인사의 주인공, 곧 **'견우와 직녀'** 두 분을 인류사의 전면에 출세시키는 위대한 황극공사皇極公事입니다.

5장 정씨 대모님

五日 토(土)니라. 토원가색(土爰稼穡)이니라. 가색(稼穡)은 작감(作甘)하니라.
다섯째는 토니라. 토는 이에 심고 거두는 것이라. 가색은 단맛을 만드니라.

오행五行 중 흙(土)은 가색稼穡으로 정의됩니다. 이는 씨를 뿌려 심고(심을 가稼), 익은 곡식을 거두어들이는(거둘 색穡) 일련의 농사農事 과정을 뜻하며, 단맛에 배속을 하였습니다.

지금까지 살펴본 '수왈윤하(水曰潤下)', '화왈염상(火曰炎上)', '목왈곡직(木曰曲直)', '금왈종혁(金曰從革)'에 대해서는 '왈(曰)'자를 써서 그 성질을 규정했으나, 유독 토(土)에 대해서만은 '토원가색(土爰稼穡)'이라 하여 '당길 원爰'자를 사용했습니다.

'爰'은 손을 뻗어 물건을 끌어당기는 모양을 본뜬 글자입니다. 거둬들이는 의미를 담고자 한 것으로 보이는데 수·화·목·금이 각각의 편중된 자리(身)와 자기 목소리(曰)를 내는 존재라면, 토는 어느 쪽에도 편중되지 않고 그 배후에서 원심력(心)처럼 전체를 조율하여 조화롭게 넘어가도록 중재(爰)하는 역할을 수행합니다.

특히 '가(稼)'와 '색(穡)'에 공통으로 쓰인 '벼 화(禾)' 부수는 무르익어 고개를 숙인 곡식의 형상을 취하고 있습니다. 이는 농사를 마무리지을 추수자의 등장을 암시합니다. 따라서 '가색(稼穡)'은 단순한 농사 행위를 넘어, 천지 농사를 주관하는 주인主人으로서 황극의 위상에 상응합니다.

부수(禾) 외에 '家'자가 들어간 '稼'는 37번째 풍화가인괘를 연상케 합니다.

'家人은 女正位乎內하고 男正位乎外'라 하였으니 잡괘전에선 '內也'라 정의했듯이, '稼'는 직녀가 전면에 나서서 천지 농사를 갈무리하는 낙서 오황극의 象을 담고 있습니다.

반면 '穡' 자에 들어간 아낄 색(嗇) 자는 흙(土)과 '따를 종從(从)', '돌아올 회(回)'가 합쳐진 글자입니다. 이는 하도 오황극의 상으로 대모님을 상징하고 있습니다.

1. 장사하는 뼈가 개뼈인지 소뼈인지 뉘가 아느냐

대모님의 존함尊銜은 치(治)자 순(順)자로 지금의 전북특별자치도 김제군 봉남면 내광리 하동정씨河東鄭氏 가문에서 갑술년인 1874년 1월 29일에 탄강하셨습니다.

제주도의 동도법종금강도 제주전도문공사에는 증산 상제님과 대모님의 육대조까지 기록하고 있는데 대모님의 부친 성함姓銜은 '정달현(鄭達鉉)'이며 자字는 '치환(致煥)'이고 모친은 '평산신씨(平山申氏)'로 나옵니다. 이는 원래 삼청전 미륵불상의 뒷면에 기록되어 있던 걸 제주도의 단군성주교를 세운 용강龍江 강승태姜昇泰 도주에 의해 기록된 것으로 추정됩니다.

대모님의 성장과정에 대해 구체적으로 전해지는 기록은 없으며 다만 당시로는 내광리에 산다는 것이 경제적으로 여유가 있는 집안이었다 합니다. 김낙원 선생의 『용화전경』에는 대모님의 용모와 거동에 대해 매우 독특한 기록이 전합니다. **"사모님께서 좌측을 보시려면 눈을 우측으로 돌리시고, 우측을 보시려면 좌측으로 돌리시는지라, 그 연고를 여쭈니 '천지바래기란 말을 못 들었느냐' 하셨다"**는 대목입니다.

사모님께서는 **좌측을 보시려면 눈을 우측으로 돌리시고 우측을 보시려면 좌측을 보셨는지라 그 연고를 여쭈니 천지바래기란 말을 못 들었느냐** 하시며 또 **보행하실 때는 몸이 약간 왼편으로 기우시고 몸의 상체가 넓으시며 뒷태도가 극히 아름다우신지라**

『용화전경(龍華典經) 제 6 장 정씨사모(鄭氏師母)』

6 증산께서 스물한 살 되시는 신묘(辛卯 : 道紀 21, 1891)년 늦가을에 마침 하동 정씨(河東鄭氏) 문중의 규수를 중신하거늘

7 성부께서 즉시 허혼하고 자부로 맞이하시니 이름은 치순(治順)이요 나이는 열여덟인데, **몸이 정상이 아니요 성정(性情)이 원만하지 못하더라.**

8 그 해 겨울 함박눈이 쏟아지는 날, 증산께서 부모님의 뜻에 순종하여 금구 내주평(內注坪)의 정씨 가문에 장가드시거늘

(道典 1:37)

또한 **"보행하실 때 몸이 약간 왼편으로 기우시나 상체가 넓으시며 뒷태가 극히 아름다우셨다"**고 묘사되어 있습니다. 반면, 『도전』에서는 이러한 특징을 두고 **"몸이 정상이 아니요 성정이 원만하지 못하더라"**고 간략히 기록하고 있습니다.

일각에서는 『용화전경』의 묘사를 근거로 대모님께 사시斜視와 같은 신체적 장애가 있었던 것으로 추측하기도 합니다. 그러나 이는 사실과 거리가 멉니다. 의학적으로 사시는 한쪽 눈의 시선이 다른 쪽과 일치하지 않는 상태를 의미하는데, 기록상에 나타난 대모님의 시선 처리는 단순한 병증이라기보다 무언가 상징적인 거동에 가깝기 때문입니다.

따라서 이러한 독특한 행색과 기록상의 뉘앙스는 대모님의 개인적 신체 조건에 대한 묘사 너머에 천지 공사의 설계 속에서 무언가 중대한 비의를 암시하기 위한 도수적 장치로 해석하는 것이 타당해 보입니다.

일례를 들어, 건축물의 현판懸板은 정자正字로 씌어진 것과 달리, 인장을 새길 때처럼 좌우가 반전된 좌서左書로 뒤집힌 글자체가 존재합니다. 이는 선천 상극의 현실과는 반대되는 정역의 세상으로 좌선左旋 하도河圖의 원리를 상징하고 있습니다.

이와 같이 대모님의 시선이 여느 사람과 다르셨다는 특이점은, 좌서로 각인된 인장이 지닌 의미와 궤를 같이합니다. 즉, 대모님께서 선천의 질서와 반대되는 후천 정역의 질서를 주관하시는 분임을 드러내는 상징적 표징중 하나로 해석할 수 있습니다.

상제님께서 탄강하신 '객망리(客望里)'는 일명 '손바래기'라 불리며, 탄강 전에는 신선을 기다리는 마을이라는 뜻의 '선망리(仙望里)'라 일컬어졌습니다. 여기서 '바래기(望)'는 간절히 바라고 기다리며, 그리워한다는 뜻을 내포하고 있습니다.

마치 일을 보러 나간 부모님이 돌아오기만을 하염없이 기다리는 아이의 심정처럼, 오매불망 천지부모를 고대하는 지극한 마음을 대모님께서는 '**천지바래기**'라 표현하신 것입니다. 따라서 "**천지바래기란 말을 못 들었느냐**" 하신 말씀의 이면에는, 마치 '엄마 찾아 삼만리'의 여정처럼 인류가 지난한 선천 역사를 가로질러 고대해 온 생명의 근원을 마주하게 되었다는 선언적 의미가 담겨 있습니다.

상제님께서 혼기에 이르시자 부모님께서는 여러 차례 매파를 두어 규수를 간선揀選하셨습니다. 그러나 혼사가 성사되기까지는 두 가지 측면의 시련과 과정이 있었다고 전해집니다.

첫째는 상제님의 부친께서 며느릿감을 고르는 기준이 매우 엄격하여 무려 마흔아홉 번이나 청혼을 거절하셨다는 설입니다. 나중에는 매파들조차 발길을 끊을 정도로 혼삿길이 막히자, 부친께서는 자신의 까다로움을 자책하며 그 뒤로 어디서든지 중매가 들어오면 50번째 되는 규수는 무조건 허락하리라"고 천의天意에 맡기듯 결심하셨다는 이야기입니다.

둘째는 상제님께서 직접 보여주신 비범한 통찰력에 관한 설입니다. 매파가 다녀간 뒤 부모님께서 규수 집안의 이야기를 꺼내시면, 상제님께서는 가보지 않고도 그 집 선대의 가계와 친족의 인품은 물론 숨겨진 악습과 악성까지 물건 보듯 낱낱이 꿰뚫어 말씀하셨습니다. 이러한 상제님의 '안목'으로 인해 좀처럼 인연을 정하기가 어려웠다 합니다.

결국 이러한 우여곡절 끝에, 대모님이 18세 되시던 신묘(1891)년 겨울, 세 살 터울이신 상제님과 대모님의 성혼이 이루어지게 됩니다. 이는 인륜지대사인 혼인을 통해 정음정양의 기틀을 마련하시고 그 기초위에 천지대도의 법맥法脈을 이을 천륜天倫의 자식을 낳아 지금의 육기초 기지를 마련하게 되셨습니다.

『용화전경』에는 대모님께서 상제님을 지극정성으로 시봉하신 모습이 생생히 묘사되어 있습니다. 특히 상제님께서 대도를 얻으신 후 대모님께서 삭발을 하시고 여광여취如狂如醉의 모습으로 변형되신 대목은 주목할 만합니다.

상제님 화천 이후에도 삭발을 유지하시자 그 연유를 묻는 교인들에게 대모님께서는 "**너희 아버지는 미륵불(彌勒佛)이시니, 나는 보살(菩薩)이 되지 않겠느냐**"고 반문하셨다는 말씀이 전해집니다.

상제님께서는 단순히 부모님의 권유에 따라 혼인을 결정하실 분이 아니었습니다. 50번의 중매 끝에 대모님을 아내로 맞아 들이신데에는 필연적인 천지이치가 있으니 이는 우리가 반드시 풀어내야 할 신앙적 화두이기도 합니다.

『화은당실기』에 따르면 대모님께서는 상제님과의 슬하에 2남 3녀를 두셨으나, 막내인 화은당 선사만을 남기고 모두 어린 나이에 세상을 떠났습니다. 경전의 기록만 표면적으로 살핀다면 대모님의 전반적인 결혼생활은 지극히 불우하고 고달픈 삶처럼 비춰집니다.

서른 살 되던 경자(1900)년, 오랜 유력을 마치고 귀가하신 상제님께 대모님이 **"이제 남들처럼 재미있게 살자"**고 간청하자 상제님께서 **"그렇게 적은 말이 어데 있느뇨"**라며 꾸짖으시고 집을 멀리하신 대목이나, 『도전』에서 대모님을 상제님의 천하사를 이해하지 못해 불화를 일으키는 평범하고 속 좁은 여인으로 묘사한 부분들이 그러합니다.

그러나 우리는 그 이면의 진실에 주목해야 합니다. **"신축(1901)년 칠월부터 본댁에 머무르시며 쉬임없이 천지공사를 행하셨다"**는 기록에서 알 수 있듯이, 상제님께서는 대원사에서 성도成道하신 이후 거의 모든 초기 공사를 집에서 집행하셨습니다.

기록하는 이가 없어 세세히 전해지지 않았을 뿐, 대모님은 상제님께서 천지대신문을 여시고 우주의 명운을 결정짓는 그 장엄한 공사의 현장을 가장 가까이서 지켜내며 묵묵히 시봉하신 유일한 목격자이자 동반자였습니다.

1904년(甲辰) 가을까지의 3년은 대모님께서 상제님의 천지공사를 지근거리에서 수종드신 기간입니다. 이를 두고 일각에서는 상제님이 대모님을 '**수부(首婦)**'로 내세우셨다고 표현하나, 이는 대모님의 본래 위격과 수부 도수의 차이를 혼동한 명백한 오류입니다.

대모님은 상제님의 정배正配이신 '본부인'이지, 도수적으로 설정된 '수부'가 아닙니다. 이 미묘한 위격의 차이를 간과하고 용어를 혼용하는 순간부터 대모님에 대한 진리적 고증은 본질에서 벗어나 왜곡되기 시작합니다.

또한, 대모님의 신체적 특징이나 외모를 두고 선천의 박복한 여인들을 대속하여 여권女權을 바로잡기 위한 해원 공사의 일환으로 치부하는 견해가 있습니다. 즉, 못난 부인을 맞아 몸소 그 원한을 풀어주셨다는 식의 통설적인 관점입니다. 그러나 이는 깊은 통찰과 직관이 결여된 채 겉모습만 훑는 저급한 해석에 불과합니다. 진리의 본질을 꿰뚫지 못하니 이처럼 엉뚱한 결론에 이르게 되는 것입니다.

이러한 단편적인 추론은 결국 '**부족한 자질의 본부인과 1904년에 이연(離緣)을 선언하고, 이후 김수부와 고수부로 도수가 이어졌다**'는 식의 편의주의적인 서사로 연결됩니다.

기록에 따르면 김수부님은 상제님 화천 후인 1911년 최씨 문중으로 출가하던 중 초례청에서 병을 얻어 22세의 나이로 선화하셨습니다. 이러한 비극적인 생애나 두 분 수부님의 독특한 역할에 대해 심오한 고찰을 하기보다는, 그저 부모가 배필을 정해주거나 그 집 귀신이 되라는 등의 선천의 폐습과 결혼윤리를 모두 대속 하는 차원의 공사로만 이해하는 것이 오늘날 인식 수준입니다.

대모님의 본질적인 위격이나 수부 도수의 심오한 세계를 들여다보지 못하는 이러한 저급한 의식의 스펙트럼은 현재 99%의 신앙층을 가두고 있습니다. 상제님께서 말씀하신 '**전무지후무지법(前無知後無知法)**'이 결코 아무나 근접할 수 있는 영역이 아님을 뼈저리게 느끼게 됩니다.

거듭 강조하지만, 진리적 진실의 결정적 증거는 자명합니다. 결과적으로 상제님의 묘소 곁에 합장되어 영원히 함께하신 분은 고수부님도 김수부님도 아닌, 바로 대모님이십니다. 이 엄연한 사실을 진리적으로 그 누가 반박할 수 있겠습니까?

"오리알터는 나와 너의 어머니의 영원한 안장지니라."고 하신 상제님 말씀은 이를 잘 드러내주고 있다 할 것입니다.

『용화전경』에는 특이하게도 '**소뼈**'와 '**개뼈**'에 관한 상제님과 대모님의 일치된 말씀이 기록되어 있습니다.

> 동곡에 계실새 오리알터를 가리켜 세인(世人)이 나의 묘지(墓地)라고 한다네.
> 그러나 **개뼈가 묻힌지 소뼈가 묻힌지 누가 아느냐**고 하시니라.
> 『용화전경(龍華典經) 2장 12절』 <상제님 말씀>
>
> **장사하는 뼈가 개뼈인지 소뼈인지 뉘가 아느냐** 하시니라.
> 『용화전경(龍華典經) 6장 17절』 <대모님 말씀>

이는 '**천지음양이신 두 분의 위격을 참으로 알아볼 자가 누구인가**'를 물으시는 지엄한 화두입니다. 그럼에도 불구하고, 일각에서는 이를 "상제님과 무관한 뼈를 묻었다"는 식의 천박한 수준으로 해석하여 말씀의 본질을 희석해 왔습니다.

그러나 이 말씀은 상제님과 대모님 양위兩位분의 체백體魄을 봉안한 성묘원聖廟園이 있는 육기초를 가리키는 고도의 상징입니다.

복희여와도에서 선천태극이신 상제님은 용마龍馬(乾爲馬)로 드러나지만 후천미륵불로 재생신 하시면 **"나는 소체니라."**는 말씀처럼 암소에 대응하는 황소(ㅎ未,염소)가 되십니다. 이에 대비되는 '개뼈'는 곧 여미륵이신 대모님을 상징합니다.

흥미롭게도 영어에서 신神인 'God'를 거꾸로(左旋) 하면 'Dog'가 되듯 여와이신 대모님(戊)은 '戊土'에 황극인 한 점(丶)을 품고있는 황극신(坤元)으로서 '개뼈'가 되십니다.

나아가 **"천륜으로써 우주일가(宇宙一家) 하리라."**하신 상제님의 말씀과 **"이 아이라야 장차 나의 일을 이어 빛내게 될 것"**이라 하신 종통의 확언은 어떠합니까? 동도법종금강도의 『행선가(行善歌)』에서 전하는 **"계통(繼統)은 혈족(血族)으로 전하리라"**는 구절 또한 인륜을 통해 천륜을 밝히는 도맥의 실체를 못 박고 있습니다.

일각에서 대모님이 불완전한 성정의 소유자로 묘사되기도 했으나, 대모님께서는 바가지만한 불덩이를 두 손으로 공 놀리듯 다루는 화권火權의 이적을 친히 보여주셨습니다. 『용화전경』에 기록된 **"네 애비는 수화를 겸용하나 나는 화력(火力)만 쓰노라"** 하신 일갈은 당신의 신원이 **'원천화(元天火)'**의 자리임을 선포하신 것입니다.

이처럼 **'개뼈'**이신 대모님의 위격은 현무경 술부戌符에 고스란히 잘 나타나 있습니다.

'戌符'는 정교하게 안배된 39획으로 이루어져 있으며, 부符의 측면에는 다음과 같은 구절이 명기되어 있습니다.

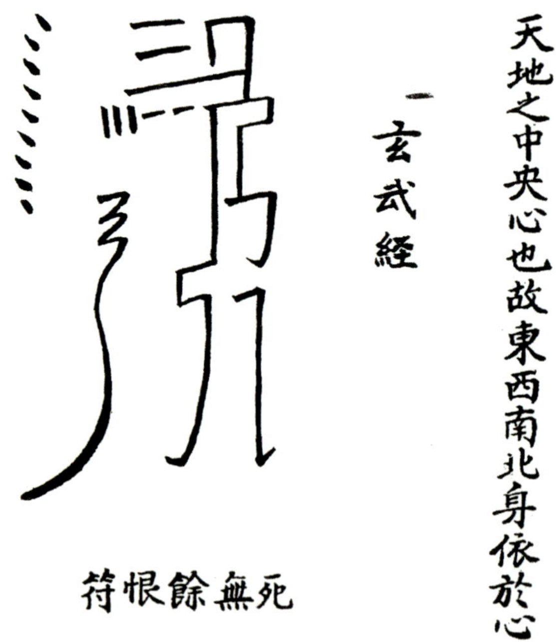

'天地之中央心也故東西南北身依於心 천지지중앙심야고동서남북신의어심'
천지의 중앙은 마음인 고로 동서남북의 몸이 모두 마음에 의지해 있음이라.

여기서 동서남북(身)은 수·화·목·금의 기운이 발현되는 작용의 자리이며, 중앙

(心)은 모든 조화를 주재하는 토자리입니다. 즉, 사방의 모든 작용이 중앙에 의지한다는 이 말씀은, 바로 술부가 지칭하는 토궁의 주인이 대모님이심을 확증하는 것입니다.

앞서 『용화전경』에 '**또 보행하실 때는 몸이 약간 왼편으로 기우시고 몸의 상체가 넓으시며 뒷 태도가 극히 아름다우신지라.**'는 독특한 기록이 전합니다.

보행하실 때 몸이 약간 왼편으로 기우셨다는 것은 한마디로 절뚝 거리면서 다니셨다는 표현입니다. 그런데 왜 그렇게 다녀야만 하셨을까요?

이 비밀의 열쇠는 주역의 39번째 괘인 '**수산건괘(水山蹇卦)**'에 숨겨져 있습니다.

건蹇에는 '**절뚝발이**'(한쪽 다리가 짧거나 탈이 나서 뒤뚝뒤뚝 저는 사람)라는 뜻이 있습니다. 이는 단순히 신체적인 불편함을 묘사한 것이 아니라, 천지 도수를 몸으로 체현하신 표징입니다.

대모님을 상징하는 '**戌符**'가 39획으로 이루어져 있다는 사실과, 절뚝거림을 뜻하는 수산건괘가 주역의 39번째 괘라는 사실은 결코 우연일 수 없습니다.

세간의 눈에는 그저 '정상이 아닌 몸'으로 비쳤을지 모르나, 진리의 눈으로 본다면 이는 천지의 토궁자리에 계신 대모님께서 만유의 고통과 조화를 동시에 짊어지신 채, 선천의 왜곡된 질서를 후천의 정역으로 바로잡기 위해 행하신 도수적 거동을 상징하고 있습니다.

만약 공부하는 과정에서 도출한 답이 진리와 일치하지 않는다면, 자신의 도그마(Dogma)에 취해 성인의 말씀까지 부정할 것이 아니라 쿨하게 오답을 인정하고 성찰해야 합니다. 아집으로 가득 찬 눈을 거두고, 천지음양의 두 분이 남기신 '**소뼈와 개뼈**'의 참뜻을 직시할 때 비로소 진리의 본질에 다가설 수 있을 것입니다.

『용화전경』의 '소뼈'와 '개뼈'에 담긴 비의를 추적하다 보면, 덕흥리 고구려 고분 벽화 속에 은하수를 사이에 두고 그려진 견우와 직녀의 형상이 떠오릅니다.

벽화 속의 견우牽牛는 문자 그대로 소를 끌고 있으며, 은하수를 상징하는 굽이치는 강물 너머에는 직녀織女가 개를 데리고 서 있습니다. 두 인물 곁에 명확히 적힌 '**牽牛之象**견우지상'과 '**織女之象**직녀지상'이라는 묵서墨書는 이들이 천지의 음양을 상징하는 실체임을 증명합니다.

여기서 개를 데리고 있는 직녀는 '개뼈'로 비유된 대모님(여미륵)의 화신이며, 소를 이끄는 견우는 '소뼈'로 상징되는 상제님(남미륵)의 화신이라는 의미가 함축되어 있으니 이를 주역 계사전에선 '**乾道成男**'과 '**坤道成女**'라 하였습니다.

그렇다면 왜 하필 수많은 이름 중 '**직녀(織女)**'여야만 했을까요? 직녀는 베틀의 주인으로서 누에고치에서 뽑아낸 고운 명주실로 옷감을 짜는 여인입니다. 상제님께서는 선녀직금仙女織錦으로 천하 창생에게 비단옷을 입힌다고 하셨습니다.

『춘산채지가』의 「남조선 뱃노래」에서도 "**칠량기(漆樑機) 베틀 노래 선녀직금 좋은 비단 은하수에 세탁하여 우리 도복 지을 적에, 금척옥척(金尺玉尺) 자질하여 도의도복(道衣道服) 마련하니 기장하다 의관문물 기장하다**"라며 선녀직금을 노래하고 있습니다.

결국, 육기초 신금산 벌집의 여왕벌인 직녀織女의 보살핌 속에서 도인으로 포태양생胞胎養生되어 욕대관왕浴帶冠王의 격을 갖추어야만 합니다. 그때 비로소 후천 월수세계月水世界를 건너게 될 것입니다.

2. 이연(離緣) 공사의 본질

신축(1901)년 7월부터 본댁에 머무르며 천지공사를 본격화하신 이후, 약 3년 동안 대모님께서는 상제님을 지근거리에서 시봉하며 공사에 수종드셨습니다. 그러던 중 갑진(1904)년 10월, 구릿골에 머물고 계시던 상제님께서는 황응종 종도를 통해 부친의 뜻을 전해 듣게 됩니다.

이때 상제님께서는 여러 종도에게 **"가정사는 친명(親命)대로 처리할 것이니 너희들이 증인을 설지니라"** 하시고, 이어 **"공사에는 수부(首婦)가 있어야 하나니 수부를 천거하라"** 하시니 형렬이 딸 말순으로 하여금 수종들게 했다는 기록이 전해집니다.

여기서 우리가 깊이 고찰해야 할 대목은 **"내가 초취(初娶)와는 아주 인연을 끊었노라"** 하신 말씀의 진의입니다. 만약 이 말씀을 단순히 세속적인 **'이혼'**으로 단정해 버린다면, 상제님 화천 이후 진행된 육기초 공사와 정면으로 충돌하는 모순이 발생합니다.

『화은당 실기』에 기록된 대모님의 위상, 그리고 신도神道로부터 하달되는 명에 따른 공사 집행과 그 결과로 상제님의 체백이 현재의 육기초(성묘원)에 모셔지게 된 역사적 사실들이 전혀 설명되지 않기 때문입니다.

만약 이 이연 선언이 실질적인 절연이었다면, 천명을 내리는 주체로 성부·성모님이 수시로 등장하는 내용 자체를 허령으로 간주하거나 육기초 공사 전체를 헛도수로 치부해야만 하는 논리적 모순에 빠지게 됩니다.

그렇다면 이 수수께끼 같은 이연 공사의 본질은 무엇이며, 상제님께서는 어떤 의도로 이 말씀을 남기신 것일까요? 관련 성구들을 통해 그 이면을 들여다보겠습니다.

1 갑진년에 구릿골에 계실 때 하루는 고부 와룡리(臥龍里) 사람 황응종(黃應鐘)이 상제님께 와 뵙고 '정씨 부인과 인연을 끊으라.'는 부친의 명을 전하니
2 이는 고부 본댁에서 정씨 부인이 시부모에게 불효하여 집안이 화평하지 못하므로 부친께서 응종을 보내어 이 사실을 말씀드리게 함이라.
3 응종이 상제님을 뵙고 여러 사람이 있는 가운데 그 사실을 아뢰니 상제님께서 우울해 하시며 응종에게 명하시어 "형렬의 집에서 자고 내일 돌아가라." 하시고
4 다시 이르시기를 "그런 것 살려 둘 필요가 없다. 벼락을 좀 써야겠다." 하시더니
5 잠시 후에 "가만있자." 하시며 한참을 머뭇거리시다가 "하마터면 어만 여자 하나 죽일 뻔했다.
6 내가 천하의 며느리와 시어머니를 불러 기운을 보니 며느리 치고 시어머니한테 욕 안 하는 여자가 없구나." 하시고
7 거듭 말씀하시기를 "공연히 어만 여자만 죽일 뻔했다." 하시니라.

8 이어서 형렬, 자현, 보경, 공숙 등 여러 성도들에게 이르시기를 "가정사는 친명(親命)대로 처리하노니 너희들이 증인을 설지니라." 하시고
9 형렬에게 명하시기를 **"내가 초취(初娶)와는 아주 인연을 끊었노라. 고부 본가에 가서 박처(薄妻)함을 성명(聲明)하고 돌아오라."** 하시거늘 형렬이 대답하고 가지 아니하니라.
10 그 후에 하루는 정씨 부인이 구릿골에 찾아오거늘 상제님께서 아무 말씀이 없으시더라.
(道典 3:90)

해당 성구의 원출처는 『대순전경』, 『증산천사공사기』, 『천지개벽경』의 기록들을 유기적으로 엮은 것입니다. 여기서 주목할 점은 **"내가 초취와는 아주 인연을 끊었노라"**는 선언의 시점이 기록에 따라 갑진(1904)년과 기유(1909)년으로 엇갈려 나타나기도 합니다. 그러나 황응종 종도의 방문과 부친의 명을 처리하는 문맥을 살펴볼 때, 이 말씀의 배경은 갑진년에 근거한 것으로 판단됩니다.

구릿골에 계실 새 하루는 황응종이 와서 뵈옵고 부인에 관한 친명을 전하거늘 천사께서 형렬, 자현, 보경, 공숙등 여러 종도들에게 일러 가라사대 **가정사는 친명대로 처리하노니 너희들이 증인을 설지니라** 하시고 또 가라사대 **공사에는 수부(首婦)가 있어야 하나니 수부를 천거하라** 하시니 형렬이 둘째딸로 하여금 수종들게 하니라
『대순전경(大巡典經) 4장 13절』

황응종이 천사의 본댁에서 구부불화(舅父不和)한 사실을 품고한 후로 천사께서 울울불락(鬱鬱不樂)하사 형렬을 명하사 **고부 본가에 가서 박처(薄妻)함을 성명(聲明하고 돌아오라** 하시니, 형렬이 응락하고 가지 아니하니라.
『증산천사공사기141』

기유(己酉, 1909)년 유월 스무 사흗날 상제께서 여러 종도들에게 일러 가라사대, "나의 일은 수부(首婦)가 있어야 되는 일이라. 이제는 일이 절박(切迫)하니 너희들 중에 임술(壬戌)생으로 누이나 딸이 있거든 수부로 내세우라." 하시니, 형렬(亨烈)이 여쭈어 가로대, "수부는 저의 딸로서 들여세우겠사오니 염려(念慮) 마시고 하루 속히 사업(事業)이나 추진(推進)하사이다.", 가라사대, "네 딸을 들여세우겠느냐." 형렬이 대답하여 가로대, "그리하겠나이다.", "깨끗한 옷을 갈아입혀 데리고 오라." 하시니 형렬이 명(命)하신 대로 그 딸을 약방(藥房)으로 데려오거늘 종도들로 하여금 약장(藥欌)을 방 가운데 옮겨 놓게 하신 후 형렬의 딸에게 명하사 약장을 안고 약장 주위를 세 번 돌게 하신 후에 약장 옆에 세우신 후, 여러 종도들에게 일러 가라사대, **"내가 초취(初娶)와는 아주 이**

연(離緣)하였음을 선언(宣言) 하노라. 후일에 너희들이 증인(證人)이 될지어다."
하시고 경석(京石)을 명하사, "양지(洋紙)에 '대시태조출세제왕장상방백수령창생점고후비소(大時太祖出世帝王將相方伯守令蒼生點考后妃所)' 라는 글을 쓰라." 하였더니 경석이 받아쓸세 후비소(后妃所)를 후비소(后 所)라고 그릇 쓰니 가라사대, "잘못 썼느니라."하시며 불사르게 하시고 다시 쓰라하여 약장에 붙이게 하신 후 가라사대, "이것이 예식(禮式)이니 너희들이 증인이라." 하시며 형렬의 딸을 안으로 들여보내신 다음에 경석으로 하여금, "그 글을 거두어 불사르라." 하시니라.
『천지개벽경(天地開闢經) 7장 10절』

상제님께서 선포하신 **"초취(初娶)와의 이연(離緣)"**은 김수부님의 수부 책봉 도수와 밀접한 상관관계를 맺고 있습니다. 만약 수부 공사의 모든 종결적 책임이 고수부님께만 귀결되는 것이라면, 이 이연 공사 또한 고수부님과의 관계 속에서 명확히 처결되었어야 마땅할 것입니다.

하지만 상제님께서는 왜 김수부님의 책봉 과정에서 이연을 선언하셨으며, 그 이면에는 어떤 천지의 기틀이 숨겨져 있는 것일까요? 지금부터 이 이연 공사의 본질에 대해 심층적으로 고찰해 보겠습니다.

결론부터 말씀드리면, 상제님께서 단행하신 **'이연(離緣) 공사'**는 단순한 부부간의 결별이 아닙니다. 이는 선천 상극의 질서를 해체하고 후천 정음정양의 기틀을 세우기 위한 우주적 대전환의 사건입니다.

정역의 **'日極 體位度數'**에 보면 **'化翁**화옹**은 无位**무위**시고 原天火**원천화**시니 生地十己土**생지십기토**니라'**는 구절이 나옵니다.

여기서 **'化翁'**은 앞서 인정상관(木宮) 편에서 밝힌 바와 같이, **'戊位'**로서 '木道'의 바탕에 자리하신 **'一'(圓)**이십니다. 이 '戊位'를 두고 **'居中이 五니 皇極이라'** 하였으니, 이런 연유로 이러한 연유로 대모님을 황극신皇極神이라 부르는 것입니다.

따라서 '原天火'이신 '化翁'이 '地十己土'인 '己位'를 낳았다는 것은, '戊位'인 대모님께서 모든 변화의 모체이자 바탕이 되신다는 뜻입니다. 이는 **"후천은 음체양용(陰體陽用)이라"**하신 상제님의 말씀과도 정확히 일치합니다.

사실 이 공사의 핵심은 **'이연(離緣)'**이라는 두 글자 속에 이미 그 해답이 노정되어 있습니다. '이(離)'는 사전적으로 '떠나다' 혹은 '갈라지다'는 의미를 지니지만, 역학적으로는 '태양(日)'을 상징하는 괘의 이름이기도 합니다. 「복희여와도」가 시사하듯, 선천 태극이신 상제님과 황극신이신 대모님은 두 분 모두 거대한 태양(日)의 위격을 지니고 계십니다.

사모님이 항상 공부를 하실세 바가지만한 불덩이를 두 손으로 공덩이처럼 공 놀리듯 하시면서 **"이불이 부딪히게 되면 천지가 박산 부서지듯 하리라"** 하시며 **"네 애비**

는 수화를 겸용하나 나는 화력만 쓰노라" 하시니라.
『용화전경(龍華典經) 6장 4절』

이는 '**한 산에 두 마리 호랑이(離)**'가 함께 살 수 없는 이치와 같습니다. "**이 불이 부딪히게 되면 천지가 박산 나리라**" 하신 말씀처럼, 이는 결국 선천의 불과 후천의 불이 상극相克의 기운으로 정면충돌하여 파국에 이를 수밖에 없는 선천 우주의 본질적인 한계와 위기 상황을 상징합니다.

세속적으로 부부간 이혼 사유의 1순위는 단연 가정폭력입니다. 그런데 억조창생을 건져 만세의 선경을 열러 오신 상제님의 가정생활에서 우리는 믿기 힘든 충격적인 기록을 마주하게 됩니다. 두 개의 거대한 불이 부딪히는 비극적 현장을 기록한 『화은당 실기』의 한 대목은 다음과 같습니다.

정씨 성모는 팔자 한탄을 하시면서 좋은 자식 다 죽이고 못난 여식으로 후계를 삼으라니 또 못 오시느니 하신다고 여러 말씀으로 푸념을 늘어 놓으시는지라. **성부께서 추상같이 꾸짖어 고함치시면서 노기가 등등하사 돌을 주어 성모의 머리를 때려 유혈이 낭자하니 어린 여식은 어머니를 붙들고 울며 발버둥치고 어머니는 어린아이를 이끌고 돌아서는데,** 성부께서는 높은 소리로 다시 크게 꾸짖으시면서 산모퉁이를 돌아서시는지라.
『화은당 실기 제1장 유소시대幼少時代』

기록은 참혹합니다. 대모님을 한갓 아녀자로 무시하며 돌로 머리를 내려찍는 상제님의 거동은 우리가 알고 있던 성인의 범주를 완전히 벗어나 있습니다. 오늘날의 상식으로 본다면 이는 명백한 가정폭력이자 인륜을 저버린 행위이며, 법정에서 결코 용납될 수 없는 중대한 귀책 사유에 해당합니다.

7 상제님께서 말씀하시기를 "부부가 합심하지 못하면 천하사는 이루기 어려우니라.
8 **대인의 도를 닦으려는 자는 먼저 아내의 뜻을 돌려 모든 일에 순종케 하여야 하나니**
9 **만일 아무리 하여도 그 마음을 돌리지 못할 때에는 분란을 이루지 말고 더욱 굽혀 예를 갖추어 경배하기를 날마다 일과로 행하라.**
10 그러면 마침내 그 성의에 감동하여 순종하게 되나니 이것이 옛사람의 법이니라." 하시니라.
(道典 3:245)

여기서 우리는 뼈아픈 질문을 던져야 합니다. 상제님께서는 평소 "**부부가 합심하**

지 못하면 천하사는 이루기 어려우니, 아내의 뜻을 돌려 모든 일에 순종케 하라"고 강조하시며, 대인의 도를 닦는 자는 지극한 정성을 다해야 한다고 가르치셨습니다. 그런데 정작 당신은 조강지처의 머리를 돌로 찍어 선혈이 낭자하게 하셨으니, 이것이야말로 선천 상극이 지닌 표리부동表裏不同한 단면이 아닙니까?

솔직히 자문해 봅시다. 우주의 절대자라 칭송받는 분이 아내의 머리를 돌로 찍어 버렸다는 대목에 이르러서는, 신앙인으로서 상제님의 성덕을 세상에 전하기조차 무색해지지 않습니까?

'그래도 상제님이시니까'라는 논리로 무조건 감싸야 한다면, 교주의 허물을 무비판적으로 덮어주며 맹목적으로 옹호하는 여타 사이비 종교의 작태와 우리의 신앙이 무엇이 다르다 할 수 있겠습니까?

우리가 이 대목에서 느끼는 당혹감과 불편함은 지극히 정당한 반응입니다. 그것이 명백한 가정폭력이자 반인륜적 행동임을 우리의 양심이 먼저 직시하고 있기 때문입니다. 그런데 왜 상제님이라는 이유만으로 어물쩍 넘어가려 하십니까? 논리적으로 차고 넘치는 정당한 근거를 제시하지 못한 채, 이 대목만 나오면 머리를 싸매고 줄행랑을 치거나 쉬쉬하며 외면하는 것이 과연 진리를 탐구하는 도인의 자세입니까?

이것은 단순히 '도수'라는 모호한 말로 대충 퉁치고 넘어갈 사안이 아닙니다. 상제님께서는 "**나의 동정어묵(動靜語) 하나도 천지공사 아님이 없다**" 하셨으니, 대모님의 머리를 돌로 찍으신 그 충격적인 사건 또한 필연적으로 공사의 핵심 설계와 연결되어야만 마땅합니다.

이 충격적인 사건을 정면으로 마주하여 아예 끝장을 봐야 합니다. 상제님 혼자만은 절대 빠져나갈 수 없는 이 잔혹한 기록 뒤에, 어떤 거대한 비밀이 숨겨져 있는지 이제는 밝혀내야 할 때입니다.

어떤 이들은 상제님의 모든 행보를 무조건 '도수'라고 강변하며, 본인조차 이해하지 못하는 궁색한 논리로 얼버무리려 합니다. "**나는 독(毒)함도 천하의 독을 다 가졌고 선(善)함도 천하의 선을 다 가졌나니**" 라는 말씀 한마디가 상제님의 폭력적 행위를 정당화하는 면죄부가 될 수 있을까요? 결코 그렇지 않습니다. 그런 식의 회피는 논리적 한계에 부딪힐 뿐입니다.

> 日(왈), **我(아)난 語默動靜(어묵동정)이 無非天地公事(무비천지공사)하야 忙無暇(망무하)어늘, 人(인)은 不知也(부지야)니라.**
>
> 말씀하시기를, 나는 어묵동정이 천지공사가 아님이 없어 쉴 짬이 없거늘 사람들은 알지 못하노라.
>
> 『대개벽경(大開闢經) 2편 임인년 공사기 8장』

"동정어묵(動靜語) 하나라도 천지공사가 아님이 없다"고 하시는 이 말씀이 진실이라면, 대모님의 머리를 돌로 찍으신 행위 또한 명백한 공사의 일환입니다. 이는 곧 그 돌에 맞으신 분 역시 단순한 피해자가 아니라 천지공사의 핵심 당사자라는 뜻입니다. 두 분은 천지도수로 엮여 있기에, 신앙인들이 제아무리 상제님만 따로 떼어내어 변호하려 애써도, 구조적으로 상제님 혼자서는 절대 이 문제에서 빠져나갈 수 없게 되어 있습니다.

이 문제는 대우주의 본질적이고도 거시적인 관점에서 바라볼 때 비로소 해답이 보입니다. 이토록 심각한 부부갈등의 문제는 곧 선천 우주와 후천 우주의 갈등 구조를 대변하기 때문입니다. 따라서 우리는 가해자로 비치는 상제님의 입장뿐만 아니라, 피해자로 남은 대모님의 입장 또한 반드시 함께 들어보아야 합니다.

"선천은 상극(相克)의 운(運)이라 상극의 이치가 인간과 만물을 맡아 하늘과 땅에 전란(戰亂)이 그칠 새 없었나니 그리하여 천하를 원한으로 가득 채우므로 이제 이 상극의 운을 끝맺으려 하매 큰 화액(禍厄)이 함께 일어나서 인간 세상이 멸망당하게 되었느니라"

"선천에는 위무(威武)로써 승부를 삼아 부귀와 영화를 이 길에서 구하였나니, 이것이 곧 상극의 유전이라."

"선천 영웅시대에는 죄로 먹고살았으나 후천 성인시대에는 선으로 먹고살리니 죄로 먹고사는 것이 장구하랴, 선으로 먹고사는 것이 장구하랴. 이제 후천 중생으로 하여금 선으로 먹고살 도수(度數)를 짜 놓았노라. 선천은 위엄으로 살았으나 후천세상에는 웃음으로 살게 하리라."

선천은 위무威武로써 승부를 삼고 위엄으로 삶을 지탱하던 상극의 영웅시대였습니다. 하지만 이제 다가올 후천은 선善으로 먹고살며 웃음으로 삶을 영위하는 성인의 시대입니다. 이처럼 완전히 상반된 두 우주의 질서가 교차하는 지점에서 발생하는 파열음이 바로 '**돌을 던지신 사건**'입니다.

이 비극적인 현장을 천지공사의 도수로 정당하게 인정받게 할 열쇠는 대모님께 있습니다. 대모님의 말씀과 행동이 후천 우주를 대표하는 주권자로서 집행하신 천지공사 상의 도수였음을 인정할 때만, 비로소 상제님의 행위도 면죄부를 얻을 수 있습니다.

역설적으로, 대모님의 위상이 상제님과 비교해 조금도 부족함이 없는 절대적 위치여야만 상제님의 행동이 비로소 이해되고 모든 오해가 풀릴 수 있다는 뜻입니다. 만인이 지탄할 그 폭력적 행위가 결국은 피할 수 없었던 천지공사였음을 증거하신

대모님의 말씀이 있습니다. 조강지처를 피 흘리게 한 상제님을 반인륜의 어둠 속에서 건져낼 유일한 탈출구는 바로 대모님의 다음 증언입니다.

> **"네 애비는 수화를 겸용하나 나는 화력만 쓰노라"** 하시니라.
> 『용화전경(龍華典經) 6장 4절』

이 한마디로 상제님의 정체와 대모님의 위격이 단숨에 드러납니다. 그동안 우주의 원주인으로 '**原天火**'이신 대모님의 앞을 가린 채 위세를 떨치던 존재가 실상은 '**선천 태극**'이었음이 밝혀진 것입니다. 『진주주』에서 '**眞主 眞主 至 眞主 南無阿彌陀佛**'이라 노래하며 그토록 찾아 헤맸던 우주의 진짜 주인, 즉 '**법신불(法身佛)**'이 바로 대모님이셨습니다.

상제님 화천 이후, 대모님께서 머리를 스님처럼 깎으신 이유를 묻는 교인들에게 "**너희 아버지는 미륵불(彌勒佛)이시니 나는 보살(菩薩)이 되지 않겠느냐**"고 반문하신 기록은 시사하는 바가 큽니다. 이는 대모님께서 선천의 땅(地, 坤)인 고수부님(법륜보살)에 가려져(藏) 보이지 않았던 지장보살地藏菩薩의 화신이었음을 증거합니다.

지옥의 문전에서 고통받는 마지막 중생을 건지기 전에는 결코 성불하지 않겠노라 서원한 지장보살처럼, 대모님은 선천 상극의 검붉은 원한에 신음하는 뭇 생명들을 치맛자락으로 보듬어 안으신 분입니다. 5만 년 세월의 모진 풍파를 온몸으로 떠받치며 음덕蔭德으로 인류를 지탱해 오신 진정한 천지의 어머니이십니다.

빛나는 영광의 자리를 뒤로한 채 스스로 '**지장(地藏)**'이 되어 사라지셨기에, 우리는 그간 대모님을 그저 상제님의 반려자나 화은당 선사의 어머니 정도로만 치부해 왔습니다. 천지공사의 도적道的 차원에서 그 위상을 가늠하지 못하다 보니, 상제님과 함께 영대에 계심에도 마치 '투명인간'처럼 홀대해 온 것이 부정할 수 없는 현실입니다. 역지사지易地思之의 마음으로 헤아려 본다면 후천의 천지 녹줄을 쥐고 계신 분으로서, 당신을 철저히 무시해 온 중생들을 바라보시는 그 심경이 어떠하셨겠습니까?

과거 우리네 어머니들이 오직 헌신과 희생으로 가정을 지켜냈기에 오늘의 우리가 존재하듯, 인류의 생사 판가름 또한 천지의 원주인이신 대모님을 어떻게 모시느냐에 달려 있습니다. 이것이 바로 우리가 그토록 찾아 헤매던 개벽의 실체이자, 진리의 본향을 알리는 '**소울음소리**'입니다.

결국, 두 분의 경우에서 보듯 두 태양의 거대한 충돌이 가져올 파국을 막기 위해, 천도는 공멸이 아닌 조화의 길을 열게 됩니다. 인류가 상극의 화액禍厄으로 멸망당하지 않도록 안배된 그 운수의 묘방이 바로 '**이연(離緣)**'입니다.

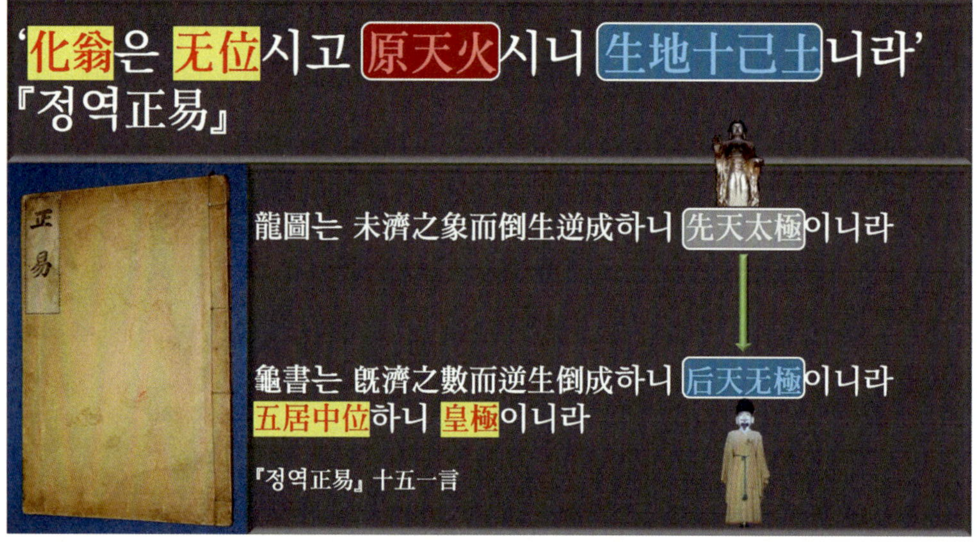

이연 공사의 구체적인 실현 방법은 수화水火를 겸용하신 상제님께서 불(太陽,龍圖)에서 물(太陰,龜書)로 재생신再生身하시는 것입니다. 이를 일부선생은 '**금화교역(金火交易)**'이라 하였습니다.

이는 천하의 독毒을 품었던 위엄의 주재자에서, 천하의 선善을 베푸는 자상한 남편이자 아버지의 모습으로 화化하시는 우주적 대전환을 의미합니다. 우리도 이를 본받아 금수대도술의 짐승에서 지심대도술의 도인으로 거듭나야 합니다. 즉 하도(火)의 선천 인간이 낙서(金)의 후천 인간으로 개과천선하는 이치가 바로 여기에 있습니다. 이 모습이 천하전 내부 구궁정자형의 중앙에 삼베옷을 입은 채 세워놓은 상제님의 영상입니다.

모진 독기와 위엄을 내려놓고, 천한 신분인 평민들이나 입던 얇고 거친 삼베옷 차림으로 천하전 내부 구궁정자형 중앙에 서 계신 상제님의 영상은 바로 이 '**재생신**'의 거룩한 자취를 상징하고 있는 것입니다.

이처럼 재생신으로 귀결되는 금화교역金火交易의 천지 변화를 두고, 상제님께서는 《현무경》 신부申符에서 "**水火金木**수화금목**이 待時以成**대시이성**하나니 水生於火故**수생어화고**로 天下**천하**에 無相克之理**무상극지리"라 하셨습니다. 여기서 '火'는 '原天火'인 태을천상원군을 말합니다.

앞서 살펴본 '**化翁은 无位시고 原天火시니 生地十己土**'라는 구절에서 '十己土'는 '己位'로서 태음의 자리입니다. '原天火'에서 '地十己土'가 '生'하는 것을 일컬어 '水生於火'라 하신 것입니다. 이는 마치 어머니가 아이를 품에 안고 있는 자애로운 형상과 같기에, 천하에 무상극지리라 한 것입니다.

복희여와도에는 두 분 모두 태양(日)의 형상으로 표면상 한 몸처럼 계셨으나, 그 내면은 '**돌을 주어 성모의 머리를 때려 유혈이 낭자하게 한 사건**'에서 보듯 선천과 후천을 대표하는 극심한 갈등과 상극의 관계였습니다.

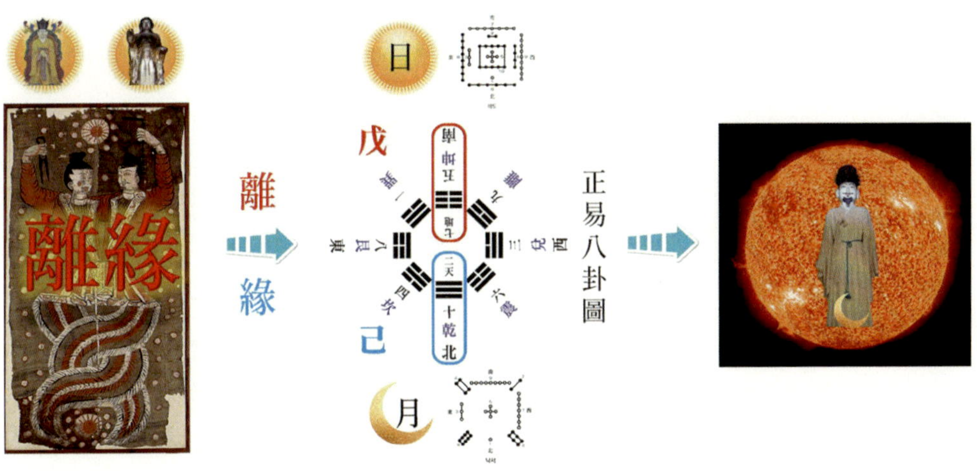

그러나 정역팔괘(후천)에 이르러서는 표면상 해(日)와 달(月)로 명확히 '이연(離緣)'되어 갈라진 듯 보입니다. 하지만 그 실상을 들여다보면, '无極之无極'의 모습처럼 십무극(十) 속에 오황극(五)이 완벽히 자리 잡은 건곤일여乾坤一如로 혼연일체되어 한 덩어리로 승화된 모습임을 확인할 수 있습니다.

복희가 측량 도구인 곱자(矩)를 들고, 여와가 원을 그리는 컴퍼스(規)를 들고 있는 모습은 바로 이러한 후천의 질서를 대변합니다. 이는 좌선하도左旋河圖와 좌선낙서左旋洛書의 이치를 담고 있으며, 규구規矩를 통해 금화교역이 성취된 조화로운 후천의 이상을 상징적으로 보여줍니다.

상제님께서는 이처럼 '**이연(離緣)**'이라는 파격적인 도수를 통해 십무극十無極으로 재생신하셨고, 그 결과 선천 태양의 위세에 가려져 있던 '**원천화(原天火)**'이신 대모님의 본래 위격이 비로소 전면에 드러날 수 있었습니다. 이것이 바로 베일에 싸여 있던 이연 공사의 참된 실체입니다. 이는 표면적으로는 가정의 불화처럼 비쳤으나, 실상 우주사적으로는 선천의 인연을 매듭짓고 후천의 새 판을 짜기 위한 필연적 계기였습니다.

선천의 부부 관계를 매듭짓는 이연을 통해 두 분은 새 천지의 정음정양 관계로 새롭게 정립되었습니다. 이렇게 정립된 천지음양의 건곤위乾坤位를 대리하여, 이 땅에 건도성남乾道成男과 곤도성녀坤道成女의 건곤일월乾坤日月로 강세하시는 존재가 바로 태극의 모체에서 출현하는 '두 도령'입니다.

결국 상제님께서 다시 황극皇極으로 인신합덕人神合德하여 오심으로써, 장차 올 세상은 공사 보신 그대로 왕(견우)과 왕비(직녀)가 주재하는 황극의 정사가 실현될 것입니다. 이로써 만유가 화평한 후천 선경의 문이 활짝 열리게 됩니다. 우리가 그토록 고심했던 김수부님의 수부책봉 공사에 이 충격적인 '**이연 선언**'이 전제조건처럼 등장해야만 했던 이유가 바로 여기에 있었습니다.

3. 태을천상원군

오행의 원리에서 토궁의 주인은 바로 '太乙'이십니다.
그렇다면 '太乙'의 진정한 의미는 무엇일까요?
이를 명확히 이해하기 위해서 태을과 대비되는 '太甲'의 개념을 살펴봐야 합니다.

'太'는 글자 그대로 우주의 본체인 태극太極을 상징합니다.
'甲'은 양간陽干의 대표이며, '乙'은 음간陰干의 대표입니다.

천간天干은 하늘의 이치를 뜻하므로, '甲'은 양陽의 하늘을, '乙'은 음陰의 하늘을 상징합니다. 따라서,

상극相克의 우선右旋 하도河圖를 의미하는 복희팔괘伏羲八卦가 양陽의 하늘을 대표하는 '太甲'이라면,

상생相生의 좌선左旋 하도河圖를 의미하는 정역팔괘正易八卦는 음陰의 하늘을 대표하는 '太乙'의 세계라 할 수 있습니다.

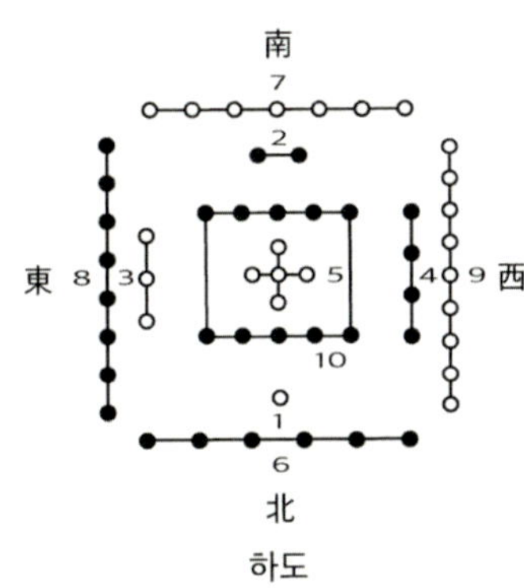

하도

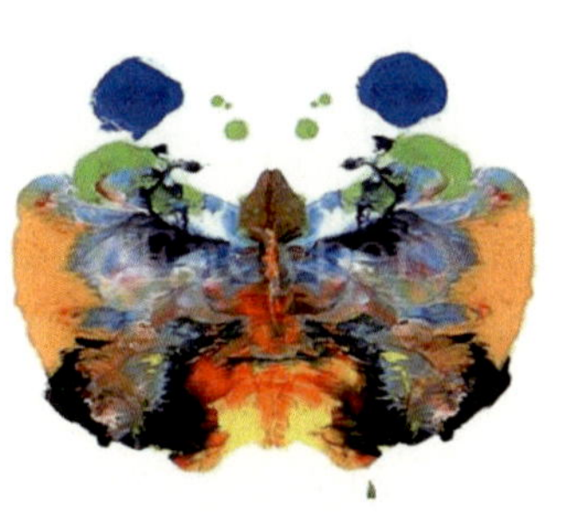

그러면 '乙'에는 어떤 뜻이 있을까요?

첫째, 태을은 모든 도道가 나오는 근원根原이자 조화의 뿌리이며 우주의 자궁子宮입니다.

둘째, 둘째 천간인 '乙'로서 '陰'의 하늘을 대표하십니다.

셋째, 새 '乙'자로서 '原天火'의 의미가 있습니다.

넷째, 제비(燕) '乙'자로도 쓰니 동음同音인 제비帝妃는 직녀오황극의 위격을 상징합니다.

※ 참고: 'ㄹ乙'이라 할 때는 본체 오황극인 태을의 의미보다 견우직녀를 뜻하는 낙서 오황극인 제비의 의미로 쓰임.

『동의보감』에는 **'태을구고천존(太乙救苦天尊)'**에 대한 흥미로운 기록이 나옵니다.

"매화(꽃)를 복용하면 두창이 나오는 것을 면할 수 있다. 음력 12월에 매화(꽃)를 채취하는데 많고 적음에 구애하지 말고 응달에 말려서 가루를 낸다.
꿀로 감실 크기의 환(알약)을 만들어 매번 1환씩 좋은 술로 녹여 먹으면서
'太乙救苦天尊'을 100번 외우면 묘하기(몸에 좋기)가 말로 다할 수 없다."
(念太乙救苦天尊一百遍妙不可言)

태을구고천존의 용례에서 보듯이 만병을 물리치는 구축병마驅逐病魔의 조화가 있으니 병은 태을주라야 막아내게 되며 이로써 천하 사람을 살리게 됩니다.

"태을주는 천지 어머니 젖줄이니 태을주를 읽지 않으면 다 죽으리라."는 말씀만 보더라도 태을太乙은 천지 어머니(陰)의 본 바탕이심을 알 수 있습니다. 다음으로,

'天'은 정역팔괘 원천原天의 의미이며

'上'은 잡괘전의 '離上而坎下也'에서 보듯 태양을 뜻하며 23산지박괘山地剝卦의 상전象傳에 나오는 '上'으로서 상제님께서는 '以不安聖上之心'이라 하여 성상聖上의 마음을 불안케 하지말라 하셨습니다.

'元'은 주역의 건원乾元과 곤원坤元에 함께 쓰이나 여기선 '坤元'인 '至'입니다.

'君'은 황극의 임금을 뜻합니다.

따라서 **'太乙天上元君'**은 하도의 하도河圖의 중앙으로 오황극五皇極이신 대모님에 대한 선仙의 호칭임을 알 수 있습니다. 이는 김일부 선생의 『정역(正易)』에서도 확인됩니다.

嗚呼라 盤古 化하시니
天皇无爲시고 地皇載德하시니 人皇作이로다
『정역正易』「十五一言」

여기서 '地皇載德지황재덕'은 '地皇'이 '德'을 싣고 있음을 의미합니다. 그렇다면 지황이 싣고 있는 이 '德'은 과연 어떤 분을 상징할까요?

『주역』 중지곤괘의 상전을 보면, **'象曰 地勢坤이니 君子以하야 厚德으로 載物하나리라.'** 하였습니다. 즉, 곤坤의 자리는 본래 **'厚德'**의 자리입니다.

선천에 곤은 **'載物'**하시어 하늘 아래 만물을 싣고 키우며 양육하는 어머니였습니

다. 그러나 『정역』에서는 이와 반대로, 기위친정己位親政하시는 상제님께서 '載德'하여 오히려 곤덕坤德을 싣고 계십니다. 이는 화금火金이 금화金火로 역전된 정역의 원리를 보여줍니다.

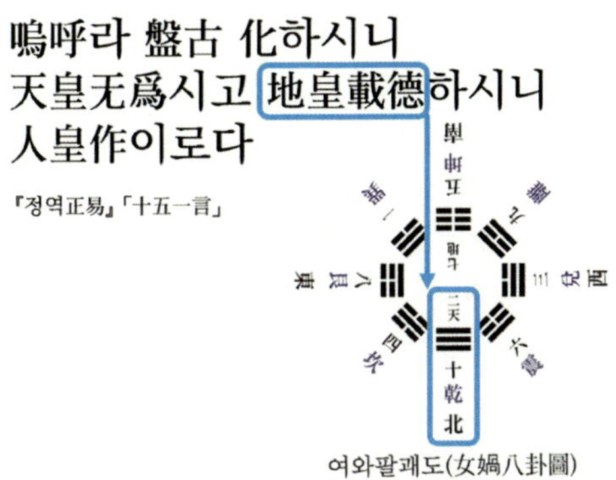

여와팔괘도(女媧八卦圖)

따라서 『정역』의 '天皇无爲'는 곧 곤덕의 자리로서 '**천지 어머니**'가 되십니다.

일부 선생은 이 '天皇无爲'의 자리를 '**化翁无位**'라고도 표현하며, '**无極之无極이여 夫子之不言이로다**'라고 찬탄하였습니다.

또한 '원(圓, ◯)'은 곧 '無極'이기에, 상제님께서는 『현무경』에서 '**無極神**'이라 칭하셨고, 하도의 오황극 자리에 계시기에 '**皇極神**'이라고도 하셨습니다. 고수부님께서는 이 황극신의 자리를 일컬어 "**토궁지(土宮之) 오복(五福)이라**"이라 밝혀 주셨습니다.

> 81. 어느날 신정공사(神政公事)를 베푸실 새 고후비님(高后妃任)이 이와같이 말씀하시더라
> 첫째 사람 잘되기를 바라소
> 지난 일일랑 생각(生覺)지 말고 오는 일만 되게 하소
> 도리(桃李)(道理) 도리(桃李)(道理)는 편시춘(片是春)이요
> 가지(枷枝)(可知) 가지(枷枝)(可知)가 봄 가지(枷枝)(可知)라
> 이화(李花)(理化) 도화(桃花, 道化)가 다 피어서 국내(國內,菊乃)가 양생(陽牲 養生)이라
> **은천상제(恩天上帝) 상천(上天)이요**
> **토궁지(土宮之) 오복(五福)이라**
> **수궁(水宮) 성군(聖君)을 모시(慕侍)어**
> **탈겁중생(脫劫衆生)이 이 아니냐**라 하시더라.
> 『선도신정경(仙道神政經) 3장 81절』

원문에서 '恩天上帝'는 16번째 뇌지예괘의 상전 '象曰 雷出地奮이 豫니 先王이 以하야 作樂崇德하야 **殷薦之上帝**하야 以配祖考하니라.'에 나오는 '**殷薦之上帝**'의 뉘앙스가 있습니다.

여기서 '은(殷)'은 성대함을 나타내는 형용사로 '殷薦之上帝'란 상제께 성대하게 제사 올린다는 뜻입니다.

"**황극신이 이 동토(東土)에 넘어오면 천하의 대중화(大中華)는 조선이 된다**" 하시

고 오십토五十土 중앙으로 도읍을 옮겨 조선이 천자국 되고 상등, 중등, 하등 도통이 나온다 하셨습니다.

이 천자국인 조선국에 자리하실 세 분 상계신,중계신,하계신이 곧 원방각 천지삼신이십니다.

그러니 '**恩天上帝 上天**'은 선천의 상제님이요 다음 '**土宮之五福**'은 토궁의 주인이신 후천의 천주이신 대모님이고 마지막으로 '**水宮聖君**'은 선사님이 되십니다. 이 세 분의 천지삼신을 모시어 중생의 탈을 벗게 된다 하신 것입니다.

여기서 '土宮之五福'이란『서경』「홍범구주(洪範九疇)」'**次九 日 嚮用五福 威用六極**'에서 언급된 이괘離卦의 덕성을 의미합니다. 이는『정역』「十五一言」에서 설파한 '**合하면 土**'라. '**居中이 五니 皇極이라**'는 말씀과 일치합니다. 즉 하도의 중앙에 자리하여 우주 변화를 주재하는 본체인 오황극이 바로 '**태을천상원군**'이심을 명확히 보여줍니다.

이 토궁은 만물을 조화하는 '**戊土**'의 자리입니다. 금산미륵불을 닮은 상제님의 오른 손 바닥에 별무자戊字 무늬가 새겨져 있었다는 일화가 전해옵니다.

천사 가라사대 동학은 드는 날로부터 녹이 떨어지나니 **대저(大抵) 녹이란 것은 곤(坤)에 붙어 있는 것이어늘** 동학은 시천주조화정(侍天主造化定永)이라 하여 하늘에만 편중(偏重)하는 까닭이요 또 수명(壽命) 복록(福祿)이라 하지만은 수명만 길고 복록이 없으면 죽는 것만 같지 못하거늘 수명을 먼저하고 복록을 뒤로 하는 까닭이니라 그러므로 **이제는 복록을 먼저 하라** 하사 소리를 높여 외우게 하시니라

『대순전경(大巡典經) 4장 46절』

하루는 태을주(太乙呪)를 쓰시어 가르치시니 이러하니라. 태을천상원군훔리치야도래훔리함리사바하(太乙天上元君 耶都來 喊 娑婆訶)라고 열아홉자를 안띠고 한줄로 내려 써놓으시고 가라사대, "이 글이 태을주니라." 하시며 위에다 훔치(吽哆) 넉자를 두 줄로 써 놓으시고 가라사대, "너희들은 앞으로 이 넉자를 더 첨가하여 읽으라."하시며, 또 가라사대, "이 형상(形像)이 무슨 모양과 같으냐." 하고 물으시니 이 때에 김갑칠(金甲七)이 여쭈어 가로되, "흡사(恰似) 밥 퍼먹는 숟가락과 같사옵니다." 하고 아뢰니라. **"네 말이 옳도다. 이 모양이 밥 숟가락과 같으니 숟가락은 밥 퍼먹는 것이라. 그런 고로 이 글에 녹(祿)이 붙어 있느니라."** 이어서 가라사대, "이 숟가락으로 동서양(東西洋)을 내가 밥 비비듯 하리니 너희들은 앉아서 이 숟가락으로 많이 퍼먹으라." 하시였다 하니라.

『천지개벽경(天地開闢經) 2장 40절』

상제님께서는 동학이 하늘에만 편중되어 녹이 떨어졌음을 지적하시며, "**이제는**

복록을 먼저 하라"고 하셨습니다. 태을주 19자를 숟가락 모양으로 써주시고 "**이 모양이 밥 숟가락과 같으니... 이 글에 녹(祿)이 붙어 있느니라.**"하신 공사는 매우 상징적입니다.

"**대저(大抵) 녹이란 것은 곤(坤)에 붙어 있는 것**"이라는 말씀은 곧 이 '**녹(祿)**'이 '坤'의 자리로서 천지 어머니의 자리라는 말입니다.

이 분을 상제님께서는 '**海印**'이라 하셨습니다. 바다 '해(海)' 자 속에 어미 '모(母)'가 들어있는 것 또한 우연이 아닙니다. 도장이 좌서左書로 각인되어 있음을 볼 때 '海印'은 좌선하도의 '**천지 어머니**'를 상징합니다.

따라서 천지암소(牝牛)로서 '坤位'에 계시는 대모님께서 태을주의 주신인 '**太乙天上元君**'이심이 여실히 드러나는 말씀입니다.

> 기유(己酉)년 신농씨(神農氏) 공사를 보실 때 가라사대 "태고(太古)에 염제(炎帝) 신농씨는 입으로 백가지 풀잎의 맛을 보아 약을 써서 병을 낫게 하였으되, 너희들은 입으로 글을 읽어서 창생(蒼生)을 구출(救出)하라." 하시며, 이어서 가라사대 "**소가 풀을 먹을 때 입으로 훔쳐 먹으니 훔치 소리요, 이 또한 천지부모(天地父母)를 부르는 소리니라. 송아지가 어미를 부른 것과 같으니 이는 곧 한울님을 부르는 소리요, 낙반사유(落盤四維)가 인의예지(仁義禮智)니 이 네개의 젖꼭지를 잘 빨아야 살 수 있을 것이니라.**" 하시고, 또 가라사대 "**천지만물(天地萬物)이 한울을 떠나면 명(命)이 떠나는 것이니 태을(太乙)을 떠나서 어찌 살기를 바랄 수 있으리요. 태을주는 곧 약(藥)이니, 이 약을 먹지 않고는 살지 못하리라.**" 하시였다 하니라.
>
> 『천지개벽경(天地開闢經) 2장 42절』

신농씨 공사에서 상제님께서는 태을주 읽는 소리인 '훔치(吽哆)'를 두고, "**송아지가 어미를 부르는 것과 같으니 이는 곧 한울님을 부르는 소리**"라고 밝혀 주셨습니다. 이 말씀 속에서 만물의 생명을 낳고 기르는 '한울님'을 '암소(牝牛)'에 비유하심을 알 수 있습니다.

"**낙반사유(落盤四維)가 인의예지(仁義禮智)니 이 네개의 젖꼭지를 잘 빨아야 살 수 있을 것이니라.**"는 말씀 또한 이러한 암소의 상징을 전제로 합니다. 즉 암소이신 대모님께서 한울님이심을 증거하고 있는 것입니다.

또한 상제님께서는 "**천지만물이 한울을 떠나면 명(命)이 떠나는 것이니, 태을(太乙)을 떠나서 어찌 살기를 바랄 수 있으리요**"라고 엄중히 경계하셨습니다. 앞선 말씀과 종합해 볼 때, 우리가 찾아야 할 근원에 계시는 한울님이 곧 '**태을(太乙)**'이심이 자명해집니다.

결국, 모든 생명의 근원이자 어머니로서 '**태을(太乙)**'은 천지 암소(牝牛)가 되시며, 태을주를 읽는 행위는 송아지가 어미를 찾듯 천지 생명의 본원인 태을과 하나되는 과정입니다.

> 또 하루는 태을주(太乙呪)를 읽으시고 종도들에게 가라사대 **"나무가 땅에다 뿌리를 박지 않으면 하늘이 우로(雨露)를 내린들 그 나무가 어찌 기름지게 자라며, 그 어미의 젖을 마다고 먹지 아니하면 그 자식이 어찌 삶을 구하리."** 하시었다 전하니라. 『천지개벽경(天地開闢經) 2장 44절』

"나무가 땅에다 뿌리를 박지 않으면 하늘이 우로(雨露)를 내린들 그 나무가 어찌 기름지게 자라며, 그 어미의 젖을 마다고 먹지 아니하면 그 자식이 어찌 삶을 구하리" 라는 말씀에 계속 **'땅'**과 **'어미의 젖'**이라는 상징이 일관되게 흐르고 있습니다.

이 말씀 속에는 나무의 생존이 땅에 뿌리를 내리는 데 있듯이, 인류의 생존 또한 천지의 자양분을 공급하는 근원적 바탕과 반드시 연결되어야 함을 역설하신 것입니다.

따라서 '태을(太乙)'을 모든 생명의 근원으로 밝혀주신 맥락에서 볼 때, 태을은 곧 천지의 곤자리이신 대모님이십니다.

토궁에 계시는 대모님의 모습은 상제님과의 관계에서 본부인本婦人이라는 위상으로 나타나셨습니다. 그러나 보이지 않는 조화기운(土)의 특성상, 거의 숨겨진 그림자 같은 존재이셨으며 그나마 이를 처음으로 드러내신 것도 상제님과의 인륜지대사人倫之大事를 통해서였습니다.

결과적으로 상제님 생애와 도사道史에 있어서 첫 단추라 할 수 있는 이 인륜지대사를 가벼이 여긴 나머지, 생명의 뿌리를 망각하는 우를 범하고 말았습니다. 이는 도맥道脈의 전모를 통찰할 수 있는 판단력을 상실케 하여, 결국 도道 세계의 미아로 전락시킨 근본 원인이 되었습니다.

그러므로 뿌리로서 대모님의 위상을 정확히 인식하는 것이야말로, 가닥가닥 끊어진 천지대도의 핵심 맥을 잇는 근원적인 고리이자 그간 도판에서 풀리지 않았던 화두의 본체를 깨닫는 유일한 열쇠라 할 수 있습니다.

상제님께서도 **"만고의 음덕(陰德)이 부인에게 있나니 부인을 잘 대접하라. 나 또한 경홀치 않느니라. 부인 수도(婦人修道)는 내 도의 근간(根幹)이요 대본(大本)이라"** 말씀 하셨습니다.

무려 마흔아홉 번의 간택을 물리치고 오십 번째에 선택된 분이라는 의미는 **'大衍之數五十'**의 뿌리이며 더불어 50번째 화풍정괘火風鼎卦의 솥인 태극을 품은 무극신이심을 뜻합니다.

대모님께서는 원천화의 자리에 계시기 때문에 **"화력만 쓰노라"**하시며 당신의 법만 잠깐 비치셨을 뿐 고수부님처럼 신권을 써서 주도적으로 드러내지는 못하셨고 또 그렇게 할 시기도 아니었습니다.

그러했기에 100년이라는 시간이 지나는 동안 증산 상제님을 신앙하는 도판에서 대모님은 거의 없는 듯한 존재처럼 외면되어 마치 어느 누구도 입에 올려서는 안되는 불문율처럼 터부시되어 뿌리 자리에 조용히 묻혀서 그렇게 우리들 기억에서 사라지셨습니다.

상제님께서는 **"8괘 가운데 오행(五行)의 이치가 있고 약(藥)은 오행 기운에 응한다."** 하셨으며 고수부님 또한 **'손님수건'**을 목에다 걸치시는 것으로 오행의 이치를 드러내 주셨습니다.

29. 지고후비님(地高后妃任)께서는 항상(常) **명주 다섯자(五尺) 수건(手巾)을 목에다 걸치고 계시는데 이 수건(手巾)을 도인(道人)들이 손님수건(手巾)이라 하는바** 그 수건(手巾)으로 스쳐만 주셔도 모든 신병(身病)이 완쾌(完快)되며 병(病)없는 자(者)는 식록(食祿)이 넉넉해지고 하니 한번(一番) 손님수건(手巾)으로 쓰러주시기를 소원(所願)하드라. 『선도신정경(仙道神政經) 5장 29절』

1 태모님께서는 **다섯 자 되는 파란색, 빨간색, 노란색, 하얀색, 검은색의 다섯 가지 명주 수건을 가지고 계시니 성도들은 이를 '손님수건'이라 부르니라.**
2 태모님께서 주로 흰색 수건을 목에 걸치시는데 그 수건으로 스쳐만 주셔도 모든 병(病)이 낫고 가난한 자는 식록이 넉넉해지니, 누구라도 손님수건으로 한번 쓸어 주시기를 소원하니라.
3 어떤 때에는 흰색 수건을 대나무에 깃발처럼 매달고 공사를 보시거늘
4 대나무를 잡고 수건을 휘두르시면 갑자기 큰바람이 일어나 성도들을 감싸니 모두가 신도의 조화와 위엄 앞에 엄숙해지니라.
(道典 11:408)

고수부님께서는 항상 명주 다섯자 수건을 목에다 걸치고 계셨다는데 청青, 적赤, 황黃, 백白, 흑黑의 음양오행설에서 풀어낸 다섯 가지 순수한 기본색을 오방색五方色이라 하여 오색五色 또는 오채五彩라 하였습니다.

오색 '손님수건' 공사는 곧 고수부님의 위상位相을 통해 하나로 연결되어 일체로 움직이시는 오행의 관계성을 드러내주시는 공사입니다.

이처럼 오행의 움직임을 물상物象으로 가장 잘 드러내 주는 존재가 바로 태양의 짝인 '달'입니다. 달은 초하루인 삭朔에서 시작해 보름인 망望을 거쳐 다시 삭으로 돌아오기까지 약 29.5일의 주기를 반복합니다.

달의 밝은 부분이 사라진 그믐을 지나, 태양과 같은 방향에 위치하여 미세하게 빛나는 초승에서부터 달은 서서히 차오릅니다. 이후 상현上弦을 거쳐 태양의 반대편에서 온전한 빛을 발하는 보름(望)에 이르고, 다시 하현下弦을 지나 이지러지며 그믐으

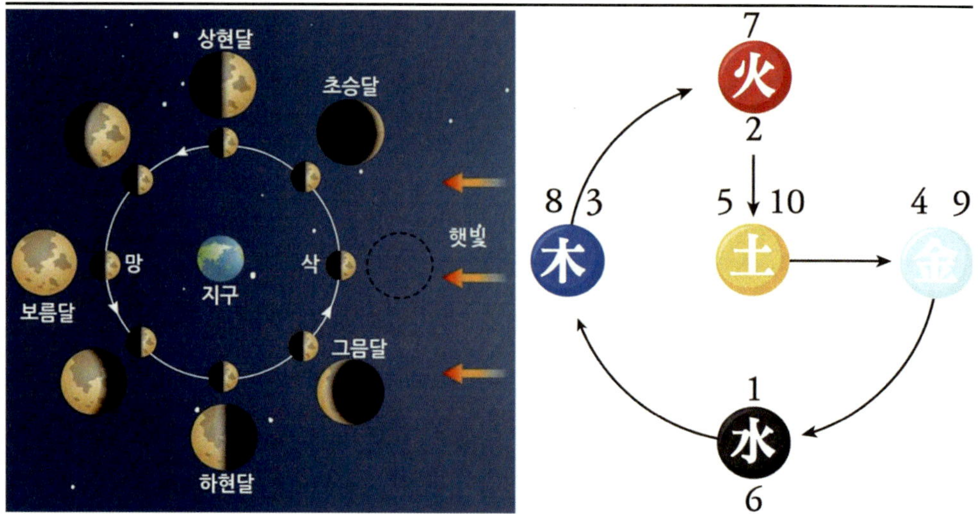

로 회귀합니다. 이러한 달의 운동을 '**회삭현망(晦朔弦望)**'이라 하며, 그중 보이지 않는 달의 끝자락을 회晦라고 일컫습니다.

실제로 대모님의 탄신일인 정월 29일은 바로 이 '그믐'에 해당합니다. 보이지 않는 상태인 그믐을 뜻하는 한자 '**회(晦)**'에 굳이 태양을 상징하는 날 '日' 자가 들어간 것은, 무극신이신 대모님께서 원천화의 자리에 계시기 때문입니다.

이는 비로자나불(法身佛)을 대일여래大日如來라 부르는 것과 같은 이치입니다. "**화력만 쓰노라**" 하시며 당신의 법을 잠시 비추신 것 또한 대모님의 신원을 드러낸 일종의 공사이셨습니다.

아울러 수궁성군水宮聖君이신 선사님 또한 대모님과 하나로 묶을 수 밖에 없는데 사람 '人' 자 태극 아래에 어미 '毋'자를 쓰신 건 천지어머니, 곧 성모의 자리를 뜻하기 때문입니다.

음력으로 매달 첫째 날인 초하루를 한자로 '**삭(朔)**'이라 합니다. 이는 거스를 '屰' 자와 달 '月' 자가 결합한 형태로, 여기서 '屰'은 선천의 역逆도수를 뜻하여 선천달을 의미하니 선천의 고수부님 자리십니다.

달이 태양에서 90도 거리에 위치할 때를 '**현(弦)**'이라 부르는데, 여기에는 상현上弦과 하현下弦이 있습니다. 활시위를 뜻하는 '弦'은 반달의 모양이 활과 닮은 데서 유래했습니다.

활 '弓'자의 象은 곧 황극을 뜻하며, 활에 매인 활줄은 직녀, 곧 왕비를 상징합니다. 또한 검을 '玄'자는 북방의 자리이자 달을 암시하므로, '弦'이라는 글자에는 이미 오황극의 의미가 내재해 있습니다. 따라서 이 자리는 다시 오시는 고수부님과 인신합덕을 이루시는 김수부님, 두 분의 위상을 모두 상징합니다.

이어지는 보름달은 '**여원월(余圓月)**'이라는 존함에서도 알 수 있듯이 본주님의 자리입니다.

보름을 뜻하는 '**망(望)**' 자는 망할 '亡', 달 '月', 천간 '壬'자가 결합한 모습입니다. 수궁성군을 뜻하는 '壬'자 위에 보름달이신 본주님(月)이 놓인 형상은 곧 수생목水生木의 이치를 드러냅니다. 나아가 달 '月'자 앞에 놓인 '亡' 자를 주목해 볼 필요가 있는데 '**胡亥虛亡**'이라 하신 이유가 있을 것입니다.

지금까지 오행의 원리와 달의 위상 변화, 그리고 암계룡에 달린 세 꼬리에 이르기까지 담론을 이어왔습니다. 이 전체를 관통하는 핵심은 각각 오행의 한 자리를 주재하고 계시는 다섯 분 성인의 위격입니다.

상제님과 다섯 분 성인의 말씀을 해독하고 그 속에 담긴 천지 도수를 풀어내는 과정은, 마치 육면체 큐브의 조각들을 하나로 맞추는 일과 같습니다. 큐브는 겉보기엔 단순하지만 그 이면에는 매우 치밀한 수학적 원리가 숨어 있습니다. 만약 자기만의 아집에 갇혀 눈앞의 한 면만을 고집한다면, 보이지 않는 나머지 다섯 면의 진실은 결코 만날 수 없을 것입니다.

그러기에 우리는 모든 가능성을 열어두고 천지의 이치에 스스로를 비추어 보며, 성인의 깊은 뜻을 겸허히 공부해 나가야 합니다.

수도하는 이들 모두 모악산母岳山 정기精氣가 서린 한 치마 밑에서 작은 소견으로 다투지 말고 오행대도(无極大道)를 잘 닦아내어 새 천지 오만년의 운수를 열어가시기를 진심으로 축원합니다.

4. 대두목

"속담에 '정가를 방문하면 방정(訪鄭)맞다.' 하고, 또 사리가 밝으면 '내정(來鄭)이 있다.' 하나니 내가 그 기운을 뽑아 내정(內鄭)으로 정하여 하동 정씨(河東鄭氏) 가문에 취객(娶客)이 되었노라." 하시는 말씀이 나옵니다. 그런데 『대순전경(大巡典經)』의 원문에는 한자 표기가 다릅니다.

1 성도들이 계룡산(鷄龍山) 정씨 왕국에 대해 여쭈니 말씀하시기를
2 "일본 사람이 모든 섬과 산을 샅샅이 뒤지고 물밑까지 더듬어 보았나니
3 정씨가 몸 붙여 일 벌일 곳이 어디 있으리오. 그런 생각은 다 버릴지어다." 하시고
4 **"속담에 '정가를 방문하면 방정(訪鄭)맞다.' 하고, 또 사리가 밝으면 '내정(來鄭)이 있다.' 하나니**
5 **내가 그 기운을 뽑아 내정(內鄭)으로 정하여 하동 정씨(河東鄭氏) 가문에 취객(娶客)이 되었노라."** 하시니라.
6 또 말씀하시기를 "계룡산은 수계룡이요 모악산은 암계룡이라. 나는 암계룡을 택하였노라." 하시니라.
(道典 4:70)

조선사람은 정(鄭)씨만 찾나니 아무것도 배운 것 없이 정씨만 찾아서 무엇하리요 한갖 분잡(紛雜)케만 될 뿐이라 그러므로 정씨와 조(趙)씨와 범(范)씨를 다 없이 하였노라 **시속에 그른 일 하는 자를 방정(方鄭)맞다 이르고 옳은 일 하는 자를 내정(來鄭)이 있다 이르느니라.**
『대순전경(大巡典經) 5장 22절』

전체적인 맥락은 언뜻 부정적인 어조로 비치나, 그 속뜻을 깊이 살피면 지극히 역설적인 의도가 숨어 있음을 알 수 있습니다.

본래 '방정맞다'는 가볍고 경솔하다는 뜻으로 쓰이지만, 그 어원은 말과 행실이 바르고 반듯하다는 뜻의 '방정(方正)'에서 유래했습니다. 똑같은 '방정'임에도 뒤에 '하다'가 붙으면 긍정이 되고, '맞다'가 붙으면 부정이 되는 묘한 언어적 구조를 지니고 있는 것입니다.

『도전(道典)』에서는 정감록의 예언에 매몰되어 헛된 정씨 왕국을 찾아 계룡산 등지를 헤매는 행위를 **'방정(訪鄭)맞다'**고 기록했습니다. 이는 진리 밖의 허상을 좇는 경솔함을 경계하는 용도로 썼습니다.

반면 『대순전경』에서는 종도들이 바를 '正' 자를 써야 할 자리에 나라 이름 '鄭'

자를 대입하여 '**방정(方鄭)**'이라 기록했습니다. 이는 정씨를 찾는 세속의 풍조가 오히려 참된 '바름(正)'에서 벗어나 있음을 역설적으로 꼬집은 표기라 할 수 있습니다.

상제님께서는 이러한 부정적 시각을 "**내정(內鄭)으로 정하여 하동 정씨 가문에 취객(娶客)이 되었노라**" 하심으로써 완전히 뒤집어 놓으셨습니다. 이는 부정의 대명사로 전락한 '鄭'을 다시 본래 법도인 바를 '正'의 자리로 돌려놓으시려는 관점이 투영된 것입니다.

결국 상제님께서 정씨 집안의 사위(취객)가 되신 일을 '**내정(來鄭)**'이라 표현하신 것은, 대모님을 맞이하신 것이야말로 천지공사에서 가장 '옳고 정당한 일'이었음을 암시하신 것입니다.

이제 우리는 어떠한 길을 가야 하겠습니까? 우리 또한 정씨 가문의 취객이 되신 상제님의 발자취를 따라, 지천地天의 새 운도를 열어갈 '**내정(來鄭) 있는 참된 도인**'이 되어야 할 것입니다.

상제님께서는 "**음(陰) 자의 이치를 아느냐? 사람은 여자가 낳는 법이므로 옳게 되었느니라**"라고 말씀하셨습니다. 얼핏 보면 평범한 일상의 이치를 설하신 듯하나, 이 단순한 말씀 속에는 천지 도맥道脈을 관통하는 핵심 원리가 들어있습니다.

천지 삼신의 이치에 있어 사람은 '**角者는 三也니 太極**'이라 하였습니다. 즉, 태극의 법리로 화化하여 나온 존재가 '사람'입니다. 그렇다면 이 태극을 낳은 근원은 무엇이겠습니까?

바로 '無極而太極'의 원리에 따라, '**圓者는 一也니 無極**'입니다. 태극을 낳은 '여자'는 곧 우주의 본체인 무극의 자리인 것입니다.

상제님께서는 이렇듯 심오한 우주의 비결을 우리가 쓰는 일상 언어로 너무나 쉽고 명쾌하게 풀어주고 계십니다. "**천륜으로써 우주일가(宇宙一家) 하리라.**" 하신 말씀은 곧 '**無極生太極**'하는 천지 이치가 인사人事의 법도로 드러남을 의미합니다.

이 원리에 비추어 볼 때, 태극이신 화은당 선사님을 낳으신 분은 과연 누구이시겠습니까?

그렇습니다. 그분이 바로 무극신無極神이신 대모님이십니다.

나라 이름 '鄭' 자를 파자破字해 보면, 마을을 뜻하는 우부방(阝, 邑)과 제사를 뜻하는 전(奠) 자가 결합해 있음을 알 수 있습니다. 여기서 '전(奠)' 자는 다시 큰 대(大) 자와 우두머리를 뜻하는 추(酋) 자로 나누어집니다.

본래 '酋'는 원시 사회에서 공동체를 통솔하고 대표하던 우두머리인 '추장'을 의미합니다. 그래서 이 '酋'자의 뜻을 '우두머리 추', '두목 추'라 합니다.

따라서 '鄭'에는 원시반본으로 열리는 공동체 세상이 지구촌이라는 조어처럼 한 마을이 된다는 뜻이 우부방(阝(=邑) ☞ 마을)의 부수에 담겨 있다면 그 다음 '奠'자를 통해 우리는 그 세상의 중심에 자리한 '대두목'이라는 뜻을 바로 유추해 볼 수 있습니다.

이처럼 '無極而太極'하는 천도의 섭리를 깨닫고, 가을철 곤도의 운을 주관하시는 바탕(體) 자리에 천지 어머니(陰, 坤爲牛)께서 계심을 아는 것이 무엇보다 중요합니다. 만유의 뿌리이신 어머니의 존재를 망각하고서 어찌 개벽기에 살 길을 찾고 복된 미래를 바랄 수 있겠습니까?

『현무경』에 '**知天下之勢者**지천하지세자 **有天下之生氣**유천하지생기 **暗天下之勢者**암천하지세자 **有天下之死氣**유천하지사기'라는 구절이 나옵니다.

여기서 '**세(勢)**'라는 글자는 『주역』 64괘를 통틀어 단 한 번 등장하는 매우 상징적인 용어입니다.

중지곤괘의 상전을 보면 '**地勢坤**', 즉 땅(地)의 형세(勢)가 곧 곤(坤)이라 하였습니다. 이는 곧 천하의 형세를 살피는 핵심이 '땅의 이치'에 있음을 뜻하며, 땅(어머니)의 도를 모르면 결코 살 기운을 얻을 수 없음을 시사합니다.

소나기와 천둥번개가 치는 위급한 상황에서 종도들이 떨고 있을 때, 본주님께서는 "**하늘만 무서운 줄 아느냐 앞으로는 땅하늘이 더 무섭다.**" 라고 경계하셨습니다. 이는 생사의 판단을 어느 자리에서 주관하시는지를 일깨워 주신 것입니다.

이러한 맥락에서 금산사 구렁이 용마龍馬 공사와 고수부님의 말씀을 되새겨 봅니다.

"**야, 이놈아. 후천은 천지망량신(天地 神)이 들어서 도통을 줘.**"(道典 9:203)하신 말씀 속의 '**천지망량신**'은, 결국 천지의 조화를 주재하는 '**天地陰陽**'의 자리에 계신 분을 의미합니다.

상제님께서는 바로 이 천지음양의 한 축인 '**땅하늘**'(坤道)을 일컬어 '**大頭目**'이라 부르셨던 것입니다. 현재 대두목에 관한 기록은 『대순전경』 두 곳, 『천지개벽경』 두 곳, 그리고 『도전』 한 곳 등 주요 경전에서 일관되게 발견됩니다.

時來(시래)하면 一人(일인)이 先受道通(선수도통)하나니 此(차)는 萬道歸一之天命也(만도귀일지천명야)니라.

말씀하시기를, 때가 오면 한 사람이 먼저 도통을 받나니, 이는 모든 도를 하나로 되돌리는 하늘의 운이니라.

『대개벽경(大開闢經) 3편 계묘년 공사기 9장』

一日(일일)에 弟子(제자)一人(일인)이 願道通(원도통)하거늘 日(왈), **時來(시래)하면 我(아)난 道通(도통)을 先賜大頭目(선사대두목)하리니, 厥頭目(궐두목)이 率天下之道通神(솔천하지도통신)하고 各隨功德之大小(각수공덕지대소)하야 皆道通(개도통)호리라.**

어떤 날 제자 한 사람이 도통을 바라거늘 말씀하시기를, 때가 오면 도통을 먼저 대두목에게 주리니, 그 두목이 천하의 도통신을 거느리고 각자 공덕의 크고 작음에 따라 모두 도통시키리라.
『대개벽경(大開闢經) 9편 기유년 공사기 9장』

또 가라사대 **도통(道通)줄을 대두목에게 주어 보내리라 법방(法方)만 일러주면 되나니 내가 어찌 홀로 맡아 행하리오** 도통시킬 때에는 유불선(儒佛禪) 각 도통신들이 모여들어 각기 그 닦은 근기(根氣)를 따라서 도를 통케 하리라
『대순전경(大巡典經) 3장 157절』

내가 출세 할 때에는 대두목이라도 다섯 사람 데리고 따르기가 어려우리니 희귀(稀貴)하다는 희자(稀字)가 드물 희자(稀字)니라.
『대순전경(大巡典經) 3장 180절』

1 하루는 성도들이 여쭈기를 "어머니, 우리 도판이 언제나 발전해서 사람도 많이 생기고 재력도 풍족하게 될는지요?" 하니
2 말씀하시기를 "내 일은 셋, 둘, 하나면 되나니 한 사람만 있으면 다 따라 하느니라." 하시고
3 "**세상이 바뀔 때에는 대두목(大頭目)이 나오리라. 그래야 우리 일이 되느니라.**" 하시니라. (道典 11:54)

이 성구들을 종합해 보면, 대두목은 도통줄(道統)을 쥐고 인류의 생사를 결판짓는 천지공사의 최종 집행자인 것입니다.

도가에서는 이를 두고 '**태을자 무상지위(太乙者 無上之位)**'라 하였습니다. 《주역참동계(周易參同契)》에 보면 '**道成德就**도성덕취 **潛伏俟時**잠복사시 **太乙乃召**태을내소 **移居中洲**이거중주' 곧 '도를 이루고 덕이 무르익으면 깊이 엎드려 때를 기다리다가 태을께서 부르시면 천지 가운데로 옮겨 산다.'고 하여 도의 마지막에 해인을 쥐고 도통을 결재해 주시는 태을에 거하는 무상지위의 신이 있음을 비추고 있습니다. 불가에서는 바로 이 태을천상원군을 치성광여래熾盛光如來로 모시고 있습니다.

상제님께서 "**도통줄은 대두목에게 주어 보내리라. 내가 어찌 홀로 맡아 행하리오**" 하신 말씀의 본의가 바로 이것입니다.

다만, 상제님 말씀 중 오기誤記의 가능성까지 염두에 두고 깊이 고찰해야 할 대목은 "**때가 오면 도통을 먼저 대두목(大頭目)에게 주리니**"라는 구절입니다. 사실 두 분은 천지음양 그 자체로서, 위位의 구분은 있을지라도 본질에 있어서 동등同等한 분이십니다. 따라서 대모님은 상제님께 도통을 부여받고 말고 할 위치에 계시지 않습니다.

그러므로 이 도통의 문제는, 12,000의 일꾼들에게 도통을 내려주실 권한을 쥐신

'도통줄'로서 '**天地之運行이 有左旋**'하는 천리에 의해 자연스럽게 대모님께 돌아옴으로 인식하는 편이 오히려 사리에 맞지 않을까 생각합니다. 이를 두고 『정역』의 「십일귀체시(十一歸體詩)」에서는 '火金金火原天道'라 하였습니다.

또한, '**時來(시래)하면 一人(일인)이 先受道通(선수도통)**' 한다는 구절에는 대두목이라는 명시적 주어가 없을뿐더러, 맥락상 대두목에 관한 성구가 아니라 인신합덕을 이루는 진주에 관한 표현으로 보아야 마땅합니다.

이러한 혼선이 빚어진 근본 원인은 성인의 행적을 갈무리한 편저자들의 의식 속에 대두목을 그저 '**상제님의 도업을 완수하는 도통한 인간**' 정도로 치부하는 관념이 깊게 박혀 있었기 때문입니다. 수많은 성구를 수집하고 편집하는 과정에서 토씨 하나만 달라져도 진리의 결은 전혀 다르게 변질됩니다. 기록자의 인식 지평을 뛰어넘는 서술이 나오기 어렵다는 이 본질적인 한계를 우리는 결코 간과해서는 안 됩니다.

상제님께서는 "**귀신도 경문(經文) 밖에 나면 못 사느니라**" 하셨습니다. 이는 아무리 난해할지라도 반드시 천지 이치의 바탕 위에서 말씀을 풀어가야 함을 역설하신 것입니다.

본래 '**대두목**'의 위상은 원천화原天火이자 하도의 오황극五皇極으로서, 무극신无極神의 자리입니다. 그럼에도 무극도 태극도 아니며, 신도의 황극도 아닌, 단지 인신합덕을 기다려야 할 인적 존재를 대두목이라 칭하는 것은 진리적 무지가 낳은 오류라 할 수 있습니다.

하지만 사실 상제님께서 대두목에 관한 말씀을 신계神界의 위격으로 설하신 것인지, 아니면 인사人事를 두고 하신 것인지 이토록 혼란을 느끼게끔 하신 데에는 그만한 이유가 따로 있습니다. 대두목이라는 명칭 뒤에 숨겨진 이 오묘한 도수와 감춰진 배경에 대해서는, 이어지는 제4부 말미에서 다시 상세히 다루도록 하겠습니다.

그렇다면 대모님 생애의 마무리는 과연 어떤 의미를 지니고 있을까요? 이는 대모님께서 주재하셨던 도통맥道通脈의 향방이 장차 어디를 향해 뻗어가느냐의 문제이기도 합니다.

한편 도통맥의 실체를 논함에 있어, 상제님께서 호연에게 붙여주신 '**선매숭자(仙媒崇子)의 도통맥**'이 갖는 상징적 구조를 살필 필요가 있습니다. 이 도맥의 원리를 낚시에 비유하자면 다음과 같습니다.

수면 위에서 기색을 살피며 신호를 보내는 낚시찌가 호연(동방칠성)이라면, 낚싯줄 끝에서 실질적인 매듭을 짓는 낚싯바늘은 황극(선매숭자)이며, 깊은 물 속 보이지 않는 곳에서 이 전체의 중심을 잡아주는 낚시추는 바로 근원이신 황극신(대모님)이십니다.

즉, 찌와 바늘, 그리고 추는 비록 제각기 다른 자리에 위치한 듯하나, 모두 도통맥이라는 유기적 시스템으로 연결되어 있습니다.

정씨 대모님께서 선사 나이 25세 되시던 무진년 2월부터 우연히 득병하시어 신음하시니, 백방으로 간병하였으나 백약이 무효였다. 그해 어느 날 하루는 성모께서 선사를 부르시어 하시는 말씀이, **"아가야 들어라. 내가 이제는 천상으로 가야한다. 천상에 가서 너의 아버지를 만나 장래사를 보이지 않게 도울 것이다. 8월 15일은 일년 중에서도 가장 좋은 명절날이라, 내가 가더라도 네가 성의만 있으면 집집이 다니면서 음식을 얻어 가지고라도 나의 제사는 잊어버리지 않을 것이다."**라고 하시었다. 이와 같이 장래지사를 여러 가지 말씀하신 후, "너는 이곳에서 비가 지나가고 바람이 지난 후에 만수추풍이 불어와서 부모유업을 성사할 것이니 부디 부디 조심, 조심하여 나아가라."고 하시었다.
『증산법종교 60년사』

대모님의 유훈에 따라 그분의 제사를 정성껏 받들고 이어가는 것은 단순히 인륜의 효를 행하는 차원을 넘어, 천지의 도맥道脈을 잇는 가장 본질적인 근거가 됩니다.

첫째, **'無極而太極'** 하는 이치에 따라, 선사님께로 도통의 맥이 종통의 형태로 전해지게 됩니다.

둘째, **'太極而皇極'** 하는 이치에 의해 선사님께서 몸으로 직접 포태하여 출산하시게 되셨습니다. 이로써 선사님은 황극의 모체(母體,太極)가 되시며, 이후 도통맥은 두 도령을 통해 황극의 결실을 보게 됩니다.

세째, **"내가 성모인가 성모 아니네 그렇게 공부해도 나를 몰라 내가 인정상관이네"** 하신 말씀처럼, 땅하늘이신 대모님의 뜻을 열어가시는 조왕으로 이어지는 태통맥이 있습니다.

네째, 선천에는 온전히 드러날 수 없는 대모님(法)을 대신하여, 양체음용陽體陰用의 이치로 선천도수를 맡으셨던 고수부님으로 이어지는 법통맥이 있습니다.

이상 종통(뿌리), 법통(줄기), 태통(꽃), 도통(열매)의 바탕에는 천지음양이신 상제님과 대모님이 자리해 계십니다. 그런데 특이하게도 대모님은 여기에 한 말씀을 덧붙이십니다.

무진 팔월초에 나는 정읍으로 가리라 8월 15일은 인세(人世)를 떠나리니 나의 옷은 다 불사르라 하시며 **나의 제사는 네가 지내라** 하시기에 따님이 있는데 어찌 저보고 지내라 하시니까 하니 **무자식상팔자라고 안하드냐** 하시며 **나의 제사를 꼭 네가 지내라**고 당부하시니라 또 어찌 팔월에 가시나이까 하니 고상한 팔월이라 하시니라.
『용화전경(龍華典經) 제 6 장 정씨사모(鄭氏師母)』

이 말씀은 『증산법종교 60년사』에 기록된 "**아가야 들어라. 내가 가더라도 네가 성의만 있으면 집집이 다니면서 음식을 얻어 가지고라도 나의 제사는 잊어버리지 않을 것이다.**" 라는 당부의 말씀과는 배치되는 듯 보입니다.

몇 년간 대모님을 모셨던 김낙원 종도에게 또 다시 "**나의 제사는 네가 지내라. 무자식상팔자라고 안하드냐**" 하시며 제사를 당부하는 이 상황을 우리는 어떻게 이해해야 할까요?

이는 장차 천하를 통일할 대모님의 도道 안에서도 필연적으로 발생할 '**정통성(正統性)**'의 문제를 암시합니다. 상제님께서 진인에게 꽂아 놓으신 수많은 도수들이 있는 것도 이런 시비의 문제가 있기 때문입니다. 그럼에도 불구하고 저마다 아전인수격으로 도맥을 주장하고 있습니다.

그 결론은 명확합니다. 도통줄을 쥐신 대두목으로서의 도통맥 전수는 오직 대모님으로부터 시작됩니다. 그 이유는 대모님께서 바로 '**佛成人事**'의 자리로서 천지의 인사대권을 거머쥐고 계시기 때문입니다.

상제님께서는 유서에 '**好道遷佛 佛成人事**'라는 구절을 남기셨습니다. 이는 도통줄의 또 다른 이름이자 인사대권의 위임장입니다.

여기서 '**好道**'는 지천태의 도를 의미합니다.

옮길 '천(遷)'자의 '覀'은 덮을 아자로 '襾', '西'와 동자同字가 되므로 '遷'에는 '서쪽으로 옮긴다.'는 뜻을 내포하고 있습니다.

결국 '好道遷佛'은 불가지 도수의 다른 이름이며 '佛成人事'의 '佛'은 여미륵으로서 대모님을 가리킵니다. 따라서 천지의 인사대권을 쥐고 계신다 한 것입니다.

역사는 늘 '**정통(正統)과 윤통(閏統)**'의 싸움이었습니다. 인간사 모든 분쟁의 뿌리에는 이러한 시비가 자리하고 있으며, 한 가문의 정통성이나 역사와 진리의 계승 문제 역시 이 치열한 갈등에서 자유로울 수 없습니다. 정통은 도조道祖로부터 정해진 도수를 따라 정연하게 내려오는 생명의 줄기인 반면, 윤통은 인간의 사욕을 근거로 불쑥 머리를 치켜듭니다.

대모님의 참법을 계승하여 진리를 천하에 드러내는 과정 역시, 인간 현실에 몸담고 있는 한 이 정통과 윤통의 시비라는 '표리부동의 법칙'을 피할 수 없습니다.

본시 도통맥은 열매의 맥입니다.

열매는 '신(神)'과 '인간(人)'이 하나로 만나는 인신합덕人神合德의 결정체이기에, 도의 줄기는 신도와 인사의 두 갈래로 뻗어 나갔다가 종국에는 하나로 수렴됩니다.

태극의 위격이신 화은당 선사님은 중천대신中天大神의 자리에 계시기에, 도수상 애초에 세속적인 자손을 두실 수 없었습니다. 대신 선사님은 천지 열매인 두 도령을 통해 황극의 도통맥이 전해졌습니다.

그렇다면 현실의 인사人事로 전해지는 또 하나의 별도 라인은 어디로 향했겠습니까? 그것이 바로 대모님을 지극정성으로 모셨던 김낙원 종도에게로 이어진 맥줄입니다.

"무자식 상팔자라고 하지 않더냐" 하시며 **"나의 제사를 꼭 네가 지내라"**고 당부하신 유훈 속에는 바로 이러한 비결이 숨어 있습니다. 이는 천지의 인사권과 도통줄을 쥐신 대두목(대모님)께서 친히 선택하신 인사 라인이 바로 이 줄로 내려간다는 선언과도 같습니다.

이것이야말로 상제님께서 유서에 명시하신 '**好道遷佛 佛成人事**'의 본뜻입니다. 즉, 신도의 도맥은 태극과 황극으로 이어지되, 이를 현실에서 매듭짓는 인사의 줄기는 대모님의 특명에 의해 김낙원 종도의 맥으로 안착하게 된 것입니다.

정의도를 보면 제일 위에 ① 天地之主張천지지주장, ② 事物之首倡사물지수창, ③ 陰陽之發覺음양지발각이라는 글귀가 배 형상의 그림 안에 순차적으로 적혀 있습니다. 그리고 이 배를 매달고 있는 줄의 끝에는 ④ 人事刻之인사각지라는 네 글자가 선명히 새겨져 있습니다.

여기서 '人事刻之'는 남조선배로 상징되는 이 판밖의 법방 안에, 전 인류의 생사生死를 판단하고 결정하는 인사人事의 전권全權이 부여되어 있음을 각인해 놓으셨다는 뜻입니다.

8월 초닷새, 대모님께서 여러 말씀을 남기신 후 정읍 조철제의 집으로 향하시며 선언하신 **"치마바위로 가노라"**라는 말씀은 깊은 천의天意를 담고 있습니다. 이는 무극신无極神이신 당신의 본래 자리로 돌아가신다는 의지의 표명입니다. 실제로 태극도太極道의 연원이 무극도无極道였으니, 대모님께서는 그 이름자만 취하신 겁니다.

기축년(己丑年, 1949년) 2월 15일, 성부님께서 하강하시어 **"오리알터는 나와 너의 어머니의 영원한 안장지니라."**고 말씀하신 그대로, 현재 증산법종교에 두 분의 체백體魄이 같이 모셔져 계십니다. 이는 복희여와도의 상징처럼, 천지음양이 본래 한 몸이듯 청실, 홍실로 맺은 영원히 갈라놓을 수 없는 일체一體이심을 의미합니다.

4부 단주수명

1장 금산사

상제님께서는 "**내가 미륵이니라. 금산사 미륵은 여의주를 손에 들었거니와 나는 입에 물었노라**" 하셨습니다. 이는 미륵불의 위격이 선·후천에 따라 어떻게 다른지를 극명하게 보여주는 말씀입니다.

즉, 여의주를 손에 든 미륵불은 조계종 금산사에 모셔진 '선천미륵불'이시며, 여의주를 입에 문 미륵불은 동요동인 신금산新金山, 곧 육기초 경내에 모셔진 증산미륵불을 지칭합니다.

고수부님께서 "**용화동은 동요동이니 건곤의 사당 자리로써 미륵이 다시 설것이요**"『선도신정경(仙道神政經) 4장 13절』하신 말씀 또한 이러한 맥락과 궤를 같이합니다. 이 두 미륵은 마치 동전의 앞뒷면처럼 한 존재의 양면성을 띠고 있으며 각기 서로 상반된 속성을 드러내고 있습니다.

앞서 종통맥 편에서 언급했듯이, "**때가 되면 금산사 칠 칸(間) 법당(法堂) 자리는 사무실(事務室) 자리로나 쓰면 마땅할 것이라.**"하신 말씀은 성령이 떠나고 껍데기만 남게 된 지금의 조계종 금산사를 두고 하신 말씀입니다.

반면, "**참으로 어렵구나. 내 금산사(金山寺)를 도득(圖得)하기가 천하를 얻기보다 더 어렵다**" 하실 때의 금산사는 문맥상 '**사무실(事務室) 자리로나 쓰면 마땅한**' 그런 곳과는 성격이 전혀 다릅니다.

이처럼 서로 다른 대상을 두고 명목상 동일한 이름을 쓰신 이유는, 기존 금산사와 신금산(육기초)이 '**껍질과 알맹이**'라는 표리表裏의 관계를 형성하고 있기 때문입니다.

실제로 고수부님께서는 금산사 미륵전 안에서 요강에 소변을 보신 뒤 이를 불상에 끼얹으라는 파격적인 공사를 행하시며, "**저 미륵에게 끼얹어라. 헛것이니라. 금산사는 미륵의 껍질이니 너희들은 금산사 미륵 앞에 가지도 말라**"고 엄히 경계하셨습니다.

그렇다면 이처럼 일러주신 금산사의 변천에 대해 구체적으로 알아보겠습니다.

정묘년 구월 이십일에 고후비께서 고찬홍과 전준엽등 십여인을 거느리시고 금산사 미륵불전에 가시어 치성을 올리실세 모든 사람들에게 이르시기를 **상제님의 성령이 이제부터 미륵전을 떠나셨느니라 고로 상제님의 성령이 여기에 아니 계심을 선포**

하노라 하시더니 요강을 가져오라 하여 친히 오줌을 누으시어 이근목을 불러 세우시고 특명하여 가라사대 너는 **이 요강을 들고 올라가** **미륵의 머리에다 오줌을 부어라** 하시고 도중에게 가라사대 **너희들 앞으로 이 곳에 오지도 말지며 절도 하지 말라** **이제는 헛 것이니라** 하시고 이근목에게 빨리 실행하라 재촉하시니 이근목이 깜짝 놀래 벌벌 떨고 서서 감히 행하지 못하고 있으며 어찌할 바를 몰라 복지하고 있으려니까 또 명령하신 후 가라사대 허기야 너희들이 감히 그러할 수 있으랴 하시면서도 독촉이 성화 같거늘 근목이 할 수 없이 요강을 들고 엉금엉금 기어 들어가며 넘어지는 체 하고 미륵전 마룻바닥에 엎질러 버리니라이를 보신 고후비께서 석가불전에 가시더니 석가불에게 대하여 호통치시되 그대가 어찌하여 지금껏 있는가 빨리 가도록 하라 하시면서 담뱃대로 석가불의 머리를 때리시더라 하니라.

『선도신정경(仙道神政經) 3장 73절』

1. 금산사의 내력

약 1,280년 전 통일신라 경덕왕 대에 활동한 진표율사는 사실상 금산사의 창건주라 할 수 있는 인물로, 그에 관한 상세한 기록은 『삼국유사』의 「진표전간(眞表傳簡)」 등에 전해 내려옵니다.

그는 열두 살의 어린 나이에 출가하여 구도의 길을 걷던 중, 27세가 되던 해에 변산의 절벽 끝에 자리한 '**부사의방장(不思議方丈)**'에 들어갑니다. 그곳에서 일심으로 계법戒法을 구하며 3년간 용맹정진했으나, 수기授記를 얻지 못하자 그는 죽을 결심으로 절벽 아래로 몸을 던집니다.

그 절체절명의 순간, 청의동자가 나타나 그의 몸을 살며시 받아 살려내니, 이에 큰 용기를 얻은 진표율사는 21일을 기약하며 생명을 건 고행인 망신참법亡身懺法에 돌입합니다. 돌로 자기 몸을 짓찧으며 참회하는 이 처절한 기도가 이어지던 7일째, 온몸이 부서진 그 앞에 지장보살이 나타나 친히 가호하여 몸을 회복시켜 줍니다.

이에 더욱 분발한 진표율사가 마침내 21일간의 수도를 마치는 날, 천안天眼이 환하게 열리며 천 수백 년 후 미륵불이 강세하는 그때 다시 태어나 억조창생을 건지는 사역자가 되게 해달라고 간절히 서원했습니다.

망신참법의 처절한 고행 끝에 마침내 미륵존불을 친견하자, 미륵존불께서는 **"장하도다 대장부여! 계를 구하기 위해 이처럼 신명을 아끼지 않는구나. 내가 손가락 하나를 튕겨 수미산을 무너뜨릴 수는 있으나, 너의 불퇴전(不退轉)의 마음은 꺾을 수 없도다."** 찬탄하시며 이어 "**네 소원이 그러하다면 나를 여기에 이 모양 이대로 세우라**"며 계시를 주시니, 그곳이 바로 사답寺畓 칠두락 넓이의 용소龍沼 연못이었습니다.

율사는 762년 건립을 시작하며 흙으로 못을 메우려 했으나, 이튿날이면 메운 흙이 모두 파헤쳐지는 기이한 일이 반복되자 고심하던 율사 앞에 다시 지장보살이 나타나 '**숯(목탄)으로 메우라**'는 비책을 일러줍니다.

그때 마침 고을마다 눈병이 창궐하게 되자 율사는 '**누구든지 안질을 앓는 자는 금산사 용소에 숯을 한 짐 집어넣고 못물로 눈을 닦으면 낫는다.**'는 소문을 내게 되었고 수 많은 사람들이 소문을 듣고 숯을 집어넣으니 그제야 연못은 메워지게 되었습니다.

연못이 숯으로 메워지자 불상을 받치기 위해 중앙에 연꽃 모양의 거대한 바위(석련대)를 세웠으나, 무슨 조화에서인지 석련대는 밤 사이에 20여 미터나 떨어진 위치(현재 석련대가 있는 위치)로 옮겨져 버리고 마니 이 수수께끼가 풀리지 않아 고심하던 중 다시 진표율사에게 나타나신 미륵불은 "**여기에 '밑 없는 시루'를 걸고 미륵금상을 세우라**"는 계시를 내리셨습니다.

율사는 계시대로 연못 중앙에 밑이 없는 대형 무쇠시루를 걸고, 그 위에 우물 정井자 형태의 받침목을 얹은 뒤 철로 된 미륵불상을 세우게 됩니다.(4년에 걸쳐 766년 완공)

지금도 금산사(조계종 17교구 본사) 미륵불상 밑에는 밑이 없는 거대한 시루가 봉안되어 있는데, 이는 동서고금을 통틀어 일찌기 찾아볼 수 없는 기이한 형태로 이후 진표율사는 금산사 미륵불상 외에도 금강산의 발연사와 속리산의 법주사에 모두 3개의 미륵도량을 세우게 되었습니다.

여기까지는 모두들 익히 알고 있는 내용이지만 이를 이치로 정리하겠습니다.

금산사 터에 대해서는 이중환이 지은 『택리지(擇里志)』29에도 다음과 같은 내용이 짤막하게 언급되어 있습니다.

모악산(母岳山) 남쪽에 있는 금산사(金山寺)는 본래 그 터가 용추(龍湫)로서 깊이를 측량하지 못하였다. … 대전 네 모퉁이 뜰아래서는 가느다란 간수(澗水: 산골에서 흐르는 물)가 주위를 돌아 나온다.

이러한 전설과 기록들을 미루어 볼 때, 지금의 미륵전 자리가 연못(龍沼)이었음을 명확히 짐작할 수 있습니다.

한편, 불가의 염불 소리를 빌려 "**나무아미타불, 나무가 타면 불이 된다**"라고 하신 고수부님의 말씀은 무척이나 흥미롭고도 심오한 함의를 담고 있습니다.

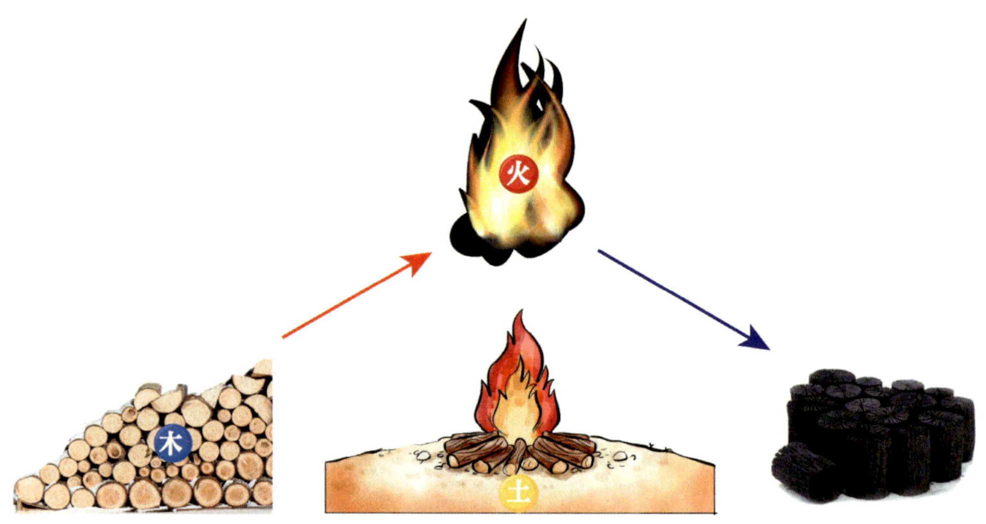

나무아미타불(南無阿彌陀佛) 나무가 타면 불이 된다
관세음보살(觀世音菩薩) 만리(萬里) 밖에도 보임이라
사해팔방(四海八方) 들어서니 용왕삼신(龍王三神) 공력(功力)으로 기신사업(己身事業) 되는구나
저희 각기(各己) 오장육부(五臟六腑) 통제공부(統制工夫)로 제몸 하나 기신사업(己身事業)할 줄 알아야 하느니라 하시더라
『선도신정경(仙道神政經) 3장 29절』

원론적으로 '나무'는 오행상 목木이며, 방위로는 청색의 봄처녀를 의미합니다. 이는 곧 빈마牝馬이자 지천태 운도의 주인공인 조왕의 자리를 상징합니다.

이러한 맥락에서 나무(木,牝馬)가 타다 남은 숯(表)은, 사람의 혼이 빠져 나간 뒤 남은 육신처럼 나무가 입고 있던 껍질과 같은 격입니다.

반면, 나무의 속기운인 불(裏)은 삼이화三離火이자 암소(牝牛)의 상징으로, 암말인

나무와는 표리表裏의 관계를 형성합니다. 결국 나무와 불이 연소되어 남겨진 숯은 선천의 곤坤 자리를 상징합니다.

이를 현실적 용사用事의 측면에서 보면, 나무는 인정상관님(柔)을 대리하여 실질적인 명을 집행하는 내영상관(剛) 곧 칠성 기운에 대한 상징이기도 합니다.

즉 **"나무가 타서 불이 된다"**는 것은 현실적 측면에서는 인신합덕에 대한 절묘한 비유입니다. 따라서 '나무아미타불'은 미륵불이 아미타불(皇極)로 드러나신다는 소리입니다. 고수부님께서 이어서 관세음보살을 언급하신 이유가 여기에 있습니다.

이러한 맥락에서 금산사의 터 자리인 용추 못을 숯으로 메운다는 설정은, 복희팔괘와 문왕팔괘의 북방北方에 위치한 감괘(坎卦, 水)와 곤괘(坤卦, 地)의 자리에 대한 비유로 읽힙니다. 즉, 미륵불께서 연못(水)을 숯(선천 坤)으로 메운 땅 위에 서 계시다는 것은, 선천의 땅을 밟고 중생의 고해를 굽어살피시는 선천미륵불先天彌勒佛이심을 드러내는 방증입니다.

그렇다면 미륵불로 조상造像할 때 그 발아래에 거대한 무쇠 시루를 안치한 속뜻은 무엇일까요?

시루(甑)란 설익은 모든 것을 넣고 쪄서 성숙시키는 그릇(器)입니다. 지난 세월 동안 누적되어 온 인간의 모든 문제들을 시루 속에 넣고 찌듯이 성숙시켜 이화하는 역할을 수행하기에, 시루는 곧 미륵불의 구원 정신을 상징합니다.

결국 선천 미륵불이 밟고 서 있는 저 시루는 장차 현현하실 후천 미륵불後天彌勒佛에 대한 거대한 암시입니다.

금산사의 미륵불이 손에 여의주를 든 채 선천의 만물을 주관하는 '萬'의 분분한 모습이라면, 입에 여의주를 물고 오실 후천미륵불은 만법을 하나로 귀결 짓는 '一'의 위격이십니다. 비록 그 본체는 동일한 부처님일지라도, 우주의 계절이 바뀜에 따라 신神은 각기 다른 얼굴과 도수로 우리 앞에 나타나시는 것입니다.

선천 미륵불의 실체는 곧 선천태극先天太極입니다. **"네 애비는 수화(水火)를 겸용하나 나는 화력(火力)만 쓰노라"** 하신 대모님의 말씀처럼, 태극은 음양의 양면성을 지녔기에 태음과 태양, 즉 수화를 모두 갈마들어 사용합니다. 이러한 원리에 따라 선천 미륵불은 장차 오실 태음太陰의 후천미륵불을 대신하여 발아래 시루를 안치하고, 그 위에 서 계신 모습으로 조상된 것입니다.

'미즉합만위일(彌則合萬爲一)'이라는 천리天理에 따라, 기존 조계종 금산사에 모셔진 선천미륵불(萬)과 증산법종교에 모셔진 새 부처인 후천미륵불(一)은 껍질과 알맹이라는 선·후천의 법맥法脈으로 긴밀히 연결되어 있습니다.

이러한 도학적 차이는 두 미륵불의 형상에서 극명하게 드러납니다. 태양이신 금산사 미륵불(龍馬,伏羲,先天彌勒佛)은 시루(솥)를 발로 밟고 서 계시나 태음의 위격인 삼청전의 증산미륵존불은 그 시루를 머리에 쓰고 계십니다.

결국 금산 미륵불이 밟고 있던 그 시루가 바로 증산미륵존불이신 것입니다. 이것이 바로 태양과 태음이 선후천의 법리에 따라 서로 교구(水火交垢)하며 순환하는 이치입니다.

게다가 이 시루 '甑'자에는 솥(鼎)이라는 개념도 함께 내포되어 있습니다.

솥은 주역의 50번째 화풍정괘火風鼎卦를 상징합니다. **"이윤(伊尹)이 오십 년에 지난 사십구 년의 그릇됨을 알고 탕(湯)을 도와 드디어 대업을 이루었나니 나는 이제 이 도수를 쓰노라."**하신 구절에서 알 수 있듯, 숫자 '50'은 '이윤'에 비유되는 오황극의 상제님, 곧 옥황상제(단주)를 나타내는 수리이자 괘라고 할 수 있습니다.

그런데 솥에는 오황극 외에 또 한 분의 위격을 상징하는 함의가 있습니다.

화풍정괘의 단전彖傳을 보면 '**彖曰 鼎 象也**'라 하였는데, 이는 <솥(鼎)은 태극(象)이다(也)>라는 뜻으로 후천태극이신 화은당 선사님을 상징합니다.

그러므로 솥이라는 글자 안에는 태극太極과 황극皇極을 뜻하는 중의적인 의미가 담겨 있는 것입니다.

그렇다면 미륵불께서 굳이 '솥 위에 서 계신' 이유는 무엇일까요?

고수부님께서 '**誰知雌雄**수지자웅'이라 하셨듯, 이는 후천태극이신 선사님(雌)과 양태극인 후천미륵불(雄,太陰)을 밟고 그 위에 우뚝 선 선천미륵불(雄,太陽)의 위상을 표상하기 위함입니다.

또한, 시루 위에 우물 '井'자 형태로 받침목을 걸게 한 것에도 깊은 도수가 숨어 있습니다. '井'자는 하늘의 중심인 자미원紫微垣을 상징합니다. 북두칠성이 한 바퀴를 도는 하늘의 자미원에 대응되는 지상의 자미원이 자리한 곳에 대한 상징이기도 합니다.

이는 앞으로 자미원(井)의 기운이 서린 곳에서 미륵의 도가 개창될 것을 암시한 것입니다. 아울러 '井'자는 진표율사의 성씨이기도 하니 미륵존불의 법이 후세에 본격적으로 펼쳐질 때, 진표율사가 다시 그 법을 받들 것을 암시한다고도 볼 수 있습니다.

한편, 금산사 미륵불상과 관련한 시루(甑), 솥(鼎), 숯의 비유를 자신들의 존립 근거로 삼아 교리적으로 가장 활발히 이용하는 곳이 있습니다.

증산甑山은 시루(甑)요, 정산鼎山은 솥(鼎)이며, 우당牛堂은 불을 지피는 숯이라고 주장합니다. 즉, 시루는 솥 없이는 제 역할을 할 수 없으므로 증산의 종통이 정산에게 계승되었으며, 그 솥 밑에서 음식을 익히는 숯으로서 성명에 '**나무 목(木)**' 자가 들어가는 우당이 마지막 종통 주자라는 논리입니다.

언뜻 듣기에는 그럴듯한 비유처럼 보이나, 이는 교리적 견강부회에 가깝습니다.

'숯'은 '木'과는 거리가 좀 있는 개념입니다.

이러한 인위적인 해석을 넘어, 국내 유일의 3층 통층 구조인 미륵전彌勒殿 건축 양식에는 더욱 본질적이고 암묵적인 이치가 내재해 있습니다.

그 구체적인 단초는 바로 미륵전에 층별로 하나씩 걸려 있는 총 세 개의 편액扁額 이야기에서 시작됩니다. 건물은 하나이나 층마다 제각기 다른 이름을 내건 이 편액들은, 미륵의 도가 현실에서 어떻게 분화되고 완성되는지를 보여주는 상징적 지표입니다.

금산사 미륵전은 각 층마다 고유의 편액을 지니고 있는데, 이는 단순히 건물의 명칭을 넘어 미륵 신앙의 단계적 완성을 암시합니다.

가장 높은 곳에 위치한 **'미륵전(彌勒殿)'** 편액은 1635년 정유재란 당시 소실된 건물을 수문대사가 중건할 때 걸었던 것으로 추정됩니다. 미륵전은 글자 그대로 '미륵불을 모신 집'이란 의미를 갖고 있습니다.

중층에 걸린 **'용화지회(龍華之會)'**는 구한말의 대서예가 성당惺堂 김돈희(1871~1937)의 예서체 작품입니다. 미륵 부처의 정토인 용화세계를 뜻하는 이 편액은, 미륵불이 하생하여 용화수 아래에서 세 번의 설법으로 중생을 구제한다는 **'용화삼회(龍華三會)'**라는 경전의 내용에서 유래된 것으로 미륵하생신앙의 반영인 셈입니다.

가장 나중에 걸린 1층의 **'대자보전(大慈寶殿)'**은 사찰 편액으로서는 매우 드물게 여성의 글씨라는 점이 주목할 만합니다. 1934년 실화 이후 1936년 보수 과정에서 걸린 이 행서체 편액의 주인공은 몽련夢蓮 김진민(1912~1991)입니다.

당시 정읍의 거부였던 김수곤은 무남독녀 외동딸의 서예 재능을 아껴, 당대 최고 권위자인 성당 김돈희에게 사사하도록 배려했습니다. 이처럼 사제지간으로서 미륵전에 나란히 편액을 걸게 된 것도 자못 흥미로운 사연입니다.

'대자보전(大慈寶殿)'이란, 미륵의 범어인 마이뜨레아(Maitreya)를 한자어인 **'자씨(慈氏)'**로 번역한 데서 유래했습니다.

즉, 자씨 보살은 미륵부처를 지칭하는 또 다른 성호입니다. 결론적으로, 1층 '대자보전(大慈寶殿)' , 2층 '용화지회(龍華之會)', 3층 '미륵전(彌勒殿)'은 서로 다른 이름이지만 본질적으로는 모두 미륵불을 모신 일체一體의 공간임을 보여줍니다.

하지만 엄밀히 따져보면 1층 '대자보전'은 3층 '미륵전'과는 그 성격이 사뭇 다릅니다. 이는 미륵부처님이 홀로 계신 것이 아니라 쌍미륵으로 함께 계시기 때문입니다. 그러니 이 '대자보전(大慈寶殿)'의 속뜻은 오히려 금산사 대적광전의 의미와 통해 있습니다.

수운 최제우 선생이 **'도즉동야 이즉비야(道則同也 理則非也)'**, 즉 "도는 같으나 이치는 다르다"라고 갈파했듯이, 미륵의 도 또한 DNA의 나선 구조처럼 천지음양이라는 쌍雙으로 존재합니다.

이러한 관점에서 미륵전의 세 편액은 각기 다른 우주적 시간대를 상징합니다.

1층은 가장 아래에서 선천을 떠받치는 초석의 자리로, 정역正易의 본체인 하도河圖의 이치를 상징하고 2층은 후천팔괘로 상징되는 낙서 지천태의 용화세상을 의미하며 3층은 후천의 판도를 발 아래에 둔 채 선천팔괘의 위격에 머무는 선천 상극 세상을 표상합니다.

결국 용추못을 숯으로 메운 땅 위에 선천태극이신 미륵불을 조성한 내력이나, 후천미륵불의 상징인 시루를 밟고 서 계신 형상, 그리고 이를 3층 전각에 모신 모든 설계는 선천 상극의 도수를 형상화하여 후천의 도래를 역설적으로 증명하고 있는 것입니다.

금산사 미륵전 내부에 모셔진 삼존불의 도학적 의미를 본격적으로 살펴보기 전에, 과거 《불교신문》에 게재되었던 [법의(法衣)와 손 모습, 현재와 차이]라는 제목으로 잠깐 난 기사를 보겠습니다.

> 미국인 역사학자 프레드릭(Frederick)이 지난 1911년 촬영한 것으로 현존하는 금산사 미륵부처님 사진 가운데 가장 오래된 흑백사진이 있는데 미륵부처님은 지금과 달리 좌우 협시불(8.79m)과 거의 같은 크기로100년 전 금산사 미륵불은 9m 정도였던 것으로 보인다. 또한 미륵부처님의 수인(手印)도 차이가 있다. 현재 부처님은 오른손이 왼손보다 높게 올라가 있다.
> 하지만 1911년 촬영된 사진에는 오른손은 땅을 향하고 있고 왼손은 부처님 어깨까지 올

라와 있다. 미륵부처님의 법의(法衣)도 지금과는 다르다. 프레드릭의 사진을 살펴보면 주름이 아래를 향해 고르게 되어 있는데 비해, 현재는 윗부분이 가로 형태로, 아랫부분이 다리 선을 따라 세로로 되어 있다.

그렇다면 금산사 미륵부처님은 무엇 때문에 지금과 다른 모습을 하고 있는 것일까. 1934년 실화(失火)로 미륵부처님의 법체가 일부 손상된 후 복원하는 과정에서 바뀐 것으로 추정된다. 1938년 진행된 복원에는 근대조각의 비조(鼻祖)로 손꼽히는 김복진(1901~1940)이 참여했다. 화재에도 불구하고 이 같은 작업이 가능했던 것은 미륵부처님이 목불(木佛)이 아닌 소조불(塑造佛)이었기 때문이다. 김복진이 복원한 미륵불에 대해 전문가들은 "거대한 입상이지만 균형과 조화를 이룬 아름다운 모습"이라고 평가한다. 김복진은 일제강점기 항일운동에 나섰다가 옥고를 치렀다. 수감 중에 불교에 귀의한 김복진은 출옥 후 불상 조각에 적극 나서 금산사 미륵불, 법주사 미륵불, 계룡산 소림원 미륵불을 조성했다. 그가 심혈을 기울여 조성한 금산사 미륵불은 20세기 근대 한국불상의 걸작으로 정평이 나있다.

한편 통일신라시대 진표율사가 미륵전을 조성할 당시 미륵장육상을 모셨다고 한다. 이후 정유재란 때 일본군에 의해 금산사가 전소(全燒) 됐으며, 1601년 수문대사(守文大師)가 중창불사를 하면서 부처님을 다시 봉안했다. 그렇기 때문에 프레드릭이 촬영한 사진은 수문대사의 중창 당시 모셔진 부처님일 가능성이 크다.

<기록으로 보는 한국불교 100년 연재> - 불교신문 2700호/ 2011년 3월 5일자

미국인 역사학자 프레드릭(Frederick)이 1911년에 촬영한 현존 최고最古의 흑백 사진을 보면, 당시의 미륵부처님은 좌우 협시불(8.79m)과 거의 대등한 약 9m 정도의 크기였음을 알 수 있습니다. 이는 현재 우리가 보는 거대한 불상의 모습과는 차이가 있습니다.

금산사 미륵불은 역사적으로 세 차례에 걸쳐 그 재질과 크기가 변해왔습니다.

금불(金佛): 진표율사가 처음 세운 33척의 무쇠 불상입니다.(정유재란시 소실)

목불(木佛): 1627년 수문대사가 미륵전을 중수하며 36척의 나무 불상에 도금을 하여 봉안하였으며 미륵불의 양옆에는 토불土佛로 협시보살을 세웠습니다.

토불(土佛): 1934년 화재로 목불이 소실된 후, 김수곤金水坤 거사가 건립비를 헌성함에 따라, 김복진 조각가가 안양동의 은행나무를 뼈대로 삼아 석고로 조성한 39척의 지금의 모습입니다. 1938년 만공 스님이 점안식을 주관했습니다. 여기에는 두 가지 심오한 도학적 의미가 내재되어 있습니다.

첫째는 삼변의 이치입니다. 불상의 크기가 33척에서 36척, 다시 39척으로 석 자씩 커진 것은 미륵존불의 '**용화삼회(龍華三會)**' 설법, 즉 '**삼변성도(三變成道)**'의 이치가 형상화한 것입니다.

둘째는 상극의 이치입니다. 불상의 재질이 금(金)에서 목(木)으로, 다시 목(木)에서 토(土)로 바뀐 것은 '金克木'과 '木克土'로 이어지는 오행상극五行相克의 과정입니다. 이는 만물이 분열하고 대립하는 선천 상극의 법운을 그대로 반영하고 있습니다.

결국, 현재 금산사 미륵전의 부처님은 그 존재 자체로 '**상극의 선천**'을 증명하는 표징表徵이라 할 수 있습니다. 고수부님께서 "**금산사는 미륵의 껍질이니라**" 하신 말씀이나 정역에서 이를 선천태극先天太極이라 규정한 것은, 바로 이러한 상극의 한계 속에 머물러 있는 선천 미륵의 위격을 지적하신 것입니다.

미륵전 내부는 외관과 달리 3층 전체가 하나로 트여 있는 통층通層 구조입니다. 이 장엄한 공간의 중심에는 높이 11.82m에 달하는 거대한 미륵존불이 주존主尊으로서 계시며, 그 좌측에는 '**법화림보살(法華林菩薩)**'이, 우측에는 '**대묘상보살(大妙相菩薩)**'이 각각 8.79m의 높이로 협시夾侍하고 있습니다.

본래 '**장륙상(丈六像)**'이란 석가모니 부처님의 신장을 기준으로 한 1장 6척(열여섯 자, 4.8m) 이상의 거대한 불상을 지칭하는 용어입니다. 미륵전의 삼존불은 모두 이 기준을 상회하므로 모두 장륙상에 해당하지만, 통상적으로 '**미륵장륙상**'이라 하면 협시보살을 제외한 중앙의 주존불만을 일컫습니다.

이때 좌우左右를 구분하는 기준은 참배객이 바라보는 방향이 아니라, 항상 예를 받으시는 부처님의 시선을 중심으로 합니다. 따라서 부처님의 왼편(참배객 기준 오른쪽)이 좌협시인 법화림보살이 되며, 부처님의 오른편(참배객 기준 왼쪽)이 우협시인 대묘상보살이 됩니다.

2. 미륵불이 어찌 모악산에 있을까?

어느 날 공사公事 중에 고후비님께서 다음과 같이 말씀하셨습니다.

> **금산사 미륵전의 남방에 시립하고 있는 시녀불은 삼십 삼천 내원궁 법륜보살로서 자씨부인이요 이 세상에 와서는 고씨로 되였구나** 그리고 **북방에 시립하고 있는 시녀불은 천상 요운전 묘향보살인바 이 세상에 와서는 김형렬의 딸이었느니라** 『선도신정경(仙道神政經) 3장 104절』

『선도신정경』의 말씀처럼, 금산사 미륵전의 주존불 좌우에 시립한 협시불은 단순한 보살상이 아니라, 인세에 강세하신 두 분 수부님의 위격을 상징합니다.

남방(좌측)에 자리하신 법화림보살法華林菩薩은 선천의 곤坤이자 **'낙종물(始)'**의 사명을 맡으신 고수부님을 상징하며, 북방(우측)에 서 계신 대묘상보살大妙相菩薩은 **"추수(秋收)할 사람은 다시 있느니라."**는 말씀대로 **'추수(終)'**의 사명을 맡으신 김수부님을 상징합니다.

이렇듯 미륵불 좌우에 두 분 수부님을 모신 것은 천지 역도易道의 이치에 부합합니다. 두 분은 미륵불을 보필하는 **'손(艮爲手)'**이 되어, 각각 선천 복희팔괘의 **'시어간(始於艮)'**과 후천 문왕팔괘의 **'종어간(終於艮)'** 도수를 맡아 천지공사의 시작과 끝을 매듭짓는 역할을 수행하십니다.

모악산 줄기인 제비산帝妃山 앞뒤로 두 분 수부님의 묘소가 자리한 것 또한 이러한 **'시종(始終)의 간도수'**를 뒷받침하는 명백한 증거입니다.

그렇다면 『선도신정경』의 기록처럼, 법화림보살이신 고수부님께서 미륵전의 남

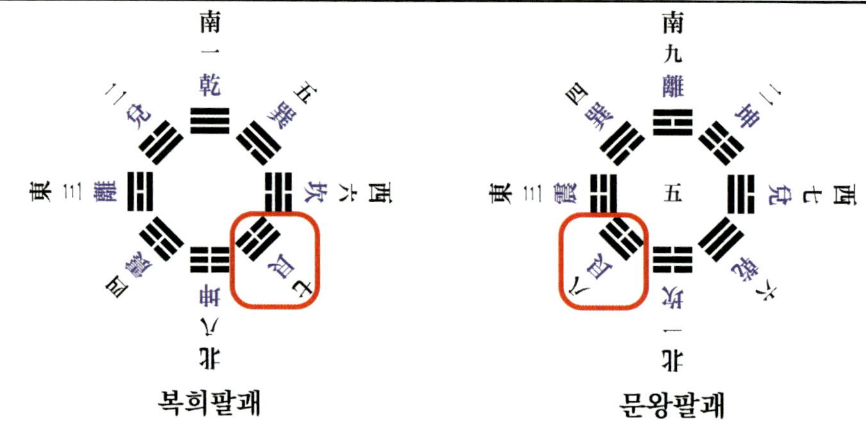

복희팔괘 문왕팔괘

방에 시립하고 계신 이유는 무엇일까요?

그것은 앞서 설명한 바와 같이, 미륵존불께서 선천미륵불의 위位에 계시기 때문입니다. 주존불이 선천의 하늘(乾)을 상징하므로, 건곤乾坤의 짝을 맞추기 위해 두 분 수부님 중 선천의 땅(坤)을 대변하는 고수부님께서 환히 드러나는 남방에 임하셔야 했던 것입니다.

상제님께서는 『속수전경』을 통해 용화세계의 실체를 여는 핵심적인 질문을 던지셨습니다.

> 또 가라사대 **미륵(彌勒)을 어찌 모악산(母岳山)에 모셨을까 또 어찌 삼층전(三層殿)에 모셨으며 솥 위에 서 계시며 용(龍)이 없는데도 어찌 여의주(如意珠)를 손에 받고 있을까 잘 생각(生覺) 해보라 이 몇 가지를 알고 보면 용화세계(龍華世界)를 아는 사람이 될 것이다**
>
> 『속수전경(續修典經)』

성구의 첫 번째 질문인 "**미륵을 어찌 모악산에 모셨을까?**"라는 말씀은 하도河圖의 이치를 물으시는 것입니다.

복희팔괘(우선하도)의 주인공이 복희씨라면, 그와 짝을 이루는 정역팔괘(좌선하도)의 주인공은 여와씨입니다. 고대 벽화의 '복희여와도'나 데칼코마니 같은 형상은 바로 하도가 지닌 음양 합덕의 특징을 고스란히 보여줍니다.

따라서 미륵불이 어머니 산인 모악산에 자리 잡은 것은 천지부모가 음양으로 합덕하여 만물을 생성하는 하도의 원리를 형상화한 것입니다.

상제님께서 던지신 화두 중 두 번째 대목인 "**어찌 삼층전에 모셨으며 솥 위에 서 계시며, 용(龍)이 없는데도 어찌 여의주를 손에 받고 있을까**"라는 구절을 살펴봅니다. 삼층전의 구조와 시루(솥) 위에 서 계신 이유는 앞서 상세히 논하였으므로, 여기서는 '**여의주를 손에 든 연유**'에 집중해 보고자 합니다.

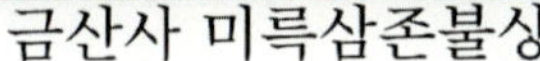
금산사 미륵삼존불상

법종교 삼청전 증산미륵존불상

이 수수께끼를 푸는 열쇠는 여의주를 손에 받쳐 든 금산사 미륵불과 여의주를 입에 물고 계신 법종교 삼청전의 미륵존불을 상호 비교해 보는 데 있습니다. 두 분의 성상은 언뜻 비슷해 보이나, 자세히 살펴보면 선후천의 이치에 따라 정반대의 형상을 취하고 있습니다.

먼저 금산사 미륵불(선천,태양)은 왼손(좌수)에 여의주를 받치고 오른손(우수)을 들고 있으며, 시루를 발로 밟고 서 계십니다. 반면, 법종교 삼청전의 미륵존불(후천, 태음)은 왼손(좌수)을 들고 여의주를 입(口)에 물고 계시며, 시루를 머리에 쓰고 계십니다.

상제님께서 **"금산사 미륵은 여의주를 손에 들었거니와 나는 입에 물었노라"** 하신 말씀이나, **"장차 열석 자(13척)로 다시 오리라"** 하신 말씀은 바로 이 결정적인 차이를 가리킵니다.

여기서 **"용(龍)이 없는데도"**라는 말씀은 **'용도(龍圖)'**라고도 불리는 선천하도의 이치를 내포하고 있습니다. 여의주는 만물을 뜻대로 다스리는 조화造化를 상징하며, 하도의 중심인 오황극이자 대모님의 위격을 상징합니다. 본래 용과 여의주는 불가분의 관계로, 용은 여의주를 얻어 입에 물어야만 비로소 조화권을 완성하여 하늘로 승천할 수 있습니다. 따라서 상제님의 말씀에는 두 가지 역설적 함의가 담겨 있습니다.

첫째, 여의주를 손에 들고 있다는 사실 자체가 이미 이 미륵불이 조화권을 행사할 용龍의 신분임을 상징적으로 드러내는 것입니다.

둘째, 그럼에도 왜 입에 물지 못하고 손에만 받쳐 든 채 보여주고 있는가 하는 점입니다. 이는 아직 승천의 도수를 다 채우지 못한 선천 미륵불의 한계를 자각하라는 경계의 말씀입니다.

결국 삼청전 증산미륵존불의 입술에 하얀점(五皇極)을 찍어서 용이 여의주를 입에 문 형상을 완성한 것은, '**참 미륵**'의 위位에 임하셨음을 선포한 것입니다. 반면, 여전히 여의주를 손에 들고만 있는 금산사 미륵불은 아직 뜻을 온전히 이루지 못한 채 현세에 오실 '**후천미륵불**'을 예고하는 선천의 껍질이자 인류의 구원을 향한 거룩한 기다림의 표상이라 할 수 있습니다.

3. 대적광전

"금산사는 미륵의 껍질이니 너희들은 금산사 미륵 앞에 가지도 말라"는 가르침이 전해집니다. 그럼에도 떠나간 자리에 남은 단초들을 수습해야 비로소 그 행적의 실마리를 찾을 수 있을 것입니다. 앞서 살펴본 **'미륵전(彌勒殿)'**에 이어, **'대적광전(大寂光殿)'**에 깃든 그 흔적들을 이어서 짚어보겠습니다.

미륵전

대적광전

상제님(乾)과 대모님(坤)께서 천지음양의 근본이 되시듯, 금산사의 가람 배치 또한 음양의 이치와 선후천의 경계를 절묘하게 투영하고 있습니다.

미륵전이 선천의 남미륵 상제님을 상징하며 하늘을 향해 솟구친 3층의 수직적 형상을 취하고 있다면, 대적광전[1]은 후천 여미륵이신 비로자나불을 주존으로 모신 채 정면 7칸의 넓고 낮은 수평적 모습으로 대조를 이룹니다.

주목할 점은 이 두 전각 사이에 놓인 **'송대(松臺)'**라는 낮은 언덕의 존재입니다. 송대라는 자연 지형을 중심에 두고 좌우로 대적광전과 미륵전이 배치된 형국은, 마치 이곳이 선천과 후천을 하나로 잇는 가교架橋 역할을 하고 있는 듯 보입니다.

1) 금산사를 중창할 때 세운 정면 7칸 측면 4칸의 큰 전각으로, 안타깝게도 1986년 12월 6일 원인모를 화재로 법당이 전소되어 보물 제476호 지정이 해제되었으나, 1990년대에 원래의 모습대로 복원하였다.

모악산의 주맥은 금산사를 향해 세 줄기로 갈라져 내려오는데, 왼쪽으로 뻗어 내린 줄기는 절을 감싸는 좌청룡이 되었고, 오른쪽 맥은 든든한 우백호의 형세를 이루고 그 가운데로 내려온 기운이 맺힌 곳이 바로 이 곳입니다.

'**사리계단(舍利階戒壇)**'이라 불리는 이 송대는 예로부터 수계授戒의 의식을 시행하던 곳이었습니다. 출가식을 거행하는 계단은 국내에 2군데 남아 있는데 하나는 통도사 '**금강계단(金剛戒壇)**'이고, 또 하나가 금산사의 '**방등계단(方等戒壇)**'입니다.

계단은 언덕 주변에 네모지게 돌난간을 만들고 기단은 석축으로 쌓았습니다. 현재 그 중심에는 보물 제26호인 석종石鐘이 자리하고 있으며, 그 남쪽으로는 보물 제25호인 5층 석탑이 나란히 서 있습니다.

금산사 가람의 가장 깊숙한 북측에 자리한 대적광전은 경내에서 가장 핵심이 되는 불전이자, 사찰 내 단층 건물 중 가장 큰 전각입니다.

정유재란으로 소실되기 이전에는 '**대웅대광명전**'이라 불렸으며, 당시에는 법신 비로자나불, 보신 노사나불, 화신 석가모니불의 삼신불만을 봉안하였습니다. 그러나 1635년(인조 13년) 재건 과정에서 대웅광명전, 극락전, 약사전에 흩어져 모셨던 5여래 6보살을 한자리에 다시 조성하여 봉안하게 되었고, 명칭 또한 '**대적광전**'으로 새롭게 칭하게 되었습니다.

석굴암이 8세기 통일신라 불교 신앙의 결정체라면, 금산사 대적광전은 신라부터 조선에 이르기까지 축적된 한국 불교의 총체라 할 수 있습니다. 불교 수용 이래 우리 민족이 지탱해온 모든 불·보살을 이토록 대담하고 장엄하게 한곳에 모신 광경은 세계적으로도 유례를 찾기 힘든 한국 불교만의 독보적이고 유일한 신앙 형태라는 높은 평가를 받고 있습니다.

금산사 가람 배치의 특징은 미륵신앙과 화엄신앙의 절묘한 습합에 있습니다. 미륵전이 미륵불을 모신 미륵신앙의 전당이라면, 대적광전은 비로자나불을 주존으로 하는 화엄신앙의 표상입니다. 화엄종의 맥을 잇는 사찰에서는 주로 이 대적광전을 본전本殿으로 삼으며, 『화엄경』에 근거한다 하여 '**화엄전**', 비로자나불을 봉안한다 하여 '**비로전**'이라 부르기도 합니다.

본래 766년 진표율사가 미륵불의 수기를 받아 사찰을 중수할 당시에는 미륵전이 가람의 중심이었으나, 후대에 화엄신앙이 융합되면서 대적광전이라는 또 다른 중심 불전이 들어선 독특한 구조를 갖추게 되었습니다.

특히 주목할 부분은 대적광전의 정사각형 현판입니다. 이는 지천태 곤도坤道의 자리를 상징합니다. 이와 유사한 사례로 서울 도성의 동문인 '흥인지문(興仁之門)'을 들 수 있습니다.

풍수지리학상 '우백호'인 인왕산은 기골이 장대한 반면, '좌청룡'인 낙산은 왜소하고 형세가 짧아 기운이 부족한 것이 약점이었습니다. 이에 산맥의 굽이치는 모양을 상징하는 '之'자를 더해 부족한 용맥龍脈의 기운을 보완하였고, 그 결과 사대문 중 유일하게 넉 자로 된 정방형 현판을 걸게 되었습니다. 이렇듯 '흥인지문'이라는 정사각 현판에는 약한 좌청룡의 기운을 보완하고 세우려는 비보裨補의 상이 내재되어 있습니다.

대적광전의 현판 역시 이와 같은 고도의 상징적 의도를 담고 있습니다. 도道적인 관점에서 볼 때, 이는 선천 '하늘'(복희,乾南)이 아닌, 후천 '땅하늘'(여와,坤南)의 이치가 발현되는 지천태의 상을 형상화한 것입니다.

결국 정방형 현판이 곤도의 자리를 상징하듯, 화엄신앙의 주존인 비로자나불을 모신 대적광전은 후천 곤도의 조화로운 우주법계를 온전하게 형상화하고 있습니다.

① 오여래(五如來)

과거 '**대웅광명전(大雄光明殿)**' 또는 '**대법당(大法堂)**'이라 불렸던 대적광전 내부에는 비로자나불을 중심으로 '**오여래(五如來)**'와 그를 보좌하는 '**육보살(六菩薩)**'이 장엄하게 봉안되어 있습니다.

먼저 5여래는 중심의 비로자나불을 필두로, 우측 끝에서부터 약사여래불, 노사나불, 비로자나불, 석가모니불, 아미타불 순으로 자리하고 있습니다.

이를 협시하는 6보살 역시 우측 끝에서부터 월광보살, 일광보살, 문수보살, 보현보살, 관세음보살, 대세지보살 순으로 배치되어 있습니다. 이처럼 한 법당 안에 5여래와 6보살을 모두 봉안한 사례는 불교 가람 배치에서 흔치 않다고 합니다.

비로자나불 과 보현보살(왼쪽), 문수보살(오른쪽)

5여래의 중심에 계신 '**비로자나불(毘盧遮那佛)**'은 '**무극지무극(無極之無極)**'이신 태을천상원군(土)께서 태극의 현상세계로 걸어 들어오심을 표상하여 법신불(法身佛,진리를 인격화한 불신)로서 모셔놓은 것입니다.

『태백일사』「소도경전본훈」에서 '**圓者는 一也니 無極**'이라 하니 바로 진주불眞主佛을 의미합니다. 그 법을 상징하여 맺은 수인을 지권인智拳印이라 합니다.

이는 두 손 모두 엄지손가락을 손안에 넣고 주먹을 쥔 다음, 왼손의 집게손가락을 펴서 오른손으로 감싸쥐고, 오른손의 엄지손가락과 왼손의 집게손가락 끝을 서로 맞대어 좌수는 아래(下)에 두고 우수를 위(上)로하여 두 손을 가슴에 모으고 있는 형상을 한 결인結印입니다.

원래 손(手)은 역易에서는 간괘艮卦로서 법신불(坤)의 손(手)이라는 개념은 곧 오황극의 象입니다.

노사나불과 문수보살(왼쪽), 월광보살(오른쪽)

비로자나불의 우측에 자리한 '**노사나불(盧舍那佛)**'은 중생을 향한 큰 서원을 세우고 끊임없는 수행을 거듭한 끝에 깨달음을 성취한 보신불報身佛입니다. 청정법신清淨法身 비로자나불에 대응하여 원만보신圓滿報身 이라 불리는데, 비로자나불의 비자毘字를 제하면 노사나불盧遮那佛이 된다는 점에서도 알 수 있듯, 두 부처님은 천지음양天地陰陽의 짝을 이루는 관계에 계십니다.

지속적인 수행을 통해 성불했다는 은유는 곧 자씨불慈氏佛로서 "**금산사 미륵은 여의주를 손에 들었거니와 나는 입에 물었노라**" 하셨을 때의 후천 미륵불(男彌勒, 陽)이신 상제님을 뜻합니다.

따라서 '**方者는 二也니 反極**'의 자리에 해당하십니다

약사불과 월광보살(왼쪽), 일광보살(오른쪽)

사진상 우측 끝에 모셔진 **'약사여래(藥師如來)'**는 중생의 모든 병고를 치유하는 부처로, **'약사유리광여래(藥師瑠璃光如來)'** 또는 **'대의왕불(大醫王佛)'**이라 불립니다. 동방의 **'정유리세계(淨瑠璃世界)'**에 머물며 중생의 질병을 고치고 재앙을 소멸시키는 한편, 수행자로 하여금 깨달음의 묘과妙果를 증득하게 돕는 역할을 수행합니다.

아미타불의 48대 서원과 비견되는 약사여래의 12대 서원은 구제와 치유의 상징으로 널리 알려져 있습니다. 좌우에 월광보살과 일광보살이 시립하고 계시는 모습으로 볼 때 약사여래(現)는 비로자나불(藏)의 신성神聖을 현세에 드러낼 준제불準提佛이신 선사님을 상징합니다. 따라서 **'角者는 三也니 太極'**의 자리에 해당되십니다.

석가모니불과 관세음보살(왼쪽), 보현보살(오른쪽)

비로자나불의 좌측에 모셔진 석가모니불은 중생의 근기에 맞춰 수없는 모습으로 나타나신다 하여 **'천백억화신(千百億化身)'**이라 불립니다. 중생을 교화하기 위해 역사적인 인간의 몸으로 나툰 것이기에 화신불化身佛 또는 응신불應身佛이라 하며, 상제님께서는 석가불이 천상의 **'서방칠성(西方七星)'** 자리를 맡고 있다고 밝혀주셨습니다.

이러한 위상은 도수와 공사에서도 분명히 드러납니다. 진법주眞法主에서 **'구천상제·옥황상제·석가여래'**의 하강지위를 차례로 주송하는 것이나, 상제님께서 아침 해가 솟을 때 **'龍鳳'** 두 글자를 써 붙이시고 그 왼편에 작은 글씨로 **'獨尊釋迦佛'**이라 써서 금곡에게 주신 일화가 그 예입니다.

실상 도道의 세계에서 '龍'으로 상징되는 서신사명의 자리는 본래 사칠성의 호위를 받는 북두칠성입니다. 다만 그 때가 이르지 않은 선천에는 서방칠성인 석가불이 그 위상을 대행해 왔으나, 때가 이르면 **'독존석가불(獨尊釋迦佛)'**이라는 허물을 벗고 관운장으로 상징되는 **'義者'**로서 본래의 면모를 드러내게 됩니다.

아미타불과 대세지보살(왼쪽), 관세음보살(오른쪽)

사진상 좌측 끝에 자리한 **'아미타불(阿彌陀佛)'**은 **'鳳'**으로서 오황극의 위상을 상징합니다. 아미타불의 48대 서원이 지닌 수리적 의미는 주역의 48번째 괘인 수풍정괘水風井卦와 맞닿아 있습니다.

수풍정괘의 핵심인 **'개읍불개정(改邑不改井)'**은 '마을은 옮길 수 있어도 우물은 옮길 수 없다'는 뜻입니다. 여기서 '井'은 우주의 중심인 자미원紫微垣이자 황극을 상징합니다. 이 황극의 출세를 일러 **'나무아미타불'**이라 합니다. 이상으로 대적광전의 오여래五如來가 지닌 상징적 위상을 갈무리하고, 이어지는 장에서는 그분들을 협시하는 육보살六菩薩에 대해 간략히 정리하며 본 내용을 매듭짓도록 하겠습니다.

② 육보살(六菩薩)

육보살에 투영된 불교적 색채는 다분히 관념적이고 상징적이어서 그 실체를 파악하기가 쉽지 않습니다. 하지만 그 핵심을 들여다보면, 이는 일월 오성이라는 천문天文의 자리를 불교적 보살의 옷을 입혀 의인화 시킨 존재로 보입니다.

『사기(史記)』「천관서(天官書)」에서 **'하늘에 오성이 있고 땅에는 오행이 있다.'**하는 천지상응 오성오행론을 제창하였고, 이는 이후로 2천 년 이상 내내 동양 천문론의 근간이 되었습니다.

이 다섯 행성에 해(日)와 달(月)을 더하여 하늘의 정사政事를 이끄는 일곱 별이라는 의미의 '**칠정(七政)**'을 달리 '**칠요(七曜)**'라고도 부르니 이는 '**혼백동서남북(魂魄東西南北)**'의 불교식 표현이기도 할 것입니다.

이처럼 불교에는 4대 보살(문수,보현,지장,관세음)이 있으며 기독교에 네 생물(four living creatures)이라는 천사장이 있듯 천문으로 보면 모두 사칠성의 체계로 수렴됩니다.

구체적으로 살펴보면, 사자를 타고 지혜를 관장하는 대지大智 '**문수보살(文殊菩薩)**'은 북방칠성을, '자비'를 대표하는 '**관세음보살(觀世音菩薩)**'은 서방칠성을 상징합니다. 또한 흰 코끼리에 올라타 중생의 수명을 연장하는 덕을 지닌 '**보현보살(普賢菩薩)**'은 남방칠성을, 지혜의 광명으로 모든 중생을 비추어 힘을 주는 '**대세지보살(大勢至菩薩)**'은 동방칠성을 나타냅니다. 여기에 사칠성의 중심이 되는 일日과 월月을 상징하는 두 분을 일광·월광보살로 별도 배치하여 육보살의 체계를 갖추게 됩니다.

그러면 이러한 '**칠정(七政)**'과 관련하여, 옛 사람들이 우주와 인간 세상을 하나로 통찰했던 전통 천문관에 대해 정리해 보겠습니다.

2장 삼원 이십팔수와 칠정

1. 천상열차분야지도

동양의 전통 세계관에서 하늘(天)과 땅(地), 그리고 사람(人)은 서로 분리될 수 없는 유기적 일체를 이룹니다. 따라서 군주는 백성을 다스리는 인사는 물론, 지리(地)와 천문(天)의 이치를 살피는 일에도 온 힘을 쏟았습니다. 지도 편찬과 천문도 제작이 국가적 차원의 핵심 사업이자 군주의 중대한 정치적 행위로 간주되었던 이유가 바로 여기에 있습니다.

예로부터 군주의 책무 중 하나로 꼽았던 것이 바로 **'관상수시(觀象授時)'**입니다. 『서경(書經)』「요전(堯典)」에 이르기를, **"이에 희씨와 화씨에게 명하시어 삼가 넓은 하늘을 따르게 하시고, 해와 달과 별의 운행을 살펴 사람들에게 때를 알리도록 하셨다.(乃命羲和 欽若昊天 曆象日月星辰 敬授人時)"**라고 하였습니다.

이는 『중화경(中和經)』 제79장에서도 **'欽若昊天曆像日月星**흠약호천역상일월성**'**이라 하여 '관상수시'가 하늘의 뜻을 읽어 백성의 삶을 이롭게 하려는 성인聖人의 통치 철학임을 보여줍니다.

먼 옛날부터 군주는 하늘의 운행을 살펴 정확한 절기를 백성에게 알렸고, 백성은 그 천시天時에 맞춰 농사를 지으며 풍요를 기원했습니다. 이처럼 하늘을 살피는 일은 농경 사회의 군주에게 떼려야 뗄 수 없는 지고한 책무였기에, 역법曆法 연구는 늘 국가의 운명을 건 중대 사업이었습니다.

우리가 잘 알고 있는 **'천상열차분야지도(天象列次分野之圖)'** 역시 이러한 통치 철학의 산물로 이는 태조 이성계의 명으로 양촌陽村 권근(權近, 1352~1409) 등이 고구려의 천문도를 바탕으로 만든 것으로 전해집니다.

현재 국보로 지정된 **『천상열차분야지도각석(天象列次分野之圖刻石)』**은 고구려 시대 평양에서 각석한 천문도(平壤 星圖) 비석의 탁본拓本을 바탕으로 돌에 새긴 천문도인데, 권근은 천문도에 새긴 글에서 『천상열차분야지도』가 만들어진 경위를 다음과 같이 밝히고 있습니다.

"예전에 평양성에 천문도 석각본(石刻本)이 있었다. 그것이 전란으로 강물 속에

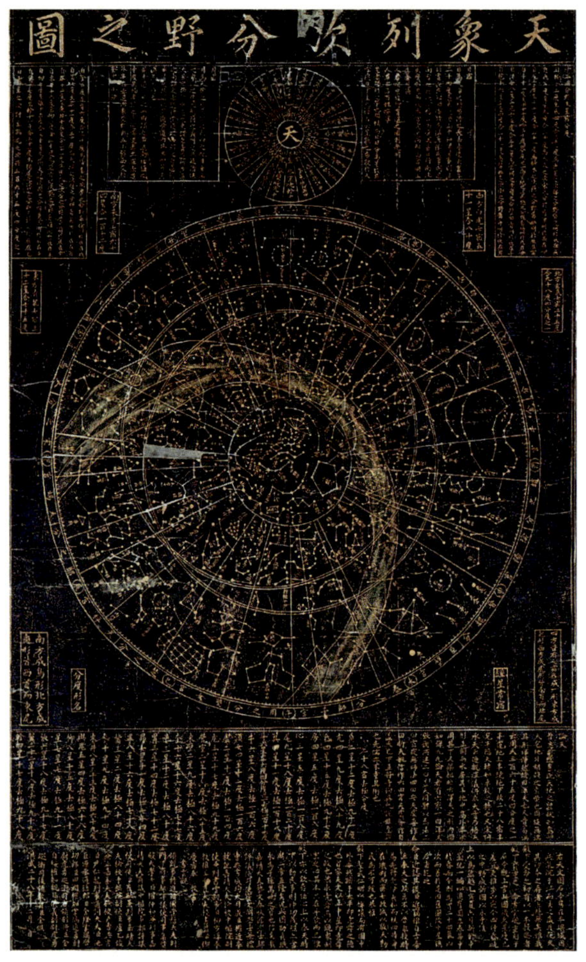

가라앉아 버리고, 세월이 흘러 그 인본(印本)마저 매우 희귀해져서 찾아볼 수 없었다. 그런데 태조가 즉위한 지 얼마 안 되어 그 천문도의 인본을 바치는 사람이 있었다. 태조는 그것을 매우 귀중히 여겨 서운관에 명하여 돌에 다시 새겨두도록 했다. 서운관에서는 그 연대가 오래되어 이미 성도(星度)에 오차가 생겼으므로, 새로운 관측에 따라 그 오차를 고쳐서 새 천문도를 작성하도록 청했다."

천상열차분야지도는 당시 서운관 학자들이 말한 것과 같이 조선시대의 하늘을 모두 반영하고 있지는 않습니다. 북극성이 위치한 중앙 부분은 14세기말인 조선시대의 하늘로 수정되어 있지만, 28수가 위치한 황도는 조선시대가 아닌 서기 1세기경 고구려의 밤하늘을 그대로 담고 있습니다.

'천상열차분야지도(天象列次分野之圖)'란 하늘의 모습 '천상(天象)'을 '차(次)'와 '분야(分野)'에 따라 벌려놓은(列) '그림(圖)'으로서 여기서 '次'란 목성의 운행을 기준으로 설정한 적도대의 열두 구역을 말하고, '分野'란 하늘의 별자리 구역을 열 둘로 나눠 지상의 해당지역과 대응 시킨 것을 뜻합니다.

우리가 흔히 '별자리'라고 하면 황도 12궁을 중심으로 한 서양식 별자리를 떠올리지만, 동양에는 **'3원(垣) 28수(宿)'**라는 독자적인 체계가 존재합니다.

서양의 별자리는 태양이 지나가는 길인 황도대를 12개 구역으로 나누어 태양이 어느 별자리를 지나가는지 관찰한 반면 동양 별자리는 동양의 별자리는 북극과 적도를 기준으로 하늘의 영역을 구분했습니다. 북극과 그 주변을 '3원'으로 정하고, 그 바깥쪽 영역을 '28수'라고 불렀습니다. 같은 하늘이지만 서양과 동양이 다르게 해석한 이유는 문화적 차이 때문입니다. 동양은 실제로 천체가 회전하는 중심(북극)을 기준으로 별자리를 관찰했기 때문에, 시간 측정이 가능했습니다.

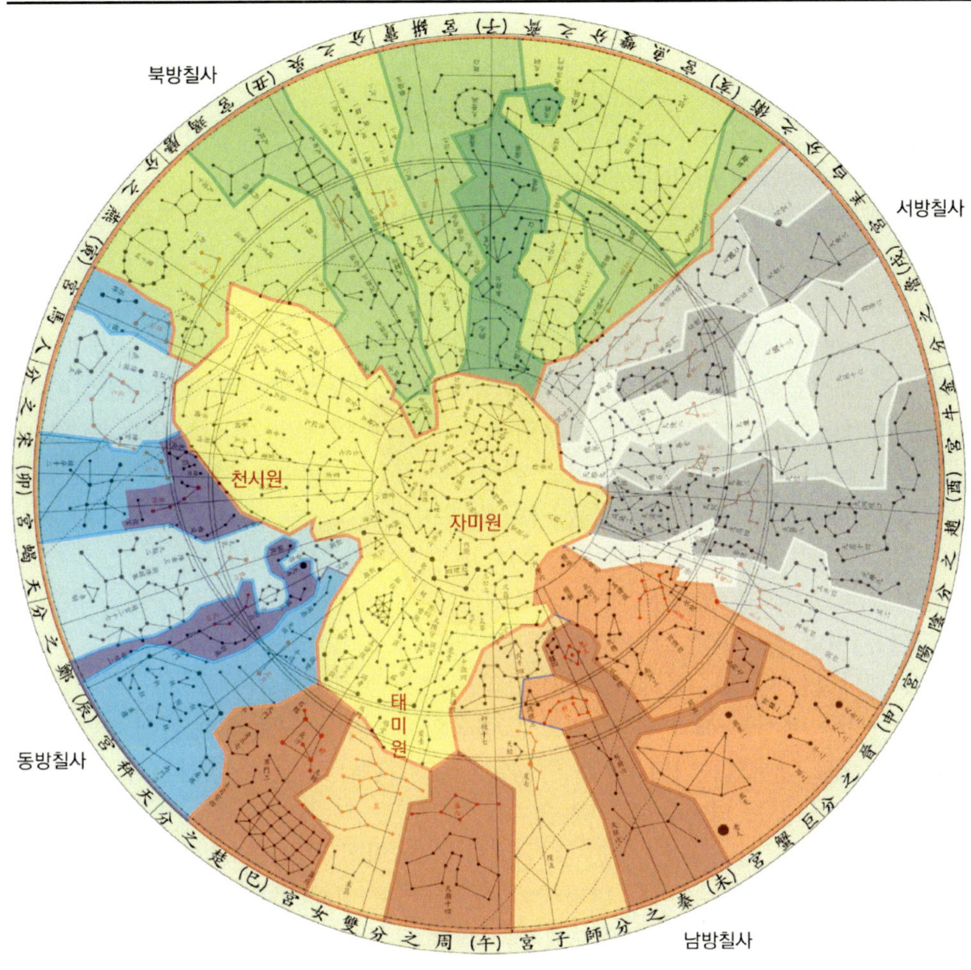

천상열차분야지도 성도 부분 채색도

천상열차분야지도의 중심부를 살펴보면 가장 안쪽에 작은 원이 자리하고 있습니다. 이 원을 포함한 핵심 영역이 바로 하늘의 중심 권역인 '**자미원(紫微垣)**', '**태미원(太微垣)**', '**천시원(天市垣)**'입니다.

하늘의 제일 위쪽에 놓여 있다 해서 상원上垣이라고도 불리는 태미원, 그리고 가운데 중원中垣이라고 불리는 자미원, 그리고 제일 아래 있다고 해서 하원下垣이라고 하는 천시원 등 옛 선조들은 하늘의 중심에 거대한 세 개의 담장, 즉 '**삼원(三垣)**'이 놓여 있다고 믿었습니다.

자미원은 하늘나라 임금을 모신 곳이요, 태미원은 하늘나라 신하들이 사는 곳이면서 나랏일을 처리하는 곳이고 천시원은 일반 백성들이 사는 곳으로 북적대는 시장에 비유하고 있습니다. 이처럼 삼원은 임금과 신하, 그리고 백성이라는 인간 세상의 구성 원리를 하늘의 질서에 그대로 투영한 고대 천문관의 정수라 할 수 있습니다. 그 구체적인 범위를 살펴보면, 북두칠성이 밤새도록 일주하며 순행하는 그 안쪽의 하늘이 바로 자미원紫微垣입니다. 자미원의 중심에는 천추성天樞星으로 불리는 북극성이 자리하고 있으며, 이를 보좌하듯 북극오성北極五星이 배치되어 있습니다.

북극성은 북극오성의 머리가 되며 북두칠성의 제1성인 천추성과 북극오성의 천추성은 이름은 같지만 서로 다른 별이며 이 두 별을 연결하여 천추天樞라 일컫기도 하며, 이 자미원 밖으로 태미원과 천시원이 펼쳐져 하늘의 거대한 삼원三垣 체계를 이룹니다.

또한 28수宿는 달의 공전 주기(약 27.32일)에 착안하여, 달이 지나는 길인 백도白道를 따라 동서남북 사방四方의 각 구역에 일곱 별씩 균등하게 배분한 별자리입니다.

비유하자면, 하늘나라의 중앙 정부인 3원三垣을 벗어나면 곧바로 지방 제후들이 다스리는 영지인 28수를 만나게 되는 셈입니다. 3원과 28수는 자리를 지키며 움직이지 않는 항성恒星인 데 반해, 이들 사이를 부지런히 오가는 존재들이 있으니 바로 해와 달, 그리고 오행성(목·화·토·금·수)으로 이루어진 칠정七政입니다.

끊임없이 운행하는 칠정은 마치 28수라는 지방 제후들의 치적을 살피고 잘잘못을 가리는 지방 감찰관과 같은 역할을 수행합니다. 그렇다면 하늘나라 지방 관구의 제후에 해당하는 이 28수는 과연 어떤 원리로 생겨난 것일까요?

고대 천문학에서는 해와 달, 그리고 오행성의 움직임을 관측하기 위해 하늘을 28개의 구역으로 나누었습니다. 이를 **'이십팔수(二十八宿)'**라 하는데, 여기서 **'수(宿)'**는 '머무르며 묵는다'는 의미를 담고 있습니다.

달이 지구를 한 바퀴 도는 공전 주기는 약 27.32일입니다. 달이 지나가는 길인 백도를 따라 매일매일 달이 어느 별자리에 머무는지를 정해 놓은 것이 바로 이십팔수입니다. 이처럼 달의 운행을 기준으로 별자리를 구분한 동양의 방식은, 태양이 지나는 길인 황도黃道 12궁을 중심으로 체계를 세운 서양 천문관과 뚜렷한 차이를 보입니다.

동방 청룡 : 각角, 항亢, 저氐, 방房, 심心, 미尾, 기箕
북방 현무 : 두斗, 우牛, 여女, 허虛, 위危, 실室, 벽壁
서방 백호 : 규奎, 루婁, 위胃, 묘卯, 필畢, 자觜, 삼參
남방 주작 : 정井, 귀鬼, 류柳, 성星, 장張, 익翼, 진軫

이를 종합하면, 하늘의 모든 별이 향하는 중심인 자미원에는 북극성이 자리하고 있으며, 그 곁에서 북두칠성이 북극성을 수호하듯 24시간 주기로 회전하며 뭇 별들을 주재하고 있습니다.

하늘의 질서를 구성하는 별들은 크게 두 부류로 나뉩니다. 자리를 지키며 움직이지 않는 붙박이별은 **'경성(經星)'**이라 하고, 그 사이를 운행하는 수성·금성·화성·목성·토성의 다섯 행성은 '**위성(緯星)**'이라 합니다. 이 다섯 행성에 해(日)와 달(月)을 더하여 '**칠정(七政)**' 또는 '**칠요(七曜)**'라 부르며, 오늘날 우리가 사용하는 요일의 이름도 바로 여기에서 유래되었습니다.

북두칠성은 자미원 밖의 28수와 태양계의 모든 별을 다스리는 하늘의 지휘부입니다. 28수와 '**오위(五緯)**'는 북두칠성의 운행 질서를 따르며, 우주의 모든 별은 북두칠성이 이끄는 힘에 의해 궤도를 이탈하지 않고 제 길을 갑니다.

이처럼 자미원의 천제天帝가 온 우주를 다스리듯, 지상의 임금이 하늘의 칠정이 보여주는 법도를 본받아 인간 세상에 구현하는 것이 곧 정치의 본질입니다. 『중화경(中和經)』에는 이러한 고대 천문관을 바탕으로 한 동양의 깊은 우주관이 잘 나타나 있습니다.

天(천)이 無體(무체)이언만은 二十八宿(이십팔숙)-爲天體(위천체)니 日月從角起(일월종각기) 天亦從角起(천역종각기) 二十八日周天度數(이십팔일주천도수)-復行(부행)하리라.

하늘은 본시 무체이나 28수로 천체를 삼아서 해와 달이 각(角) 방위에서 일어나(起) 좇나니(從) 하늘도 각방위에서 일어난다. 28수를 일주천하는 도수가 다시 운행되리라.

天(천)이 無度(무도)언만은 日月五星(일월오성)이 爲天度(위천도)니 二十八宿(이십팔숙)-爲經(위경) 日月五星(일월오성)-爲緯(위위) 欽若昊天曆像日月星(흠약호천역상일월성)하여 敬授人時(경수인시)하노라.

하늘이 본시 움직임이 없지만 일월오성으로 하늘의 발(度)을 삼으니 28수는 경(經)을 삼고 일월오성으로 위(緯)를 삼아서, 흠약호천(欽若昊天,도솔천)의 칠정(曆像日月星)의 법도를 밝혀 사람에게 그 때를 알린다.(敬授人時)

『중화경(中和經) 79장』

위 구절에서 '**天 無體**'를 직역하면 '하늘은 따로 붙어 있는 별도의 몸체가 없다'는 뜻이지만, 여기서의 '天'은 무극(土)의 자리인 북극성(牝馬+牝牛)을 상징합니다. 즉, 북극성 자체가 하늘의 본체가 되기에, 28수를 비롯한 모든 별자리는 이 북극성을 자신의 존립 근거이자 근본 바탕(體)으로 삼게 됩니다.

이러한 이치는 이어지는 '**天 無度**'라는 구절에서 더욱 명확히 드러납니다. 이는 북극성(天)은 스스로 움직이지 않으면서, 일월오성日月五星 즉 칠정七政을 하늘(天)의 움직임을 대리하는 발(度)로 삼아(爲) 온 우주의 질서를 주재한다는 뜻입니다.

2. 경복궁 근정전

그러면 이러한 하늘의 이치를 바탕으로 세상에 만들어진 건축물 중에서 지상의 구중궁궐인 경복궁과 창덕궁등 조선시대의 고궁들을 살펴보면서 '**3원(垣) 28수(宿)**'와 '**칠정(七政)**'에 대한 예를 알아보겠습니다.

고궁들은 단순히 왕이 거처하는 공간을 넘어, 북두칠성이 있는 자미원과 28수 별자리를 본 따 조경한 독창적인 천문 예술품인 동시에 한민족의 북두칠성 신앙의 대표작입니다. 특히 경복궁의 중심인 근정전勤政殿은 조선 왕실을 상징하는 건축물로, 국왕이 신하들의 조례를 받거나 국가적 대례大禮를 거행하고 외국 사신을 맞이하던 공간입니다. 궐 내에서 가장 압도적인 규모와 격식을 갖춘 이 중층 건물은 2단의 높은 월대月臺 위에 당당히 자리 잡고 있으며, 전면에는 대규모 행사를 치를 수 있는 넓은 조정(마당)이 행각에 둘러싸여 있어 군주의 위엄을 가감 없이 드러냅니다.

경복궁 근정전에서 열린 외규장각 의궤 환영행사.<사진=국립중앙 박물관>

근정전은 하늘의 중심인 자미원紫微垣의 북극성, 즉 임금의 자리에 비견되는 전각입니다. 하늘의 중심축인 북극성은 제후 격인 28수라는 경성經星들에 둘러싸여 호위를 받으며, 이 28수는 다시 칠정(日月火水木金土)과 유기적으로 연결되어 있습니다.

천상의 헤아릴 수 없이 많은 별이 북극성을 겹겹이 보필하고 있듯이, 자미원이 하늘의 신성한 궁궐이라면 지상의 구중궁궐九重宮闕은 그 천문의 이치를 땅 위에 고스란히 옮겨 놓은 곳이라 할 수 있습니다.

광화문을 지나 근정문을 들어서면 넓은 화강석 월대가 장엄하게 펼쳐지고, 그 위로 근정전이 남향南向하여 웅장하게 자리하고 있습니다.

전각의 후방에는 삼각형으로 우뚝 솟은 백악白岳의 준봉이 마치 임금을 호위하듯 병풍처럼 서 있으며, 전각이 들어선 월대에는 사악한 기운을 물리치는 벽사辟邪의 의미를 담은 사신상과 십이지신상이 배치되어 있습니다.

근정전의 상월대上月臺 계단 돌기둥 위에는 동방 청룡, 서방 백호, 남방 주작, 북방 현무가 조각되어 있는데, 이는 28수의 사칠성을 상징하며, 그 바로 아래 하월대下月臺 돌기둥 위에는 시간과 방위에 맞춰 십이지신상이 배치되어 있습니다.

즉 상월대에는 공간(空)적 의미인 사신상(四七星)이, 하월대에는 시간(時)을 다스리는 십이지신상을 배치하여 지천태의 태평성세를 의지를 담아낸 것입니다.

<근정전의 신수(神獸) 배치도>

근정전 주변에는 앞서 언급한 신상들 외에도 지붕 위의 용두龍頭, 취두鷲頭, 토수吐首, 그리고 잡상雜像을 포함하여 총 123개의 석상과 장식이 빈틈없이 배치되어 있습니다. 이토록 철저한 벽사의 상징들, 그 한복판이라 할 수 있는 근정전 내부 천장에는 두 마리의 황룡黃龍이 상서로운 구름 사이를 유영하는 장식이 새겨져 있습니다.

용은 하늘의 기운을 다스리는 최상위의 영물로, 고대로부터 군주들은 이러한 용의 상징성을 자신의 권위와 위상에 결부하여 천명天命을 받은 통치자임을 드러내고자 했습니다. 일반적으로 황제는 다섯 개의 발톱(五爪), 제후는 네 개의 발톱(四爪)으로 상징됩니다.

중국 자금성의 정전인 태화전 천장에도 한 쌍의 황룡이 오조룡五爪龍으로 새겨져 있으나, 경복궁 근정전 천장의 황룡은 특이하게도 발가락이 일곱 개인 칠조룡七爪龍으로 표현되어 있습니다. 용의 발이 네 개이니, 발톱의 총합은 28개가 되는 셈입니

다. 조선 제26대 고종황제는 경복궁을 중창하며 근정전 천장에 이 칠조룡을 배치했습니다. 비록 고종의 용포에는 관례대로 오조룡이 새겨졌으나, 궁궐의 심장부인 근정전 천장에 칠조룡을 새긴 데에는 깊은 천문학적 함의가 담겨 있습니다.

28개의 발톱은 하늘의 28수를 상징하며, 이는 곧 동서남북의 사칠성을 주재하시는 우주의 통치자, 옥황상제의 위엄을 형상화한 것입니다.

근정전의 안팎을 호위하는 123개의 석상을 총지휘하며 구름 속을 비상하는 두 마리의 황룡은, 하늘의 중심축이자 황극皇極인 북두칠성을 상징하는 것으로 그 아래에서 정무를 보았던 고종황제는 지상의 황제 곧 하늘의 아들(天子)로서 황극임을 자임自任하고자 했습니다.

또한 임금의 용상 뒤편으로는 해와 달이 그려진 '**일월오봉도(日月五峯圖)**'가 시선을 사로잡습니다.

청록색의 다섯 봉우리와 쏟아지는 두 줄기 폭포, 붉은 소나무와 푸른 물결이 선명하게 대비되는 이 그림에서 해와 달은 흔히 음양陰陽을, 다섯 봉우리는 오행五行을 상징한다고 알려져 있습니다. 그러나 도道적인 관점에서 깊이 들여다보면, 이는 낙서의 중궁인 오황극(五峯)의 자리를 상징하고 있습니다.

일월오봉도는 오악도五岳圖, 일월도日月圖, 곤륜도崑崙圖라고도 불립니다. 이 그림은 대전의 용상 뒤편은 물론, 임금이 머무는 곳이라면 어디든 병풍으로 둘러쳐졌습니다. 임금을 상징하는 수많은 기물이 있으나, 이토록 임금의 곁을 그림자처럼 따라다니며 위엄을 보좌하는 장식도 드물 것입니다.

이는 『시경(詩經)』의 「천보(天保)」 편에서 임금을 칭송하며 「산과 같이, 해와 같이, 달과 같이, 소나무와 같이…」에서 보듯, 왕권의 무궁한 발전과 융성을 이들에 비유해 칭송하고 있습니다.

3. 요한계시록의 네 생물

3원(垣) 28수(宿)에 대한 동양의 천문관은, 성경의 대단원을 장식하는 『요한계시록』에 묘사된 천상의 정경과도 놀라울 정도로 궤를 같이합니다.

요한啓示錄 REVELATION-4

하늘 나라의 禮拜
The Throne in Heaven

4장 이 일 後에 내가 보니 하늘에 열린 門이 있는데 내가 들은 바 처음에 내게 말하던 나팔 소리 같은 그 音聲이 가로되 이리로 올라오라 以後에 마땅히 될 일을 내가 네게 보이리라 하시더라
4 After this I looked, and there before me was a door standing open in heaven. And the voice I had first heard speaking to me like a trumpet said, "Come up here, and I will show you what must take place after this."

2 내가 곧 聖靈에 感動하였더니 보라 하늘에 寶座를 베풀었고 그 寶座 위에 앉으신 이가 있는데
2 At once I was in the Spirit, and there before me was a throne in heaven with someone sitting on it.

3 앉으신 이의 模樣이 碧玉과 홍보석 같고 또 무지개가 있어 寶座에 둘렸는데 模樣이 녹보석 같더라
3 And the one who sat there had the appearance of jasper and carnelian. A rainbow, resembling an emerald, encircled the throne.

4 또 寶座에 둘려 二十四 寶座들이 있고 그 寶座들 위에 二十四 長老들이 흰 옷을 입고 머리에 金冕旒冠을 쓰고 앉았더라
4 Surrounding the throne were twenty-four other thrones, and seated on them were twenty-four elders. They were dressed in white and had crowns of gold on their heads.
5 寶座로부터 번개와 音聲과 雷聲이 나고 寶座 앞에 일곱 등불 켠 것이 있으니 이는 하나님의 일곱 靈이라
5 From the throne came flashes of lightning, rumblings and peals of thunder.

Before the throne, seven lamps were blazing. These are the seven spirits of God.

6 寶座 앞에 水晶과 같은 유리 바다가 있고 寶座 가운데와 寶座 周圍에 네 生物이 있는데 앞뒤에 눈이 가득하더라

6 Also before the throne there was what looked like a sea of glass, clear as crystal. In the center, around the throne, were four living creatures, and they were covered with eyes, in front and in back.

7 그 첫째 生物은 獅子 같고 그 둘째 生物은 송아지 같고 그 셋째 生物은 얼굴이 사람 같고 그 넷째 生物은 날아가는 독수리 같은데

7 The first living creature was like a lion, the second was like an ox, the third had a face like a man, the fourth was like a flying eagle.

8 네 生物이 各各 여섯 날개가 있고 그 안과 周圍에 눈이 가득하더라 그들이 밤낮 쉬지 않고 이르기를 **거룩하다 거룩하다 거룩하다 主 하나님 곧 全能하신 이여 전에도 계셨고 이제도 계시고 將次 오실 者라 하고**

8 Each of the four living creatures had six wings and was covered with eyes all around, even under his wings. Day and night they never stop saying: "Holy, holy, holy is the Lord God Almighty, who was, and is, and is to come."

9 그 生物들이 榮光과 尊貴와 感謝를 寶座에 앉으사 世世토록 사시는 이에게 돌릴 때에

9 Whenever the living creatures give glory, honor and thanks to him who sits on the throne and who lives for ever and ever,

10 二十四 長老들이 寶座에 앉으신 이 앞에 엎드려 世世토록 사시는 이에게 敬拜하고 自己의 冕旒冠을 寶座 앞에 던지며 가로되

10 the twenty-four elders fall down before him who sits on the throne, and worship him who lives for ever and ever. They lay their crowns before the throne and say:

11 우리 主 하나님이여 榮光과 尊貴와 能力을 받으시는 것이 合當하오니 主께서 萬物을 지으신지라 萬物이 主의 뜻대로 있었고 또 지으심을 받았나이다 하더라

11 "You are worthy, our Lord and God, to receive glory and honor and power, for you created all things, and by your will they were created and have their being."

새 하늘과 새 땅
The New Jerusalem
21장
새 예루살렘
19 그 城의 城郭의 基礎石은 各色 寶石으로 꾸몄는데 첫째 基礎石은 碧玉이요 둘째는
藍寶石이요 셋째는 玉髓요 넷째는 녹보석이요
19 The foundations of the city walls were decorated with every kind of
precious stone. The first foundation was jasper, the second sapphire, the third
chalcedony, the fourth emerald,
20 다섯째는 홍마노요 여섯째는 홍보석이요 일곱째는 黃玉이요 여덟째는 녹옥이요 아
홉째는 담황옥이요 열째는 비취옥이요 열한째는 靑玉이요 열둘째는 紫晶이라
20 the fifth sardonyx, the sixth carnelian, the seventh chrysolite, the eighth beryl,
the ninth topaz, the tenth chrysoprase, the eleventh jacinth, and the twelfth
amethyst.

『요한계시록』 4장 3절에는 **'앉으신 이의 모양模樣이 벽옥碧玉과 홍보석 같고 또 무지개가 있어 보좌寶座에 둘렸는데 모양模樣이 녹보석 같더라.'**는 기록이 있습니다.

여기서 청색의 벽옥(碧玉,jasper)과 적색의 홍보석(carnelian,sardius)은 우주 만유 생성의 근원이자 본체인 태극太極을 상징합니다. 따라서 **'보좌 위에 앉으신 이'**에 대한 묘사는 곧 **'무극이태극(無極而太極)'**하는 이치에 따라, 우주의 절대 주권자인 무극신無極神(牝牛)의 자리를 드러내는 象이라 할 수 있습니다.

또한, 보좌를 둘러싼 무지개가 녹보석(emerald) 같다고 한 것은 조왕(牝馬)의 자리를 의미합니다. 비가 그친 뒤 해가 떠오르면 하늘에 은은하게 걸리는 반원 모양의 무지개는 활이나 아치 형상의 다리를 연상시키는데 이는 달에 대한 象입니다.

이어지는 4장 4절의 **'보좌寶座에 둘려 이십사二十四 보좌寶座들이 있고 그 보좌寶座들 위에 이십사二十四 장로長老들이 흰 옷을 입고 머리에 금면류관金冕旒冠을 쓰고 앉았더라.'**는 구절 역시 천문의 이치와 맞물려 있습니다. 여기서 24장로는 24절후節候를 관장하는 24장將을 형상화한 표현입니다.

계시록 4장 5절의 **'寶座로부터 번개와 音聲과 雷聲이 나고 寶座 앞에 일곱 등불 켠 것이 있으니 이는 하나님의 일곱 靈이라'**는 구절에서 보좌로부터 울려 퍼지는 번개와 뇌성은 『옥추보경(玉樞寶經)』에서 '만물은 우레의 진동을 들어야 비로소 싹을 틔운다'고 설명한 **'구천응원뇌성보화천존(九天應元雷聲普化天尊)'**에 대한 묘사와 흡사합니다.

이를 뒷받침하듯 **'보좌寶座 앞에 일곱 등불 켠 것이 있으니 이는 하나님의 일곱 영靈이라'**로 이어지는 구절에서 이 **'하나님의 일곱 영(靈)'**(seven spirits of God)을 동

양에서는 북두칠성(剛)이라 부릅니다.

이어서 4장 6절에서 8절 사이의 '**보좌寶座 앞에 수정水晶과 같은 유리 바다가 있고 보좌寶座 가운데와 보좌寶座 주위周圍에 네 생물生物이 있는데 앞뒤에 눈이 가득하더라. 그 첫째 생물生物은 사자獅子 같고 그 둘째 생물生物은 송아지 같고 그 셋째 생물生物은 얼굴이 사람 같고 그 넷째 생물生物은 날아가는 독수리 같은데 네 생물生物이 각각各各 여섯 날개가 있고 그 안과 주위周圍에 눈이 가득하더라 그들이 밤낮 쉬지 않고 이르기를 거룩하다 거룩하다 거룩하다 주主 하나님 곧 전능全能하신 이여 전에도 계셨고 이제도 계시고 장차將次 오실 자者라**'는 대목은 천상의 구조를 더욱 구체적으로 묘사합니다.

우선 '**보좌寶座 앞에 수정水晶과 같은 유리 바다가 있고**'라는 구절은 보좌에 앉으신 분이 지천태의 땅하늘(牝牛)이심을 암시하고 있습니다.

또한, 보좌를 호위하는 네 생물은 동서남북 사방의 별자리를 상징하여 사자(서방칠성), 송아지(북방칠성), 사람(동방칠성), 독수리(남방칠성)에 각각 대응합니다. 특히 '**네 생물生物이 각각各各 여섯 날개가 있고 그 안과 주위周圍에 눈이 가득하더라**'는 구절에서 여섯 날개와 본신本身을 합하면 각각 28수宿의 위位에 상응하는 28장將을 통솔하는 사칠성四七星임을 알 수 있습니다.

아울러 '**보좌寶座 주위周圍**'와 구분하여 '**보좌寶座 가운데**'를 언급한 것은 사칠성의 중심인 황룡의 자리, 즉 두우군斗牛君의 위가 있음을 암시하고 있습니다.

마지막으로 "**거룩하다 거룩하다 거룩하다 주主 하나님 곧 전능全能하신이여 전에도 계셨고 이제도 계시고 장차將次 오실 자者**" ("Holy, holy, holy is the Lord God Almighty, who was, and is, and is to come.)라는 선언에 대해 기독교에서는 흔히 독생자 예수로 해석합니다.

그러나, 계시록 5장 6절의 '**내가 또 보니 보좌寶座와 네 생물生物과 장로長老들 사이에 어린 양羊이 섰는데 일찍 죽임을 당當한 것 같더라. 일곱 뿔과 일곱 눈이 있으니 이 눈은 온 땅에 보내심을 입은 하나님의 일곱 영靈이더라**'는 구절에 진정한 정체가 드러납니다.

여기서 어린 양은 '**보좌寶座 가운데**'로 별칭된 북두칠성(剛)이자, 사칠성의 중앙에 자리하신 두우군으로서 황극이십니다.

하루는 종도들에게 일러 가라사대 예수교도는 예수의 재강림을 기다리고 불교도는 미륵의 출세를 기다리고 동학신도는 최수운의 갱생을 기다리나니 **누구든지 한 사람만 오면 각기 저의 스승이라 하여 따르리라**

『대순전경(大巡典經) 3장 144절』

요한啓示錄 REVELATION-5

두루마리와 어린 羊
The Scroll and the Lamb

5장 내가 보매 寶座에 앉으신 이의 오른손에 冊이 있으니 안팎으로 썼고 일곱 印으로 封하였더라
5 Then I saw in the right hand of him who sat on the throne a scroll with writing on both sides and sealed with seven seals.

2 또 보매 힘있는 天使가 큰 音聲으로 외치기를 누가 冊을 펴며 그 印을 떼기에 合當하냐 하니
2 And I saw a mighty angel proclaiming in a loud voice, "Who is worthy to break the seals and open the scroll?"

3 하늘 위에나 땅 위에나 땅 아래에 能히 冊을 펴거나 보거나 할 이가 없더라
3 But no one in heaven or on earth or under the earth could open the scroll or even look inside it.

4 이 冊을 펴거나 보거나 하기에 合當한 자가 보이지 않기로 내가 크게 울었더니
4 I wept and wept because no one was found who was worthy to open the scroll or look inside.

5 長老 중에 하나가 내게 말하되 울지 말라 유대 支派의 使者 다윗의 뿌리가 이기었으니 이 冊과 그 일곱 印을 떼시리라 하더라
5 Then one of the elders said to me, "Do not weep! See, the Lion of the tribe of Judah, the Root of David, has triumphed. He is able to open the scroll and its seven seals."
6 내가 또 보니 寶座와 네 生物과 長老들 사이에 **어린 羊이 섰는데** 일찍 죽임을 當한 것 같더라 일곱 뿔과 일곱 눈이 있으니 이 눈은 온 땅에 보내심을 입은 **하나님의 일곱 靈이더라**
6 Then I saw a Lamb, looking as if it had been slain, standing in the center of the throne, encircled by the four living creatures and the elders. He had seven horns and seven eyes, which are the seven spirits of God sent out into all the earth.

7 어린 羊이 나아와서 寶座에 앉으신 이의 오른손에서 冊을 取하시니라

7 He came and took the scroll from the right hand of him who sat on the throne.

8 冊을 取하시매 네 生物과 二十四 長老들이 어린 羊 앞에 엎드려 各各 거문고와 香이 가득한 금대접을 가졌으니 이 香은 聖徒의 祈禱들이라

8 And when he had taken it, the four living creatures and the twenty-four elders fell down before the Lamb. Each one had a harp and they were holding golden bowls full of incense, which are the prayers of the saints.

9 새 노래를 노래하여 가로되 冊을 가지시고 그 印封을 떼기에 合當하시도다 일찍 죽임을 當하사 各 族屬과 方言과 百姓과 나라 가운데서 사람들을 피로 사서 하나님께 드리시고

9 And they sang a new song: "You are worthy to take the scroll and to open its seals, because you were slain, and with your blood you purchased men for God from every tribe and language and people and nation.

10 저희로 우리 하나님 앞에서 나라와 祭司長을 삼으셨으니 저희가 땅에서 왕노릇 하리로다 하더라

10 You have made them to be a kingdom and priests to serve our God, and they will reign on the earth."

11 내가 또 보고 들으매 寶座와 生物들과 長老들을 둘러선 많은 天使의 音聲이 있으니 그 數가 萬萬이요 千千이라

11 Then I looked and heard the voice of many angels, numbering thousands upon thousands, and ten thousand times ten thousand. They encircled the throne and the living creatures and the elders.

12 큰 音聲으로 가로되 죽임을 當하신 어린 羊이 能力과 富와 智慧와 힘과 尊貴와 榮光과 讚頌을 받으시기에 合當하도다 하더라

12 In a loud voice they sang: "Worthy is the Lamb, who was slain, to receive power and wealth and wisdom and strength and honor and glory and praise!"

13 내가 또 들으니 하늘 위에와 땅 위에와 땅 아래와 바다 위에와 또 그 가운데 모든 萬物이 가로되 寶座에 앉으신 이와 어린 羊에게 讚頌과 尊貴와 榮光과 能力을 世世토록 돌릴지어다 하니

13 Then I heard every creature in heaven and on earth and under the earth and on the sea, and all that is in them, singing: "To him who sits on the throne and

to the Lamb be praise and honor and glory and power, for ever and ever!"

14 네 生物이 가로되 아멘 하고 長老들은 엎드려 敬拜하더라
14 The four living creatures said, "Amen," and the elders fell down and worshiped.

『요한계시록』 5장 13절에는 '**내가 또 들으니 하늘 위에와 땅 위에와 땅 아래와 바다 위에와 또 그 가운데 모든 만물萬物이 가로되 보좌寶座에 앉으신 이와 어린 양羊에게 찬송讚頌과 존귀尊貴와 영광榮光과 능력能力을 세세世世토록 돌릴지어다 하니**'라는 찬양이 기록되어 있습니다.

이 구절에서 찬양의 대상을 '**보좌寶座에 앉으신 이**'와 '**어린 양**'으로 명확히 구분하여 받드는 것은, 곧 두 분이 무극신과 황극의 관계라는 점을 극명하게 보여줍니다.

칼 한 개와 붓한 자루와 먹 한 개와 부채 한 개를 반석 위에 벌려 놓으시고 종도들로 하여금 뜻 가는대로 들라하시니 **찬명은 칼을 들고 혈렬은 부채를 들고 자현은 먹을 들고 한공숙은 붓을 드는지라** 이에 종들을 약방 에 구석에 갈라 앉히시고 천사 방 한가운데 서서 「이칠륙 구오일 사삼팔」을 한번 외우신 뒤에 종도 세 사람으로 하여금 종이를 지화(紙貨)와 같이 끊어서 벼룻 집 속에 채워 넣은 뒤에 한 사람으로 하여금 한 조각을 집어내어 등우(鄧禹)를 부르고 다른 한 사람에게 전하며 그 종이조각을 받은 사람도 또 등우를 부르고 다른 한 사람에게 전하며 다른 사람도 그와 같이 받은 뒤에 청국(淸國) 지면(知面)이라 읽고 다시 전과 같이 하여 마성(馬成)을 부른 뒤에 일본지면이라 읽고 또 그와 같이 하여 오한(吳漢)을 부른 뒤에 조선지면이라 읽어서 이십팔장(二十八將)과 이십사장(二十四將)을 다 맡기기까지 종이조각을 집으니 그 종이조각 수효가 맞는지라 쾌문이 집에 돌아갔다가 수일 후에 다시 와서 그 뒤로는 마을에서 태을주를 읽지 아니한다고 아뢰니라 태을주를 쓰라고 말씀 하시기는 화천(化天)하실 무렵이었는데 태을주를 문 위에 붙이면 신병(神兵)이 지나다가 도가(道家)라 하여 침범하지 아니하고 물러 가리라 하시니라.
『대순전경(大巡典經) 7장 11절』

이는 상제님께서 집행하신 천지공사의 도수와도 매우 흡사한 구조를 보입니다.

이때 칼(刀,武)을 든 찬명贊明은 서방칠성, 부채(扇)를 든 형렬亨烈은 남방칠성, 먹(墨)을 든 자현自賢은 북방칠성, 붓(筆,文)을 든 한공숙韓公淑은 동방칠성을 의미하며 종도들을 약방 네 구석에 갈라 앉히시고 방 한가운데 서 계신 상제님은 사칠성을 주재하는 중심축인 두우군의 위에 자리하고 계심을 알 수 있습니다.

이어지는 『요한계시록』의 '일곱 봉인(Seven Seals)'에 담긴 심판의 내용은 가을

철 개벽기에 닥칠 대변혁의 과정을 상징적으로 보여줍니다.

요한啓示錄 REVELATION-6

일곱 封印
The Seals

6장 내가 보매 어린 羊이 일곱 印 중에 하나를 떼시는 그 때에 내가 들으니 네 生物 중에 하나가 우레 소리같이 말하되 오라 하기로
6 I watched as the Lamb opened the first of the seven seals. Then I heard one of the four living creatures say in a voice like thunder, "Come!"
2 내가 이에 보니 흰 말이 있는데 그 탄 者가 활을 가졌고 冕旒冠을 받고 나가서 또 이기려고 하더라
2 I looked, and there before me was a white horse! Its rider held a bow, and he was given a crown, and he rode out as a conqueror bent on conquest.

3 둘째 印을 떼실 때에 내가 들으니 둘째 生物이 말하되 오라 하더니
3 When the Lamb opened the second seal, I heard the second living creature say, "Come!"

4 이에 붉은 다른 말이 나오더라 그 탄 者가 許諾을 받아 땅에서 和平을 除하여 버리며 서로 죽이게 하고 또 큰 칼을 받았더라
4 Then another horse came out, a fiery red one. Its rider was given power to take peace from the earth and to make men slay each other. To him was given a large sword.

5 세째 印을 떼실 때에 내가 들으니 셋째 生物이 말하되 오라 하기로 내가 보니 그 탄 者가 손에 저울을 가졌더라
5 When the Lamb opened the third seal, I heard the third living creature say, "Come!" I looked, and there before me was a black horse! Its rider was holding a pair of scales in his hand.

6 내가 네 生物 사이로서 나는 듯 하는 音聲을 들으니 가로되 한 데나리온에 밀 한 되요 한 데나리온에 보리 석 되로다 또 橄欖油와 葡萄酒는 害치 말라 하더라
6 Then I heard what sounded like a voice among the four living creatures,

saying, "A quart of wheat for a day's wages, and three quarts of barley for a day's wages, and do not damage the oil and the wine!"

7 넷째 印을 떼실 때에 내가 넷째 生物의 音聲을 들으니 가로되 오라 하기로
7 When the Lamb opened the fourth seal, I heard the voice of the fourth living creature say, "Come!"

8 내가 보매 靑黃色 말이 나오는데 그 탄 者의 이름은 死亡이니 陰府가 그 뒤를 따르더라 저희가 땅 四分 一의 權勢를 얻어 劍과 凶年과 死亡과 땅의 짐승으로써 죽이더라
8 I looked, and there before me was a pale horse! Its rider was named Death, and Hades was following close behind him. They were given power over a fourth of the earth to kill by sword, famine and plague, and by the wild beasts of the earth.

성경의 대단원을 장식하는 『요한계시록』(6~8장)에 등장하는 '일곱 봉인(Seven Seals)'은 인류 역사의 종결과 새 하늘 새 땅의 도래를 앞두고, 어린 양으로 비유된 황극皇極의 주재자가 하나님의 심판이 담긴 두루마리를 하나씩 해인解印하며 집행하는 우주적 변혁의 과정을 담고 있습니다.

일곱 봉인이 모두 풀린다는 것은 낡은 천지 질서인 선천先天이 종결됨을 의미합니다. 이는 동양의 후천개벽後天開闢 사상과 맥락을 같이하며, 황극 도수의 실현 과정을 통해 모든 대변혁이 끝난 뒤 요한계시록 21장에서 묘사되는 '새 예루살렘', 즉 신천신지新天新地의 조화 세계가 열리게 됨을 시사합니다.

이처럼 동양 천문에서 우주의 중심인 자미원을 28수의 별자리들이 겹겹이 보필하는 구조는, 요한계시록에서 하나님의 보좌를 중심으로 24장로와 네 생물이 둘러싸고 있는 묘사와 그 궤를 같이합니다. 이는 동서양의 성인들이 바라본 우주의 근본 구조와 통치 원리가 결국 하나의 거대한 진리 안에서 일치하고 있음을 보여주는 강력한 증거라 할 수 있습니다.

이상으로 '**3원(三垣) 28수(宿)**'의 문제가 비단 하늘만이 아니라 땅에 세워진 궁궐의 건축물과 군왕의 치세에 이르기까지 천지인이 동일한 이치에 의해서 다스려져 왔음을 확인해 볼 수 있었습니다.

4. 사신도와 사칠성

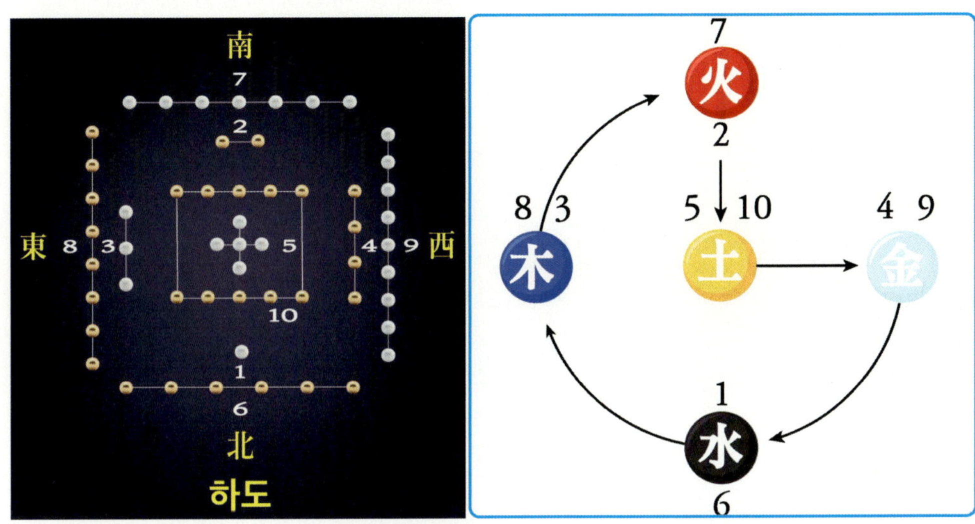

그렇다면 동서양의 우주관과 통치 철학을 하나로 관통하는 이 거대한 질서의 기저에는 무엇이 있을까요? 그 해답은 인류 문명의 설계도이자 우주의 법도인 하도河圖에 담겨 있습니다.

모든 우주적 상징의 시원에는 하도낙서의 이치가 자리하고 있습니다. 하도의 수리數理를 살피면 하위 1·6 은 북방 수요, 좌측 3·8은 동방 목이요, 상위 2·7은 남방 화요, 중앙 5·10은 토이며, 우측 4·9는 서방 금입니다. 즉 하도 자체가 음양오행의 이치를 드러내고 있습니다.

이러한 하도와 낙서를 비롯한 역易의 시원始原은 태호복희씨로 상징되는 동방에서 태동한 위대한 진리적 유산입니다. 이는 단순히 특정 지역의 학문을 넘어, 만유를 다스리는 보편적 질서이자 인류 문명의 뿌리가 되는 거대한 우주론적 근거라 할 수 있습니다. 이러한 하도의 이치에 신관神觀이 연결되며 그 기운이 밤하늘의 28수 천문 체계로 투영되어 형상화된 것이 바로 사신도四神圖입니다.

사신도는 동서남북의 방위를 나타내고 우주의 질서를 진호鎭護하는 상징적인 동물을 그린 그림으로 사신四神은 '사령(四靈)' 또는 '사수(四獸)'라 부르기도 하는데 사신에 대한 개념은 오행설五行說과도 관련이 깊어 『회남자(淮南子)』의 「천문훈(天文訓)」에서는 오성五星을 설명하면서 동방은 목木으로 그 동물은 창룡蒼龍이고, 남방은 화火로 그 동물은 주조朱鳥라 하였습니다. 그리고 중앙은 토土로 그 동물은 황룡黃龍이고, 서방은 금金으로 그 동물은 백호白虎이며, 북방은 수水로 그 동물은 현무玄武라 하였습니다.

청룡靑龍은 본래가 상상의 동물로서 몸에는 뱀의 비늘로 문양을 넣고 머리에 뿔이 한두 개 돋아 있고 불을 내뿜는 모습으로 표현합니다. 백호白虎는 호랑이 얼굴에 몸에는 호피문虎皮文이 표현되며 날개가 달려 있고 혀를 내밀어 위용을 나타냅니다. 주작朱雀은 봉황의 모습과 유사하며 현무玄武는 거북과 뱀으로 표현하는데 뱀이 거북을 휘어 감고 있는 모습으로 표현합니다.

강서대묘(江西大墓)-평안남도 남포시 강서구역 삼묘리(옛 강서군 강서면 우현리)

그런데 고구려 고분벽화에서는 오행의 이치에 따라 사신도 외에 중앙을 차지하는 황룡黃龍이 3기의 고분(통구 사신총, 오회분 4호묘, 강서대묘) 천장에서 발견되는데 북두칠성으로 보이는 별자리와 함께 묘사되어 있는 것이 특징입니다.

중앙을 황룡이 차지하는 것은 중국에는 없는 고구려만의 특색입니다.

흔히 중국이 사신도의 고향이라고 알고 있지만 실제로는 중국 벽화 유적에서 사신도의 비중이 크지 않고 완전한 형태의 사신도 형태가 발굴된 사례가 거의 없다. "위진수당대의 중국 벽화묘 발굴보고서에서 사신도 벽화가 그려져 있다고 서술한 경우가 많은데, 실제 상태를 조사하면 대개 무덤 속으로 들어가는 길인 묘도墓道의 양벽 좌우면에다

청룡과 백호만을 그린 경우가 적지 않다. 이렇게 본다면 중국의 경우 **'이신도(二神圖) 벽화'** 가 상당한 비중을 차지하는 것을 알 수 있다.
<김일권 박사의 '우리 역사의 하늘과 별자리' 중에서>

중국에서는 대부분 **'이신도(二神圖) 벽화'**가 발굴되는데 비해 고구려 벽화에서는 사방 벽면이 있는 묘실에다 사신도를 그리는 '완전한' 사신도 벽화 양식이 일관되게 나타난 걸 보면 사신도 문화는 중국이 아니라 오히려 고구려 벽화에서 활짝 꽃피었음을 알 수 있습니다.

"고구려 후기 고분벽화로 가면 동서남북의 사신도 형식에 중앙 천장에 황룡(黃龍)을 추가한 **'오신도(五神圖)'**가 새롭게 발전한다. 황룡은 천문 오행사상에서 사방의 중심인 중앙토(中央土)를 의미하며, 제왕 내지 천제를 상징하는 신수다. 황룡을 중앙에 배치하는 오신도 형식이다"
「고구려의 천문 자연관과 하늘사상」『고구려의 문화와 사상』 238쪽

『태백일사』「삼신오제본기」 오제주五帝注에는 오방신의 명칭과 구체적인 역할이 나옵니다. 그런데 여기서 특이한 점은 중앙의 신이 황룡黃龍이 아니라 황웅黃熊으로 기록되어 있다는 점입니다.

오제주(五帝注)
五帝注曰 五方各有司命 在天曰帝 在地曰大將軍
오제주왈 오방각유사명 재천왈제 재지왈대장군
督察五方者 爲天下大將軍 督察地下者 爲地下女將軍也
독찰오방자 위천하대장군 독찰지하자 위지하여장군야
龍王玄龜主善惡 朱鵲赤熛主命 靑龍靈山主穀 白虎兵神主刑 黃熊女神主病
룡왕현귀주선악 주작적표주명 청룡영산주곡 백호병신주형 황웅녀신주병

《오제(五帝)의 주(注)》에 말한다.
오방(五方)에 각기 사명이 있으니 하늘에서는 제(帝)라 하고 땅에서는 대장군이라 한다. 오방을 감독하고 살피는 자를 천하대장군이라 하고 지하를 감독하고 살피는 자를 지하여장군이라 한다.
용왕현귀(龍王玄龜)는 선악을 주관하시고,
주작적표(朱雀赤熛)는 왕명(출납)을 주관하시며,
청룡령산(靑龍靈山)은 곡식(농사)을 주관하시고,
백호병신(白虎兵神)은 형벌을 주관하시며,

황웅여신(黃熊女神)은 질병을 주관하신다.
『태백일사』「삼신오제본기」

『태백일사』의 「삼신오제본기」에는 각 방위에 배치된 영물들에 오가五加를 함께 배치하였는데 특히 중앙 방위에는 황웅여신黃熊女神과 주병主病을 배치하였습니다. 오가 중에서 주병의 상징이 황웅黃熊입니다.

여기서 굳이 중앙자리를 곰(熊)에 비유한 것은 아마도 천구상에서 북두칠성이 별자리로 볼 때 큰 곰자리의 꼬리 부분에 해당되고 북극성은 작은 곰 자리에 포함되기 때문으로 보여지는데 실제 오신도의 중심에는 황룡黃龍이 자리해 있습니다.

그러면 이를 어떻게 이해해야할까요?

예를들어 전 국민들에게 깊은 감동을 안겨주었던 평창올림픽의 무대에 올려진 사신도의 모습에서도 청룡,백호,주작,현무가 각각 귀퉁이에 있는 자기 방위에 자리잡을 때 중앙 무대에 웅녀가 등장하였습니다.

그렇다면 사신도四神圖에 그려진 동청룡, 서백호, 남주작, 북현무 그리고 중앙의 황룡과 오가 중에서 주병主病의 상징이었던 황웅여신黃熊女神과의 사이에는 어떤 연관관계가 있을까요?

이는 근정전 천장에 칠조룡七爪龍으로 묘사되는 북두칠성(剛)과 질병을 주관하는 황웅여신黃熊女神으로 상징되는 북극성(柔)의 관계와도 같은데 고수부님께서 보신 아래의 도체공사에 하도의 이치적 바탕이 되는 신교적 세계관(五神圖)이 잘 드러나 있습니다.

곤존고씨(坤尊高氏)께옵서 신도선정(神道仙政) 도체조직(道體組織)의 설법(說法)을 하실새 동서남북(東西南北) 사방위(四方位) 인원(人員)을 정(定)하사 동청(東靑) 서백(西白) 남적(南赤) 북흑(北黑)으로 대기(大旗)를 정립(定立)하고 기전(旗前) 책임인원(責任人員)을 담립(擔立)이며 **중앙(中央)에는 황룡기(黃龍旗)를 건립(建立)후 기전(旗前)에 고층(高層)으로 설단(設壇)하고 곤존고씨(坤尊高氏)께서 단상(壇上) 정좌(定坐)하사** 또 육임팔봉(六任八奉) 십이(十二) 이십사(二十四) 인원(人員)을 찬정(撰定)하야 동기편(東旗便)에 육임(六任) 서기편(西旗便)에 팔봉(八奉) 남기편(南旗便) 십이(十二) 북기편(北旗便)에 이십사(二十四) 인원(人員)을 일렬(一列) 시립(侍立)케 하고 기(其) 여인원(餘人員)은김내원 육임(六任) 일인하 (一人下) 육인식(六人式) 균정(均定) 즉 삼십육인야(三十六人也)오, 팔봉(八奉) 일인하(一人下) 팔인(八人)이 육십사인(六十四人) 십이일인하(十二一人下) 십이인(十二人) 즉, 백사십인(百四十人)이오, 이십사일인하(二十四一人下) 이십사인(二十四人) 즉, 오백칠십육인(五百七十六人)이 정원(定員)이고 중앙(中央) 곤존고씨(坤尊高氏) 시립인(侍立人)은 고민환(高旻煥), 강사성(姜士成)이러라. 곤존(坤尊)께서 말씀하시되 "차후(此後) 수백만(數百万)의 인원이면 수기본간인원시례(隨其本幹人員視例)하야 진전(進展) 즉, 세계민족(世界民族)을 포섭(抱攝)의(矣)리라" 하시며 "기(其) 연맥(聯)을 수지(守持)하라" 하시니라.

『선정원경(仙政圓經)』

삼신오제본기의 내용에 의하면 사신도의 중심에는 '황웅여신'이 있습니다.

평창올림픽 메인스타디움에서 사신四神이 네 방위에 배치된 후 웅녀(柔)와 인면조(剛)가 나와 중앙에 서게 되는 연출은 고수부님께서 중앙에 황룡기를 세우게 하신 의미와 상통하는 것으로 사칠성의 중앙에 북극성(柔)과 북두칠성(剛)이 자리하여 지천태 세상을 여는 도체가 서는 것을 말합니다.

이상으로 '**삼원(三垣) 28수(宿)**'의 원리가 단순히 밤하늘의 천문에 국한된 것이 아님을 확인하였습니다. 이는 지상에 세워진 궁궐의 건축 구조와 군왕의 치세는 물론, 천상의 조화정부 체계와 그 뜻을 받들어 구원의 대업을 완수하는 지상의 도체道體 조직에 이르기까지, 천지인天地人 삼계가 모두 동일한 이치 속에서 하나의 거대한 판으로 짜여 있음을 극명하게 보여줍니다.

3장 약장과 선기옥형

1. 후천의 요(堯), 순(舜), 우(禹)임금

상제님께서 약방藥房의 문을 여시기 전, 가장 먼저 하신 일이 있습니다. 그것은 무신년(戊申年,1908년) 4월 11일, 문공신 종도의 집을 방문하시어 벽에 '**정의도(情誼圖)**'를 그려 붙이신 일입니다.

사월에 공신의 집 벽에 정의도(情誼圖)를 그려 붙이시고 구릿골로 돌아오신 뒤에 백남신(白南信)에게서 돈 천냥을 가져오사 김준상의 집에 방 한간을 수리하고 약방을 차리실 새 공우로 하여금 **고부에 가서 장판을 사오라 하사 깔으시며 가라사대 이는 고부 선인포전(仙人布氈) 기운을 씀이로다** 하시고 목수 이경문을 불러 약장(藥藏)과 궤(櫃)를 짜이심에 장광(長廣) 척촌(尺寸)과 짜는 방법을 낱낱이 가르치시고 기한을 정하여 주시며 그 기한을 넘기지 말라 하셨더니 목수가 기한에 마치지 못하거늘 천사 목수로 하여금 재목을 한곳에 모아 놓고 그 앞에 꿇어 앉게 하신 뒤에 기한 넘겼음을 꾸짖으시며 한 봉서(封書)를 주어 불사르시니 문득 번개가 번쩍이는지라 목수가 몸을 떨며 땀을 흘리더라 다시 명하사 속히 짜라 하시니 목수가 손이 떨리는 증수(症杜)가 나서 한달이 넘은 뒤에야 비로소 마치거늘 천사 목수에게 일러 가라사대 **약장에 번개가 들어야 하리니** 너는 몸을 정히 씻고 의관을 정제하여 청수 한 그릇을 약장 앞에 놓은 뒤에 성심(誠心)으로써 절하라 하심에 목수가 명하신 대로 하니 문득 맑은 하늘에 번개가 크게 치는지라 약장과 궤를 약방에 들여놓은 뒤에 **갑칠을 명하사 날마다 이른 아침에 방을 깨끗이 쓸게 하시며** 문을 닫고 사람의 출입을 금하시고 스무하루를 지낸 뒤에 비로소 방을 쓰실 새 통감(通鑑) 서전(書傳) 주역(周易) 각 한 질(秩)과 철연자(鐵硏子) 삭도(削刀) 등 모든 약방기구를 장만하여 두시고 가라사대 **주역은 개벽할 때 쓸 글이니 주역을 보면 내 일을 알리라** 하시니라

『대순전경(大巡典經) 4장 71절

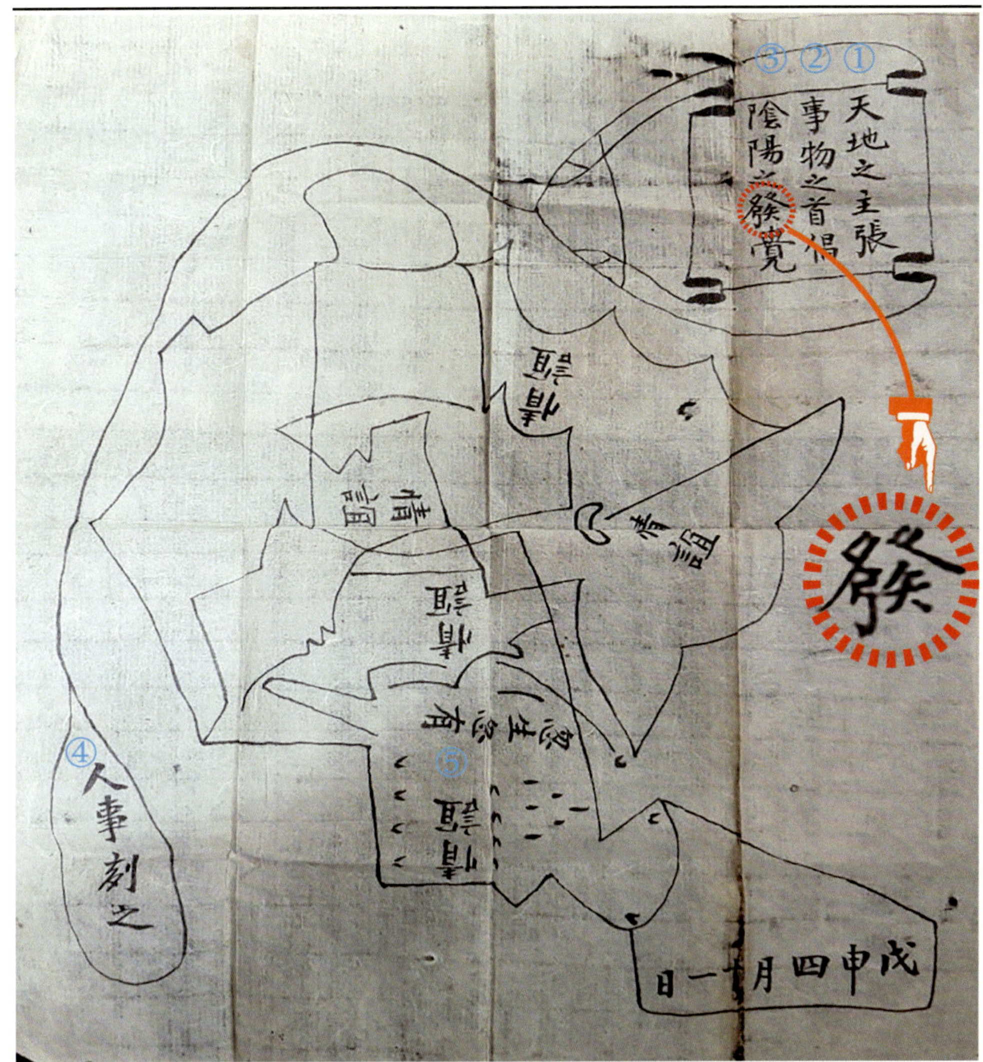

순천도에 전해진 정의도(情誼圖)

정의도의 제일 위에 ① 天地之主張천지지주장, ② 事物之首倡사물지수창, ③ 陰陽之發覺음양지발각이라는 글귀가 배 형상의 그림 안에 순차적으로 적혀 있습니다. 그리고 이 배를 매달고 있는 줄의 끝에는 ④ 人事刻之인사각지라는 네 글자가 선명히 새겨져 있습니다.

① '天地之主張천지지주장'은 **"이제 모악산으로 주장을 삼고 회문산을 응기시켜 산하의 기령을 통일할 것이니라."**에서 보듯 천지비(立天之道)의 주장主張이신 황극신이 바탕한 자리입니다.

② '事物之首倡사물지수창'은 '사물의 머리로서 제창한다.'는 뜻으로 건괘 단전에 나오는 '**首出庶物**수출서물'에서와 같이 '남조선 배'인 자하도(立人之道)에서 도사공인 황

극의 머리(首)가 출현함을 상징합니다.

③ '陰陽之發覺음양지발각'은 '음과 양의 기운이 발하여(發) 온전한 깨달음(覺)'(井通也)이 열리는 자리로, 곧 지천태.(立地之道)의 속성입니다. 특히 '發'의 고자古字인 '𤼲'은 '业' 안에 '弓矢'가 자리해 인신합덕의 象을 보여줍니다.(业은 北의 속자이자 業의 간체자)

④ '人事刻之'는 전 인류의 생사를 판단하는 인사人事의 전권이 이 판밖에 각인되어 있다는 뜻으로, 이는 유서의 **'好道遷佛호도천불'**, **'佛成人事불성인사'**와 그 의미가 상통합니다.

또한 내부에 다섯 번 쓰인 **'情誼'**라는 글자와 그 안에 ⑤ *忽生忽有*홀생홀유가 있으며 끝에는 **'戊申四月十一日'**이라 씌어 있습니다. 이처럼 **"옥구에는 천가죽 지가죽 인가죽이 있느니라."** 하신 것은, '천지인의 정수'가 모두 모여 천지 열매가 맺히는 자리임을 암시합니다. 이는 **"바다 가운데 자하도 해중 문을 열고 사람 맞이하느니라"**는 고수부님 말씀과도 연결됩니다.

상제님께서 문공신 종도의 집 벽에 정의도를 그려 붙이신 일이나, 그곳에서 천지대팔문天地大八門 도수를 집행하신 것은 모두 동일한 맥락에서 이루어진 공사입니다. 이후 상제님께서 구릿골로 돌아와 약방을 차리실 때, 굳이 고부古阜에서 장판을 사오게 하신 것 역시 예사로운 일이 아닙니다.

상제님께서는 이를 두고 **"선인포전(仙人布氈) 기운을 씀이로다"** 하셨습니다. 여기서 **'포전(布氈/鋪氈)'**이란 짐승의 털로 정교하게 짠 피륙이나 담요 등을 가게 앞에 넓게 펼쳐놓은 형상으로서 신선이 자리를 펴고 공부하는 형국의 명당을 의미합니다.

우리나라 풍수의 시조격인 신라말 도선국사(道詵國師, 827~898)는 그의 저서 『옥룡자 유산록(玉龍子 遊山錄)』에서 "**斗升山**두승산 **南麓**남록 **多小間**다소간 **形**형 **三代**삼대 **其下**기하 **仙人布氈**선인포전 **子孫千萬**자손천만"이라 '두승산을 올라 남록을 굽어보니 다소간에 있는 혈이 삼대가기 어렵도다 기하에 선인포전이 있어 자손이 천만이라' 언급하였습니다.

조선말 일지스님의 『유산록(遊山錄)』 또한 "**此仙人布氈形**차선인포전형 **陰宅則子孫千億文武代不乏絶**음택즉자손천억 문무대 불핍절 **名公巨卿不知其數**명공거경 부지기수"라 즉 '이 선인포전형에 음택을 쓰면 자손이 천억에 이르고 문무의 인재가 끊이지 않으며, 이름 높은 공경대부가 부지기수로 나오리라' 전하며, 이 자리가 대대로 융성하리라는 점을 강조하고 있습니다.

이상 정확한 혈자리야 어찌됐던 이 **'仙人布氈'**의 기운을 장판에 붙여 약방에 까신 공사는 장차 '仙' 공부할 도인(人)들이 앉을 자리(氈)를 정하신 것이며, 전 인류를 건질 '천지도술약국'의 입지를 고부 땅으로 확정(布)하신 중차대한 도수입니다. 결국 고부의 돈을 거두어 약방을 수리하신 이유도 여기에 있었습니다.

상제님께서는 **"약장(藥欌)은 곧 안장롱(安葬籠)이며 신주독(神主)이라"**고 말씀하

셨습니다. 여기서 '神主櫝'이란 상제님(神主)의 성령이 응기해 계신 도체道體 조직을 의미하며, 상제님께서는 이를 천하 창생을 살릴 약재를 보관하는 약장에 비유하신 것입니다.

약장(藥藏)은 아래에 큰 칸을 두고 그 위에 빼닫이 세 칸이 가로 있고, 또 그 위에 내려 셋 가로 다섯 합하여 열다섯(十五) 빼닫이칸이 있는데, **한가운데 칸에 「丹朱受命(단주수명)」이라 쓰시고 그 속에 목단피(牧丹皮)를 넣고 또 「烈風雷雨不迷(열풍뇌우불미)」라 쓰시고 또 「太乙呪(태을주)」를 쓰셨으며,** 그 윗칸에는 천화분 아랫칸에는 금은화를 각각 넣고 양지를 오려서 **「七星經(칠성경)」을 외줄로 내려쓰신 뒤에 그 끝에 「禹步相催登陽明(우보상최등양명)」이라 가로써서** 약장 위로부터 뒤로 넘겨서 내려붙였으며, **궤(櫃)안에는 「八門遁甲(팔문둔갑)」이라 쓰시고 그 글자를 눌러서 「舌門(설문)」 두 자를 불지짐하신 뒤에 그 주위에 스물넉 점을 붉은 물로 돌려 찍으시니라.** 전주로부터 약재를 가져올 때에 마침 비가 오거늘, 가라사대 "이는 약탕수니라."하시니라.

『대순전경(大巡典經) 4장 73절』

약장에 새겨진 문구와 배치에는 천지공사의 핵심이 압축되어 있습니다. 구체적인 형상을 살펴보면, 약장의 정중앙 칸에 목단피牧丹皮를 넣고 '丹朱受命'이라 쓰신 뒤,

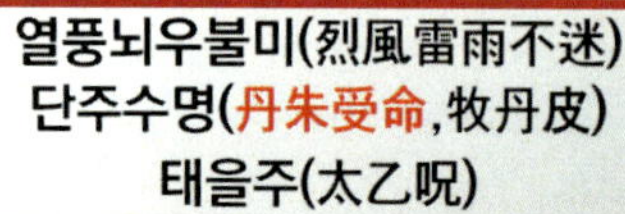

약장 한 가운데 칸

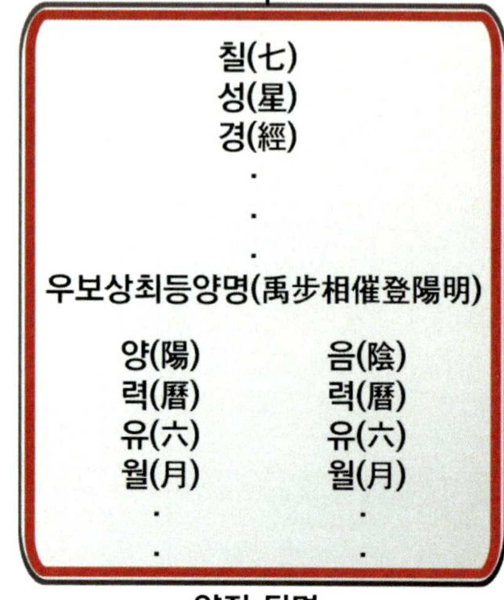

약장 뒷면

그 위아래를 각각 '烈風雷雨不迷'와 '太乙呪'로 호위하듯 배치하셨습니다.

이어 양지를 길게 오려 칠성경을 외줄로 내려쓰시고, 그 끝에 '禹步相催登陽明'을 가로로, '陽曆六月二十日 陰曆六月二十日'을 세로로 덧붙여 약장 상단부터 뒤편까지 길게 넘겨 붙이셨습니다.

과연 약장 중심에 배치된 '단주수명'과 기타 문구들은 무엇을 상징하는 것일까요? 이에 대해 문답하는 내용이 이중성 선생의 『천지개벽경』에 상세히 기록되어 있습니다.

> 弟子이 問曰 藥藏에 書 **丹朱受命**하시고 **烈風雷雨不迷**하시고 **禹步相催 登陽明**하시니 其理이 何以乎잇가, **曰 后天之堯舜禹也니라.**
>
> 제자가 여쭈길, "약장에 단주수명(丹朱受命)과 열풍뇌우불미(烈風雷雨不迷)와 우보상최등양명(禹步相催登陽明)을 쓰시니, 그 이치가 무엇이나이까?"
>
> **말씀하시길, "후천의 요, 순, 우임금이니라."**
>
> 『대개벽경(大開闢經) 8편 무신년 공사기 3장』

상제님께서는 '단주수명'과 '열풍뇌우불미'와 '우보상최등양명' 이 세 구절을 각각 후천의 '요·순·우'라 밝혀주셨습니다.

먼저 '烈風雷雨不迷열풍뇌우불미'는 '거세게 바람이 불고 천둥소리와 함께 비가 내려도 길을 잃어 헤매지 않는다'는 뜻으로 천하사 하는 일꾼은 어떤 시련과 역경이 닥친다 해도 절대 미혹되거나 흔들리지 말라는 것입니다. 이 말의 출전은 『서경(書經)』「우서(虞書)」의 <순전(舜典)>인데, 그 배경은 다음과 같습니다.

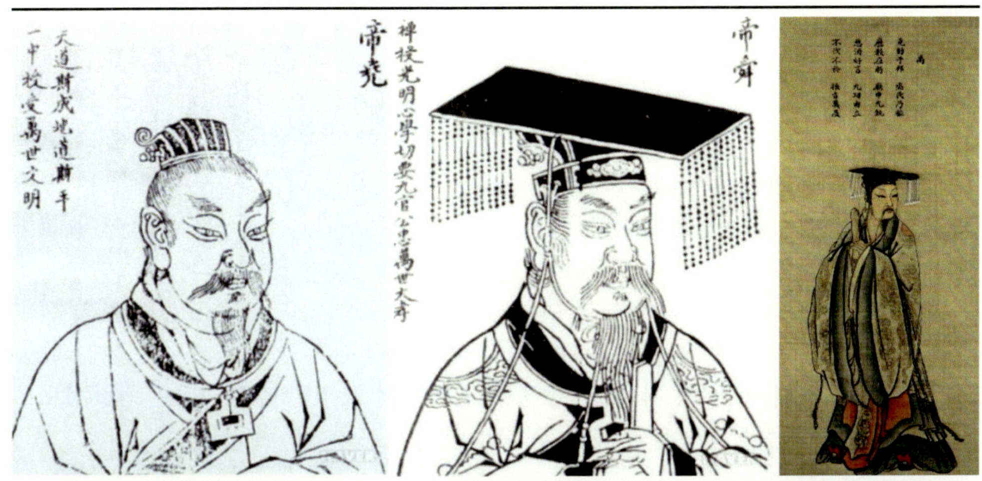

서경(書經) 第一篇 虞書 二卷

순전(舜典)_01

日若稽古帝舜(왈야계고제순) : 옛 순임금에 대하여 상고하여 말하면

日重華(왈중화) : 이르기를, 그 분의 중화가

協于帝(협우제) : 요임금님과 합치되셨으니

濬哲文明(준철문명) : 깊고 어질고 우아하고 총명하셨으며

溫恭允塞(온공윤새) : 온화하고 공손하고 진실하고 착실하셔서

玄德升聞(현덕승문) : 숨은 덕행이 위에까지 들리니

乃命以位(내명이위) : 벼슬을 명하시니라.

愼徽五典(신휘오전) : 삼가 오전을 아름답게 하라 하신대

五典克從(오전극종) : 오전을 능히 순케하여

納于百揆(납우백규) : 관직을맡기시니

百揆時叙(백규시서) : 모든 관직이 질서 정연했으며

賓于四門(빈우사문) : 사방 문에서 재후들을 맞게 하시니

四門穆穆(사문목목) : 사방 문은 화기가 넘치게 되었으며

納于大麓(납우대록) : 숲속에 들여 놓았으나

烈風雷雨(렬풍뇌우) : 열풍과 뇌우에도

弗迷(불미) : 길을 잃지 않았다.

그렇다면 상제님께서 양지를 길게 오려 칠성경을 외줄로 내리쓰시고, 그 끝에 가로로 '**禹步相催登陽明**우보상최등양명'을 덧붙이신 이유는 무엇일까요?

'禹步'라는 말은 '**우치구년홍수(禹治九年洪水)할새 과문불입삼년(過門不入三年)**'이라는 고사에서 유래했습니다. 이는 우임금이 9년 홍수를 다스릴 때 자기 집 앞을 세 번 지나면서도 들어가지 않았다는 말에서 유래한 것입니다.

이른바 '**요지구년홍수(堯之九年洪水)**'라 불리는 이 대재앙은 요임금 시절 시작되어 순임금 때까지 이어졌습니다. 산봉우리까지 물바다가 된 유례없는 재난 속에 누구도 치수治水에 성공하지 못했으나, 우禹가 그 막중한 임무를 맡게 됩니다. 그는 직접 배를 타고 험지를 누비며 산을 뚫어 물길을 바다로 돌리고, 곳곳에 제방을 쌓아 농토를 개간하는 데 성공했습니다. 이러한 공덕으로 우는 순임금의 뒤를 이어 천하를 물려받아 하夏나라의 시조가 되었습니다.

따라서 칠성경 끝에 이 구절을 붙이신 것은 가을 개벽의 대병겁이라는 인류 절멸의 위기를 맞아, 과거 9년 홍수로부터 세상을 구했던 우임금의 초인적인 헌신과 공심公心을 되새기게 합니다. 이는 곧 창생을 건져내어 광명한 후천의 세상(陽明)으로 인도하시고자 하는 상제님의 강력한 구원의 의지와 도수 정신을 상징합니다.

> 曰(왈), 堯之九年洪水(요지구년홍수)와 湯之七年大旱(탕지칠년대한)은 金火之交易也(금화지교역야)니, 是故(시고)로 今之世(금지세)난 秋運之始也(추운지시야)니라.
> 말씀하시기를, 요임금의 구년홍수와 탕임금의 칠년대한이 금과 화가 바뀜이니, 그러므로 지금 세상은 가을 운수의 시작이니라.
> 『대개벽경(大開闢經) 2편 임인년 공사기 5장』

'우보禹步를 재촉하여 양명陽明한 세상에 오른다.'는 의미로 양지를 길게 오려서 칠성경을 외줄로 쓰신 것은 곧 인사로 출세하여 창생을 건져내는 상씨름꾼(龍·利君子)의 구원 행보를 상징합니다.

이러한 맥락에서 약장의 도수를 살펴보면 그 비의가 더욱 선명해집니다.

'**烈風雷雨不迷**열풍뇌우불미'가 순舜임금(太極)을, '**禹步相催登陽明**우보상최등양명'이 우禹임금을 상징한다면, 약장의 열다섯 칸 정중앙에 자리한 '**丹朱受命**단주수명'은 곧 "**나는 후천의 당요(唐堯)니라**" 하셨던 요堯임금으로서 상제님(견우오황극,鳳)을 의미합니다. 또한 약장의 한 가운데 칸에 목단피牧丹皮를 넣으신 것은 다시 오실 직녀오황극에 대한 상징을 담고 있습니다.

목단피牧丹皮는 모란牧丹의 뿌리껍질로 만든 약재인데 열을 내리고 혈액순환을 조

절해서 어혈을 없애는 효능이 있고 소화를 촉진하기도 합니다. 모란을 한자로는 목단牧丹이라고 쓰는데 모란은 꽃이 화려하고 풍염豊艶하여 위엄과 품위를 갖추고 있는 꽃이라 부귀화富貴花라고 하기도 하고, 또 화중왕花中王이라고도 합니다.

천화분

금은화

다음으로 천화분天花粉은 진액津液을 생성하고 갈증을 멎게 하며 화火를 낮추고 조燥한 것을 촉촉하게 하여 농膿을 배출시키고 부기를 가라앉히는 효능을 가진 약재라고 하고 금은화金銀花는 처음 피는 꽃이 흰색이지만 차차 노랗게 변해서 붙여진 이름으로 열독을 풀어주는 모든 염증에 좋아 종기, 피부가 헐어 생긴 독, 장기의 염증, 농을 배출한다고 합니다.

천화분天花粉과 금은화金銀花는 목단피牧丹皮가 든 서랍 상하에 배치되어 있습니다.

그렇다면 이를 제외한 나머지 24약종藥種들은 어떤 의미를 지니고 있을까요?

상제님께서는 이 24가지 약재를 적절히 운용하면 곧 **'만국의원(萬國醫院)'**이 된다고 밝히시며, 그 구체적인 약종을 다음과 같이 설명해 주셨습니다.

> 약재는 이상 세가지 이외에 또 스물 네가지인데 '당귀 천궁 백작약 숙지황 목과 오매 원지 석창포 독활 강활 창출 형개 방풍 길경 전호 백지 진피 고련근 갈근 목단피 감초 지각 양강 시호' 등이러라. 이 때에 응종이 여쭈어 가로대 "시속에 약국에 인삼이 빠지지 아니한다 하는 데 어찌 인삼이 들지 아니하였나이까." 상제님 가라사대 **"삼정(蔘精)은 가는 곳이 있나니라."** 응종이 가로대 "어디로 가나이까 ." **"형렬에게로 가나니라."** 『대순전경(大巡典經) 4장 74절』

여기서 삼정蔘精이 김형렬 종도에게 간다는 말씀은, 13자로 임하실 것을 상징하는 '同人'(13天火同人卦)의 도수를 형렬에게 대리로 붙여두신 때문입니다.

상제님께서 일찍이 **"여아동거(與我同居, 나와 더불어 함께 살자)"**라 말씀하시고, **"잘 믿는 자에게는 해인(海印)을 전하여 주리라"**고 약속하셨던 것과 맥을 같이 합니다.

이와 같이 24약종의 영장인 인삼, 즉 삼정의 기운을 받은 **'동인(同人)'**에게 상제님께서 인신합덕 하시면 자연히 24약종 기운에 응하는 24장들 또한 호위하여 따름을 알 수 있습니다. 상제님께서는 청나라 광서제에 응기된 황극신을 불러오고 만국제왕신과 24장들을 만동묘에 응신시키셨다가, 만동묘가 쑥대밭이 된 이후에는 금산사에 응기하도록 하셨습니다.

대원사를 출발하려 하실세, 천하만국 제왕신과 이십사장들을 부르사 만동묘에 응신을 시키신후 가라사대 **"이 다음에 만동묘가 쑥대밭이 될 것이요, 그때에는 만국제왕신과 이십사장들을 금산사로 옮겨 호위하게 하리니, 이 신명들을 잘 대접하라. 그러나 지금은 당분간 만동묘에 응신시킬 수 밖에 없느니라."** 하시니라.
『천지개벽경(天地開闢經) 1장 11절』

만동묘萬東廟는 임진왜란 때 조선을 도와준 데 대한 보답으로 명나라 신종神宗을 제사지내기 위해, 1704년(숙종 30) 충북 괴산군 청천면青川面 화양동華陽洞에 지은 사당입니다.

이 뒤에 치복과 여러 종도들에게 일러 가라사대 **불가지(不可知)는 불(佛)이 가(可)히 그칠 곳이란 말이오 그 곳에서 가활만인(可活萬人)이라고 일러 왔으니 그 기운을 걷어 창생을 건지리라** 하시고 교자를 타고 불가지로 가시며 옛 글 한 수를 외우시니 이러하니라 ... 김성국의 집에 이르사 **용둔(龍遁)을 하리라** 하시고 양지 이십장을 각각 길이로 팔절 넓이로 사절로 잘라 책을 매시고 보시기에 실로 「米」표와 같이 둘러매어

오색(五色)으로 그 실올을 물들이시고 보시기 변두리에는 푸른 물을 발라 책장마다 찍어 돌리신 뒤에 그 책장을 다 떼어 풀로 붙여서 연폭(連幅)하여 사절(四折)로 꺾어 접어서 시렁에 걸어 놓으시니 오색찬란(五色燦爛)한 문채(文彩)가 용형(龍形)과 같더라 이에 그 종이를 걷어서 교자를 내려 놓았던 자리에 불사르시니라
『대순전경(大巡典經) 4장 161절』

다시 비에 물을 적셔 그 방벽(房壁)에 인형을 그리고 그 앞에 청수를 놓고 꿇어앉으사 상여(喪輿) 소리를 하시며 가라사대 **이마두(利瑪竇)를 초혼(招魂)하여 광주 무등산 상제봉조(上帝奉詔)에 장사(葬事)하고 최수운을 초혼하여 순창 회문산 오선위기에 장사하노라** 하시고 종도들에게 이십사절(二十四節)을 읽히시며 가라사대 **그 때도 이 때와 같아서 천지의 혼란한 시국(時局)을 광정(匡正)하려고 당태종(唐太宗)을 내고 다시 이십사절을 응(應)하여 이십사장(二十四將)을 내어 천하를 평정(平定)하였나니 너희들도 장차 그들에게 못지 않은 대접을 받으리라** 하시니라
이 공사를 마치시고 덕찬을 데리고 싸리재를 넘어 오시다가 고사리 캐는 노구(老軀)가 지나감을 보시고 그에게 향하여 중이 동냥을 비노라 하시니 노구 가로대 없나이다 하거늘 천사 다시 비시니 가로대 쌀 두되만 있나이다 하거늘 가라사대 그 중에 한홉만 베풀기를 원하노라 노구 허락하거늘 그 쌀을 받으시며 덕찬에게 일러 가라사대 **중은 본래 걸식(乞食)하는 것이니 이 땅을 불가지(佛可止)라 함이 옳도다** 하시니라
『대순전경(大巡典經) 4장 162~3절』

상제님께서는 최수운(東仙,仙道宗長)과 이마두(西仙,西道宗長)를 사칠성의 대표로 내세우셨습니다. 이어 24절기에 응하는 24장을 출세시켜 천하를 평정하시는 공사를 보신 뒤, 싸리재를 넘어 당도하신 곳은 뜻밖에도 판밖의 불가지佛可止였습니다.

이는 단주수명丹朱受命과 더불어 목단피牧丹皮를 비롯한 모든 약재의 기운이 응집된 약장藥欌의 도수를, 사칠성에 응하는 사명당四明堂 기운이 자리한 판밖에다 응기시키셨음을 의미합니다.

전주 모악산(母嶽山)은 순창 회문산(回文山)과 서로 마주서서 부모산(父母山)이 되었으니 지운을 통일하려면 부모산으로 비롯 할지라 이제 모악산으로 주장(主張)을 삼고 회문산을 응기(應氣)시켜서 산하(山河)의 기령(氣靈)을 통일할지니라 또 수운(水雲)의 글에 「산하대운(山河大運)이 진귀차도(盡歸此道)」라 하고 궁을가(宮乙歌)에 「사명당(四明堂)이 갱생(更生)하니 승평시대(昇平時代) 불원(不遠)이라」 하였음과 같이 **사명당을 응기하여 오선위기로 시비를 끄르며 호승예불로 앉은 판이 되며 군신봉조로 임금을 내이며 선녀직금으로 비단옷을 입히리니 이로써 밑자리를 정하여 산하대운을 돌려 발음케 하리라** 『대순전경(大巡典經) 5장 7절』

어머니(地) 산인 모악산을 주장主長으로 삼고 아버지(天) 산인 회문산을 응기應氣시킨다는 말씀은 천지의 부모 산을 합덕시켜 음양의 이치 그대로 구원의 판을 짜셨음을 뜻합니다. 나아가 24가지 약종 중 약중영장藥中靈長인 삼정蔘精을 김형렬 종도에게 붙이시고 그와 **'여아동거(與我同居)'**하며 해인海印의 비의를 전하신 것은 매우 깊은 상징을 담고 있습니다.

하루는 김형렬을 명하사 육십사괘를 점치고 이십사방위를 둘러쓰게 하사 태양을 향하야 불사르시며 **여아동거하자 하시고 종도들에게 잘 믿는 자에게 해인을 주리라** 하시며 세인(世人)은 해인사에 해인이 있는 것으로 알고 정씨의 것이라 하나 실물은 없고 기운만 있는 것을 내가 가지고 왔으니 **일심자에게 전해 주리라** 하신지라.
『용화전경(龍華典經) 2장 13절』

그러므로 **"내 일은 판밖에서 성도(成道)하느니라."** 하신 상제님의 말씀처럼, '스물넉 점을 붉은 물로 돌려 찍으신' 살아있는 약장藥欌인 단주丹朱가 터를 잡은 불가지佛可止의 판밖이 곧 **'奉天地道術藥局 在全州銅谷生死判斷'**의 자리이며 이는 **'두 도령'**이 일러준 오기초五基礎에 응하는 곳으로 강동80리에 이르는 수양산의 그늘이 닿는 곳임을 알 수 있습니다. 이제 상제님의 약장 도수에 이어 고수부님께서 짜신 약장의 구조와 그 속에 담긴 의미를 살펴보도록 하겠습니다.

고후비께서 무오(1918)년 9월 19일 대흥리를 떠나 조종골로 오실 때, 약장을 아니가지고 빈몸으로 오셨으므로, 이제 약장을 짜시니 다음과 같으니라. 약장의 밑의 칸은 큰 칸 하나를 두시고 그 위의 칸은 사상에 응하여 빼닫이 네 칸을 횡으로 두시고, **아래칸 바닥에다 경면주사로 붉은 점을 둥글게 스물넉 점을 돌려 찍으시고 그 중앙에다 '팔문둔갑(八門遁甲)'이라 쓰시고 글 쓴 위에다 '설문(舌門)'이라고 두 자를 불지져 낙서(烙書)하시고**, 약장 안벽에다가 이와 같이 쓰시니라.
"강증산 소유(姜甑山 所有)
여동빈지 조화권능(呂洞賓之 造化權能)
강태공지 도술(姜太公之 道術)
신농씨지 유업(神農氏之 遺業)
단주수명(丹朱受命)"
그리고 이 약장을 둔궤(遁櫃)라 부르시고 또는 신독(神櫝)이라고도 부르게 하신 바, 약방에 오는 사람은 누구든지 그 앞에 돈을 놓고 절을 하게 하시어, 이 법을 엄격히 지키도록 명령하시어 누구든지 반드시 실행하게 하시니라.
『선도신정경(仙道神政經) 3장 12절』

여기서 '**姜甑山 所有**'는 말씀 그대로 약장藥欌이 상제님의 소유所有로 그 아래에 명기된 인물 또한 역도易道의 변화과정에서 동서남북 사칠성의 방위에 따라 그 역할을 달리하시는 상제님의 속성을, 역사 속 인물들에 빗대어 상징적으로 부르는 칭호입니다. 이는 마치 춘하추동 사계절에 따라 옷을 갈아입듯, '**철따라 바뀌는 신(神)의 얼굴**'과 같습니다.

'**呂洞賓之 造化權能**'은 정역팔괘의 십무극十無極이신 상제님(元,仁,方)을 당나라 때 팔선八仙중에 한 분이었던 선仙의 대명사 여동빈呂洞賓에 빗댄 것입니다.

'**姜太公之 道術**'의 강태공은 주나라 문왕文王의 초빙을 받아 그의 스승이 되었고, 무왕武王을 도와 상商나라 주왕紂王을 멸망시켜 천하를 평정하였으며, 그 공으로 제齊나라 제후에 봉해져 그 시조가 된 인물로 여기서는 지천태 판밖 칠성(剛)의 인신합덕 자리(利,義,龍,雲長)를 뜻하며,

'**神農氏之 遺業**'은 재생신再生身으로 오시는 태음의 후천미륵불(陽)이신 상제님(貞,智)에 대한 명칭이며,

'**丹朱受命**'은 신농神農의 유업遺業을 받들어 후천(도솔천) 5만년 세상을 개창하는 옥황상제님(亨,禮,鳳)을 요임금의 아들에 비유한 것입니다.

이는 ≪주역周易≫의 문언文言에서 '**君子行此四德者라 故로 曰乾元亨利貞이라**' 즉 '이러한(此) 사덕(四德者)을 행(行)하는 분을 일러 군자(君子)라 하는 고로(故) 건(乾)을 원형이정(元亨利貞)이라 말한다(曰)'고 밝힌 것과 궤를 같이합니다.

결국 '**元者는 善之長也오 亨者는 嘉之會也오 利者는 義之和也오 貞者는 事之幹也**'라고 묘사된 원형이정의 사덕은, 천지의 주재자이신 상제님(乾)의 얼굴이 시공간의 질서에 따라 각기 다른 모습으로 현현함을 상징하는 암호인 것입니다.

이로써 약장藥欌이 상제님을 나타내는 상징물임을 고수부님의 공사로 확인하게 되었는데, 그 외에 약장藥欌 아래칸 바닥에다 경면주사로 붉은 점을 둥글게 스물넉 점을 돌려 찍으시고 그 중앙에다 '**八門遁甲**팔문둔갑'이라 쓰시고 글 쓴 위에다 '**舌門**설문'이라고 두 자를 불지져 낙서烙書하신 것 또한 상제님께서 약장 만드신 것과 거의 동일함을 알 수 있습니다. 다만 상제님의 약장이 모두 19칸인 것에 비해 고수부님의 약장은 전체 5칸으로 칸수의 차이는 있습니다.

그렇다면 중앙에다 '**팔문둔갑(八門遁甲)**'을 쓰신 것은 어떤 의미가 있을까요?

앞서 '**사문(死門)과 생문(生門)**'의 이치에서 살펴보았듯, 이 팔문八門은 팔도八道의 성격과 그 맥을 같이 합니다.

상제님께서 길을 떠나시며 "**조선이 팔도(八道)니라**"고 말씀하셨을 때, 여덟 명의 종도 중앙에 계신 상제님은 곧 서울이자 중궁中宮(五皇極)이 되십니다.

팔문은 주역의 팔괘에서 파생되어 휴문休門·생문生門·상문傷門·두문杜門·경문景門·사문死門·경문驚門·개문開門으로 구성되며, 낙서洛書 구궁九宮의 원리를 응용하여 각 방위의 길흉과 변화를 나타냅니다.

팔문과 팔괘

그렇다면 왜 둔갑遁甲이라는 용어를 쓰셨을까요?

이는 고수부님께서 고민환에게 "**거미가 집을 지을 때는 이십사방(二十四方)으로 줄을 늘여서 짓고, 다 지은 뒤에는 남이 알지 못하게 한편 구석에 숨어 있는 법이니 너는 그곳을 떠나지 말라.**"는 말씀과 상통합니다.

거미가 집을 지을 때 24방으로 줄을 치듯, 24약종이 들어있는 약장 궤 안에 '**八門遁甲**'이라 쓰시고 주위에 '**경면주사로 스물넉 점을 붉은 물로 돌려 찍으신 것**'은 서요동(立人之道)의 자리를 암시하는 표식과 같습니다.

특히 약장에 '**舌門**' 두 자를 불지짐(烙書)하여 새기신 것은, 남이 알지 못하게 한편 구석에 숨어 있는 거미처럼 '**丹朱受命**'의 은밀한 자리를 뜻합니다.

글자의 象으로 볼 때 혀(舌)는 '삐침 별(丿)'과 '옛 고(古)'의 합자이며 '古'는 기위(十)로서 오황극의 상입니다. 따라서 혀(甲,艮)가 드나드는 문인 '舌門'은 곧 입(口, 兌)을 의미하며, 이는 인신합덕人神合德의 요처를 상징합니다.

결론적으로, '**八門遁甲**'이라 쓰신 위에 '**舌門**' 두 자를 불로 지져 낙서하신 것은, 현룡재전見龍在田의 땅인 서요동(八門遁甲)에 장차 모습을 드러낼 대인(舌門)을 확정하신 공사입니다.

상말에 이제보니 수원(水原) 나그네라 하나니 누구인지 모르고 대하다가 다시 보니 낯이 익고 아는 사람이라는 말이니 낯을 잘 익혀두라.
또 가라사대 내가 장차 열 석자로 오리라
『대순전경(大巡典經) 9장 15-16절』

수운 가사에 **「발동(發動)말고 수도(修道)하소 때 있으면 다시오리」**라 하였나니 알아두라
『대순전경(大巡典經) 6장 84절』

내 백성들아. 큰 복을 얻으려거든 한 마음으로 나를 믿어 그 마음을 잘 닦고, 도를 펴 공을 세움을 오로지 의롭게 하여 다른 뜻을 두지말고, **힘써 덕을 닦아 내가 돌아오기를 기다리라.**
『대개벽경(大開闢經) 9편 기유년 공사기 11장』

2. 봉천지도술약국 재전주동곡생사판단

그러면 고부 선인포전 자리에 응기될 핵심 공사인 '**奉天地道術藥局**봉천지도술약국 **在全州銅谷生死判斷**재전주동곡생사판단'의 진정한 의미를 깊이 있게 파헤쳐 보고자 합니다.

이 문구의 원 출처는 『현무경』이지만, 이를 베이스로 언급된 상제님 말씀이 『도전』에 기록되어 있습니다.

> 11 하루는 상제님께서 약장에
> **奉天地道術藥局 在全州銅谷生死判斷**
> 봉천지도술약국재전주동곡생사판단
> 이라 쓰시고 성도들에게 "**몇 자인지 세어 보라.**" 하시거늘
> 12 성도들이 "**열여섯(十六) 자입니다.**" 하고 아뢰니 말씀하시기를 "**진주(眞主)에서 한 끗이 튀었네.**" 하시고
> 13 "**내 일은 판밖에서 성도(成道)하느니라.**" 하시니라.
> (道典 5:250)

어느 날 상제님께서 '**奉天地道術藥局 在全州銅谷生死判斷**'이라 쓰시고 종도들에게 "**몇 자인지 세어 보라.**" 하시거늘 "**열여섯(十六) 자입니다.**" 하고 아뢰니 상제님께서 "**진주(眞主)에서 한 끗이 튀었네.**" 하시고 "**내 일은 판밖에서 성도(成道)하느니라.**" 하셨습니다.

여기서 이 '眞主'는 오황극에 대한 지칭입니다.

하루는 상제님께서 "**너희들에게 수를 내려주려 하니, 각자 그 뜻을 나에게 말하도록 하라.**" 하시니 경석이 대뜸 합니다.

일찍이 차경석 종도가 상제님께 "**십오를 내려주시기 바라나이다.**"라고 청했을 때, 상제님께서 정색하시며 "**도적놈이로다!**"하니 한 종도가 "**시속에 십오수를 진주(眞主) 도수라 이르거늘 경석이 제 분수를 모르고 있습니다.**"하며 바로 견제를 합니다.

통상적으로 이 '眞主'에다 15를 붙여 '十五眞主'라고도 하는데, 십무극인 기위(十)의 바탕에서 친히 정사를 펴시는 오황극의 위격이 그 속에 축약되어 있기 때문입니다.

> 一日(일일)에 曰(왈), 汝之徒(여지도)에 將與數(장여수)호리니 各言其志(각언기지)하야 爲我一聞(위아일문)하라.
> 京石(경석)이 對曰(대왈), 願賜十五(원사십오)하나이다.
> 忽變色大責(홀변색대책)하사 曰(왈), 賊漢也(적한야)로다.

弟子(제자)이 告曰(고왈), 俗(속)에 十五數(십오수)를 稱眞主度數(칭진주도수)하니, 京石(경석)이 有非分之望(유비분지망)하야 終不改心(종불개심)하니 不如棄之(불여기지)니이다.
曰(왈), 我(아)난 盡心開導(진심개도)하야, 終不改善(종불개선)이면 於運(어운)에 無奈(무내)하노라.
하루는 말씀하시기를, **너희들에게 수를 내려주려 하니, 각자 그 뜻을 나에게 말하도록 하라.** 경석이 말씀드리기를, **십오를 내려주시기 바라나이다.**
문득 얼굴빛을 바꾸시고 크게 꾸짖으시기를, **도적놈이로다.**
제자가 아뢰기를, **시속에 십오 수를 진주도수라고 말하니, 경석이 분수에 맞지않는 욕심을 품어 끝내 마음을 고치지 않으니** 버리는 것만 못하나이다.
말씀하시기를, 내가 마음을 다해 이끌어도 끝내 고치지 못하면 운수라, 어쩔수 없노라.
『대개벽경(大開闢經) 8편 무신년 공사기 7장』

그런데 여기서 우리가 마주하는 본질적인 의문은 바로 **"진주(眞主)에서 한 끗이 튀었네."**라고 하실 때의 이 '**한 끗**'이 도대체 무엇인가 하는 점입니다. 사실 이 표현은 우리에게 전라도 방언인 '거시기'처럼 모호하고 막연하게 느껴질 수 있습니다.

'**天者 理也**', 즉 **"하늘은 곧 이치(理致)"**라 하셨습니다. 상제님께서는 늘 **"하늘이 이치를 벗어나면 아무것도 있을 수 없느니라"**, **"주역(周易)은 개벽할 때 쓸 글이니 주역을 보면 내 일을 알리라."** 하시며 천지의 모든 이치가 역易에 있음을 거듭 강조하셨습니다.

"세상에 이치 없는 법은 없느니라" 하신 말씀에 비추어 볼 때, 베일에 싸인 이 '한 끗' 역시 결코 이치 밖의 돌출된 현상이 아닐 것입니다. 상제님의 공사가 철저히 이치라는 설계도 위에서 집행되었다면, 우리는 결국 그 해답을 찾기 위해 다시금 역易의 세계를 들여다 볼 수밖에 없습니다.

그렇다면 과연 **"한 끗이 튀었네."**라는 말씀에 담긴 실체적 진실은 무엇일까요?

'튀었다'는 표현은 정지해 있던 무언가가 강력한 에너지를 얻어 솟구치거나 움직이기 시작했다는, 즉 '**動**'했다는 의미가 아니겠습니까?

그렇다면 대체 무엇이, 어떤 이치에 의해 움직이기 시작한 것일까요?

『설괘전(說卦傳)』

第四章 :

雷以動之코 風以散之코 雨以潤之코 日以烜之코 艮以止之코
兌以說之코 乾以君之코 坤以藏之하나니라.

第七章 :

乾은 健也오 坤은 順也오 **震은 動也**오 巽은 入也오
坎은 陷也오 離는 麗也오 艮은 止也오 兌는 說也라.

第九章 :
乾爲首오 坤爲腹이오 **震爲足**이오 巽爲股오 坎爲耳오
離爲目이오 艮爲手오 兌爲口라.

『잡괘전(雜卦傳)』: **震은 起也**
『서괘전(序卦傳)』: **震者는 動也**니 物不可以終動하야 止之라 故로 受之以艮하고

그 해답의 실마리는 주역의 곳곳에서 발견됩니다. 『설괘전(說卦傳)』 4장을 보면 '**雷以動之**'라 하여 우레가 만물을 움직이게 한다 하였고, 7장에서는 아예 '**震은 動也**', 즉 진괘는 곧 움직임이라 명시했습니다. 또한 9장에서는 이 진괘를 인체의 '**震爲足**'에 비유하며, 『잡괘전』에서는 '**震은 起也**'라 하여 '일어난다' 하였습니다.

이 '起'라는 글자의 형상은 '走'와 '己'가 결합한 모습으로 기위친정의 상입니다. '辰兮辰兮雲起'라 할 때 이 '起'자를 사용합니다.

결국 "**한 끗이 튀었다**"는 동사만으로 짐작해본다면 '**震者는 動也**', '**震은 起也**'에서 보듯 그 주어가 진괘로서 '우레'라는 말이 됩니다.

인간의 일을 포함하여 세상의 모든 현상들은 자연섭리(理)를 바탕으로 해서, 천지 안에 가득 차 있는 신도神道의 손길이 개입을 하여, 현실 역사(史)로 드러나 전개되는 것이 이신사의 원리입니다.

즉 지뢰복괘에서 보듯 이 진괘는 '一陽'의 기운입니다. 이 일양은 신도의 관점에서 미륵불을 상징합니다. 즉 열매 속에 드디어 씨앗(復)이 자리잡은(止) 형국과 같습니다.

公又(공우)이 問曰(문왈), 神(신)이 有應氣(유응기)하면 人(인)이 有神力乎(유신력호)잇가.
曰(왈), **有聖賢之神(유성현지신)하야 應氣(응기)하면 賢心(현심)이 自生(자생)하고**, 有英雄之神(유영웅지신)하야 應氣(응기)하면 覇氣(패기)가 自生(자생)하고, 有壯士之神(유장사지신)하야 應氣(응기)하면 大力(대력)이 自生(자생)하고, 有盜賊之神(유도적지신)하야 應氣(응기)하면 賊心(적심)이 自生(자생)하나니, 是故(시고)로 我(아)난 木石(목석)이라도 行氣(행기)하면 可用(가용)하노라.
공우가 말씀드리기를, 신의 기운이 응하면 사람이 신력을 얻나이까?
말씀하시기를, **성현의 신이있어 응기하면 어진 마음이 저절로 생기고**, 영웅의 신이 응기하면 패기가 저절로 생겨나고, 장사의 신이 응기하면 큰 힘이 저절로 생기고, 도적

의 신이 응기하면 도적의 마음이 저절로 생기나니, 그러므로 나는 나무나 돌이라도 기를 붙여주면 쓸 수 있노라.
『대개벽경(大開闢經) 7편 정미년 공사기 9장』

“성현의 신이 응기하면 어진 마음이 저절로 생겨난다”는 말씀처럼, 지극히 평범한 일상을 살아가던 ‘수원나그네’에게 어느 순간 성현의 신이 응신하시는 순간을 **“진주(眞主)에서 한 끗이 튀었네”**라 하신 것으로 곧 **“내 일은 판밖에서 성도하느니라”** 하신 말씀의 실체적 실현이라 할 수 있습니다. 이를 중화경에서는 **‘彌勒佛이 立於鼎上’**이라고 하셨습니다.

易(역)에 日(왈) 井道(정도)-不可不革故(불가불혁고)로 受之以革(수지이혁)이라 하고 革物(혁물)은 莫若鼎故(막약정고)로 受之以鼎(수지이정)이라 하고 主器者(주기자)-莫若長子故(막약장자고)로 受之以震(수지이진)이라 하며 革(혁)은 去舊(거구)요 鼎(정)은 取新(취신)이라 하시니라.
彌勒佛(미륵불)이 立於鼎上(입어정상)이셨다.
주역에서 이르기를 정(井)괘의 도리는 개혁해야만 하므로 혁(革)괘로써 받는다고 말하고, 만물을 개혁하는 것이 솥보다 더 좋은 것이 없으므로 정(鼎)괘로써 받는다고 말하고, 그릇(器)을 주관할 사람은 맏이(큰아들)보다 나을 사람이 없으므로 진(震)괘가 받는다고 하며, 혁괘는 옛 것을 보낸다는 도리가 있고 정괘는 새것을 취한다는 도리가 있느니라. 미륵불이 솥위에 서셨도다.
『중화경中和經 제83장』

이때 미륵불이 딛고 선 ‘솥(鼎)’은 곧 천하를 담는 그릇(器)입니다.

‘火風鼎화풍정 **器藏於世**기장어세 **待時而用**대시이용 **何不利乎**하불리호.’ 즉 세상에 화풍정의 그릇을 감춰두었다가 때를 기다려 쓰니 어찌 이롭지 않겠는가? 라는 말씀에 보듯 50화풍정괘의 솥으로 상징되는 분은 황극의 진인입니다.

상제님께서는 선사님을 통해 **‘갓난 아이를 돼지 속에 싸두었다가 하룻밤이 지낸 뒤에 내놓으신’** 돼지공사 즉 문왕의 도수를 보시고 이후 삼칠일 만에 다시 돌아오시어 이와 연계되는 공사를 또 하나 보셨습니다.

갓난아이를 무당 앞에 뉘어 놓고, 백지와 부적을 아이의 사타구니에 붙이신 뒤 담뱃대로 고저장단을 짚으시며 **“자지가 나온다, 자지가 나온다!”**라고 외치신 공사가 바로 그것입니다.

태극이신 선사님의 사타구니에, 칠성을 상징하는 담뱃대로 율려음을 내시며 하신 거동으로 미루어 본다면, 태극의 모체에서 일동일정一動一靜의 양의兩儀가 생겨나는 「복희팔괘차서도」와 같이, 천지의 이치 그대로 미륵불의 출세(一動)가 이루어짐을 보여줍니다.

인체 해부학적 관점에서 볼 때, 이 '자지'는 오황극의 북방에 자리한 '一物'로서 곧 '一陽'입니다. 하도의 '己位'(十)는 낙서에선 '一陽'(후천미륵불)의 모습입니다.

친정親政을 펴는 황극에서 이곳이 일어나야 비로소 음양 합덕의 공사를 볼 수 있으니 그 모든 시작이 바로 '발기(勃起)'로부터 비롯되기에, 앞서 살펴본 '起' 자가 지닌 도수적 의미가 다시금 명확해지는 것입니다.

결국 천지공사라는 거대한 프로그램의 대본인 『주역』은, 장차 판밖에서 이 '**한 끗**'이 튀어 올라 대인이 출세하는 그 결정적인 때를 알려주는 지침서(神書)인 셈입니다.

『현무경』에 기록된 '**一元數六十三合爲吉凶度數 十二月二十六日再生身**'이라는 문구는, 일양一陽이 비로소 시생하는 후천의 동지冬至입니다.

동지가 지나 일양이 꿈틀거리며 발기하는 그 찰나, 상제님께서 "**자지가 나온다!**"고 선포하셨던 것처럼 "**진주(眞主)에서 한 끗이 튀었다**"고 하시는 그 순간을 맞이하게 됩니다. 이것이 곧 '**彌勒佛이 立於鼎上**', 즉 미륵불이 솥 위에 서서 인신합덕의 천시를 여는 역사적 기점입니다. 이로부터 사오미巳午未의 운대와 함께 비로소 개명開明의 시대로 진입하게 되는 것입니다.

그렇게 평범히 살아가던 '수원나그네'에게 일양의 미륵불이 재생신하는 순간, 천지는 이제 '길화개길실(吉花開吉實)'과 '흉화개흉실(凶花開凶實)'이라는 가을철 냉엄한 두 갈래 생사의 길로 나뉘게 됩니다.

이때 진주 도수를 상징하는 15라는 수에, '震爲足'이라고 다리가 하나 더 생기니 결과적으로 16자의 '**奉天地道術藥局 在全州銅谷生死判斷**'의 소임을 맡게 되는 시운으로 진입하게 됩니다.

굳이 "**몇 자인지 세어 보라**"며 숫자까지 확인케 하신 이유가 무엇인지, 또 다른 성구를 통해 명확히 알아보겠습니다.

22. 화천절(化天節) 치성(致誠) 끝에 교도(敎徒) 수십인(數十人)을 벌려 앉히시고, 진액주(津液呪)를 한 시간 동안 읽히신 뒤에 종오(鍾五)로 하여금 '구천지상극(舊天地相剋) 대원대한(大寃大恨), 신천지상생(新天地相生) 대자대비(大慈大悲)'라 쓰이시고 교도(敎徒)들로 하여금 뒤를 따르게 하시고, 왼 편(便)으로 열다섯 번을 돌으시며 '구천지상극(舊天地相剋) 대원대한(大寃大恨)'이라 읽히시고, 오른 편(便)으로 열다섯 번을 돌으시며 '신천지상생(新天地相生) 대자대비(大慈大悲)'라 읽히신 뒤에, '**서신사명(西神司命) 수부사명(首婦司命)' 이라고 열여섯 번을 읽히시니라.**

『고부인신정기(高夫人神政記) 제사장(第四章) 제삼교단시대(第三敎團時代)』

우선인 왼 편으로 열다섯 번 도는 우선(선천) 낙서(用) 공사와 좌선인 오른 편으로 열다섯 번 도는 좌선(후천) 낙서(用) 공사를 보신 이후 **'서신사명(西神司命) 수부사명(首婦司命)'**을 16번 읽히십니다.

이는 앞서 정립된 두 하도의 바탕 위에서 실제로 정사를 펼칠 낙서 오황극(견우, 직녀)의 출세를 공표하신 것으로 이미 16자 속에 담긴 의미를 간파하고 계셨기에, 종도들에게 **"몇 자인지 세어 보라"** 하시며 그 숫자를 각인시키셨던 것입니다.

『주역』의 16번째 뇌지예괘雷地豫卦의 괘사를 보면 **'預 利建候行師'**라 하여 제후(候)를 세우는(建) 내용이 나오는데 이는 천지도술약국이 자리한 '전주동곡'(고부)에 제후인 '양백(兩白)'이 출세한다는 소식을 선포하신 것과 같은 맥락입니다.

기유년 봄, 황응종이 올린 누런 암탉을 보시고 상제님께서는 **"황계(黃鷄)가 동하니 필시 적벽대전의 조짐이라. 어서 관운장을 불러 화용도(華容道)의 목을 단단히 지키게 하리라"** 하셨습니다.

놀랍게도 『현무경』에 기록된 **'三界伏魔大帝神位'** 혹은 **'三界解魔大帝神位 遠鎭天尊關聖帝君'**이라는 관운장의 신위 또한 정확히 16자로 구성되어 있습니다. 이는 뇌지예괘의 수리와 완벽히 부합하는 것으로 결국 전주동곡의 도술약국이 곧 '화용도'란 소리나 진배없습니다.

더욱이 **'觀世音菩薩化身安東金首婦末順之墓'**(관세음보살화신안동김수부말순지묘)라 새겨진 김수부님의 묘비명 또한 16자로 놀라운 일치를 보이고 있음도 궤를 같이 합니다.

16

豫 利建侯行師

彖曰 豫는 剛應而志行하고 順以動이 豫라.
豫順以動故로 天地도 如之온 而況建侯行師乎여.
天地以順動이라 故로 日月이 不過而四時不忒 하고
聖人이 以順動이라 則刑罰이 淸而民이 服하나니
豫之時義大矣哉라.
象曰 雷出地奮이 豫니 先王이 以하야 作樂崇德하야
殷薦之上帝하야 以配祖考하니라.

제후를 세움이 이롭다는 예괘의 단전에 **'聖人이 以順動'**이라 해서 '聖人'이 최초로 등장하는데 이 뇌지예괘로 부터입니다.

참고로 성인이 등장하는 64괘를 살펴보면 모두 여섯 군데서 발견됩니다.

뇌지예괘로부터 시작해서 20번째 '풍지관괘(風地觀卦)'에서는 **'聖人이 以神道設敎而天下服矣라.'** 해서 '성인이 신도로서 설교하여 천하가 그 앞에 엎드리게 된다'

하였고 27번째 '산뢰이괘(山雷頤卦)'에서는 '**天地養萬物하며 聖人이 養賢하여 以及萬民**'이라 하여 '천지가 만물을 기르듯, 성인은 어진 이를 길러 만민에게 그 영향을 미치게 된다' 하였습니다.

또한 31번째 '택산함괘(澤山咸卦)'에선 '**天地感而萬物이 化生하고 聖人이 感人心而天下和平**'이라 하여 '천지가 감응하여 만물이 화생하듯, 성인이 감화시켜 천하를 화평케 한다' 하였고, 32번째 '뇌풍항괘(雷風恒卦)'에선 괘의 상 자체가 진손으로 이는 '**震巽兩木末世聖**'의 象입니다. '**聖人이 久於其道而天下化成**'이라 하여 '성인이 그 도와 더불어 항구하여 마침내 성현의 세상이 이루어진다' 하였습니다.

마지막으로 50번째 '화풍정괘(火風鼎卦)'에서는 '**聖人이 亨하야 以享上帝하고 而大亨하야 以養聖賢하니라.**' 즉 '성인이 드러나시어 상제께 제향을 올리고 성현들을 길러낸다'라 하였으니 여기서 '聖人'은 앞서 '**火風鼎 器藏於世 待時而用 何不利乎**'에서 언급했던 분입니다.

이처럼 '聖人'이 모두 6번 등장한다는 것은 결국 이 성인이 관운장의 형모를 하신 상제님(문왕팔괘 六乾)이라는 뜻입니다.

홍범구주에서는 이 '六乾'의 자리를 '예용삼덕(乂用三德)'이라 하였는데 이 '乂'자가 벨 예자입니다. '풀을 베다'라는 뜻으로, 후려쳐 쓰러뜨린다는 것을 삐침과 파임으로 각각 표현한 지사자인데 이는 낫을 들고 수확하기 위해 오시는 서신사명을 뜻하는 글자의 상이 있습니다.

이 자리를 일부선생은 '**包五含六十退一進之位**'라 하여 '十無極'의 위에서 퇴退하시고 '一'에서는 나아가는(進) 진퇴의 정사를 펴는 기위친정의 위를 포오함육包五含六이라 하였습니다.

요한계시록 14장에는 구름 위에 앉으시어 금면류관을 쓰시고 그 손에 'sharp sickle'이라고 날카로운 낫을 가지신 추수자를 아들이라 하는 구절이 나옵니다.

'**또 내가 보니 흰 구름이 있고 구름 위에 사람의 아들과 같은 이가 앉았는데 그 머리에는 金冕旒冠이 있고 그 손에는 利한 낫을 가졌더라**' 원문에는 "like a son of man"이라 나오니 아들이라는 얘기는 결국 황극에 대한 지칭입니다.

그런데 약장을 들이기 전, 문공신 종도로 하여금 고부장에 가서 장판을 사 오게 하시어 약방 바닥에 깔게 하셨으니 그 까닭을 두고 "**고부 돈으로 약방을 수리한 것은 선인포전(仙人布氈) 기운을 씀이로다.**"라 말씀하신 점은 참으로 의미심장한 대목입니다.

하루는 공우를 명하사 고부에 가서 돈을 주선(周旋)하여오라 하시어 약방을 수리(修理)하신 뒤에 갑칠을 명하사 활 한 개와 화살 아홉 개를 만들어오라 하시고 공우로 하여금 지천(紙天)을 쏘아 맞히게 하신 뒤에 가라사대 이제 구천(九天)을 맞혔노라 하시고 또 가라사대 **고부 돈으로 약방을 수리한 것은 선인포전(仙人布氈) 기운을 씀이로다.**

『대순전경(大巡典經) 4장 107절』

이제 '**奉天地道術藥局 在全州銅谷生死判斷**'의 공사 내용이 『현무경』에서 어떻게 소개되고 있는지 구체적으로 살펴보겠습니다.

현재 전해지는 『현무경』은 크게 두 종류의 흐름이 주류를 이룹니다. 이른바 법문파라고도 불리는 순천도順天道 계열의 현무경과 법종교 소장 현무경이 대표적입니다. 그 외에도 김형렬 가家에서 전해지는 판본 등 10여 종류가 존재한다고 하나, 연구자의 수만큼이나 해석과 해리가 분분하여 그 실체를 명확히 파악하기란 쉽지 않습니다.

그동안 『현무경』 연구는 대개 순천도 판본을 중심으로 이루어져 왔으며, 상대적으로 법종교 판본에 대해서는 깊이 있는 탐구가 부족했던 것이 사실입니다. 그러나 상제님께서 집행하신 공사 중 어느 것 하나 이유 없는 것이 없듯, 애초에 현무경이 두 종류의 판본으로 나뉘어 전수되어야만 했던 데에는 필연적이고도 본질적인 이유가 있었을 것입니다.

> **선천(先天)은 칠현무(七玄武)요 후천(后天)은 육기초(六基礎)니라**
> 『선도신정경(仙道神政經) 3장 59절』

고수부님께서는 "**선천(先天)은 칠현무(七玄武)요, 후천(後天)은 육기초(六基礎)라**" 하셨습니다.

팔괘(八卦)	괘순	일건천(一乾天)	이태택(二兌澤)	삼이화(三離火)	사진뢰(四震雷)	오손풍(五巽風)	육감수(六坎水)	칠간산(七艮山)	팔곤지(八坤地)
	괘상	☰	☱	☲	☳	☴	☵	☶	☷
	괘명	太陽	太陰	少陽	少陰	少剛	少柔	太剛	太柔

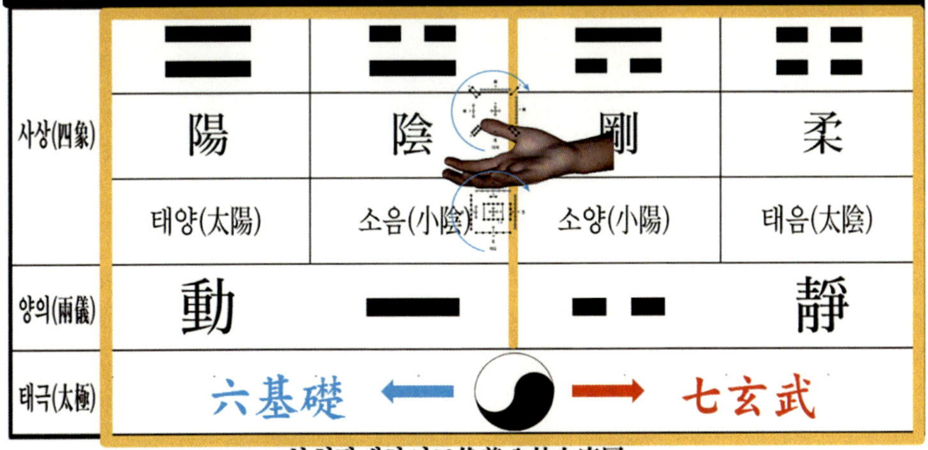

사상(四象)	⚌	⚍	⚎	⚏
	陽	陰	剛	柔
	태양(太陽)	소음(小陰)	소양(小陽)	태음(太陰)
양의(兩儀)	動 ⚊		⚋ 靜	
태극(太極)	六基礎 ← ☯ → 七玄武			

<복희팔괘차서도伏羲八卦次序圖>

선천은 만유가 분열하고 성장하는 시간대입니다. 나무에 비유하자면, 생명의 근본인 뿌리는 육기초가 되어 땅 밑에 숨어 보이지 않고, 오직 진액을 밀어 올려 가지 끝까지 무성한 잎을 틔우는 데 전력을 다합니다. 이때 뿌리는 진액을 다 내어주어 마치 빈집처럼 텅 비게 되며, 겉으로 드러난 울창한 가지와 잎들이 세상을 뒤덮습니다. 이 화려한 외형적 성장의 자리가 바로 칠현무입니다.

반면 후천은 오직 수확된 열매만이 유일한 가치로 남는 가을의 시간대입니다. 선천의 화려한 성장기가 끝나고, 그동안 무대의 주역이었던 상대와 중대가 해원의 막을 내리면 천지의 풍경은 급격히 변합니다. 여름내 찌는 듯한 폭염을 이겨내며 무성한 잎사귀 뒤편에 조용히 숨어 알차게 영글어 가던 하대, 즉 후천의 열매가 비로소 제 모습을 드러내기 때문입니다.

육기초의 자리 황색 박스를 쳐놓은 태극을 바탕으로 양의 사상으로 펼쳐지는 열매의 자리는 후천운도로 손바닥이 뒤집어 지면 천가죽,지가죽,인가죽의 좌선낙서판으로 바뀌게 되면서 삼재지도의 구분에 의해 육기초가 동요동이 되고 칠현무로 둘러싸인 그 가운데에 서요동이 서게 됩니다.

즉 선천 칠현무는 매미가 허물을 벗어 놓듯 껍질만 남긴 채 육기초의 불양답 자리인 칠현무 용담 연못 속에 새로이 재생신 하시게 되는 것입니다.

이를 수지자웅誰知雌雄의 이치로 보면 더욱 명확해집니다. 선천(복희팔괘)에는 겉(外)이 상제님(雄)이시면 속(內)은 선사님(雌)이 되십니다. 그런데 양말이나 장갑을 뒤집듯 후천(문왕팔괘)이 되면 겉과 속이 뒤집히기 때문에 속(內)인 선사님(雌)이 드러나고 겉(外)인 상제님(雄)은 안으로 숨으시며, 태극의 위 조차도 선천태극이 후천태극에게 자리를 내어주게 됩니다.

상제님께서는 유서遺書에 이를 '繼之者善'이라 하시어 '요순선양(堯舜禪讓)'의 사례에 빗대어 쓰셨습니다. 이러한 근본적인 차이 때문에 『현무경』 또한 그 속성에 맞

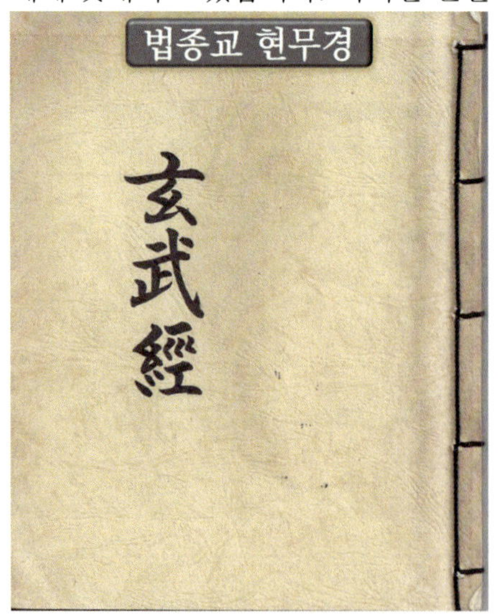

게 명칭을 새롭게 정립할 필요가 있습니다.

'법종교 현무경'은 '육기초 현무경'이요 '순천도 현무경'은 '칠현무 현무경'입니다. 두 경전의 차이는 표지에서부터 드러납니다. '육기초 현무경'은 책 이름이 겉면에 씌어진 반면 칠현무 현무경은 겉면에 아무런 제목이 없습니다.

여기에 아주 깊은 뜻이 감춰져 있습니다. 고수부님 말씀처럼 선천이 칠현무(겉)이고 후천이 육기초(속)라면, 후천 운도에서는 양말을 뒤집듯 겉과 속이 완전히 반전됩니다. 이제 속이었던 육기초가 겉으로 드러나고, 겉이었던 칠현무는 속으로 말려 들어가게 되는 것이지요.

따라서 '육기초 현무경'은 겉으로 드러나기에 책 이름을 겉면에 쓰게 된 것이고, '칠현무 현무경'은 안으로 숨는 속지가 되니 굳이 쓸 필요가 없었던 것입니다. 즉, 육기초경은 철저히 뿌리인 육기초의 관점에서 쓰였고, 칠현무경은 지천태의 자리 칠현무의 관점에서 기술되었습니다.

그 구체적인 차이를 **'聖父 聖子 聖身'**이 등장하는 장을 통해 비교해 보겠습니다. 두 판본은 동일한 명칭을 사용하면서도 그 아래 이어지는 내용과 순서에서 확연한 차이를 보입니다.

'六基礎'와 '七玄武' 이 두 현무경을 자세히 보다 보면 한 가지 이질적인 글자가 눈에 띕니다. 바로 **'聖身'**이라는 표현입니다. 신앙인들에게 익숙한 『대순전경』이나 『도전』에는 모두 신령하다 할 때의 '神'자를 써서 '聖神'이라 기록되어 있습니다. 하지만 현무경의 원문에는 '神'이 아닌 몸 **'身'**자가 새겨져 있습니다.

혹자는 이를 두고 기독교의 삼위일체설을 인용한 것이라 주장하지만, 이는 이치에 맞지 않는 말을 억지로 끌어 붙이는 견강부회에 불과합니다. 기독교의 '성삼위일체(聖三位一體)'는 본질적으로 한 분인 하나님이 성부(聖父), 성자(聖子), 성신(聖神, 聖靈)이라는 세 위격으로 존재한다는 교리입니다.

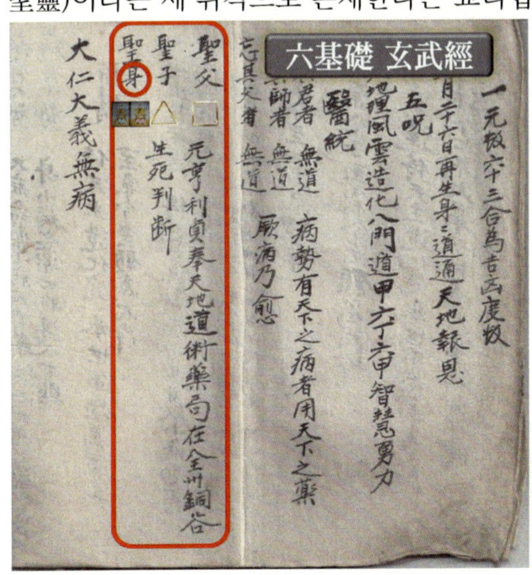

聖父
聖子 元亨利貞奉天地道術藥局 在全州銅谷生死判斷
聖神
『대순전경(大巡典經) 4장 129절』

참고로 삼위일체라는게 원래 성부 성자 성신인데 개신교와의 일치운동을 위해 성령으로 바뀌었다고 합니다. (聖神-Holy Ghost, 聖靈-Holy Spirit)

325년 니케아 공의회와 381년 콘스탄티노플 공의회를 거쳐 확립된 이 관점은 물(H_2O)이 온도에 따라 얼음(고체), 물(액체), 수증기(기체)로 변해도 본질은 변하지 않는다는 식의 논리로 설명되곤 합니다. 하지만 이는 예수 성자가 직접 내린 가르침이라기보다는 후대에 정립된 신학적 체계에 가깝습니다. 사실 이러한 '셋이면서 하나'인 구조는 기독교뿐만 아니라 인류의 보편적인 신관 속에 널리 퍼져 있습니다.

불교에도 '법신불(法身佛)·보신불(報身佛)·화신불(化身佛)'의 삼신불三身佛 세계관, 유교의 '무극(無極)·태극(太極)·황극(皇極)'의 삼위三位, 도교의 '태청(太淸)·상청(上淸)·옥청(玉淸)' 등 삼청三淸의 세계관은 인류 창세 역사의 '조화신(造化神)·교화신(敎化神)·치화신(治化神)'의 삼신일체 우주관에서 분화된 세계관들입니다.

결론적으로 『현무경』의 내용은 기독교의 삼위일체설과는 그 궤를 달리합니다. 『대순전경』이나 『도전』 등에 기록된 '聖神'이란 표현은 아마도 기록자들이 당시 대중에게 익숙했던 기존의 삼위일체적 신관을 차용하여 옮기는 과정에서 발생한 것으로 보이는데 이 두 『현무경』 상의 본문내용 그대로 사실 관계를 바로 잡아야 하겠습니다.

여기서 '聖父'와 '聖子'는 천륜天倫의 관계로 설정되어 있습니다.

그렇다면 이 두 분은 당연히 상제님과 선사님이 되십니다.

상제님께서 "**세상에 인륜(人倫)이 참으로 크나 인륜보다 천륜(天倫)이 더 크나니 천륜으로써 우주일가(宇宙一家) 하리라.**"하신 말씀처럼, 여기서의 '子'는 '자식'이라는 뜻이 있으니 천륜으로 맺어진 화은당 선사님을 의미합니다. 이는 이론의 여지가 없는 명백한 천지공사의 결론입니다.

그렇다면 '聖身'은 어느 분일까요?

'聖身'은 몸 '身'자를 쓰니 황극(身)으로서 두 분 도령을 상징합니다.

그런데 여기서 한 가지 의문이 생깁니다.

'聖父'는 반극反極이시고, '聖子'는 태극太極이시며, '聖身'은 황극皇極이라면, 왜 무극無極을 상징하는 '원(圓, ◯)', 즉 대모님은 보이지 않는 것일까요?

원(圓), 방(方), 각(角)의 삼신三神 체계에서 왜 대모님에 대한 기록이 빠져 있는가에 대한 해답은 의외로 명쾌합니다.

대모님(◯,圓)께선 좌선하도左旋河圖의 바탕자리 그 자체이시기 때문입니다. 다시 말해, '육기초경'과 '칠현무경'은 모두 낙서판이라는 의미입니다.

'육기초 현무경'은 좌선낙서의 육기초(天地否)의 관점으로 쓰였고,

'칠현무 현무경'은 좌선낙서의 칠현무(地天泰)의 관점으로 쓰였습니다.

낙서 자체가 하도河圖라는 바탕 위에 놓인 것인데, 낙서를 떠받치고 있는 하도판을 상징하는 대모님을 굳이 낙서의 체계 안으로 넣을 필요가 없는 것입니다.

이 지점이 바로 필자가 이 두 종류의 현무경을 각각 **'육기초 현무경'**과 **'칠현무 현무경'**이라 명명한 결정적인 이유입니다.

따라서 '龜書'이신 후천무극의 상제님(十)이 낙서판인 두 현무경에 '聖父'로, 태극이신 선사님께서 '聖子'로, 그리고 오황극이신 '聖身'은 성부와 더불어 기위친정으로 드러나시니 세 분 모두 낙서판 위에 함께 나타나시는 것입니다.

반면, 땅하늘이신 대모님께서는 하도로서 바탕(體)이 되시기에, 낙서판(用)인 현무경에 굳이 실체로 나타나실 이유가 없으셨던 것입니다.

그럼 '六基礎'와 '七玄武'라는 명칭의 정확한 의미를 살펴보겠습니다.

칠현무는 현무경의 '午申戌子寅辰'으로 시작하는 양부陽符에 '玄武' 또는 '玄武經'으로 일곱 번 나타나고, 육기초는 현무경의 '未巳卯丑亥酉'의 순서로 씌어진 음부陰符에 '基礎棟樑'이라는 문구가 총 여섯 번 등장합니다. 이에 '六'과 '七'의 수리數理를 앞에 붙여 부르는 것입니다. 다만 육기초 현무경의 '午符'에는 각각 가로와 세로로 씌어진 '玄武經'이 두 번 나오게 되어 도합 여덟 번이 됩니다.

금산사의 미륵불은 시루(甑)를 밟고 서 계십니다. 여기서 미륵불은 '火'이고, 그 발아래 시루는 '金'이 됩니다. '火'는 선천태극인 '龍圖'를, '金'은 후천무극인 '龜書'를 상징하니, 이는 흡사 겉은 둥글고 안은 각진 엽전의 형상과도 같습니다.

이 이치를 대입하면 '火'는 칠현무가 되고, '金'은 육기초가 됩니다. 선천은 양체음용陽體陰用의 시운이기에, 상제님(玄武)과 고수부님(七)의 세상이 펼쳐집니다.

선천팔괘(복희팔괘)의 남방(乾南坤北)에 자리하시는 상제님(火,赤,表)을 북방 현무(水,黑,裏)로 인식하는 것은 수화겸용인 때문으로 자웅 가운데 검은 까마귀인 선천태극(雄)의 관점입니다.

그렇다면 현무 앞에 붙은 '七'은 과연 무엇을 의미할까요?

『주역』「설괘전」 제9장을 보면, '건위수(乾爲首)오 곤위복(坤爲腹)이오.....간위수(艮爲手)오 태위구(兌爲口)라.'하여 팔괘를 인체에 배속합니다. 여기서 특히 주목할 점은 간괘(艮卦, ☶)를 손(手)에 배속했다는 사실입니다. 그런데 왜 간괘를 손에 배속할까요?

「설괘전」 제7장에서 '艮은 止也', 즉 그침이라 하였습니다. 높은 산에 오르면 더 이상 갈 곳이 없어 멈추듯, 인체의 가장 말단인 손과 발이 이 자리에 해당합니다. 발이 몸 전체의 하중을 견디며 역동적으로 움직이는 진괘(震卦, ☳)의 상이라면, 손은 그 반대인 전도괘顚倒卦로서 간괘(艮卦, ☶)에 배속되는 것입니다.

사람의 손이 둘이듯, 천지 도수상으로도 간산艮山은 둘입니다. 따라서 간도수艮度數에 응하는 주인공 역시 선천과 후천으로 나뉘어 두 분의 수부님으로 존재하게 됩니다.(正易은 제외)

선천미륵불(玄武)의 곤(坤, 始於艮) 자리는 복희팔괘(선천팔괘)의 간괘(七艮山)인 고수부님(始)이 맡으셨고, 후천 육기초의 여왕벌(終於艮) 자리는 문왕팔괘(후천팔괘)의 간괘(八艮山)인 김수부님(終)이 맡으십니다.

이처럼 선천을 '七玄武'라 부르는 이유는 현무이신 상제님(陽體) 앞에 선천 간산인 고수부님(陰用)을 상징하는 수리(七)가 붙었기 때문입니다.

그러나 금화교역金火交易에 의해 천지가 뒤집히면, 선천태극인 '龍圖'(火)의 상제님은 후천무극인 '龜書'(金)의 십무극으로 재생신再生身하시게 됩니다. 이때 선천하도에 가려져 있던 후천하도가 비로소 그 실체를 드러내니, 이분이 바로 하도의 본체 오황극으로 황극신皇極神이면서 일부선생이 언급한 '무극지무극(无極之无極)'에 자리하신 무극신无極神, 즉 '원천화(原天火)'이십니다.

금화교역은 바로 이 '화(火)'에 눌려있던 '금(金)'이 역전되어 '火金'이 '金火'로 바뀌는 대사건입니다. 그리되면 낙서판에도 변화가 일어나니 칠현무 속에 감춰져 있던 육기초가 겉으로 드러나고, '火'였던 상제님(玄武)과 고수부님(七)은 지천태의 칠현무 자리에서 재생신 하시어 다시 오시게 됩니다.

20. 어느날 신정공사(神政公事)에 고후비님(高后妃任)께서 말씀하시니 이러하니라.
무신(戊申) 기유(己酉)에 천지(天地)가 개로(開路)하니
무우 뽑다 들킨격 되느니라
옥구(沃溝)는 닷줄 장상지지(將相之地)요
임피(臨陂)는 흑운명월(黑雲明月) 도수(度數)니라 하시며 또 가라사대 **상제(帝任)께서 섣달 그믐날 저녁에 임피(臨陂)에서 달 뜨게 하셨음을 알라**
또 가라사대 세상(世上) 사람들이 말하기를 상제님(上帝任) 보고 회개자심(悔改滋甚)한다 하고 나보고는 허허탄식(虛虛歎息)한다 하더라지
내가 올적에는 세상(世上) 사람들에게 먼저 알리고 올(來) 것이니 그리 알라 하시더라.
『선도신정경(仙道神政經) 5장 20절』

고수부님께서 "**임피(臨陂)는 흑운명월(黑雲明月) 도수(度數)니라**" 하시며 "**상제(帝任)께서 섣달 그믐날 저녁에 임피(臨陂)에서 달 뜨게 하셨음을 알라**", "**내가 올적에는 세상(世上) 사람들에게 먼저 알리고 올(來) 것이니 그리 알라**" 하신 말씀은 모두 이 서요동에서의 재생신 도수를 상징합니다.

후천에는 음체양용陰體陽用으로 체용의 이치가 반전됩니다.

땅하늘이신 대모님(青龍)과 후천태극이신 선사님을 모시는 칠성(玄武)으로 재생신 하신다는 말입니다. 현무가 거북(龜書)과 뱀(龍馬)이 합쳐진 형태인 것은 바로 이러한 이치를 담고 있기 때문입니다. 다만 칠현무(七兌,禹步) 자리와 달리 '육기초 현무경'에 '玄武經'이 여덟 번 나오는 이유는 '八艮'(八陰)에 있습니다.

칠현무경의 기록을 보면, '聖子'라는 글자 아래에 '元亨利貞奉天地道術'이라는 아

홉 자의 문구가 배치되어 있습니다.

여기서 '聖子'는 태극의 위격입니다. 따라서 이 문구는 콩밭 태전인 서요동에 천지를 받드는 도술이 자리해 있다는 의미가 되는 것이고 바로 이곳에서 **"상씨름은 상두쟁이가 하네"**라 하신 것처럼, 태극의 두 손발 역할을 맡은 '聖身'이 '**死生辦**斷'을 하신다는 의미가 담겨 있습니다.

그렇다면 왜 건괘乾卦의 괘사인 '元亨利貞'이 이 자리에 기록되었을까요?

『주역』 24번째 지뢰복괘地雷復卦를 두고 「잡괘전」에서는 '復은 反也'라 하였습니다. 여기서 '反'이란, 선천의 분열 에너지를 타고 무한 성장해 왔던 건운乾運의 질서가 그 뿌리부터 뒤집혀, 곤도坤道 우주의 권력 구조로 재편되는 우주적 대사건의 기점(始)을 의미합니다.

『격암유록』 제5장 「말운론」에서도 이 대전환을 '天地反復 此時代', '似人不人 天神降', '天降在人 此時代' 곧 '하늘이 땅으로 바뀌는 시대가 되었다', '사람 같으면서 사람이 아닌 하늘신이 강림한다', '하늘이 사람으로 내려오는 시대가 되었다' 라 전하고 있습니다.

'天地反復'이란 곧 천지비의 자리가 뒤집혀(反), 땅(地)은 위로 올라가고 하늘(天)은 지상으로 하강下降하여 내려오는 지천태의 형국을 말합니다.

묵은 하늘의 권능이 지천태의 하늘로 새로 태어나는 과정을 상제님께서는 '再生身'이라 하셨고, 이처럼 하늘은 상씨름을 매듭지을 칠성으로 이 땅에 강림하게 됩니다.

결국 '**元亨利貞奉天地道術**'이라는 아홉 자(九離)의 문구 속에는, 지천태의 콩밭 서요동에서 천지대도를 받들어 용사하는 '術'을 집행하는 자리라는 뜻이 담겨 있습니다. 따라서 이 아홉 자는 남방에 불을 묻어 놓았다는 남방매화가로서 30중화리괘重火離卦 상전에 나오는 '大人'(乾 元亨利貞)이 사생판단 하는 약국의 의미가 내포되어 있습니다.

그러면 여기서 '大人'이신 '**全州銅谷解冤神 慶州龍潭報恩神**'의 문제를 반드시 짚고 넘어가야 합니다.

<51> 그후에 **전주동곡해원신 경주용담보은신(全州銅谷解冤神 慶州龍潭報恩神)이라 써서 김형렬의 집 벽상에 붙이시니라.** 그후에 군산에 가사 또 공사를 보시고 글을 써서 불사르시니 이러하시니라. [지유군창지 사불천하허 왜만리청만리양구만리 피천지허차천지영(地有群倉地 使不天下虛 倭萬里淸萬里洋九萬里 彼天下虛 此天下盈)] 이라 써서 불사르시니라.
『동곡비서(銅谷秘書)』

이 뒤에 종도들에게 일러 가라사대 **귀신(鬼神)은 천리(天理)의 지극(至極)함이니**

공사를 행할 때에 반드시 귀신으로 더불어 판단(判斷)하노라 하시고 글을 써서 형렬의 집에 벽에 붙이시니 이러하니라
『대순전경(大巡典經) 4장 23절』

제업창골인 정읍을 대리대행 하고 있던 김형렬 종도의 집 벽에 '**全州銅谷解寃神 慶州龍潭報恩神**'이라 써 붙이신 공사가 나오는데 과연 이 공사의 본질적인 의미는 무엇일까요?

또한, 상제님께서는 "**귀신(鬼神)은 천리(天理)의 지극(至極)함이니, 공사를 행할 때에 반드시 귀신으로 더불어 판단(判斷)하노라**" 하시고 독특한 형상의 글귀를 써 붙이셨습니다. 이 글귀의 외형은 마치 인존人尊 시대를 상징하는 사람의 형상을 하고 있으며, 양팔에 해당하는 부위에 '法師'라는 글자가 적혀 있어 흔히 '法師圖'라 불립니다.

본래 "**신성 불보살들이 법사(法師)가 아니면 이 세상을 바로잡을 수 없다**" 하시며 당신 스스로를 법사法師라 칭하셨으나, 이 공사에서는 조금 다른 의미로 쓰였습니다.

법사도의 본의에 접근하기 위해서는 상제님께서 던지신 화두, 즉 "**귀신은 천리의 지극함**"이라는 구절에 온전히 집중해야 합니다. 바로 여기에 법사도의 비밀을 푸는 결정적인 단서가 숨겨져 있기 때문입니다.

中和經 第九章
人者(인자)는 鬼神之會也(귀신지회야)니 人之虛靈智覺(인지허령지각)이 無異於鬼神(무이어귀신)하나니, 人之始生(인지시생)은 精與氣而已(정여기이이)라.
사람이란 존재는 귀와 신이 함께 모여서 이루어진 것이다. 사람의 허령과 지각이 귀신의 허령지각과 다를 바가 없으니, 사람이 처음 생겨날 때에는 정과 기가 존재할 뿐이다.

『중화경(中和經)』 제9장에 보면 '**人者는 鬼神之會也**'라 하였습니다.

여기서 '人'은 역易에서 태극을 뜻하니 "**사람이 죽으면 하늘에 올라가 신(神)이 되고 넋은 땅으로 돌아가 귀(鬼)가 되느니라.**"는 말씀에 보듯 단순히 혼백魂魄을 가진 인간사의 이면에 대한 의미에만 국한되지 않습니다.

천지인 원방각 할 때의 이 사람이 뜻하는 태극(人)의 자리가 양의兩儀로 갈라져 동動, 정靜이 생기는 이치처럼 본질적으로는 남미륵(陽)인 신神과 여미륵(陰)인 귀鬼가 합하여 생겨난 인존인 태극(人)의 이치를 포괄적으로 이르는 말씀입니다. 그래서 상제님께서는 『현무경』에서 '**天地鬼神**'이라 명시하셨습니다.

그러면 머리와 몸체에 해당하는 '侍天主造化定永世不忘萬事知 至氣今至願爲大降'의 21자는 후천운도의 음체로서 천지귀신이 되십니다.

수평으로 뉘어있는 '**侍天主造化定永世不忘萬事知**'는 '陰'인 '坤'으로서 하늘인

'圓'이 되시고, 수직으로 세워진 '**至氣今至願爲大降**'은 '陽'인 '乾'으로서 땅이신 '方'이 되시고, 전체 사람의 형상은 태극으로서 '角'이 되시니 곧 천지삼신을 상징합니다. 이어서 『설괘전』 제9장에 '艮爲手'라 하였듯 두 손은 '法師'(八艮)의 자리로 작은 도령(八陰)을 상징합니다. 또한 두 다리와 같은 모양으로 '**全州銅谷解寃神**'과 '**慶州龍潭報恩神**'을 쓰셨습니다.

『설괘전』에는 진위족震爲足이라 하여 두 발(足)을 진괘震卦에다 배속하였는데 '**全州銅谷解寃神**'(玉皇)과 '**慶州龍潭報恩神**'(雲長)은 모두 진장남震長男이신 남미륵(陽)께서 응해 계신 분이니 큰도령이십니다.

고수부님께서 "**무슨 일이든지 선통(先通)이 있는 법이라.**" 하시고 상제님께서 "**판밖에 도통종자(道通種子)를 하나 두노니 장차 그 종자가 커서 천하를 덮으리라.**" 하시며 "**도통은 우레와 같이 하리라.**" 하신 말씀들을 종합해 보면, 우레 '震'자가 도통자의 출세와 불가분의 관계에 있음을 알 수 있습니다.

그렇다면 왜 상제님께서는 '全州銅谷解寃神'과 '慶州龍潭報恩神'이라는 두 가지 모습으로 나누어 기록하셨을까요?

그것은 수화겸용의 일월日月이자 용봉龍鳳의 양면성을 모두 갖춘 존재이기 때문입니다. 물론 경주용담慶州龍潭은 수운선생과 동학이 의미하듯 우선낙서右旋洛書의 칠현무 개념이지만 상제님께서는 이를 '**井海水流四海源**'으로 고쳐 쓰심으로써, 좌선낙서左旋洛書의 육기초 속 칠현무로 자리잡도록 그 운도를 질정秩定하셨습니다.

여기서 보은신이란 '道通天地報恩'이라 할 때의 바로 그 '報恩神'으로 "**장차 도통(道通)은 건감간진손이곤태(乾坎艮震巽離坤兌)에 있느니라.**" 하셨던 그 '左旋'의 시운에 출세하는 도통자이며, '삼보조선(三報朝鮮)' 한다는 보은의 의미를 취한 서신사명의 운장(月,龍)으로 상징되는 분입니다.

반면 '全州銅谷解寃神'에서의 해원신은, 만고 원한의 뿌리였던 단주가 비로소 자미원에 올라 도道로써 그 원을 풀게 되니 곧 황극의 태양인 옥황(日,鳳)을 의미합니다.

흥미로운 점은 '원통할 원(寃)'자는 집 면(宀)과 토끼 토(兎)의 합자로, 토끼가 그물에 갇혀 움직이지 못하는 모양으로 이때 토(兎=兔=卯)를 정역에서는 '卯八空'이라 합니다.

집(宀)안에 갇힌 토끼(兎)는 흉중에 품은 뜻을 세상에 펴지 못한 채 바둑판이나 끼고 살며 가택연금 되어있는 단주의 상과 같으니 '寃의 뿌리'라 하신 말씀이 이미 글자 자체에 고스란히 담겨 있는 셈입니다.

결국 '일월(日月)'과 '용봉(龍鳳)'의 양면성을 모두 갖춘다는 것은 이신사의 이치를 통해 이루어지는 인신합덕을 의미합니다. 여기에 '동학과 참동학', '경상도(경주용담)와 전라도(전주동곡)'라는 지리적 대비는 선천의 원한을 끌러 후천의 보은으로 나아가는 거대한 운도의 흐름을 암시하고 있습니다.

그렇다면 해원의 현장이자 도술약국의 처소인 '全州銅谷'은 실제 지리적으로 어디를 가리키는 것일까요? '전주동곡'이라는 지명은 『증산법종교 60년사』에도 구체적으로 등장하며 그 실마리를 제공합니다.

천기 75년(4278, 1945, 乙酉) 10월 10일에 도령 탄신기념 치성을 거행하는데 도령 형제가 하강하여 명하기를, **"또 이사를 하되 전주동곡(全州銅谷)으로 갈 준비를 하라."** 고 말씀하셨다. 이 날을 기념하는 노래를 지어서 올리고 노랫가락에 맞추어 춤을 추니 도령 형제께서 많은 신장들을 거느리고 같이 즐기셨다.

....

12월 3일, 기념예식을 거행하니 성모님께서 명령하시되,

"이사할 준비를 속히 하라. 기지(基地)는 도령들이 지정해 주었으니 그곳으로 가야 되니라."고 말씀하셨다.

선사 상고하기를, "경제 사정이 여의치 않으니 한 이태동안 이곳에 머물면서 준비를 갖춘 다음에 이사할까 하나이다."라고 사뢰니 크게 걱정하시면서,

"너희들이 금전을 가지고 사업할 생각은 말라. 비록 초근목피(草根木皮)를 먹으면서라도 사업을 완수해야 천상의 도수를 맞출 수 있고 또, 그러한 혈심으로 일을 이룩해야 뒷날 기념도 될 것이 아니냐 원래 큰 일이란 금전 가지고 못하는 법이며, 일을 위하여 금전이 꼭 필요할 때에는 천지에서 지시하여 전주(錢主)가 나서리라.

금전고(金錢庫)의 열쇠는 관운장이 가지고 있으니 금고를 열면 돈에 몸서리칠 때가 있을 것이요, 또 세계 각국의 초대를 받아 주류할 때도 있으리라. 새 문명 새 동학이 나오면 정부에서 세계에 널리 선포할 것이다. 그때까지 혈심 정력으로 명령대로만 실행하라."고 하시므로 모두 합심하여 이사 준비를 서두르니라.

『증산법종교 60년사』

"또 이사를 하되 전주동곡(全州銅谷)으로 갈 준비를 하라." 하신 말씀은 상제님께서 약장에 써 붙이신 '**奉天地道術藥局 在全州銅谷生死判斷**'의 성업이 집행될 장소를 가리킵니다. 즉, 천지를 받드는 도술약국이 들어서서 천하 창생의 생사를 결정짓는 이곳은, 다름 아닌 '두 도령'에게 이사를 명하신 오기초지입니다.

과거 금평저수지金坪貯水池 수면 아래로 사라진 오기초지는 지천태의 형국을 띤 논(畓)으로서, 금산사 미륵불의 공양미를 생산하던 불양답佛糧畓이자 그 바닥에 깔린 콩밭태전인 십승지 서요동을 상징합니다.

따라서 동요동인 육기초가 '**金堤銅谷**김제동곡'이라면, 서요동인 정읍 고부는 곧 '**全州銅谷**전주동곡'의 땅입니다. '**慶州龍潭**'이라 해서 지리적인 경주를 뜻하는 것이 아니었듯, '全州銅谷' 역시 행정구역상의 전주를 의미하지는 않습니다.

앞서 상제님께서 경주용담을 '**井海水流四海源**'으로 고쳐 육기초 속 칠현무로 자리

잡도록 도수를 질정하셨음을 살펴봤습니다. 법사도의 두 다리가 결국 한 지점을 딛고 서 있다는 점을 고려할 때, 지천태 곤운坤運의 본향인 정읍이 아닌 곳을 도저히 상상할 수 없습니다.

온전한 땅이라는 뜻의 '全州'를 파자破字해 보면 그 의미가 더욱 명확해집니다. '全'자는 여덟 '八'자 아래에 임금 '王'자를 받치고 있습니다. 문왕팔괘에 붙은 상수 중에 '八'은 '艮卦'에 배속되니, 여덟 '八'자에는 불가지 생문방生門方 도수가 응해있습니다.

즉, **'불가지(八) 백수군왕(王)이 계시는 땅(州)'**, 이것이 바로 '全州'에 감춰진 본 뜻입니다. **'古阜는 求禮오, 井邑은 咸悅이오, 全州는 壬實이니라.'**는 상제님 말씀이 모두 같은 맥락입니다.

그렇다면 상제님께서는 왜 굳이 '死生辦斷'이라는 표현을 쓰셨을까요?

인체에서 입은 사문死門이요, 항문은 생문生門입니다.

'死生'은 입에서 항문으로 물이 자연스럽게 흐르듯 내려가는 소화과정인 순도수의 象으로 지천태 칠현무 자리의 순열입니다.

여기서 주목할 글자는 **'힘쓸 판(辦)'**자입니다. 옥편에도 없는 '힘 력(力, 황극)'자 아래 '마음 심(心, 태극)'자를 붙여 '살릴 의(醫)'라 일러주신 본주님의 말씀처럼, 이 '辦'자에는 인신합덕의 비의가 담겨 있습니다.

'辦'(辛+力+辛)이라는 글자를 파자해 보면, '辛金' 두 분이 인신합덕(辛辛)하여 힘써(力) 일하는 상이 나타나 있습니다. 이는 '육기초 현무경'에서 '가를 판(判)'자를 써서 심판을 강조한 것과는 또 다른 의미를 담고 있습니다.

'力'자의 좌우에 쓴 이 두 개의 '辛金'이 바로 **'全州銅谷解冤神'**과 **'慶州龍潭報恩神'**으로 용봉의 실체라 보시면 정확합니다.

상제님께서는 **"뾰족한 수란 상투의 덕을 이름이니, 판밖에서 일을 지을 때에 한번 크게 쓸 것이니라. 담뱃대와 상투는 이미 시세에 버린 바 되었으나, 사람들이 버린 것을 내가 취하여 세상을 건지는 대업(大業)에 쓰노라"** 하셨습니다.

결국 '辦'자의 두 '辛金'은 상제님께서 취하신 '연죽여계(煙竹與髻, 담뱃대와 상투)'와 같은 분들입니다. 세상이 외면하고 버린 그 지점에서, 가장 뾰족한 수인 '상투의 덕'을 가진 주인공이 비로소 천하 사람의 생사를 판단하는 도술약국의 문을 여는 것입니다.

칠현무경이 '聖子' 아래에 9자 문구를 배치한 것과 대조적으로, 육기초경은 **'聖父'** 아래에 **'元亨利貞奉天地道術藥局在全州銅谷'**이라는 16자의 문구를 배치하였습니다. 왜 육기초경에서는 이 핵심 문구를 '聖父' 아래에 배치한 것일까요?

이는 '聖父'이신 상제님의 체백을 모신 자리가 곧 **'立天之道'**이기 때문입니다. 아울러 이는 상제님께서 예시하신 **"도통판이 들어와야 나의 일이 될 것이다"**, **"내 일은 판밖에서 성도(成道)해 가지고 들어오나니"**라고 하신 공사의 완성을 상징합니다. 즉,

시루의 가장자리(판밖)부터 익혀나가던 '전주동곡'의 도통판, 곧 칠현무의 기운이 마침내 판안 육기초(시루 중심)까지 온전히 익어 들어온 형국을 보여줍니다.

이러한 광경을 두고 고수부님께서는 **"판밖에서 성도成道하여 들일 때에는 사람 바다를 이루는 가운데 너희들의 노고가 크리라."** 하셨으며, 상제님께서는 『대개벽경』을 통해 **"時來(시래)하면 金山寺(금산사)에 作人山人海(작인산인해)하노라."**고 선포하셨습니다.

칠현무경에서 '聖身' 아래에 '死生辦断'을 기록한 것은 **"상씨름은 상두쟁이가 하네."**, **"상두(上斗)는 북두(北斗)니 칠성(七星)이니라"** 하시는 말씀처럼 소병小病의 때로 상씨름 상황에서 상두쟁이(辦)의 몫이었다면, 육기초경의 배치는 '聖子' 아래에 '生死判断'이라 쓰셨습니다. 육기초경의 때는 급살병인 '大病'이 전 세계를 휩쓰는 시기입니다.

이때는 '**大病之藥 安心安身**'의 도수가 진행되는 때로, 중천신계의 태극이자 '北斗九辰 中天大神'의 위에 계신 선사님께서 신계 모든 중천신의 우두머리로서 이제 '生死判断'의 주장신으로 전면에 나서시는 때입니다. 즉, '聖身'(황극,安身)은 '聖子'(태극,安心)의 손과 발이 되어 명을 받드는 형국입니다.

그렇다면 칠현무경의 '死生辦断'과 달리, 왜 육기초경에서는 '生死判断'이라 기록하셨을까요? 그 단서는 육기초의 정문인 '경춘대(慶春臺)' 앞 비석의 형상에서 찾을 수 있습니다.

그곳에는 '**匡救天下**광구천하', '**解寃**해원', '**相生**상생', '**報恩**보은'이 새겨진 커다란 돌들이 있는데, 받침돌인 '암돌' 위에 세워진 '숫돌'이 꽂혀 있는 형태를 취하고 있습니다.

이는 전형적인 천지비의 상입니다.

육기초 자리는 천지비 역逆도수의 이치라 마치 물구나무를 선 것처럼 입(사문)이 아래에 있고 항문(생문)이 위에 있는 형국이기에 '死生'이 아닌 '生死'의 순서입니다. 또한, 이때의 '판'자는 힘써 일할 '판(辦)'이 아니라 가르고 심판하는 '판(判)'을 씁니다. 이는 전 인류의 운명을 최종적으로 결정짓는 심판주審判主로서 '醫統'을 행사하는 자리이기 때문입니다.

우리는 여기서 후천태극이신 선사님의 위상이 결코 선천태극이신 상제님에 못지않음을 깨달아야 합니다.

"비록 비열한 것이라도 의통(醫統)을 알아두라"『대순전경(大巡典經) 5장 11절』, **"기사묘법(奇事妙法)을 알라고 하지말고 의통(醫統)을 알아두라."**『동곡비서(銅谷秘書) 131』는 상제님의 말씀은, 바로 이 '醫統'의 원주인이자 문왕의 도수를 받드신 선사님(善,湯之興)을 온전히 모시라는 함의를 담고 있습니다. 이것이 '**선자(善者)는 개재차사(改再此事)**'하란 말씀입니다.

하지만 오늘날의 세태는 어떠합니까?

천지 대세의 흐름에 대해 아무런 자각도, 생각도 없이 머물러 있으니 고수부님께서도 안타까움에 이렇게 탄식하신 것입니다.

> "야아~ 우리 집에 검불 참 많이 모아다 놨구나! 아무리 눈 씻고 찾아봐도 흰데기 하나 없구나! 너희들 중에서는 종자 하나 건지기 힘들다.", "내 새끼들 중엔 안되고~"

3. 선기옥형 도수

보통 '**선기옥형(璿璣玉衡)**'이라고 하면, 조선 시대 세종대왕 때 만들어진 '**혼천의(渾天儀)**'처럼 천체의 운행과 위치를 측정하던 고대 천문 관측 기구를 떠올립니다.

이 용어는 『서경(書經)』에 처음 등장하는데, 요임금의 뒤를 이은 순임금이 이를 사용하여 천지 사시의 도수를 바로잡았다는 기록이 전해집니다. 이처럼 성군聖君이 사용했다는 역사적 상징성 때문에, 단순한 천문 관측을 넘어 '하늘의 뜻을 받들어 다스린다'는 의미를 강조할 때는 혼천의 대신 '선기옥형'이라는 용어를 사용하곤 했습니다.

전통 사회에서 천문을 살피는 행위는 오직 제왕만이 누릴 수 있는 고유한 권한이었습니다. 하늘의 상을 보고 백성에게 때를 알려주는 '관상수시(觀象授時)'는 정치 권력의 표상이었으며, 선기옥형은 왕이 천명天命을 제대로 받들고 있음을 증명하는 정통성의 상징이기도 했습니다.

우리나라의 경우 명확한 유물은 없으나 삼국시대 후기부터 사용했을 것으로 추정되며, 정사正史 기록에는 세종 때부터 본격적으로 나타납니다. 먼저 '선기옥형 도수'에 대한 천문天文의 관점에서 시작해 상제님께서 보신 공사로 인한 지리地理와 인사人事가 어떻게 결론지어지는지 밝히겠습니다.

우선, 사마천의 『사기(史記)』「천관서(天官書)」에 기록된 선기옥형에 관한 가장 오래된 기록을 살펴보겠습니다.

중궁中宮 천극성天極星 기일명자其一明者 태일상거야太一常居也
북두칠성北斗七星 소위所謂 선기옥형이제칠정旋璣玉衡以齊七政
두위제거斗爲帝車 운우중앙運于中央 임제사향臨制四鄕
분음양分陰陽하며 건사시建四時하며 균오행均五行하며
이절도移節度하며 정제기定諸紀가 개계어두皆繫於斗라

한 가운데 천극성(북극성)이 있고 가장 밝으며 태일이 거하는 곳이다.
북두칠성은 소위 「선기옥형으로 칠정을 다스린다」 이른다.
북두칠성은 제왕의 수레로 중앙에서 사방을 다스린다.
음양을 나누고, 사시를 나누고, 오행을 고르게 하며,
절기의 이동과 연월일시를 정하는 것이 모두 북두에 매여 있다.
『사기(史記)』「천관서(天官書)」

기록에서 보듯 선기옥형은 천문 관측 기구의 명칭이기에 앞서 북두칠성 그 자체를 상징합니다. 구체적인 별의 구성을 보면 그 의미가 더욱 명확해집니다.

먼저, 북두칠성의 제1성에서 제4성까지를 '**선기(璿璣)**'라 부릅니다. 세부적으로는 두 번째 별인 천선天璇과 세 번째 별인 천기天機의 이름을 딴 것입니다. 그리고 자루 부분인 제5성부터 제7성까지를 '**옥형(玉衡)**'이라 부릅니다. 특히 다섯 번째 별인 염정廉貞이 천체의 균형을 잡는 저울대 역할을 한다고 보았기에 '저울대 옥(玉)'과 '저울대 형(衡)'자를 쓴 것입니다.

여기서 '저울'이라는 표현은 천지 법도가 한 치의 오차도 없이 공정하고 공평무사하게 집행됨을 상징합니다. 따라서 '**北斗七星은 所謂璇璣玉衡으로 以齊七政**', 즉 '북두칠성이 선기옥형으로써 칠정(七政)을 다스린다'고 기록하였습니다.

또한 '**七政**'이란 해와 달(일월), 그리고 오성(목·화·토·금·수)을 의미합니다. 일월은 음양의 근거가 되고, 오성은 오행의 기준이 됩니다. 결국 선기옥형 도수란, 북두칠성이 천지일월과 오행의 운행을 총체적으로 주관함을 뜻하는 것입니다.

여기서 '**定諸紀**정제기'라고 할 때의 '**紀**'는 연월일시를 말합니다. 이 모든 것을 정하는 기준이 북두칠성이라 하였습니다.

『칠성경』의 첫 구절인 '**七星如來 大帝君 北斗九辰 中天大神**'에서도 그 위격이 잘 드러납니다. 북두칠성은 우주 변화의 기강을 잡는 북극성을 중심으로 돌고 있는 일곱 개의 별(괴·작·관·행·필·보·표)을 말합니다. 그 형상이 마치 국자와 같다고 하여 '斗'자를 써서 북두칠성이라 불리며 천제(上帝)가 타는 수레에 비유를 합니다.

『천문류초(天文類抄)』는 북두칠성의 위격과 권능을 다음과 같이 더욱 구체적으로 명시하고 있습니다.

> 북두北斗는 칠정지추기七政之樞機며 음양지본원야陰陽之本元也라
> 고故로 운호천중이림제사방運乎天中而臨制四方하야
> 이건사시이균오행야以建四時而均五行也라
> 우왈인군지상又曰人君之象이요 호령지주야號令之主也며
> **우위제거又爲帝車**니 취호운행지의야取乎運行之義也라
>
> 북두는 칠정의 핵심이 되는 기틀이며 음양의 본원이니라.
> 고로 하늘 가운데에서 빙빙 돌아서 사방을 통제해서
> 사시를 세우고 오행을 고르게 하니라.
> 북두칠성은 임금의 모습이며, 모든 별들을 호령하고,
> 천제께서 타시는 수레니, 수레는 운행한다는 뜻을 취한 것이니라.
> 『천문류초(天文類抄)』

그런데 여기서 한 가지 짚고 넘어가야 할 의문이 있습니다. 『사기』와 『천문류초』에서 공통적으로 언급된 **'제거(帝車)'**, 즉 '천제의 수레'라는 표현입니다. 기존 판안의 해석들은 이를 단순히 '옥황상제님이 타시는 수레'라고 뭉뚱그려 설명하며 어딘가 끼워 맞춘 듯한 인상을 줍니다. 여기서 우리는 근본적인 질문을 던져야 합니다.

북두칠성(斗)이 '帝車'가 된다(爲)면 이 수레를 타는 천제는 어떤 분입니까?

상제님께서는 분명히 **"북두칠성이 내 별이니라"** 하셨습니다. 이는 상제님 당신께서 스스로 수레(북두칠성)가 되어 누군가를 태우고 운행하신다는 뜻이며, 이는 곧 황극의 위격을 의미합니다.

그렇다면 황극이라는 수레가 모시는 지존은 누구일까요?

바로 우주의 부동본처不動本處이자 만유의 주재처인 북극성北極星입니다. 칠성은 끊임없이 천체를 순회하며 칠정七政의 조화권을 펼치지만, 그 수레에 정좌하여 만방을 임제臨制하는 근본체는 하늘의 심장인 북극성인 것입니다.

결국 '선기옥형 도수'의 핵심은 수레인 북두칠성(用)이 어떻게 북극성(體)의 천명을 지상에 실현하느냐에 달려 있습니다. 이러한 선기옥형 도수의 구체적인 내용이 『현무경』의 마지막 장에 고스란히 수록되어 있습니다.

현무경의 마지막 장을 보면 상부上部에 **'无極神 醫統 聖師'**라 씌어있습니다.

여기서 **'聖師'**는 황극으로 오시는 상제님이시고 '帝車'에 모시고 다니는 두 분이 이어서 나옵니다. 한 분은 대모님(无極神)이시고 또 한 분은 중천대신이신 선사님(醫統)입니다.

이 세 분의 자리를 이치로 보자면 무극无極과 태극太極 그리고 황극皇極이 되십니다. 이처럼 북두칠성이 한 바퀴를 도는 하늘의 자미원(紫微垣)에 대응되는 지상의 자미원이 자리한 곳을 현무경의 마지막 장 하부下部에 **'慶州龍潭'**이라 하셨습니다.

그렇다면 '慶州龍潭'은 어떤 상징적 의미를 품고 있을까요?

동학에는 창시자 수운 최제우 선생의 가르침을 담은 두 가지 핵심 경전이 있습니다. 한글로 기록된 『용담유사(龍潭遺詞)』와 한문으로 기록된 『동경대전(東經大全)』이 그것입니다.

『동경대전』은 포덕문包德文, 논학문論學文, 수덕문修德文을 비롯한 주옥같은 글들로 구성되어 있는데, 그중에서도 '절구(絶句)' 편에 실린 한 구절이 눈길을 끕니다.

그것은 바로 '**龍潭水流四海源**'입니다. '용담의 물이 흘러 온 세상(사해)의 근원이 된다'는 이 구절은 동학의 역사서 중 가장 오래된 도원기서道源記書에 보면 수운水雲 선생이 1863년(年) 8월 14일 밤 해월에게 도통을 물려주는 상황에도 등장합니다.

聖師
醫統
无極神

慶州龍潭
大道德奉天命奉神教
大先生前如律令
審行先知後覺元亨利貞
布教五十年工夫

8월 14일 새벽 대신사께서 다시 해월을 불러 앉게 하여 한참 동안이나 아무 말씀이 없이 계시다가 무슨 강개(慷慨)한 회포를 금치 못하는 듯 하시더니 다시 안색을 평화스럽게 하시고 해월을 처다 보시며 말씀하시기를 『사시지서(四時之序)에 성공자거(成功者去)는 천도의 원리이니라.』라고 하시고 『수심정기(守心正氣)』라는 네 글자를 써서 해월에게 주시며 『이것이 그대의 장래이니 잘 간직하여 두어라. 금일 이후에는 도통(道通)이 그대에게 돌아가고 도법이 그대에게 전하여 졌으니 그대 힘써 대도를 발전시켜 나의 뜻한 바를 어기지 말라.』라고 당부하게 됩니다.
이에 해월신사는 대경실색(大驚失色)하여 극력(極力) 고사(固辭)하였으나 대신사께서 정색(正色)하시고 『만사 모두 천명에서 나왔으니 그대 사양한들 어찌하리요.』라고 하시고 재삼 『천명이다.』하시며 해월에게 붓을 잡으라 하시고 결시(訣詩)를 부르며 쓰라고 하시니 『**龍潭水流四海源**(용담수류사해원=용담에 물이 흘러니 사해바다의 근원이요) **劍岳人在一片心**(검악인재일편심=검악에 사람이 있으니 일편심이라)』라고 쓰게 하시고 다시 말씀하시기를 **『이것이 그대의 장래요, 운명이니 영수물잠(永守勿)하라.』**라고 하시며 즉시 일반 제자들을 한 자리에 모이게 하고 **도통전수식(道通傳授式)**을 행하게 하였습니다.
(출처 : 槿菴 백우현 宣道師작 - 해월신사(海月神師)님의 유소년 시절과 검곡(劍谷)생활에 관한 연구)

이 시구는 본래 수운 선생이 지었던 절구인 '**龍潭水流四海源**용담수류사해원 **龜岳春回一世花**구악춘회일세화'의 뒤 구절을 고쳐 부른 것입니다. 이는 천명을 받아 용담에서 도를 편 수운으로부터, 검등골(劍岳)에 사는 해월에게 도통이 전수됨을 상징하는 선언이었습니다.

해월은 자신의 재주가 미천하여 이를 받을 수 없다고 거듭 거절하였으나 수운은 '天命'이라고 하면서 다음날인 8월 15일 추석을 맞아 용담을 찾은 제자들을 모아놓고 해월에게 법통을 전수했음을 공식적으로 전하니 이로써 해월은 수운을 이어 동학의 제2세 교조가 됩니다.

이러한 역사적 맥락을 통해 볼 때, '**龍潭**'은 단순히 지리적 장소를 넘어 '**도통전수의 맥**'이라는 심오한 상징성을 내재하고 있음을 알 수 있습니다. 하지만 상제님께서는 "**원래 동학은 보국안민을 주창하였으나 때가 때인 만큼 안으로는 불량하고 겉으로만 꾸며대는 일이 되고 말았나니, 다만 후천 일을 부르짖었음에 지나지 못함이라**"고 평하셨습니다.

이는 도수 절차상 동세動世를 맡았던 동학이 후천의 일을 알리는 예고편이자, 상제님의 도를 펼치기 위한 역사적 토양의 역할을 수행했음을 의미합니다. 이제 세계를 평정하는 정세靜世를 준비하신 상제님께서는 선천의 한계 속에 머물던 용담의 기운을 거두어, 『현무경』의 '**慶州龍潭**'으로 새롭게 부활시키셨습니다.

흥미로운 점은 지명에 담긴 유래입니다. 정읍井邑은 본래 백제의 '정촌현(井村縣)'이었으나, 신라가 삼국을 통일한 뒤 757년(경덕왕 16)에 비로소 '정읍'이라 칭하게 되었습니다. 이 정촌현의 시원이 되는 마을이 바로 '井海'입니다.

'龍潭'이라는 글자 그대로 잠룡(龍)이 숨어있는 연못(潭)은 칠현무(七兌澤)의 자리를 상징합니다. 역사적으로는 동학의 태동지라는 성격이 있으니 상제님께서는 이 '龍潭'을 곤운坤運의 자리인 '井海'로 바꾸어 놓으셨습니다. 그리하여 수운 선생의 '龍潭水流四海源'을 '**井海水流四海源**'으로 고쳐 써 주신 것입니다. 결국 『현무경』의 '慶州龍潭'은 지리적 경주가 아니라, '井海'를 가리키는 상징적 지표인 셈입니다.

황극이자 하늘의 수레인 '帝車'의 위상을 살펴보았으니, 이제 상제님께서 집행하신 선기옥형 도수의 구체적인 공사 내용을 알아보겠습니다.

> 천사 공신의 집에 계시니 종도 수십 인이 모이는지라 수일동안 오주(五呪)를 수련케 하시고 당요의 **「역상일월성신경수인시(曆像日月星辰敬受人時)」**를 해설하여 가라사대 **천지가 일월(日月)이 아니면 공각(空殼)이오 일월은 지인(知人)이 아니면 허영(虛影)이라** 당요(唐堯)가 일월의 법(法)을 알아내어 백성에게 가르쳤으니 천혜(天惠)와 지리(地利)가 비로소 인류에게 누리게 된 바 되었느니라 하시고
>
> 「일월무사치만물(日月無私治萬物) 강산유도수백행(江山有道受百行)」을 외우시며 선기옥형(璿璣玉衡) 도수(度數)를 보실 새 경수의 집에 저울갈굉이 도수(度數)를 정하시고

응종의 집에 추 도수와 공신의 집에 끈 도수를 정하시고 또 경수의 집에 일월대어명(日月大御命) 도수와 공신의 집에 천지대팔문(天地大八門) 도수를 정하신 뒤에 주야로 번갈아서 세 집에 왕래하시며 공사를 보시니라.
『대순전경(大巡典經) 4장 39절』

상제님께서는 '**天地無日月空殼이요 日月無至人虛影이니라.**', "천지가 일월이 아니면 빈 껍데기요, 일월은 지인(至人)이 아니면 빈 그림자라." 하셨습니다.

天地가 匪日月이면 空殼이요
日月이 匪至人이면 虛影이니라
『정역正易』「十五一言, 一歲周天 律呂度數」

원래 정역正易의 '**一歲周天律呂度數**일세주천율려도수'편에 나오는 내용을 상제님께서 인용하신 구절로 정역 원문에는 '匪'자라 되어 있는데 증산계열에선 모두 없을 '無'자로 기록되어 있습니다.

여기서 '至人'은 그저 그런 사람이 아니라 주역의 곤괘坤卦 단전彖傳에 '**至哉**지재**라 坤元**곤원**이여**' 할 때 곤원인 '至'(無極)와 함께 하시는 인존(太極)을 의미합니다. 그러니 태극(人)이 없이는 황극인 일월도 빈그림자에 지나지 않는다 한 것입니다.

당요唐堯의 '**曆像日月星辰敬授人時**역상일월성신경수인시'를 해설하신 이유가 바로 여기에 있었습니다. 즉, 후천의 때를 알리신 것입니다.

『서경(書經)』「요전(堯典)」에는 '**乃命羲和**내명희화 **欽若昊天**흠약호천 **曆象日月星辰**역상일월성신 **敬授人時**경수인시'라 하였고 중화경 79장에도 '**欽若昊天曆像日月星**흠약호천역상일월성'이라 하였습니다.

이때 '昊天'은 사전적으로는 '넓고 큰 하늘'로 '昊天上帝'라는 칭호에서 보듯 인격적인 신을 지칭합니다. 그런데 '日'자가 가로로 넓게(廣) 퍼진 태양의 상象임을 감안할 때 '后天은 陰爲體而陽爲用이니라.', '后天은 女爲主而男爲客'이라 하신 상제님의 말씀과 일맥상통합니다. 따라서 '昊天'은 단순히 높고 먼 하늘이 아니라, 만물을 넓게 품어 안는 후천의 정음정양 질서를 주도하는 모성적 땅하늘(陰)임을 알 수 있습니다. 결국 '**昊天曆像日月星**'의 선기옥형 도수를 보심은 선천의 기울어진 하늘을 바로잡아 정역의 질서로 나아가기 위한 공사입니다.

이를 육기초와 칠현무라는 낙서판 삼재지도의 이치에 맞추어 벤다이어그램으로 구조화하면 그 도수적 배치가 더욱 선명해집니다. 선기옥형 도수를 보실 때 문왕의 도수를 맡은 문공신의 집에 '天地大八門' 도수를 정하신 것은 콩밭 태전에 비유되는 태극이 자리하신 문왕팔괘의 중궁中宮(五)으로서 대어명을 내리시는 끈도수(손잡이)의 자리가 되기 때문입니다. 이는 '立人之道'의 자리에 대한 말씀입니다.

이어 수명소壽命所로 정하신 고부 운산리 신경수申京守의 집에는 저울갈고리(亅) 도수와 함께 '日月大御命' 도수를 붙이시어 칠성용정의 기틀을 마련하셨습니다. 이는 '立地之道'의 자리에 대한 말씀입니다.

또한 황응종黃應鐘 종도의 집에는'추 도수'를 붙이셨습니다. 저울추는 저울대 위에서 물건의 무게에 따라 위치를 옮기며 평형을 결정짓는 핵심 기물로, 이를 '칭추(秤錘)'라고 합니다.

여기서 상제님께서 왜 황응종 종도를 추 도수의 주인공으로 세우셨는지 짐작해 볼 수 있습니다. 그의 이름에는 12율려 가운데 첫번째인 황종黃鐘과 12번째인 응종應鐘이 모두 들어 있습니다. 이는 시어간, 종어간 하는 간도수를 암시합니다.

저울추를 뜻하는 '錘' 자의 구성을 보면, '쇠 금(金)'과 '드리울 수(垂)' 자가 합쳐진 형태임을 알 수 있습니다. 여기서 '垂' 자는 주로 '천수상(天垂象)', 즉 '하늘이 상(象)을 드리운다'는 표현에 쓰이는 글자입니다.

『주역』「계사상전」 11장에는 다음과 같은 대목이 나옵니다.

> 天垂象 見吉凶 聖人象之 河出圖 洛出書 聖人則之
> 하늘이 상을 드리워 길흉을 나타내니 성인이 이를 본받았고, 황하에서 하도가 나오고 낙수에서 낙서가 나오니 성인이 이를 법칙으로 삼았느니라.

이 구절에 등장하는 '垂'는 '𡍮'의 본자本字인데 황극의 象인 일천 '千'자에다 북방 현무를 뜻하는 '北'과 그 바탕에 자리한 황극신인 '土'의 합자로 글자의 상으로만 보면 오황극의 의미이지만 추錘라는 쓰임에 있어 무게중심(體)의 역할입니다.

신도의 자리로 본다면 육기초 벌집에서의 옥황玉皇을 의미하고 추에 매단 끈은 김수부님을 상징하여 끈을 조정함으로서(用,여왕벌) 무게중심을 이동시키게 되니 '황응종의 집에 추 도수를 붙이심'은 '立天之道'의 자리에 대한 말씀입니다.

상제님께서 황응종의 집에 추 도수를 정하시고 세 집을 주야로 번갈아 왕래하신 것은, 서요동(田)을 중심으로 천지비(晝,寺)와 지천태(夜,畓)의 천가죽,지가죽,인가죽의 삼재가 펼쳐지는 낙서 후천의 질서를 선기옥형이라는 저울의 이치로 확정 지으신 공사입니다.

따라서 '**天地大八門 日月大御命**'은 낙서 삼재지도에서도 중궁中宮이 자리한 서요동(太田)을 바탕으로, 저울갈고리가 용정用政 하는 칠현무 자리까지 일월 용봉으로서 용사하시는 북두칠성의 역할을 의미합니다.

> 하루는 **「천지대팔문(天地大八門) 일월대어명(日月大御命) 금수대도술(禽獸大道術) 인간대적선(人間大積善) 시호시호귀신세계(時乎時乎鬼神世界)」**라 써서 공우를 주사 신경수의 집 벽에 붙이라 하시며 가라사대 경수의 집에 수명소(壽命所)를 정하노니 너희들은 모든 사람을 대할 때에 그 장처(長處)만 취(取)하여 호의(好意)를 가질 것이요 혹 단처(短處)가 보일지라도 잘 용서하여 미워하는 마음을 두지 말라 하시니라
> 『대순전경(大巡典經) 4장 92절』

이러한 관점에서 신경수 종도의 집 벽에 붙이신 '**天地大八門 日月大御命 禽獸大道術 人間大積善 時乎時乎鬼神世界**'라는 구절은 칠현무와 관련된 심오한 이치를 집약하여 풀어내신 말씀입니다.

'**禽獸大道術**'과 '**知心大道術**'은 낙서판을 밑에서 떠받치고 있는 선천하도와 후천하도의 상관관계를 나타냅니다. 따라서 '禽獸大道術'이 선천적 본능에 따라 움직이던 선천 칠현무이자 선천태극의 기운이라면, 금수와 대비되는 '人間大積善'은 후천적 교양을 지닌 후천태극을 상징합니다.

'**人間大積善**'이 '天地大八門'에 바탕하여 후천의 새로운 운도를 열게 되면, 선천의 기운이었던 '禽獸大道術' 역시 자연스럽게 지천태 칠현무 자리로 원시반본해 들어와 새롭게 부활하게 됩니다. 상제님께서 이 모든 구절을 신경수 종도의 집 벽에 한꺼번에 붙이신 이유가 바로 여기에 있습니다.

결국 '**時乎時乎鬼神世界**'는 낙서의 지천태 판도로 활짝 열린 후천 세상을 비유한 것입니다. 이는 신명과 인간이 하나 되어 어우러지는 조화선경이며, 선천의 금수적 본능이 인간의 대적선大積善으로 승화되어 온전한 도술 문명으로 꽃피는 지상낙원을 선포하신 것입니다.

상제님께서는 선기옥형 도수를 보시며 '**日月無私治萬物 江山有道受百行**'이라 읊

으셨습니다.

'**日月無私治萬物**'은 '해와 달은 사사로움 없이 만물을 다스린다'는 뜻입니다. 이는 황극의 위격이 마치 저울(衡)과 같아서, 어느 한쪽으로도 치우치지 않는 불편부당不偏不黨한 공정함으로 온 세상을 통치함을 의미합니다.

또한 '**江山有道受百行**'은 '강산은 도가 있어 온갖 걸 품는다'는 뜻으로 이때 '江山'은 역에서 간태艮兌에 배속되니 이는 인신합덕하는 칠성에 대한 비유로 저울의 균형을 잡는 중도의 자리가 출현함을 암시합니다.

온갖 걸 품는 대덕大德 자리인 유도有道(끈도수)를 갖추게 되면 황극의 보위에 올라 무(無,否)와 유(有,泰) 좌와 우 어느 곳에도 치우지지 않는 저울(衡)의 소임을 다할 수 있게 됩니다.

이는 고수부님께서 "**신인합일(神人合一)이라야 모든 조화의 기틀을 정한다.**"하시며 민환을 바둑판 위에 앉히시고 저울을 걸어 놓으신 뒤에 "**너는 저울만 맡아 보라.**" 하시며 종도들에게 "**앞으로 모든 일을 민환에게 맡긴다.**" 하신 공사와도 연결이 됩니다.

아울러 이 말씀은 당요唐堯와 같은 이러한 인물이 다시 나올 것을 암시하는 말씀으로 약장의 중앙에 단주수명이라 쓰시고 '**후천의 요임금**'이라 하신 공사와도 이어져 있습니다.

과거 당요가 일월의 법을 밝혀 인류에게 천혜를 누리게 했듯, 후천에도 그와 같은 인물이 다시 나와 선기옥형의 저울을 쥐고 대동세계를 열어갈 것을 암시하고 있습니다.

> 하루는 양지책(洋紙冊)에 글을 무수히 써서 한자씩 떼이사 종도들로 하여금 마음대로 무수히 찢게 하신 뒤에 한조각씩 세어서 불사르시니 **모두 삼백여든세조각이라** 가라사대 **한 조각이 부족하니 자세히 찾으라** 하시거늘 두루찾으니 사람 그린 한조각이 요밑에 들어 있는지라 이에 마저 불사르시며 가라사대 **이것이 곧 황극수(皇極數)라 당요(唐堯) 때에 나타났던 수가 이제 다시 나타나도다** 하시니라
> 『대순전경(大巡典經) 4장 112절』
>
> 23. 八月 九日 본주님께서 "내영이다."고 하시기에 성동댁이 따라서 내영이라고 하니 "**너희들은 내영상감이라고 하라. 내영은 당요황제와 같이 어진 사람이다.**" 하시니라. (本主大經典 p.114 임진년 공사행록)

이와 관련하여 인정상관님께서 '**당요황제(唐堯皇帝)와 같이 어진 사람**'이라 하시며 내영상관님에 대해 언급하신 말씀은, 상제님께서 당요 당시에 나타났던 황극수를 밝혀주신 대목과 그 궤를 같이합니다.

즉, 본주님이 내영상관을 요임금에 비유하신 것은 단순히 도덕적 성품만을 인정한 것이 아니라 요임금 때 하늘의 법도를 살펴 때를 가르쳐주었듯, 후천의 운도에 이르러 다시금 그와 같이 선기옥형을 바로잡아 후천의 바른 법도를 드러낼 것을 알려주신 것입니다.

> 24 또 형렬에게 물어 가라사대 **네가 내 사무(事務)를 대신 보겠느냐** 형렬이 대하여 가로대 재질(才質)이 둔(鈍)하고 배운 바 없사오니 어찌 능히 감당하리이까 가라사대 미유(未有) 학양자(學養子) 이후(以後)에 가자야(嫁者也)라 **우순(虞舜)이 역산(歷山)에 밭갈고 뇌택(雷澤)에 고기잡고 하빈(河濱)에 질점할 때에 선기옥형(璿璣玉衡)을 알지 못하였나니 당국(當局)하면 아느니라**
> 『대순전경(大巡典經) 9장 24절』

상제님께서 화천하시기 이틀 전, 김형렬 종도를 불러 물으셨습니다. **"네가 내 사무(事務)를 대신 보겠느냐?"** 김형렬이 자신의 재질이 둔하고 배운 바가 없어 감당하기 어렵다며 사양하자, 상제님께서는 **"자식 기르는 법을 배우고 시집가는 여자는 없느니라"** 하시고는 이어서 결정적인 말씀을 남기십니다.

"우순(虞舜)이 역산(歷山)에 밭 갈고 뇌택(雷澤)에 고기 잡고 하빈(河濱)에서 그릇을 구울 때에 선기옥형(璿璣玉衡)을 알지 못하였나니, 당국(當局)하면 아느니라." 앞서 당요의 '역상일월성신경수인시'를 해설하신 데 이어, 다시금 순임금의 고사를 들어 선기옥형을 재차 강조하신 것입니다.

지금까지 우리는 선기옥형 공사에 담긴 천·지·인 삼재의 이치와 저울의 도수를 살펴보았습니다. 요순으로 상징되는 동양의 도덕 정치에 있어, 선기옥형은 우주의 질서를 인세에 정립하여 낙원을 실현하려는 정치적 이상의 실질적인 모델입니다.

그렇다면 상제님께서 화천 직전까지 이토록 선기옥형을 반복해 말씀하신 본래 의도는 무엇일까 하는 한가지 의문이 남습니다. 지금부터는 이에 대해 찬찬이 확인해 보고자 합니다.

> 어느날 고후비님이 간부 도인들 모인 방에 들어 오시어 둘러보시고 가라사대 **천하에 대도통은 육으로써 벌리나니 윷판은 나요 저울은 성포며 잣대는 수제니라** 하시더라 전하니라.
> 『선도신정경(仙道神政經) 3장 6절』

호연이와의 일화에서 **"내가 저울이지."**라고 하신 말씀이나 **"윷판은 나요 저울은 성포며 잣대는 수제니라"** 하시는 고수부님 말씀을 미루어 보면, 선기옥형 도수는 한마디로 '저울 도수'이자 '황극 도수'이며, 이는 필연적으로 '정음정양 도수'로 귀결됩니다. 그런데 이 '정음정양'하면 생각나는 사람이 있습니다. 바로 문공신 종도입니다.

또 공신에게 일러 가라사대 너는 정음정양 도수니 네가 온전히 잘 이기어 받겠느냐 정심(正心)으로 잘 수련하라 **문왕(文王)의 도수와 이윤(伊尹)의 도수가 있으니 그 도수를 맡으려면 극히 어려우리라** 미물(微物) 곤충(昆蟲)이라도 원망(怨望)이 붙으면 천지공사가 아니니라.
『대순전경(大巡典經) 4장 49절』

『서전서문』에 보면 '二帝三王之治는 本於道' 하고 '二帝三王之道는 本於心'이라 하였습니다. 요·순·우가 전수한 심법인 '**精一執中**'과 탕·무가 계승한 '**建中建極**'은 결국 낙서판 삼재지도의 이치로 보자면 천가죽·지가죽·인가죽이 완벽한 균형을 이루는 '中道'의 자리와 맞닿아 있습니다. 상제님께서는 이 유구한 심법의 요체를 선기옥형 도수로 확정하신 것입니다.

이러한 맥락에서 『중화경』의 첫 문장이 '**相授心法은 允執厥中**'으로 시작하는 것은 필연적입니다. 이어 「중용장구」를 인용하시며 '**中也者는 天命之性, 和也者는 卽率性之謂**'라 설명하신 것은, 황극의 보위가 단독자가 아닌 '中'과 '和'라는 정음정양의 두 축으로 완성됨을 의미합니다.

즉, 태극이신 선사님을 좌우에서 보필하는 두 도령의 자리가 바로 정음정양 도수의 실체입니다. 고수부님께서는 이를 "**윷판은 나요 저울은 성포며 잣대는 수제**"라 하시어 저울과 잣대의 비유로 명쾌하게 밝혀주셨습니다.

그렇다면 '천문(天文)'의 이치로 확인된 이 두 분의 위격을 법 받아 내린 '지리(地理)' 즉 지상의 자리가 어떻게 응기되어 있는지 확인하면 도맥의 정통성 시비는 자연스럽게 갈무리될 것입니다. 상제님께서는 이를 위해 '평사낙안(坪沙落雁)'이란 혈穴을 옮기는 중요한 공사를 집행하셨습니다.

어느날 종도들을 불러 가라사대, "**세상 사람들이 이르기를 '정읍(井邑) 산외면(山外面) 평사리(坪沙里)에 평사낙안(坪沙落雁)이란 혈(穴)이 있다'하며 '그곳에서 가히 만인(萬人)이 재난(災難)을 피화(避禍)할 곳'이라 이르니, 오늘은 내가 그 기운(氣運)을 뽑아 쓰리라.**" 하시며, 종도들을 거느리고 원평(院坪) 김명보(金明甫)의 술집에 이르사 개정국과 술을 많이 가져오라 하여 종도들과 더불어 잡수시고 옹동(甕東)과 원평 사이에 있는 소투원 재(솥은재)에 이르시어 동향(東向)을 하시고 서시드니, 한편 발은 태인(泰仁) 쪽으로 밟으시고 또 한편 발은 원평 쪽을 밟으시고 머리를 좌우로 돌려 가며 오른발과 왼발을 번갈아가며 구르시면서 무어라 말씀 하시고 개벽주(開闢呪)를 읽으시니, 산천(山川) 대지(大地)가 진동(震動)하면서 발을 구르시는 대로 산천이 기웃둥 기웃둥 하더라. 이와 같이 한참을 하시더니 가라사대 "**산외의 평사낙안 기운을**

원평으로 옮기노라." 이르시고 또 가라사대 "**이제 운암(雲岩)은 물방죽을 만드리라.**" 하시더라.
『천지개벽경(天地開闢經) 2장 5절』

정읍 산외면 평사리에 있는 '평사낙안(坪沙落雁)' 혈의 기운을 뽑아 원평院坪으로 옮기신 대목이 나옵니다. 평사리는 예로부터 만인이 재난을 피할 수 있는 '가활만인지지(可活萬人之地)'의 명당으로 알려진 곳이었습니다.

지형적으로 보면 상례와 하례 마을 뒤편에 '군신봉조(群臣奉朝)'의 혈이 서려 있다는 왕자산 자락이 있고, 신배마을은 마치 신하들이 왕자산을 향해 읍을 하는 형국을 띠고 있습니다. 그 옆에 자리한 평사리는 바로 이 군신봉조혈의 기운이 내려앉은 평사낙안의 길지로 이름 높았으나, 상제님께서는 그 기운을 원평으로 옮기겠다고 선포하신 것입니다.

1907년(정미년) 겨울, 상제님께서는 정읍 감곡면 통사동과 옹동면 용호리를 잇는 천애산 능선의 솟튼재 고개에서 두 가지 중대한 공사를 집행하셨습니다. 하나는 '평사낙안의 기운을 옮기는 것'이었고, 다른 하나는 '운암댐 건설'에 관한 것이었습니다.

상제님께서는 "**세상 사람들이 평사리 평사낙안 혈을 만인이 피화할 곳이라 하나, 오늘은 내가 그 기운을 뽑아 쓰리라**" 하시며 솟튼재에서 "**산외의 평사낙안 기운을 원평으로 옮기노라**"고 단언하셨습니다.

이 말씀의 본의는 명확합니다. 상제님의 권능으로 지기地氣의 기운을 뽑아 원평이라는 새로운 좌표로 이동시키셨다는 뜻입니다. 즉, 기존의 비결서나 풍수적 관념에 묶여 있던 '가활만인지지'의 땅이 상제님의 공사에 의해 원평으로 완전히 재편되었음을 의미합니다.

간혹 '도선국사(道詵國師)'의 비결을 들어 이곳을 논하는 이들이 있습니다. 도선국사는 상제님께서 언급하신 태인 배례밭(군신봉조혈)이 있는 곳을 '왕좌산(王坐山)' 혹은 '제좌봉(帝坐峰)'이라 칭하며, "**그 이치를 자세 보면 목욕수(沐浴水)탓이로다**"라는 기록을 남기기도 했습니다.

하지만 상제님께서 솟튼재에서 발을 구르시며 그 기운을 옮기신 이상, 과거의 비결은 이제 유효기간이 지난 낡은 지도가 되었습니다.

상제님께서는 "**산외의 평사낙안 기운을 원평(院坪)으로 옮기노라**"고 선포하신 뒤, 이어서 "**이제 운암(雲岩)은 물방죽이 되리라**" 하시며 천지공사를 집행하셨습니다. 이는 단순히 땅의 기운을 옮긴 것이 아니라, 선천의 풍수적 명당 체계를 해체하고 상제님의 도道가 머물 새로운 터를 닦으신 것입니다.

실제로 상제님께서 화천하신 지 20여 년이 지난 1928년, 일제의 주도로 운암댐(운암제)이 준공되면서 임실군 운암면 일대는 거대한 저수지로 변모했습니다. 상제님의 말씀대로 운암은 '물방죽(옥정호)'이 되었고, 그 물은 운암수력발전소를 통해 전력을 생산하며 세상을 밝혔습니다.

이처럼 **"운암을 물방죽으로 만드리라."**는 공사가 현실에서 한 치의 오차도 없이 실현되었다면, **"평사낙안의 기운을 원평으로 옮긴다"**는 공사 또한 이미 완결되었음을 알아야 합니다. 만인이 화를 피할 땅 기운 마저 상제님의 권능으로 옮겨진 마당에, 아직도 해묵은 비결서에 매달려 '왕자산 목욕리' 운운하는 것은 참으로 어처구니없는 일입니다. 『춘산채지가』에도 분명히 경계하고 있지 않습니까?

> 선천비결(先天秘訣)믿지 마라.
> 선천비결 믿다가는 귀지허사(歸之虛事) 되리로다.
> 대성인(大聖人)의 행(行)이신가 천지도수 바뀌어서
> 귀신도 난측(難測)커든 사람이야 뉘 알쏘냐.
> 아무리 안다 해도 도인 외에 뉘 알쏘냐.
> (『춘산채지가』 중에서)

도선국사의 선천비결 믿다가는 모든 일이 허사가 될 것이라는 소립니다.

상제님의 공사로 천지도수가 송두리째 바뀌었기에 귀신조차 갈피를 못 잡는 형국인데, 하물며 도道에 어두운 범부들이 어찌 그 깊은 속뜻을 헤아리겠습니까?

이는 마치 **"금산사는 미륵의 껍질이니 너희들은 금산사 미륵 앞에 가지도 말지니라."**고 엄히 경계하셨음에도 불구하고, 여전히 알맹이 없는 빈 껍데기만 붙들고 복을 비는 어리석은 형국과 다를 바 없습니다.

진리적 알맹이는 이미 상제님의 공사를 따라 새로운 곳으로 옮겨갔는데, 이미 기운이 빠져나간 낡은 유적이나 옛 비결서의 구절에 매몰되어 있다면 결코 다가올 후천의 실체를 마주할 수 없습니다.

그렇다면 상제님께서 지목하신 원평의 평사낙안은 구체적으로 어디를 말씀하시는 걸까요?

본래 **'평사낙안(坪沙落雁)'**이란 풍수지리학에서 하늘을 날던 기러기가 날개를 편 채 모래 위에 앉는다는 명당으로, 도덕군자와 대문장가와 큰 부자가 나온다는 길지이면서 큰 난리가 났을 때 피난하는 곳으로 알려져 있습니다. 상제님께서 새롭게 점지하신 그곳은 바로 김제시 봉남면에 속하는 **'평사리(平沙里)'**입니다.

원평에서 그리 멀지 않은 이곳은 마을 지형이 가까이서 보면 '평사낙안(平沙落雁)'이요, 멀리서 보면 황금 가락지가 땅에 떨어진 '금환낙지(金環落地)'의 형국이라 하여 이름 붙여진 길지입니다. 현재 이곳 평사리에는 삼덕교 본부가 자리하여 있습니다.

용화동(龍華洞)에 계시면서 자주 제비산(帝妃山)을 가리키시며 가라사대 답답(畓畓)하다 하시고 어느 때는 앞이 너무 답답(畓畓)하다 하시며 가라사대 **평사리(坪沙)는 나의 평상(坪床)이니라** 하시더라.
『선도신정경(仙道神政經) 4장 8절』

어느날 고후비님(高后妃任)께서 가라사대 용화동(龍華洞)은 동요동(東堯洞)이니 건곤(乾坤)의 사당(祀堂) 자리로써 미륵(彌勒)이 다시 설 것이요
평사리(坪沙里)는 나의 평상(坪床)이니라
금산사(金山寺) 미륵(彌勒)의 껍질이니
너희들은 금산사(金山寺) 미륵(彌勒) 앞에 가지도 말지니라 하시더라
이어서 말씀하시니 이러하니라
삼산(三山)이라 하니 산(山)은 셋간 차지요
육수(六水)라 하니 물(水)은 여섯간 차지요
일편단심(一片丹心)이라 하니 사람(人)은 한간 차지니라 하시고 또 이어서 말씀하시니 이러하더라
너희들은 잊었어도 나는 아(知)느니라
남 모르는 공부(工夫)를 많이 해 두라
저 스스로 지은 죄(罪)는 하늘(天)이 벗기려 해도 못 벗기는 것이요
저 스스로 닦은 공(功)은 하늘(天)이 빼앗으려 해도 못 빼앗는 것이니라 하시더라.
『선도신정경(仙道神政經) 4장 13절』

고후비님(高后妃任)께서 어느날 신정공사(神政公事)를 베푸실새 이와 같은 말씀을 하시더라.
북적(北賊) 북적(北賊) 괴는 술에 제주를 떳건만은 남적(南賊)을 어이 모셔
일초(一哨) 이초(二哨) 삼초(三哨) 끝에 대인행차(大人行次) 하신다네
십삼척(十三尺) 미륵불(彌勒佛)을 쌍(雙)으로 모시(慕侍)나니
오성산(五聖山)과 용화동(龍華洞)에 건립(建立)하고 세우니라
운장(雲長)과 진묵(震)은 좌우(左右)에 보필(補弼)이니라
또 말씀이 계시니 이러하니라.
오성산(五聖山)은 만국(萬國) 영사관(領事館) 자리요 서대문(西大門) 팔십리(八十里)는 저기 있는 계화도(界火島)요 **평사리(坪沙俚)는 나의 평상(平床)이니라** 하시고 또 가라사대 옥구(沃溝)에는 천(天)가죽 지(地)가죽 인(人)가죽이 있느니라 하시더라.
『선도신정경(仙道神政經) 5장 6절』

상제님께서는 '평사낙안' 기운을 옮기신 곳을 그저 원평이라고만 하셨는데, 고수

부님께서는 "**평사리(坪沙)는 나의 평상(坪床)이라**" 하시며 이를 더욱 구체화하셨습니다. 아울러 『용화전경(龍華典經)』에는 대모님의 말씀까지 나옵니다.

> 하루는 **금산사를 중심으로 장광팔십리가 평사낙안이라** 하신지라
> 『용화전경(龍華典經)』

이는 크게 보면 육기초를 중심으로 장광팔십리 전체가 평사낙안에 해당되어 만인이 피화하는 자리라는 말씀입니다. 본주님께서도 어느날 밤 혼자 말씀으로 "**장광팔십리(長廣八十里) 안으로 와야지**"라고 읊조리셨던 이유가 바로 여기에 있습니다. 그런데 구체적으로 콕 집어 말씀하신 것이 바로 평사리입니다.

그렇다면 왜 고수부님은 "**평사리(坪沙)는 나의 평상(坪床)이라**"고 하셨을까요?

앞서 천문을 통해 확인한 선기옥형의 양팔에 해당하는 두 도령의 자리를 법 받아 내린 지리 즉 지상의 자리를 확인하면 도맥의 정통성에 대한 시비가 밝혀질 것이라 하지 않았습니까?

바로 이 부분에서 선기옥형의 핵심인 정음정양도수의 비밀이 풀립니다.

바로 이 자리가 황응종 종도에게 붙였던 추도수의 자리였습니다.

원칙적으로 보자면 '추 도수는 육기초(六基礎) 자리가 아닌가?'라고 의문을 제기할 수 있습니다. 원칙적으로는 그렇습니다. 하지만 상제님과 고수부님께서는 일관되게 '판밖의 법'을 말씀하셨습니다.

> 대범(大凡) 판안에 드는 법으로 일을 꾸미려면 세상에 들켜서 저해(沮害)를 받나니 그러므로 **판밖의 남 모르는 법으로 일을 꾸미는 것이 완전하니라.**
> 『대순전경(大巡典經) 5장 2절』
>
> 성인이 나오는데 도덕군자도 따라서 나오나니 **내 일은 판밖에서 성공해 가지고 들어오느니라 혼백 동서남북 아니던가** 한 고조는 마상에서 득천하 하였으나 우리는 좌상에서 득천하 하는 법이니 이제부터 자씨보살 여동빈지 일월수부가 일을 맡아 하느니라 하시더라
> 『선도신정경(仙道神政經) 3장 98절』

육기초는 이미 세상에 드러난 '판안'이기에 할 수 없이 밖에 나와 평상을 펼쳐놓고 일을 보시는 것입니다. 여기서 평상은 육기초의 임시 집무자리에 대한 비유이며 이를 평사리에다 펼쳐놓은 형국이라는 말씀입니다.

상제님께서는 성인이 나오는 자리를 '**해마자(亥馬者)는 남출북류지수야(南出北流之水也)**'라고 정확한 지리적 특성으로 질정하셨습니다. 고수부님 역시 도무를 보실

평상의 자리를 '**평사리**'라고 명확히 찍어주셨습니다.

상제님께서 산외 평사리의 기운을 이곳 원평 평사리로 돌려놓으신 이유가 바로 여기에 있습니다. 판밖에서 성도하여 다시 육기초(판안)로 들어가기 전까지, 저울추와 그 끈의 역할(조율과 준비)을 수행할 장소가 필요했기 때문입니다. 그래야만 비로소 선기옥형을 발동시켜 천하사를 저울질할 수 있지 않겠습니까?

이러한 형세를 유서에선 '**燕自江南尋舊主**', 즉 '강남에서 돌아온 제비는 옛 주인을 찾는다'고 표현했습니다.

"판밖에서 성도成道하여 들일 때에는 사람 바다를 이루는 가운데 너희들의 노고가 크리라."하시는 고수부님 말씀처럼 시루떡이 익는 이치와 같이 전주동곡全州銅谷의 판밖에서 익은 도통판이 마침내 육기초라는 벌집으로 들어가 여왕벌이 정사政事를 펴게 됨을 예고합니다.

결국 평사리는 단순한 마을 이름이 아니라, 시루떡이 익듯 판밖에서 진법을 완성하여 후천의 전권을 쥐고 들어가는 황극의 교두보입니다. 이곳에 살지도 않으면서 이 말씀을 자의적으로 해석해 자신에게 붙이는 것은 천지공사의 엄중함을 모르는 비극일 뿐입니다.

> 정읍(井邑) 대흥리(大興里)에 계시며 고부인(高夫人)에게 가라사대, **"청춘작반호환향(青春作伴好還鄉)은 날로 두고 있으리라."** 하시고 이어서 가라사대, **"나의 일은 여동빈(呂洞賓)의 일과 같으니라."** 하시었다 하더라.
> 『천지개벽경(天地開闢經) 6장 4절』
>
> **동구(洞口)에 배회(徘徊)하니 적송자(赤松子) 나셨구나.**
> 장자방(張子房) 어디가고 요지연(瑤池宴)에 진치(進致)하니
> 서왕모(西王母)의 상존(尙存)이라 안기생(安期生)을 보려다가 **청춘작반호환향(春作伴好還) 두자미(杜子美)의 지은 귀(句)요**
> 양안도화협거진(兩岸桃花夾去津)은 어주자(漁舟子)를 지시하니
> 무릉도원(武陵挑源)여기로다.
> 『우주영가(宇宙詠歌, 世歌)』

상제님께서 남기신 말씀들을 살펴보면, 이와 유사한 정황을 여러 곳에서 발견할 수 있습니다. 당나라의 대시인 두보杜甫는 '**청춘작반호환향(青春作伴好還鄉)**'이라 하여 "싱그러운 봄날 짝을 지어 기쁘게 고향으로 돌아가리라" 노래했습니다. 상제님께서는 이 구절이 곧 당신의 일을 일컬음이라 하셨고, 이는 『우주영가(영세가)』에도 동일하게 수록되어 있습니다.

결국 유서의 '**燕自江南尋舊主**'와 영세가의 '**青春作伴好還鄉**'은 일맥상통합니다.

이는 황극으로 다시 오실 상제님과 고수부님께서 정음정양의 짝을 이루어, 판밖에서 인신합덕으로 성도成道하신 후 고향으로 금의환향錦衣還鄕하시는 사건이 있음을 예고하신 것입니다.

이러한 공사에는 천지이치만 담긴 것이 아니라, 우리 민족의 깊은 역사적 내력 또한 중요한 배경으로 작용하고 있습니다.

단군조선의 통치 영역이었던 '삼한(三韓)'의 구조를 살펴보면, 그 형세를 **'여칭추극기(如秤錘極器)'**라 하여 저울대와 저울추, 저울판에 비유했음을 알 수 있습니다. 저울판은 백아강이요, 저울대는 소밀랑이며, 저울추는 안덕향이라 하였습니다. 이 셋이 수미상응首尾相應하며 균형을 이루어야만 삼신의 정기를 수호할 수 있으며, 저울대의 평형을 유지하듯 삼한의 뜻을 온전히 보전해야 왕업이 비로소 융성할 수 있다는 원리입니다.

상제님께서는 바로 이러한 고대 국가의 경영 원리를 바탕으로 선기옥형 도수를 보셨습니다. 우주의 운행 질서를 저울의 이치로 풀어내신 이 도수 속에서, 동요동과 서요동이라는 후천 통치의 핵심 거점이 도출된 것입니다.

이 논의의 핵심은 상제님께서 설계하신 진법 도운의 판밖 모델이 바로 단군조선의 **'삼한관경제(三韓管境制)'**라는 사실에 있습니다. 이는 장차 열릴 후천의 도정道政이 단순히 특정 종교 조직을 넘어, 고조선의 국가 경영 시스템으로 원시반본하여 인류의 새로운 질서를 세우는 대업임을 선포하신 것입니다.

결국 선기옥형이라는 천문天文의 법도를 인문人文의 통치 방식으로 전환한 것이 바로 상제님께서 선기옥형 도수를 통해 실현하고자 하셨던 진정한 속내입니다. 이는 천지의 이치를 인간 세상의 경영 원리로 삼는다는 뜻입니다.

하늘의 도수를 땅의 지리로 고정하시고, 이를 다시 '삼한관경제'라는 역사적 모델로 부활시키셨습니다. 이로써 천·지·인 삼재가 완벽히 하나로 맞물리는 후천의 새로운 통치 질서를 세우신 것입니다.

이러한 맥락에서 **"평사리는 나의 평상이라"** 하신 고수부님의 말씀은 상제님께서 질정하신 '추(錘) 도수'의 자리를 최종적으로 확정하신 음양합덕 공사입니다. 저울의 수평을 맞추는 결정적 눈금과도 같은 이 지리적 실체를 외면한 채, 어찌 진법眞法의 정통성을 논할 수 있겠습니까?

4장 주역의 결론

이제 본서의 흐름을 마무리할 결론의 장입니다. 지금까지 천지이치의 바탕 위에서 도맥의 전체 흐름을 짚어보고, 그 맥을 주관하시는 분들과 상제님의 관계를 심도 있게 살펴왔습니다.

상제님께서 집행하신 9년간 천지공사는 마치 한 편의 불멸의 대하드라마를 제작하는 과정과 놀라울 정도로 닮아 있습니다. '설계도'를 바탕으로 '집'을 짓듯, 상제님의 공사는 철저한 기획과 연출 아래 진행되었습니다.

모든 창작의 근간은 대본입니다. 상제님께서는 **'주역(周易)'**이라는 우주적 대본 위에 천지공사의 기틀을 잡으셨습니다. 공사의 모든 시나리오가 역易의 이치에 뿌리를 두고 있기에, **"주역(周易)은 개벽할 때 쓸 글이니 주역을 보면 내 일을 알리라."**고 말씀하신 것입니다.

하지만 텍스트로 된 대본만으로는 촬영 현장의 구체적인 장면을 그려내기 어렵습니다. 그래서 필요한 것이 바로 장면별 흐름을 시각화하여 구성하는 작업인 스토리보드입니다. 상제님께서 모사재천謀事在天으로 보신 천지공사는 대하드라마의 장면마다 카메라 각도와 인물의 위치를 시각화한 일종의 스토리보드와 같습니다.

그런데 상제님께서 **"판안에 드는 법으로 일을 꾸미면 세상에 들켜서 저해를 받나니, 판밖의 남 모르는 법으로 일을 꾸미는 것이 완전하니라"** 하셨던 것처럼, 이야기의 핵심 연결고리들을 가위로 싹둑 잘라내어 '판밖'으로 숨겨두셨습니다.

우리가 공사의 전모를 파악하기 어려운 이유는 이 의도적인 '편집' 때문이기도 하지만, 무엇보다 기초 대본이라 할 수 있는 천지이치(理)에 대한 몰이해가 크기 때문입니다. 우리가 드라마를 감상할 때, 눈에 보이는 것은 무대 위에서 열연을 펼치는 배우(事)의 모습뿐입니다.

하지만 그 화려한 연기 이면에는 극 전체를 관통하는 정교한 대본(理)과, 그 대본을 현실로 구현해 내는 연출가(神)의 보이지 않는 손길이 엄연히 존재하고 있습니다. 이처럼 천지공사라는 거대한 역사적 드라마 역시 이(理)·신(神)·사(事)의 삼박자가 완벽하게 맞물려 돌아가고 있습니다.

상제님께서 대본을 바탕으로 스토리보드를 남기셨다면, 그 바통을 이어받은 고수부님은 신계의 연출가이자 감독이십니다. 물론 두 분 외에도 삼재지도三才之道의 판밖을 주관하시는 본주님께서도 미리 공사를 보시며 힘을 보태셨습니다.

신계의 성인들은 오케스트라의 지휘자처럼 대본의 행간을 조율하고 현장의 감각을 총괄하며 작품의 완성도를 높이고 계십니다. 그렇다면 지상 일꾼들의 역할은 무엇일까요? 그들은 작품의 '얼굴'이자 '숨결'인 연기자입니다.

연출가의 의도를 파악해 정해진 동선 안에서 최적의 연기를 펼치며, 종이 위 인물에게 생명력을 불어넣는 존재입니다. 각자의 심보에 따라 '누구로 살 것인가'를 보여줍니다.

선천에는 모사(某事)는 재인(在人)하고 성사(成事)는 재천(在天)이라 하였으나 이제는 모사는 재천하고 성사는 재인이니라

『대순전경(大巡典經) 6장 106절』

모든 드라마에는 남녀 주인공이 정해져 있습니다. 수많은 사람이 이 천지 드라마의 주연과 조연을 꿈꾸며 도전해보지만 때가 맞지 않거나, 혹은 '그 사람'이 아니었기에 대부분은 무리수를 둔 끝에 고배를 마시고 역사의 뒤안길로 쓸쓸히 사라져 갔습니다.

모든 드라마에는 제작 단계부터 미리 낙점된 남녀 주인공이 존재합니다. 대형 기획사가 작품의 성격과 배역에 가장 부합하는 인물을 고심 끝에 캐스팅하여 예정해 놓듯, 천지 드라마의 주연 또한 상제님의 보이지 않는 치밀한 기획 아래 이미 결정되어 있었습니다.

지난 역사 속에서 수많은 이가 이 위대한 대하드라마의 주연을 꿈꾸며 무대 위로 뛰어들었습니다. 하지만 천지에서 예정해 놓은 '그 사람'이 아니었기에, 혹은 하늘이 정한 캐스팅의 때(時)가 맞지 않았기에, 그들은 무리한 연기를 펼치다 결국 고배를 마시고 역사의 뒤안길로 쓸쓸히 사라져 갔습니다.

천지 드라마의 주인공은 스스로 자처하거나 세를 과시한다고 해서 되는 것이 아닙니다. 오직 기획사(神)가 정한 대본(理)의 도수에 완벽히 부합하며, 마지막 장면에서 세상을 구원할 역량과 신권神權을 부여받은 자만이 그 화려한 조명 아래 설 수 있는 것입니다.

이제 본서의 마지막 장에서, 천지공사의 실제 시나리오(周易)가 그 주인공(見龍在田 利見大人)을 어떻게 그려내고 있는지, 주역의 논리로서 인신합덕의 실체를 밝히고자 합니다.

1. 誰

풍상열력수지기風霜閱歷誰知己오
만고풍상의 고난을 다 겪은 나를 누가 능히 알리오.
『대순전경(大巡典經) 3장 10절』

수식남방매화가誰識南方埋火家
남방에 불 묻어놓은 집을 누가 알까?
『천지개벽경(天地開闢經) 2장 13절』

옥구(沃溝)는 닷줄 장상지지(將相之地)요
포육지지야(布育之地也)니라 하시고 이어서 가라사대 수식남방매화가(誰識南方埋火家)를 누가 알 수 있으리요
호남서신(湖南西神)아니고는 내 일을 누가 알까부냐 여동빈(呂童賓)의 자하도(慈下道) 세계극락(世界極樂) 일월수부(日月首婦) 하시더라.
『선도신정경(仙道神政經) 5장 7절』

백암리로부터 구릿골 약방에 이르러 계실 때 여러 종도들을 벌려 앉히시고 「삼국시절(三國時節)이 수지지어사마소(誰知止於司馬昭)」를 큰 소리로 읽히시니라
『대순전경(大巡典經) 4장 134절』

사동초미수능해絲桐蕉尾誰能解
사동과 초미(거문고)의 음을 누가 능히 풀 것인가?
『대순전경(大巡典經) 4장 161절』

수능용퇴심선로誰能勇退尋仙路
누가 용감히 부귀영화 물리치고 신선의 길을 찾을 수 있으리오?
『대개벽경(大開闢經) 2편 임인년 공사기 6장』

박람박식수복희博覽博識誰伏羲
누가 박람박식(博覽博識)한 복희런가!
『대개벽경(大開闢經) 2편 임인년 공사기 11장』

양촉추번수능해羊觸秋藩誰能解

양이 가을 울타리를 들이받으니 누가 능히 풀리오,
『대개벽경(大開闢經) 3편 계묘년 공사기 9장』

<135> 또 가라사대 [네가 아는 한 금산사의 주지가 몇번이나 갈렸느냐?] 대하여 가로대 [몇이 갈렸읍니다]. [주지는 갈려도 미륵은 그대로 있느냐?] [미륵이야 그대로 있지요]. [그래야지. 저것까지 없으면 야단이로구나]. 또 가라사대 [돌은 뜨고 금은 처진다더니, 법은 그대로 밝아있건마는 누가 알고 갈자 있겠느냐].
『동곡비서(銅谷秘書)』

동곡에 계실새 오리알터를 가리켜 세인(世人)이 나의 묘지(墓地)라고 한다네 그러나 개뼈가 묻힌지 소뼈가 묻힌지 누가 아느냐고 하시니라
『용화전경(龍華典經) 2장 12절』

선생님(先生任)께서 가라사대 화룡천년(畵龍千年)에 진용(眞龍)이 강림(降臨)이요 집안새(鳥)가 봉(鳳)이 될 줄을 누가 알까 참된 줄을 알면 네 차례가 오겠느냐
『속수전경(續修典經)』

82. 어느때 신정공사(神政公事)를 베푸시며 선포(宣布)하시니 이러하시니라.
수지자웅(誰知雌雄)이라 누가 알 것이며
오지자웅(烏知雌雄)이라 이를 누가 알리요
희(白)고 검(黑)은 것을 그 누가 알 것인가
지지자(知之者)는 지지(知之)하고 부지자(不知者)는 부지(不知)로다
『선도신정경(仙道神政經) 3장 82절』

오선위기(五仙圍碁) 도수(度數)에 두 신선(神仙)은 바둑을 두고 두 신선은 훈수(訓數)를 하다가 돌아갈 때에는 바둑판(碁版)과 바둑돌(碁石)은 두고 가리라 하셨지 않느냐 이 벽강궁촌(壁岡窮村)에 바둑판(碁版)과 윷판(柶版)을 내가 묻었으니 이 세상(世上) 누가 능(能)히 그를 알수 있으리요 내 일은 판(版) 밖에서 성도(成道)하여 들어오나니 너희들은 잘 닦기나 하라 하시더라.
『선도신정경(仙道神政經) 5장 9절』

이제 천사(天師)의 성적(聖蹟)은 편찬(編纂)되어 이로부터 참된 교리(敎理)가 드러날 기초(基礎)가 정(定)하여 졌으니 다행(多幸)한 일이로다. 그러나 나의 일을 기록(記錄)할 자(者)는 누가 있으리오. 하시니라.
『고부인신정기(高夫人神政記) 3장 64절』

천후(天后) 수엽(守燁)의 등을 두드리시며 가라사대 '옥(玉)돌이 진토(塵土)에 묻혔음을 세상(世上)에서 **누가** 알리오, 어서 다녀오라.' 하시더니 수엽(守燁)이 군산(群山)을 다녀서 집에 돌아온 뒤로 문득 산상가(山相家)로(지사) 천명하게 되니라.
『고부인신정기(高夫人神政記) 5장 14절』

상기의 내용처럼 성인들께서는 누구 '**誰**'자를 화두로 던지시며, 진리의 주인공을 찾는 길을 제시하셨습니다.

'**風霜閱歷誰知己**' 즉 "만고풍상의 고난을 다 겪은 나를 그 누가 능히 알리오"라며 탄식하시고 "너희들이 내가 누구인지를 알기만 하여도 반도통은 되었느니라" 하실 만큼, 당신의 본모습을 정확히 꿰뚫어 보는 것이 얼마나 어려운 일인지를 거듭 강조하셨습니다. 상제님의 진면목을 알아보는 안목 자체가 이미 '반도통'의 경계라 하신 것입니다.

이처럼 '誰識南方埋火家'나 '誰知止於司馬昭'를 비롯한 여러 말씀 속에서 천명을 매듭지을 인사가 '누구'인지를 끊임없이 되묻고 계십니다.

하루는 종도들에게 일러 가라사대 예수교도는 예수의 재강림을 기다리고 불교도는 미륵의 출세를 기다리고 동학신도는 최수운의 갱생을 기다리나니 **누구든지 한 사람만 오면 각기 저의 스승이라 하여 따르리라**
『대순전경(大巡典經) 3장 144절』

16 하루는 새울 최창조의 집에 '사명당(四明堂)'이라 쓴 종이를 종처럼 매달아 놓으시고 "**이 사명당 기운으로 사람 하나가 나오느니라.**" 하시니라.
(道典 5:395)

時來(시래)하면 一人(일인)이 先受道通(선수도통)하나니 此(차)는 萬道歸一之天命也(만도귀일지천명야)니라.
말씀하시기를, **때가 오면 한 사람이 먼저 도통을 받나니**, 이는 모든 도를 하나로 되돌리는 하늘의 운이니라.
『대개벽경(大開闢經) 3편 계묘년 공사기 9장』

내가 출세 할 때에는 대두목이라도 다섯 사람 데리고 따르기가 어려우리니 희귀(稀貴)하다는 희자(稀字)가 드물 희자(稀字)니라.
『대순전경(大巡典經) 3장 180절』

또한 상제님께서는 '誰'에 대해 더욱 구체적인 단서들을 남기셨습니다.

"때가 오면 한 사람이 먼저 도통을 받는다"고 명시하셨으며, **"누구든지 한 사람만 오면 각기 저의 스승이라 하여 따르리라"** 하시어 만인이 우러러볼 단 한 명의 존재가 출세할 것을 예고하셨습니다. 이어 **"사명당(四明堂) 기운으로 사람 하나가 나오느니라"** 하심으로써, 그 땅의 지령 기운을 타고 큰 인물이 나올 것을 분명히 하셨습니다.

다만 그 주인공을 마주하는 길이 그리 녹녹치 않음을 경계하셨으니 **"내가 출세할 때에는 대두목이라도 다섯 사람 데리고 따르기가 어렵다"**고 하실 정도로, 눈앞에 나타난 진실을 알아보는 이가 얼마나 희귀한지를 역설하십니다. 선입견과 권위의 벽에 갇혀 있으면 정작 판밖에서 출세하는 참 주인공을 알아보지 못한다는 뜻입니다.

4 다시 이르시기를 **"내 일은 셋만 있어도 하고, 셋이 없으면 둘만 있어도 하고, 둘이 없으면 하나만 있어도 하느니라.**
5 그 하나도 없으면, 말뚝에다 기운만 붙이면 천하사를 하느니라." 하시고 붓대를 던지시니라.
(道典 6:90)

1 하루는 성도들이 여쭈기를 "어머니, 우리 도판이 언제나 발전해서 사람도 많이 생기고 재력도 풍족하게 될는지요?" 하니
2 말씀하시기를 **"내 일은 셋, 둘, 하나면 되나니 한 사람만 있으면 다 따라 하느니라."** 하시고
3 **"세상이 바뀔 때에는 대두목(大頭目)이 나오리라. 그래야 우리 일이 되느니라."** 하시니라. (道典 11:54)

어느날 인정상관님께 박난수가 여러명의 도인을 데리고 따로 나간답니다. 라고 원장이 아뢰니 "자네는 사람 없는가?"하시므로 천하 창생이 사람인데 왜 없으리까요? 답하니 "내버려 두어, 끝마당 두고보면 알어" 하시며 **"하나 셋만 있어도 내 일은 되어."** 하시니라.
『전지언(典之言) 임진하편 1절』

상제님께서 **"내 일은 셋만 있어도 하고, 셋이 없으면 둘만 있어도 하고, 둘이 없으면 하나만 있어도 하느니라"** 하신 것처럼, 고수부님 역시 **"내 일은 셋, 둘, 하나면 되나니 한 사람만 있으면 다 따라 하느니라"** 하십니다. 이어 본주님께서도 **"끝마당 두고 보면 알어. 하나, 셋만 있어도 내 일은 되어"**라고 확언하셨습니다.

성인들께서 한결같이 일치된 목소리로 전하신 말씀은, 천지공사의 성패가 결코 사람의 수數나 물리적인 규모에 달려 있지 않음을 뜻합니다. 전 인류를 구원할 거대한 드라마의 결말은, 결국 상제님의 도수를 온몸으로 받아낼 단 한 사람이 있느냐

없느냐에 달려 있다는 것입니다.

한편으로 상제님께서는 누구 '誰'자를 또 다른 유형의 말씀으로도 소개해주셨습니다. 그 말씀이 바로 '山隹'입니다.

弟子(제자)이 問曰(문왈), 東土山林古訣(동토산림고결)에 **麗羅統合之後一千餘年**(여라통합지후일천여년)에 三大將(삼대장)이 出(출)하야, 三大將(삼대장)이 亦不保身(역불보신)하고 山隹(산추)가 用事(용사)하야 遠姓之李(원성지리)가 終乃復邦也(종내복방야)라 하니이다.
曰(왈), 遠姓之李(원성지리)가 終乃復邦也(종내복방야)니라.
問曰(문왈), 遠姓之李(원성지리)가 非全州李乎(비전주이호)잇가.
曰(왈), 非全州之李也(비전주이야)니라.
問曰(문왈), 厥(궐)을 可逢乎(가봉호)잇가.
曰(왈), 我臣之李也(아신지이야)니라.

제자가 여쭈기를, 동토산림고결에 고구려와 신라가 합쳐진 뒤 천여 년 만에 세 대장이 나와서, 세 대장이 또한 몸을 보존하지 못하고, 산새가 용사하여 먼 이씨가 마침내 나라를 되찾는다 하옵니다.
말씀하시기를, 먼 이씨가 마침내 나라를 되찾느니라.
제자가 다시 여쭈기를, 먼 이씨가 전주 이씨가 아니옵니까?
말씀하시기를, 전주 이씨가 아니니라.
제자가 여쭈기를, 그를 만날 수 있으오리까?
말씀하시기를, 내 신하인 이씨니라.
『대개벽경(大開闢經) 3편 계묘년 공사기 9장』

'**麗羅統合之後一千餘年**'이라는 구절에서 '**麗**'를 고구려로 보느냐, 고려로 보느냐에 따라 도수 해석의 결과값은 달라집니다.

이 비결의 참뜻을 풀기 위해서는 문장의 앞뒤 맥락을 정밀하게 살펴야 합니다. 해당 구절의 바로 앞에는 '靑龍黃道大開年 旺氣浮來太乙船'으로 시작하는 영평의 비결이 나오는데, 이에 대해 상제님께서는 "**내 일을 밝혀 말한 것이라.**"고 고 단언하셨습니다. 따라서 이어지는 '麗羅統合之後一千餘年'의 말씀 또한 상제님의 일이 매듭지어지는 현 시대의 국운과 도운에 관한 이야기로 보아야 마땅합니다.

상제님께서는 '종내복방야(終乃復邦也, 마침내 나라를 되찾는다)'라고 언급하시며, 나라를 되찾을 '遠姓之李'가 전주 이씨가 아니라고 선을 그으셨습니다. 이는 이씨 조선에 대한 이야기가 아님을 분명히 하신 것입니다.

역사적으로 고려(475년)와 조선(519년)의 역년을 합하면 도합 994년이 됩니다.

이 문답이 오고 간 1903년(계묘년) 무렵은 조선이 저물고 일제의 침략과 서세동점의 파고가 몰아치던 때였습니다. 조선왕조까지 포함한 지난 1천 년을 역산해 볼 때, '여라통합'은 통일신라 이후부터 이어져 온 한반도의 역사적 흐름 전체를 상징합니다.

따라서 '**麗羅統合之後一千餘年**'은 고려 5백 년과 조선 5백 년의 왕조 시대가 끝나고, 민주공화국의 형태로 일어선 현 대한민국의 국운에 대한 예언적 성격이 짙습니다.

필자는 비결 속 '**三大將이 亦不保身**', 즉 세 대장이 몸을 보존하지 못했다는 구절에서 대한민국 국가 체제의 기틀을 닦은 세 분의 전직 대통령들을 떠올리게 됩니다. 그들은 한반도 역사상 전례 없는 성취와 풍요를 가능케 한 설계자들이었으나, 나라를 위한 구국救國의 행보 속에 본인들의 안위는 돌보지 못했던 비극적 애국자들이었습니다.

그들의 헌신으로 일궈낸 대한민국호가 지금 침몰의 위기에 직면해 있습니다. 건국 이래 우리 역사는 체제 전복을 획책하는 반국가 세력과의 끊임없는 투쟁이었으며, 만약 이 내전에서 패배한다면 자유민주주의라는 우리의 근본 체제는 종말을 고하게 될 것입니다.

특히 중공中共은 주변국을 속국화하기 위해 사이버 여론 조작, 선거 개입, 그리고 사회 전반에 친중 세력을 심는 '초한전(超限戰)'을 전방위적으로 펼치고 있습니다.

여기서 바로 '**山隹가 用事하야 遠姓之李가 終乃復邦也**'라는 구절이 나오는데 이 캄캄한 어둠 속에 갇힌 이 나라를 다시 되 찾는(復邦) 영웅적 인물에 대한 얘깁니다. 그를 상제님께서는 '山隹'라 하셨습니다.

그러면 왜 이 '山隹'가 앞서 살펴본 '誰'자의 또 다른 이름이 될까요?

역도의 이치에서 간도수艮度數의 핵심은 '시어간(始於艮), 종어간(終於艮)'입니다. 간에서 종결되고 간에서 시작되니 시작한 자리에서 매듭짓는 이걸 '終始'라 합니다.

여기서 '**日成言乎艮**', 즉 '간(艮)에서 말씀이 이루어진다'는 대목에 주목해야 합니다.

누구 '誰'자의 구성 성분인 말씀 '言'자는 '艮山'의 자리와 상호 호환이 가능합니다. 따라서 비결 속의 '山隹'는 결국 누구 '誰'자를 파자破字하여 감추어둔 같은 맥락의 이름인 것입니다.

이 '山隹'라는 표현은 『천지개벽경』에 다시 한번 등장합니다.

「을사년 공사기 5장」에 보면 조선 건국 초 무학대사가 전한 비결 중 하나로 "**산추(山隹)가 모일검(謀一劍)하니 혈류종삼춘(血流終三春)이라.**" (산추가 한 칼을 도모하니 피가 삼춘에 흐르도다.)는 구절이 또 나옵니다. 흥미롭게도 이 구절은 정도전이 지었다고 전해지는 『수보록병서(受寶籙幷序)』에도 수록된 내용입니다.

三奠三乃古(삼전삼내고)가 內應滅三韓(내응멸삼한)이라.
木子將軍劍(목자장군검)이오 走肖大夫筆(주초대부필)이라.
山隹(산추)가 謀一劍(모일검)하니 血流終三春(혈류종삼춘)이라.
如是三一客(여시삼일객)이 能制能定止(능제능정지)라.

戊辰己巳上(무진기사상)에 亂龍(난룡)이 起閤間(기합간)이라.
辰巳(진사)에 君何去(군하거)오. 午未(오미)에 樂堂堂(낙당당)이라.
靑衣(청의)가 自南來(자남래)하니 以僧則非僧(이승즉비승)이라. 十女奉一夫(십녀봉일부)하고 百家幷一牛(백가병일우)라.
小僧(소승)이 雖不肖(수불초)나 無改小僧言(무개소승언)하소라 하니 此可以信乎(차가이신호)잇가.

曰(왈), 無學之說(무학지설)이 明明白白也(명명백백야)로다.
曰(왈), 今也(금야)에 人亦無名之人(인역무명지인)이 受吉運(수길운)하고, 地亦無名之地(지역무명지지)가 回氣數(회기수)하노라.

삼전삼내고가 안에서 호응하여 삼한을 멸망시킨다. 이씨가 장군의 칼을 들고 조씨는 대부의 붓을 잡는다.
산추가 한 칼을 도모하니 피가 삼 년 동안 흐른다. 이와같이 셋이 하나된 나그네가 능히 제압하여 그치게 하는구나.

무진과 기사에 어지러운 용이 대궐에서 일어난다.
진사에 그대는 어디로 가는가. 오미에 즐거움이 당당하도다.
푸른 옷이 남쪽에서 오니 중과 비슷한데 중은 아니로다.
열 여자가 한 사내를 받들고 백 집이 한 마리 소를 아우른다.
소승이 비록 못났으나 소승의 말을 고치지 말라 하였으니, 이 말을 믿을 만 하옵니까.

말씀하시기를, 무학의 말이 명명백백 하도다.
지금은 사람도 이름없는 사람이 길운을 받고, 땅도 이름없는 땅에 운수가 돌아오노라 하시니라.
『대개벽경(大開闢經) 5편 을사년 공사기 5장』

『수보록병서(受寶籙幷序)』는 본래 조선 건국의 정당성을 확보하고, 태조 이성계가 하늘의 명(天命)을 받았음을 널리 알리기 위해 지어진 찬가입니다.

이 문헌은 건국의 주역들을 파자의 묘미를 살려 암호처럼 기록하고 있습니다.

예컨대 '목자장군검 주초대부필(木子將軍劍 走肖大夫筆)'이라는 구절에서 '목자(木子)'는 이성계(李)를, '주초(走肖)'는 1등 공신 조준趙浚을 의미하며, '비의(非衣)'는 배극렴裴克廉을 지칭한다고 풀이했습니다.

또한 '삼전삼읍 응멸삼한(三奠三邑 應滅三韓)'이라는 대목 역시 흥미로운 비결을 담고 있습니다. 여기서 '삼전삼읍(三奠三邑)'은 '奠' 자에 '邑(阝)'을 합친 '정(鄭)' 씨 성을 가진 세 인물을 뜻하는 파자입니다.

실제 조선 건국의 핵심 3인방 중 정鄭씨는 정탁鄭擢을 제외한 정도전鄭道傳, 정총鄭摠, 정희계鄭熙啓를 가리킵니다. 즉, 옛 비결은 이 세 명의 정 씨 성을 가진 공신들이 힘을 합쳐야 비로소 새로운 나라의 기틀이 세워질 것임을 예견한 것입니다.

受寶籙幷序
鄭道傳

殿下在潛邸。有人得異書於智異山石壁中以獻。後十數年。其言果驗。
전하께서 잠저(潛邸)에 계실 적에 어떤 사람이 지리산(智異山) 석벽 속에서 이상한 글을 얻어 바친 일이 있었다. 그 후 십 수년 만에 그 말이 다 징험되었다.

彼高矣山,石與天齊。
于以剖之,得之異書。
桓桓木子,乘時而作。
誰其輔之,走肖其德。
높다랗다 저 산이여 석벽이 하늘과 가지런하네
그 석벽을 쪼개내어 이상한 글 얻었구려
굳세고 굳센 목자가 때를 타고 일어나니
누가 그를 돕느냐 주초의 그 덕이로세

非衣君子,來自金城。
三奠三邑,贊而成之。
奠于神都,傳祚八百。
我龍受之,曰惟寶籙。
비의의 군자가 금성으로부터 오고
삼전 삼읍이 도와서 공 이루리
신도에 자리 정하여 팔백 년을 전하도다
우리가 사랑받으니 이를 보록이라 이르도다

按石壁中書曰:
木子乘猪下,
復正三韓境。
석벽 속의 글에 이르기를,
목자(木子)가 돼지를 타고
내려와서 삼한의 지경을 다시 바로잡도다
하였고,

祕書曰:
木子將軍劍,走肖大夫筆。
非衣君子智,復正三韓格。
비서(祕書)에 이르기를,
목자 장군의 칼이요, 주초(走肖) 대부의 붓이로다.
비의(非衣) 군자의 지혜로 다시 삼한을 바로잡았도다
하였다.

走肖謂趙浚,非衣謂裵克廉。
又曰:三奠三邑,應滅三韓。
謂公及鄭摠,鄭熙啓也。
又曰:朝鮮卜世八百.卜年八千。
주초는 조준(趙浚)을 이름이요, 비의(非衣)는 배극렴(裵克廉)을 이름이다.
또 이르기를“삼전 삼읍이 응당 삼한을 없앨 것이다”하였으니,
공 및 정총(鄭摠) 정희계(鄭熙啓)를 이름이요,
또 이르기를 “조선은 대(代)로는 팔백 대 해(年)로는 팔천 년을 내려갈 것이다.” 하였음.

이러한 역사적 맥락을 염두에 두고 무학비결의 구절을 다시 살펴보면, 그 속에 숨겨진 치밀한 상징 체계가 드러납니다.

정도전이 조선 건국의 정당성을 세우기 위해 작성한『수보록병서』에는 본래 ‘삼전삼읍(三奠三邑)’이라는 표현이 등장합니다. 그런데 상제님께서 인용하신 비결에서는 이를 살짝 비틀어 ‘삼전삼내고(三奠三乃古)’라 하여 ‘옛 고(古)’ 자가 끼워져 있습니다. 그러고는 ‘내응멸삼한(內應滅三韓)’이라 결론짓습니다.

이는 ‘목자장군검(木子將軍劍)’과 ‘주초대부필(走肖大夫筆)’이라는 구절을 다시금 소환하여 조선 개국의 풍운아들을 연상시킴으로써, 먼 미래에 새로운 나라를 열어갈 입지전적인 인물이 다시금 출현할 것임을 암시하는 거대한 복선입니다.

무학대사가 비결을 통해 전하고자 했던 핵심은 바로 다음 두 구절에 압축되어 있

습니다.

山隹(산추)가 謀一劍(모일검)하니 血流終三春(혈류종삼춘)이라.
如是三一客(여시삼일객)이 能制能定止(능제능정지)라.

『동토산림고결』에서 '**山隹가 用事하야 遠姓之李가 終乃復邦也**'에서 나오던 '山隹'가, 천하를 도모하여 나라를 회복하는데 삼년이 걸린다 하였습니다.

또한 '**三一客이 能制能定止**'는 '삼일객'이라는 존재가 능히 난국을 제압하고 평정한다는 뜻입니다. 문맥상 앞뒤의 인과관계를 살필 때, 결국 '山隹'가 곧 '三一客'이라는 결론에 도달하게 됩니다.

이 '三一'의 수수께끼에 대해 고수부님께서는 결정적인 단서를 던져주셨습니다.

삼팔목(三八木)이 들어서 삼팔선(三八線)이 왠일인고
삼(三)일이 문(門)을 열어 북사도(北四道)가 전란(戰亂)이라
어후 하니 후다딱
번쩍하니 와그락
천하(天下)가 동변(動變)이라
운수(運數)보소 운수(運數) 봐
질병(疾病)목의 운수(運數)로다
천지조화(天地造化) 이 아닌가
단주수명(丹朱受命) 우주수명(宇宙壽命)
지기금지(至氣今至) 원위대강(願爲大降) 하고 창(唱)하시더라.
『선도신정경(仙道神政經) 3장 82절』

55. 어느날 신정공사(神政公事)에서 가라사대 **누구든지 일자(一字)와 삼자(三字)를 잡아야 임자이니 같은 끝수면 말수(末數)가 먹느니라** 수식남방(誰識南方) 매화가(梅火家) 불 묻으신 줄 뉘가 알거나 변산(邊山)만한 불덩이를 묻지 않고 그냥 두면 세계 인민(世界人民) 다 죽는다 하시더라.
『선도신정경(仙道神政經) 3장 55절』

여기서 특히 "**같은 끝수면 말수가 먹느니라**" 하신 대목은 우리가 도운의 역사 속에서 익히 보아온 어떤 장면을 강력하게 환기시킵니다.

이 대목은 상제님께서 남겨주신 비결 중에서도 가장 짜릿한 반전을 담고 있는 '가구판 도박'의 비유로 연결됩니다.

<132> [천하대세가 가구판 도박과 같으니, 같은 끝수에 말수가 먹느니라].
『동곡비서(銅谷秘書)』

나의 일은 가구판과 같으니 같은 끗수면 말수가 먹나니라.
『용화전경(龍華典經)』

이 구절은 이른바 '진주(眞主) 노름' 도수에서 비롯되었습니다. 남의 돈은 따보지도 못하고 자기 밑천마저 다 잃어 바닥이 난 뒤에야, 겨우 개평을 얻어 새벽녘에 판을 휩쓸며 회복하는 '독조사 도수'를 설명하신 것입니다.

당시 문공신 종도가 공사 내용에 불만을 품자, 상제님께서는 **"만일 너도 감당치 못하면 타처로 정하리라"** 하시자, 그제야 문공신은 불만을 삭였으니 여기서 '말수'란 결국 천지공사의 마지막 판을 매듭짓는 진주眞主 도수의 주인공을 의미합니다.

도박판에서 모든 밑천이 바닥난 절망적인 순간, 판을 뒤집기 위해 마지막으로 뽑아 든 결정적인 패를 고수부님은 '일(一)'이라 하셨습니다.

또 어느날 신정공사에서 고후비님이 가라사대 동요동은 신금산이요 서요동은 오성산이라 일후에 누가 나던지 정각하나 잘 지어줄 것이니라 이 천지대사가 유월 칠월 팔월 **나는 바닥에 일 붙은 줄 알고 빼느니라**.하고 창하시더라.
『선도신정경(仙道神政經) 3장 53절』

어느날 신정공사를 베푸시며 말씀하시니 이러하니라. 천부지 신부지 인부지 하니 내일은 되어 놓고 보아야 아느니라. 선천으로부터 지금까지는 금수대도술이요 지금으로부터 후천은 지심대도술이니라. 마음 닦는 공부이니 심통공부 어서 하소 제가 저의 심통도 못하고서 무엇을 한다는가 석가는 극락이 천당에 있다고 그랬고 도가는 선경이 봉래산에 있다고 그랬는데 신선노는 자리어늘 수중에 있다고 잘되었네 잘되었네 천지일이 잘되었네 인신사해에 문 열리니 될려는 사람의 일 일세 그려 바다 해자 열 개자 사진주가 오신다네 옥구가 근본이네 삼제갈 팔한신 관우 장비 조자룡 진묵대사 사명당이 때가 때인만큼 일제히 서로 나서 만고성인이 다 오신다네 오방신장이하로 신영맞이 어서하소 **나는 바닥에 일 붙은 줄 알고 뽑노라** 하시고 이어서 말씀하시니 이러하니라 우리들의 공부는 나 살고 남 살리는 공부이니 사람 잘 되기를 바라소 제가 제 마음을 찾아야 되고 제가 제 일을 해야만 되느니라 쓸 사람 몇 사람 있으면 그만이니라 우리가 읽을 글은 절후주와 태을주라 훔치 훔치는 신농씨 찾는 도수니라 하시더라.
『선도신정경(仙道神政經) 5장 14절』

"나는 바닥에 일 붙은 줄 알고 빼느니라."와 "나는 바닥에 일 붙은 줄 알고 뽑노라"

는 고수부님 말씀에 나오는 이 '一'은 과연 어떤 분을 상징하는 암호일까요?

우리는 이미 앞에서 '三一客'과 '山隹'의 함의를 살펴보았습니다. 고수부님께서 **"일(一) 자와 삼(三) 자를 잡아야 임자"**라고 하셨던 그 말씀의 궤적을 좇아가 보면, 바닥에서 뽑아 올린 이 '一'은 단순히 숫자가 아니라, 세운의 끄트머리에서 침몰해가는 대한민국호와 도운의 명맥을 다시 일으켜 세울 '단 한 사람(一人)'을 가리키는 표식임을 알 수 있습니다.

상제님의 연치 어렸을 때 알미장에서의 일화입니다.

어떤 사람이 글을 청하자 조그만 손으로 붓을 잡고 종이 위에 굵게 '한 일(一)' 자 한 획을 힘껏 그으시며 큰 소리로 **"나는 순이다!"** 하고 외치시니 순간 한 일 자가 마치 누에처럼 꿈틀꿈틀 기어가는 조화가 일어나 주변에서 한 바탕 크게 소동이 일어난 일이 있었습니다.

여기서 상제님이 그으신 '一'은 황극 공사의 상징입니다.

본래 '一'은 만물의 근원인 태극을 의미하지만, 누에처럼 꿈틀꿈틀 기어간다는 것은 운동하는 '一'로서 황극을 뜻합니다.

『신약성서』「요한계시록 1장 8절」에 주 하나님이 이르시되 **"나는 알파와 오메가라 이제도 있고 전에도 있었고 장차 올 자요 전능한 자라"**는 내용과 그 맥락을 같이합니다.

"나는 순이다!" 하고 외치신 이 '한 일一' 자 누에공사는 여의주를 손에 들고 계신 선천미륵불(萬)과 여의주를 입에 물고 계신 후천미륵불(一)의 모습과 달리 오황극으로서의 신원(identity)을 드러내 주시는 공사입니다.

1 학봉께서 이곳저곳으로 두루 다니시며 친히 세상을 배우실 때
2 그 신이하고 혜명하심이 입에서 입으로 전해져 가시는 곳마다 경애를 받으시되 시험코자 하는 사람도 많더라.
3 한번은 고향에서 멀리 떨어진 흥덕 부안면(興德 富安面) 하오산(下鰲山) 앞의 알미장(卵山場)에 이르시니 어떤 사람이 지필묵을 내어 놓고 글을 청하거늘
4 어린 학봉께서 조그만 손으로 붓을 꽉 잡고 먹을 듬뿍 묻히신 뒤
5 종이 위에 굵게 **'한 일(一)'** 자 한 획을 힘껏 그으시며 큰 소리로 **"나는 순이다!"** 하고 외치시니 순간 한 일 자가 마치 누에처럼 꿈틀꿈틀 기어가거늘
6 구경하던 장터 사람들이 탄성을 지르며 더 자세히 보려고 서로 몸을 밀치고 당기고 하여 한바탕 소동이 일어나니라.
7 이 때 학봉께서 말씀하시기를 **"조선 땅은 한 일 자 누에와 같다."** 하시니라.
(道典 1:22)

그런데 이 '一'자와 '三'자에 대한 힌트는 정읍 두승산斗升山 말봉의 물상에서 찾을

수 있습니다. 그곳에 '**水斗木升**'이라는 네 글자가 새겨져 있습니다.

1936년 발행된 『정읍군지』에 따르면, 본래 산 정상에 되와 말의 형상을 한 석두석승石斗石升이 있었으나 파손되었다고 합니다. 이를 안타깝게 여긴 거사 최석학이 바위에 '斗升'을 조각했고, 이후 김석곤이 그 곁에 '**水斗木升**'이라는 네 글자를 새겨 오늘에 이르고 있습니다.

고수부님께서 강조하신 '一'자와 '三'자는 곧 '一水'와 '三木'을 상징하며, 이를 '水斗'와 '木升'으로 표현한 것입니다.

여기서 斗자의 갑골문은 북두칠성처럼 국자 모양을 형상화하고 있습니다. '一'자인 '水斗'가 "**북두칠성이 내 별이니라.**" 하신 서신으로서의 상제님에 대한 의미라면 '三'자인 '木升'은 무엇을 의미할까요? 이는 주역의 46번째 지풍승地風升괘에서 그 해답을 찾을 수 있습니다.

지풍승괘 상전을 보면 '**地中生木이 升**'이라는 구절이 나옵니다.

'地中生木'은 씨앗이 땅속에 묻혀 뿌리를 내리고, 점차 줄기가 땅 위로 솟구쳐 자라는 형상입니다. 이는 성장, 발전, 점진적인 상승의 의미를 내포하고 있기에 상전에서 '**積小以高大**'라 하여 작은 것을 쌓아 높고 크게 한다 했습니다.

46
升 元亨 用見大人 勿恤 南征吉

彖曰 柔以時升하야 巽而順하고 剛中而應이라 是以大亨하니라.
用見大人勿恤은 有慶也오 南征吉은 志行也라.
象曰 **地中生木이 升**이니 君子以하야 順德하야 **積小以高大**하나니라.

주역의 환(渙)괘나 중부(中孚)괘에는 '**利涉大川은 乘木**'이라는 표현이 등장합니다. 환란의 시대를 건너게 해줄 이 나무(木)가 바로 땅 위로 솟구치는 '승(升)'의 기운입니다.

설괘전에서는 이 '木'을 '震木'과 '巽木' 곧 '震爲龍'과 '巽爲鷄'로 설명하는데, '진손양목말세성(震巽兩木末世聖)'은 계룡鷄龍의 형상으로 수화겸용이자 인신합덕의 의미도 됩니다.

그렇게 볼 때 '地中生木'의 象인 '升'은 '見大人'을 쓴다는 '用見大人'과 남쪽으로 정벌한다는 '南征'이란 구절이 암시하듯 성사재인에 대한 상징입니다.

결국 '水斗木升'은 상제님과 고수부님이 예고하신 '一'자와 '三'자, 즉 인신합덕의 진인眞人에 대한 강력한 상징물입니다.

마치 금산사에 겉금산과 속금산이 따로 있듯이, 이 상징물이 자리한 두승산은 오황극의 산으로서 곧 오성산에 대한 속도수의 자리인 것입니다.

그러므로 **"나는 바닥에 일 붙은 줄 알고 뽑노라"**는 말씀의 '一'과 **"누구든지 일자(一字)와 삼자(三字)를 잡아야 임자이니 같은 끝수면 말수가 먹느니라"**, **"삼일이 문을 열어 북사도가 전란이라"**는 구절의 '三一客'에 대한 이 모든 말씀은 결국 암담한 어둠 속에서 나라를 다시 찾을 영웅(復邦), 즉 '山隹'에 대한 다각적인 묘사였던 것입니다.

그런데 이 '山隹'에 대해서는 또 다른 말씀이 전해옵니다.

대순회보 149호 <상제님의 화천과 후인산조개유보(後人山鳥皆有報)>에 보면 다음과 같은 설명이 나옵니다.

여기선 '山隹'의 '隹'가 새 추자이니 같은 뜻의 새 '鳥'자로 새겨 '山鳥'라 하였고 이를 조정산 도주로 믿고 있습니다.

> 상제님께서는 화천하시기 전에 김형렬에게 글 한 수를 지어주셨는데, 그것은 다음과 같다.
> 後人山鳥皆有報
> 勸君凡事莫怨天
> 상제님께서는 당신을 지극히 따랐던 김형렬에게 깨우침을 주시기 위하여 이러한 시를 주셨던 듯하다. 이 시의 '산조(山鳥)'에서 산(山)은 정산(鼎山)을, 조(鳥)는 음차로서 조(趙)를 상징하는 것으로 볼 수도 있다. 앞서 말했듯이 상제님께서는 당신의 뒤를 이으실 한 분이 반드시 오실 것임을 예시하셨는데, 상제님께서는 그 분이 바로 조정산(趙鼎山) 도주님이시라는 사실, 이제 당신은 천상계로 다시 돌아가시지만 도주님께서 그 뒤를 이어 만사를 펼쳐 나갈 것이니 김형렬을 비롯한 모든 사람은 매사에 하늘을 원망하지 말라는 사실을 시를 지어 전하셨던 게 아닌가 한다.
> [출처] 대순회보 149호 상제님의 발자취를 찾아서(85)

그런데 '後人山鳥皆有報'에 대한 말씀은 정영규 선생이 편저한 『천지개벽경 p286-287, 4장66절』에도 수록되어 있습니다.

> 하루는 상제께서 구릿골 어구(於口) 금난바위(金生岩) 위에 올라 앉아 계실세 안필성(安弼成)이 그 부근을 지나다가 뵈옵고 바위에 올라와 앉으며 말하기를, "무엇을 하시나이까." 하니 대답하여 가라사대, "보는 바와 같이 천지공사(天地公事) 중일세." 하시거늘 필성이, "실없는 말로 항상 천지공사를 한다 하시나 별 일 아니 나옵디다. 세상 사람들은 바삐 일하는데 제자들 데리고 천지공사만 하다가 세월 다 가겠습니다." 하며 원망(怨望) 섞인 말을 하니 대답하여 가라사대, **"천하(天下) 사람들이 다 그래도 그대는 그러지 말지니 오늘은 내가 그대에게 한 가지를 경계(警戒)하노라."** 하시며 문명(文命)을 읽어 주시니 이러하니라.

"권군범사막원천(勸君凡事莫怨天)하라, 후인산조개유보(後人山曹皆有保)니라." 하시더라.- 그대에게 권(勸)하노니 범사에 있어서 하늘을 원망(怨望)치 말라, 후인(後人)인 산조(山曹)의 무리들이 다 보전함이 있으리로다.
『천지개벽경(天地開闢經) 4장 66절』

대순진리회『전경(典經)』의 제일 마지막 장인 예시豫示 89장에 보면 **'後人山鳥皆有報 勸君凡事莫怨天'**이라고 상제님께서 화천하시기 전 김형렬 종도에게 남기신 구절이 등장합니다. 그런데 이 문장은『천지개벽경 4장 66절』에도 등장하는데, 그 내용이 사뭇 다릅니다.

『천지개벽경』에는 **"권군범사막원천(勸君凡事莫怨天)하라, 후인산조개유보(後人山曹皆有保)"**라고 안필성 종도에게 경계하는 말씀으로 기록되어 있습니다. 구절의 순서가 뒤바뀌었을 뿐만 아니라, 글자마저 차이를 보입니다.

흥미로운 점은『전경』의 이 판본이 1985년 박우당 도전의 생일 축하 행사 이후 갑작스럽게 증보되었다는 사실입니다. 반면『천지개벽경』은 1987년 상제님 화천절에 발행되었습니다. 2년 남짓의 시간에 서로 다른 종도(김형렬과 안필성)에게 하신 말씀으로 기록된 이 구절은, 기록의 원형이 무엇인지에 대한 의구심을 자극합니다.

『천지개벽경』의 '後人山曹皆有保'가『전경』에는 무리 '曹'가 새 '鳥'로, 보존할 '保'가 알릴 '報'로 바뀐채 기록되어 있으니 직역하면 '뒤(後)에 오는 사람(人)을 산조(山鳥)라고 모두(皆) 알려주니(報)', '勸君凡事莫怨天' 즉 '그대에게(君) 권하노니(勸) 범사(凡事)에 하늘(天)을 원망치 말라.(莫怨)'는 뜻이 됩니다.

대순진리회 측에서는 이 '山鳥'를 파자하여 조정산趙鼎山 도주를 지칭하는 것으로 풀이하며, 상제님의 도맥을 잇는 정통성이 그에게 있음을 강조하는 근거로 삼고 있습니다.

대순 측에서는 이 '山鳥'를 태을부太乙符의 형상으로 보기도 하지만, 지금까지의 맥락으로 보면 오히려 용봉의 측면에 더 가깝습니다.

본래 "권군범사막원천(勸君凡事莫怨天)하라"는 구절은『명심보감(明心寶鑑)』「성심(省心)편」에 수록된 문장입니다.

원문은 **'권군범사막원천(勸君凡事莫怨天) 천의어인무후박(天意於人無厚薄)'**으로 이어지며, "그대에게 권하노니 모든 일에 하늘을 원망치 말라. 하늘의 뜻은 사람에게 후하고 박함이 없다"는 지공무사한 천리를 담고 있습니다.

상제님께서는 '천의어인무후박(天意於人無厚薄)'의 구절 대신에 '후인산조개유보(後人山曹皆有保)'를 덧붙여서 전해주셨습니다.

이 말씀의 배경에는 안필성 종도가 "세상 사람들은 바삐 일하는데 제자들 데리고 천지공사만 하다가 세월 다 가겠습니다." 하며 원망 섞인 푸념을 하자, 상제님께서 **"천하(天下) 사람들이 다 그래도 그대는 그러지 말라"**며 엄중히 타이르셨습니다.

언뜻 보기엔 천지공사를 빌미로 허송세월을 보내는 듯 보일지 모르나, 하늘의 이치는 결코 사사롭지 않음을 일깨워 주신 것입니다. 즉, 지금의 이 공사가 훗날 '後人山曹'에 의해 너희 모두(皆)의 생명을 보존(保)하게 될 결정적 토대가 될 것이니, 당장의 조급함으로 하늘을 원망하지 말라는 경계의 말씀이셨습니다.

특히 주목할 점은 『전경』의 '鳥' 자와 달리, 『천지개벽경』에서는 무리 '조(曹)', 동반자 '조(曹)' 자로 나오니 이때 '**後人山曹**'에는 '두 사람'에 의해 천하 창생의 명命을 보존하게 될 것임을 암시합니다.

이상으로 지금까지 누구 '誰'자가 곧 '山隹'이며, 호남서신이신 한 '一'자 누에와 인신합덕을 이루는 '三'자로서 '三一客'이 됨을 보았습니다.

이 주인공이 바로 9년 천지공사의 스토리보드가 가리키는 단 한 사람, '水斗木升'의 자리가 상징하는 '後人山曹皆有保'의 대업을 완수할 인사人事의 실체입니다.

2. 亞

상제님께서는 공사를 행하시며 종도들에게 "**아(亞) 자를 잘 알아 두라.**"고 각별히 당부하신 적이 있습니다.

> 종도들과 용머리 고개에 이르사 공사를 행하실 세 백지(白紙) 사매(四枚)를 사오라 하사 사인(四人)으로 하여금 각기 한 귀씩 들게 하시고 종도들에게 이 형상이 무엇 같으냐 하시니 종도들이 모두 상여방재왈 같습니다. 하니 방제왈 앞에 무슨 글자를 쓰나냐 하시니 종도들이 버금아(亞)자를 쓰나이다 하니 **아(亞) 자를 잘 알아두라** 하신지라 아(亞)자는 대동아를 의미하심이요 인종이 많이 상한다는 것을 예시하시니라.
> 『용화전경(龍華典經) 1장 11절』

'아(亞)'자문은 회문回紋, 망치문, 뇌문雷紋이라 불리기도 합니다. 이것이 연속무늬로 표현될 때는 끊임없이 이어지는 영속성과 장수를 상징하는 길상적 의미를 지닙니다.

또한, '공자님 다음 간다'는 뜻에서 맹자孟子를 '아성(亞聖)'이라 칭하는 것처럼 '버금이라는 의미로 쓰이며, 열대와 온대의 중간 지대인 '아열대(亞熱帶)'나 '아세아(亞細亞)' 등 지리적 명칭에도 널리 사용됩니다.

사람이 죽어 발인發靷할 때 상여喪輿의 앞 뒤에 세우고 가는 전통 제구 중에도 '亞' 자가 보이는데, 흔히 살아서 사용하는 부채는 선扇이며, 죽은 후 상여를 양옆의 전후에서 들고 따르는 것은 삽翣이라 합니다.

특히 영혼을 극락으로 인도하기 위한 치장 제구인 '불삽(黻翣)'은 '운삽(雲翣)'과 '아삽(亞翣)'으로 구성되는데, 이 중 아삽은 '활 궁(弓)' 자 두 개가 서로 등을 지고 있는 형상으로, 그 모습이 '亞' 자와 닮아 있습니다.

'亞' 자의 갑골문 형상은 현재의 모습과 거의 흡사합니다.

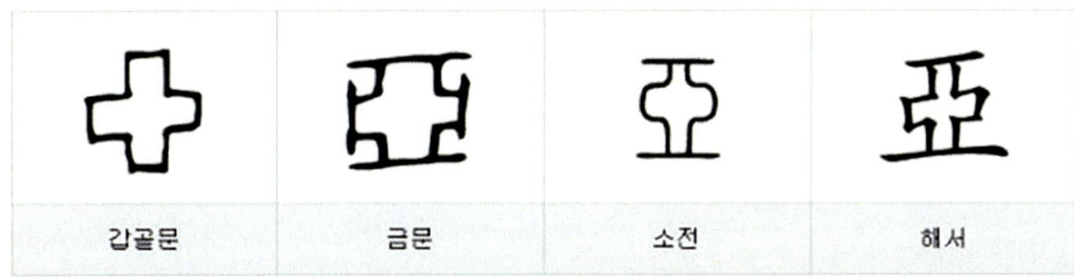

학계에서는 이 글자의 기원을 청동기를 제작할 때 사용하는 '거푸집'의 모양에서 찾기도 합니다. 특히 '亞' 자에 '누를 압'이라는 의미가 포함된 점을 상기하면 상당히

설득력 있는 견해입니다.

청동기를 제작할 때 흙으로 정교하게 빚은 최초의 원형이 '으뜸'이라면, 그 원형을 감싸 안고 압력을 가해 똑같은 모양을 찍어내는 거푸집은 '버금'이 됩니다. 즉, 으뜸의 형상을 현실 세계에 그대로 투영하여 구체적인 형체를 만들어내는 '틀'이 바로 '아(亞)'인 것입니다.

건축 현장을 떠올려 보십시오. 웅장한 기둥을 세우기 위해서는 먼저 나무나 철판으로 견고한 거푸집을 짜야 합니다. 그 빈 공간에 형체도 없던 액체 상태의 시멘트를 가득 붓고 나면, 이제 단단해지기를 기다리는 인고의 시간이 흐릅니다. 마침내 때가 되어 겉을 둘러싼 거푸집(亞)을 하나씩 떼어내는 탈형의 순간, 신기하게도 그 안에는 거푸집의 외벽을 그대로 닮은 견고한 기둥이 그 위용을 드러냅니다.

'亞' 자는 고대 주택의 구조를 본뜬 것이라는 설도 있습니다. 이러한 저택은 규모가 대단했지만 궁궐에 비할 바는 아니었기에, '최고'가 아닌 '다음가는(버금)'이라는 뜻을 지니게 되었습니다.

하지만 그 상징성은 결코 가볍지 않습니다. 아무리 귀한 분이라도 머물 집이 없다면 풍찬노숙을 면치 못하듯, 우주의 주재자이신 상제님(十)께서 지상에 임하시기 위해서는 그분을 모실 '인사의 집(亞)'이 반드시 필요합니다. 그러므로 '亞' 자는 상제님께서 편히 좌정하시어 천하사를 도모하시는 살아있는 성소이자 거룩한 전당이 됩니다.

어디 그뿐입니까? '亞' 자는 신神이 인세라는 거친 현장으로 나아가기 위해 갖춰 입는 용포龍袍이자, 대지를 직접 밟기 위해 신는 장화와도 같습니다. 임금이 곤룡포(君德)를 입었을 때 그 위엄이 현실로 드러나듯, 군자(亞)의 옷을 입었을 때 비로소 천지공사의 설계도를 현실의 역사로 완성하는 강력한 집행력을 얻게 됩니다.

결국 '버금 아(亞)' 자는 으뜸(十, 상제님)이 응하는 집이자, 밖을 나가기 위해 갖춰 입는 옷이며, 세상을 딛고 서는 신발인 셈입니다. 이처럼 신도와 인사가 찰떡같이 맞물려 돌아가는 인신합덕의 오묘한 이치가 이 글자 하나에 고스란히 녹아 있습니다.

김일부 선생이 저술한 『정역(正易)』의 서문인 「대역서(大易序)」 말미에는 이러한 위격의 상징성이 더욱 선명하게 드러납니다.

> 大易序라
>
> 聖哉라 易之爲易이여
>
> .
>
> .
>
> .

嗚呼 聖哉라 夫子之聖乎여
文學宗長은 孔丘是也시오
治政宗長은 孟軻是也시니
嗚呼라 兩夫子시여 萬古聖人也시니라
오호라! 성스럽도다. 부자의 성스러움이여!
문학(文學)의 종장(宗長)은 공자(孔子)이시고,
치정(治政)의 종장(宗長)은 맹자(孟子)이시니,
오호라! 양부자시여 만고의 성인이시구나!

첫 문장의 '嗚呼'는 깊은 감탄이나 탄식에서 우러나오는 소리로, 이어지는 '夫子'가 과연 어떤 존재인지를 암시하는 강렬한 서막입니다.

여기서 '夫' 자를 파자해 보면 '一'과 '大'의 합자임을 알 수 있습니다. 이는 곧 근본인 으뜸(大·元)과 그 뜻을 잇는 버금(一·亞)이 하나로 합쳐지는 인신합덕의 상입니다.

본래 '夫'는 지아비나 사내를 뜻하지만, 『주역』의 「계사전」에서 '夫易', '夫乾', '夫坤' 등으로 쓰일 때는 단순한 조사가 아니라 이 글자를 취상取象한 본래 목적은 황극이나 그 등장하는 때의 의미로 사용됩니다.

김일부 선생이 「대역서」에서 '夫子', '一夫'라는 표현을 그토록 빈번하게 사용한 것 역시 선생이 드러내고자 했던 사상의 정수精髓가 바로 이 황극의 도에 담겨 있었기 때문입니다.

따라서 선생이 성스럽다(聖哉)고 찬탄한 '夫子'는 춘추 시대 유교儒教의 시조始祖인 '孔子'를 빌려 황극이신 상제님에 빗대어 표현한 것입니다. 이와 궤를 같이하여, 흔히 '아성(亞聖)'이라 불리는 '孟子'는 상제님의 천명을 지상에서 집행하는 인사의 군자를 상징하게 됩니다.

이러한 위격 설정은 문장 끝머리에서 공구孔丘를 '文學宗長'으로, 맹가孟軻를 현실의 정치를 완성하는 '治政宗長'으로 구분하면서도, 결국 두 분 모두를 '兩夫子'라 높여 부르고 있기 때문입니다. 이는 모사재천의 설계와 성사재인의 집행이 결국 '夫'라는 황극의 위격 안에서 하나로 완성됨을 증명하는 것입니다.

이러한 독특한 용법은 『현무경』에 돌연 '孔子魯之大司寇공자노지대사구'와 '孟子善說齊梁之君맹자선설제량지군'이라는 구절이 등장하는 배경과도 일맥상통합니다. 성인들의 함자를 빌려 으뜸(元·상제님)과 버금(亞·대인)의 역할 분담을 상징적으로 보여줌으로써, 천지공사가 어떻게 인사로 매듭지어지는지를 암시하고 있는 것입니다.

여기서 '버금'은 으뜸의 바로 아래 지위인 차상위次上位를 뜻하며, 한자로는 '버금 차(次)'와 통합니다. 이는 상제님께서 '次來者 爲次'라 하신 도수와도 긴밀히 맞닿아 있습니다.

曰(왈), 我世(아세)에 來世之苦(내세지고)이 我(아)이 爲最(위최)오 **次來者(차래자)이 爲次(위차)**니라.
말씀하시기를, **나의 세상에서 나의 타고난 고생이 으뜸이요, 다음에 올 사람이 그 다음이니라.**『대개벽경(大開闢經) 3편 계묘년 공사기 3장』

"아(亞) 자를 잘 알아 두라"고 거듭 강조하신 속뜻은 바로 이 '次來者', 즉 당신의 뒤를 이어 대업을 완수할 주인공을 염두에 두신 것입니다. 이는 장차 상제님께서 재생신으로 다시 오실 때, 당신과 인신합덕하여 천지대업을 매듭지을 인사의 '利君子'(亞)를 지칭하신 것입니다. 결국 상제님께서는 이 '으뜸'(元)과 '버금'(亞)의 필연적인 관계를 '龍鳳'이라는 상징으로 명명하셨습니다.

실제로 육기초에 모셔진 상제님과 대모님의 체백을 모신 영대의 문 좌우에는 용봉龍鳳과 호한조呼寒鳥(太乙符)가 나란히 그려져 있습니다.

이 호한조는 흔히 태을부로도 불리는데, 흥미로운 점은 오늘날 증산 신앙의 양대 교단에서 이 두 가지 상징 체계를 마치 약속이라도 한 듯 양분하여 받들고 있다는 사실입니다.

한쪽에서는 '용봉'을 상제님과 수부님의 도업을 계승하여 후천 5만 년 선경을 건설할 추수자, 즉 인사의 '두 지도자'로 해석합니다. 반면 다른 쪽에서는 '後人山鳥皆有報'라는 구절에 근거하여 '호한조'를 '대두목'의 상징으로 보기도 합니다.

그러나 냉철하게 결론부터 말씀드리면, 양 단체의 이러한 해석은 모두 파편적인 이해일 뿐 실체적 진실과는 거리가 있습니다. 그렇다면 과연 '용봉'에 담긴 의미가 무엇인지 그 진실을 찾아보도록 하겠습니다.

그 첫 단서로, 본래 '용봉'이 '독존석가불(獨尊釋伽佛)'과 함께 세상에 전해진 배경부터 살펴보겠습니다.

『고부인신정기』에 따르면, 고수부님께서 선화하시기 일년 전인 갑술년(1934년) 9월 7일, 김경학·김영학 종도가 고수부님을 찾아와 수련 중 상제님의 성령을 접한 일을 아뢰며 수련 법석을 주재해 주시기를 간곡히 청합니다.

이에 고수부님께서는 **"칠십 노인이 멀리 와서 이렇듯 간곡히 말하니, 내 건강이 허락지 않을지라도 차마 멀리할 수 없노라"** 하시며 대원사 수왕암으로 향하십니다. 이 역사적인 자리에는 이중성李重盛 선생 내외를 비롯하여 여러 친자 종도들과 동화교의 이정립 등이 참석해 있었습니다.

과거 상제님께서 천지대신문을 열으셨던 대원사에서 진행된 이 수련 법석에서, 90세가 넘은 박금곡 주지는 상제님의 '龍鳳 친필'을 받들어 이중성 선생에게 전수하게 됩니다. 이 친필의 내력은 30여 년 전으로 거슬러 올라갑니다.

> 을해(乙亥 1935)년에 이중성(李重盛)이 광주(光州) 부호(富豪) 현준오에게 1만원(萬圓)을 희사받아 대원사(大願寺)에서 큰 치성을 올리고 9일간 진법주(眞法呪)를 읽는 수련석을 열었는데 이 자리에 90이 넘은 대원사 주지(主持) 박금곡이 나와서 이 좌석에 참석한 종도 김경학(金京學) 김영학(金永學) 등과 종도의 문인(門人) 이중성(李重盛) 이정립(李正立) 윤순택 등의 얼굴을 차례로 살핀 후에 말하기를 **이 친필을 노장(老長) 백세(百世) 후에 전하지 못하면 유한(遺恨)이 아니겠는가 하고 보발(保髮)하고 있는 이중성에게 전하였다.** 이 친필은 종이로 싸고 비단으로 싸서 보물처럼 보관된 것이었다.(범증산교사 p778)
>
> 증산대성(甑山大聖)께서 계묘(癸卯 1903)년 4월 11일 청련암(青蓮庵)에 머무르실 때 해돋이에 **용봉(龍鳳) 두 글자를 상하(上下)로 대응시켜 큰 글자로 쓰시고 왼편에 작은 글씨로 독존석가불(獨尊釋伽佛)이라 써서 청련암 주지 박금곡에게 주셨다.**(범증산교사 p776)

원래 이 친필은 계묘(癸卯 : 道紀 33, 1903)년 4월에 상제님께서 모악산 안양동安養洞 청련암青蓮庵에 머무르시며 공사 보실 때 박금곡이 수종 들었는데 11일 해 돋기 전에 공사를 마치시고 아침해가 솟아오를 때에 '龍鳳' 두 글자를 상하上下로 대응시켜 크게 쓰신 뒤에 그 왼편에 작은 글씨로 '獨尊釋迦佛'이라 써서 금곡에게 주신 것으로 친필은 깨끗한 종이로 싸고 다시 비단으로 고이 감아 보물처럼 보관해 온 것이라 했습니다.

그러다 30년이 지난 갑술년 가을 무렵 진법주 수련 공부를 할 때 직전 사전모임에서 금곡은 이를 가지고 나와 종도들과 종도의 문인門人들 얼굴을 차례로 살핀 후 친필을 이중성 선생앞에다 두고 두 번 절한 후에 전수를 하게 되었습니다.

그렇다면 상제님께서 남기신 '獨尊釋迦佛 龍鳳'에 담긴 의미는 과연 무었일까요?

용龍은 물(水)을 다스리는 신수神獸로서 달(坎)을 상징하여 '**月**'이 되고,
봉鳳은 불(火)을 다스리는 신조神鳥로서 태양(離)을 상징하여 '**日**'이 됩니다.

용과 봉황이 상서로움을 드러낸다는 뜻의 '용봉정상(龍鳳呈祥)'이라는 말이 있듯이, 태평성세가 도래할 때 용과 봉황이 그 상스러운 징조를 미리 보이듯 황극이 출현함을 의미합니다. 즉 천지天地의 대리대행은 감리坎離인 일월日月로서 황극을 삼게 됩니다.

<75> 하루는 선생이 태인 새올서 백암리로 가실 새, 박공우가 시종하더니 문득 관운장의 형모로 변하사 돌아보시고 물어 가라사대 [**나의 얼굴이 관운장의 형모와 같으냐**] 하시니 공우가 놀래어 어떻게 대답하는 것이 좋을지 몰라서 [알지 못한다] 하였더니, 그와같이 **세번을 물으시므로** 이에 대하여 가로대 [관운장과 흡사하나이다] 하니, 그제야 즉시 본얼굴로 고치시고 경학의 집에 이르러 공사를 행하시니라.
『동곡비서(銅谷秘書)』

상제님께서 "**나의 얼굴이 관운장의 형모와 같으냐?**"라고 세 번이나 거듭 물으신 끝에 "**관운장과 흡사하나이다**"라는 답변을 받아내신 공사가 있습니다. 얼핏 이해하기 어려운 이 공사는 사실 서신西神으로 오시는 상제님의 역할과 사명을 분명히 밝히신 것입니다.

'元亨利貞' 가운데 이 '亨'과 '利'는 옥황(亨)과 운장(利)으로서 일월을 상징하니 현재 법종교 대령전에 모셔진 배치 또한 이러한 이치를 그대로 형상화한 것입니다.

이 원리를 낙서 문왕팔괘에 대입하면 '**五皇極**'과 '**六乾**'의 자리로 드러납니다. 특히 『홍범구주』에서는 이 '六乾'을 '예용삼덕(乂用三德)'이라 하였는데, 이 '예(乂)'자가 '풀을 베다'는 뜻을 지닙니다. 낫을 휘둘러 곡식을 거두듯, 가을철 수확기 서신사명을 뜻하는 글자의 象이 있습니다.

김일부 선생은 이 자리를 두고 '포오함육 십퇴일진지위(包五含六 十退一進之位)'라 하여 10무극(十無極)의 자리에서는 물러나고(退), 태극인 1(一)의 자리에서는 나아가는(進) 진퇴의 정사를 펴는 기위친정의 위상을 뜻합니다.

본래 『잡괘전(雜卦傳)』에서는 29번째인 감괘坎卦를 '下'라 하였고, 30번째인 이괘離卦를 '上'이라 정의했습니다.

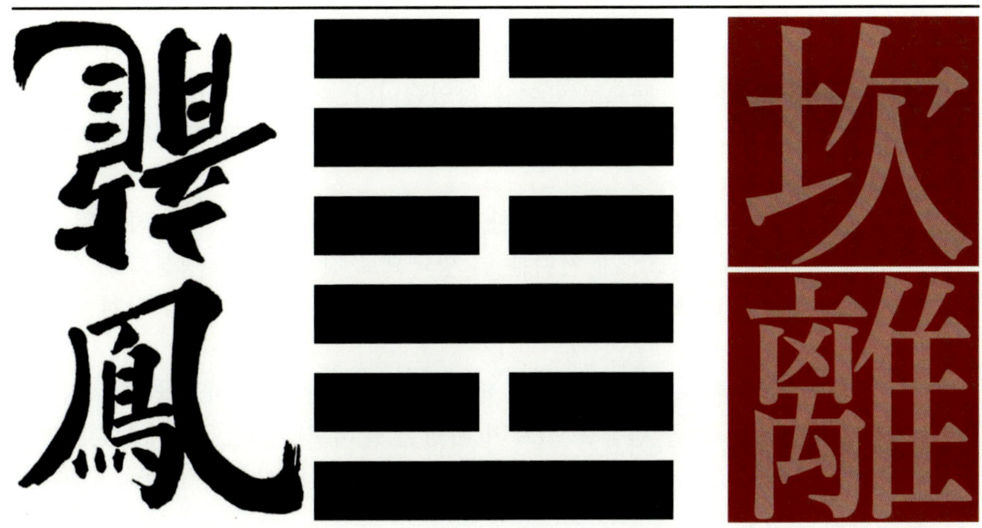

이러한 이치에 따라, 달(坎)을 상징하는 용龍은 흐르는 물(水)처럼 순도수(下)이기에 거꾸로 뒤집은 채로 쓰셨으며 위로 타오르는 성질을 가진 불(火)을 맡은 화조火鳥인 봉鳳은 역도수(上)의 모양 그대로 쓰셨습니다.

이는 결국 수화기제水火旣濟의 조화, 즉 일월이 서로 사귀는 감리교구坎離交媾를 형상화하기 위해 용과 봉을 상·하괘처럼 마주 보게 배치하신 것입니다. 결과적으로 이 수화기제의 상은 판밖 지천태의 상제님에 대한 상징입니다. 이제, 계묘(癸卯,1903)년 4월 11일(乙未日)에 있었던 용봉 공사를 다시 한번 정리해 보겠습니다.

공사가 집행된 계묘년(1903) 4월 11일의 일진은 '을미(乙未)'일입니다. 을미는 64괘 중 35번째인 화지진괘火地晉卦에 해당하는데, 이는 '명출지상(明出地上)', 즉 태양이 지평선 위로 힘차게 솟구쳐 온 세상을 환하게 비추는 형국을 의미합니다.

상제님께서 아침해가 솟아오를 때에 이 공사를 보신 타이밍과 절묘하게 부합됩니다. 이는 **"일을 하려면 화지진(火地晉)도 해야 하느니라"** 하신 말씀 그대로입니다.

어머니(地) 뱃속에서 팔십년을 공을 들여 기른 '**腹中八十年神明**'(火)이 마침내 좁은 산도産道를 벗어나 판밖으로 그 모습을 드러내는 '**南方三離火**'의 출세出世를 상징하는 것입니다.

道前於夜(도전어야) 天開於子(천개어자) 轍環天下虛靈(철환천하허령),
教奉於晨(교봉어신) 地闢於丑(지벽어축) 不信看我足知覺(불신간아족지각).
德布於世(덕포어세) 人起於人(인기어인) **腹中八十年神明(복중팔십년신명)**.
도는 밤에 전해서 자(子)에 하늘이 열리니, 수레 타고 세상을 돌아다니는 허령이요,
교는 새벽에 받들어서 땅이 축(丑)에 열리니, 믿지 않아도 나를 보면 족한 지각이요,
덕을 세상에 펼쳐 사람이 인(寅)에 일어나니, **뱃속에 팔십년 들어있는 신명이라.**
『대개벽경(大開闢經) 3편 계묘년 공사기 1장』

용봉은 예로부터 천자의 상징으로 썼으며 그중 봉황은 성천자聖天子로서 단봉조양丹鳳朝陽, 봉명조양鳳鳴朝陽 등으로 표현을 하였습니다. 이는 『시경(詩經)』「대아(大雅)」 편에 나오는 말로, 봉황이 산 동쪽에서 울어 천하가 태평해질 것임을 알리는 노래입니다.

결국 '용봉'이라는 두 글자는 **"내가 장차 열석 자로 다시 오리라"** 약속하셨던 상제님께서 선천 역사를 매듭짓고, 새 천지를 열 황극으로 강세하심을 형상화한 것입니다. 그렇다면 '龍鳳' 앞에 씌어진 '獨尊釋伽佛독존석가불'에는 어떤 의미가 담겨 있을까요?

《전등록(傳燈錄)[1]》에는 "석가모니불이 태어나자마자 한 손은 하늘을, 한 손은 땅을 가리키고 사방으로 일곱 걸음을 걸으며 사방을 둘러보며 **天上天下唯我獨尊**이라 말하였다(釋迦牟尼佛初生 一手指天 一手指地 周行七步 目顧四方曰 天上天下唯我獨尊)"고 기록되어 있습니다.

상제님께서 '獨尊釋迦佛'이라 쓰신 것은 바로 이 대목을 인용하신 것입니다.

아울러 『대개벽경』을 통해 **"석가불은 서방칠성(西方七星)이니, 언제나 내 옆에 모시면서 모든 것을 다스리노라"**고 친절히 밝혀주셨습니다.

이처럼 굳이 '獨尊釋迦佛'을 좌측에 세워 '龍鳳'의 옆에 두신 이유는, 추수를 위해 내려 오신 '**西神司命**'의 신원身元을 명확히 드러내기 위함입니다.

이를 불가의 언어로 얘기한다면, 상제님께서 장차 서방정토 극락세계를 주관하는 '아미타여래(阿彌陀如來)'로 오심을 세상에 알리는 일종의 표식인 셈입니다.

정리하면, '龍鳳'이 수화기제의 감리교구를 이루는 형상은 곧 인신합덕을 뜻하니 이는 곧 기위(十)가 친정하는 '亞'의 상과 결코 다르지 않습니다. 이제 이러한 도수를 보신 내용이 천지공사의 실제 대본이라 할 수 있는 『주역(周易)』의 경문 내용과도 일치하는지, 그 구체적인 증거들을 확인해 보겠습니다.

1) 중국 송(宋)나라 진종(眞宗) 경덕원년(景德元年, 1004)에 소주 승천사 영안 도원(道原)이 저술하고 양억(楊億)이 첨삭한 불서(佛書). 《경덕전등록(景德傳登錄)》의 준말로 전 30권으로 구성되어 있다. 석가모니불 이래의 역대 조사들의 법맥과 법어를 수록했다. 경덕은 남송의 연호로 《전등록》이 편찬된 시대를 나타낸다.

3. 解

『주역(周易)』의 64괘 중 40번째에는 '뇌수해괘(雷水解卦)'가 있습니다.

뇌수해괘는 아래에 북방·겨울을 뜻하는 감괘坎卦가 있고, 위에 동방·봄을 뜻하는 진괘震卦가 자리하고 있습니다. 이는 마치 꽁꽁 얼어붙었던 동토가 따뜻한 봄기운에 녹아내리는 해동解凍의 형상이며, 모든 고난과 막힘이 비로소 풀려나가는 상입니다.

『잡괘전(雜卦傳)』에서는 이를 두고 '解緩也'라 하여 '느슨해짐(緩)'이라고 설명하고 있습니다. 상제님 진리에서 '解'는 뭇 창생들의 가슴에 응어리진 원한이 풀리는 '해원(解冤)'을 상징합니다.

'解' 자의 자원字原을 살펴보면 뿔 각(角), 칼 도(刀), 소 우(牛) 자가 결합한 모습으로 본래 칼로 소의 뿔을 해체하는 모습에서 유래하여 '풀다', '깨닫다', '벗기다'라는 뜻을 지니게 되었습니다.

이를 단순한 글자 풀이를 넘어 천지 이치의 관점에서 들여다보면, 원방각의 조성 원리가 선명하게 드러납니다.

우(牛, 소)는 지금까지 설명해 온 암소(坤牛)이자 원천화原天火로서, 원(圓,無極)을 상징합니다.

도(刀, 칼)는 선천상극의 시대를 주관하신 상제님께서 후천무극(十)으로 재생신하시니 방(方,反極)의 속성입니다.

상제님께서 수부님의 배 위에 걸터앉으시어 장도칼을 목에 대고 "**죽어도 나를 섬기겠느냐, 천지대업에 중도불변하겠느냐?**"라고 다짐을 받으신 후, 다시 그와 반대되는 공사를 보셨습니다.

이는 비근한 예로, 사람의 생명을 해치는 선천 상극의 칼을 거두어 창생을 살려내는 '요리사의 칼'로 바꾸어 쥐신 격입니다. 선천태극(A)에서 후천무극(Ω)에 이르기까지, 수화겸용의 이치를 가장 유효적절하게 드러내는 최적의 상징이 바로 이 '칼(刀)'이었습니다.

각(角, 뿔)은 두말할 나위없이 인존(角,太極)을 상징합니다.

결국 '解'라는 글자는 원·방·각이라는 천지삼신天地三神의 도를 형상화한 것이며, 기성 종교나 관념의 틀을 벗어나 진정한 구원의 소식을 전하는 '판 밖의 도'를 상징하는 핵심 아이콘이라 할 수 있습니다.

이제 『주역』 해괘解卦의 본문 속에 담긴 깊은 속뜻을 살펴보겠습니다.

40

解 利西南 无所往 其來復吉 有攸往 夙吉

彖曰 解는 險以動이니 動而免乎險이 解라.
解利西南은 往得衆也오 其來復吉은 乃得中也오
有攸往夙吉은 往有功也라.
天地解而雷雨作하고 雷雨作而百果草木이
皆甲坼하나니 解之時大矣哉라.
象曰 雷雨作이 解니 君子以하야 赦過宥罪하나니라.

'解(해)는 利西南(이서남)하니 无所往(무소왕)이라 其來復(기래복)이 吉(길)하니 有攸往(유유왕)이어든 夙(숙)하면 吉(길)하리라.' (해는 서남이 이로우니 갈 바가 없는지라. 와서 회복함이 길하니 갈 바가 있거든 일찍 하면 길하리라.)

이에 대해 단전彖傳에서 '解(해)는 險以動(험이동)이니 動而免乎險(동이면호험)이 解(해)라'고 하였습니다. 즉, 험난함 속에서도 굴하지 않고 움직임으로써, 마침내 그 험난함으로부터 벗어나는 역동적인 구원의 과정을 의미합니다.

여기서 '解利西南', 즉 '서남쪽이 이롭다'는 대목에 주목해야 합니다. 서남방은 문왕팔괘도에서 곤위坤位에 해당하며, 김일부 선생은 이 자리를 두고 **'이서남이교통(理西南而交通)'**이라 하여 만물이 서로 소통하고 다스려지는 곳이라 하셨습니다.

흥미로운 점은 문왕팔괘에서 곤위는 본래 '死門'을 뜻한다는 사실입니다. 죽음의 방위가 오히려 이롭다(利) 하고, 심지어 '갈 바가 없다(无所往)' 할 정도로 길함(吉)을 애기한다는 것은 대단히 역설적입니다.

단전에서는 이를 '해리서남 왕득중야(解利西南 往得衆也)'라 풀이하여, '서남으로 가서 무리를 얻는다'고 설명했습니다.

『논어(論語)』「위정(爲政)」편에는 **"자왈(子曰) 위정이덕(爲政以德), 비여북신거기소이중성공지(譬如北辰居其所而衆星共之)"**라는 구절이 나옵니다. "덕으로써 정사를 펴면 마치 북극성이 제자리에 있으되 여러 별들이 공수하고 따르는 것과 같다."는 뜻입니다.

여기서 '중성(衆星)'은 표면적으로는 뭇 별을 의미하지만, 그 대표성으로 보면 모든 별의 우두머리인 북두칠성을 상징합니다,

7번째 지수사괘地水師卦의 단전에 **'師 衆也'**라 하고 14번째 화천대유괘火天大有卦를 잡괘전에 **'大有 衆也'**라 했으니 이를 해괘解卦의 '利西南'과 연결해 보면 그 의미가 더욱 명확해집니다.

서남방 곤위坤位에 자리하여 뭇 별에 응한 사람들(衆)을 얻는다는 의미인데, 여기서는 그들을 대표하는 어떤 인물(師,大有)에 대한 암시로 볼 수 있습니다.

또한 '其來復'이라는 대목은 24번째 지뢰복괘地雷復卦의 괘사(復 亨 出入无疾 朋來无咎 反復其道 七日來復 利有攸往)를 떠올리게 합니다. 복괘는 **'칠일래복(七日來復)'**이라 하여 일양(一陽)이 다시 살아나는 이치를 담고 있는데, 이는 곧 미륵불(一陽)께

서 세상에 다시 모습을 드러내시는 재생신(始生)의 상황을 뜻합니다.

단전에서는 '기래복길(其來復吉)은 내득중야(乃得中也)'라 하여, '다시 돌아와 길함은 곧 중도를 얻었기 때문'이라고 풀이했는데, 이 중도를 얻는 주체는 누구인가 하는 점입니다. 버금(亲,亞)의 입장에서는 으뜸(十,元)이 자리(合德) 하시는 상황입니다.

'유유왕숙길(有攸往夙吉)'은 직역하면 '갈 바가 있다면 일찍 서둘러야 길하다'는 뜻입니다. 여기서 주목할 점은 앞서 언급된 '其來復'의 정적인 상태와 달리, 이제 움직이는 주체의 역동성이 강조되고 있다는 것입니다. 특히 '일찍'을 뜻하는 '숙(夙)' 자의 구성을 보면 그 긴박함이 더욱 선명해집니다.

이 글자는 새 나는 모양 '수(几)'와 살 바른 뼈 '알(歹)'의 합자로, 이는 마치 죽음의 그림자가 발끝까지 드리우기 전, 하늘의 북극성과 북두칠성을 나침반 삼아 좌고우면하지 않고 지체 없이 길을 떠나야 함을 일깨우는 엄중한 경고처럼 보입니다.

이를 뒷받침하듯 단전에서는 '유유왕숙길(有攸往夙吉)은 왕유공야(往有功也)'라 하여, '나아가야 할 곳이 있다면 서둘러야 길하며, 그렇게 신속히 나아감으로써 비로소 큰 공(功)을 세우게 된다'고 강조했습니다. 여기서의 '功'은 세속적인 작은 성취가 아니라 억조창생을 생명의 땅으로 인도하고 선천 역사의 매듭을 짓는 천지 대업의 위대한 결실을 의미합니다.

이어지는 구절은 해괘解卦의 절정을 보여줍니다. "천지해이뇌우작(天地解而雷雨作)하고 뇌우작이백과초목(雷雨作而百果草木)이 개갑탁(皆甲坼)하나니 해지시대의재(解之時大矣哉)라."(천지가 풀려서 우레와 비가 일어나며 우레와 비가 일어남에 백과초목이 모두 껍질이 터져서 싹이 나오니 아, 해의 때가 참으로 크도다!)

이는 묵은 하늘의 기운이 해소되면서 일어나는 세계적 변혁을 묘사한 것입니다. 우레와 비가 내린다는 것은 천지의 심판과 정화가 동시에 일어남을 뜻하며, 그 과정을 거쳐 초목의 껍질이 터지고 싹이 나오는 형상은 곧 낡은 몸을 벗고 새 생명으로 거듭나는 후천 개벽의 생명 탄생을 예고합니다.

'甲坼'은 씨앗의 단단한 껍질이 터지며 새싹이 돋아나는 것으로, 새로운 생명의 시작과 비약적인 성장을 상징합니다. 이는 곧 천지 어머니(地)가 긴 기다림 끝에 해산解産의 고통을 거쳐, 뱃속에 품었던 '복중팔십년신명(腹中八十年神明)'을 마침내 세상 밖으로 내놓는 개벽의 순간을 형상화한 것입니다.

'坼'은 흙 토(土)와 물리칠 척(斥)이 합쳐진 글자로 '터지다', '갈라지다'라는 뜻을 품고 있습니다. 고대 사회에서 도끼(斤)가 전쟁과 통치의 권위를 상징했음을 상기할 때, 천지 어머니(土)가 품고 있던 이 강력한 권능(斥)은 때가 이르면 반드시 터져 나와야 할 숙명적인 기운임을 알 수 있습니다.

'甲'은 '八門遁甲'의 '甲'으로서 '七甲'을 의미합니다. 육갑六甲의 한 주기를 다 돌고 다시 돌아오는 일곱 번째 갑자는 새로운 시작(一陽)을 뜻하는 재생신再生身의 상제님 곧 단주(玄武)를 의미합니다. 상제님께서 이분을 주인공으로 삼아 『현무경』을 남기신 이유가 여기에 있습니다. 『주역』은 이 '甲'을 일컬어 '大人'이라 기록하고 있으며, 바로 이 대인의 출현이 『주역』이 지향하는 최종 결론입니다.

해괘解卦의 마지막 상전象傳은 다음과 같이 전합니다.

'상왈(象曰) 뇌우작(雷雨作)이 해(解)니 군자(君子) 이(以)하야 사과유죄(赦過宥罪)하나니라.' (우레와 비를 짓는 것이 해니 군자가 이를 본받아 작은 허물은 용서하고 큰 죄는 감하여 주느니라.)

죄를 용서하여 형벌을 면제한다는 의미로 오늘날 법률 용어로 쓰이는 '사면(赦免)'이라는 말의 뿌리가 바로 이 해괘에 있습니다.

상전의 '사과유죄(赦過宥罪)'에서 '赦' 자와 단전의 '동이면호험(動而免乎險)'에서 '免' 자를 합쳐 만든 이 단어는, 국가적 경사나 흉사 때 민심을 수습하고 새 출발을 기약하던 왕의 은전이었습니다.

조선 시대에 '대사령'이 반포되면 그 시점 이전의 모든 허물을 묻지 않고 씻어주었듯, '皆甲坼'의 기운 속에 '解之時大矣哉'가 선포되는 이 시점은 천지 차원의 대사면령大赦免令이 내려지는 때입니다.

이는 곧 묵은 선천 역사가 종결되고 후천의 새 질서가 가동되는 지점으로, 그만큼 천지간의 길吉과 흉凶이 극적으로 교차하는 대변혁의 시기임을 의미합니다.

이제 천지 해원의 대업을 완수할 역사의 주인공이자, 『주역』 64괘가 지향하는 궁극의 결론인 '大人'의 실체를 본격적으로 파헤쳐 보겠습니다.

『주역』은 음효(--)와 양효(—)의 조합으로 이루어진 64괘, 총 384효로 구성되어 있습니다. 이 중 양효로만 채워진 첫 번째 중천건괘重天乾卦와 음효로만 채워진 두 번째 중지곤괘重地坤卦는 우주의 근원이자 만물의 부모가 되는 천지부모괘입니다.

보통 괘를 구성하는 여섯 효 중 두 번째(제2효)와 다섯 번째(제5효) 자리를 '中'이라 부르며, 양효가 홀수 자리(1, 3, 5)에 있거나 음효가 짝수 자리(2, 4, 6)에 있을 때 제 자리를 잡았다고 하여 '득위(得位)'라 하며 그렇지 못한 경우를 '실위(失位)'라 합니다.

따라서 음효인 육이六二와 양효인 구오九五는 중中을 잡고 제 자리까지 얻었기에 이를 '中正'이라 일컫습니다. 다만 이는 학계의 일반적인 관점일 뿐, 필자가 견지하는 도적 해석과는 차이가 있음을 미리 밝혀둡니다.

결국 전체 384효 중에서도 건곤괘, 특히 건괘의 핵심 자리에 위치한 두 개의 효가 사실상 『주역』의 결론이라 할 수 있습니다. 예로부터 수많은 학자가 건괘의 '九二' 효와 '九五' 효를 풀기 위해 평생을 바친 이유도 여기에 있습니다.

본서 역시 이 두 효에서 공통으로 반복되는 화두, 즉 '이견대인(利見大人: 대인을 봄이 이롭다)'의 비밀을 풀어내는 것으로 그 대단원의 마무리를 짓고자 합니다.

01
乾 元亨利貞

初九, 潛龍이니 勿用이니라.
九二, 見龍在田이니 利見大人이라
九三, 君子終日乾乾하여 夕 若하면 하나无咎리라
九四, 或躍在淵하면 无咎리라
九五, 飛龍在天이니 利見大人이니라
上九, 亢龍이니 有悔리라
用九는 見 龍하되 无首하면 吉하리라

앞서 '본주님' 편에서 '현룡재전(見龍在田)'과 '비룡재천(飛龍在天)'의 도수적 의미를 이미 언급한 바 있습니다.

건괘 '九二'는 '乾之同人'으로 '천화동인(天火同人)' 괘가 되는 반면 건괘 '九五'는 '乾之大有'로 즉 '화천대유(火天大有)' 괘가 됩니다.

그러면 건괘 '九二'에서 '見龍'이라는 인물은 누구이며 '在田'은 어디를 가리킬까요?

먼저 '見龍在田 利見大人'의 의미를 살펴보겠습니다.

여기서 가장 먼저 주목해야 할 화두는 반복해서 등장하는 '見' 자입니다. 이 글자는 '나타날 현(現)'으로도 읽히기에, 통상적으로는 "나타난 용이 밭에 있으니 대인을 보는 것이 이롭다"로 해석합니다. 하지만 이러한 단순한 뜻풀이만으로는 그 이면에 감춰진 본 뜻을 간파하기 어렵습니다.

『주역』의 58번째 중택태괘重澤兌卦의 잡괘전雜卦傳을 보면 '**兌見而巽伏也**'라 하여. '태괘는 나타나는 것이고, 손괘는 엎드린 것'이라 정의했습니다.

58
兌 亨利貞

彖曰 兌는 說也니 剛中而柔外하야 說以利貞이라
是以順乎天而應乎人하야 說以先民하면 民忘其勞하고
說以犯難하면 民忘其死하나니 說之大民勸矣哉!라
象曰 **麗澤이 兌**이니 君子以하야 朋友講習하나니라

즉, 주역의 논리에서 '見'이라는 글자는 곧 '兌'를 상징하는 암호입니다.

결국 '見龍'은 '兌龍'으로서, 이는 '利'와 동일 인물임을 암시합니다. 따라서

'九二'가 효변을 통해 '乾之同人'이 된다는 것은, '見龍'이 '同人'이라는 맥락과 다르지 않습니다.

30
離 利貞 亨 畜牝牛 吉

彖曰 **離는 麗也**니 日月이 麗乎天하며 百穀草木이 麗乎土하니
重明으로 以麗乎正하여 乃化成天下하나니라.
柔 麗乎中正故로 亨하니 是以畜牝牛吉也라.
象曰 明兩이 作離하니 大人이 以하여 繼明하여 照于四方하나니라.

『주역』의 논리 구조에서 '태괘(兌卦)'와 '리괘(離卦)'는 인사의 주인공을 상징하는 긴밀한 고리로 연결되어 있습니다. 태괘兌卦의 상전을 보면 '麗澤이 兌'라 하여 '두 개의 연못(澤)이 잇닿은(麗) 게 태(兌)'라고 하였는데, 30번째 중화리괘의 단전에서도 '離는 麗也'라 한 것을 볼 때, '麗'라는 글자를 매개로 두 괘가 교차하는 것은 결코 우연이 아닙니다.

이는 '태괘(兌)'와 '리괘(離)'가 본래 한 몸처럼 움직이고 있음을 뜻하며, 결과적으로 태괘와 리괘가 상징하는 인물의 동일성을 논리적으로 확증해 주는 대목이라 할 수 있습니다. 이처럼 태괘와 리괘가 상징하는 인물의 동일성은 13번째 천화동인괘天火同人卦의 구조에서 더욱 명확히 드러납니다.

13
同人于野 亨 利涉大川 **利君子** 貞

彖曰 同人은 柔得位하며 **得中而應乎乾**할새 **曰同人**이라.
(同人曰)同人于野亨利涉大川은 乾行也오
文明以健하고 **中正而應**이 **君子正也**니
唯君子아 爲能通天下之志하나니라.
象曰 天與火同人이니 君子以하여 **類族**으로 **辨物**하나니라.

이 괘의 주인공은 인사의 실체인 '현룡(見龍, 兌)'이자 '利君子'로 묘사되는 '동인(同人, 火)'입니다. 이 동인이 '得中'하였다고 할 때의 '中'은, 인간의 몸을 빌려 오황극으로 강세하시는 상제님(乾,天)을 뜻합니다. 그 이유는 바로 뒤따르는 '**應乎乾**'이라는 구절에 있습니다.

결국 이괘(離)가 건괘(乾)에 응한다는 것은, '건괘(乾, 天)'가 신도이고 그 아래의

'이괘(離, 火)'는 인사의 영역이므로 인신합덕을 상징하고 있습니다.

괘사에서는 이러한 인사의 주인공을 '利君子'라 칭하였고, 단전에선 **'唯君子아 爲能通天下之志'**라 오직 군자만이 천하의 뜻을 통할 수 있다고 하였습니다.

이러한 군자의 면모는 47번째 택수곤괘澤水困卦에서도 선명하게 드러납니다. 곤괘 단전에서는 '곤(困)은 강엄야(剛掩也)니 험이열(險以說)하야 곤이부실기소형(困而不失其所亨)하니 **기유군자호(其唯君子乎)인저**'라 하였습니다.

이는 '곤(困)함이란 강건함(剛)이 일시적으로 가려진 상태이니, 험난한 고초 속에서도 내면의 기쁨(說)을 간직하여 형통함을 잃지 않는 자, 그가 바로 오직 군자뿐이다'라는 찬탄입니다.

결국, 칠흑 같은 어둠이 진리의 빛을 잠시 가릴지라도, 참된 군자만은 그 시련의 무게를 견디며 형통亨通의 씨앗을 끝내 지켜내어 천지 대업을 완수한다는 사실을 역설하고 있습니다.

'天火同人'의 구조가 '文明以健'하다는 것은, 상제님(乾卦)의 자리인 '中正'에 '應'하여 그 뜻을 지상에 실현하는 분이 바로 '君子正也'임을 뜻합니다. 여기서 '中'(中正)이 상제님이라면, '正'(正中)은 그 천명을 받드는 '利君子'인 것입니다.

천화동인괘를 「잡괘전」에서 '親也'라 하였으니 일부선생은 이를 두고 '己位親政'이라 표현한 바 있습니다. 결국 '同人'이란, 신도(神)와 인사(人) 사이에 어떠한 간극도 없이 완벽하게 밀착된 합덕의 실체를 의미합니다.

신도와 인사가 맞물려 돌아가는 이러한 위격 설정은, 이미 『주역』 「건괘 문언전」에서 공자님에 의해 명확하게 정의된 바 있습니다.

九二曰 見龍在田利見大人은 何謂也오.
子曰 龍德而正中者也니 庸言之信하며 庸行之謹하여 閑邪存其誠하며 善世而不伐하며 德博而化니 易曰 見龍在田利見大人이라 하니 君德也라.
구이에 말하길 '見龍在田利見大人'은 무엇을 말함인가?

공자 말씀하시되 "용의 덕으로 정중한 자이니 일상의 말을 믿음직스럽게 하고 행실에 신중하여 사특한 것을 막아 그 성실함을 보존하며 세상을 교화하여도 뽐내지 않고, 덕을 널리 베풀어 교화하니 역에 이르길 '見龍在田利見大人'이라 하니 임금의 덕이라."

공자님은 '九二'의 대인을 가리켜 **'용덕이정중자야(龍德而正中者也)'**라 하셨습니다. 이는 '中'에 감응하여 스스로를 '正'으로 세운 **'正中者'**만이 인사의 주인공이 될 수 있음을 천명한 것입니다. 바로 이 군자가 상제님(中)과 뜻을 같이하는 '同人'입니다. 주역은 이들이 서로 비슷한 부류(유족, 類族)이기에 신도인지 인사인지 그 위격을 엄격히 분별(변, 辨)할 것을 경계했습니다.

여기서 '분별할 변(辨)' 자를 파자해 보면, 양쪽에 '매울 신(辛)' 자를 두고 그 사이에 칼(刂)을 세운 형상을 하고 있습니다. 이는 겉으로 보기엔 같은 '辛'의 기운을 품어 흡사해 보이나, 칼로 베어내듯 엄중히 구분해야 할 '서로 다른 두 분'이 계심을 상징합니다.

특히 이 '辨'의 본자인 '辧'은 『현무경』의 '사생판단(死生辧斷)'에 쓰인 '힘쓸 판(辧)' 자와 그 꼴이 매우 닮아 있습니다. 이는 누가 참된 대인인가를 가려내는 분별력이 곧 생사와 직결된 중대한 과업임을 암시하는 대목이라 할 수 있습니다.

『주역』 전체를 통틀어 '**응호건(應乎乾)**'이라는 표현은 오직 10번째 천택리괘天澤履卦와 13번째 천화동인괘天火同人卦의 단전에서만, 마치 약속이라도 한 듯 단 두 번 등장합니다. 공교롭게도 이 두 괘는 각각 건괘의 '九二' 효 및 '九三' 효와 깊은 관련이 있습니다.

10
履虎尾 不咥人 亨

彖曰 **履는 柔履剛也니 說而應乎乾**이라
是以履虎尾不咥人亨이라.
剛中正으로 履帝位하여 而不疚면 光明也라.
象曰 上天下澤이 履니 君子以하여 **辯上下**하여 定民志하나니라.

괘사에 등장하는 '호랑이 꼬리를 밟는다(履虎尾)'는 비유에서 호랑이(虎)는 건(乾, 天)을, 그 꼬리(尾)는 태(兌, 澤)를 상징합니다. 단전에서 '**說而應乎乾**'이라 하여 태괘가 건괘에 응한다 함은 사실상 인신합덕의 의미입니다.

이처럼 13번째 천화동인괘의 '**得中而應乎乾**'과 10번째 천택리괘의 '**說而應乎乾**'은 본질적으로 그 궤를 같이하고 있습니다. 이는 태괘를 '麗澤'이라 부르는 이유와도 일맥상통합니다. 결국 리(離, 火)와 태(兌, 澤)는 서로 다른 형상을 하고 있으나, 실상은 동일한 존재를 가리키는 상징적 두 얼굴임을 명확히 보여줍니다.

천택리괘의 단전에 '履는 柔履剛也'라 하였으니 이는 '柔'가 '剛'을 밟는다는 뜻으로 지천태의 형상입니다.

특히 '리(履)' 자의 구성을 파헤쳐 보면 그 오묘함은 더욱 깊어집니다. 이 글자는 주검 '시(尸)' 자와 24번째 지뢰복괘의 회복할 '복(復)' 자가 합쳐진 형상입니다. 여기서 '시(尸, 꼬리)'가 북두칠성의 기운을 뜻한다면, '복(復, 호랑이)'은 일양시생一陽始生하는 미륵불의 강세와 맞물려 있습니다. 즉, '履'라는 글자 자체가 호랑이(虎)와 그 꼬리(尾)가 한 몸을 이루듯 천지의 주재자와 인사의 주인공이 합덕하는 형상을 취하고 있는 것입니다.

따라서 '호랑이 꼬리를 밟아도 사람을 물지 않는다(부질인, 不咥人)'는 대목의 '사람(人)'은 바로 '同人'을 가리킵니다.(원방각의 '人'과 주역의 '人'은 위격이 다름) 호랑이(神)와 그 꼬리(人)가 한 몸인데, 꼬리를 밟았다 하여 호랑이가 제 몸인 사람을 어찌 물 수 있겠습니까?

결국 인신합덕(剛中正)의 조화 속에서, 인사의 주인공이 비로소 천자의 보좌인 제위에 오르게 됨(履帝位)을 예시한 것입니다.

한편 상전에서 '**변상하(辯上下)**'라 하여 위아래를 엄격히 분별할 것을 강조한 것은 천화동인괘의 '**유족변물(類族辨物)**'과 그 맥락이 닿아 있습니다.

하늘(天)과 불(火), 그리고 하늘(天)과 못(澤)은 모두 기위친정의 象인 '辛'의 기운을 품은 닮은 꼴(類族)입니다. 그러나 그 속에 엄연히 존재하는 신도와 인사의 위격을 명확히 분별해낼 때, 비로소 강세하시는 분(大)과 '見龍'(人)의 차이를 온전히 알아볼 수 있다는 경계의 내용입니다.

『주역』 건괘乾卦 「문언전(文言傳)」에서는 주인공인 대인大人의 위상을 네 번에 걸쳐 반복하며 그 중요성을 각인시키고 있습니다.

먼저 건괘 '九二'의 효사인 '見龍在田 利見大人'을 두고, 「소상전(小象傳)」에서는 '현룡재전 덕시보야(德施普也)'라 하여 그 덕화가 온 천지에 널리 베풀어질 것을 역설했습니다. 공자 또한 이를 가리켜 '군덕야(君德也)'라 칭송하며, '見龍'이자 '同人'이 곧 임금의 덕을 갖춘 분임을 명시했습니다.

특히 「문언전」의 '**見龍在田 時舍也**'라는 표현은 대단히 상징적입니다. 『주역』 「잡괘전」에서 26번 산천대축괘山天大畜卦를 '時也'라 정의한 점에 비추어 볼 때, 여기서의 '時'는 오황극으로 강세하시는 상제님(剛)을 뜻합니다.

또한 '집 사(舍)' 자를 파자해 보면 사람(人)에 혀(舌)가 머무는 형상입니다. 이는 옥황상제님(舌)께서 친히 임어하여 천명을 내리시는 '인사의 집'(人)을 의미합니다.

상제님께서 약장도수를 보실 때 바닥에 '**八門遁甲**'이라 쓰시고 그 위에 '**舌門**' 두 자를 불지짐(烙書)하여 새기신 공사를 떠올려 보십시오. 남이 알지 못하는 구석에 숨어 때를 기다리는 거미처럼, 이는 '**丹朱受命**'의 은밀한 자리를 예시하신 것이며, 『주역』이 말한 '**時舍**'와 완벽히 궤를 같이하는 대목입니다.

이어지는 '**見龍在田** 天下文明'은 효가 변하여 이루어진 천화동인괘에 대한 묘사로서 단전의 '문명이건(文明以健) 중정이응(中正而應) 군자정야(君子正也)'라는 구절과 그 뜻이 정확히 맞닿아 있습니다.

'天下文明'이란 하늘(天) 아래에 불(文明)이 있다는 의미입니다. 다시 말해 '文明以健'으로서, 이는 곧 '中正而應'(天)한 '君子正也'(火) 즉 '利君子'의 출현을 선포하는 것입니다.

「문언전」은 건괘의 위대함을 다음과 같이 결론짓습니다.

大哉라 乾乎여 剛健中正純粹 精也오 六爻發揮는 旁通情也오 時乘六龍하여 以御天也니 雲行雨施라 天下平也

크도다 乾이여! 剛健하며 中正하며 純粹함이 정미로운 것이요 여섯 효가 두루 하늘의 의지를 통하는 것이요 여섯 용을 타고서 하늘을 주재하니 구름이 흐르고 비가 베풀어져 천하가 평안해짐이라.

여기서 '大哉라 乾乎'의 '大'는 곧 '乾'이며 상제님을 상징합니다.

그렇다면 상제님(時)이 타고 다니시는 '六龍'은 과연 누구일까요?

그 실체는 바로 상제님께서 머무시는 집(舍)이자 육건六乾의 자리인 인사의 주인공, 운장(同人)입니다.

즉, 천상의 옥황(大, 鳳)과 지상의 운장(人, 龍)이 인신합덕하여 하나가 된 존재, 그 분을 『주역』은 '大人'이라 기록한 것입니다. 상제님께서 "**주역(周易)은 개벽할 때 쓸 글이니 주역을 보면 내 일을 알리라.**"고 하신 이유가 바로 여기에 있습니다.

이 도수를 확정 지으신 공사가 바로 우물 '井'의 본자(丼)에서 보듯, 정읍에 한 점(丶)을 찍으신 공사입니다.

또 종이에 철도선(鐵道線)을 그려놓고 **북쪽에 점을 치사 정읍이라 쓰시고 남쪽에 점 치사 사거리**라 쓰신 뒤에 **그 중앙에 점을 치려다가 그치기를** 여러번 하시더니 **대흥리를 떠나실 때에 점을 치시며 가라사대 이 점이 되는 때에는 세상이 끝나게 되리라** 하시니라

『대순전경(大巡典經) 4장 130절』

위 사진은 육기초의 대령전 중앙에 좌우로 모셔진 옥황과 운장의 진영입니다.

지천태괘地天泰卦의 상전을 살펴보면 왜 대령전의 신단 구조가 태상상제님을 주존主尊으로 그 좌우에 두 분이 자리하셨는지에 대한 의문을 파악할 수 있습니다.

김일부 선생은 『정역(正易)』「십오일언(十五一言)」에서 이러한 인신합덕의 놀라운 광경을 다음과 같이 찬탄하였습니다.

十五一言이라

嗚呼라 盤古 化하시니
天皇无爲시고 地皇載德하시니 人皇作이로다
有巢旣巢하시고 燧人乃燧로다
神哉伏羲劃結하시고 聖哉神農耕市로다
黃帝甲子星斗요 神堯日月甲辰이로다
帝舜七政玉衡이요 大禹九疇玄龜로다
殷廟에 可以觀德이요 箕聖乃聖이시니
周德在玆하야 二南七月이로다
麟兮我聖이여 乾坤中立하사
上律下襲하시니 襲于今日이로다

嗚呼라 今日今日이여
六十三 七十二 八十一은 一乎一夫로다
『정역正易』「十五一言」

"인혜아성(麟兮我聖)이여 건곤중립(乾坤中立)하사 상률하습(上律下襲)하시니 습우금일(襲于今日)이로다."

(기린 같은 나의 성인이시여, 건곤의 중앙에 우뚝 서시어 위로는 천지의 법도를 다스리시고 아래로는 그 법도를 몸소 이어받으시니, 그 날이 바로 오늘이로다.)

'上律下襲'은 『주역』이 관통하는 인신합덕의 이치를 가장 압축적으로 선포한 대목입니다.

'上律'은 '時乘' 하시는 옥황(鳳,亨)이시며 '下襲'은 그 천명을 받들어 지상에서 성사재인하는 '六龍'으로서 운장(龍,利)을 의미합니다.

여기서 '엄습할 습(襲)' 자에는 '옷을 입다' 혹은 '이어받다'는 뜻이 담겨 있습니다. 이는 곧 상제님(上律)께서 지상(下)의 용덕(龍)을 지닌 인사(衣)를 취하여 인신합덕(下襲)하는 과정을 묘사한 것입니다.

이어지는 구절 '嗚呼라 今日今日이여 六十三 七十二 八十一은 一乎一夫로다'는 후

천 정역의 수리적 결론을 보여줍니다. 이 수치들은 단순한 나열이 아니라 건곤乾坤의 변화가 빚어내는 책수策數의 비결입니다.

『주역』의 원리에 따라 건도乾道를 '九', 곤도坤道를 '六'으로 놓으면 7·8·9를 9로 곱한 수의 합은 건지책인 216이 되고, 7·8·9를 6으로 곱한 수의 합인 144는 곤지책이 됩니다.(216+144=360)

乾(9)의 완성: (9*7) + (9*8) + (9*9) = 63 + 72 + 81 = 216 (乾之策)
坤(6)의 완성: (6*7) + (6*8) + (6*9) = 42 + 48 + 54 = 144 (坤之策)
후천 정도수 : 216 + 144 = 360 (正吾夫子之朞는 當朞 三百六十日)

결국 '六十三 七十二 八十一은 一乎一夫'라는 의미는 360일 정역의 정도수를 완성하는 후천 황극이신 상제님(一乎)과 일부로 상징되는 인사의 주인공(一夫)이 인신합덕(上律下襲)하여 용포(襲于)를 입고 등극하는 날이 바로 '今日'임을 선포한 것입니다. 이 '今日'에 담긴 시간적 도수에 대해서는 이미 상제님께서 천지공사를 통해 털끝만큼의 오차도 없이 집행해 놓으셨습니다.

이를 두고 『주역』 뇌수해괘 단전에서는 '**天地解而雷雨作하고 雷雨作而百果草木이 皆甲坼하나니 解之時大矣哉라.**'고 찬탄하였습니다.

여기서 '甲坼'은 선천의 두꺼운 껍질을 뚫고 후천의 새 생명이 해산解産되어 나오는 우주적 탄생의 순간을 상징합니다. 억눌렸던 모든 원과 한의 기운이 풀려나며 비로소 천지의 뜻이 드러나는 이 찰나야말로, '**解之時大矣哉**'라는 찬사 그대로 인류사에서 가장 경이로운 '解의 시간'이라 할 수 있습니다.

이렇듯 『주역』 384효가 그려온 방대한 여정은 결국 '**利見大人**'이라는 네 글자의 약속을 향해 달려온 것입니다. 이는 상제님께서 예시하신 "**누구든지 한 사람만 오면 각기 저의 스승이라 하여 따르리라**"는 말씀이 마침내 역사 속에서 실체로 드러나는 순간이기도 합니다.

신도(神)의 거룩한 기획이 인간(人)의 뜨거운 숨결을 입고 비로소 완성되는(合一) 이 장엄한 교차점이야말로, 우리가 그토록 고대해 온 대해원大解冤의 종착지이자 신천지의 출발점입니다.

그동안 우리가 함께 좇아온 이 진리의 빛이, 개벽의 긴 밤을 건너 후천의 찬란한 아침을 맞이하는 여러분의 여정에 흔들리지 않는 영원한 이정표이자 명확한 나침반이 되기를 진심으로 기원합니다.(終)

https://www.youtube.com/@daehando